KB023899

임원경제지
권107-108

상택
相宅
지志

林園經濟志

임원경제지
권107-108

상택지 相宅志

주거선택 백과사전
권1 · 집터 가꾸기
권2 · 전국의 명당들

풍석 서유구 지음

임원경제연구소 이동인, 정명현, 민철기 외 옮김

풍석문화재단

이 책은 ㈜DYB교육 송오현 대표 외 수많은 개인의 기부 및 문화체육관광부의 지원으로
완역 출판되었습니다.

임원경제지 상택지

지은이	풍석 서유구
옮기고 쓴 이	🌿**임원경제연구소** [이동인, 정명현, 민철기, 정정기, 김현진, 김수연, 강민우, 김광명, 최시남]
	원문 및 번역 전체 정리 : 정명현
	자료정리 : 고윤주
	감수 : 조인철, 안대회
펴낸 곳	🏔️**풍석문화재단**
	펴낸 이 : 신정수
	진행 : 진병춘, 박정진 진행지원 : 박소해
	전화 : 02)6959-9921 E-mail : pungseok@naver.com
편집디자인	아트퍼블리케이션 디자인 고흐
인쇄	상지사피앤비
펴낸 날	초판 1쇄 2019년 3월 29일
	초판 2쇄 2019년 12월 20일
ISBN	979-11-89801-01-4

이 도서의 국립중앙도서관 출판예정도서목록(CIP)은 서지정보유통지원시스템 홈페이지
(http://seoji.nl.go.kr)와 국가자료종합목록시스템(http://www.nl.go.kr/kolisnet)에서
이용하실 수 있습니다. (CIP제어번호 : CIP2019005916)

* 표지그림 : 산정일장도(이인문)
* 사진 사용을 허락해주신 서울대 규장각한국학연구원, 국립민속박물관, 국립중앙박물관, 강릉 오죽헌
  시립박물관, 한국학중앙연구원, 조인철 교수님, 문경시청, 밀양시청, 태백시청, 봉화군청, 괴산군청,
  양양군청, 파주시청 여러분께 감사드립니다.

펴낸이의 글

《임원경제지·상택지》를 펴내며

19세기가 낳은 최고의 저술《임원경제지》는 임원에 사는 선비가 생활하는데 필요한 지식 전반을 집대성한 책입니다. 그중《상택지》는《임원경제지》의 11번 째 지(志)로서 집 지을 터를 찾는 방법에 대해 다루고 있는 백과사전입니다.

선생은《상택지》서문에 이 지의 이름을 '상(相)택(宅)'이라고 짓고 이 책을 집필한 이유에 대해 분명히 밝히고 있습니다. "향배(向背, 앞과 뒤)와 순역(順逆, 순리와 역리)의 형국을 판단하거나 오행(五行)과 육기(六氣)[1]의 운행을 살피는 행위가 아니다."라고 분명하게 선을 긋고, 선비라면 자고로 머무는 곳 어디라도 살 곳을 선택할 방법을 잘 알게 하기 위함임을 강조하셨습니다. 실제로 선생은 풍수가들이 말하는 미신적인 금기를 적기 보다는 합리적이면서도 상식적인 내용에 더하여, 본인의 경험이나 지식을 자세하게 설명하였습니다. 일례로 지리(地理)를 논할 때 "일반적으로 살 곳을 고를 때는 반드시 감(坎, 북) 방향으로 자리 잡고, 이(離, 남) 방향을 마주봐야 한기와 온기가 균형을 이루어서 초목이 무성하게 자라난다."고 히였고, 물과 토지에 대해 논할 때는 "집터의 음양과 향배(向背)가 풍수가의 집터 고르는 법에 모두 부합된다 해도 어찌 막연하여 알 수 없는 장래의 화복(禍福) 때문에 눈앞의 절실한 이익과 손해의 문제를 외면할 수 있겠는가? 그러므로 일반적으로 집터를 알아보고 전답을 구할 때, 샘물이 달고 흙이 비옥한 땅을 찾았다면, 다른 요건들은 모두 물어 볼 필요도 없다."고 하며 합리적이면서도 먹고 사는 일의 기본 조건이 풍수가들의 논리보다 우선함을 분명히 밝히고 있습니다.

---

1 육기(六氣) : 한(寒) · 열(熱) · 조(燥) · 습(濕) · 풍(風) · 화(火).

이처럼 《상택지》에는 풍수가들이 말하는 전통적인 풍수설과 술수는 가급적 배제하고 선비로서 "춥고 따뜻한 방향을 따져보고, 물을 마시기 편안한 곳"을 잘 살펴 임원에 거처를 마련하며, 살 때 지리와 형세가 유리한 땅을 골라 자신을 보호할 수 있도록 방향을 설정해 주는 선생의 의도가 잘 드러나고 있음을 알 수 있습니다.

《상택지》는 집터를 살피고, 집을 가꾸며, 팔도에 이름난 좋은 지역과 그 지역에 대해 자세히 품평하는 것으로 구성되어 있습니다. 특히 《상택지》에 언급되는 모든 지역을 가급적 지도에 구현해 내려고 노력하였고, 위치가 분명하지 않은 곳을 고증하는 것도 매우 힘든 작업이었습니다. 이처럼 《상택지》의 번역에 정성과 노력을 기울인 임원경제연구소 여러분께 깊은 감사를 드립니다. 매 지가 매우 고되고 힘든 작업이지만 차근차근하게 진행하여 이렇게 3개 지를 완역하였습니다. 앞으로 남은 13개의 지도 완역되어 출판될 때까지 더욱 매진해 주시길 부탁드립니다.

임원경제연구소가 번역에 최선을 다할 수 있도록 오랫동안 후원해 오신 DYB교육 송오현 대표님과 후원자 여러분께도 다시 한번 감사의 인사를 드립니다. 또 풍석문화재단을 항상 지지해 주시는 재단 이사진들과 고문님들, 후원자 여러분들 그리고 사무국 직원들께도 감사의 말씀을 전합니다.

더불어 《임원경제지》가 우리나라 전통문화 산업에 귀한 콘텐츠가 될 것을 공감하고 지원해 주시는 문화체육관광부 도종환 장관님과 관계자 여러분께도 다시 한번 감사드립니다.

《임원경제지》 출판이 조금씩 성과를 내고 우리 전통문화에 대한 국민적 관심이 높아지고 전통지식의 활용이 활발해지면서 《임원경제지》가 다양한 방면에 활용되고 있습니다. 어려운 환경에서도 포기하지 않고 끝까지 《임원경제지》를 완성해 내신 선생의 노고를 생각하며 《임원경제지》가 완간 출판되어 앞으로 '21세기 실용학'에 기여할 수 있도록 더욱 노력하겠습니다.

2019년 1월
풍석문화재단 이사장 신정수

차례

상택지 권제1 相宅志卷第一

집터살피기 占基

상택지 권제2 相宅志卷第二

전국의 명당 八域名基

1. 전국총론 八域統論

2. 전국의 명당들 名基條開

일러두기

- 이 책은 풍석 서유구의 《임원경제지》를 표점, 교감, 번역, 주석, 도해한 것이다.
- 저본은 정사(正寫) 상태, 내용의 완성도, 전질의 구성 등을 고려하여 고려대학교 도서관 소장본으로 했다.
- 현재 남아 있는 이본 가운데 서울대 규장각한국학연구원, 일본 오사카 나카노시마부립도서관본을 교감하고, 교감 사항은 각주로 처리했으며, 각각 규장각본, 오사카본으로 약칭했다.
- 교감은 대교(對校)와 타교(他校)를 중심으로 하고, 교감 사항은 각주로 밝혔다.
- 번역주석의 번호는 일반 숫자(9)로, 교감주석의 번호는 네모 숫자(⑨)로 구별했다.
- 원문에 네모 칸이 쳐진 注, 農政全書 등과 서유구의 의견을 나타내는 案, 又案 등은 원문의 표기와 유사하게 네모를 둘렀다.
- 원문의 주석은【 】로 표기했다.
- 서명과 편명은 번역문에만 각각 《 》 및 ◇로 표시했다.
- 점 부호는 마침표(.), 쉼표(,), 물음표(?), 느낌표(!), 쌍점(:), 쌍반점(;), 인용부호("", ''), 가운데점(·), 모점(、), 괄호(()), 서명 부호(《》)를 사용했고 인명, 지명 등 고유명사에는 밑줄을 그었다.
- 字, 號, 諡號 등으로 표기된 인명은 성명으로 바꿔서 옮겼다.
- 지도자료는 서울대 규장각한국학연구원의 〈고지도〉 원문자료에서 《대동여지도(大東輿地圖)》, 《비변사인방안지도(備邊司印方眼地圖)》, 《해동지도(海東地圖)》 등의 원본자료를 가공하여 인용했다.
- 지도 삽화에 표기된 기호의 범례는 다음과 같다.
  노란색 : 군·현 단위의 지명 / 주황색 : 동·리 및 하부단위의 상세지명
  초록색 : 산·고개 및 봉우리 / 파란색 : 강, 호수, 폭포, 우물
  빨간색 : 절, 교육기관, 관문, 성, 누정 / 보라색 : 다리, 바위 / 검정색 : 역(驛)
  이 밖에 위치를 정확히 파악할 수 없는 장소는 추정되는 일대의 음영을 흐리게 하여 표기했음을 밝힘.

《상택지》해제[1]

1) 제목 풀이

《상택지(相宅志)》는 주거(住居) 선택 백과사전으로, 2권 1책, 총 41,052자다. 16지 중 《관휴지》 다음으로 분량이 적다.

'상택(相宅)'은 '살 곳[宅]을 살핀다[相]'는 뜻이다. 서유구는 이 '상(相)'이 술수가(術數家)들이 말하는 향배(向背, 앞과 뒤)와 순역(順逆, 순리와 역리)의 형국을 판단하거나 오행(五行)과 육기(六氣)[2]의 운행을 살피는 행위가 아니라고 강조한다. 그러면서 술수(術數)는 군자가 취할 일이 아니라고 선을 긋는다. 확실한 방법만을 골라 실행해도 모자랄 판에, 굳이 술수처럼 논란이 많아 그시비가 판가름 나지 않은 설들을 고수할 필요가 없기 때문이란다. 상식과느낌에 근거한 선택의 중요성을 강조한 대목으로 읽힌다.

진정으로 살펴야 할 점은 이런 불확실한 설이 아니라 살 곳이 추운지 따뜻한지, 물이 좋은지 여부 정도면 된다고 했다. 환경이 적당한지를 살펴 몸을 의탁하면 될 뿐, 여기에 쇠락왕성이니 화복이니 하는 술수를 따질 필요가 없다는 것이다. 살기 좋은 전국의 명당을 다룬 권2에서도 명당은 이런취지에서 찾아야 한다고 특기했다. 고결한 선비가 살고 있는 곳 주변에서좋은 터를 고르기 위함이라는 것이다.

---

1 이 글은 서유구 지음, 정명현·민철기·정정기·전종욱 외 옮기고 씀, 《임원경제지: 조선 최대의 실용 백과사전》, 정명현, 〈상택지 해제〉, 씨앗을 뿌리는 사람, 2012, 1425~1437쪽에 실린 내용을 토대로 증보, 보완한 것이다.
2 육기(六氣): 한(寒)·열(熱)·조(燥)·습(濕)·풍(風)·화(火).

서유구는 풍수라고 하면 그것이 무슨 대단하고 심오한 이론을 밑바탕에 깔고 있어야 한다는 당대의 믿음이 근거 없다고 보고, 거주지를 선택하는 일은 상식적 감각에서 출발해야 한다고 주장한다. 사는 데 주변환경이 크게 무리가 없는 곳을 찾을 것을 강조한 그의 주장은, 합리성을 우선시하는 지금 사람들이 보기에도 큰 무리가 없어 보인다.

2) 목차 내용에 대한 설명

권1은 〈집터 살피기〉와 〈집 가꾸기〉 두 가지를 다룬다. 〈집터 살피기〉 "총론"의 첫 기사에는 살 곳 고르는 4가지 요점을 밝혔는데, 지리·생업 조건[生理]·인심·산수가 그것이다. 이 요점이 〈집터 살피기〉 전체를 이끌고 있다. "지리", "물과 흙", "생업 조건", "인심이 인(仁)한 마을에 살기", "경치 좋은 곳", "피해야 할 곳"이 "총론" 이후로 이어지는 〈집터 살피기〉의 소제목이다.

"총론"에서는 살 곳 고르는 요령 외에 산·가옥·정원·들판·나무·시내의 좋은 조건을 논하고서 텃밭·논밭·시냇물·산록·산봉우리·민가가 주변에 갖춰져 있어야 한다고 했다.

"지리"에서는 산·물·바람·습도·방향 등 자연조건을 살피는 지혜를 총 20개의 표제어로 제시한다. 이 부분만 일별하더라도 서유구가 〈상택지 서문〉에서 언급한, 따뜻하고 추움, 물이 좋고 나쁨을 '살피는' 일이 그리 단순하지 않음을 알게 된다. 현대 도시에서는 "사람은 양기를 받아 살아가므로 하늘과 해가 잘 보이지 않는 곳에서는 절대 살면 안 된다"[3]는 기본 상식 조차도 고려되지 않은 채 건물이 지어지고 있다. 지하나 반지하 공간은 물론이거니와 심지어 아파트나 오피스텔, 사무실 같은 대형 건축물에도 1년 내내 햇빛 한 줄기 받지 못하는 곳이 많다. "가장 피해야 하는 들의 형세는

---

3 "人受陽氣以生, 少見天日處, 決不可居."《상택지》권1 〈집터 살피기〉 "지리" '들의 형세'.

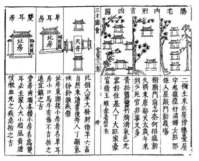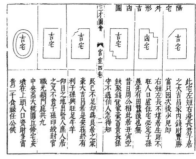

양택내형길흉도(좌)와 양택내형길흉도(우)(『삼재도회』 중)

사방의 산이 높이 솟아 주위를 억누름으로 인해 해가 늦게 떴다가 일찍 지거나 북두칠성이 보이지 않아 신령스런 빛이 적고 음기(陰氣)가 쉽게 침입하는 곳이다."[4]는 지적도 심심산천에만 해당하는 것이 아니다. 사방이 고층빌딩으로 둘러싸인 도시의 생활공간도 이에 못지않다. 직장인들은 집보다도 직장에서 더 오랜 시간을 보내는 사례가 많은데, 이런 조건은 사람들이 많이 모인 곳은 거의 대부분이라 해도 과언이 아니다.

주거 조건으로 특히 중요한 "물과 흙"을 소제목으로 내세워 이어지는 12개 표제어를 이끌어낸 편집은 이런 차원에서의 배려로 보인다. 서유구는 집터를 살필 때 물과 흙이 먼저라는 생각을 피력했다. 물이 달고 땅이 기름지면 다른 조건은 따질 것도 없다는 것이다. 이런 생각을 토대로 좋은 물과 흙 살피는 법을 소개했다. 물에 대해서는 《정조지》와 《이운지》에서 이미 다루고 있어 상호 참조하면 좋다. 조선의 7대 강 중 한강의 물맛이 가장 좋다는 서유구의 평가도 음미해볼 만하다. 한강은 해동(海東)에서 물맛이 최고인 오대산 우통수(于筒水)에서 발원하기에 온갖 냇물이 이 물을 관통해 흘러가더라도 우통수는 자연스레 한강물의 중심으로 흐르면서, 반짝반짝

---

4 "最忌, 四山高壓, 日晚出早入或不見北斗, 靈光旣少, 陰氣易乘."《상택지》 앞의 책, 같은 곳.

빛나고 다른 물과 뒤섞이지 않는다[5]고 했다. 수질을 시험하는 법 5가지는 지금 보기에도 비교적 합리적이어서 주목할 만하다.

또 팔도의 유명한 샘, 그러니까 명약수터를 소개하기도 했는데, 우통수를 비롯하여 총 37곳을 꼽았다. 평창군에서는 2010년부터 약 3년간 우통수 복원사업을 전격 시행하겠다고 발표했는데,[6] 전국의 지자체에서 관심을 가질 만한 대목이기도 하다. 이런 예전의 명약수터 중 지금은 사라진 곳이 여럿이다.

한편 팔도에서 장기(瘴氣)가 있는 곳도 적어놓았다. 장기는 '습열장독'으로 인한 병인데, 바다가 많은 조선에서는 곳곳에 장기가 있다며 그 지역들을 거론했다. 호수와 바다의 전망이 좋은 곳을 주거지로 선호하는 요즘 경향에 경종을 울리는 견해다. 약수터의 경우와는 달리 지금의 지자체에서 상당히 꺼릴 만한 내용이다.

"생업 조건"에서는 먹고사는 문제를 다루었다. 그중 농사와 장사 이 두 가지를 가장 먼저 고려해야 한다고 했다. 비옥한 논밭이 있는 곳, 유통하는 재화가 모여드는 곳이 바로 최적지다. 당시 팔도에서 이익이 많았던 곳으로는 춘천 우두촌, 원주 흥원창, 충주 금천이 으뜸이고, 은진 강경나루와 김해 칠성포가 그 뒤를 잇는다고 했다.

"인심이 인(仁)한 마을에 살기"는 인심이 좋은 곳과 그렇지 않은 곳을 찾는 방법을 일러준다. 《논어》와 '맹모삼천지교'의 고사를 들어 마을 풍속의 중요성을 언급한 뒤 살기 좋지 않은 곳 7군데를 들었다. 사당이나 절, 높은 벼슬아치나 부자가 사는 곳, 앞뒤로 강이 가까운 곳, 초가가 모인 곳, 흉포한 사람들이 모인 곳, 창녀와 광대가 사는 곳, 젊은 과부와 탕자들이 사는 곳이 그곳이다. 또 배가 모이는 곳이나 시장은 소란할 뿐 아니라 풍속이

---

5 《상택지》 권1 〈집터 살피기〉 "물과 흙" '강물'.
6 〈한강의 근원, 오대산 '우통수 샘물' 아시나요〉, 《연합뉴스》, 2010년 5월 25일 기사 참조.

아름답지 못하다고 했다. 장사에 편리한 곳을 찾으라는 "생업 조건"에서의 권유와 배치되는 내용으로 보인다. 팔도의 풍속을 도마다 논하기도 했는데, 좋은 평가와 나쁜 평가가 엇갈린다. 너무 개괄적인 평가라서 이 평가에 정당성을 부여하기에는 무리가 있다. 따라서 이 평가를 빌미로 특정 도민 전체를 싸잡아 평가할 필요는 없겠다.

"경치 좋은 곳"에서는 위험한 지형에 거주해서는 안 되고, 경치가 좋더라도 생업 조건이 좋지 않은 곳은 별장을 두는 게 좋다고 했다.

"피해야 할 곳"에서는 거처와 접합하지 않아야 하는 곳으로, 종교 시설이나 대장간이 들어선 곳, 황폐한 곳, 논, 전쟁터, 지형 조건이 안온하지 못한 여러 곳을 꼽았다.

〈집 가꾸기〉에서는 "황무지 개간", "나무 심기", "집 짓기와 배치", "우물, 연못, 도랑"을 다루었다.

"황무지 개간"은 민지 껍질을 벗겨 나무를 죽이고 그 나무를 베어내는 것에서 시작해 집터 닦는 법을 알려준다. "나무 심기"에서는 집터를 고른 뒤 나무를 가장 먼저 심어야 한다고 전제하고, 건축물 주변에 어떤 나무는 심고, 어떤 나무는 심지 말아야 하는지를 알려준다. 하지만 특정 방위에 특정 나무를 심는 일이 왜 좋은지 혹은 흉한지 근거는 밝히지 않은 채 "재물이 모여든다"라거나 "죽임을 딩한다"는 식으로 결과만을 서술하고 있어 납득하기 쉽지는 않다. 그렇다고 미신이라며, 비합리적이라며 무조건 버릴 수도 없는 일이다.

"집 짓기와 배치"는 《섬용지》 권1의 〈건물 짓는 제도〉와 함께 보면 입체적으로 접근할 수 있다. 〈건물 짓는 제도〉에 주로 집 건축을 위한 실제 기술이 집중적으로 서술되어 있다면, 여기서는 집 지을 때 유의할 방위나 집의 구조, 금기 사항 등을 위주로 소개했다. 특히 문이 난 방향이나 집의 방향에 따라 달라지는 결과에 대해 많이 설명했다. 내부와 외부의 소통 통로로서 문이나 창문에 대한 관심이 컸기에 이처럼 다양한 금기가 나올 수

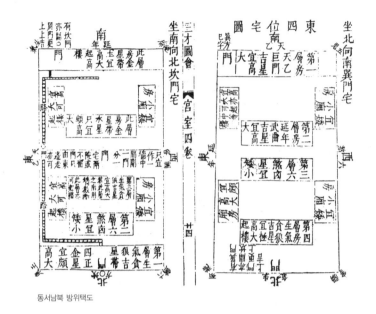

동서남북 방위택도

있었을 것이다. 한편 금기사항은 매우 다양하지만, 이를 어겼을 경우 일어 날 일들과의 인과관계가 설명되지 않아 쉽게 이해되지 않는 측면도 있다.

　"우물, 연못, 도랑"에서는 샘을 찾을 때 물기운, 대야, 질그릇, 불을 이 용하는 법이 나온다. 우물도 생활 필수 시설이기 때문에 우물을 팔 때 조 심해야 할 금기가 많다. 연못이나 못 만드는 법과 여러 금기 사항들도 제시 되었다. 못 만드는 법은《이운지》에 자세히 나오니7 상호 참조해야 한다. 집 안의 도랑은 이미《섬용지》에 언급했기에 여기서는 자주 청소하여 청결을 유지할 것을 강조했다. 고지대에서는 수고(水庫, 물 저장고)를 만들어야 한다 며 서양의 방법을 기재한《태서수법》의 글을 인용했다.

　권2의 〈전국의 명당〉은 "전국총론", "전국의 명당들", "살기 좋은 명당 품 평"으로 구성되어 있다. "전국총론"에서는 조선 팔도의 산하를 잇는 산·내·

---

7 《이운지》권1 〈은거지의 배치〉 "임원의 정원".

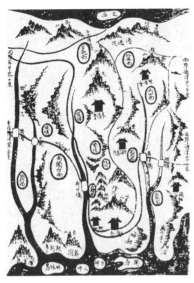

김포 지역(『경기읍지』 중)   개성. 장단(『대동여지도』 중)

강·바다의 인근 주요 읍들을 개괄하고, 입지 조건, 경제 환경, 교통 환경, 지역적 특성, 배출 인물, 주거 가능성 여부를 알려준다. 각 도별로 특성이 비교적 두드러져 해당 도에 대한 당대의 인식을 엿볼 수 있다. 이 글에 근거하면 영남이 훌륭한 인재를 가장 많이 배출하고, 살기도 좋은 곳이다. 특히 예안·안동·순흥·영천·예천 등은 신령스러운 기운이 왕성한, 복지(福地)이다. "전국총론"은 모두 이중환(李重煥, 1690~1756)이 지은《팔역가거지八域可居誌》, 즉《택리지擇里志》(1751년)를 인용했다.

　"전국의 명당들"은 팔도의 살기 좋은 명당을 도별로 소개했다. 소개된 명당은 총 233곳으로, 경기(82곳)·충청(56곳)·강원(42곳)·경상(25곳)·전라(17곳)·황해(5곳)·평안(3곳)·함경(3곳)의 순이다. 경기도와 충청도에 집중된 이유는 그곳에 실제로 명당이 많아서라기보다는 사대부가 발탁이 되었을 때 곧장 관직에 나아갈 수 있는 여건이 가장 좋았기 때문인 것 같다.

　여기서 주로 인용한 서적은 성해응(成海應, 1760~1839)의 《명오지(名塢志)》와 서유구의 《금화경독기(金華耕讀記)》다. 《명오지》 서두에서는 사대부가 서울에서 멀리 떨어져 살기는 마땅치 않다며 살기 알맞은 곳으로 서울과 접근성이 좋은 경기도와 충청도를 주로 언급했다. "전국의 명당들"의 내용에 비추어 볼 때 성해응의 이 책이 더 큰 비중으로 인용되었음을 알 수 있다(인용횟수도 《상택지》에서 가장 많다). 강원도 관련 기사에 《명오지》가 인용된 횟수(13회)는 경상도 기사에 인용된 횟수(19회)보다 적지만, 《금화경독기》에서 26곳이나 인용했기 때문에 결과적으로는 경상도보다 많은 곳이 소개되었다. 서울 중심적 사고는 예나 지금이나 변함없는 듯하다. 18~19세기는 서울로 집중되던 시기였기에 더욱 그러했다.

"살기 좋은 명당 품평"에서는 강·계곡·산골·호수·바다 근처의 거주지 중 좋은 곳들을 따로 소개한다. 강 인근 지역으로는 평양 외성, 춘천 우두촌, 여주읍 등을, 계곡 인근 지역으로는 예안 도산, 안동 하회, 안동 임하 등을 최상급으로 평가했다. 산골로는 금강산·설악산·오대산·태백산·소백산·속리산·덕유산·지리산을 8대 명산으로 꼽았으나, 이곳이 유람하기는 좋아도 영구히 살 곳은 아니라 했다. 호수 근처 지역으로는 관동의 6대 호수(삼일포·경포대·시중대·화담·영랑호·청초호)를 꼽았으나, 이곳 역시 농지가 부족하고 바다와 접하고 있어 유람하기는 좋지만 살 곳은 아니란다. 반면 홍주 합덕제, 제천 의림지, 익산 황등제, 김제 벽골제, 고부 눌제, 광주(光州) 경양호, 용궁 공검지, 연안 와룡지(즉 남대지) 같은 큰 저수지 근처는 살만한 곳이라 했다.

바다 근처에 대해서 조선은 삼면이 바다라 연해 지역이 많다면서도 이곳에 사는 데는 부정적이었다. 영남·호남의 바다 주변이나 섬은 산람장기나 벌레, 뱀에 고초를 당하는 데다 왜구와 가깝고, 서해는 중국의 어선이 무시로 들락거려 불안해 살 만하지 않지만 이 중 강화도와 대부도 두 곳이 살기 으뜸이라고 평했다. 또 통진(지금의 김포) 십승정, 충청도 내포, 황해도 연안·배천 역시 살 만하다 했다. 마지막에는 위의 이야기들을 종합해 바다 근처보다는 강 근처가, 강 근처보다는 계곡 근처가 살기 좋다는 얘기로 《상택지》를 마무리했다.

〈전국의 명당〉에 나오는 내용은 19세기 조선의 산하와 물산의 유통, 그리고 인심을 오롯이 전달하고 있다. 그런데 20~21세기 대한민국 산하는 이루 말할 수 없이 심각하게 변형이 진행되었다. 《상택지》의 산하는 더 이상 대한민국의 산하가 아닐 정도이다. 아이러니컬한 일은 서유구가 《임원경제지》를 초기에 저술했던 장단 지역은 거의 변화가 없다는 것이다. 문명은 사라지고 고요한 정적과 긴장감만 감도는 비무장지대(DMZ)에서 60년간 방치 혹은 보존되었기 때문이다. 지금도 서유구와 서명응, 서호수 등 그가문의 묘역이 그대로 남아있을 게 틀림없지만, 어느 누구도 접근할 수 없는 이 현실이 통탄스럽기만 하다. 최근에 남북의 평화 분위기가 급진전되고 있기에, 남북의 학문 교류의 차원에서 평양의 인민대학습당이 소장하고 있으리라 추측되는 서유구 가장본(家藏本) 《임원경제지》를 열람하고 풍석의 묘역을 남북의 학자들이 방문할 수 있는 기회가 조속히 마련되기를 간절히 바란다.

3) 편집체제[8]

《상택지》는 총 2권으로, 대제목이 3개, 소세목이 14개, 표제어가 104개, 소표제어가 233개, 기사 수는 445개, 인용문헌 수는 39개다. 인용문헌은 《예규지》 다음으로 적다. 대제목은 권1에 2개, 권2에 1개가 배치되어 있고, 소제목은 권1에 11개, 권2에 3개이다. 표제어는 권1에 82개, 권2에 22개로 배치되어 있다.

서유구의 안설(案說)을 포함한 기사 수는 총 454개다. 《상택지》는 기사당 평균 원문 글자 수가 90자이다.

---

8   3) 편집체제~5) 인용문헌 소개에서 인용된 통계자료는 김수연, 고윤주, 김현진의 도움을 받았다.

표1 《상택지》 표제어류 및 기사 통계

권수	대제목	소제목	표제어	소표제어	기사 수	인용문헌 수	원문 글자 수
서문							338
목차							54
1	2	11	82		182	26	12,625
2	1	3	22	233	263	13	28,427
합계	3	14	104	233	445	39	41,052

표2 《상택지》 기사 당 원문글자 수

원문 글자 수	기사 이외의 글자 수	기사 글자 수	기사 수(안설 포함)	기사당 원문 글자 수
41,052	949	40,103	454(445+9)	90

표3 《상택지》 소제목별 표제어류 및 기사 통계

권번호	대제목	소제목	표제어	소표제어	기사 수	인용문헌 수	원문 글자 수
서문							338
목차							54
1	1	1	4		4	26	12,625
		1	20		35		
		1	12		40		
		1	3		3		
		1	4		4		
		1	2		2		
		1	5		5		
		1	4		4		
		1	5		10		
		1	16		55		
		1	7		20		
2	1	1	8		8	13	28,427
		1	8	233	244		
		1	6		11		
합계	3	14	104	233	445	39	41,052

4) 필사본 검토

《상택지》는 오사카본, 규장각본, 고려대본에 전 권이 남아 있다. 이 중 오사카본의 내용이 나머지 두 본에 그대로 반영되었다. 오사카본《상택지》에서 기호로 된 교정 사항은 전혀 발견되지 않았고, 한 글자를 삽입하라는 교정 지시만 오직 1곳에 보일 뿐이다. 이 내용은 그대로 두 전사본에 반영되었다.[9] 오사카본 판심에는 '자연경실장'이 모두 적혀 있는데, 다른 지에도 '자연경실장'이 그대로 적힌 고려대본《상택지》에도 역시 판심에 '자연경실장'이란 글씨가 적혀 있다.[10] 심지어 한 면에 수록된 내용 전체가 일치하기도 한다. 이 말은 두 전사본이 오사카본에 적힌 글자 수대로 정확히, 줄이 밀린다거나 하는 일도 없었을 정도로 완전하게 정리된 사본이라는 뜻이다. 권두(卷頭)·권미(卷尾)의 제목이나 편찬자, 교열자 기록도 모두 동일하다.

다만 정리본에 추가된 사항이 보이는데, 이는 본문 내용이 아니라 책의 형식 요소이다. 즉 권두의 첫 줄에 임원십육지 권차(卷次, 권의 번호)가 추가되었다는 점과 판심에 지의 이름, 권수, 대제목을 적고 면수가 기재되었다는 점이다. 그러니까 권차나 판심에 기재되는 요소는《임원경제지》113권 전체를 정리하는 과정에서나 기록하는 사항인지라 초고인 오사카본에는 없다. 서유구의 가장본으로 정리되는 과정에서 추가되었을 것이다.

오사카본에서 이렇게 내용이 전면적으로 전사본에 반영된 지는《상택지》가 유일하다. 따라서 오사카본《상택지》는 초고의 최종 편집 상황을 보여준다는 데서 매우 중요한 의미를 지닌다. 최종본은 글자나 교정기호 없이 오로지 오려 붙이기만 한 모습을 보인다. 서체도 처음부터 끝까지 동일한

---

9 다만 한 글자를 삽입하는 과정에서 전사본은 한 글자가 밀렸다. 그 결과 1면(즉 2쪽)에 담긴 내용에 두 글자 차이가 생겼지만, 다음 면에 영향을 미치지는 않았다. "在果川冠岳山中. 冠岳在縣西五里. 洞府深邃, 山之陰陽幷可居而南紫霞洞益佳. 但田地甚瘠, 往往資泉水, 灌漑輒患其弱. 然泉石絕勝, 多都下卿相室廬."《상택지》권2〈전국의 명당〉"전국의 명당들" '경기도·자하동' 부분. 이 부분에 '石'자를 삽입하라는 지시가 작은 글씨로 적혀 있다.

10 규장각본은 '자연경실장'을 적지 않았다.

相宅志卷第一

林園十六志百七

占基

總論

卜居四要凡卜居之地地理爲上生理次之其次人
心其次山水四者闕一非樂土也地理惡則不能久居
之則不能久居生理雖好而地理惡則亦能久居生理
理及生理俱好而人心不淑則必有悔吝進處無
山水可賞處則無以陶瀉性情八總可

「상택지」 오사카본(좌), 고려대본(우)

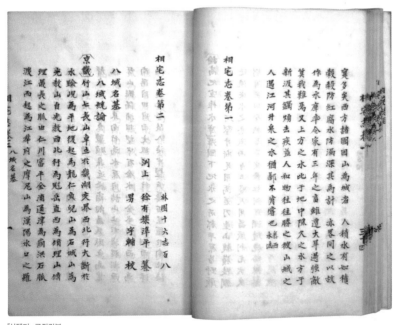

「상택지」 규장각본

사람의 것으로 판단된다. 다만 기사 중간에 일부 서체가 다른 부분이 보이고, 여기에 다시 기사를 오려 붙여놓은 흔적이 있어 뒷날 행해진 교정 및 편집은 모두 오려 붙이기로 이루어졌음을 알 수 있다.

5) 인용문헌 소개

인용문헌은 총 39종이다. 《상택지》에서 30회 이상으로 인용된 서적은 《명오지》(120), 《금화경독기》(99), 《팔역가거지》(51), 《거가필용》(40), 《증보산림경제》(39) 등으로, 《거가필용》을 제외하면 모두 조선문헌이다. 《자천소품》(14), 《수품》(12), 《양택길흉론》(10)도 비교적 많이 인용되었다. 또한 조선의 문헌도 《명오지》, 《금화경독기》, 《팔역가거지》, 《증보산림경제》를 비롯하여 《문헌비고 여지고》(9), 《고사촬요》(7), 《어우야담》·《산림경제보》(3), 《역천집》[11]·《약천집》[12]·《농암집》[13](2), 《금화지비집》·《위사》·《산림경제》·《뇌연집》[14]·《한정록》·《오오지》·《고사십이집》(1) 등 총 18종이 인용되었다.

이 중 서유구의 저술은 《금화경독기》와 《금화지비집》 2종이다. 이 지는 중국문헌을 많이 활용하지 않았는데, 《거가필용》이 그 중 가장 많이 인용되었다는 점도 눈에 띈다. 《팔역가거지》는 인용 횟수는 두 번째이나 기사당 내용이 많기 때문에 《상택시》에서 가장 많이 인용되었다(42.8퍼센트). 《팔역가거지》·《명오지》·《금화경독기》이 3종의 문헌이 《상택지》 전체의 7할이 넘는 비중을 차지했다(74.6퍼센트).

서유구의 안설은 총 13회에 걸쳐 626자를 차지하여 1.5퍼센트(626/41,052)의 비율을 보인다.

---

11 宋明欽, 《櫟泉先生文集》 卷13 〈記〉 '龍湖山水記', '記月城故事'.
12 南九萬, 《藥泉集》 卷28 〈記〉 '北關十景圖記'; 南九萬, 같은 책, 卷29 〈雜著〉 '嶺南雜錄'.
13 金昌協, 《農巖集》 卷24 〈記〉 '游晩翠臺記'; 金昌協, 같은 책, 卷21 〈序〉 '贈李生弘命序'.
14 南有容, 《雷淵集》 卷14 〈記〉 '遊洞陰華嶽記'.

《상택지》 전체에서 서유구 저술 이외의 조선문헌 비율은 68.1퍼센트를 차지하고, 서유구 저술의 비율은 21.2퍼센트를 차지하고 있다. 그리하여 《상택지》 전체에서 조선문헌이 차지하는 비율은 총 89.3퍼센트로, 16지 중 가장 많은 비율을 차지한다. 그 까닭은 조선의 살 곳에 대한 정보는 '상택' 의 원론을 제외하면 조선의 기록을 반영할 수밖에 없기 때문이었을 것이다. 문집에 수록된 기행문 형식의 글을 자주 인용했다는 점도 이 지의 특성이 반영되었기 때문이다.

표4 《상택지》에서 서유구 저술 이외의 조선문헌 비중

인용 조선 문헌	기사 수	글자 수
명오지	120	6,044
팔역가거지	51	17,601
증보산림경제	39	2,374
문헌비고	9	333
고사촬요	7	278
어우야담	3	229
산림경제보	3	106
역천집	2	277
약천집	2	229
농암집	2	158
위사	1	66
산림경제	1	104
뇌연집	1	75
한정록	1	55
고사십이집	1	43
합계	243	27,972
비율(%)	54.6(243/445)	68.1(27,972/41,052)

표5 《상택지》에서 서유구 저술의 비중

구분	글자 수	비고
서문	338	
목차	54	
권수, 권차, 권미제, 저자명·교열자명	62	
대제목, 소제목, 표제어, 소표제어	495	
안설	626	13회
금화경독기	6,995	99회
금화지비집	149	1회
합계	8,719	
비율(%)	21.2	8,719/41,052

표6 《상택지》에서 조선문헌의 비중

구분	글자 수	비고
서유구 저술 이외의 조선문헌	27,972	
서유구 저술	8,719	
합계	36,691	
비율(%)	89.3	36,691/41,052

6) 《상택지》와 지명(地名)의 이해

해제를 마무리하기에 앞서 《상택지》 번역 과정에서 중점을 두었던 부분에 대해서 언급하고자 한다. 《상택지》는 내용의 특성상 조선의 지명이 매우 빈번하게 출현한다. 따라서 지명의 이해 없이는 《상택지》에서 전달하려는 의도를 제대로 파악할 수 없다. 지명을 그저 평이한 단어로 여겨 간과하면, 저자가 지명을 소개할 때 자신의 머릿속에 그리고 있는 지리 환경의 입체적 느낌이 독자에게는 매우 평면적이고 건조하게 반복되는 단어로만 전달될 뿐이다. 무의미한 단어의 나열로만 비쳐질 수 있는 것이다.

지명의 고증을 결여한 채 한자음을 한글로 옮기는 축자번역은 근본적으로 수많은 오역을 초래한다. 지명 자체의 독음을 잘못 적기도 하고, 원문의 오류를 간파하지 못하기도 한다. 또한 지리상의 공간을 입체적으로 접근하지 못했기에, 원문을 오독하는 사례도 생기게 마련이다. 지명의 입체적·현대적 이해, 《상택지》 번역에서 가장 역점을 두게 된 이유다. 《상택지》권1의 유명 약수터를 소개한 곳이나, 권2 전체에서 역자들은 우선 지명이 지시하는 당시의 용례를 확인했고, 이어서 지금의 위치를 확인하려 했다. 시대가 흐르고 문명의 엄청난 변화가 이어지면서 지명의 한자가 달라지기도 하고, 아예 없어져서 다른 지명이 되기도 했지만 번역연구 과정에서 확정할 수 있는 지금의 지명을 최대한 고증하려 했다. 그래야 현대의 독자가 19세기의 지리에 접근할 수 있는 매개를 가질 수 있기 때문이다.

그럼에도 여러 사료나 고지도에서조차도 확인할 수 없는 지명이 상당수였다. 이런 경우는 실마리를 전혀 찾을 수 없는 사례를 제외하고, 최대한 그 근방의 위치라도 추정하려 했다. 물론 이 과정에서 엉뚱한 곳으로 추정할 수도 있다. 그럼에도 이렇게 현재의 위치를 잠정적으로 제시한 이유는 크게 두 가지다. 첫째는 차후에 연구를 심화시킬 때, 보다 정확한 위치를 고증하는 계기가 되기를 바라는 뜻에서다. 둘째는 지방자치의 확대 과정에서 지자체나 향토연구단체에서 지방의 문화콘텐츠를 확보하여 보다 풍부하게 역사를 채움으로써 스토리텔링의 소재로 삼을 수 있기를 바라는 의도에서다.

지명을 고증하는 연구에서 역자들은 조선 후기에 제작된 여러 고지도를 조사했다. 고지도들은 지도가 제작된 목적에 따라 특징이 있었다. 지방지도는 비교적 작은 지명까지도 잘 보여주고 있지만 방위나 실제거리를 가늠하기가 어렵게 작성된 사례가 많았다. 방위와 거리를 예측하기 어려운 특성으로 인해 지금의 지명을 찾는 데 적지 않게 애를 먹게 된다. 따라서 《상택지》 번역에서는 우리나라 지형을 실제와 거의 비슷하게 반영한 《대동여지도》를 주로 사용했다.

고지도 원문은 서울대 규장각한국학연구원에서 가장 방대하게 웹에서 무료로 제공하고 있다. 우선 인터넷으로 쉽게 접근할 수 있다. 《대동여지도》나 《동여도(東輿圖)》, 《조선지도(朝鮮地圖)》 같은, 조선 팔도 전체를 그려놓았으나 조각조각으로 만들어졌던 지도를 모두 이어서 전도로 접근할 수 있게도 해놓았다. 게다가 해상도가 높아 출판용으로도 바로 활용할 수 있기 때문에 번역연구에서 이 연구원의 자료를 대부분 반영했다.[15]

고지도를 통해 《상택지》에 나오는 지명을 확인하는 과정에서 현대지도와의 대조 과정도 거쳤다. 인터넷 포털 사이트 '다음'과 '네이버'에서 제공하는 지도는 《상택지》 번역연구에 아주 비중이 컸던 자료였다. 이 지도들은 그림식의 지도 뿐 아니라 '스카이뷰'나 '위성' 기능을 쓰면 위성사진까지 제공하고 있어서 지형파악에 큰 도움이 되었다. 게다가 그림식 지도에서는 거의 파악이 어려운 농토들을 확인할 수 있어서, 《상택지》에서 소개한 명당의 주요 조건 중 하나인 논밭이 얼마나 넓은지 여부를 금방 확인할 수 있었다. 구글지도도 유용했다. 이 지도는 특히 다른 포털에서 제공하지 못하는 휴전선 접경지역과 북한 지리를 확인하는 데에 큰 도움이 되었다.

이와 같이 지명 고증을 통해 지도에서의 위치까지 연계하려는 전면적인 시도는 그간 한문고전 번역에서 본격적으로 시도되지 않은 방식이다. 번역문이 정확하고 제대로 이해되기 위해서 글 뿐 아니라 여러 시각자료를 활용하는 사례는 일부 있으나 지명과 지도를 바로 연계시키려는 노력은 소극적이었다.[16] 처음 시도라 부족한 점이 많지만 이 《상택지》 번역이 차후 지명과 관련한 번역이나 연구에 조그만 도움이 되기를 기대한다.

---

15 국학 연구자들이 연구할 때 한문원전에 지명이 나오면 보통 무시하거나 피상적으로 확인하고 넘어가는 경우가 많다. 고지도로, 현대지도로 확인해야겠다는 마음이 아예 없는 이들도 자주 보았다. 《상택지》 번역에 유용하게 활용했던 경험에 비추어볼 때, 규장각한국학연구원 등에서 제공하고 있는 지도로 지명을 확인하는 습관을 들인다면, 연구를 보다 다각적으로 심화시킬 수 있는 좋은 발판이 되리라 생각한다.

16 이런 분위기에서 안대회 교수와 이승용 박사 등이 최근 출간한 《완역 정본 택리지》(휴머니스트, 2018)는 다양한 고지도를 활용하여 지명을 보여준 좋은 사례다.

보론

1. 온 땅을 잇는 산줄기의 발견[17]

70%.

이 비율은 어린 시절부터 내 몸속 깊이 각인되었다. 두 가지로다. 하나는 우리나라 산의 비율이고, 다른 하나는 인체의 수분 비율이다.

나는 우리 산천을 돌아다닐 때마다 70이라는 숫자를 자연스럽게 되새겼다. 비교적 산이 적었던 광주와 전라남도 지역에서 어린 시절을 보냈지만, 산이 많은 곳을 지날 때, 특히 중고 시절 수학여행 때 가보았던 지리산이나 설악산을 갔을 때 더욱 그랬다. 그런 교육의 영향 때문이었는지, 야트막한 야산을 지나칠 때도 '우리나라 산 참 많다'는 생각을 재확인하곤 했다.

성인이 되어 강원도와 같은 산간 지역에 놀러갈 기회가 좀 더 생기면서, 이런 인식은 확신으로 점점 변해갔다. 하지만 이런 나의 인식은 반쪽짜리에 불과했다. 남한 지역, 그것도 극히 일부 지역에서의 경험이기 때문이다. 남한보다 산의 넓이나 규모에서 비교가 안 될 북한 지역은 아예 알지도 못한다.

우리나라 땅에 대해 이 정도의 인식에 머물고 있던 차에, 《상택지(相宅志)》를 번역하면서 기이한 경험을 했다. 《상택지》에서는 전국의 지리상 특

---

17 이하의 글 5편은 월간 《해피투데이》(혜인식품·네네치킨에서 발행하는 문화매거진)에 2018년 7월호부터 11월호까지 "임원경제 산책"이라는 코너에서 연재한 글을 일부 수정·보완한 것이다(순서는 8월호 분부터 시작했고 7월호 분은 맨 나중에 배치했다. 원문은 포털사이트 '다음'의 뉴스섹션에서 확인할 수 있다). 해제의 형식을 떠나 보다 쉽게 《상택지》에 접근하기 위한 의도로 썼다. 시의성을 반영하면서 나의 주관적 견해도 피력했기에, 《상택지》에 대해 보다 다각적으로 접근하는 데 도움이 되리라 생각한다.

성을 정리했다. 그 중에 팔도를 경기도부터 시작해서 차례대로 총평하는 내용도 있다. 내가 기이한 경험을 한 곳은 바로 팔도 총론의 첫 번째인 경기도의 지리를 설명하는 다음과 같은 첫대목으로, 이중환의 《택리지(擇里志)》를 요약한 부분이다.

죽산(竹山)의 칠장산(七長山)[18]은 경기도와 충청도의 경계에 우뚝 솟아 있다. 이 산줄기는 서북쪽으로 뻗어 나가다가 수유고개[水踰峴][19]에서 크게 끊어져 평지가 되고, 다시 솟아나서 용인(龍仁)의 부아산(負兒山)[20]이 되고, 석성산(石城山)[21]이 되고, 광교산(光敎山)[22]이 된다. 광교산으로부터 산줄기가 서북쪽으로 뻗어 관악산(冠岳山)[23]이 되고, 서쪽으로 바로 뻗어서는 수리산(修理山)[24]이 된다.[25]

칠장산[《대동여지도》에는 칠현산(七賢山)으로 표기]에서 시작하여 북쪽으로 올라가면서 새로운 산이름이 반복되는 문장이다. 관악산과 수리산 외에 내게는 생소한 산들만 나열되어서 그랬는지, 글만 보아서는 평범했다. 너무 평범해서 지겨워질 것 같은 문장이었다. 아무런 감흥도 일어나지 않았다. 경기도의 살 만한 곳을 이야기하면서 왜 산들만 줄곧 나열하고 있는가. 이 산이 저 산이 되고, 저 산이 요 산이 되었다는 게 도대체 무슨 의미가 있다는 것인가.

---

18 칠장산(七長山) : 안성시 삼죽면, 죽산면, 금광면의 경계에 있는 산.
19 수유고개[水踰峴] : 용인시 처인구 남동에 있는 고개.
20 부아산(負兒山) : 용인시 처인구 삼가동과 기흥구 지곡동의 경계에 있는 산.
21 석성산(石城山) : 지금의 보개산으로, 용인시 기흥구 동백동, 처인구 포곡읍 가실리의 경계에 있는 산.
22 광교산(光敎山) : 수원시 장안구와 용인시 수지구의 경계에 있는 산.
23 관악산(冠岳山) : 서울시 관악구와 과천시의 경계에 있는 산.
24 수리산(修理山) : 안양시, 군포시, 안산시의 경계에 있는 산.
25 《상택지》 권2 〈전국의 명당〉 "전국 총론" '경기도'.

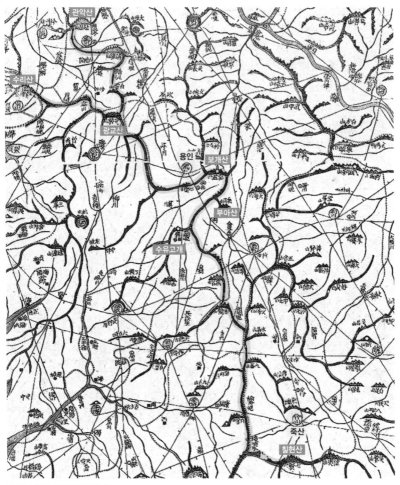

경기도 남부의 산세(《대동여지도》)

《임원경제지》를 번역하고 있는 번역자에게 의미 없는 문장이면, 일반 독자에게는 더 의미 없는 글일 수 있을 것이다. 이런 생각에 미치다 보니, 이 문장을 그냥 넘어가서는 안 되겠다는 생각이 들었다. 시각 자료를 통해 우선 나부터 이해하고, 내 자신을 설득해야 했다. 곧장 고산자(古山子) 김정호(金正浩, ?~?)의 대작 《대동여지도》를 들췄다. 그리고 원문에 나온 지명을 하나하나 찾기 시작했다. 확인이 되는 지명도 있고 그렇지 않은 지명도 있었다. 그렇지 않은 지명 중에는 이름이 달리 기재된 곳도 있었다.

이 몇 개의 지명을 찾는 데 한참이 걸렸다. 하지만 《대동여지도》에서 지명을 하나씩 확인해가면서 묘한 희열과 감탄이 저절로 쏟아졌다. 우선 글로만 된 서술이 그림에서 그대로 확인되었다는 점에서다. 100년 전(1751년)에 쓴 글이 110년 뒤(1861년)에 제작된 지도에 그대로 묘사되었다. 둘째로 조선인들이 인식하는 강토에 대한 태도 때문이었다. 경기도 전체가 산줄기로 연결되어 있다고 서술했고, 그림에서도 꼭 그렇게 그려졌다.

특히 경기도의 산줄기가 모두 연결되어 있다는 생각을 한 번도 해본 적이 없는 나로서는 우리 국토에 대한 인식의 큰 전환이 되었다. 기껏해야, 한강 이북은 광주산맥으로 연결되었고, 한강 이남은 차령산맥의 줄기가 있다고 여겼을 뿐이었다. 물론 초등학교 시절부터 태백산맥이니, 노령산맥이니 하는 산맥이 여러 개 있다는 사실도 알고 있었다. 그러나 이 산맥들은 백두산부터 이어지지 않았고 군데군데 단절이 있었다. 그리고 산맥의 영역을 두꺼운 선으로 표시를 해놓았기 때문에 실제로 이어진 복잡한 산줄기를 보여주지는 못했다.

예전부터 이런 식의 산맥의 개념이 수정되어야 한다는 주장을 듣기는 했지만, 내게 절실하지 않았다. 하지만 이번의 경험으로 한국의 산과 산줄기에 대한 이해를 재정비해야 함을 절감했다. 이미 우리 선조들은 산이 백두에서 시작하여 전 국토에 신경줄기나 혈관처럼 긴밀히 연결되었다고 믿고 있었는데, 우리는 사회 교과를 배우면서 그런 식의 사고를 하지 않은 것이다.

교과서에 나오는 '산맥지도'는 산맥이 단절되었다고 은연중에 보여주었다. 이 산맥지도는 일본 지질학자인 동경제국대학의 고토 분지로(小藤文次郎, 1856~1935)가 1903년에 주장한 이론을 근간으로 하고 있다는 사실도 새롭게 알았다. 이 이론이 우리 지질학계, 지리학계는 물론 우리 교육 현장에 100년 동안 영향을 미쳤던 것이다.

칠장산의 3정맥분기점(출처 경기도)

경기도를 소개하면서 왜 하필 중요해 보이지도 않고 그다지 높지도 않은 죽산의 칠장산(해발 492m)을 처음으로 언급했을까. 이 산이 경기 남부 및 충청도와 경계가 되는 산줄기 중 중심이 되는 산이기 때문이다. 칠장산의 동북쪽에서는 백두대간의 한남금북(漢南錦北) 정맥(正脈)이 뻗어오고, 동남쪽으로는 금북(錦北) 정맥이, 북쪽으로는 한남(漢南) 정맥이 갈라지는 분기점이다. 《대동여지도》의 그림 상으로는 '장항령(獐項嶺)'이라 표기된 곳이다. 칠장산 정상 근처에는 이 세 정맥이 갈라지는 3정맥분기점이 있다.

여기서 말하는 정맥(正脈)은 영조 때 신경준(申景濬, 1712~1781)이 저술한 〈산경표(山經表)〉라는 책에서 산줄기를 1개의 대간(大幹)과 1개의 정간(正幹), 그리고 13개의 정맥으로 나눈 분류 중 하나다. 대간이 가장 크고, 정간이 그 다음이며 정맥이 가장 작다.

칠장산이 충청도와의 경계가 되면서도 중심이 되는 산이라고 보는 이유는, 칠장산을 중심으로 경기 남부, 즉 경기도의 한강 남쪽 지역이 모두 이 산에서 뻗어나갔기 때문이다. 위에서 인용한 《상택지》에서의 설명은 바로 이를 말해준 것이다. 칠장산이 북쪽으로 뻗어가면서 왼쪽으로는 용인, 수원 등이 있고, 오른쪽으로는 여주, 이천, 광주 등이 있다. 칠장산이 서남쪽으로 뻗어 형성된 구봉산(469m) 줄기의 북쪽으로는 평택, 안성이 있다. 다시 서북쪽으로 뻗어가서 수리산(489m)과 관악산(632m)으로 이어진다.

이제까지 나에게 산은 그냥 개별적인 산이었다. 북한산, 지리산, 설악산, 무등산……. 산을 각 개체의 산으로만 보았던 것이다. 그러나 《상택지》와 《대동여지도》에서 보여준 산은 각각 독자적으로 떨어져 있는 개별적 산이 아니었다. 칠장산에서 수리산, 관악산까지 모두 한 구간도 줄기가 끊어지지 않고 이어져온 하나의 맥(脈)이었다. 따로 떨어져 있을 때는 별 의미 없던 산들이 이런 맥락으로 내게 들어오면서 친근하고 사랑스럽게 다가와 내 동네의 산이 되었다.

경기도는 서울을 둘러싸고 지금의 영역과 거의 비슷하게 걸쳐 있다. 경기라는 말 자체가 왕성이 있던 서울[京]과 이를 둘러싼 외곽 지역의 행정구역[畿]을 가리킨다. 그러니 당연히 한양 주변의 지역이 경기도가 되는 것이다. 따라서 지금의 경기도 산줄기는 한강을 중심으로 남과 북이 크게 갈린다. 한강 남쪽의 산들은 칠장산에서 출발하여 한강과 서해를 만나면서 끊긴다. 한강 북쪽의 산들은 철령에서 이어져 왔다. 《택리지》의 설명이 아무리 산줄기 중심으로 그 지역을 설명하더라도, 실제로 확인하지 않는 이상 이를 입체적으로 조망하기는 어렵다. 《택리지》(1751년)와 《상택지》와 《대동여지도》(1861년)의 결합을 통해 우리나라의 산과 들과 강을 긴밀하게 연결된 전체로 파악하게 되었다. 문자기록과 그림기록의 만남을 통해 가능했던 것이다.

요새는 산줄기나 산의 의미를 실감하지 못한다. 막혀 있으면 구불구불 산기슭을 타고 굽은 길을 내서 고개로 넘어가거나, 낮은 곳을 절개하거나 아예 터널을 뚫어버리기 때문에, 등산을 하지 않는 이상 산에 의지할 일이 거의 없어진 것이다. 한계령(1,004m)도 넘어가고, 대관령(832m), 미시령(826m)도 뚫었다. 얼마 전에는 인제양양터널(길이 10.96km)이 뚫렸다. 비행기는 더 말해 무엇하랴. 더 이상 산이 신비롭지도 않고 두려운 곳도 아니다.

70%. 우리나라 산의 비율이자, 인체의 수분 비율이기도 하다. 우리 산은 백두대간을 중심으로 육지 전체가 이어져 있었다. 당연히 산의 형세나 위치는 내 삶과 직결되었다. 이제는 산이 내 삶과 무관해졌다. 하지만 자연을 두 다리로 걷지 않고 건강하게 살 도리는 없다. 아직도 《대동여지도》 식의 국토 인식은 유효하다. 그 체제를 존중하지 않고 아끼는 마음이 없이는 우리의 미래도 건강하지 못하다. 우리는 산에 기대어 살아왔고 물과 접해서 살아왔다.

하지만 아무리 부정해도 우리 산은 우리 몸의 물과 같은 존재다. 없어도, 수질이 좋지 않아도 아무 문제없다는 듯이 소홀히 하다가 하루만 섭취하지 못해도 몸의 균형에 큰 탈이 나게 하는 물, 말이다. 수질이 악화되는 과정과 함께 우리 산도 그동안 여러 방식으로 훼손되었다. 《상택지》와 《대동여지도》를 조망하는 과정에서 보니 그 훼손의 피해가 결국 우리 자손들에게 부메랑이 될까 더욱 걱정스럽다.

2. 조선에 살기 좋은 땅은 어디였나

내 집 마련, 많은 이들의 꿈이다. 그 꿈을 이미 이룬 분들도 있을 테고, 아직 먼 분도 있을 테다. 집은 공기 정도까지는 아니지만, 예나 지금이나 인간 삶의 필수품임이 분명하다. 학창시절, 나는 어떤 집에서 살아야 하는지 정식으로 배워 본 적이 없다. 그러다 사회생활을 하면서 갑자기 부동산으로서의 집이 덜컥 내게 다가왔다.

내 집 마련은 내게 먼 미래의 꿈이었다. 그 꿈을 이루려는 과정에서 어떤 집이 좋은 집인지 여러 루트를 통해 알아가기도 했다. 내 경험이나 느낌을 통해 얻은, 좋은 집에 대한 견해가 조금씩 잡혀 가기도 했다. 한편으로는 여론이나 각종 매체를 통해 내게 주입되기도 했다.

나는 가끔 내 집을 짓는다면 어디에 앉힐지, 공간은 어떻게 구성할지 생각해본다. 누가 지어놓은 집이 아니라 내가 설계한 집 말이다. 그러다 살기 좋은 곳 찾는 법을 알려주는 《상택지》를 만났다. 조선의 가옥과 지금의 가옥은 천양지차라, 내부구조를 반영하려면 적지 않은 노력과 시간과 돈이 필요하다. 내부구조를 알려주는 책은 《임원경제지·섬용지(贍用志)》인데, 이 책을 적용하기는 내게 아직 먼 얘기다. 그래서 어디에 지어야 하는지, 즉 입지조건이 어떤지를 고려하는 게 우선이라는 생각에 《상택지》가 먼저 다가왔다.

내 집은 어디에 어떻게 지을까. 이에 대해 관심 있는 분들이 너무나 많겠지만, 내가 이를 일목요연하게 정리할 수도, 그럴 능력도 없다. 다만 지금과는 너무나 다른 환경에 살았던 조선 선비들은 어떤 곳에서 살기를 원했을까, 그리고 그런 곳이 지금 우리시대에 어떤 의미를 가질까, 이런 점들을 이야기하면서 우리 시대의 주거지에 대한 인식과 대비해보려 한다.

《상택지》에서는 조선시대에 살기 좋은 곳을 택하는 방법을 네 가지로 꼽았다. 첫째는 지리 조건[地理]이고, 둘째는 생업 조건[生理]이고, 셋째는 마을 인심(人心)이며, 넷째는 자연환경[山水]이다.

살 곳을 고를 때는 지리가 으뜸이고, 생업 조건이 그 다음이고, 그 다음이 인심이며, 그 다음이 산수이다. 이 4가지 가운데 하나라도 빠지면 낙토(樂土)[26]가 아니다. 지리가 비록 좋아도 생업 조선이 부족하면 오래 살 수 없고, 생업 조건이 비록 좋아도 지리가 나쁘면 오래 살 수 없고, 지리와 생업 조건이 모두 좋아도 인심이 아름답지 않으면 반드시 우환이 생기며, 가까운 곳에 즐길 만한 산수가 없으면 성정(性情)[27]을 도야하거나 해소할 길이 없다.[28]

먼저, 지리 조건을 보자. 이 조건은 저절로 형성된 산과 물과 흙 등의

---

26 낙토(樂土): 즐거움과 행복을 누릴 수 있는 땅.
27 성정(性情): 타고난 성질과 심정.
28 《상택지》권1 〈집터 살피기〉 "총론" '살 곳 고르는 4가지 요점'.

자연 형세다. 요약하면 배산임수(背山臨水: 뒤로는 산을 등지고 앞에는 물을 마주하는 지세)이면서, 주변보다 높은 지대여서 배수가 잘 되고 평평하며 전망 좋은 곳, 집 주변을 안온하게 감싸주는 형국인 곳, 그리고 당연히 남향인 곳이 가장 좋다. 상상만 해도 기분이 좋아진다.

하지만 이런 조건을 만족하는 곳이 이 땅에 얼마나 되겠는가. 인위적인 개발이 너무나 많이 되었기에 아마도 현대인들은 이 첫째 조건을 만족하는 곳을 찾기가 가장 어려울 듯하다. 특히 도시에서는 거의 불가능한 상태다.

둘째인 생업 조건은 말 그대로 일자리 종사에 필요한 요건을 갖춘 곳을 말한다. 인간다운 삶을 위한 경제적 여건 조성에 대해서는 두 말이 필요 없다. 당시로서는 농사나 장사를 할 수 있는 곳이다.

지금 시대에는 아마도 이 둘째 조건이 집의 위치를 결정하는 데 가장 중요하지 않을까 생각한다. 도시로 몰리는 이유도 대부분 여기에 있다. 하지만 교통과 통신의 놀랄 만한 변화로 일터가 집과 반드시 가까울 필요가 없어졌다. 직장에서 먼 곳에 살기도 하고, 주말부부로 살기도 한다. 도시의 주거지를 과감하게 떨치지 못하고 주말부부처럼 '두 집 살림'을 하거나 직장과 먼 곳에 사는 이유는, 자녀 교육 문제와 함께 도시를 떠남으로써 감수해야 하는 여러 불이익을 당하지 않기 위해서이기도 할 것이다. 어쩌면 이 조건만 만족되면 위에서 말한 네 가지 중 나머지 세 요소는 부가적으로 여길 수 있다.

셋째, 인심은 말 그대로 마을 인심이 좋은 곳이다. 그래서 자녀교육에도 도움이 되는 곳이다. '맹모삼천지교'라는 말이 이를 대표한다. 따라서 종교 시설, 부촌, 시장, 상가지역, 도둑 소굴, 기생촌이나 광대촌, 과부촌, 건달촌 같은 곳을 경계하라 했다. 그 이유는 각자 생각해보면 어렵지 않을 것이다.

뉴타운이나 신도시 개발로 아파트 등 밀집형 주거공간이 대량으로 건설되면서 그곳의 거주민들은 토박이가 거의 없고 대부분 외지인이다. 따라서 인심도 완전히 새로 형성된다. 교육환경도 그렇다. 강남이나 일산·분당이나 신도시로 젊은 세대가 몰리는 이유이기도 하다.

마지막으로, 자연환경은 산수가 좋은 명승지(관광지)를 말한다. 산 좋고 물 좋은 곳이다. 그러나 이런 명승지는 주거지로 삼기에는 편안한 곳이 아니라고 선인들은 생각했다. 대신 별장을 짓거나 해서 가끔 세상에서 쌓인 억눌린 감정을 푸는 공간으로 활용하라고 했다. 산수를 통해서는 성정을 도야하고 스트레스를 풀면서 심신을 수양할 수 있다.

지금은 도시 근처에 이런 산수를 찾기는 쉽지 않다. 하지만 멀리 떨어져 있어도 교통이 좋아져서 거리가 큰 장애요소는 아닐 수 있다. 산수 대신 도시에 공연시설, 스포츠센터, 도서관 등의 문화환경을 조성하기도 한다.

이상의 네 가지에는 자연 조건과 사회 조건이 함께 제시되었다. 자연환경이 좋은 곳, 돈 잘 버는 곳, 인심까지 좋은 곳, 심신의 휴식 공간이 가까이 있는 곳. 이런 곳에 살고 싶은 마음이야 누구에게나 로망일 수는 있겠다. 하지만 현실은 이를 쉽사리 허락해주지 않는다. 자신의 경제규모에 맞게 집을 구입하거나, 대출로 무리해가면서 구입할 수 있는 아파트 등으로 로망의 실현이 유예되곤 한다. 그렇게 허리띠 졸라매고 살다 은퇴한 뒤에 전원생활의 여유를 꿈꾼다.

경제적인 여유가 있어도 서울을 비롯한 대도시에서 위의 조건을 만족하는 곳을 찾기 역시 거의 불가능하다. 너무 도시가 변해서다. 한 가지 예만 들자면, 첫째 조건 중 하나인 배산임수 형세를 대도시에서 찾기가 쉬운가. 배산(背山)으로 삼을 만한 산은 대부분 개발이 되어 산인지 언덕인지 알 수 없고, 임수(臨水)로 삼을 만한 개울이나 하천은 상당 부분 복개되어 그곳에 물이 흐르는지조차 알 수 없는 곳도 많다.

혹시 서울의 만초천(蔓草川)을 들어본 적이 있는가. 이 하천은 서대문구 현저동 무악재(길마재)에서 발원해서 서대문사거리, 서울역, 서부역, 청파로, 원효로를 따라 원효대교 북단 지점에서 한강으로 흘러들어가는 물줄기다. 한강에 합류하는 지점은 영화 〈괴물〉(2006년)의 촬영지로도 유명한 곳이다.

길이는 약 7.7km. 1950~60년대 복개되어 지금은 물줄기를 찾을 수 없다. 만초천은 시내에서 100미터도 되지 않은 짧은 구간만이 노출되고, 미군 용산기지를 흐르던 300미터 정도가 노출되어 있으며, 나머지는 대부분 복개되었다고 한다. 복개된 역사를 알고 있는 이든 모르는 이든, 이미 건물과 도로로 덮혀 버린 곳에서 배산임수를 논하기는 매우 민망하다.

이러한 예는 서울에서 수두룩하게 찾을 수 있다. 서울에는 산과 개천이 의외로 많다. '위키백과'에서 정리한 내용에 따르면 명칭이 알려진 산은 서울에 74개(한강 북쪽에 35개, 한강 남쪽에 39개), 개천 및 강은 99개나 된다. 이런 산들의 일부 또는 전부가 깎이거나 없어졌고, 개천의 일부 또는 대부분이 하늘을 보지 못한다.

이처럼 《상택지》에서 제시한 조건은 도시 거주민들에게 거의 언감생심이다. 밀집된 주거 공간인 도시는 《상택지》의 조건이 애초에 적용될 수 없는 지역이다. 뿐만 아니라 현대인들의 집에 대한 관점도 너무나 변했기 때문에 조선 선비가 조언했던 논리와 전혀 다르다. 살기 좋은 땅이 아니라 '돈이 되는 땅', '돈이 되는 집'을 찾아 사는 경우도 많아졌다. 도시 문명의 달콤함에 흠뻑 빠져 있기도 하고, 쓴맛을 보았으면서도 거기서 벗어날 수 없기도 하다.

그럼에도 불구하고 농촌의 한적한 곳에서 여유를 즐기며 살고 싶지 않은 분들이 얼마나 되랴. 조선 선비들이 추구했던 삶터를 되돌릴 수는 없다. 그러나 이제라도 농어촌의 '살기 좋은 땅'으로 되돌아가도록 의식적으로라도 노력해야 한다. 이는 우리 문명의 건강한 유지와 발전을 위해서도 매우 필요하다. 수많은 인간 욕망으로 가득 채워진 도시가 그나마 숨을 쉴 수 있는 데는, 농어촌의 막대한 희생과 허(虛)의 공간 때문에 가능했음을 인정하고 농어촌을 다시 보아야 한다. 대통령을 비롯한 행정부의 정책 입안자와 국회의장을 비롯한 입법부의 국회의원들에게도 농어촌은 더 이상 소외되는 지역으로 뒷전이어서는 안 된다. 도시는 과대포장이 되었고, 농촌은 지나치게 가치가 폄하되었다.

음식이든 옷이든 안목이 없으면 같은 돈으로도 형편없는 상품을 구매하기 마련이다. 집도 그렇다. 좋은 터와 집에 대한 안목이 없으면 돈은 돈대로 쓰고서 몸도 마음도 상하는 곳을 택하기 십상이다. 지방이나 농어촌이라 해서 생업이 척박한 것만은 아니다. 조선 전기 신진 사대부들은 전국의 골짜기로 성리학을 싸들고 들어가 개간하고 마을을 이루면서 조선의 풍속을 바꿨다. 그들이 그랬듯이 우리 시대에도 새로운 군자들이 철학과 생업의 조건을 들고서 지리가 우수한 전국 방방곡곡으로 흩어져 들어가야 하지 않을까.

3. 조선의 명당에서 잃어버린 고향

태어나서 한 집에 7년 살았다. 그 7년 세월의 또렷한 기억은 기억창고에 여전히 강고하게 남아 있었다. 광주광역시 두암동 문화초등학교 근처의 작은 한옥이었다. 이후로 이사를 거듭했어도 어린 시절 가옥 주변과 산천은 잊히지 않았다.

"나의 살던 고향은~"으로 시작하는 '고향의 봄(1929년)'을 부를 때면 그 마을의 풍경을 떠올리곤 했다. 그 시절 라디오에서 자주 들었던, "산너머 조붓한 오솔길에~"로 시작하는 박인희의 명곡 '봄이 오는 길(1974년)'을 들을 때면 어김없이 자동으로 연상이 되었던 곳도 바로 그 시절, 그 마을이었다. 그때마다 그 속에서 놀던 때가 너무나 그리워서 당장에라도 가보고 싶은 마음이 간절했다. 당시에는 그것이 향수병인지도 몰랐다.

대학생이 돼서야 다시 찾아가 보겠다는 맘이 생겨, 큰 맘 먹고 '나의 살던 고향'을 찾았다. 13년 만에 내 옛집을 찾으려니, 그지없이 설렜다. 그러나 설렘은 오래가지 않았다. 너무나 허망했다. 탄식이 절로 나왔다. 추억 속의 고향 산천은 거의 흔적도 남아 있지 않았다. 한참을 헤매고서야 우리 동네를 찾았다. 손바닥 안에 둔 듯이 눈에 선했던 그 마을을 말이다. 차라리 추억을 추억으로만 남기고 한없이 그리워하기만 하는 게 더 나을 뻔했다.

내 추억의 로맨스는 그렇게 산산조각 나버렸다.

그 시절 절친을 만나러 혹시나 하는 마음에 예전 그의 집을 찾았다. 뜻밖에도 바로 그 친구를 만났다. 그러나 친구는 변해도 너무 변했다. 반갑지도 않았고 오히려 실망만 컸다. 역시 안 만나는 게 나을 뻔했다. 불과 15년도 안 된 기간의 변화였다. 산천은 사라졌고, 사람도 거의 바뀌었다. 이런 상황에 나오는 한탄을 맥수지탄(麥秀之嘆)이라고 해야 하나? 나라는 망해도 보리 이삭은 무성해서 절로 나왔다는 탄식. 비록 나라가 망한 지경은 아니나, 내 맘속에 오랜 기간 아름답게 보관된 추억의 나라가 폭삭 망했으니, 내게는 맥수지탄이 아닐까.

5백 년의 고려 도읍지 개경(지금의 개성)이, 산천은 옛날과 같지만 인걸(人傑)은 간 곳 없다며 한탄을 노래했던 이가 있었다. 고려의 충신이자 대학자였던 길재(吉再, 1353~1419)다. 조선 초 한양으로 서울을 옮긴 뒤 다시 개경을 찾으면서 밝힌 소회였다.

한양 천도를 태조 3년(1394)에 했고, 길재가 그 뒤로 25년을 더 살았으니, 그가 본 개경의 변화기간은 많아야 사반세기를 넘지 않았을 것이다. 인재들이 모두 한양으로 빠져나감으로 인한 개성의 인구공동화 현상을 목격한 허탄함을 그는 노래한 것이다. 길재가 다시 오늘날 대한민국으로 돌아와서 상전벽해(桑田碧海)와 같은 이 어마어마한 변화를 맞닥뜨렸다면, 그는 이 심정을 어떻게 읊었을까.

2018년 8월 하순, 30년이 지나서 젊은 시절의 허망함이 다시 찾아왔다. 《임원경제지·상택지》에 나오는 살기 좋은 명당 몇 곳을 답사하면서다. 내 고향도 아니건만, 이제는 그때의 허망함이 내성이 생길 법도 하건만. 역사 속 제3자의 추억을 내 추억으로 감정이입을 심하게 했기 때문이리라.

명당이 있는 곳은 서울 동북부의 명산인 불암산 자락의 노원(蘆原)이다. 《상택지》에서는 서울 노원구라는 명칭의 유래가 되는 말이기도 한 노원을 다음과 같이 소개했다.

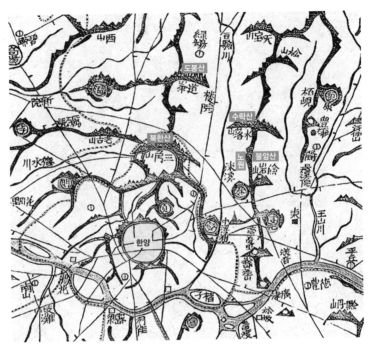
서울 노원구 일대와 그 주변(《대동여지도》)

양주 고을 남쪽으로 39리 떨어진 곳에 있으며, 불암산(佛巖山, 해발 510m) 아래다. 재상이었던 오음(梧陰) 윤두수(尹斗壽, 1533~1601)가 어려서 꿈에 서울 동쪽교외에서 명당 하나를 보았다. 나중에 벼슬에 나아가 유명해지고 나서, 우연히이곳을 지나다가 골짜기와 시냇가 마을을 보니 하나하나 모두 꿈속에서 본 곳이었다. 마침내 이곳에 별장을 두었고, 지금까지 자손이 대대로 지키고 있다.[29]

노원은 조선시대에 양주군(지금의 양주시)에 속했다가, 뒤에 서울로 편입된지역으로, 《상택지》에서 살기 좋은 명당으로 손꼽은 곳 중 하나였다. 좌의정을 지냈던 윤두수가 살았던 곳이었다 한다. 이곳을 찾아 나섰다.

---

29 《상택지》 권2 〈전국의 명당〉 "전국의 명당들" '경기도·노원'.

납대울 마을 표지석(편의점 바로 앞에 있다)

서울 노원구 중계동에는 납대울 마을 표지석이 있다(사진 참조. 중계로14사
길 4). 이 지역에 윤두수가 살았다고 전해온다.[30] 여기서 불암산 쪽으로 100
여 미터만 올라가면 3~400년 된 은행나무가 지금도 남아 있다. 이런 점들
을 고려할 때, 《상택지》에서 말한 노원은 납대울 마을과 그 주변일 가능성
이 높다.

마을에서 산등성이로 올라가면 끝에 원암유치원과 서울노원교회에서
현대 건축물들의 향연은 끝난다. 인가의 마지노선이다. 교회에서 숲을 따
라 약 500여 미터 올라가면 학도암(鶴到庵)이라는 사찰이 세속과는 거리를
두고 있다. 인가의 마지노선까지는 단독주택과 빌라와 아파트가 이미 빼곡
히 들어차 있었다. 이 때문에 원암유치원 옥상에서 아래로 펼쳐지는 전망
을 얻어보려 해도 높은 주택이 온통 시야를 가렸다. 더 이상 개발이 허용되
지 않은 그 윗부분의 산들만 그때의 풍경 일부를 보여주었다. 거대하게 드
러낸 암벽 풍광은 그때나 지금이나 거의 변함이 없을 터다.

---

30 이……전해온다: 표지석에는 그의 벼슬을 영의정으로 적었다. 그러나 영의정을 임명받기는 했으나
    탄핵을 받아 바로 사직해서 실제 영의정으로 재직하지는 않았다.

사람으로 치자면 허리 위는 완전 자연이요, 아랫도리는 여지없이 인공인 형세여서 바위산과 현대 건축물이 팽팽한 대결을 벌이고 있었다. 적어도 내게는 그렇게 보였다. 아랫도리에서 구현된 극단의 인공적 형세, 그 때문에 30년 전 잃어버린 고향을 눈으로 확인했을 때의 허탈한 감정이 내게 다시 솟구쳤던 게다.

세상은 변하나, 추억은 불변이다. 무상(無常)한 변화의 이치를 모르는 바 아니었고, 더군다나 최근 1950~60년대 이후의 변화가 수천 년 이어온 우리 문명의 변화보다 더 컸다는 도올 김용옥 선생님의 일갈[31]을 잊어버린 것도 아니었다. 그랬기에 조선의 옛 흔적을 찾을 수 있으리라고는 거의 기대하지 않았지만, 그 정도일 줄은 몰랐다. 다른 건 다 변해도 내 고향만은 추억 속의 모습대로 고정되어 있기를 바라는 모순된 심정은 나도 어찌할 수 없나보다.

나도 고향을 잃었고, 윤두수가 살았다는 조선도 고향을 잃었다. 납대울에서 어린 시절을 보냈던 이도 나와 비슷한 감정에 휩싸였을 것이다. 납대울 실향민인 시인 김동익도 현실과 추억 속의 커다란 괴리를 이렇게 가슴에 삭였다. "지금은 간 곳 없는 잃어버린 고향, 마음속에 영원히 남아 있는 납대울."[32] 우리 둘 다 실향을 겪었다.

우리 시대는 실향민이 많다. 북을 떠나온 사람들이 대표적이다. "고향이 그리워도 못 가는 신세~"로 시작하는 옛 노래 '꿈에 본 내 고향'(한정무 노래)에서는 그들의 아픔을 이렇듯 구슬프게 읊었다. 하지만 분단과는 무관하게 현대문명의 창조를 위한 파괴로 인해 부득이하게 고향을 떠나온 이들도 많다. 재개발이나 신도시, 공단 건설이나 댐 건설로 오랜 삶의 터전을 떠나야 했던 사람들.

---

31 도올……일갈: 김용옥, 《노자와 21세기(上)》, 통나무, 1999, 31~32쪽 참조.
32 지금은……납대울: 2017년 세워진 '내 고향 납대울' 시비에서 인용. 시비는 납대울마을 표지석 바로 근처에 있다.

내 고향 납대울 시비

　하지만 실향은 이미 지나간 오래 전의 이야기만이 아니다. 실향은 지금
도 대한민국 곳곳에서 진행 중이다. 몇 개월 살다 이사 가는 사람, 1~2년
마다 거주지를 옮기는 사람부터, 10~20년을 살고 이사하는 이들도 많다.
그러나 이제는 잃어버린 고향의 향수를 노래하는 젊은이가 더 이상 없다.
어쩌면 오랜 정착이 구조적으로 불가능해지거나, 고향의 의미가 퇴색된 젊
은 세대에게는 당연한 일일 수도 있다.
　태어나서부터, 10대, 20대에 살아서 정이 깊이 들었던 곳이, 몇 년이나
10~20년 뒤에 재개발, 뉴타운을 이유로 몽땅 사라지고 새 풍경을 이루는 일
이 부지기수다. 수천, 수만 세대의 대규모 단지가 한꺼번에 사라지면서 사
람들도 뿔뿔이 흩어진다. 그렇다면 지금의 어린이도, 젊은이도 실향민이 되
지 말라는 법은 없다. 내가 살고 있는 파주시 월롱면의 마을도 남북의 교류
가 활발해지는 분위기를 탄다면 언제 순식간에 그 아름다운 풍광이 바뀔지
어떻게 알겠는가. 고향땅이 있으나, 땅위의 모습은 더 이상 고향이 아니게 되
는, 노원 납대울 같은 그런 곳이 앞으로도 쉴 없이 생길 것이다. 그렇다면 이
제 우리에게 고향은 어떤 의미가 될까. 물리적 환경의 무상함을 너무나 생생
하게 목격하는 현대인들은 그 덧없음과 허망함을 어디서 보상받고 사는가.

4. 산 자의 명당을 찾아서

영화 《명당》이 2018년 9월 추석 연휴에 개봉되었다. 상영 기간 동안 208만여 명이 관람했다. 나도 거기에 숫자 하나를 보태는 데 기여했다. 손익분기점의 2/3 정도 되는 인원이라 하지만, 결코 적지 않은 관객이다.

19세기 후반 조선을 배경으로 하는 이 영화에서는, 2대에 걸쳐 천자(天子)를 내게 할 수 있다고 알려진 명당 선점을 놓고 피 튀기는 욕망의 싸움이 펼쳐진다. 지관 박재상(조승우 분)을 중심으로, 흥선대원군(지성 분), 세도가인 장동 김씨 가문의 김병기(김성균 분) 등을 인지도가 높은 배우들이 열연했다.

《명당》은 흥선대원군 이하응이 아버지 남연군(南延君) 이구(李球, 1788~1836)의 묘를 이장했던 역사적 사실에 바탕을 둔 이야기이기도 하다. 남연군의 묘는 본래 경기도 연천에 있었으나 흥선대원군이 충청도 덕산군(德山郡, 현 예산군 덕산면)으로 이장했다. 이곳이 바로 '2대천자지지(二代天子之地)'인 명당으로 알려진 자리다. 독일의 상인이었던 오페르트(Oppert, E. J., 1832~1903)의 도굴 사건(1868년). 국사교과서에서 배웠던 이 사건의 대상이었던 무덤이다.

이 영화는 풍수 지식을 통해 땅의 기운을 예측하여 조상의 좋은 묏자리를 찾는 과정이 주요한 포인트다. 명당에 조상을 모시려는 마음은 조상이 자손들의 운명을 바꿀 수 있다는 믿음 때문이다. 조상의 묘를 잘 쓰기만 하면 자손이 영화를 누릴 수 있다는, 매우 단순하면서도 증명 불가능한 인과론이 그 영화를 끌고 가는 가장 큰 동력이었다.

《상택지》 번역을 마친지 얼마 되지 않은 시기라 나는 이 영화에 눈길이 확 끌렸다. 재미있게 보기는 했지만, 명당과 후손의 운명을 지나치게 연결지음으로써 운명론적 요소를 지나치게 강조한 점이 내게는 마음에 걸렸다.

묘지 선정에 지금도 돈과 시간을 많이 들이는 집안이 여전히 있겠지만, 이제는 더 이상 유의미한 효력을 발휘할 정도는 아니다. 대통령이나 정치인이 되겠다고 조상의 묘를 이장한 이들도 많다. 그 중에 목적을 달성한 이는 많지 않다. 공동묘지, 납골당 등 묘역의 형태가 예전과는 상당히 달라졌기에, 자손들이 그 덕을 볼 것이라고 보기에는 연결고리의 필연성이 너무나 떨어진다.

무엇보다도 영화 《명당》에서는 양택(陽宅) 풍수 즉 주거지를 찾는 풍수는 일절 없었다. 오로지 묘지를 찾는 음택(陰宅) 풍수가 메인 테마였다. 주제가 주제이니 만큼, 이것이 《명당》의 흠일 수는 없다. 그러나 이러한 스토리 하나하나가 쌓여 명당에 관한 사람들의 인식을 고정시키는 역할을 할 수 있다.

내게 명당이라는 말은 '좋은 무덤 터'라는 인식이 언젠가부터 박혀 있었다. 살기에 좋은 곳이 아니라, 죽어서 묻히기에 좋은 곳이 명당이었다. 그랬기에 친구들이 좋은 자리를 맡았을 때, 명당이라는 표현을 쓰면 그때마다 용어를 오용하고 있다며 혼자 비웃곤 했었다. 어떻게 이런 인식이 생겼는지는 나도 모른다. 그렇더라도 잘못은 내게 있었다. 명당은 산 자와 죽은 자 모두에게 해당되는 말이었다.

《명당》은 죽은 자가 묻힐 곳을 다뤘지만, 《상택지》에서 소개하는 명당은 정반대다. 산 자가 살 곳이다. 살기 좋은 곳의 조건은, 앞에서 말한 적이 있듯이 지리 조건, 생업 조건, 마을 인심, 자연환경, 네 가지다. 이 조건은 《명당》에서 말하듯이 왕조의 운명이나 큰 집안의 운명을 결정적으로 바꾸는 식의 큰 전환이 될 만한 것이 아니다. 그저 소박하게 살 만한 땅이다. 물론 명당에 살면 집안이 잘 될 것이라는 믿음이 전혀 없지는 않다. 하지만 필연적인 인과론까지 밀고 나가지는 않는다.

《임원경제지》는 사대부가 벼슬살이 하지 않을 때, 자립의 삶을 모색하는 방도를 알려주는 책이다. 이 책에서 다룬 범위는 모두 16개 분야인데, 그 중 15번째에 있는 《상택지》는 살기 좋은 곳을 찾는 방법에 관한 분야다. 실제로 좋은 명당으로 알려진 곳도 알려준다.

예를 들어 경기도 명당 소개는 '누원촌(樓院村)'부터 시작된다. 이 지역은 서울시 동북쪽인 도봉구의 북부와 의정부시 남쪽 일대에 해당되는 곳이다.

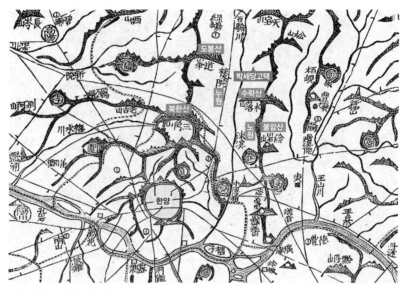

누원촌 박세당 고택(《대동여지도》)

양주(楊州)에 있으며 수락산 아래이다. 샘물과 바위의 경치가 빼어나다. 서울의 동쪽 요충지를 차지하여 가게와 객사가 줄지어 있다. 게다가 도성과 가까워 그곳에서 나오는 똥거름을 공급받을 수 있으므로 흙이 비록 척박하지만 농사를 지을 만하다. 동봉(東峯) 김시습(金時習: 1435~1493)이 이곳에 살았고, 나중에 서계(西溪) 박세당(朴世堂: 1629~1703)이 소유하게 되어 지금은 박씨 가문의 재산이다.[33]

누원촌을 명당으로 선정한 요소는, 경치가 빼어난 점, 상업의 요충지라는 점, 농사짓기에 좋다는 점 등이다. 게다가 김시습이나 박세당 같은 명망 있는 사대부가 살았다는 점도 마을 인심의 측면에서 주요한 고려 요소다. 여기에서는 풍수에서 말하는 좌청룡 우백호를 따지지 않는다.

---

33 《상택지》 권2 〈전국의 명당〉 "전국의 명당들" '경기도·누원촌'.

다락원터 표지석

　누원촌의 누(樓)는 다락이라는 뜻이어서, 누원은 흔히 다락원으로 불리고 있고 지금도 그 명칭이 남아 있다. 전철 1호선 도봉산역 길 건너편에서는 다락원 터를 알려주는 표지석을 지금도 확인할 수 있다. 한양에서 동북쪽으로 통하는 요충지인 다락원으로 보면, 누원촌은 분명 중랑천(《대동여지도》에 누원 오른쪽에 보이는 하천이 중랑천)의 서쪽인 서울시 도봉동을 가리킨다. 《대동여지도》에도 그렇게 표기되어 있다. 하지만 17세기의 대학자였던 박세당의 고택과 무덤이 현존하고 또 수락산 아래라고 했기 때문에 서계 고택이 있는 의정부시 장암동(지하철 7호선 장암역 근처)을 가리킬 수도 있다. 그렇기에 도봉동과 장암동 사이에서 누원촌이 과연 어디인지 혼란이 생긴다.

　다만 명당을 특정 지점이 아니라 마을의 영역으로 보다 넓게 확대해서 본다면, 서울과 의정부의 행정구역이 분리되기 전인 양주부(楊州府)에서는 중랑천의 동쪽과 서쪽을 모두 한 동네로 볼 수도 있겠다. 따라서 다락원 터인 도봉산역 근처와 박세당 고택인 장암동을 한 마을로 본다면 큰 문제는 없다.

　이처럼 《상택지》에서 소개한 전국의 명당은 233곳이다(경기도 82곳, 충청도 56곳, 강원도 42곳, 경상도 25곳, 전라도 17곳, 황해도 5곳, 평안도 3곳, 함경도 3곳). 경기도가

박세당 고택과 그 옆 계곡물(이 계곡을 서계라 하고, 그 호는 여기에서 왔다)

가장 많고, 강원도와 충청도가 그 뒤를 잇는다. 이 세 도에 명당이 많은 이유는 당시 사대부들이 처한 조건 때문이다.

사대부는 나랏일을 하게 될 때를 염두에 두고 사는 사람들이다. 따라서 벼슬이 없을 때는 시골에 살더라도, 나라의 부름을 받으면 곧장 그 명을 따라 출사해야 한다. 이 때문에 당시 사대부들은 거주지의 조건 중 하나로, 권력이 집중된 서울과의 접근성을 매우 중요한 요소로 간주했다. 심지어 정약용(丁若鏞, 1762~1836) 같은 대학자도 자손들에게 유언할 때, '인 서울' 살이를 강조하지 않았던가. 서울을 벗어나면 끈 떨어진 연이 될 수 있다는 우려에서 말이다. 수도권 집중 현상이 지금만큼은 못하지만 당시에도 적지 않았던 것이다.

풍수지리학에서 말하는 명당의 조건은 전통풍수지리서에서 규정한 여러 조건을 만족시켜야 한다. 여기에는 신비적 요소가 상당히 포함되어 있어서, 일반 사람들에게 쉽게 이해되지 못하는 이론이 많다. 그렇기 때문에 풍수 전문가의 해석에 의존해야 할 경우가 자주 생기는데, 그 과정에서 풍수가가 사람들을 현혹하는 문제가 빈번했다.

《상택지》에서는 이렇게 판단이 모호한 해석을 술수(術數)로 규정하고,

이를 받아들이지 않는다. 서민들이 일상생활하면서 언제 풍수이론을 따질 겨를이 있겠는가. 그저 살기 편하고 마음이 안온한 장소면 그뿐이다. 이런 소박한 풍수관이 《상택지》의 저자 서유구가 지향하는 입장이었다.

> 방위에 따라 따뜻한지 추운지를 판별하고, 마실 물을 확보하기가 편한지를 살핀다. 집 자리를 살핌은 이와 같을 뿐이다. 비좁고 낮은 땅에 집이 있어도 높은 관직에 오르는 데 하등의 지장이 없다. 하지만 너무 훤하고 높은 데 있는 집은 오히려 귀신이 들여다보고 화를 끼칠 우려가 있다. 하물며 임원(林園)의 살 집은 형편 되는대로 그럭저럭 이 한 몸 비바람이나 가릴 수 있으면 족하다. 길지인지 흉지인지 가리는 술수(術數)를 따질 계제가 못된다.[34]

옳은지 그른지조차도 알기 어려운 술수(풍수이론)에 의존해서 길지나 흉지를 파악하기보다 객관적으로 판단할 수 있으며 참되고 정확한 방법을 선택해야 한다는 것이다. 심지어 사람들이 흉지라고 하는 저지대라 해서 반드시 불행한 삶이 찾아오지도 않고, 길지라는 고지대의 전망 좋은 곳에 살아도 행복하게 살지 못할 수도 있다. 그런 의미에서 영화 《명당》에서처럼 죽은 자의 명당을 찾으려 애쓰기보다 산 자가 일상을 평화롭고 안온하게 누리는 곳이 보다 의미 있는 명당이라고 본 것이다.

삶터를 선택하는 기준을 이렇게 설정했을 때, 지금 우리가 오늘 살아가고 있는 집터는 과연 어떤 의미로 평가해야 할까. '아파트 공화국'이라는 표현이 무색하지 않을 정도로, 주거지의 대세가 된 아파트는 과연 조선인의 입장에서 명당의 어떤 조건이 충족되고 어떤 조건이 무시되고 있을까.

---

34 〈상택지 서문〉.

5. 판문점, 갈라진 역사

내 소원 중 하나는 묘소 한 곳을 찾는 것이다. 16년째 연구하고 번역 중인 《임원경제지》를 지은 사람, 바로 풍석 서유구 선생의 묘소다. 꼭 한 번 그의 묘 앞에서 큰 절을 올리고 싶으나, 아직 이루지 못했다. 그는 173년 전인 1845년에 세상을 떠났다. 육조판서를 두루 거쳤고, 집안 대대로 판서까지 오르고 영의정도 배출한 집안이었다. 이런 명망 있는 가문의 선영과 함께 있기도 하기에 소리 소문 없이 사라질 묘소가 아니다.

그런데도 그의 묘소에 갔다 왔다는 이를 만난 적이 없다. 주소를 지번까지 알고 있는 데도 말이다. 파주시 진서면 금릉리 산204. 그곳은 DMZ에 있었다. 아무도 갈 수가 없었다는 데에 막막함과 절박함과 간절함은 더욱 증폭되었다. 어쩌다 보니 정신적 실향민이 되었다. 지금까지 11년 동안 파주에서 살게 된 이유 중 하나도 바로 여기에 있다.

2차 세계대전이 끝난 1945년, 조선은 북위 38도라는 무형의 선을 경계로 남쪽은 미국이, 북쪽은 소련이 점령했다. 처음에는 단순히 군사작전 상의 업무분담을 위해 일시적으로 군사분계선으로 획정되었다. 하지만 모두 알다시피 이 선은 외세의 야욕으로 인해 실질적인 분단의 계기가 되었다.

38선이 획정된 1945년 이후, 또는 적어도 정전협정이 체결된 1953년 이후로 풍석의 묘소는 후손이나 참배객이 찾아가려 해도 갈 수 없는 곳이 되었다. 65년이 지나도록 관리해주는 이도 없었을 테니, 묘소가 크게 훼손되어 알아볼 수 없을지도 모르겠다. 하지만 적어도 묘비는 남아 있지 않겠나 하는 희망을 걸어본다.

2017년 11월 8일, 나는 민간인 통제구역인 도라산 전망대에서 판문점과 그 주변을 살펴보고 왔다. OBS 창사특집다큐멘터리 《인문학으로 조선을 맛보다, 조선 미남(味男)》 4부작 중 제3부 "조선 최대의 요리 백과사전, 서유구의 정조지" 편 인터뷰 제작을 위해서였다. 판문점으로 상징되는 분단이 우리에게 주는 삼엄함과 온갖 비극 이외에, 나는 또 하나의 애절함을 거기에 묻고 왔다. 판문점 동쪽으로 1~2킬로미터쯤 떨어진 곳에 바로 풍석의 묘소가 있다. 최전방의 장병 몇몇이나 특수한 목적으로 들어갈까 말까 하는 구역이었다. 당연히 민간인은 접근 불가다. 먼발치에서 주변 모습이라도 보고 싶었으나 전망대에서는 보이지도 않았다.

독자 모두가 그렇듯이 하루라도 빨리 남북의 관계가 호전되기를 간절히 바랐다. 이산가족이 만나고, 폐쇄되었던 개성공단을 재가동하고, 민간교류를 활성화해야 한다. 그러면 남북공동 학술연구 및 교류 차원에서 DMZ를 역사문화연구와 생태연구를 위해 개방할 날이 반드시 오리라. 풍석의 묘역은 그때나 열릴 것이다.

2018년, 한 동안 잠잠했던 판문점이 우리나라는 물론, 전 세계로부터 다시 주목을 받았다. 문재인 대통령과 김정은 국무위원장의 4·27 남북정상회담을 필두로, 두 정상의 판문점선언·평양선언 등에서의 합의조항을 이행하기 위해 남북 고위 당국자들의 회담이 잦아졌기 때문이다. 그리고 11월에는 공동경비구역(JSA)의 비무장화도 완료되어 관광객들이 이 구역을 자유롭게 왕래할 수 있게 되었다. 놀라운 속도의 평화 분위기다. 모두 알다시피 판문점의 행정구역은 남쪽이 파주고, 북쪽은 개성이다. 지금의 모습으로만 보면 행정체계가 정연하게 자리잡혀 있지만, 이곳은 사실 분단을 땅 자체로 경험한 지역이다.

파주는 분단의 상징 지역이다. 이 때문에 우리나라 최북단이어서, 쉽게 갈 수 없는 곳, 따라서 그곳이 어떤 곳인지 잘 알 수 없는 곳이라 생각한다. 이런 생각은 반은 맞고 반은 틀리다. 파주의 대부분은 다른 지역과 마찬가지다. 임진강을 기준으로 그 북쪽만이 접근이 어려울 뿐이다.

대한민국 국민 대부분은 임진강 너머를 거의 모른다. 분단이 70년 넘게 지속된 데다, 한국전쟁이 그친 지도 65년이나 되었기 때문에 지금 생존하신 일부 실향민과 북에서 살다온 새터민들을 제외하고는 북한 땅에서 살아본 이들이 없다. 그 중 일부는 우리 영토이지만, 그것도 민간인 통제구역이어서 허가를 받지 않은 이상 자유롭게 드나들 수 있는 곳이 아니다. 비록 허가를 받고 이 민통선 안에 들어갔다 하더라도, 왠지 모를 비장함이나 불안감으로 마음 편히 다닐 수 있는 곳이 아니다.

분단은 DMZ 너머의 지리 상 궁금증이나 호기심조차도 자연스럽게 차단했다. 그러나 이 DMZ에도 사람이 살고 있었다. 지금처럼 무인지대가 된 지는 60여 년밖에 되지 않았다. 그 60년이라는 세월은 우리의 유구한 역사로 볼 때 극히 단시간에 불과하지만, 60대 이전의 세대에게 이곳은 모두 공포와 긴장, 전쟁의 위협이 서린 곳으로, 결코 다가갈 수 없는, 그렇지만 언제고 가보고 싶은 그런 곳이 되었다.

파주와 개성으로 분단된 DMZ 안의 판문점. 그곳은 본래 한 행정구역이었다. 그렇다면 이 DMZ는 조선시대 어떤 곳이었을까. 장단(長湍) 도호부(都護府)였다. 도호부는 조선시대 지방 행정 단위 중 하나라, 장단은 독립된 하나의 행정구역이다.

조선시대 장단 도호부는 20여 개의 면으로 구성되어 있었고, 일제 강점기 때에는 10개 면으로 재편되었다. ①장단면(長湍面), ②군내면(郡內面), ③진동면(津東面), ④진서면(津西面), ⑤장남면(長南面), ⑥대강면(大江面), ⑦장도면(長道面), ⑧강상면(江上面), ⑨대남면(大南面), ⑩소남면(小南面)이 그것이다.

장단은 38선 구획 과정에서 남과 북 둘로 쪼개졌다. 분단 과정에서 ①~⑤는 남쪽으로, ⑥~⑩은 북으로 나뉜 것이다. 한국전쟁 과정에서 일부가 남한으로 수복되기도 하고, 북한으로 편입되기도 했지만, 이 상황이 크게 변하지는 않았다. 다만 진서면의 상당 지역이 북쪽에 속하게 되었다.

이 모습을 《대동여지도》에서 확인해 보니 그림과 같았다. 그림에서 연한 갈색 선은 조선 행정구역의 경계 표시선이고, 붉은 선은 지금의 군사분계선이다. 그림 왼쪽의 위쪽은 개성이고, 아래쪽은 개풍(조선시대에는 풍덕)이다. 이 두 지역은 38선 기준으로 남측 지역이었으나, 전쟁 과정에서 북으로 전체가 편입된 사례다. 장단은 이제 둘로 갈라졌다. 서남쪽 일부와 북쪽 대부분은

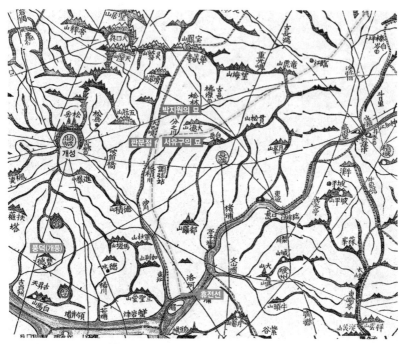

장단지역(《대동여지도》)

북한 땅이 되고, 나머지는 남한 땅이 되었던 것이다. 북한 땅은 개성시·개
풍군·장풍군으로 쪼개져 편입되었고, 남쪽 땅은 파주시·연천군으로 나뉘
어 소속되었다. 장단은 완전히 해체되어 인적이 거의 사라지면서, 역설적으
로 천혜의 자연이 되어 버렸다.

　이로 인해 동일한 문화권의 이웃들이 졸지에 영영 만날 수 없는 적대국
의 국민이 되었다. 분단의 처절한 고통과 아이러니를 어찌 이 짧은 지면에
다 표현할 수 있겠는가. 다만 사상과 지향이 같았던, 같은 장단 지역의 사
대부가 분단으로 무덤이 남과 북으로 갈라진 사례를 하나 소개하려 한다.

　그가 《임원경제지》를 편찬할 때 수많은 선인들의 영향을 받았다. 인용
한 문헌만 해도 893종이나 된다. 그 중에서도 동시대에 《임원경제지》 편찬
방향에 큰 영향을 준 이가 있는데, 바로 연암(燕巖) 박지원(朴趾源, 1737~1805)

이다. 대표작 《열하일기》로 유명한 연암은 청나라의 선진 문물을 조선에서 적극적으로 흡수해야 한다는 입장을 견지한 북학파(北學派)의 리더였다.

풍석은 아버지뻘 되는 연암(풍석보다 27세 연상)의 글과 사상을 배웠고, 이를 그의 저술에 반영했다. 풍석과 동시대 인물의 저술로서, 《임원경제지》에 반영된 글은 연암의 것이 으뜸으로 많았다. 《임원경제지》에 반영된 연암의 글들은 대부분 이 책의 지향성을 대표했다. 그만큼 풍석은 연암의 영향을 많이 받았다. 그러면서도 연암이 추구했던 북학의 정신을 대폭 확장했다. 연암과 풍석은 생각과 지향이 거의 비슷한 조선 후기의 대학자들이었던 것이다.

연암이라는 호는 자신이 거주했던, 장단의 서쪽 연암이라는 지명에서 왔다. 지금의 장풍군 연암동이다. 그의 묘소는 장단 송서면의 대세현(大世峴)에 있다. 지금의 개성시 은덕동이다. 앞에서 말했다시피 풍석은 장단이었던 DMZ에 잠들어 있다. 연암과 풍석은 장단에서 활동했고, 장단에 묻혔다. 서로의 거리는 불과 몇 킬로미터도 떨어지지 않은 곳이다. 그러나 이둘은 후세들이 아무리 노력해도 물리적으로는 해후할 길이 없어졌다. 그들의 의지와 무관하게 한 명은 남쪽, 한 명은 북쪽 땅에 묻혀있기 때문이다. 요즘 교통수단으로는 몇 분 거리밖에 되지 않는 데도 말이다.

이렇듯 판문점의 역사는 같은 지역에서 생활과 사상을 공유하면서 같은 지향을 추구했던 스승과 제자조차도 갈라놓았다. 그러나 결코 바뀌지 않을 법했던 그 지형이 급격히 요동치고 있다. 거대한 지각 변동, 이제 거스를 수 없다. 2018년 5월에 하와이 킬라우에아(Kilauea) 화산에서 대폭발로 분출되어 솟구치는 용암을 인력으로 막을 수 없듯이. 남과 북의 시민들도 조선의 장단 도호부의 백성처럼 한 행정구역의 시민으로 살 날이 가까워질 것이다.

정명현(임원경제연구소 소장)

《상택지》 서문

相宅志引

'상택(相宅)'을 지(志)의 이름으로 삼은 이유는 집을 짓기에 알맞은 조건에 대해 설명했기 때문이다. 어째서 '살핀다[相]'라 했는가? 요즘의 술수가(術數家)들처럼 향배(向背)와 순역(順逆)[1]의 형세를 판별하고 오행(五行)과 육기(六氣)의 운행을 살핀다는 것인가?

그렇지 않다. 술수는 군자가 취하지 않는 것이다. 지금 통용되는 《상택경(相宅經)》이 비록 황제(黃帝)에게서 나온 책이라 말하지만, 이는 후세 사람들이 황제를 가탁한 것이다. 그 책에 기록된 술수는 묏자리를 살피는 내용과 같다. 이른바 '땅을 살피는 사람[相地]'을 '감여가(堪輿家)'나 '형가(形家)'라 부르는데, 이는 정확한 표현이 아니다. 우리나라 사람들이 '풍수가'라 부르는 명칭이 그 중에서 가깝겠다.

이런 술수는 대개 곽박(郭璞)[2]으로부터 비롯되었

志以相宅, 述築室之宜者也. 何如而謂之相也? 若今術數家, 辨向背、順逆之局, 察五行、六氣之運者乎?

曰:術數, 君子之所不取也. 今所行《相宅經》, 雖云出於黃帝, 乃後人之託也. 其術與辨葬域者同. 所謂"相地"也, 或謂之"堪輿家", 或謂之"形家", 非其實也. 我人謂之風水家, 庶然矣.

是術也, 蓋鼻祖於郭景純,

---

1 향배(向背)와 순역(順逆):풍수를 살필 때 감안해야 하는 요소이다. 향배는 풍수를 구성하는 요소가 산수(山水)의 혈자리를 감싸듯이 향하여 돌아보는 형국이면 향(向)이라 하고, 반면에 밀어내듯이 등져 돌아보지 않으면 배(背)라 한다. 순역은 풍수의 형세가 도리에 어긋나지 않으면 순(順)이라 하고, 도리에 어긋나면 역(逆)이라 한다.

2 곽박(郭璞):227~324. 중국 진(晉)나라의 시인이자 학자. 자는 경순(景純)이다. 서진(西晉) 말기부터 동진(東晉) 초기에 걸친 시풍(詩風)을 대표하는 시인이다. 그의 시에는 노장(老莊)의 철학이 반영되어 있고, 《유선시(遊仙詩)》 14수가 특히 유명하다. 중국 고대의 천문지리서인 《산해경(山海經)》을 18권으로 역주했고, 후한의 풍수학자 청오(靑烏, ?~?)의 《청오경(靑烏經)》을 인용하여 저술한 《금낭경(錦囊經)》은 후대의 지리서에 큰 영향을 미쳤다.

相宅志引

志以相宅述篆室之空者也何如而謂之相也若今
術數家辨向背順逆之局察五行六氣之運者乎曰
術數君子之所不取也今所行相宅經離云出於黃
帝乃後人之託也其術與辨葬域者同所謂相地也
或謂之堪輿家或謂之形家非其實也我人謂之風
水家庶然矣是術也蓋鼻祖於郭景純而楊救貧賴
布衣之倫從而附之舉世影從焉近有博識之徒發
之於言辨其紕繆者亦不尠焉方在是非未判之中
矣今人之為之也擇其真真的的純正無瑕之道而

고, 양익(楊益)³·뇌풍강(賴風岡)⁴ 등이 그 뒤를 이어 내용을 덧붙이자 온 세상 사람들이 모두 이를 그림자처럼 그대로 따랐다. 그런데 근래 들어 박식(博識)을 추구하는 사람들이 이에 대해 언급하며 사리에 맞지 않는 내용을 분별한 사항 또한 적지 않았다. 그렇다면 이러한 술수는 옳은지 그른지 아직 판명되지 않았다고 할 수 있다.

오늘날 사람들이 이러한 일을 행할 때, 참되고 정확하며 온전히 올바르고 결점이 없는 바른 방법을 선택해 실천하더라도 오히려 좋은 터를 얻지 못할까 우려가 된다. 어째서 옳은지 그른지 아직 판명되지도 않은 방법을 애써 지키며 기꺼이 거기에 빠져든단 말인가? 이와 같기 때문에 살 곳을 살피는 사람은 이러한 술수를 버리는 것이 좋겠다.

그렇다면 무엇을 살핀단 말인가? 《시경(詩經)》에 "그늘인지 양지인지 살피고 물줄기를 관찰하네"라 했다. 이는 대개 추운 곳과 따뜻한 곳의 방위를 판별하고 마실 물 확보의 편리성을 살핀다는 뜻이니, 집자리의 살핌은 이와 같을 뿐이다. 게다가 거의 저지대이면서 협소한 곳에 살더라도 현달한 대부가 되는데 아무런 지장이 없으며, 너무 지대가 높고 훤한 곳에 살더라도 귀신이 들여다보고 화를 끼칠까 우려된다. 하물며 이런 임원의 거처는 형편을 대강 헤아려

而楊救貧·賴布衣之倫從而附之, 擧世影從焉. 近有博識之徒, 發之於言, 辨其紕繆者亦不尠焉, 方在是非未判之中矣.

今人之爲之也, 擇其眞眞的的純正無瑕之道而行之, 猶患其不至. 何苦株守是非未判之道而甘心沈蠱乎? 爲如是也, 卜宅者, 舍之焉可也.

然則奚相? 曰: 《詩》云"相其陰陽, 觀其流泉", 蓋言辨寒暖之方, 察飮歠之安也, 如斯而已矣. 且夫近於湫隘者, 不害爲賢大夫;極其高明者, 或恐其鬼瞰. 況此林園之居, 略占形便, 僅以庇軀其宜也. 奚暇辨其衰旺禍福之術乎?

---

3 양익(楊益):834~906. 중국 당나라의 풍수가. 자는 균송(筠松), 호는 구빈(救貧)이다. 당나라 휘종(徽宗)을 보좌하며 금자광록대부(金紫光祿大夫)를 지냈으며, 풍수서인《의룡경(疑龍經)》을 저술했다.
4 뇌풍강(賴風岡):?~?. 중국 송나라의 풍수가. 자는 문준(文俊), 호는 포의자(布衣子). 세간에는 뇌포의(賴布衣)로 알려졌다. 중국 복건성(福建省) 일대에서 풍수로 명성을 떨쳤다. 저서로는《소흥대지팔령(紹興大地八鈴)》·《삼십육령(三十六鈴)》등이 있다.

行之猶患其不至何苦株守是非未判之道而甘心

沈蠱乎為如是也卜宅者舍之焉可也然則吳相曰

詩云相其陰陽觀其流泉蓋言辨寒暖之方察飲歡

之安也如斯而已矣且夫近於湫隘者不害為賢大

夫極其高明者或恐其鬼瞰況此林園之居略占形

儌僅以庇軀其究也矣暇辨其衰旺禍福之術乎附

以八域名基者以類從也蓋欲使清修之士逐所枉

而消搖知所揀選亦雅課之一助也

서 그럭저럭 이 한 몸 의지할 수 있으면 알맞은 것이다. 어느 겨를에 흥망(興亡)과 화복(禍福)의 술수를 따지겠는가?

권제2에 "전국의 명당"을 덧붙인 이유는 그 앞(권제1)에서 설명한 특성들과 비슷한 특성을 따르도록 하기 위함이다. 대개 청빈한 선비가 자신이 사는 곳을 따라 이리저리 다니면서 살기 좋은 곳을 선택하는 방법을 알게 하려 함이니, 이 또한 선비의 올바른 공부[雅課]에 조금이나마 도움이 될 것이다.

附以《八域名基》者, 以類從也. 蓋欲使淸修之士逐所在而逍搖, 知所揀選, 亦雅課之一助也.

상택지 권제 1

相宅志 卷第一

일반적으로 살 곳을 고를 때는 지리가 으뜸이고, 생업 조건이 그 다음이고, 그 다음이 인심이며, 그 다음이 산수이다. 이 4가지 가운데 하나라도 빠지면 낙토(樂土)가 아니다. 지리가 비록 좋아도 생업 조건이 부족하면 오래 살 수 없고, 생업 조건이 비록 좋아도 지리가 나쁘면 오래 살 수 없고, 지리와 생업 조건이 모두 좋아도 인심이 아름답지 않으면 반드시 우환(憂患)이 생기며, 가까운 곳에 즐길 만한 산수가 없으면 성정(性情)을 닦거나 해소할 길이 없다.

집터 살피기

占基

1. 총론

總論

1) 살 곳 고르는 4가지 요점

일반적으로 살 곳을 고를 때는 지리가 으뜸이고, 생업 조건이 그 다음이고, 그 다음이 인심이며, 그 다음이 산수이다. 이 4가지 가운데 하나라도 빠지면 낙토(樂土)[1]가 아니다. 지리가 비록 좋아도 생업 조건이 부족하면 오래 살 수 없고, 생업 조건이 비록 좋아도 지리가 나쁘면 오래 살 수 없고, 지리와 생업 조건이 모두 좋아도 인심이 아름답지 않으면 반드시 우환[悔吝][2]이 생기며, 가까운 곳에 즐길 만한 산수가 없으면 성정(性情)[3]을 닦거나 해소할 길이 없다.《팔역가거지(八域可居誌)[4]》[5]

卜居四要

凡卜居之地, 地理爲上, 生理①次之, 其次人心, 其次山水. 四者闕一, 非樂土也. 地理雖佳, 生理②乏則不能久居 ; 生理③雖好, 地理惡則不能久居 ; 地理及生理俱好, 而人心不淑, 則必有悔吝 ; 近處無山水可賞處, 則無以陶瀉性情. 《八域可居誌》

---

1 낙토(樂土): 항상 즐거움과 행복을 누리고 살 수 있는 땅이라는 뜻으로, 출전은《시경(詩經)·위풍(衛風)·석서(碩鼠)》이다.
2 우환[悔吝]: 회(悔)는 어떤 잘못을 저지른 뒤에 절실하게 뉘우친다는 뜻이고, 린(吝)은 잘못을 저지른 뒤에도 마음 속 깊이 뉘우치지 않고 그저 말로만 뉘우친다는 의미로, 여기에서는 우환으로 번역했다. 출전은《주역(周易)·계사전(繫辭傳)》이다.
3 성정(性情): 사람이 본래부터 지니고 태어난 성질(性質)과 심정(心情).
4 팔역가거지(八域可居誌): 이중환(李重煥, 1690~1756)이 쓴 인문지리지로, 팔도의 지리와 각 지역에 관련된 역사·경제·사회·교통 등을 다루었다.《택리지(擇里志)》로 알려져 있다.《상택지》에서 가장 많이 의존한 서적이다.
5 《擇里志》〈卜居總論〉, 42쪽.
① 理:《擇里志·卜居總論》에는 "利".
② 理:《擇里志·卜居總論》에는 "利".
③ 理:《擇里志·卜居總論》에는 "利".

2) 살 곳을 고를 때는 반드시 깊이 살펴 선택해야 한다

일반적으로 집을 지으려 계획할 때는 살 곳을 급하게 정하면 안 된다. 만약에 농지와 텃밭(채마밭)을 이미 만들어 꽃과 나무를 심어 놓았는데, 그곳에 터를 정하지 않고 버려두어 다른 곳으로 간다면 공력을 헛되이 낭비한 셈이니, 어찌 아깝지 않을 수 있겠는가? 반드시 먼저 풍기(風氣)[6]가 모여들고 앞뒤가 평온한 곳을 살피고 선택하여 영구한 계획을 도모해야 한다. 《산림경제보(山林經濟補)》[7][8]

3) 육욕(六欲, 조건 6가지)과 육유(六有, 있어야 할 6가지)

살 곳을 고를 때는 다음의 육욕과 육유를 고려한 방법이 있다. 육욕으로는, ①산은 높더라도 너무 험준하지 않고, 낮더라도 너무 낮은 언덕이 아니어야 한다. ②집은 화려하더라도 너무 사치스럽지 않고 검소하더라도 너무 누추하지 않아야 한다. ③동산은 구불구불하게 연결되어 집을 둘러싸야 한다. ④들판은 넓으면서도 햇볕이 잘 들어야 한다. ⑤나무는 오래되어야 한다. ⑥샘은 준설되어야 한다.

육유로는, ①집의 가장자리에는 텃밭이 있어서 채소나 나류(蓏類)[9]를 심을 수 있어야 한다. ②텃밭의

論卜居須審擇

凡爲卜築之計者, 不可率爾定居. 或已治田作圃, 栽花種樹, 而不奠厥居, 棄而之他, 則枉費功力, 豈不可惜哉? 必先審擇其風氣之藏聚、面背之安穩, 以爲永久之圖.《山林經濟補》

六欲、六有

卜居有術:山欲其高不至犖, 卑不至壚;宅欲其華不至汰, 儉不至陋;園欲其迤而拱, 坪欲其曠而陽;樹欲其故, 泉欲其渫.

宅之畔有圃焉, 可蔬可蓏;
圃之畔有田焉, 可秔可秫;

---

6 풍기(風氣):땅이 지닌 형세(形勢)의 기운.

7 산림경제보(山林經濟補):홍만선(洪萬選, 1643~1715)의 《산림경제》와 거의 동일한 책으로 알려져 있으나 《산림경제》에는 수록되지 않은 내용이 많은 것으로 보아 《산림경제》를 보완한 책으로 보인다. 그러나 현전하는 책은 확인되지 않는다.

8 《山林經濟》卷1〈卜居〉 "卜居序"(《農書》 2, 10쪽). 이 기사는 《山林經濟》의 첫 대목에 나오는 글이다.

9 나류(蓏類):참외·수박 등 덩굴식물류, 포도·다래·오미자 등의 나무열매류, 마·고구마 등 뿌리식물류 등을 일컫는 표현. 이에 대해 보다 자세한 내용은 《임원경제지》 25 〈만학지〉 권3 "나류(蓏類)"를 참조 바람.

전라북도 임실군 필봉리의 필봉(조인철 제공)

얹은머리(국립민속박물관)

가장자리에는 논이 있어서 찰벼나 메벼를 심을 수 있어야 한다. ③논밭의 가장자리에는 샘이 있어서 고기를 잡거나 물을 댈 수 있어야 한다. ④하천 밖에는 산기슭이 있어야 하고, ⑤그 기슭 밖에는 산봉우리가 있어서 그 모습이 마치 문필봉[筆格]10이나 얹은머리[螺髻]11나 구름이 솟아나는 모양처럼 멀리서도 바라볼 만해야 한다. ⑥또 반드시 살 곳의 국(局)12 안팎에는 수십 집이 있어서 도적이 재물을 훔치는 일을 경계하고, 물난리와 화재 때 도움 받을 수 있어야 한다. 그리고 이렇게 마을을 이룰 때 가장 중요한 점은 사람들의 마음을 흐트러뜨리고 말을 모질게 하는

田之畔有泉焉, 可漁可漑; 川外有麓, 麓外有峯焉, 如筆格如螺髻如潑雲, 可望而眺也. 又須局內外有編戶數十百, 可以警盜竊資水火, 而最不可使蓬其心銛其舌者廁於其間, 以敗人意思. 此其大略也. 《金華知非集》

---

10 문필봉[筆格]: 산의 모양이 붓끝처럼 뾰족하게 솟아있는 봉우리를 말한다.

11 얹은머리[螺髻]: 뒷머리 부분부터 머리카락을 땋아 앞머리 중앙에 휘감거나 가체를 가지고 후두부에서 양 귓가를 감아 얹는 머리 형태.

12 국(局): 형세론 중심의 풍수학에는 집터나 묏자리 중에서 혈(穴, 땅의 기운이 몰려 있는 핵심적인 위치)과 사(砂, 혈 주위의 산수 형세)가 합해서 하나의 형세를 이룬 곳을 '국(局)'이라 한다. 《주역》을 바탕으로 한 음양오행론을 기본체계로 하여 방위론을 중심으로 길흉화복을 논하는 풍수학에서는 혈에서 내룡(來龍, 산능선의 형세) 혹은 수구(水口, 혈을 감싸는 지형에서 청룡(靑龍)과 백호(白虎) 사이로 흐르는 두 물이 만나는 지점)의 방위에 따라 국을 분류한다.

사람이 그 사이에 끼어서 사람들의 생각을 망치게
해서는 안 된다는 것이다. 이것이 살 곳을 고르는 방
법의 대략이다. 《금화지비집(金華知非集)13》14

4) 집을 지을 때는 반드시 인가와 들이 서로 가까운 곳에 있어야 한다 論構居必在人野相近處

산림이 깊고 멀면 정말로 경치가 좋지만, 이런 곳
에 홀로 떨어져 있으면 그 형세가 쓸쓸하고, 그렇다
고 인가가 빽빽하면 시끄럽고 혼잡하다. 따라서 인
가와 들이 반드시 서로 가까이 있도록 하되, 인가와
는 마음을 멀리 두어 사는 곳이 저절로 외진 곳처럼
되게 한다.15 산을 등지고 냇물을 마주하며, 기운이
맑고 상쾌한 곳에 10묘(畝)16의 평탄한 곳을 얻으면
바로 집을 지어도 된다. 만약 가용 인력이 더 있으
면 20묘에 지어도 좋지만, 이보다 더 넓힐 수는 없다.
그보다 넓으면 집을 관리하는 일에만 관심을 두어서
산업을 경영하는 듯이 일이 많아지니, 나의 진심을
더욱 어지럽힐 것이다. 《작비암일찬(昨非庵日纂)17》18

山林深遠, 固是佳境, 獨
處則勢孤, 人稠則喧雜.
必在人野相近, 心遠地偏,
背山臨流, 氣候高爽, 得十
畝平坦處, 便可構居. 若
有人力, 可二十畝, 更不得
廣. 廣則營爲關心, 或似産
業, 尤以擾吾眞也. 《昨非
庵日纂》

---

13 금화지비집(金華知非集) : 서유구의 《풍석전집(楓石全集)》에 총 12권으로 포함되어 있으며, 편지·경서고증·
신도비명·묘지명·농학 등과 관련된 내용이 수록되어 있다.

14 《楓石全集》〈金華知非集〉 卷2 "與朋來書"(《韓國文集叢刊》 288, 327쪽).

15 인가와는……한다 : 원문의 '심원지편(心遠地偏)'을 옮긴 것으로, 도연명(陶淵明, 365~427)의 〈음주(飮酒)〉
제5수에 나오는 유명한 구절이다. "오두막 짓고 사람들 속에 살아도 수레나 말 오가는 소리 없다오. 어찌
그럴 수 있냐고 묻는다면 마음이 멀어지면 사는 곳은 저절로 외지게 된다고 말하겠소(結廬在人境, 而無車
馬喧. 問君何能爾, 心遠地自偏)".

16 묘(畝) : 넓이가 100 또는 240인 땅의 영역이다. 100은 중국 한대(漢代) 이전의 방법으로, 서유구가 추구한
것이기도 하다. 따라서 서유구가 고증한 척도를 기준으로 환산하면 1묘는 약 192㎡(약 58평)이 된다. 서유
구 지음, 정명현·민철기·정정기·전종욱 외 옮기고 씀, 《임원경제지 : 조선 최대의 실용백과사전》 씨앗을 뿌
리는 사람, 2012, 347쪽 참조.

17 작비암일찬(昨非庵日纂) : 중국 명(明)나라 정선(鄭瑄, ?~1646)의 목민서(牧民書)로, 총 20권으로 구성되어 있다.

18 《昨非庵日纂》 2集 卷7〈頤眞〉(《續修四庫全書》 1193, 304쪽).

2. 지리

地理

1) 산을 등지고 호수를 마주하는 곳

삶을 영위하려면 반드시 먼저 지리를 잘 가려야한다. 지리는 수로와 육로로 모두 잘 통하는 곳이가장 좋으므로 산을 등지고 호수를 마주하는 곳이라야 빼어난 터이다. 그러나 그러한 터라도 반드시넓고 크면서도 사방이 긴밀하게 잘 에둘러 있어야한다. 대개 터가 넓고 크면 재물과 이익이 산출될수있고, 터가 긴밀하게 잘 에둘러 있으면 재물과 이익을 모을 수 있기 때문이다. 《한정록(閑情錄)[1]》[2]

論背山面湖

治生必須先擇地理, 地理以水陸并通處爲最, 故背山面湖乃爲勝也. 然必須寬大, 又要緊束. 蓋寬大則財利可出, 緊束則財利可聚也. 《閑情錄》

2) 사람이 살 곳은 높고 깨끗하며 넓게 트여야 한다

사람이 사는 집과 거처는 높고 깨끗한 곳이 길하다. 사람의 집터는 다만 앉은 자리가 평평하고 넓어야 하며, 좌우로 막히지 않아야 한다. 명당(明堂)[3]은

論人居宜高淨寬暢

人家居處高淨吉. 陽居但要坐下平衍, 左右不迫. 明堂寬暢, 土潤泉甘. 《經》云:

---

1 한정록(閑情錄): 조선 중기 허균(許筠, 1569~1618)이 편찬한 책. 17권 4책. 은거하는 생활에 대한 자료와 농사법에 관한 정보를 수록하였다. 허균은 1610년 관직에서 파직되어 있을 때에 중국 사신으로부터 예전에 받은 《세설산보(世說刪補)》·《옥호빙(玉壺氷)》·《와유록(臥遊錄)》을 4문(門)으로 나누어 내용에 따라 편집한 뒤, 1618년 전체 내용을 16문으로 다시 나누고 부록을 더하여 완성하였다.

2 《閑情錄》 卷16〈治農〉 "擇地"(《農書》1, 96쪽);《山林經濟》 卷1〈卜居〉(《農書》2, 11쪽).

3 명당(明堂): 일반적 의미에서 명당은 집터나 묏자리로 쓰기에 좋은 터를 말한다. 풍수지리에서 명당은 풍수서에 따라 그 정의와 세부적인 개념에 차이가 있으나 《명산론(名山論)》에 의하면 좌우로 청룡(靑龍)과 백호(白虎)가 감싸고 있으며 앞에는 안산(案山)이 막아주는 공간을 내명당(內明堂)이라 하고, 안산 밖에 다시 외청룡과 외백호로 형성되는 공간을 외명당(外明堂)이라 한다.

터가 넓게 트여 있으며, 흙은 기름지고 샘물은 달아야 한다. 《경(經)》4에 "하나의 산과 하나의 물줄기가 모여 유정(有情)5한 곳은 소인(小人)이 머물 곳인 반면에, 큰 산이 큰 형세로 국(局)을 이루는 곳은 군자(君子)가 살 곳이다."라 했다. 《고사촬요(攷事撮要)6》7

"一山一水有情, 小人所止; 大山大勢入局, 君子攸居." 《攷事撮要》

일반적으로 사람의 집터는 하나의 산과 하나의 물줄기가 모여 유정한 곳에 있어야 한다. 다만 국(局)이 작게 형성되면, 비록 좋은 곳이더라도 집이 장구하게 유지되지는 못한다. 큰 형세로 국을 이루면 곧 국을 크게 맺으므로 집이 부귀하게 되면서 오래도록 유지될 것이다. 《증보산림경제(增補山林經濟)8》9

凡陽居一山一水有情, 則小結局也, 雖好而不長遠; 大勢大形入局, 卽大結局也, 富貴而悠①遠. 《增補山林經濟》

3) 용(龍)10의 다리가 오므려진 곳과 벌어진 곳

일반적으로 집터를 정하고 묏자리를 마련할 때 비록 집터와 묏자리에는 음양의 구별이 있다 하더라도,

論龍脚收放

凡定宅安墳, 雖有陰陽之別, 而論山川風氣之聚散,

---

4 경(經) : 어떤 책인지 확정하기는 어려우나, 중국 당(唐)나라의 감여가(堪輿家, 풍수가)가 지었다고 알려진 《설심부(雪心賦)》 제5 〈논용맥(論龍脈)〉에 본문의 내용이 나온다.

5 유정(有情) : 풍수가들은 풍수의 모양이나 배치가 사람이 보기에 어떤 감정을 불러일으키는 듯하면 '유정'하다고 하고, 그렇지 않으면 '무정(無情)'하다고 한다.

6 고사촬요(攷事撮要) : 1554년(명종 9년) 어숙권(魚叔權, ?~?) 등이 왕명을 받아 《제왕역년기(帝王曆年記)》와 《요집(要集)》 등을 참조하여 편찬한 책. 사대교린(事大交隣) 정책과 농업 및 식생활 등 일상에 필요한 여러 가지 사항들을 모아 상·중·하 3권과 부록으로 엮었다. 3권 3책본, 5권 5책본 등 여러 이판본(異板本)이 있다.

7 《山林經濟》 卷1 〈卜居〉 《農書》 2, 11쪽). (《攷事撮要》에는 확인되지 않음)

8 증보산림경제(增補山林經濟) : 1766년(영조 42년) 유중림(柳重臨, 1705~1771)이 홍만선(洪萬選)의 《산림경제》를 증보하여 편찬한 책. 16권 12책. 《산림경제》의 16항목 체제가 이 책에서는 23항목으로 확대되었고, 각 항목에서도 내용이 추가되었다.

9 《增補山林經濟》 卷1 〈卜居〉 "論地勢" 《農書》 3, 14쪽).

10 용(龍) : 풍수지리에서는 산이 뻗어있는 모양과 용의 모습이 비슷하다고 생각하여 산을 용으로 비유하기도 한다. 용은 풍수지리의 핵심개념 중 하나이다. 풍수가들은 산천의 기운이 용을 따라 흐르고 그 형세와 강약 등에 따라 길흉화복이 결정된다고 여겨서 '용'을 살피는 '간룡법(看龍法)'을 중시하였다.

① 悠 : 저본에는 "攸". 오사카본·《增補山林經濟·卜居·論地勢》에 근거하여 수정.

산천의 풍기(風氣)가 모이고 흩어지는 점으로 논하자면 그 이치는 동일하다. 그 중에서 조금 다른 점은 용이 입수도두(入首到頭)[11]에 이르렀을 때 용의 손이나 다리가 벌어져 있으면 집터[陽居]가 되고, 손이나 다리가 오므려져 있으면 묏자리[陰宮]가 된다.《증보산림경제》[12]

理則一同, 其所稍別者, 龍之到頭, 手脚開則爲陽居, 手脚收則爲陰宮.《增補山林經濟》

4) 평지의 집터

論平地陽基

평탄한 땅이 아무리 한 번에 바라볼 수 없을 만큼 넓게 펼쳐져 있더라도 반드시 용이 굽이쳐 내려와 혈(穴)[13]이 맺히고, 그곳이 주변의 다른 곳보다 높아야 진혈(眞穴)이라고 할 수 있다. 만약 평지 중에서 한결같이 평평하여 높고 낮은 구분이 없거나 혈의 형세가 다시 낮게 가라앉아 있으면 좋은 집터가 아니다. 여기서 이른바 높다는 말도 단지 1척 정도나 몇 촌이라도 더 높으면 모두 높다고 할 수 있다.

平衍②之地, 一望無際, 亦必以龍之來歷、穴之結作, 處高於衆地而後爲眞. 如平地中一坦無高下之分, 或穴勢又復低沈則非矣. 所謂高者, 亦只尺許或數寸, 皆謂之高.

다만 중원(中原)은 땅이 숫돌처럼 평탄하면서도 넓게 펼쳐져 있는 곳으로서 그 조종산(祖宗山)[14]이 일어나는 곳이 멀 수도 있고 가까울 수도 있다. 그러나 군영을 세우고 주둔할 수 있는 곳은 방 한 칸 정도

但中原平洋如砥, 其祖宗起處或遠或近, 而立營駐節之處, 不過堂奧一室之正地, 是爲"的穴".《經》

---

11 입수도두(入首到頭) : 멀리서부터 꿈틀거리며 뻗어오던 산[龍]의 형세가 멈추는 위치를 용두(龍頭) 또는 용수(龍首)라 한다. 이곳을 입수도두(入首到頭)라 하는데, 묏자리에서는 봉분의 바로 뒤쪽의 도톰한 곳을 말하고, 집터에서는 집 뒤에 있는 산줄기의 끝을 말한다.

12 《增補山林經濟》卷1〈卜居〉"論地勢"(《農書》3, 13쪽).

13 혈(穴) : 생기(生氣)가 웅결되는 곳을 말한다. 음택의 경우 묏자리로 쓰기 좋고, 양택의 경우 건물을 세우기 좋은 장소이다. 혈을 인체에 비유하면 경혈(經穴)과 같다. 혈지(穴地)·혈판(穴坂)·혈장(穴場)이라고도 한다.

14 조종산(祖宗山) : 혈의 뒤쪽으로 연결된 산을 총칭하는 말. 조종산(祖宗山)은 혈에서 가까운 것으로부터 소조산(小祖山)·중조산(中祖山)·태조산(太祖山)으로 구분된다.

② 衍 : 《增補山林經濟·卜居·論平地陽基》에는 "支".

의 바른 땅에 불과한데, 이곳이 바로 '적혈(的穴)'[15]이다. 《장경(葬經)》에 "땅에 길한 기운이 있으면 흙이 그 기운을 따라서 솟아오른다."[16]라 했다. 그러므로 가장 높은 곳이 적혈이어서 길하다.

만약 거주지가 양쪽으로 높은 지형으로 골을 이루어 중간이 낮게 가라앉은 곳에 있으면 그 집안은 반드시 빈곤하게 되고 자손이 번성하지 못할 것이다. 또 한결같은 평지 가운데 높은 언덕이 있으면, 이는 오히려 호위하고 조응(照應)하는 지형이니, 이곳은 바른 기운이 깃든 곳이 아니므로 비록 높더라도 길하지 않다. 하지만 그곳에 사찰이나 사당을 세우면 감응하는 일이 많이 있을 것이다. 일반적으로 평탄하면서도 넓게 펼쳐진 곳의 집터는 먼저 물을 얻어야만 한다. 그 물의 형세가 집의 담장을 감싸듯이 흐르거나[17] 마주하여 조당[朝堂]으로 흘러 들어오면[18] 사람과 재물이 모두 번성할 것이다. 《증보산림경제》[19]

日:"地有吉氣, 土隨而起." 是故最高之處爲的穴吉.

若住在兩高合槽③中間低沈處, 家必貧困, 不旺人丁. 又有一等平地中之高阜, 却爲護衛照應, 不是正氣所鐘④, 雖高亦不吉, 以爲梵宮、神宇, 則多感應. 凡平洋陽基, 先須得水, 其勢環闌或當面朝堂, 則人財兩旺.《增補山林經濟》

5) 산골짜기의 집터

일반적으로 산골짜기의 집터는 주변 지형과는 다른 평지로서 넓으면서 평평하고, 사면이 두 손을 맞

山谷陽基

凡山谷陽基, 欲其脫落平地, 寬廣平夷, 四面拱衛,

---

15 적혈(的穴):주위가 좋은 지형으로 둘러싸여 있어 땅의 생기(生氣)가 모이는 곳. 길혈(吉穴)이라고도 한다. 용진혈적(龍眞穴的)이라는 말에서 나왔다. 진룡에 진혈이 있다.

16 땅에……솟아오른다:《葬書》〈內篇〉.《葬書》를 《葬經》이라고도 한다.

17 그 물의……흐르거나:둥그런 난간을 두르듯이 흘러드는 물줄기. '옥대수(玉帶水)'라고도 하는데, 옥처럼 맑은 물이 허리를 두르듯이 흐르는 것을 말한다.《우리시대의 풍수》(조인철 저), 278쪽 참조.

18 마주하여……들어오면:혈자리 앞에 펼쳐진 명당에 주변의 골짜기로부터 물이 흘러들어와 모여드는 것을 말한다.《우리시대의 풍수》(조인철 저), 278쪽 참조.

19 《增補山林經濟》卷1〈卜居〉"論平地陽基"(《農書》3, 14~15쪽).

③ 槽:《增補山林經濟·卜居·論平地陽基》에는 "糟".

④ 鐘:저본에는 "種".《增補山林經濟·卜居·論平地陽基》에 근거하여 수정.

잡아 감싸듯 둘러싸고 있고, 땅이 갈라지거나 움푹 꺼진 곳이 없으며, 하수(下手)[20]에 힘이 있고, 수구(水口)[21]가 교차하면서도 단단하고[22], 명당(明堂)이 활짝 열려 있으며, 하천과 시내를 근거로 삼는 곳이라야 가장 좋다. 그곳의 혈(穴) 또한 펼쳐져 있으면서 넓게 트이고 평탄해야 좋다. 비록 집터가 산골짜기에 있더라도 역시 평탄하면서도 넓게 펼쳐진 곳이 좋다. 만약 협소하면 길하지 못하다.

또 집터는 높고 밝아야 하므로 절대로 피해야 할 곳은 사방의 산이 높아 주위를 억누르고 있어 유양(幽陽, 새벽의 광명)이 박핍(迫逼)[23]되거나, 삼양(三陽)[24]이 질색(窒塞)[25]한 곳이다. 또 피해야 할 곳은 골짜기의 물이 하인들이 흘리는 피땀[汗血][26]처럼 줄줄 흘러서 집 뒤를 쏘는 듯이 흘러들어오거나, 요풍(凹風)[27]이 집 옆구리로 세차게 불거나, 물소리가 졸졸 들려

無空缺凹隱, 下手有力, 水口交固, 明堂開暢, 據河據溪者爲上. 其穴亦欲其開展, 寬濶平坦, 雖在山谷, 亦如平洋爲善, 若窄狹則不吉.

又要高明, 切忌四山高壓, 幽陽⑤迫逼, 窒塞三陽. 又忌卑下汗血⑥及水沖宅背, 凹風射脅, 水聲潺湲. 凡山谷陽基最要藏風, 乘得龍氣爲吉. 切不可妄用掘鑿而寬之, 傷殘氣脈.《增補山

---

20 하수(下手):물이 빠져나가는 부분의 한쪽. 하비(下臂) 또는 하관(下關)이라고도 한다.

21 수구(水口):혈을 감싸는 지형에서 청룡(青龍)과 백호(白虎) 사이로 흐르는 두 물이 만나 명당의 바깥쪽으로 빠져나가는 지점을 말한다. 자세한 설명은 《상택지》〈집터 살피기〉 "수구"를 참조.

22 수구가……단단하고:수구가 교차한다는 것은 물이 쉽게 빠져나가지 못하게 닫혀있다는 것이고, 단단하다는 것은 물의 압력에 의해 수구가 쉽게 무너지지 않는다는 것을 말한다.

23 박핍(迫逼):감옥처럼 사변이 꽉 막힌 일종의 흉지(凶地)로, 핍착명당(逼搾明堂)을 말한다.

24 삼양(三陽):동트는 햇빛·한낮의 햇빛·저녁의 노을을 말한다.《우리시대의 풍수》(조인철 저), 278쪽 참조.

25 질색(窒塞):사방이 큰 산으로 가로막힌 흉지로, 질색명당(窒塞明堂)을 말한다.

26 하인들이 흘리는 피땀[汗血]:산의 상부로부터 바위틈이나 조그만 골짜기를 따라서 물이 조금씩 삐져나올 수 있는데, 그것이 마치 막일하는 하인들이 흘리는 땀방울과 같다는 의미이다. 이 물이 집 뒤편을 쏘는 듯이 부딪혀서 들어오는 곳을 피하라는 의미로, 만약에 일어날 수 있는 산사태나 홍수의 재난을 예방하려는 데에 그 목적이 있다.

27 요풍(凹風):산의 움푹 들어간 곳이나 골짜기에서 불어오는 바람. 매우 빠르게 불어오고 일정하지 않기 때문에 이 바람을 맞는 집이나 무덤은 수분증발이 빨라져서 쉽게 건조해지고, 화재나 건강에 나쁜 영향을 주기 때문에 풍수에서는 꺼려한다. (풍수학사전, 361쪽 참조)

⑤ 陽:저본에는 "陰".《增補山林經濟·卜居·論山谷陽基》에 근거하여 수정.

⑥ 血:저본에는 "洫".《增補山林經濟·卜居·論山谷陽基》에 근거하여 수정.

오는 곳이다. 일반적으로 산골짜기의 집터에서는 바
람을 갈무리하는 것이 중요하고[28], 한편으로는 집터
가 용의 기운을 타는 것이 길하다. 그러므로 함부로
땅을 파거나 넓혀서 집터의 기맥(氣脈)을 손상시켜서
는 안 된다.《증보산림경제》[29]

林經濟》

6) 사방의 형상

집은 왼쪽으로는 흐르는 물이 있어야 하니, 이를
'청룡(靑龍)'이라 한다. 오른쪽으로는 긴 길이 있어야
하니, 이를 '백호(白虎)'라 한다. 집 앞에는 연못이 있
어야 하니, 이를 '주작(朱雀)'이라 한다. 집 뒤에는 언
덕이 있어야 하니, 이를 '현무(玄武)'라 한다.[30] 이러한
곳이 가장 귀한 땅이다. 만약에 이러한 형상이 없으
면 흉하다.《주서비오영조택경(周書秘奧營造宅經)[31]》[32]

論四象

宅欲左有流水, 謂之"靑
龍"; 右有長道, 謂之"白
虎"; 前有汙池, 謂之"朱
雀"; 後有邱陵, 謂之"玄
武", 爲最貴地. 若無此相,
兇.《周書秘奧營造宅經》

---

28 바람을……중요하고:여름에는 바람이 불게 하고, 겨울에는 바람을
차단하는 것을 말한다.
29 《增補山林經濟》卷1〈卜居〉"論山谷陽基"(《農書》3, 15~16쪽).
30 집은……한다:청룡(靑龍)·백호(白虎)·주작(朱雀)·현무(玄武) 등
의 풍수도를 그림으로 나타내면 다음의 삽화와 같다.
31 주서비오영조택경(周書秘奧營造宅經):《거가필용사류전집(居家必
用事類全集)》중의 한 편명으로, 저자는 미상. 이 책은 중국 원(元)
나라에서 편찬된 가정백과전서이다. 갑집(甲集)에서 계집(癸集)까
지 총 10집으로 구성되어 있고, 건축·식품·의류·주거 생활 등 각
가정에서 필수적으로 활용할 수 있는 사항을 수록하고 있다. 주서
비오영조택경은 정집(丁集) 중의 택사(宅舍) 항목에 들어 있고 주
로 건축 분야를 다루고 있다. 이 책은 고려 말 우리나라에 도입되
어 조선 후기까지 널리 활용되고 읽혔다. 이 기사를 포함하여 연이
어 소개된 기사 4개는 모두《주서비오영조택경》으로 출처를 적었지
만, 아래의 '13) 집안에서 배수할 때의 여러 금기'에서는《거가필용》
이라 적고 있어서 인용서에 차이가 있다.
32 《居家必用事類全集》丁集〈宅舍〉"周書秘奧營造宅經", 130쪽.

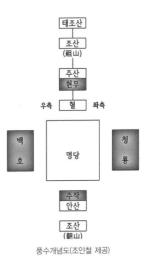

풍수개념도(조인철 제공)

7) 사방의 높낮이

일반적으로 집터 중에서 평탄하게 이루어진 곳을 '양토(梁土)'라 하고, 뒤가 높고 앞이 낮은 곳을 '진토(晉土)'라 한다. 이러한 두 곳에 살면 모두 길하다. 서쪽이 높고 동쪽이 낮은 곳을 '노토(魯土)'라 하는데, 이러한 곳에 살면 부귀해지고 현인(賢人)이 나오게 될 것이다. 앞은 높고 뒤가 낮은 곳을 '초토(楚土)'라 하는데, 이러한 곳에 살면 흉하다. 사방이 높고 중앙이 낮은 곳을 '위토(衞土)'라 하는데, 이러한 곳에 살면 처음에는 부유하지만 나중에는 가난해진다. 《주서비오영조택경》33

일반적으로 집은 동쪽이 낮고 서쪽이 높으면 부귀하고 권세를 누린다. 앞이 높고 뒤가 낮으면 결코 집안의 가세가 일어나지 않는다. 뒤는 높고 앞이 낮으면 소와 말이 풍족해진다. 《주서비오영조택경》34

8) 특정 방위의 공간이 부족할 때

일반적으로 집의 지형에서 묘방(卯方)35·유방(酉方)36의 공간이 부족한 곳에 살면 자유롭다. 자방(子方)37·오방(午方)38의 공간이 부족한 곳에 살면 매우

論四方高低

凡宅地欲平坦, 名曰"梁土";後高前下, 名曰"晉土", 居之幷吉;西高東下, 名曰"魯土", 居之富貴, 當出賢人;前高後下, 名曰"楚土", 居之兇;四面高, 中央下, 名曰"衞土", 居之先富後貧. 《周書秘奧營造宅經》

論方位不足

凡宅地形, 卯、酉不足, 居之自如;子、午不足, 居之大凶;子、丑不足, 居之口舌.

---

33 《居家必用事類全集》, 위와 같은 곳.
34 《居家必用事類全集》, 위와 같은 곳.
35 묘방(卯方):정동쪽을 중심으로 좌우 15도 이내의 방향.
36 유방(酉方):정서쪽을 중심으로 좌우 15도 이내의 방향.
37 자방(子方):정북쪽을 중심으로 좌우 15도 이내의 방향.
38 오방(午方):정남쪽을 중심으로 좌우 15도 이내의 방향.

흉하다. 자방·축방(丑方)[39]의 공간이 부족한 곳에 살
면 구설수에 오르게 된다. 남북 방향으로 길지만 동
서 방향으로 좁은 곳은 길하고, 동서 방향으로 길지
만 남북 방향으로 좁은 곳은 처음에는 흉하나 나중
에는 길하다.[40] 《주서비오영조택경》[41]

南北長東西狹, 吉；東西長
南北狹, 初凶後吉.《周書
秘奧營造宅經》

9) 산의 형세[42]

일반적으로 조종산(祖宗山)이 감여가(堪輿家)[43]들의
말대로 마치 누각의 지붕이 위로 치솟은 형세를 띠
고, 주산(主山)[44]이 또 수려하고 단정하며, 청명하면
서도 아름답다면 가장 좋다. 뒷산이 면면하게 이어
져 들판을 가로질러서 크고 높은 봉우리가 갑자기
일어났다가, 거기에서 다시 나뭇가지와 잎이 펼쳐지
듯이 갈라져 나온 산줄기가 휘돌아 감싸며 동부(洞
府)[45]를 이루기 때문에 마치 관부(官府)[46] 안으로 들어
온 듯하고, 주산의 형세가 듬직하고 풍성하여 마치

論山形

凡山於祖宗有堪輿家樓閣
飛揚之勢, 主山又秀麗端
正, 清明嫩閑者爲上. 後山
綿綿渡野, 忽起高大峰巒,
紆回枝葉, 結作洞府, 如入
官府之內, 而主勢穩重豐
碩, 如重屋、高殿者次之.
四山遠却平圍而山脈落下
平地, 遇水卽止, 爲野基者

---

39 축방(丑方)：정북쪽에서 동쪽으로 30도 되는 지점을 중심으로 좌우
   15도 이내의 방향.
40 일반적으로……길하다：풍수의 12방위를 그림으로 나타내면 다음
   그림과 같다.
41 《居家必用事類全集》, 위와 같은 곳.
42 산의 형세：이 내용은《八域可居誌》〈卜居總論〉"地理" 항목을 발췌
   한 것으로,《팔역가거지》에서는 살 곳을 고르는 4가지 요소로 지리·
   생업조건·인심이 인(仁)한 마을에 살기·산수(山水)를 들고, 그중 지
   리를 결정짓는 요인으로 "수구"·"들의 형세"·"산의 모양"·"흙의 빛
   깔"·"물길"·"조산(朝山) 조수(朝水)"를 들고 있다.《상택지》에서는
   이 중 "흙의 빛깔"을 제외한 "수구"·"들의 형세"·"산의 모양"·"물길"·"조산(朝山) 조수(朝水)"를 〈지리〉에서
   다루고, "흙의 빛깔"은 〈물과 흙〉에서 다루고 있다.
43 감여가(堪輿家)：풍수지리를 전문적으로 연구하는 사람. 풍수가(風水家)라고도 한다.
44 주산(主山)：하나의 고을 혹은 집터와 묏자리 뒤에 가장 큰 형세를 이루며 자리잡고 있는 산. 사방을 진호
   (鎭護, 난리를 평정하고 진압함)한다는 의미에서 진산(鎭山)이라고도 한다.
45 동부(洞府)：하나의 마을이 들어서고 사람들이 모일 수 있는 규모의 지형.
46 관부(官府)：관청이 외담·내담이 감싸고 가장 좋은 자리(혈)에 핵심 건물이 들어앉은 형세를 비유한 것.

12방위도(조인철 제공)

여러 겹의 집이나 높은 전각(殿閣)과도 같은 형세는 그 다음이다. 사방의 산이 멀리 물러나서 평탄한 높이로 둘러싸면서 산맥이 그 평지로 떨어져 내려오다가, 물을 만나면 멈추어서 들판의 터가 된 형세는 또 그 다음이다. 가장 피해야 하는 산의 형세는 내룡(來龍)[47]이 나약하고 둔탁해서 생기가 없거나, 산의 모양이 잘게 부서지고 비뚤어져 있어 길한 기운이 적은 곳이다. 일반적으로 땅에 생기나 길한 기운이 없으면 인재가 나지 않는다. 《팔역가거지》[48]

又次之. 最忌, 來龍懶弱頑鈍而無生氣[7], 或破碎攲斜而少吉氣. 凡地無生氣[8]、吉氣, 則人才不出.《八域可居誌》

10) 들의 형세

論野勢

사람은 양기(陽氣)를 받아서 살아가기 때문에 하늘과 해가 잘 보이지 않는 곳은 살기에 결코 좋지 않다. 그러므로 들이 넓으면 넓을수록 그 집터는 더욱 좋다. 반드시 해와 달과 별의 빛이 찬란하게 땅을 비추어야 하고, 바람과 비 및 추위와 더위 등의 기후가 적절하게 균형을 이루어야 인재가 많이 나오고, 질병도 적다.

人受陽氣以生, 少見天日處, 決不可居. 故野愈曠, 則基愈美. 須使日月星辰之光粲然照臨, 風雨、寒暑之候盡然得中, 人才多出, 亦少疾病.

가장 피해야 하는 들의 형세는 사방의 산이 높이 솟아 주위를 가로막아서 해가 늦게 떴다가 일찍 지거나 북두칠성이 보이지 않아 신령스런 빛이 적고 음기(陰氣)가 쉽게 침입하는 곳이다. 이러한 곳은 귀신

最忌, 四山高壓, 日晚出早入或不見北斗, 靈光旣少, 陰氣易乘. 如此者多作神叢鬼窟, 朝夕嵐瘴之候又

---

47 내룡(來龍) : 주산에서 혈의 위치로 이어지는 산의 능선 전체를 가리킨다. 내산(來山)이라고도 한다. 풍수학에서 '간룡(看龍)'이라는 용어의 의미는 이 내룡의 형세를 살피는 것이다.
48 《擇里誌》〈卜居總論〉 "地理"(국립중앙도서관 古041-1-27, 43쪽).
[7] 氣:《擇里誌·卜居總論·地理》에는 "色".
[8] 氣:《擇里誌·卜居總論·地理》에는 "色".

들이 모여드는 소굴이 되는 경우가 많고, 아침저녁으로 생기는 산람장기(山嵐瘴氣) 때문에 사람들이 쉽게 병이 든다. 이것이 바로 골짜기에 사는 것이 들에 사는 것만 못한 이유이다.

　큰 들 가운데 자그마한 산들이 사방을 둘러싸고 있으면 이런 지형은 산이라 지칭할 수는 없어서, 통틀어 들이라 부른다. 대개 하늘의 빛은 어디서나 막힘이 없어 풍기(風氣)가 멀리까지 통하는 법이다. 그러기에 만약 들이 높은 산속에 있다면, 또한 반드시 널찍하게 트인 곳이라야 집터를 만들 수 있다.《팔역가거지》[49]

使人易病. 此所以峽居之
不如野居也.

大野中屛山週迴, 則此不
可以山指而統以野稱之.
蓋以天色不隔, 風氣遠通
也. 若在高山之中, 亦須開
闊處, 方可作基.《八域可
居誌》

11) 물의 호응

　일반적으로 물은 집터와 묏자리 터를 잡을 때 법식대로 하면 복이 있고 법식을 어기면 재앙이 있다. 대체로 물은 차고 넘쳐 멀리 흐르려 하므로, 도리어 내가 물을 웅덩이에 고이게 한 뒤에 층층이 논으로 빠져나가게 한다면 바다의 조수가 층층이 밀려오는 모습보다 낫다. 이 모두 조당(朝堂)에 좋으며 혹은 물이 집 뒤편을 감아서 흘러가면 가장 귀격(貴格, 귀한 자리)이 된다. 물이 구유 같은 움푹하고 긴 땅에서 흘러나와 집 뒤편으로 부딪히거나, 집 옆구리로 쏜살같이 흐르거나 집의 옆면을 가로질러 흐르거나, 집의 정면을 마주하여 흘러오다 곧장 흘러가거나, 옆으로 빗겨 흘러내려오다 반대로 달아나 곧장 쏜살

論水應

凡水, 宅, 墓同占, 得法則
福, 失法則禍. 大抵水欲
其洋洋悠悠, 顧我欲留瀦
而後洩疊疊水田, 勝於海
潮, 俱宜朝堂, 或纏背後,
最爲貴格. 若漏槽衝背, 射
脅穿臂, 或當面直去, 或
斜走反逃直射之類, 皆凶.
《增補山林經濟》

---

49 《擇里誌》〈卜居總論〉"地理"(국립중앙도서관 古041-1-27, 43쪽).

같이 흘러가는 물과 같은 종류는 모두 흉하다.《증보
산림경제》[50]

그 물소리가 마치 옥이 울리는 소리처럼 낭랑하
면 길하고, 매우 처량하게 졸졸 흐르면 길하지 않다.
《증보산림경제》[51]

물은 재물과 복록(福祿)을 주관하므로 물이 모여
드는 곳의 물가에는 부유한 가문이나 이름나고 번성
한 마을이 많다. 비록 산속에 있더라도, 산골짜기의
물이 모이는 곳이라야 오래도록 살 수 있는 땅이다.
《팔역가거지》[52]

산은 반드시 물과 짝을 이루어 근본을 얻은 다음
에야 생성하고 변화하는 신묘한 기능을 다할 수 있
다. 그러나 반드시 물이 흘러오고 흘러갈 때 이치에
합당한 다음에야 인재를 기르는 길한 일을 이룰 수
있다. 그러므로 한결같이 감여가(堪輿家)들이 말하는
정론(定論)에 의거하여, 집터가 좌선룡(左旋龍, 왼쪽에
서 오른쪽으로 굽은 형세)에 해당할 때는 정오행(正五行)[53]

其水響如鳴珂者吉, 淒切
潺湲者不吉. 同上

水管財祿, 故積水之濱, 多
厚富之家、名村盛塢. 雖山
中, 亦有溪澗聚會, 方爲
久遠可居之地.《八域可居
誌⑨》

山必得本配水, 然後方盡
生化之妙. 然水必來去合
理, 然後乃成鍾毓之吉. 故
一依堪輿家定論, 左旋陽
基, 須以正五行、雙山五行
消水；右旋陽基, 只以眞五
行消水. 第宅坐向, 又須與

---

⑨ 八域可居誌 : 저본에는 "同上".《증보산림경제》에서 확인되지 않고《택리지》에서만 확인되므로,《擇里誌·卜
居總論·地理》에 근거하여 수정.
50 《增補山林經濟》卷1〈卜居〉"水應"(《農書》3, 18쪽).
51 《增補山林經濟》卷1〈卜居〉"水應"(《農書》3, 18~19쪽).
52 《擇里誌》〈卜居總論〉"地理"(국립중앙도서관 古041-1-27, 43쪽).
53 정오행(正五行) : 풍수학에서 각 방위에 대해 가장 기본적인 오행의 배속 방식. 남쪽과 북쪽으로 화(火)와
수(水), 동쪽과 서쪽으로 목(木)과 금(金), 중앙에는 토(土)가 위치한 가운데, 동방의 목(木)에는 인(寅)·
갑(甲)·묘(卯)·을(乙)·손(巽), 남방의 화(火)에는 사(巳)·병(丙)·오(午)·정(丁), 서방의 금(金)에는 신(申)·

이나 쌍산오행(雙山五行)[54]에 따라 물이 빠져나가게 하고[消水][55], 우선룡(右旋龍, 오른쪽에서 왼쪽으로 굽은 형세)일 때는 진오행(眞五行)[56]에 따라 물이 빠져나가게 해야 한다. 물이 집터를 왼쪽으로 돌아나갈 때는 반드시 정오행(正五行)이나 쌍산오행(雙山五行)으로 빠지도록[消水] 해야 하고, 물이 집터를 오른쪽으로 돌아나갈 때는 진오행(眞五行)으로만 빠지도록 해야 한다.[57] 주택의 좌향(坐向)[58]은 또한 흘러오는 물과 함께 정음정양법(淨陰淨陽法)[59]에 부합해야만 순수하게 좋은 곳이 된다. 《팔역가거지》[60]

來水合淨陽淨陰, 方爲純美. 同上 ⑩

경(庚)·유(酉)·신(辛)·건(乾), 북방의 수(水)에는 해(亥)·임(壬)·자(子)·계(癸), 중앙의 토(土)에는 진술(辰戌)·축미(丑未)·무(戊)·기(己)·곤(坤)·간(艮)을 배속한다.《풍수지리와 과학》〈오행론〉, 37쪽 참조.

54 쌍산오행(雙山五行):쌍산삼합오행(雙山三合五行)이라고도 하며, 풍수지리설에서 각 방위에 대해 오행 중 토(土)를 제외하여 쌍으로 배속시키는 방법. 목(木)에는 건해(乾亥)·갑묘(甲卯)·정미(丁未), 화(火)에는 간인(艮寅)·병오(丙午)·신술(辛戌), 금(金)에는 손사(巽巳)·경유(庚酉)·계축(癸丑), 수(水)에는 곤신(坤申)·임자(壬子)·을진(乙辰)을 배속한다.

55 물이 빠져나가게 하고[消水]:혈이나 집터를 등지고 빠져나가는 물을 소수(消水) 또는 서수(去水)라 한다. (풍수학사전, 283쪽 참조)

56 진오행(眞五行):진오행은 24방위를 4개의 묶음으로 구분하여 각 6개 방위를 배속했는데, 인신사해(寅申巳亥)가 기준이 된다. 화(火)는 '인갑묘을진손(寅甲卯乙辰巽)', 금(金)은 '사병오정미곤(巳丙午丁未坤)', 수(水)는 '신경유신술건(申庚酉辛戌乾)', 목(木)은 '해임자계축간(亥壬子癸丑艮)'이 된다. 이것은 360도 방위를 24방위로 구분한 것이므로 중심을 의미하는 토(土)는 배당이 없다. 전경찬,《간지와 음양오행의 융합 및 적용에 관한 고찰》동방대학원대학교 석사학위논문, 2008, 61쪽 참조.

57 물이……한다:풍수에서 말하는 좌선(左旋)은 왼쪽으로 회전하는 것이 아니라, 왼쪽에서 오른쪽으로 꺾이는 것을 말하고, 우선(右旋)은 우회전이 아니라 우에서 좌로 꺾이는 것을 말한다.

58 좌향(坐向):집터나 묏자리의 위치를 기준으로 등진 방위를 좌(坐)라 하고, 이 등진 방위에서 정면으로 바라보이는 앞쪽 방향을 향(向)이라 한다.

59 정음정양법(淨陰淨陽法):물이 들어오는 방위와 집터 또는 묏자리의 방향을 따져서 길흉을 보는 방법. 24방위를 주역의 8괘에 배속시킨 다음 음궁(陰宮)과 양궁(陽宮)으로 나누고, 득수(得水)의 방위와 집터 또는 묏자리의 방향이 같은 성질의 궁(宮)이어야 좋다고 설명한다.

60 《擇里誌》, 위와 같은 곳.

⑩ 同上:저본에는 "八域可居誌". 위의 기사가《팔역가거지》에서 인용되었으므로, 서유구의 편집체제에 근거하여 수정.

12) 물을 내보낼 때의 여러 금기

일반적으로 물을 내보낼 때는 양국(陽局)[61]의 지형에서는 양의 방향으로 내보내고, 음국(陰局)[62]의 지형에서는 음의 방향으로 내보내야지 음양이 섞이도록 해서는 안 된다.[63]《고사촬요》[64]

일반적으로 집은 황천살(黃泉殺)[65]을 피해야만 한다. 그 방법은 다음과 같다. 집이 경향(庚向)·정향(丁向)이면 곤향(坤向)의 물이, 곤향(坤向)이면 경향(庚向)·정향(丁向)의 물이, 을향(乙向)·병향(丙向)이면 손향(巽向)의 물이, 손향(巽向)이면 을향(乙向)·병향(丙向)의 물이, 갑향(甲向)·계향(癸向)이면 간향(艮向)의 물이, 간향(艮向)이면 갑향(甲向)·계향(癸向)의 물이, 신향(辛向)·임향(壬向)이면 건향(乾向)의 물이, 건향(乾向)이면 신향(辛向)·임향(壬向)의 물이 이른바 '팔로황천살(八路

放水雜忌

凡放水, 陽局陽放, 陰局陰放, 勿令陰陽錯雜.《攷事撮要》

凡宅須避黃泉殺. 其法: 庚、丁向則坤水, 坤向則庚、丁水, 乙、丙向則巽水, 巽向則乙、丙水, 甲、癸向則艮水, 艮向則甲、癸水, 辛、壬向則乾水, 乾向則辛、壬水, 所謂"八路黃泉"、"四路黃泉殺"也. 只論此十二向放水, 餘向不忌. 同上

壬辛	壬辛	乾	乾	坤	坤	庚丁	庚丁	坤	坤	巽	巽	丙乙	丙乙	巽	巽	艮	艮	癸甲	癸甲	艮	艮	乾	乾
亥	乾	戌	辛	酉	庚	申	坤	未	丁	午	丙	巳	巽	辰	乙	卯	甲	寅	艮	丑	癸	子	壬

팔로황천도해(조인철 제공)

---

61 양국(陽局) : 24방위 가운데, '임·자·계·인·갑·을·진·오·곤·신·술·건(壬·子·癸·寅·甲·乙·辰·午·坤·申·戌·乾)'의 12방위를 말한다.

62 음국(陰局) : 24방위 가운데, '축·간·묘·손·사·병·정·미·경·유·신·해(丑·艮·卯·巽·巳·丙·丁·未·庚·酉·辛·亥)'의 12방위를 말한다.

63 일반적으로……안 된다 : 양의 방위가 좌방위로 된 경우는 양의 방위로, 음의 방위가 좌방위로 된 경우는 음의 방위로 물을 내보내야 한다는 것을 말한다. 집에서 하수구의 최종 방위를 정하는 내용으로 볼 수 있다.

64《山林經濟》卷1〈卜居〉(《農書》2, 12쪽).

65 황천살(黃泉殺) : 황천은 몸을 묻는 곳, 즉 죽음의 땅이다. 집터나 묏자리에서 어떤 한 지점이 텅 비어 있거나, 어떤 방향으로부터 강하게 찌르는 듯한 느낌을 주는 경우에 황천살이 있다고 한다. 황천살은 원래 양택 풍수에서 나온 개념이나 후대에는 음택 풍수에까지 확대 적용된 것으로 보인다.

黃泉殺)⁶⁶'과 '사로황천살(四路黃泉殺)⁶⁷'이다. 이 12방향
에서 물을 내보내는 것만 거론하였을 뿐이니, 나머
지 방향은 금하지 않는다. 《고사찰요》⁶⁸

13) 집안에서 배수할 때의 여러 금기   宅內出水雜忌

집안의 물길이 대문으로 나게 되면, 자손이 패륜   水路充門, 悖逆[11]兒孫;水
이나 반역을 저지르지만, 물이 집에 바짝 붙어 지나   寄宅過東流, 無禍.《居家
가다 동쪽으로 흘러나가면 재앙이 없을 것이다. 《거   必用》
가필용》⁶⁹

물이 만약 거꾸로 흐르면 그 집안은 주로 여자가   水若倒流, 宅主女爲家長.
가장이 된다. 《거가필용》⁷⁰   同上

물이 문을 따라 밖으로 나가면, 주로 가산이 흩   水從門出, 主耗散貧窮. 同
어져 빈궁해진다. 《거가필용》⁷¹   上

지붕의 낙숫물이 엇갈려서 쏟아지면 길하지 않다.   屋水交射, 不吉. 又忌射堂
또 낙숫물이 마루로 쏟아져 몸에 부딪히는 일은 금   衝身.《增補山林經濟》
한다. 《증보산림경제》⁷²

---

66 팔로황천살(八路黃泉殺):팔로황천살은 '갑·계·을·병·정·경·신·임(甲·癸·乙·丙·丁·庚·申·壬)'의 8개
     향방위(向方位)에 대한 황천살을 말하는 것이다.
67 사로황천살(四路黃泉殺):사로황천살은 '건·곤·간·손(乾·坤·艮·巽)'의 4개 향방위(向方位)에 대한 황천살
     을 말하는 것이다. 팔로와 사로를 합하면 12개의 방위가 되며, 이를 통틀어 팔로사로황천살(八路四路黃
     泉殺)이라고도 부른다.
68 《山林經濟》卷1〈卜居〉(《農書》2, 12~13쪽). (《攷事撮要》에는 확인되지 않음)
69 《居家必用事類全集》丁集〈宅舍〉"周書秘奧營造宅經" "溝瀆", 135쪽.
70 《居家必用事類全集》, 위와 같은 곳.
71 《居家必用事類全集》, 위와 같은 곳.
72 《增補山林經濟》卷1〈卜居〉"屋水"(《農書》3, 31쪽).
[11] 逆:저본에는 "流".《居家必用事類全集·宅舍·周書秘奧營造宅經》에 근거하여 수정.

낙숫물이 처마 끝에서 서로 쏟아지면, 주로 살상이 일어난다. 《증보산림경제》[73]

水簷頭相射, 主殺傷. 同上

14) 수구(水口)[74]

수구는 빈틈이 없어서 물이 멋대로 흘러나가지 않는 것이 중요하다. 일반적으로 수구에는 둥근 산 모양의 흙으로 된 돈대(墩臺)가 있는데, 이를 '나성(羅星)[75]'이라 한다. 흙은 돌보다는 못하지만 그 힘은 1만 개의 산에 필적한다. 새 같기도 하고 짐승 같기도 한 모양의 기이한 사(砂)[76]나 괴이한 바위가 머리 부분은 물 흐름을 거슬러 위로 향해 있고 꼬리 부분은 처져서 아래로 흘러가는 듯하면, 매우 길하다. 대개 나성은 수구를 바라보는 것이 좋고, 당(堂, 마루)을 마주해서 보는 것은 피한다. 또 서로 가까이 붙어 있으면 해롭지만, 멀리 떨어져 있으면 무방하다. 《증보산림경제》[77]

論水口

水口貴於周密不放水走. 凡水口有圓山土墩, 謂之 "羅星". 土不如石, 力敵萬山, 或奇砂、怪石如禽如獸, 頭逆向上, 尾拖下流, 大吉. 蓋羅星喜見水口, 忌見當堂;逼近有害, 隔遠無妨.《增補山林經濟》

---

73 《增補山林經濟》卷1〈卜居〉"屋水"(《農書》3, 31쪽).
74 수구(水口):혈을 감싸는 지형에서 청룡(靑龍)과 백호(白虎) 사이로 흐르는 두 물이 만나 명당의 바깥쪽으로 빠져나가는 지점을 말한다. 수구라는 명칭은 청룡과 백호가 서로 물[水]을 먹기 위해 입[口]을 마주대고 있다는 뜻에서 유래했는데, 혈(穴)이나 내명당(內明堂)의 양측으로부터 흘러내리는 발원지를 득(得)이라 하고, 득(得)이 빠져나가는 곳을 파(破) 또는 수구라 한다.
75 나성(羅星):수구 사이에 있으면서 바위나 산이 연결되어 잇달아 감싸고 있는 지형을 말한다. 나성은 산의 기운을 지켜주고 물의 흐름을 막아주는 역할을 한다.
76 사(砂):혈 주위의 산·바다·강·호수·수목·암석·건물·평야·도로 등 모든 지형지물을 통틀어 '사'라 한다. 형세론 중심의 풍수에서는 사의 대소(大小), 고저(高低), 미오(美惡)를 기준으로 길흉화복을 예측하는 반면, 이기론 중심의 풍수에서는 특정한 방향에 특정한 산이나 지형이 있는가의 여부로 예측한다. (풍수학사전 224쪽 참조)
77 《增補山林經濟》卷1〈卜居〉"水口"(《農書》3, 19쪽).

나성(조인철 제공)

물 가운데 있는 모래섬의 머리 부분이 물흐름을 거슬러 위쪽을 향해 있을 때 모래섬이 1개라면 큰 부자가 될 것이고, 3개라면 더욱 좋고, 모래섬이 갑자기 수구에 나타나면 가장 길하다. 그러나 그 모래섬이 낮으면, 중요한 요소가 아니다. 《증보산림경제》[78]

水中有沙洲, 首逆上流, 一洲巨富, 三洲更好, 忽見於水口最吉. 其洲若低則不貴. 同上

살 곳을 고를 때는 먼저 수구를 살펴봐야 한다. 일반적으로 수구가 엉성하며 넓게 트인 곳이라면, 아무리 1경(頃)[79]이나 되는 좋은 밭과 1천 칸이나 되는 넓은 집 등이 있어도 이를 대를 이어 후손에 전해줄 수 없어서 재산은 자연스레 흩어져 망하게 된다. 그러므로 집터를 살필 때는 반드시 수구가 꽉 닫혀 있으면서 그 안으로는 들판이 펼쳐진 곳을 구해야 한다. 그러나 산속에서는 수구가 꽉 닫힌 곳을 쉽게 찾을 수 있지만, 들판 가운데서는 수구가 빈틈없이 잘 닫힌 곳을 찾기 어렵다. 그러니 이런 곳에서는 반드시 물을 거스르는 사(砂)가 있어야 한다. 높은 산이나 그늘진 언덕을 막론하고 힘차게 거꾸로 흘러서

卜居, 先看水口. 凡水口虧疏空闊處, 雖有良田頃、廣廈千間類, 不能傳世, 自然消[12]散耗敗. 故尋相陽基, 必求[13]水口關鎖, 內開野處着眼. 然山中易得關鎖, 而野中難以固密, 則必須逆水砂. 毋論高山、陰坂, 有力溯流遮攔當局則吉. 一重固好, 三重、五重尤吉, 可爲永世[14]綿遠之基. 《八域可居誌》

---

78 《增補山林經濟》, 위와 같은 곳.

79 경(頃): 경(頃)은 농지 넓이의 단위로, 100묘(畝)를 1경으로 삼는 진한 시대 이전의 방식과 240묘를 1경으로 삼는 진한 시대 이후의 방식 두 가지가 있다. 서유구는 1경=100묘의 방식을 고수하려 했다. 이에 근거하여 서유구가 『본리지』에서 고증해낸 주척(周尺)의 길이를 23.1cm로 대입하여 1경의 넓이를 추산한 결과는 다음과 같다. 1묘=6척×600척=23.1cm×6(가로)×23.1cm×6×100(세로)=1.386cm×138.60cm=3600척2×0.2312cm²=58.4평이다. 따라서 1경=100묘=138.6m×138.6m=19,209.96m²=5840평이 된다. 정명현, 《서유구의 선진 농법 제도화를 통한 국부창출론:『의상경계책』의 해제 및 역주》, 서울대 박사학위논문, 2014, 149쪽 주 30번 참조. 그러나 본문에서는 1경의 정확한 넓이를 말하려는 의도가 아니라, 1경 정도나 되는 매우 넓은 농지를 가리킨다.

[12] 消: 저본에는 "銷". 《擇里誌·卜居總論·地理》에 근거하여 수정.

[13] 求: 저본에는 "於". 《擇里誌·卜居總論·地理》에 근거하여 수정.

[14] 永世: 《擇里誌·卜居總論·地理》에는 "完固".

국(局)을 가로막으면 길하다. 1겹으로만 가로막아도
참으로 좋고, 3겹이나 5겹으로 가로막으면 더욱 길
하니, 이런 곳은 오래도록 끊임없이 대를 이어갈 터
전이 될 수 있다.《팔역가거지》[80]

15) 사(砂)의 호응

일반적으로 집의 좌우나 앞에 있는 사(砂)의 끝 부
분이 수려하거나 둥글면 과거에 급제한다. 손(巽)이
나 신(辛) 방위에 높이 솟은 붓 모양의 사가 보이면 문
인(文人)으로 귀하게 되고, 갑옷을 쌓아놓거나 군대가
주둔한 모양의 사가 보이면 무인(武人)으로 귀하게 된
다. 머리가 기울거나 정수리가 비스듬한 모양의 사가
있으면 도적이 되고, 이 모양의 사(砂)가 고요(孤曜)[81]
방향에 있으면 승려나 도사가 되고, 조화(燥火)[82] 방향
에 있으면 전염병과 화재가 발생하고, 소탕(掃蕩)[83] 방
향에 있으면 소송거리가 생기거나, 남자는 먼 길을 떠
나고 여자는 함부로 행동하며, 천강(天岡)[84] 방향에 있

論砂應

凡宅左右前砂尖秀端圓, 科
第. 巽、辛見卓筆, 文貴;堆
甲屯軍, 武貴. 頭側頂斜,
盜賊;孤曜, 僧道, 燥火,
瘟疫、火災;掃蕩, 爭訟, 男
遠游女無狀. 天岡[15], 作賊
兵死.《陽宅吉凶論》

---

80 《擇里誌》〈卜居總論〉"地理"(국립중앙도서관 古041‒1‒27, 42~43쪽).
81 고요(孤曜):풍수에서 구성(九星)이라고 하면 북두칠성에 좌보성과 우필성을 더한 것으로, 탐랑(貪狼)·거문
(巨門)·녹존(祿存)·문곡(文曲)·염정(廉貞)·무곡(武曲)·파군(破軍)·좌보(左輔)·우필(右弼)을 말한다. 그
외에 구궁도상(九宮圖上)의 개념적인 구성으로 일백수성(一白水星), 이흑토성(二黑土星), 삼벽목성(三碧木
星), 사록목성(四綠木星), 오황토성(五黃土星), 육백금성(六白金星), 칠적금성(七赤金星), 팔백토성(八白土
星), 구자화성(九紫火星)이 있다. 여기서 언급된 구성은 천기구성(天機九星)이라고 하여 요금정이라는 풍수
대사가 활용한 것으로 북두칠성의 구성을 노구성이라고 하는 것에 대비하여 소구성(小九星)이라고도 불리
는 것으로 자기(紫氣), 천재(天財), 천강(天岡), 소탕(掃蕩), 고요(孤曜), 조화(燥火), 금수(金水), 태양(太
陽), 태음(太陰)으로 구성되었다. 고요(孤曜)의 방향은 24방위 중 건·간·곤·손(乾·艮·坤·巽)의 방위가 된
다. 조인철,《풍수향법의 논리체계와 의미에 관한 연구》, 성균관대학교 박사학위논문, 2005, 23쪽 참조.
82 조화(燥火):조화의 방위는 을·신·정·계(乙·申·丁·癸)의 방위가 된다.
83 소탕(掃蕩):소탕의 방위는 인·신·사·해(寅·辛·巳·亥)의 방위가 된다.
84 천강(天岡):천강의 방위는 갑·경·병·임(甲·庚·丙·壬)의 방위가 된다.
[15] 岡:저본에는 "歪".《增補山林經濟·卜居·砂應》에 근거하여 수정. 이하 모든 "天歪"는 "天岡"으로 고치며
교감기를 달지 않음.

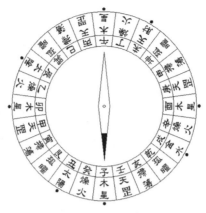

목성윤도(조인철 제공)

으면 도적이 되어 병란으로 죽는다. 《양택길흉론》[85]

위에서 말한 방향들은 모두 목성윤도(木星輪圖)[86]를 사용하여 헤아리도록 한다. 《증보산림경제》[87]

其方向, 皆用木星輪圖推之. 《增補山林經濟》

안 목성윤도의 제도:나무 판자 위에 안과 바깥으로 2개의 둥그런 윤도(輪圖)를 그린다. 안의 그림에다는 자(子)의 방위에서부터 왼쪽으로 돌아가며, 계(癸)·축(丑)·간(艮)·인(寅)·갑(甲), 묘(卯)·을(乙)·진(辰)·손(巽)·사(巳)·병(丙), 오(午)·정(丁)·미(未)·곤(坤)·신(申)·경(庚), 유(酉)·신(辛)·술(戌)·건(乾)·해(亥)·임(壬) 순서의 24방위를 배열한다.

바깥의 그림에다는 자(子)의 방위에서부터 목성(木星)으로 시작하고 역시 왼쪽으로 돌아가며, 조화(燥

案 木星輪圖之制:木盤上作內外二圓輪圖. 內圖則從子左旋排癸·丑·艮·寅·甲, 卯·乙·辰·巽·巳·丙, 午·丁·未·坤·申·庚, 酉·辛·戌·乾·亥·壬 二十四位.

外圖則從子位起木星, 亦左旋排燥火·太陽·孤曜·掃蕩·天

---

85 《增補山林經濟》卷1〈卜居〉 "砂應"(《農書》3, 20쪽). (《陽宅吉凶論》은 확인 안 됨.)
86 목성윤도(木星輪圖):집터를 잡거나, 건물을 지을 때 방위를 헤아려 길흉을 예측하는 데 쓰이는 방위도표.
87 《增補山林經濟》, 위와 같은 곳.

火)·태양(太陽)·고요(孤曜)·소탕(掃蕩)·천강(天罡)·목성·조화·태음(太陰)·고요·소탕·천강·목성·조화·천재(天財)·고요·소탕·천강·목성·조화·금수(金水)·고요·소탕·천강을 24방위에 배열한다. 대개 목성이 자(子)·오(午)·묘(卯)·유(酉) 방위에서 주(主)가 되므로 '목성윤도'라 한다. 구성(九星) 중에 목성·태양·금수·태음·천재 5개의 방향은 길하고, 천강·조화·고요·소탕 4개의 방향은 흉하다.[88]

罡、木星·燥火·太陰·孤曜·掃蕩、天罡、木星·燥火·天財·孤曜·掃蕩、天罡、木星·燥火·金水·孤曜·掃蕩、天罡於二十四位. 蓋木星爲主於子,午,卯,酉,故謂之"木星輪圖". 九星中木星,太陽,金水,太陰,天財五吉也,天罡,燥火,孤曜,掃蕩四凶也.

16) 바람이 불어오는 방위

자(子) 방위에서 집안으로 바람이 불어올 때

【자손이 물에 빠진다.】

계(癸) 방위에서 바람이 불어올 때

【남녀가 음욕(淫慾)에 빠진다.】

축(丑) 방위에서 바람이 불어올 때

【군대에 입대 했을 때 진영에서 낙오된다.】

간(艮) 방위에서 바람이 불어올 때

【전염병이나 풍토병이 발생한다.】

인(寅) 방위에서 바람이 불어올 때

【범이나 이리에게 상해를 입는다.】

갑묘(甲卯) 방위에서 바람이 불어올 때

【도로에서 사망한다.】

을(乙) 방위에서 바람이 불어올 때

【자손이 청맹과니가 된다.】

진손(辰巽) 방위에서 바람이 불어올 때

論風射方

子風射入

【子孫落水】

癸風

【男女淫慾】

丑風

【投軍落陳】

艮

【瘟瘟瘴疾】

寅

【虎狼傷害】

甲卯

【道路死亡】

乙

【子孫靑盲】

辰巽

---

88 《增補山林經濟》 卷1 〈卜居〉 "木星輪圖式" 《農書》 3, 36~37쪽).

조산(朝山)과 안산(案山)

【주인이 두풍(頭瘋)[89]을 앓는다.】	【主人頭瘋】
사병(巳丙) 방위에서 바람이 불어올 때	巳丙
【뱀에게 물린다.】	【蛇傷】
오정(午丁) 방위에서 바람이 불어올 때	午丁
【수재(水災)를 당한다.】	【水災】
미(未) 방위에서 바람이 불어올 때	未
【노채(勞瘵)[90]와 해수(咳嗽)[91]를 앓는다.】	【勞瘵咳嗽】
곤(坤) 방위에서 바람이 불어올 때	坤
【공적인 쟁송이 생긴다.】	【有公訟】
신경(申庚) 방위에서 바람이 불어올 때	申庚

---

89 두풍(頭瘋): 머리에 풍사가 침범하여 발생하는 증상으로, 풍사(風邪)·한사(寒邪) 또는 열사(熱邪)가 침입하거나 어혈이나 담(痰)이 머리의 경락에 몰려서 생긴다. 두통이 낫지 않고 지속되면서 통증이 발생하고 몇 기를 반복한다.《인제지》권7〈내외겸인〉 "두통" '두풍 치료법' 참조.

90 노채(勞瘵): 전염성이 있는 질병으로 폐결핵이나 폐옹(肺癰)과 비슷한 증상을 보인다. 기침을 할 때 가래에 피가 보이고, 계속해서 설사를 하며 심한 경우에는 죽는다. 전시로(傳尸勞)·노극(勞極)·시주(尸注)라고도 한다.《인제지》권3〈내인〉 "여러 충병" '노채충' 참조.

91 해수(咳嗽): 기침을 하고 목에 가래가 끓는 증상. 해(咳)는 가래는 나오지 않고 기침 소리만 나는 것이며, 수(嗽)는 기침 소리는 나지 않고 가래만 끓는 것이라 한다.《인제지》권10〈내외겸인〉 "해수" 참조.

【주인이 갑자기 몰락한다.】 【主暴敗覆】

신(辛) 방위에서 바람이 불어올 때 辛

【고난을 겪는다.】 【艱苦⑯】

술건(戌乾) 방위에서 바람이 불어올 때 戌乾

【절름발이가 된다.】 【跛躄⑰】

해임(亥壬) 방위에서 바람이 불어올 때 亥壬

【빈천해진다.】《증보산림경제》[92] 【貧賤】《增補山林經濟》

일반적으로 요풍(凹風)이 집안으로 불어오면 기운이 흩어지며, 바람이 집의 왼쪽으로 들어오면 장자(長子)에게 해가 있고, 오른쪽으로 들어오면 작은 아들에게 해가 있으니, 이런 방향으로 불어오는 바람은 모두 피해야 한다.《증보산림경제》[93]

凡有凹風吹射則氣散, 風左入則長房欠, 風右入則小⑱房虧, 皆宜避忌. 同上

17) 조산(朝山)[94] 論朝山

일반적으로 조산에 거칠고 못생긴 돌봉우리가 있거나, 비스듬히 기운 봉우리가 홀로 있거나, 무너져 내릴 듯한 모양이 있거나, 틈으로 엿보는 모습이 있거나, 기이한 돌이나 괴상한 바위가 산 위나 산 아래에 보이거나, 긴 골짜기에 충사(沖砂)[95]가 산의 전후

凡朝山或有麤惡石峯, 或有欹斜孤峯, 或有崩落之形, 或有窺闞之容, 或有異石、怪巖見於山上、山下, 或有長谷沖砂見於左右前

---

92 《增補山林經濟》卷1〈卜居〉"論風射方"(《農書》3, 20쪽).

93 《增補山林經濟》卷1〈卜居〉"論風射方"(《農書》3, 20~21쪽).

94 조산(朝山):명당이 위치한 혈과 가까운 곳에서 정면으로 마주보고 있는 산을 안산(案山)이라 하고, 안산 뒤편으로 높게 자리한 산을 조산(朝山)이라 한다. 안산과 조산은 혈 앞에서 불어오는 바람을 막아 혈의 생기(生氣)를 보존해 주는 역할을 한다.

95 충사(沖砂):주위에 있는 물이나 바위 등의 사(砂)가 서로 부딪힐 듯 있는 모양을 말한다.

⑯ 苦:《增補山林經濟·卜居·論風射方》에는 "辛".

⑰ 躄:《增補山林經濟·卜居·論風射方》에는 "癖".

⑱ 小:《增補山林經濟·卜居·論風射方》에는 "少".

좌우로 보이면 이런 곳은 모두 살기에 좋지 않다. 산은 반드시 멀리서 보면 맑고 수려하며 가까이서 보면 밝고 깨끗해서, 그 산을 한번 바라봤을 때 보는 사람을 기쁘게 만들면서도 험준하거나 싫어할 만한 형상은 없어야 길하다. 《팔역가거지》[96]

後, 皆不宜居. 必也遠則淸秀, 近則明淨, 一見令人歡喜而無崚嶒、憎惡之狀, 乃吉. 《八域可居誌》

18) 조수(朝水)[97]

조수란 '물 밖의 물'을 말한다. 작은 냇물이나 작은 시냇물은 거꾸로 흐르면 길하지만, 큰 냇물과 큰 강까지 거꾸로 흘러 들어와서는 결코 안 된다. 일반적으로 큰 물이 거꾸로 흘러드는 곳은 집터나 묏자리를 막론하고 처음에는 비록 흥성하더라도 오래 지나면 망하지 않는 곳이 없으니, 경계하지 않을 수 없다. 또 반드시 정음정양법(淨陰淨陽法)에 부합해야 하며, 또 굽이지면서도 유유히 흘러들어야지, 쏜살 같이 일직선으로 바로 흘러와서는 안 된다. 《팔역가거지》[98]

論朝水

朝水, 謂"水外水"也. 小川、小溪, 逆朝爲吉, 至於大川、大江, 決不可逆受. 凡逆大水處, 毋論陽基、陰宅, 初雖興發, 久則無不敗滅, 不可不戒. 又必合於淨陰淨陽, 而又屈曲悠揚而朝來, 不可一直如射. 《八域可居誌》

19) 건조한 곳과 윤택한 곳

일반적으로 사람이 살 곳은 윤택하면서 양기가 넘치면 길하지만, 건조하면서 윤택하지 않으면 흉하다. 《주서비오영조택경》[99]

論燥潤

凡人居, 洪潤光澤陽氣者吉, 乾燥無潤澤者凶. 《周書秘奧營造宅經》

---

96 《擇里誌》〈卜居總論〉"地理"(국립중앙도서관 古041-1-27, 43~44쪽).

97 조수(朝水) : 혈자리 앞에서 공손하게 절하는 듯한 모습으로 흘러드는 물. 좋은 혈자리를 가늠하는 중요한 근거이다. (풍수학사전 456쪽 참조)

98 《擇里誌》〈卜居總論〉"地理"(국립중앙도서관 古041-1-27, 44쪽).

99 《居家必用事類全集》丁集〈宅舍〉"周書秘奧營造宅經", 130쪽.

20) 집터의 방향[100]

일반적으로 살 곳을 고를 때는 반드시 감(坎, 북) 방향으로 자리잡고 리(離, 남) 방향을 마주봐야 한기와 온기가 균형을 이루어서 초목이 무성하게 자라난다. 그 다음으로는 유(酉, 서) 방향으로 자리잡고 묘(卯, 동) 방향을 마주봐야 그나마 막 생성되는 기운을 받아들일 수 있다. 가장 나쁜 곳은 묘(卯) 방향으로 자리잡고 유(酉) 방향을 마주보는 곳이니, 일찍부터 햇빛을 보지 못한다. 만약 사유(四維)[101]의 방향으로 향해 있으면, 음양의 기운이 일정하지 않아 온갖 일이 어그러진다. 북쪽으로 향해 있으면 풍기가 음산하고 추워서 과실이나 채소류가 잘 되지 않으니, 이런 곳은 모두 살아서는 안 된다.《금화경독기》

論向背

凡卜居, 必坐坎而面離, 寒燠得中, 草樹茂美. 其次坐酉面卯, 猶可以受方生之氣. 最下者, 坐卯面酉, 不早見日光. 若向四維者, 陰陽無准, 百爲歪邪. 向北者, 風氣陰寒, 菓苽不成, 皆不可居.《金華耕讀記》

---

100 집터의 방향:풍수적 측면에서 논하는 대개의 방위개념은 360도를 24개의 방위로 나누어 본다. 하지만, 경우에 따라 지지(地支)로만 이루어진 12개의 방위 또는 팔괘(八卦)로만 이루어진 8개의 방위로 볼 경우도 있다. 위의 글의 성격을 볼 때는 24방위로 구분한 것이 아니라 8개 방위로 구분한 것을 기준으로 언급하고 있는 것으로 보인다. 즉, 팔괘의 배속방위로 방위를 따지는 것인데, 문왕팔괘(文王八卦)의 배속방위와 일치하는 것이다. 그래서 감(坎, 북), 간(艮, 북동), 진(震, 동), 손(巽, 남동), 리(離, 남), 곤(坤, 남서), 태(兌, 서), 건(乾, 북서)이 된다. 팔괘 외에 유(酉)와 묘(卯)를 언급하고 있지만, 이것은 유(酉)가 태(兌), 묘(卯)가 진(震)을 대신한 것이다.

101 사유(四維):동북·동남·서북·서남의 4가지 방향.

3. 물과 흙

水土

1) 살 곳을 고를 때는 먼저 물과 흙을 살펴야 한다

한유(韓愈)[1]는 〈송이원반곡서(送李愿盤谷序)[2]〉의 서두에서 "샘물이 달고, 흙이 비옥하다."[3]라 했으니, 나는 이 내용을 통해 한유가 상택(相宅)의 정수를 가장 잘 얻었다고 본다. 대개 샘물이 달지 않으면 사는 곳에서 질병이 많이 생기고, 흙이 비옥하지 않으면 작물이 제대로 자라지 않는다. 설령 집터의 음양과 향배(向背)가 풍수가의 집터 고르는 법에 모두 부합된다 해도 어찌 막연하여 알 수 없는 장래의 화복(禍福) 때문에 눈앞의 절실한 이익과 손해의 문제를 외면할 수 있겠는가? 그러므로 일반적으로 집터를 알아보고 전답을 구할 때, 샘물이 달고 흙이 비옥한 땅을 찾았다면, 다른 요건들은 모두 물어 볼 필요도 없다. 《금화경독기》

論卜居先看水土

昌黎《送李愿盤谷序》擘頭稱"泉甘而土肥", 余謂此翁最得相宅三昧. 蓋泉不甘則居之多疾, 土不肥則生物不遂. 縱使陰陽、向背盡合形家之法, 何可爲將來茫昧之禍福, 昧目下切身之利害哉? 故凡問舍求田, 苟得泉甘土肥之地, 其他都不須問也. 《金華耕讀記》

2) 사람이 살 곳은 흙이 기름지고 물이 깊어야 좋다

《춘추좌전(春秋左傳)》에 "흙이 기름지고 물이 깊은

論人居欲土厚水深

《傳》曰 : "土厚水深, 居之

---

1 한유(韓愈) : 768~824. 중국 당나라의 정치가이자 문인. 문장에 뛰어나 유종원, 소순, 소식, 소철, 왕안석, 구양수, 증공과 더불어 당송팔대가(唐宋八大家)로 불린다. 그의 선조가 창려(昌黎) 출신이므로 한창려(韓昌黎)라 불리기도 한다.

2 송이원반곡서(送李愿盤谷序) : 한유가 반곡(盤谷)으로 은거하려고 떠나는 친구 이원(李愿, ?~825)을 떠나보내며 쓴 증서(贈序). 원래의 제목은 〈송이원귀반곡서(送李愿歸盤谷序)〉이다.

3 샘물이……비옥하다 : 《昌黎先生集》卷26〈書序〉 "送李愿歸盤谷序", 219쪽.

곳에 살면 질병이 생기지 않는다."[4]라 했다. 그러므로 집터는 어떤 방향과 위치에 있던지 모두 흙이 기름지고, 물이 깊어야 좋다. 이때 흙은 단단하고 윤택하면서 황토라야 좋고, 물은 달고 맛있으면서 맑아야 좋다. 《보생요록(保生要錄)》[5][6]

不疾." 故人居處, 隨其方所, 皆欲土厚水深, 土欲堅潤而黃, 水欲甘美而澄. 《保生要錄》

3) 토질 확인하는 법

집터 위의 겉흙을 걷어내고 생흙이 나오면, 그 지면을 고르게 하여 사방 1.2척, 깊이 1.2척으로 파낸다. 이때 나온 흙가루를 체로 쳐서 흙을 파낸 원래의 구덩이 안에 다시 넣는데, 손으로 흙을 눌러 다지지 않고 내버려둔다. 다음날 아침 살펴봤을 때 흙이 움푹 꺼졌으면 토질이 나쁜 것이고, 흙이 솟아올랐으면 토질이 좋은 것이다. 《양택길흉론(陽宅吉凶論)》[7]

驗壤法

址上去浮土, 就生土, 平正其面而掘之, 方深一尺二寸. 粉土羅之, 復納原圈, 勿按抑之. 明早看之, 土凹則凶, 土噴則吉. 《陽宅吉凶論》

더러는 앞에서 판 흙을 체로 친 흙 1말을 평미레질[8]하여 저울에 달았을 때, 무게가 10근이면 토질이 상품이고, 9근이면 토질이 중품이고, 7근이면 토질이 하품이다. 또는 사방 1촌, 깊이 1촌 가량인 구덩이를 파고, 구덩이를 파면서 나온 흙을 저울에 달았을 때 무게가 9냥 이상이면 토질이 매우 좋고, 5냥

或取土平量一斗秤之, 十斤則上, 九斤則中, 七斤則下. 或取方深俱一寸秤之, 爲九兩以上則大吉, 爲五兩、七兩以上則可, 三兩則凶. 同上

---

4 흙이……않는다:《春秋左傳正義》卷26〈成公〉6年(《十三經注疏整理本》17, 832쪽).
5 보생요록(保生要錄):중국 송(宋)나라의 포건관(蒲虔貫)이 지은 의학서. 도인체조, 약석조양(藥石調養)과 의식주 전반의 양생법을 소개하였다.
6 출전 확인 안 됨;《遵生八牋》卷7〈起居安樂牋〉上 "居室安處條" '居處生旺吉凶宜忌', 234쪽.
7 출전 확인 안 됨;《增補山林經濟》卷1〈卜居〉 "壤驗"(《農書》3, 18쪽).
8 평미레질:말이나 되에 곡식을 수북히 담고 그 위를 손바닥만 한 방망이 모양의 평미레로 밀어 고르게 만드는 일.

에서 7냥 이상이면 토질이 괜찮고, 3냥이면 토질이
나쁘다. 《양택길흉론》⁹

【안】 두목(杜牧)¹⁰의 《죄언(罪言)¹¹》에 "유주(幽州)¹²
와 병주(并州)¹³ 두 주(州)의 물과 흙의 무게를 측정해
서 하남(河南)¹⁴ 등 다른 지역의 물과 흙의 무게와 비
교해보면 항상 2/10 정도 더 무거웠다."¹⁵라 했다. 이
내용에 근거하면, 흙을 평미레질 하고 저울에 달아
서 그 무게로 토질을 확인하는 방법이 옛날부터 있
었다. 다만 여기에서는 말[斗]의 부피나 촌(寸)의 길이
가 얼마인지에 대하여 언급하지 않았으니, 앞에서
말한 몇 근, 몇 냥 또한 기준으로 삼을 만한 근거가
없다. 만약 두 지역 토질의 우열을 비교하려면 크기
가 같은 용기에 두 지역의 흙을 담고 저울 양쪽에 각
각 달아서 그 무게의 많고 적음을 살펴볼 수 있을 뿐
이다.】

【案】杜牧《罪言》云："幽、
并二州, 程其水土, 與河
南等, 常重十二①." 據此則
秤土輕重之法, 自古有之.
但此不言斗之大小、寸之短
長, 則其所云幾斤幾兩, 亦
無所準, 則若比較兩地土
品優劣, 則可用一器兩秤,
以觀其斤兩多寡耳.】

4) 흙의 색

論土色

일반적으로 사람이 살 곳은 흰 모래흙으로 된 곳
이 좋으니, 환하고 깨끗해서 사람의 마음을 기쁘게
하는 데다 물도 잘 빠지기 때문이다. 그 다음으로

凡人居宜沙白地, 明淨可
喜, 且易洩水. 其次黃潤
沙土. 若黑壤之地, 種藝

---

9   출전 확인 안 됨;《增補山林經濟》, 위와 같은 곳.

10 두목(杜牧)：803~852. 중국 당(唐)나라의 병법가이자 시인.

11 죄언(罪言)：두목이 전중시어사(殿中侍御史)로 있을 때, 조정의 업무처리가 임시변통에 그치는 것에 개탄
    하여 정사(政事)와 용병(用兵) 등을 논한 글이다. 첫머리에서 "국가대사에 대해 두목은 말로 다하지 못하
    고, 진실을 말하면 곧 죄가 되니, 그래서 《죄언》을 지었다."라 밝혔다. 《번천집(樊川集)》 권2에 실려 있다.

12 유주(幽州)：지금의 중국 하북성(河北省) 일대.

13 병주(并州)：지금의 중국 산서성(山西省) 태원(太原) 일대.

14 하남(河南)：지금의 중국 하남성(河南省) 일대.

15 유주와……무거웠다：《新唐書》卷166〈列傳〉第91 "杜佑" '牧'.

① 二：《新唐書·列傳·杜佑》에는 "三".

윤기가 흐르는 황색의 모래흙이 좋다. 흙이 검은 곳 같은 경우 작물을 심고 가꾸기에는 좋지만 사람이 살기에는 좋지 않다. 흙이 검푸르거나 붉은 점토질이어서, 비가 오면 진흙이 질척거려 미끄러운 곳에서는 더욱 살아서는 안 된다. 《금화경독기》

則宜, 而居之不宜. 靑黛赤粘, 遇雨泥滑者, 尤不可居. 《金華耕讀記》

5) 물과 흙을 함께 논한다

일반적으로 시골에서 살 때, 산골짜기나 물가에 관계없이 모래흙이 단단하고 조밀하면 우물물 또한 맑고 차가우니, 이와 같은 곳이면 살 만하다. 토질이 붉은 점토나 검은 자갈이나 누렇고 가는 흙 같으면, 이는 사토(死土)[16]이다. 그 땅에서 나오는 우물물에는 반드시 장독(瘴毒)[17]이 있으니, 이와 같은 곳이면 살아서는 안 된다. 《팔역가거지》[18]

合論水土

凡村居, 毋論山谷、水濱②, 沙土堅密, 則井泉亦淸洌, 如此則可居. 若赤粘、黑礫、黃細, 則是死土也. 其地所出井泉必有瘴③, 如此則不可居. 《八域可居誌》

6) 산을 보고 샘물을 살피는 법

산이 깊으면 샘물도 깊고, 산세가 뛰어나면 샘물도 뛰어나고, 산이 맑으면 샘물도 맑으며, 산이 그윽하면 샘물도 그윽하니, 이는 모두 좋은 품등의 샘물이다. 산이 깊지 않으면 샘물이 얕고, 산세가 뛰어나지 않으면 샘물에 생기가 없으며, 산이 맑지 않으면 샘물이 혼탁하고, 산이 그윽하지 않으면 샘물소리가

看山相泉法

山厚者泉厚, 山奇者泉奇, 山淸者泉淸, 山幽者泉幽, 皆佳品也. 不厚則薄, 不奇則蠢, 不淸則濁, 不幽則喧, 必無佳泉. 《煮泉小品》

---

16 사토(死土) : 이미 파내거나 들추어낸 적이 있는 땅이나 흙.
17 장독(瘴毒) : 숲이 무성하고 안개가 짙은 곳에서 습기와 열기가 위로 올라갈 때에 발생하는 독기. 몸에 전염되는 악성학질을 일으킨다.
18 《擇里志》〈卜居總論〉"地理"(국립중앙도서관 古041-1-27, 44쪽).
② 山谷水濱 : 《擇里志·卜居總論·地理》에는 "水中水邊土色".
③ 瘴 : 《擇里志·卜居總論·地理》에는 "嵐瘴".

시끄러우니, 이 중에는 결코 좋은 품등의 샘물이 없
다. 《자천소품(煮泉小品)19》20

산이 깊은 곳, 웅대한 곳, 기운이 성하고 수려한
곳에는 반드시 좋은 샘물이 나온다. 산이 비록 웅대
하지만 기운이 맑거나 빼어나지 않은 곳과, 산의 경
관이 뛰어나지 않은 곳은 비록 흘러나오는 샘물이
있더라도 품등이 좋지 않다. 《수품(水品)21》22

山深厚者、雄大者、氣盛麗
者, 必出佳泉水. 山雖雄
大, 而氣不淸越, 山觀不秀,
雖有流泉, 不佳也.《水品》

먹을 만한 샘물은 산의 경관이 맑고 화려할 뿐만
아니라 초목 또한 뛰어나고 아름다운 곳에서 나오니,
이러한 곳은 신선이 모여 있는 곳이다. 《수품》23

泉可食者, 不但山觀淸華
而草木亦秀美, 仙靈之都
落也. 同上

골격만 남은 바위가 깎아지른 듯 험준하지만 산
의 전체적인 외관은 오히려 수풀이 푸르고 울창하면,
이곳이 샘의 토모(土母)24이다. 만약 흙은 많지만 바
위가 적은 곳이라면 샘물이 없거나, 샘물이 있더라도
맑지 않으니, 그렇지 않은 경우가 없다. 《수품》25

骨石巉巖而外觀靑蓊④, 此
泉之土母也. 若土多而石少
者, 無泉, 或有泉而不淸,
無不然者. 同上

---

19 자천소품(煮泉小品) : 중국 명(明)나라 전예형(田藝衡)이 지은 책. 원천(源泉), 석류(石流), 청한(淸寒), 감
　향(甘香) 등 찻물로 사용하는 물의 특징을 서술하였다. 《상택지》에서도 자주 인용되었고, 이미 《이운지》권
　2 〈임원에서 함께 하는 맑은 벗들 상〉 "차" '물의 품등'에서도 많이 인용되었다.
20 《中國茶書全集校證》中編 〈煮泉小品〉 卷2 "源泉", 677쪽.
21 수품(水品) : 중국 명(明)나라 서헌충(徐獻忠)이 지은 책. 찻물의 품등에 관하여 서술하였다. 《이운지》권2
　〈임원에서 함께 하는 맑은 벗들 상〉 "차" '물의 품등'에 보인다.
22 《中國茶書全集校證》中編 〈水品〉 卷上 "一源", 700쪽.
23 《中國茶書全集校證》, 위와 같은 곳.
24 토모(土母) : 샘이 솟아나는 발원지라는 뜻으로 보이나, 확실하지 않다.
25 《中國茶書全集校證》中編 〈水品〉 卷上 "二淸", 702쪽.
④ 蓊 : 저본에는 "蔥".《中國茶書全集校證·水品·一源》에 근거하여 수정.

7) 샘물의 품등(품질)

바위틈에서 나는 샘물이 아니라면 결코 그 품등이 좋지 않다. 그러므로 《초사(楚辭)26》에서 "바위틈에서 나온 샘물 마시며 소나무와 잣나무 그늘 아래서 산다네."27라 한 것이다. 《자천소품》28

샘물이 맑기는 어렵지 않지만 차갑기는 어렵다. 여울이 거세고 빠르게 흘러서 맑게 된 물이나, 바위 밑 깊숙한 곳에서 음기가 쌓여 차가워진 물 또한 품등이 좋은 물이 아니다. 《자천소품》29

바위가 적고 흙이 많으며, 모래가 기름지고 질척거려 엉기면 결코 샘물이 맑거나 차갑지 않다. 《자천소품》30

샘물이 달고 향기로워야 사람을 기를 수 있다. 그러나 샘물이 달기는 쉬워도 향기롭기는 어려우니, 향기로우면서도 달지 않은 샘물은 없었다. 《자천소품》31

맛이 단 샘물을 '감천(甘泉)'이라 하고, 냄새가 향기로운 샘물을 '향천(香泉)'이라 하는데, 그러한 샘물이 곳곳에 간간이 있다. 《자천소품》32

論泉品

泉非石出者, 必不佳. 故《楚辭》云:"飲石泉兮蔭松柏."《煮泉小品》

泉不難于淸, 而難于寒. 其瀨峻流駛而淸, 巖奧陰積而寒者, 亦非佳品. 同上

石少土多, 沙膩泥凝者, 必不淸寒. 同上

泉甘香, 乃能養人. 然甘易而香難, 未有香而不甘者也. 同上

味美者曰"甘泉", 氣芳者曰"香泉", 所在間有之. 同上

---

26 초사(楚辭):중국 춘추시대 초나라의 굴원(屈原)·송옥(宋玉)·경차(景差) 등의 시가(詩歌)를 모은 작품집.
27 바위틈에서……산다네:《楚辭集注》卷2〈九歌〉"山鬼".
28 《中國茶書全集校證》中編〈煮泉小品〉卷2"石流", 677쪽.
29 《中國茶書全集校證》中編〈煮泉小品〉卷2"淸寒", 678쪽.
30 《中國茶書全集校證》, 위와 같은 곳.
31 《中國茶書全集校證》中編〈煮泉小品〉卷2"甘香", 679쪽.
32 《中國茶書全集校證》, 위와 같은 곳.

샘물이 종종 모래흙 속에 숨어 흐르는 경우가 있
는데, 이 샘물을 떠내도 마르지 않으면 먹어도 된다.
그렇지 않으면 다른 곳에서 스며들어 고인 물에 불과
하니, 아무리 맑아도 먹지 말아야 한다. 《자천소품》[33]

흐르지 않는 샘물은 먹으면 몸에 해롭다. 《박물
지(博物志)[34]》에 "산에 사는 사람들은 영종(癭腫, 목에
생긴 혹)을 앓는 경우가 많다."[35]라 했는데, 이는 흐르
지 않는 샘물을 마셨기 때문이다. 《자천소품》[36]

【안】 육우(陸羽)[37]는 "폭포수, 용솟음치는 물, 여울
물, 여기저기 부딪치며 흐르는 물은 오랫동안 먹으면
사람의 목에 질병이 생기게 한다."[38]라 했다. 의원들
또한 "산골짜기의 물은 흐르면서 여기저기 부딪친다.
그러므로 그 물을 오랫동안 복용하면 혹이 생긴다."[39]
라 했다. 또 "두 산을 끼고 흐르는 계곡물은 마시면
혹이 생기는 경우가 많다."[40]라 했다. 또 "흐르는 물에
서 소리가 나면 그 물을 마신 사람에게 혹이 생기는
경우가 많다."[41]라 했다. 이상의 내용은 흐르지 않는

泉往往有伏流沙土中者, 挹
之不竭卽可食. 不然則滲
瀦之潦耳, 雖淸勿食. 同上

泉不流者, 食之有害. 《博
物志》"山居之民多癭腫疾",
由于飮泉之不流者. 同上

【案】 陸處士云:"瀑湧湍激
⑤, 久食, 令人有頸疾." 醫
家亦云:"峽水春撞, 故久
服則癭." 又云:"兩山夾水,
飮之多癭." 又云:"流水有
聲, 其人多癭." 與此相反,
當以陸氏及醫方爲是.】

---

33 《中國茶書全集校證》中編〈煮泉小品〉卷2 "石流", 677쪽.
34 박물지(博物志):중국 진(晉)나라의 장화(張華, 232~300)가 지은 기문(奇聞) 전설집. 산천의 형세, 기이한
　 동물과 식물, 민속과 풍습, 의약 및 자연과학, 신선과 방술(方術), 신화와 전설 등의 내용이 담겨 있다.
35 산에……많다:《博物志》卷1〈五方人民〉.
36 《中國茶書全集校證》中編〈煮泉小品〉卷2 "石流", 678쪽.
37 육우(陸羽):733~804. 중국 당(唐)나라의 차 이론가. 자는 홍점(鴻漸). 평생 차에 대해 연구하여《다경(茶
　 經)》3권을 저술하였다.
38 폭포수……한다:《中國茶書全集校證》上編〈茶經〉卷下 "五之煮", 22쪽.
39 산골짜기의……생긴다:《熱河日記》〈漠北行程錄〉"起辛亥止乙卯 凡五日".
40 두 산을……많다:《本草綱目》卷5〈水部〉"諸水有毒", 412쪽.
41 흐르는……많다:《本草綱目》, 위와 같은 곳.
⑤ 激:《中國茶書全集校證·茶經·五之煮》에는 "潄".

샘물을 마시면 몸에 해롭다는 이 기사의 내용과 상
반되는데, 마땅히 육우와 의원들의 말이 옳다.】

솟아오르는 샘물을 '분(濆)'이라 한다. 곳곳에 '진
주천(珍珠泉)'이라 부르는 샘물은 모두 기운이 성하
고 맥이 솟아오르는 샘물이니, 절대 먹으면 안 된다.
《자천소품》[42]

泉湧出曰"濆", 在在所稱
"珍珠泉"者, 皆氣盛而脈
湧, 切不可食. 同上

위에서 매달리듯이 아래로 떨어지는 샘물을 '옥
(沃)'이라 하고, 거세게 떨어지는 샘물을 '폭(瀑)'이라
하는데, 모두 먹으면 안 된다. 《자천소품》[43]

泉懸[6]出曰"沃", 暴溜曰
"瀑", 皆不可食. 同上

유천(乳泉)은 종유석(鍾乳石)에서 나온, 산골(山骨,
산의 골격)의 정수(精髓)이다. 이 샘물의 색은 희고, 무
게감은 묵직하며, 맛은 감로수처럼 매우 달고 향기
롭다. 《자천소품》[44]

乳泉, 石鍾乳山骨之膏髓
也. 其泉色白而體重, 極甘
而香若甘露也. 同上

주사천(朱砂泉)은 아래에 주사(朱砂)[45]가 나는 샘
물이다. 주사천의 색은 홍색이고, 성질은 따뜻하다.
이 샘물을 먹으면 수명을 늘리고, 질병을 물리친다.
《자천소품》[46]

朱砂泉, 下産朱砂. 其色
紅, 其性溫, 食之延年却
疾. 同上

---

42 《中國茶書全集校證》中編〈煮泉小品〉卷2 "石流", 678쪽.
43 《中國茶書全集校證》, 위와 같은 곳.
44 《中國茶書全集校證》中編〈煮泉小品〉卷2 "異泉", 683쪽.
45 주사(朱砂):붉은색을 띠는 광물질의 한 종류로, 주사를 태워서 복용하면 살균작용이 있어 질병을 예방하
   고, 경련·발작을 진정시키는 데 효과가 좋아 약재로도 널리 사용된다.
46 《中國茶書全集校證》中編〈煮泉小品〉卷2 "異泉", 684쪽.
[6] 懸:저본에는 "縣".《中國茶書全集校證·水品·一源》에 근거하여 수정.

복령천(茯苓泉)은 오래된 소나무가 있는 산에 복령이 자라는 곳에서 많이 나오는 샘물이다. 이 샘물은 적색이기도 하고 흰색이기도 한데, 보통의 샘물보다 2배 정도 달고 향기롭다. 또 출천(朮泉)[47]도 복령천과 같다.《자천소품》[48]

茯苓泉, 山有古松者, 多産茯苓. 其泉或赤或白而甘香倍常, 又朮泉亦如之. 同上

샘물의 원천(源泉)은 실제로 기후의 변화와 관계가 깊기 때문에 샘물이 나올 때 간간이 나와서 일정하지 않은 샘물이 있고, 일정하면서도 마르지 않는 샘물이 있다. 그러므로 반드시 샘물이 나오는 산이 다른 산들에 비해 웅대하고 길면서도 깊은 곳이어야 원천이 나오는 곳이다.《수품》[49]

源泉實關氣候之盈縮, 故其發有時而不常, 常而不涸者, 必雄長于群萃而深, 源之發也.《水品》

샘물 중에는 모래흙에서 나와 사납게 소리를 내며 빠르게 솟아오르는 경우가 있는데, 표돌천(豹突泉)[50]과 같은 샘물이 이것이다. 박돌천의 물은 오래 먹으면 목에 혹이 생기는데, 이는 물의 기운이 매우 탁하기 때문이다.《수품》[51]

泉出沙土中, 有湧激吼怒, 如豹突泉是也. 豹突水久食, 生頸癭, 其氣大濁. 同上

물 밑이 아교처럼 엉기고 탁한 것은 물의 기운이 맑고 빼어나지 않으니, 이러한 물을 먹으면 혹이 많이 생긴다.《수품》[52]

水底凝濁如膠者, 氣不清越, 食之多生癭. 同上

---

47 출천(朮泉):삽주[白朮]가 자라는 곳에서 나오는 샘물로 추정된다.
48 《中國茶書全集校證》, 위와 같은 곳.
49 《中國茶書全集校證》中編〈水品〉卷上 "一源", 700쪽.
50 표돌천(豹突泉):지금의 중국 산동성(山東省) 제남시(濟南市)에 있는 샘물.
51 《中國茶書全集校證》中編〈水品〉卷上 "一源", 701쪽.
52 《中國茶書全集校證》, 위와 같은 곳.

물을 손으로 치거나 발을 굴러 물에 진동을 가하지 않았는데도 저절로 구슬 모양의 물거품이 떠오르면, 이는 물의 기운이 지나치게 성하기 때문이니, 먹으면 안 된다. 《수품》[53]

不待拊掌振足, 自浮爲珠者, 氣太盛, 不可食. 同上

산의 기운이 그윽하고 고요하며 사람이 사는 마을과 가깝지 않은 곳은 샘물의 원천이 반드시 맑고 윤택하므로 먹어도 된다. 《수품》[54]

山氣幽寂, 不近人村落, 泉源必清潤, 可食. 同上

샘물이 비록 얼굴을 비출 듯이 맑고 짙푸르면서도 차가워서 아낄 만하더라도, 땅에서 솟아 흘러나오지 않았다면 원천에서 흘러나온 물이 아니다. 그 물은 빗물이 스며들었다가 고인 지 오래되어 맑고 고요해졌을 뿐인 것이다. 《수품》[55]

水泉雖清映紺[7]寒可愛, 不出流者, 非源泉也. 雨澤滲積久而澄寂爾. 同上

샘물의 품등은 맛이 단 것이 상품이다. 깊은 산속 그윽한 골짜기에 있는 짙푸르면서도 차가우며 맑고 빼어난 샘에서는 대부분 맛이 단 샘물이 나온다. 또 반드시 산림이 깊고 성대하고 화려한 곳에서 맛이 단 샘물이 나온다. 이런 곳은 겉으로 보면 물이 흘러나온 곳이 가까운 곳에 있는 듯 보이지만 실제 안쪽의 원천은 멀리 있다. 《수품》[56]

泉品以甘爲上, 幽谷紺寒清越者, 類出甘泉. 又必山林深厚盛麗, 外流雖近, 而內源遠者. 同上

---

53 《中國茶書全集校證》中編〈水品〉卷上 "一源", 701쪽.
54 《中國茶書全集校證》中編〈水品〉卷上 "二清", 702쪽.
55 《中國茶書全集校證》中編〈水品〉, 위와 같은 곳.
56 《中國茶書全集校證》中編〈水品〉卷上 "四甘", 703쪽.
[7] 紺:《中國茶書全集校證·水品·三流》에는 "甘".

샘물이 짙푸르면서 차갑지 않으면 모두 하품이다. 《주역》에 "우물이 깨끗하고 차가운 샘물이라야 먹는다."[57]라 했으니, 우물물은 차가운 것을 상품으로 친다는 사실을 알 수 있다. 일반적으로 샘물이라 하는 물 중에서 차가우면서 맑은 성질이 없는데 이름난 물은 없다. 《수품》[58]

泉水不紺寒, 俱下品. 《易》謂"井洌寒泉, 食", 可見井泉以寒爲上. 凡稱泉者, 未有舍寒洌而著者. 同上

맛이 달고 차가운 샘물은 향기로운 경우가 많으니, 이는 샘물에서 맛과 온도, 향기는 비슷한 종류라서 그 기운이 서로 따르기 때문이다. 일반적으로 초목이 샘물 맛을 망치면 이런 향기를 찾을 수 없다. 《수품》[59]

泉水甘寒者多香, 其氣類相從爾. 凡草木敗泉味者, 不可求其香也. 同上

【案】 물은 사람을 길러주므로, 집터를 살필 때는 반드시 먼저 샘물을 살펴야 한다. 지금 여러 전문가들이 샘물의 품등에 대해 논한 내용을 모아서 자세히 기록했다. 그리고 아래에 나오는 〈집 가꾸기〉의 "샘 찾아 우물파는 법"[60]의 기사와 《이운지》〈임원에서 함께 하는 맑은 벗들 상〉 "차" '물의 품등'[61] 기사를 참고해야 한다.】

【案】 水以養人, 故相宅必先相泉. 今取諸家論泉品者, 詳錄之, 當與下《營治類·尋泉鑿⑧井法》, 《怡雲志·山齋淸供·水品》參考.】

8) 강물

강은 여러 물줄기가 흘러 모여드는 곳이라, 그 물

論江水

江爲衆流所歸, 其味雜,

---

57 우물이……먹는다: 《周易正義》 卷5〈井〉(《十三經注疏整理本》1, 236쪽).
58 《中國茶書全集校證》中編〈水品〉卷上 "五寒", 704쪽. 이 기사는 마지막 문장을 제외하고 모두 《이운지》 권2〈임원에서 함께 하는 맑은 벗들 상〉 "차" '물의 품등'에 보인다.
59 《中國茶書全集校證》, 위와 같은 곳.
60 집 가꾸기의……파는 법: 《상택지》 권1〈집 가꾸기〉 "우물, 못, 도랑" '샘 찾아 우물 파는 법'에 보인다. 다만 원문의 '尋泉鑿井法'은 '審泉開井法'으로 되어 있다.
61 이운지……품등: 《이운지》 권2〈임원에서 함께 하는 맑은 벗들 상〉 "차" '물의 품등'에 보인다.
⑧ 尋泉鑿: 《相宅志·營治·井池溝渠》에는 "審泉開".

맛이 여러 가지로 뒤섞여 있다. 그러므로 육우(陸羽)가 물의 품등을 평가할 때 산속의 샘물보다는 낮은 등급으로, 우물물보다는 높은 등급으로 강물을 평가했다. 그러나 강물은 원천이 멀어서 흐름이 길기 때문에 먹어도 사람에게 좋으니, 산속 샘물의 중품이나 하품과는 비할 바가 아니다. 강에서 가까운 집터에는 산의 바위틈에서 흘러나오는 좋은 샘물이 항상 부족하기 때문에 자연스레 강물을 먹어야 한다. 이때 강물은 반드시 상류에서 길은 물이 좋다. 바다 가까이에 있어서 밀물과 썰물이 오고 가는 곳은 물이 혼탁하기 때문에 먹으면 안 된다.《금화경독기》

故鴻漸評水, 置之山水之下、井水之上. 然源遠流長, 食之宜人, 非山泉中下者比也. 近江之基, 每乏山巖佳泉, 自當食江水, 江水必取上流者爲佳. 其近海潮汐來往處渾濁, 不可食也.《金華耕讀記》

우통수(국가문화유산포털)

우통수(평창군청 문화관광과)

나라 안의 큰 물 7곳 중에서 한강물이 가장 좋다. 한강물은 오대산의 우통수(于筒水)[62]에서 발원하는데, 그 물맛이 우리나라에서 최고이다. 비록 우통수가

國中七大水, 漢水最佳, 源出五臺山 于筒水, 水味爲海東之最. 雖其馳騁奔疾,

---

62 우통수(于筒水): 강원도 평창군 진부면 동산리에 위치한 오대산 해발 1,200m에 위치한 지점에서 흘러나오는 물로, 한강수의 근간을 이루는 주요 발원수이다.《세종실록지리지(世宗實錄地理志)》·《동국여지승람(東國輿地勝覽)》·《대동지지(大東地志)》등의 여러 고문헌에서는 우통수를 한강의 발원지로 기록하고 있다. 평창군에서는 2010년부터 우통수의 상징적 가치를 새롭게 조명하고 수자원의 중요성을 인식할 수 있는 명소로 발전시키기 위해 복원사업을 벌여 우물터를 알리는 표지석을 설치하고, 강원도 기념물 제88호로 지정하였다.

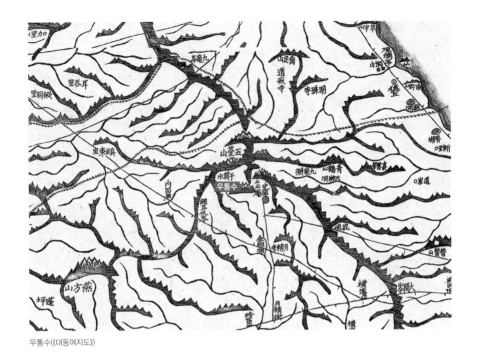
우통수(《대동여지도》)

매우 빠르게 흐르고, 온갖 냇물이 이 물을 관통해 흘러가더라도 우통수는 자연스레 한강물의 중심으로 흐르면서, 반짝반짝 빛나고 다른 물과 뒤섞이지 않는다. 그러므로 일반적으로 한강의 상류에 살면 항상 우통수를 먹을 수 있다.《금화경독기》

百川貫之, 而于筒之水自行中心, 瑩然不雜. 故凡居在<u>漢水上流者, 可常食于筒</u>之水. 同上

9) 우물물

산 속의 살 곳에 샘이 없어 우물을 파서 물을 얻으면 마셔도 좋다.《자천소품》[63]

論井水

山居無泉, 鑿井得水者, 亦可食.《煮泉小品》

---

63 《中國茶書全集校證》卷2〈煮泉小品〉"井水", 685쪽.

육우(陸羽)[64]는 우물물을 하품으로 여겼다. 또 "떠가는 사람이 많은 우물물을 길어야 한다."[65]라 했다. 그러나 우물이 도회지나 시장, 사람들이 조밀하게 모여 사는 곳에 있으면 항상 더럽고 탁한 오물이 스며들어갈 우려가 있다. 이 때문에 비록 하루에 한 번씩 우물물을 걸러내더라도 물맛이 결국엔 형편없어진다. 우물이 밭두둑 사이의 도랑 옆에 있으면 또한 분뇨와 같은 오물이 스며들어가는 경우가 많다. 따라서 우물은 반드시 교외의 들녘이나 산등성이와 같이 외양간이나 돼지우리로부터 멀리 떨어진 곳에 자리잡아야 한다. 또 반드시 모래흙이 희고 깨끗한 곳이어야만 비로소 맛이 좋은 우물물이라 할 수 있을 것이다. 《금화경독기》

陸處士以井水爲下, 且云 : "取汲多者." 然井在都邑市廛、人煙稠雜之地, 常患穢濁滲入, 雖一日一淘, 味終鹹劣. 在田畔溝瀆之傍者, 亦多糞污滲入. 須在郊原邱陵, 隔遠牛溷、豚柵之地, 又須沙土白淨, 始庶幾耳. 《金華耕讀記》

바다 근처의 지역은 물에 염분이 많이 함유되어 있기 때문에 간혹 맛이 단 샘을 얻더라도 그 수가 수백 중의 하나에 불과할 뿐이다. 그러므로 바닷가의 살 곳이 강가나 시냇가의 살 곳만 못한 까닭은 단지 풍기(風氣)가 좋지 않을 뿐만 아니라 우물물이나 샘물이 자리잡은 위치가 좋지 않기 때문이기도 하다. 《금화경독기》

近海之地, 水多鹹鹵, 其或得甘泉者, 亦千百之一耳. 故海居不如江溪之居者, 不但風氣不美, 亦坐井泉不佳耳. 同上

---

64 육우(陸羽) : 733~804. 중국 당나라의 문인이자 차 이론가. 차와 다기(茶器)에 관한 여러 논설을 남겨 후대 사람들로부터 다신(茶神)이라 추앙받고 있으며, 저서로는 《다경(茶經)》 3권 등이 전해진다.
65 우물물을……한다 : 《茶經》 卷下 〈五之煮〉, (《中國茶書全集校證》 1, 22쪽). 其江水, 取去人远者, 井水, 取汲多者.

우물이 평원에 위치하며, 깊이가 40~48척 이상일 때는[66] 모두 좋은 품질의 물이 아니다. 그러나 그 중에서 산모퉁이나 산간지대 근방의 모래흙이 희고 깨끗한 곳에 있으면서 물이 바위틈에서 조용히 흘러나와 웅덩이를 채우고 아래로 졸졸 흘러가는 물은 산 속의 물과 아무런 차이가 없다.《금화경독기》

井在平原, 深五尋、六尋以上, 皆非佳品. 其在山隈塢側沙白潔淨之地, 水由石罅澹然盈科, 涓涓流下者, 又與山水無別. 同上

10) 수질 시험하는 법

첫째, 물을 끓여 시험하기(자시) : 맑은 물을 가져다 깨끗한 그릇에 넣어 푹 끓이고, 이를 흰 자기에 들이부은 다음 물이 맑게 가라앉을 때 아래에 모래흙이 남아 있으면 이는 수질이 나쁜 것이다. 반면에 수질이 좋으면 찌꺼기가 없다. 또 수질이 좋은 경우에는 그 물로 음식물을 끓이면 쉽게 익는다.

둘째, 햇빛에 비추어 시험하기(일시) : 맑은 물을 흰 자기 속에 넣고, 해가 비치는 곳에 두어 햇빛이 물 속을 똑바로 비추게 한다. 물속을 비치는 햇빛을 바라보았을 때 만약 아지랑이기 피어오르는 듯이 먼지가 자욱하게 끼어 있으면 이는 수질이 나쁜 것이다. 수질이 좋으면 바닥까지 보일만큼 맑다.

셋째, 맛으로 시험하기(미시) : 물은 원소[元行][67]이다. 원소는 아무 맛이 없으므로, 먹었을 때 아무 맛이 없으면 참된 물이다. 일반적으로 맛은 모두 외부

試水美惡法

第一煮試 : 取淸水, 置淨器煮熟, 傾入白磁器中, 候澄淸, 下有沙土者, 此水質惡也. 水之良者無滓. 又水之良者, 以煮物則易熟.

第二日試 : 淸水置白磁器中, 向日下令日光正射水. 視日光中, 若有塵埃絪縕如游氣者, 此水質惡也. 水之良者, 其澄澈底.

第三味試 : 水, 元行也. 元行無味, 無味者眞水. 凡味皆從外合之, 故試水以淡爲

---

66 깊이가……때는 : 1심(尋)의 경우 8척(尺)에 해당하므로, 원문의 5심(五尋)과 6심(六尋)의 길이는, 각각 40척과 48척으로 환산된다. 조선 전기부터 통용되었던 영조척(營造尺)은 약 30.80cm이므로, 5심(五尋)과 6심(六尋)은 대략 12m와 15m에 해당한다.

67 원소[元行] : 원행(元行)은 고대 그리스에서 우주의 기본 요소라고 믿었던 원소로, 4대 원소(물·불·공기·흙)를 주장한 이는 엠페도클레스(Empedoklcles, B.C. 493~433)이다.

의 물질과 합치되어 느끼는 감각이다. 그러므로 수질을 시험할 때는 맛의 담박함을 주된 특징으로 삼는다. 맛이 좋은 물이 그 다음이며, 맛이 나쁜 물이 가장 좋지 않다.

【案】이에 대한 설명은 《이운지》 권2 〈임원에서 함께 하는 맑은 벗들〉 "물의 품등"에 보인다.[68]】

넷째, 무게를 재어 시험하기(칭시) : 각 종류의 물이 있어서 이 물의 수질을 분별하려 할 때는 그릇 하나에 번갈아 물을 따르면서 무게를 잰다. 무게가 가벼우면 상품이다.

다섯째, 종이나 비단으로 시험하기(지백시) : 종이나 비단의 종류 가운데, 색이 밝고 흰 것을 물에 담갔다가 말렸을 때 아무 흔적도 없으면 상품이다. 《태서수법(泰西水法)[69]·수법부여》[70]

【案】집터를 살피는 사람이 찾아낸 두 곳의 국(局)과 세(勢)가 서로 같아 선택이 어려워서 수질로 집터를 선택하려 하는 경우에는 이와 같은 5가지 시험법을 사용하여 수질의 우열을 비교해야 한다.】

主, 味佳者次之, 味惡爲下.

【案】說見《怡雲志·山齋淸供·水品》.】

第四稱試 : 有各種水, 欲辨美惡, 以一器更酌而稱之. 輕者爲上.

第五紙帛試 : 用紙或絹帛之類, 色瑩白者, 以水蘸而乾之, 無跡者爲上也. 《泰西水法·附餘》

【案】相宅者, 得兩地局勢相等, 將以水泉美惡取舍者, 當用此五試法, 較其高下優劣.】

11) 전국의 유명한 샘

우리나라는 삼면이 바다로 둘러싸여 있고, 산은 대부분 거칠고 험하여 맛 좋은 강물이나 샘물이 드물다. 포구나 나루터 주변에 사는 사람들은 공통적

域內名泉

我國三面濱海, 山多麤厲, 尟有佳水美泉. 浦泊之居均患瘴鹵, 邃峽之村多飮

---

68 이에……보인다 : 《이운지》 권2 〈임원에서 함께 하는 맑은 벗들 상〉 "차" '물의 품등' 기사에 나온다.
69 태서수법(泰西水法) : 이탈리아 출신의 선교사 우르시스(熊三拔, Sabbathin de Ursis, 1575~1620)가 북경에 머물며 천문과학 지식 보급을 위해 저술한 서적. 《본리지》 권13에서는 《태서수법》에 실린 용미차·옥형차·항승차를 소개했고, 《섬용지》 권1에서는 물 저장고를 소개하기도 했다.
70 《泰西水法》卷4 〈水法附餘〉, 333~334쪽.

으로 산람장기(山嵐瘴氣)[71]나 소금기로 인한 질환에 걸리고, 깊은 산골짜기의 마을에는 폭포수를 길어 마시는 사람들이 많으며, 도읍(都邑)이나 성 안의 시장에는 먼지와 오물로 더럽혀져 물이 혼탁하고, 들판의 도랑가에는 분뇨와 오물이 스며들어 고여 있다. 그러므로 이곳의 물로는 음식을 조리해도 제 맛을 잃어버리고, 약을 달여도 약의 성질을 잃어버리므로 사람들은 모두 이를 병통으로 여긴다. 실상이 이와 같기 때문에 만약 바위틈이나 시냇물 가운데 조금이라도 맑고 시원한 물을 찾아내기라도 하면 앞을 다투어 달려가 마셔댄다. 그 물의 가치가 감해(甘瀣)[72]나 경액(瓊液)[73]에 비길 뿐만이 아니어서, 물에 대한 소문이 점점 퍼져나가고 온 나라에 유명해졌다. 일반적으로 집터를 고르고 살필 때에 물맛의 명성을 살펴서 찾아다니면, 굳이 물의 무게를 재어 수질을 시험하는 법이나 물을 끓여 수질을 시험하는 법을 사용하지 않더라도 좋은 샘물이 가까이에 있는 집터를 고를 수 있을 것이다.

강원도의 우통수(于筒水)[74]는 오대산(五臺山)[75] 서대(西臺)[76] 아래에서 솟아나오는데, 그 물이 서쪽으로

暴溜, 都邑、城市之間, 塵穢溷濁, 平野溝瀆之傍, 糞汚滲瀦. 烹飪失其味, 藥餌失其性, 人皆病之. 苟得巖石溪澗之稍覺淸爽者, 則爭赴競吸, 不啻如甘瀣、瓊液, 轉相播名, 名於國中. 凡占基相宅者, 按名求訪, 無俟乎秤試、煮試之法, 而可卜佳泉矣.

關東之于筒水, 出五臺山西臺之下, 西流爲漢水中心

---

71 산람장기(山嵐瘴氣) : 숲이 무성하고 안개가 짙은 곳에서 습기와 열기가 위로 올라갈 때에 발생하는 몸에 해로운 사기(邪氣). 전염되는 악성 학질을 일으킨다. 《인제지》 권5 〈외인〉 "산람장기와 습병" 참조.

72 감해(甘瀣) : 옛날 신선들이 타고 다니던 선학(仙鶴)들과 청학(靑鶴)들이 마셨다는 전설 상의 샘물로, 맛이 몹시 좋은 샘물을 뜻한다.

73 경액(瓊液) : 맛이 몹시 좋고 향기로운 술. 또 다른 말로는 신비로운 약물을 뜻한다고도 한다.

74 우통수(于筒水) : 강원도 평창군 진부면 동산리 오대산 해발 1,200m 지점에 자리한 한강의 발원지. 자세한 내용은 〈3. 물과 흙〉 "강물"에 보인다.

75 오대산(五臺山) : 지금의 강원도 강릉시·홍천군·평창군에 걸쳐 있는 산. 해발 1,563m.

76 서대(西臺) : 지금의 강원도 평창군 진부면 동산리 오대산 호령봉 동쪽 해발 1,180m 산중에 있는 누대. 염불암(念佛庵)이라고도 불린다.

흘러 한강물의 중심을 이루는 원천이 된다. 강물의 맛을 평가하는 사람들은 이 물을 반드시 첫손에 꼽는다.

한송정(寒松亭)[77]의 석정(石井)은 강릉부(江陵府)[78]에 있는데, 우리나라의 민간에서 전하는 말에 따르면, "사선(四仙)[79]이 강릉에 와서 노닐 적에 이 물로 차를 끓여 마셨다."라 한다.

之源. 評江水之味者, 指必先屈.

寒松亭 石井 在江陵府, 東俗傳：“四仙來遊時, 取以供茶.”

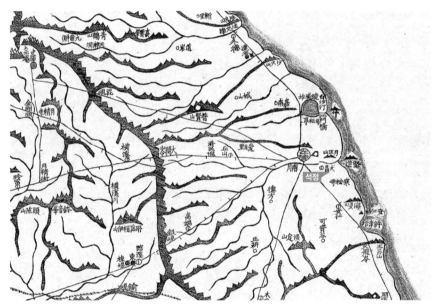

한송정의 석정(《대동여지도》)

---

77 한송정(寒松亭)：지금의 강원도 강릉시 강동면 하시동리에 있던 정자. 고려시대의 문인 가정(稼亭) 이곡(李穀)은 그의 《동유기(東遊記)》에서 한송정에 대해 다음과 같이 기록한 바 있다. "한송정에서 전별주를 마셨다. 한송정 또한 사선(四仙)이 놀던 곳이다. 고을 사람들은 놀이꾼이 많아지는 것을 싫어하여 정자를 헐어버렸고, 소나무들도 들불에 타버렸다. 오직 돌 부엌과 석지(石池)와 2개의 석정(石井)만 그 곁에 남아있으니, 이 또한 사선의 다구(茶具)이다.(飮餞于寒松亭. 亭亦四仙所遊之地. 郡人厭其遊賞者多, 撤去屋, 松亦爲野火所燒. 惟石竈、石池、二石井在其旁, 亦四仙茶具也.)"
78 강릉부(江陵府)：지금의 강원도 강릉시 일대.
79 사선(四仙)：신라 화랑도의 총 지휘자에 해당하는 국선(國仙)인 영랑(永郎)·술랑(述郎)·남석랑(南石郎)·안상랑(安祥郎)을 말한다.

석정(石井)의 터(강릉 오죽헌시립박물관). 지금은 강원도 강릉시 강동 면 하시동3리 공군 제18전투비행단의 영내에 위치해 있다.

양양 오색리 오색약수(한국학중앙연구원 문화재청)

양양(襄陽)[80]의 오색수(五色水)[81]는 오색령(五色嶺)[82] 아래의 너럭바위 틈에서 솟아 나오는데, 맛은 철장 (鐵漿, 무쇠를 물에 우려낸 녹물)처럼 톡 쏜다. 이 물을 마 시면 적취(積聚)[83]를 해소시키고 뱃속이 더부룩한 비 증(痞證)[84]을 내릴 수 있다. 이 물로 밥을 지으면 밥알 이 유황빛을 띤다.

금강산(金剛山)[85]의 불지암(佛地菴)[86] 남쪽으로 10여 무(武)[87] 떨어진 곳에 감로수(甘露水)가 있는데, 그 물 이 매우 맑고 차갑다.

襄陽 五色水 出五色嶺下盤 陀之罅, 味辣烈如鐵漿, 飮 之消積降痞. 用以炊飯, 飯 作硫黃色.

金剛山 佛地菴 南十餘武, 有甘露水, 甚淸冷.

---

80 양양(襄陽): 지금의 강원도 양양군(襄陽郡) 일대.
81 오색수(五色水): 강원도 양양군 서면 오색리에 있는 약수. 철분을 많이 함유하고 있는 탄산수로, 위장병·빈 혈·신경통·신경쇠약·기생충 구제에 효과가 있으며, 천연기념물 제529호로 지정되어 있다.
82 오색령(五色嶺): 지금의 강원도 양양군 서면 오색리에 위치한 고개. 해발 1,004m. 한계령(寒溪嶺), 소동라 령(所東羅嶺)이라고도 한다.
83 적취(積聚): 뱃속에 일종의 종양에 해당하는 덩어리가 생겨 더부룩하고 아픈 증상. 《인제지》 권3 〈적취〉 참조. 비증(痞證): 별다른 통증은 느끼지 못하지만 뱃속의 꽉 막힌 듯이 그득하고 답답한 증상. 《인제지》 권5 〈외 인〉 "상한잡증의 치료법" '비기(痞氣)' 참조.
85 금강산(金剛山): 지금의 강원도 회양군과 통천군·고성군에 걸쳐있는 산. 해발은 1,638m이다.
86 불지암(佛地菴): 강원도 금강산 내금강지역 백운대구역 불지골에 있는 암자. 표훈사에 딸린 암자로, 신라 문무왕 6년에 창건되었다. 앞면 6칸, 옆면 3칸의 합각식건물이다. 앞면 칸수가 일반 건물의 규범을 벗어나 우수로 되어 있는 것과 조각장식이 특별히 많은 것이 아주 특이하다. 불지암은 일제 강점기까지 유점사(楡 岾寺)에 소속된 사찰이었다.
87 무(武): 반 보(步), 즉 3척(尺)이다.

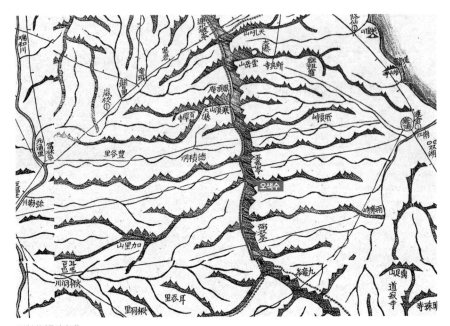

오색수(《대동여지도》)

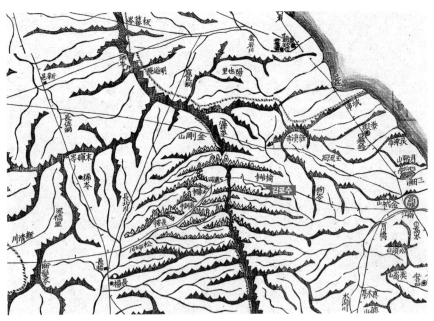

불지암의 감로수(《대동여지도》)

함경도의 함흥본전(咸興本殿)⁸⁸ 동쪽의 어정(御井)은 물이 맑으며, 맛이 달고 차갑다. 이 우물은 태조(太祖)⁸⁹께서 왕위에 오르기 전에 판 것이다.

북청부(北靑府)⁹⁰의 동정(東井)은 동문(東門) 밖의 모래사장 가운데 있는데, 우물물이 겨울에는 따뜻하고 여름에는 차가우며, 맛이 지극히 달고 시원하여 그 물을 마시면 병이 없어진다.

평안도의 평양(平壤) 기자정(箕子井)⁹¹은 함구문(含毬門)⁹² 바깥의 정전(井田)⁹³ 가운데 있다. 세상에 전하기로는 기자(箕子)⁹⁴가 판 것이라 한다. 평양부 안의 우물물은 모두 맛이 형편없지만, 이 우물물만은 맛이 가장 좋다.

운산군(雲山郡)⁹⁵의 우제천(牛蹄泉)은 맛이 지극히 맑고 향기로워 그 물을 마시거나 목욕을 하면 병이 낫는다.

강계부(江界府)⁹⁶의 북쪽에 있는 장항산(獐項山)⁹⁷ 아래의 옥류천(玉溜泉)은 바위동굴에서 나오는데, 이 물은 몹시 추운 겨울에도 얼지 않는다.

關北 咸興本殿 東御井, 清澈甘洌, 健元陵潛邸時所鑿也.

北靑府 東井在東門外沙場中, 冬溫夏冷, 味極甜爽, 飮之蠲疾.

關西 平壤 箕子井 在含毬門外井田中, 世傳箕子所鑿. 府中井泉, 皆味劣, 而此井最佳.

雲山郡 牛蹄泉, 味極淸香, 飮沐已疾.

江界府北獐項山下玉溜泉出於巖穴, 盛冬不氷.

---

88 함흥본전(咸興本殿) : 태조 이성계가 머물던 함경북도 함흥시 사포구역 소나무동에 있는 함흥본궁(咸興本宮)을 말한다.

89 태조(太祖) : 1335~1408. 조선을 건국한 제1대 왕인 이성계(李成桂). 고려 말기의 무신으로, 1388년 요동정벌에 나섰다가 위화도에서 회군하여 최영(崔瑩, 1316년~1388년)을 제거하고 권력을 장악했다.

90 북청부(北靑府) : 함경북도 북청군 일대.

91 기자정(箕子井) : 평양직할시 북쪽에 있는 우물로, 기자(箕子, ?~?)가 물을 길어 마셨다고 전해진다.

92 함구문(含毬門) : 평양성의 남문(南門)에 해당하는 관문(關門).

93 정전(井田) : 중국의 하(夏)·은(殷)·주(周) 삼대(三代)에 걸쳐 실시되었다고 전해지는 토지제도인 정전(井田) 제도에 따라 구획된 농경지. 평양성의 남쪽 일대에는 정전(井田)이 조성되어 있었다. 기자의 정전에 대해서는 《본리지》 권1 〈토지제도〉 "토지의 종류" '기자의 정전'에서 그 제도를 자세히 소개했다.

94 기자(箕子) : 중국 은(殷)나라의 왕족으로, 은나라가 쇠퇴하자 조선에 들어와 예의(禮義)·전잠(田蠶)·방직(紡織) 등을 가르쳤다고 전해지는 인물. 조선에 들어왔는지의 여부에 대해서는 논란이 많다.

95 운산군(雲山郡) : 지금의 북한 평안북도 중앙에 위치한 운산군 일대.

96 강계부(江界府) : 지금의 북한 평안북도 북동쪽에 위치한 강계군 일대.

97 장항산(獐項山) : 지금의 북한 평안북도 벽동군 용평리의 중부 재넘이골 일대에 위치한 산.

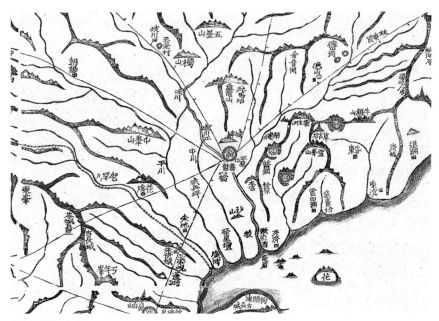

함흥본궁(《대동여지도》)

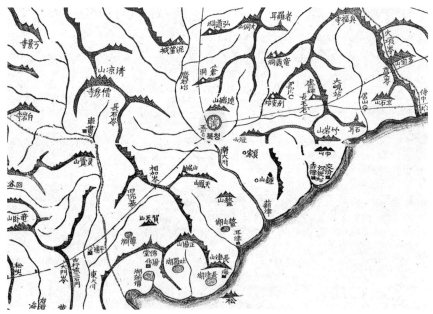

북청(《대동여지도》)

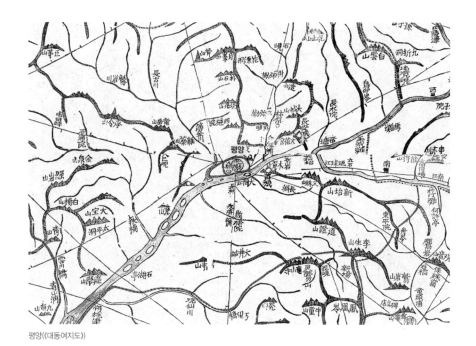

평양(《대동여지도》)

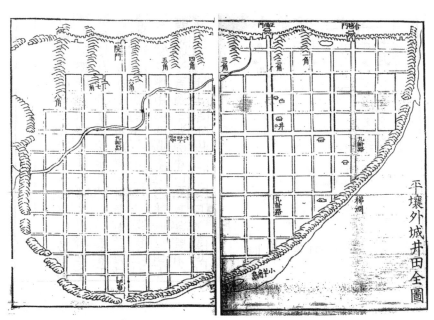

평양외성정전전도(平壤外城井田全圖)(기자외기(箕子外紀))

황해도의 왕림천(王臨泉)은 황주(黃州)[98] 동쪽 왕어치(王御峙)[99] 아래에 있는데, 물이 매우 달고 차갑다. 임진왜란에 선조(宣祖, 1552~1608)가 서쪽으로 피난했을 때에 항상 진상하여 바쳤던 물이기 때문에 이와 같이 불렸다.

봉산군(鳳山郡)[100] 서쪽 백학암(白鶴巖)[101] 북쪽 들녘에는 영천(靈泉)이 있는데, 그 물이 마치 차처럼 달고 향기롭다. 지금은 '반다천(磻茶泉)'이라 부른다.

봉산군 동쪽을 흐르는 샘과 골짜기로 이어진 역로(驛路)[102] 곁에는 가파른 절벽이 깎아지른 듯이 우뚝 서 있고, 그 틈새로 샘이 솟아나오는데, 그 물이 지극히 달고 맛있다.

재령군(載寧郡)[103]의 애정(艾井)은 군에서 10리 북쪽에 있다. 고려 말기에 황해도 안렴사(按廉使)[104] 이자생(李自生)[105]은 이곳을 지나면서, "골짜기가 넓고 탁 트였으며, 토지가 비옥하니, 이곳에 집터를 정할 만하다."라 했다. 그리고는 쑥무더기 한 곳을 가리키며 뽑아내게 한 다음 겨우 몇 척을 파내려가자 금세 맑은 샘이 용솟음치듯 올라왔는데, 그 맛이 지극히 상쾌하고 톡 쏘았다. 이자생은 임기를 다 마치고, 마침

海西 王臨泉在黃州東王御峙下, 水甚甘冽. 壬辰西幸時, 所常進御故名.

鳳山郡西白鶴巖北坪有靈泉, 甘香如茶. 今稱"磻茶泉".

郡東泉谷驛路之傍有峭壁陡立, 隙穴生泉, 水極甜美.

載寧郡 艾井在郡北十里, 麗季本道按廉使李自生過此, 日: "洞壑寬敞, 土地肥沃, 可以卜居." 指一艾叢使拔之, 纔穿數尺, 淸泉湧出, 極其爽烈. 秩滿, 遂築室于此. 後人呼其泉曰"艾井".

---

98 황주(黃州): 지금의 북한 황해도 황주군 일대.
99 왕어치(王御峙): 지금의 북한 황해도 황주군 아미산(峨嵋山) 북쪽에 위치한 고개.
100 봉산군(鳳山郡): 지금의 북한 황해도 북부에 위치한 봉산군 일대.
101 백학암(白鶴巖): 지금의 북한 황해도 봉산군 문정면에 위치한 명승지인 구암(九巖) 중의 하나로, 그 형태가 절묘하다고 전해진다.
102 역로(驛路): 역마(驛馬)를 바꿔 타는 역참(驛站)과 통하는 길.
103 재령군(載寧郡): 지금의 북한 황해도 중앙에 위치한 재령군 일대.
104 안렴사(按廉使): 고려시대의 지방 장관(長官)에 해당하는 관직. 고려 초에는 지방 장관을 절도사(節度使)·안무사(按撫使)·안찰사(按察使)·도부서(都部署) 등으로 부르다가, 1276년(충렬왕 2년) 안렴사로 개칭했다.
105 이자생(李自生): ?~?. 정선(旌善) 이씨 14세손으로, 황해도 안렴사를 역임했다.

괴산군 달천의 전경(한국학중앙연구원)　　　　　　　　　괴산의 괴강(《해동지도》)

내 이곳에다 집을 짓고 살았다. 그래서 후세 사람들
은 그 샘을 '애정(艾井)'이라 불렀다.

배천군(白川郡)[106] 북쪽의 각상천(覺爽泉)은 치악(雉
岳)[107]의 오른쪽 산기슭 밑에서 솟아나온다. 바위를
뚫어 물이 고인 곳은 겨우 표주박 하나가 들어갈 만
큼 비좁지만, 극심한 가뭄에도 물이 마르지 않기 때
문에 이 물을 관주(官廚)[108]에 공급했다.

호로천(葫蘆泉)은 곡산부(谷山府)[109] 뒷산의 동쪽 산
기슭 밑에 있는데, 물이 바위 틈새에서 흘러나오고,
맑고 물맛이 톡 쏘아 병을 멎게 한다.

충청도의 괴산군(槐山郡)[110] 서쪽에 위치한 달천
(達川)[111]은 곧 괴강(槐江)[112]의 하류이다. 임진왜란 때
에 명나라 장수가 그곳의 물을 마셔보고 "그 물맛이

白川郡北覺爽泉出雉岳右
麓下. 鑿石以貯, 菫容一
瓢, 亢旱不竭, 官廚取給
焉.

葫蘆泉在谷山府後山東麓
下, 水從石罅出, 清冽已
疾.

湖西 槐山郡西達川, 卽槐
江下流也. 壬辰天將飮之
日"味與盧山水同"云.

---

106 배천군(白川郡) : 지금의 북한 황해도 남동부에 위치한 배천군 일대.
107 치악(雉岳) : 지금의 북한 황해도 배천군에 위치한 진산(鎭山)인 치악산(雉岳山). 해발은 미상.
108 관주(官廚) : 각 관아의 수령과 그 가족들의 음식 및 공사의 빈객 접대와 각종 잔치에 음식을 조달하는 곳.
109 곡산부(谷山府) : 지금의 북한 황해도 북동부에 위치한 곡산군(谷山郡) 일대.
110 괴산군(槐山郡) : 지금의 충청북도 중앙에 위치한 괴산군 일대.
111 달천(達川) : 지금의 충청북도 괴산군 괴산읍과 충주시 일대를 흐르는 하천.
112 괴강(槐江) : 지금의 충청북도 괴산군 일대에서 달천을 달리 부르는 말.

여산(廬山)¹¹³의 물과 같다."라 했다고 한다.

은진현(恩津縣)¹¹⁴ 남쪽의 계룡산(契龍山)¹¹⁵ 밑에는 수정(壽井)¹¹⁶이 있는데, 겨울에는 따뜻하고 여름에는 차가우며, 맛이 매우 달고 상쾌하다. 그 물을 마시면 장수할 수 있다.

恩津縣南契龍山下有壽井, 冬溫夏冷, 味甚甘爽, 飮之令人壽.

청풍부(淸風府)¹¹⁷의 북쪽 금병산(錦屛山)¹¹⁸의 수혈(水穴)¹¹⁹은 풍혈(風穴)¹²⁰의 동쪽으로부터 1백여 무(武) 떨어진 절벽 밑에 있는데, 샘이 용솟음쳐 올라와 물이 맑고 차갑다.

淸風府北錦屛山 水穴在風穴東百餘武絶壁下, 湧泉淸洌.

전라도 함열현(咸悅縣)¹²¹의 북쪽 10리에는 약정(藥井)이 있는데, 깊이가 겨우 1척에 불과하지만 빛깔이 짙푸르고 차가워 사랑할 만하다.

湖南 咸悅縣北十里有藥井, 深纔盈尺, 紺寒可愛.

---

113 여산(廬山):중국 강서성(江西省) 구강시(九江市) 남쪽 일대에 위치한 산. 해발 1,474m. 여산은 중국인들이 용호산(龍虎山)·황산(黃山)·구화산(九華山)과 함께 4대 명산으로 꼽는 산으로, 아름다운 폭포·높고 기이한 절벽·극심하게 변화하는 운무(雲霧)가 몹시 아름다워 예로부터 많은 사랑을 받아온 산이다. 예로부터 물맛이 좋기로 유명하였고, 청나라의 문인 육정찬(陸廷燦, ?~?)이 편찬한 《속다경(續茶經)》 권하1 〈오다지자(五茶之煮)〉에서는 《다경(茶經)》의 저자인 육우(陸羽, 733~804)의 물 품평을 인용하여 "여산 강왕곡(康王谷) 수렴(水簾)의 물이 가장 좋다.(廬山康王谷水簾水第一.)"라 했다.
114 은진현(恩津縣):지금의 충청남도 논산시 가야곡면·은진면·채운면·강경읍·양촌면·연무읍 일대.
115 계룡산(契龍山):지금의 충청남도 공주시·계룡시·논산시·대전광역시 유성구 일대에 걸쳐 있는 산. 해발 845m. 현재의 정식명칭은 계룡산(鷄龍山)이다. 본문에서는 '은진현 남쪽의 계룡산'이라고 했으나, 지도를 보면 은진 북쪽에 계룡산이 위치하고 있다.
116 수정(壽井):미상. 계룡산 기슭에 위치한 대전광역시 유성구 덕명동에 수통골 약수터가 남아있지만, 이곳과는 거리가 떨어져 있다.
117 청풍부(淸風府):지금의 충청북도 제천시 청풍면 일대.
118 금병산(錦屛山):지금의 충청북도 제천시 청풍면 북쪽에 위치한 산. 해발 171m. 현재는 충주댐 건설로 수몰되었다.
119 수혈(水穴):충청북도 제천시 청풍면 교리 금병산에 있던 석회암 동굴. 현재는 청풍호에 수몰되어 자취를 찾을 수 없다. 《여지도서(輿地圖書)》에서는 본문과 다르게 수혈 동쪽에 풍혈이 있다고 했고, 〈1872년 지방도〉에서도 금병산 서쪽에 수혈이 있고 동쪽에 풍혈이 있다. 《여지도서》〈충청도〉 "청풍부(淸風府)"에는 다음과 같은 기록이 있다. "수혈(水穴)은 금병산 아래 있다. 동쪽으로 풍혈까지 100여 무 떨어져 있으며 절벽 아래 구멍이 있어 샘물이 솟아나오는데, 그 맛은 매우 차다. 어떤 사람은 풍혈과 서로 통한다고 말한다.(水穴亦在屛山下, 東距風穴百餘武, 絶壁下有靈泉流湧出, 其味甚洌. 或云與穴相通.)".
120 풍혈(風穴):충청북도 제천시 청풍면 교리 금병산에 있던 석회암 동굴. 동굴 내부에서 바람이 불기 때문에 풍혈이라 했으며, 수혈과 마찬가지로 청풍호에 수몰되었다.
121 함열현(咸悅縣):지금의 전라북도 익산시 함열읍 일대.

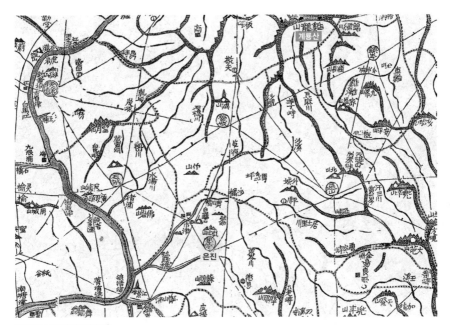

계룡산과 은진현(《대동여지도》)

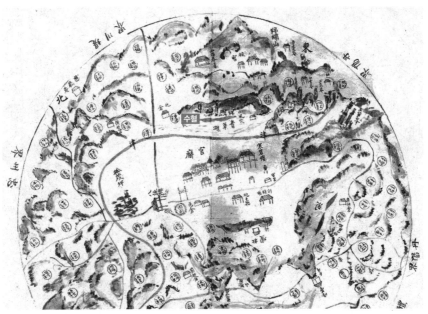

금병산의 수혈(1872년 지방도 청풍부)

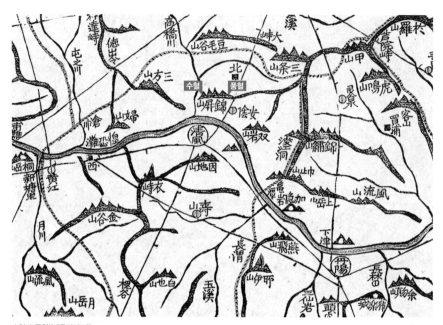

수혈과 풍혈(《대동여지도》)

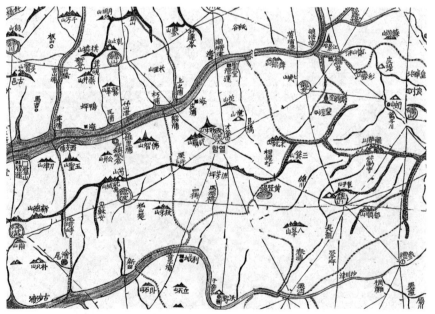

함열현 약정(《대동여지도》)

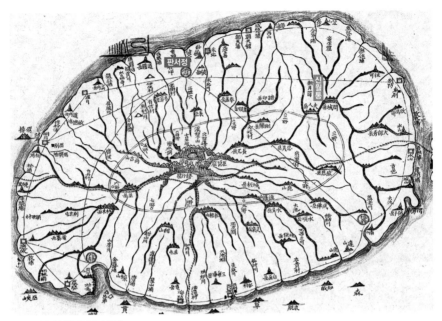

제주 판서정과 신월통(《대동여지도》)

제주의 판서정(判書井)[122]은 제주성 밖 동남쪽에 위치한 바위 사이에서 솟아나오는데, 맑고 차가우며 맛이 달다. 김정(金淨)[123]이 제주도에 유배되어 거처할 때에 판 우물이므로, 제주 사람들이 '판서정'이라 불렀다.

濟州 判書井出州城外東南巖石間, 淸冷味甘. 金沖菴謫居時所鑿, 故土人因以名之.

---

122 판서정(判書井): 기묘사화(己卯士禍)로 화를 입고 제주에 유배된 김정(金淨, 1486~1521)은 지역민들에게 관혼상제(冠婚喪祭)를 비롯한 예절을 가르치며 풍속을 교화하는 데 힘썼는데, 당시에 물을 긷기 위해 먼길을 오가던 백성들을 위해 우물을 파서 맑은 물을 마실 수 있도록 했다. 제주 사람들은 이 때 판 우물을 김정이 유배오기 전에 형조판서를 지낸 것을 따라 '판서정'이라 부르며, 그의 공덕을 기렸다. 이 우물은 1940년대 후반에 허물어져, 현재 제주특별자치도 제주시 이도1동 일대에 그 터만 남아있다.

123 김정(金淨): 1486~1521. 조선 전기의 문신으로, 호는 충암(沖庵)이다. 1507년 증광 문과에 장원으로 급제해 성균관전적(成均館典籍)에 임명되었고, 수찬(修撰)·병조좌랑을 거쳐 병조정랑·부교리(副校理)·헌납(獻納)·교리·이조정랑·형조판서 등을 역임했으며, 1514년에는 순창군수가 되었다. 기묘사화(己卯士禍, 1519년)로 제주도에 유배되었고, 신사무옥(辛巳誣獄, 1521년)에 연루되어 그 곳에서 사사(賜死)되었다.

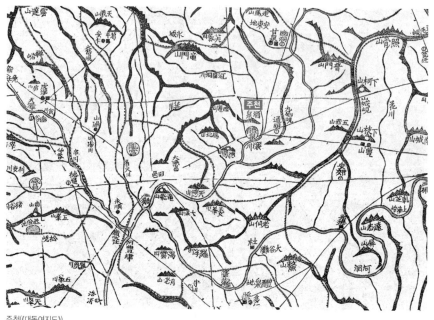

주천(《대동여지도》)

신월통(新月筒)[124]은 제주 동쪽 57리에 위치한 너럭
바위 한가운데에서 솟아나오는데, 그 맛이 정결하고
달며 향기롭다.

경상도 예천군(醴泉郡)[125] 북쪽 누각의 담장 밖에
주천(酒泉)[126]이 있는데, 심한 가뭄에도 마르지 않는
다. 임진왜란에 경리(經理)[127] 양호(楊鎬)[128]가 이 물을

新月筒在州東五十七里出
盤石中央, 潔淨甘香.

嶺南 醴泉郡北樓墻外有酒
泉 大旱不竭, 壬辰楊經理
飮而甘之, 曰:"郡名以醴,

---

124 신월통(新月筒):지명이 전하지 않아 정확한 위치는 알 수 없다. 《대동여지도》에는 지명이 표기되어 있는데,
지금의 제주특별자치도 제주시 구좌읍 덕천리 일대로 추정된다.

125 예천군(醴泉郡):지금의 경상북도 북서부에 위치한 예천군 일대.

126 주천(酒泉):경상북도 예천군 예천읍 노상리에 있었던 샘물(우물). 현재 원래의 샘물터는 없어지고 일제강
점기에 다시 샘물이 나오는 자리에 우물을 만들고 주천이라 했다. 상수도가 들어온 이후 폐정(廢井)되었던
곳을 다시 복원하여 우물을 만들고 보호각을 세웠다. 복원된 우물은 경상북도 예천군 예천읍 노하리 64-1
번지에 있다.

127 경리(經理):당시 명나라 군의 직위로, 군대를 통솔하고 지휘하는 총사령관에 해당된다.

128 양호(楊鎬):?~1629. 명나라의 무관으로, 1597년 정유재란 때 조선에 경리(經理)로 참전하였다. 제1차 울
산성 전투에서는 권율(權慄)과 함께 참전하여 크게 패했으나, 이를 승리로 허위보고했다가 파면되었다.

복원된 주천의 모습(예천읍사무소 제공)

마셔보고 달게 여기며, "이 고을을 '예(醴, 단술)'라 부른 까닭은 참으로 이 물 때문이로다."라 했다.

한양은 인가가 조밀하여 우물과 샘에 모두 소금기가 있고 혼탁하다. 하지만 그 가운데에 훈련원(訓練院) 안의 통정(筒井)과 돈의문(敦義門)[129] 밖의 초료정(椒聊井)만이 한양에서 가장 물맛이 좋다.

모화관(慕華館)[130]의 벽간수(壁間水, 암벽틈에서 나오는 물)와 후조당(後凋堂)[131]의 벽간수, 그리고 숭례문(崇禮門)[132] 밖의 약천(藥泉)이 그나마 맑고 차갑다는 명성이 있다.

良以此也."

漢陽人煙稠雜, 井泉皆患鹹濁, 而獨訓鍊院內筒井、敦義門外椒聊井最佳.

慕華館 壁間水、後凋堂 壁間水、崇禮門外藥泉, 稍有淸洌之名.

---

129 돈의문(敦義門) : 서울의 사대문(四大門) 가운데, 서쪽 정문(正門)이다. 지금의 서울특별시 종로구 평동 60번지에 있었던 서궐(西闕) 앞에 있었는데, 1915년에 철거되었다. 그 터가 서울특별시 종로구 평동에 남아있다.

130 모화관(慕華館) : 조선시대에 명나라와 청나라의 사신(使臣)을 맞이하던 객관. 사신 일행이 서울에 도착하면 모화관에 묵었는데, 이때 조선의 왕세자는 사신 일행 앞에 나아가 재배(再拜)의 예를 갖추어 영접했으며, 사신 일행이 돌아갈 때는 조정의 관료들이 품계에 따라 도열하여 재배의 예를 갖추어 전송했다. 모화관은 청일전쟁이 끝난 뒤로 폐지되었고, 1896년에는 서재필(徐載弼, 1864~1951) 등이 이끈 독립협회가 모화관을 수리하여 회관으로 사용하였다.

131 후조당(後凋堂) : 서울특별시 중구 예장동에 있던 정자. 조선 전기의 문신 권람(權擥, 1416~1465)의 집터에 위치해 있었다.

132 숭례문(崇禮門) : 서울특별시 중구 남대문로에 있는 성문(城門). 2008년 화재로 인해 2층 누각이 소실되었다가, 2013년 5월에 형태를 복원하였다.

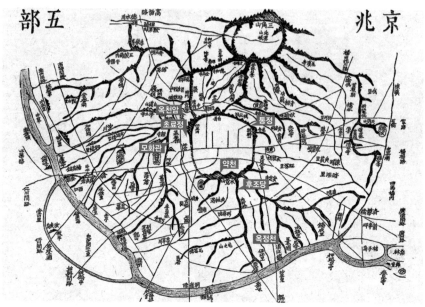

서울의 샘물(《대동여지도》)

창의문(彰義門)[133] 바깥 옥천암(玉泉菴)[134]의 약수(藥水)는 산허리에 있는 바위굴에서 나오는데 병이 없어지는 효험이 있으므로, 도성의 남녀들이 모여들어 이 물을 마신다.

두모포(豆毛浦)[135]의 군자봉(君子峯)[136] 아래에는 옥정천(玉井泉)[137]이 있는데, 본래 맑고 향기로웠다고 한다. 이 물은 이전에 수라간(水剌間)[138]에 공급되었다.

彰義門外玉泉菴 藥水出於山腰巖穴, 有蠲疾之功, 都人士女坌集取飮.

豆毛浦 君子峯下有玉井泉, 素稱淸香, 嘗供御廚.

---

[133] 창의문(彰義門) : 서울특별시 종로구 청운동에 위치한 서울의 사소문(四小門) 가운데 하나로, 북문(北門) 또는 자하문(紫霞門)으로도 불린다.

[134] 옥천암(玉泉菴) : 지금의 서울특별시 서대문구 홍은동 홍지문길 1-38 홍지문(弘智門) 근처에 있는 절.

[135] 두모포(豆毛浦) : 지금의 서울특별시 성동구 옥수동 동호대교 북단 일대에 있었던 조선시대의 나루터.

[136] 군자봉(君子峯) : 정월대보름에 올라가서 달을 맞이했다고 전해지는 서울특별시 성동구 옥수동에 위치한 달맞이봉으로 추정된다.

[137] 옥정천(玉井泉) : 서울특별시 성동구 옥수동 339번지에 있던 우물. 옥정수(玉井水)라고도 한다. 옥수동이라는 이름의 유래가 되는 우물이다.

[138] 수라간(水剌間) : 임금에게 올리는 음식을 조리하는 부엌.

금수정(한국향토문화전자대전 디지털포천문화대전, 한국학중앙연구원)

강화부(江華府)139의 성정(星井)은 동문(東門) 밖 장승동(長承洞)140의 서쪽 산언덕 아래에 위치하고 있는데, 물이 지극히 짙푸르고 깨끗하며, 겨울에는 따뜻하고 여름에는 차갑다. 옛날에 큰 별이 우물 가운데에 떨어진 적이 있기 때문에 이와 같이 이름을 지었다.

한강 북쪽 포천현(抱川縣)141의 읍사(邑舍) 뒤에는 작은 우물이 있는데, 제법 맑고 상쾌하다. 영평(永平)142의 금수정(金水亭)143과 옥병서원(玉屛書院)144 인근 마을 사이의 여러 곳과 양주(楊州)145의 도봉산(道峯

江華府 星井在東門外長承洞西岡下, 水極紺潔, 冬煖夏寒. 古有大星隕於井中, 故名.

漢北抱川縣邑舍後有小井, 頗淸爽. 永平之金水亭·玉屛院村諸處, 楊州之道峯·水落·佛國諸山下, 長湍之

---

139 강화부(江華府) : 지금의 인천광역시 강화군 강화읍 일대.

140 장승동(長承洞) : 지금의 인천광역시 강화군 강화읍 옥림리 일대. '장승말'이라는 자연부락이 아직도 남아 있다.

141 포천현(抱川縣) : 포천시 시내, 가산면, 군내면, 신북면 가채리·고일리·기지리·만세교리·삼성당리·심곡리·신평리, 소흘읍, 화현면, 동두천시 탑동, 포천시 일동면 일대.

142 영평(永平) : 경기도 포천시 영북면, 영중면, 이동면, 일동면, 창수면, 관인면 사정리, 가평군 북면 적목리, 포천시 신북면, 연천군 전곡읍, 신서면, 철원군 근남면, 화천군 사내면 일대.

143 금수정(金水亭) : 경기도 포천시 창수면 오가리 546번지에 있는 정자. 1986년 4월 포천시 향토유적 제17호로 지정되었다.

144 옥병서원(玉屛書院) : 경기도 포천시 창수면 주원리에 있는 서원. 1986년 4월 포천시 향토유적 제26호로 지정되었다.

145 양주(楊州) : 경기도 고양시 덕양구 북한동·오금동·지축동·효자동, 구리시, 남양주시 시내, 별내면, 수동면 송천리·수산리·지둔리, 오남읍, 와부읍(팔당리 제외), 조안면 시우리, 진건읍, 진접읍, 퇴계원면, 화도읍, 동두천시(탑동 제외), 서울특별시 광진구, 노원구, 도봉구, 성동구 성수동, 송파구 신천동·잠실동, 은평구, 중랑구, 양주시 시내, 광적면, 백석읍, 은현면, 장흥면, 연천군 전곡읍, 청산면, 의정부시, 파주시

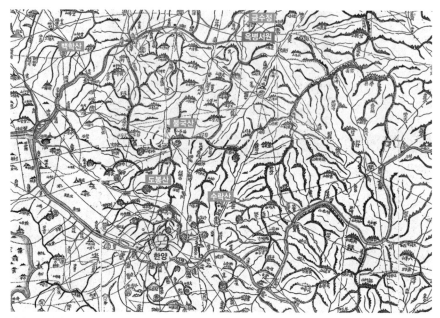

경기북부의 샘물(《대동여지도》)

山)[146], 수락산(水落山)[147]·불국산(佛國山)[148] 등의 여러 산 아래, 장단(長湍)[149] 백학산(白鶴山)[150]의 남쪽과 북쪽에는 모두 샘물이 있는데, 그 맛이 달고 깨끗하다고 일컬어진다. 《금화경독기》

白鶴山南北皆有水泉, 甘潔之稱焉.《金華耕讀記》

광탄면 기산리·영장리, 포천시 신북면 갈월리·금동리·덕둔리·삼정리, 서울특별시 강북구, 서대문구, 성북구, 종로구, 중구, 포천시 내촌면 일대.

146 도봉산(道峯山) : 지금의 서울특별시 도봉구와 경기도 양주시, 의정부시의 접경지대에 있는 산. 해발 739m.

147 수락산(水落山) : 지금의 서울특별시 노원구 상계동, 경기도 의정부시 및 남양주시 별내면의 경계에 있는 산. 해발 638m.

148 불국산(佛國山) : 지금의 경기도 양주시 유양동과 백석읍에 걸쳐 있는 산. 해발 465m.

149 장단(長湍) : 경기도 파주시 군내면, 장단면, 진동면, 진서면, 연천군 백학면 갈현리·고읍리·두매리·두현리·매현리·백령리·사시리·석주원리·오음리·자작리·항동리·판부리·포춘리, 장남면, 왕징면 고왕리·고잔상리·고잔하리·기곡리·임강리, 파주시 문산읍, 적성면, 파평면 일대.(일제강점기 당시 주소로 장단군 강상면, 군내면, 대강면, 장단면, 장도면, 장남면, 진서면, 진동면 일대 포함)

150 백학산(白鶴山) : 지금의 경기도 파주시 장단면에 있는 산. 해발 229m. 이곳의 북쪽 기슭에는 저자인 서유구 가문의 선영(先塋)이 위치해 있으며, 서유구 역시 그곳에 묻혔다.

옥류천

통정

우제천   여정

갈로수

기자정   오색수

왕람천   호로천   석정

영천
애정

각상천   우통수

소정

성정   수협

달천

수정

약정   주천

판서정
신월통

전국의 샘물《대동여지도》

12) 전국의 산람장기(山嵐瘴氣)가 깃든 땅

흙에서 발생하는 산람장기의 독은 짐새[151]의 독보다도 독하다. 그 독이 평상시 먹고 마시는 음식물 속에 감춰져 있다가 폐와 위장으로 점차 스며들어 미처 알지 못하는 사이에 몸을 해치면, 마침내 쇠약해져 일어날 수 없는 병이 된다.

그러나 고금의 의방(醫方)을 살펴보면 물과 흙에 몸이 적응하지 못해 발생하는 병증이 있고, 또 골짜기의 물을 오랫동안 복용하면 목덜미에 혹이 생긴다는 기록도 있지만, 유독 흙에서 발생하는 산람장기에 대해서는 언급하지 않았으니, 이는 어째서인가? 치료 방법이 없다는 이유로 결국 그에 대한 저술을 빼놓은 것인가? 아니면 중국에는 이와 같은 산람장기의 독이 드물고 사람들이 산람장기를 피하는 방법을 알기 때문에 상해를 입은 적이 없어서 굳이 의사의 처방을 기다렸다가 대처할 필요가 없는 것일까?

우리나라는 산과 가깝고 바닷가에 근접한 지역이 곳곳에 있는데, 어떤 곳은 읍 전체가 모두 그러한 경우가 있고, 어떤 곳은 한 지역이 특히 심한 경우가 있다. 이러한 땅에 살면 남녀노소에 관계없이 산람장기의 독을 거치지 않는 사람이 없다. 그 증상을 살펴보면 처음에는 기침을 하고 담혈(痰血)[152]이 나오면서 얼굴이 창백해지고 수척하게 마른다. 이 증상이

域內瘴土

土瘴之毒, 毒於鴆. 藏毒於尋常飲啜之中, 浸漬肺胃, 潛戕暗攻, 遂成癃瘁不起之疾.

然考之古今醫方, 有不伏水土之症, 又有峽水久服則癭之文, 而獨不及於土瘴者, 何也? 豈以療治無方而遂闕著迷歟? 抑中土罕有此毒, 人知避忌, 不曾中傷, 而固無俟乎醫師之懸方以待之歟?

吾東傍山濱海之地, 在在有之, 而或通邑同然, 或一坊偏甚. 居是土者, 不論男婦少長, 無不過其毒. 始則欬唾痰血, 面㿠羸瘦, 久則爪甲膨脹, 浮腫喘滿, 夭札痼癃, 鮮有全其生者.

---

151 짐새: 중국 화남 지방[지금의 중국 광동성(廣東省)]에 실제로 서식했다고 전해지는 전설 상의 새. 온몸이 맹독을 띠고 있으며, 독성이 강하기 때문에 짐새의 독이 음식에 떨어지면 그 음식을 섭취한 사람은 목숨을 부지할 수 없었다. 또한 짐새의 깃털을 술에 담가 사람을 암살하기 위해 마시게 했다고 한다.
152 담혈(痰血): 가래에 피가 섞여 나오는 증상. 자세한 내용은 《인제지》 권2 〈담음(痰飮)〉 참조.

오래되면 손톱, 발톱이 부풀어 오르고 부종(浮腫)이나 천만(喘滿)[153]을 앓은 결과로 요절하거나 고질병이되어 목숨을 보전하는 자가 드물다.

대개 산세가 험하거나 바닷물이 고인 곳 가운데 소금기가 섞여 까맣거나, 점토질로 이루어진 붉은 땅에는 여기(沴氣, 독한 기운)가 녹아들어 있다. 그곳의 우물과 샘에서는 탁한 기운이 배어 있고, 라(蓏)류와 채소는 나쁜 기운을 함유하고 있기 때문에 사람들의 장부(腸腑)에 스며들면 곧바로 기괴한 질병을 발생시킨다. 그럼에도 불구하고 이 땅에서 밭을 갈고 우물을 파는 사람들은 단지 나무하고, 채집하고, 벼를 심고, 게를 잡는 이익 때문에 그곳의 거처를 편안히 여기고 이사하기를 망설이다가, 결국 그 해독을 달게 받아들여 마침내 목숨을 잃더라도 잘못을 깨닫지 못하니, 그 미혹됨이 참으로 심하다!

일반적으로 평소 임원(林園)에 거처할 뜻을 품은 사람이라면 반드시 다른 무엇보다도 먼저 이와 같은 요소를 살펴서 살 곳을 선택해야 한다. 그런 뒤에 비로소 집터를 찾고, 농토를 구해야 할 것이다. 이제부터는 이전에 보고 들은 바 있는 전국의 산람장기가 깃든 땅에 대해 대략적으로 정리하여 아래와 같이 기록한다.

蓋山巋海瀦黑鹵赤埴之土, 沴氣瀜結于中. 井泉釀其濁, 蓏蔬稟其惡, 襲人腸腑, 輒發奇疾, 而耕鑿於是者, 但爲樵、採、稻、蟹之利, 安居重遷, 甘飫其毒, 寧滅性而不悟, 甚矣其迷也!

凡雅意林園者, 必先審擇於此, 然後始可問舍求田. 今略撥域內瘴土曾所睹聞者, 開錄如左.

---

153 천만(喘滿) : 숨이 차서 가슴이 몹시 벌떡거리는 증상. 자세한 내용은 《인제지》 권2 〈담음〉 참조.

경상도의 함양(咸陽)¹⁵⁴·함안(咸安)¹⁵⁵·단성(丹城)¹⁵⁶·풍기(豊基)¹⁵⁷에는 모두 산람장기가 있는데, 진주(晉州)¹⁵⁸와 하동(河東)¹⁵⁹이 가장 심하다.

전라도의 순천(順天)¹⁶⁰·여산(礪山)¹⁶¹·태인(泰仁)¹⁶²·고부(古阜)¹⁶³·무장(茂長)¹⁶⁴·부안(扶安)¹⁶⁵·고산(高山)¹⁶⁶·익산(益山)¹⁶⁷ 등의 지역에도 모두 곳곳마다 산람장기가 있는데, 그 중에서도 광양(光陽)¹⁶⁸·구례(求禮)¹⁶⁹·

嶺南之咸陽、咸安、丹城、豊基皆有瘴, 而晉州、河東最甚.

湖南之順天、礪山、泰仁、古阜、茂長、扶安、高山、益山, 皆在處有之, 而光陽、求禮、興陽尤甚. 大抵智異

---

154 함양(咸陽): 경상남도 함양군에서 서상면·서하면·안의면을 제외한 일대.

155 함안(咸安): 경상남도 중남부에 위치한 함안군 일대.

156 단성(丹城): 경상남도 산청군(山淸郡) 생비량면·신등면·신안면, 단성면 강루리·묵곡리·방목리·사월리·성내리·입석리·청계리, 차황면 척지리·철수리

157 풍기(豊基): 경상북도 영주시(榮州市) 일대.

158 진주(晉州): 경상남도 진주시 일대 및 고성군 영현면, 하동군 악양면·화개면, 산청군 시천면, 산청군 단성면 관정리·운리, 사천시 실안동·동서동, 남해군 창선면 일대.

159 하동(河東): 경상남도 서남부에 위치한 하동군(河東郡) 일대.

160 순천(順天): 전라남도 순천시 시내·상사면·서면·송광면·승주읍·월등면·주암면·해룡면·황전면, 별량면 대곡리·덕정리·동송리·마산리·무풍리·봉림리·송학리·쌍림리·우산리·운천리·학산리, 여수시 시내·남면·돌산읍·소라면·율촌면·화양면·화정면 일대.

161 여산(礪山): 전라북도 익산시 낭산면·망성면·여산면, 충청남도 논산시 강경읍 황산리, 연무읍 고내리·마전리·봉동리·신화리·안심리·죽평리·황화정리 일대.

162 태인(泰仁): 전라북도 정읍시 감곡면·산내면·산외면·신태인읍·옹동면·칠보면·태인면, 부안군 동진면 일대.

163 고부(古阜): 전라북도 정읍시 고부면·덕천면·소성면·영원면·이평면·정우면, 시내 공평동·용계동·흑암동, 부안군 백산면, 부안읍 내요리, 고창군 부안면 검산리·봉암리·상암리·선운리·송현리·수남리·수동리·수앙리·오산리·중흥리 일대.

164 무장(茂長): 전라북도 고창군 공음면·대산면·무장면·상하면·성송면·심원면·해리면, 아산면 남산리·삼인리·성산리·학전리 일대.

165 부안(扶安): 전라북도 부안군 계화면·동진면·변산면·보안면·부안읍·상서면·위도면·주산면·줄포면·진서면·하서면·행안면, 군산시 옥도면 두리도리·비안도리, 부안군 백산면, 정읍시 고부면·영원면 일대.

166 고산(高山): 전라북도 완주군 경천면·고산면·동상면·비봉면·운주면·화산면, 충청남도 논산시 양촌면 도평리·임화리 일대.

167 익산(益山): 전라북도 익산시 금마면·삼기면, 시내 덕기동·부송동·석암동·석왕동·용제동·월성동·은기동·임상동·정족동·팔봉동, 왕궁면 동촌리·발산리·쌍제리·온수리·왕궁리·용화리·평장리, 춘포면 덕실리·삼포리·신동리·쌍정리·오산리·용연리·인수리·창평리·천동리·천서리, 황등면 율촌리, 전주시 덕진구 도덕동 일대.

168 광양(光陽): 전라남도 광양시 광양읍·다압면·봉강면·옥곡면·옥룡면·진상면·진월면·도이동·마동·성황동·중군동·중동·황금동·황길동 일대.

169 구례(求禮): 전라남도 구례군 간전면·구례읍·마산면·문척면·토지면, 광의면 대산리·방광리·수월리·지천리, 용방면 사림리·신지리·용강리·용정리 일대.

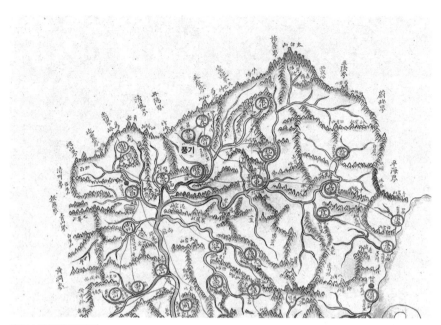

경상도 북부 지역(《해동지도》)

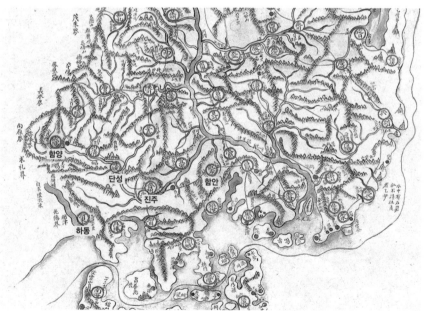

경상도 남부 지역(《해동지도》)

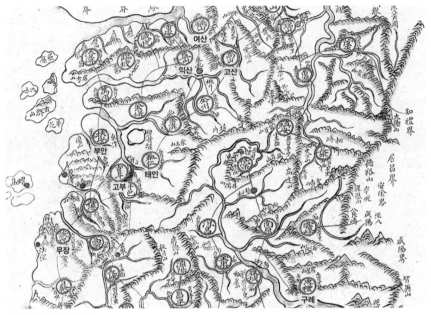

전라도 북부 지역(《해동지도》)

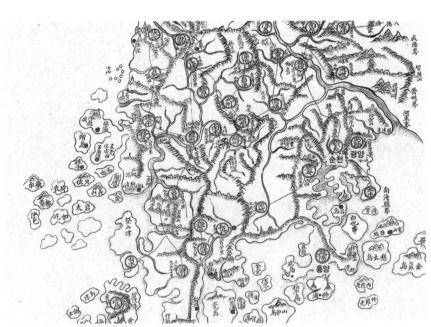

전라도 남부 지역(《해동지도》)

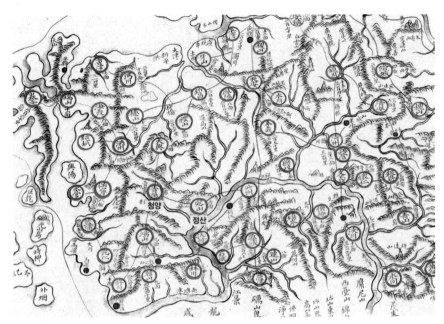
충청도 서부 지역(《해동지도》)

흥양(興陽)[170]이 더욱 심하다. 대체로 지리산(智異山)[171] 이 바닷가에 웅장하게 솟아서 전라도와 경상도의 경계를 나누고 있기 때문에 지리산에 의지하는 여러 고을에서는 이러한 산람장기의 피해를 고루 입고 있다.

충청도는 산세가 부드럽고 들이 넓어서 본디 살기 좋은 곳이라 칭해지지만, 청양(靑陽)[172]과 정산(定山)[173]에는 산람장기가 종종 있다.

山雄峙海上, 分界兩道, 而依山諸郡均被此患.

湖西山嫩野拓, 素稱善地, 而靑陽、定山往往有瘴.

---

170 흥양(興陽) : 전라남도 고흥군 고흥읍·금산면·남양면·대서면·도덕면·도화면·동강면·동일면·두원면·봉래면·영남면·점암면·포두면·풍양면, 과역면 과역리·노일리·도천리·석봉리·신곡리·연등리·호덕리, 도양읍 관리·봉암리·소록리·용정리·장계리, 여수시 삼산면, 화정면 일대.
171 지리산(智異山) : 전라북도 남원시, 전라남도 구례군, 경상남도 산청군·함양군·하동군에 걸쳐 있는 산. 해발 1,915m.
172 청양(靑陽) : 충청남도 청양군 대치면·운곡면·청양읍, 남양면 금정리·매곡리·백금리·봉암리·신왕리·온암리·온직리, 비봉면 관상리·녹평리·사점리·신원리·장재리·중목리 일대.
173 정산(定山) : 충청남도 청양군 목면·장평면·정산면·청남면 일대.

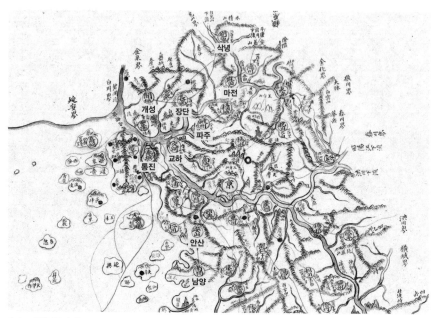

경기도 지역《해동지도》

경기도의 남양(南陽)[174]·안산(安山)[175]·통진(通津)[176]·
교하(交河)[177] 등 바다와 인접한 곳에 간혹 산람장기
가 있다. 파주(坡州)[178]의 파평산(坡平山)[179] 아래와 장
단(長湍) 지역은 한결같이 임진강을 접하고 있으며,

京畿 南陽、安山、通津、交
河之沿海處, 間或有之.
坡州之坡平山下、長湍之
基一臨江, 西都諸村民多

---

[174] 남양(南陽) : 경기도 화성시 시내(신외동·장전동·수화동 제외), 마도면, 서신면, 송산면, 비봉면(유포리·삼화
리 제외), 봉담읍 상기리, 향남읍 구문천리·상신리·하길리, 안산시 단원구 남동·대부동·동동·북동·선감동,
인천광역시 옹진군 영흥면, 자월면, 화성시 매송면, 우정읍, 팔탄면, 시흥시, 인천광역시 중구, 옹진군 덕적
면, 충청남도 당진시 석문면, 서산시 성연면, 아산시 영인면, 인주면, 태안군 근흥면, 소원면 일대.

[175] 안산(安山) : 경기도 안산시 단원구, 상록구 부곡동·성포동·수암동·양상동·월피동·장상동·장하동, 시흥
시 거모동·광석동·군자동·논곡동·능곡동·목감동·물왕동·산현동·월곶동·장곡동·장현동·정왕동·조
남동·죽률동·하상동·하중동, 인천광역시 중구 일대.

[176] 통진(通津) : 경기도 김포시 대곶면, 양촌면, 월곶면, 통진면, 하성면, 인천광역시 강화군 강화읍, 길상면 일대.

[177] 교하(交河) : 경기도 파주시 시내, 교하읍, 탄현면, 조리읍 등원리 일대.

[178] 파주(坡州) : 경기도 파주시 광탄면(기산리·영장리 제외), 문산읍, 법원읍, 월롱면, 조리읍, 파주읍, 파평면
(장파리 제외)

[179] 파평산(坡平山) : 경기도 파주시의 파평면 동부에 위치한 산. 해발 496m.

황해도 일대(《해동지도》)

서도(西都)[180]의 여러 마을의 백성들도 산람장기로 인한 병을 많이 앓고 있다. 삭녕(朔寧)[181]과 마전(麻田)[182] 등의 지역에도 간혹 산람장기가 있는 곳이 있다.

황해도의 평산(平山)[183] · 황주(黃州) · 봉산(鳳山) 능의 읍은 토질이 점토질이고 수질이 혼탁하여 이곳에 거주하는 사람들이 병을 많이 앓는데, 그 중에서도 금천(金川)[184]일대가 더욱 심하다.

病瘴. 朔寧、麻田等處, 亦間間有之.

海西之牛山、黃州、鳳山等邑, 土粘水溷, 居者多疾, 而金川一境尤甚.

---

180 서도(西都) : 지금의 북한 개성특별시 일대.
181 삭녕(朔寧) : 경기도 연천군 중면 도연리·어적산리·적동산리·적음리·진곡리, 왕징면 가천리·고장리·귀존리·냉정리·석둔리·솔빈리·오탄리·장학리 일대.
182 마전(麻田) : 지금의 경기도 연천군 군남면 남계리·황지리, 미산면, 왕징면 노동리·동중리·무등리·북삼리·작동리 일대.
183 평산(平山) : 지금의 북한 황해북도 중앙부에 위치한 평산군 일대.
184 금천(金川) : 지금의 북한 황해북도 동남부에 위치한 금천군(金川郡) 일대.

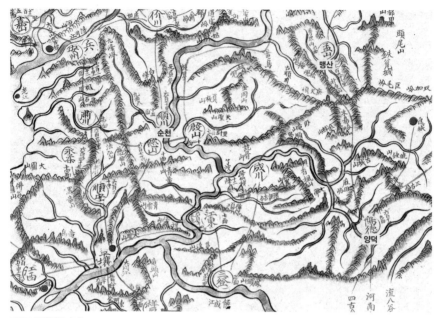

평안도 일대(《해동지도》)

평안도는 산이 아름답고 물이 고우며 지대가 낮지 않지만, 양덕(陽德)185·맹산(孟山)186·순천(順川)187 지역 사이는 수질과 토질이 상당히 나쁘다고도 한다.

강원도는 시내와 산이 상쾌하고 깨끗하며, 함경도는 풍기(風氣)가 높고 차갑기 때문에 산람장기의 해독으로 인한 질병이 전혀 없다. 그러나 요즈음 들자니, 영흥(永興)188에 산람장기가 있다고 한다.

이상이 산람장기가 있는 지역의 대략적인 분포이다. 《금화경독기》

關西山明水麗, 地不汙下, 而陽德、孟山、順川之間, 或云:"水土頗惡."

關東溪山爽塏, 關北風氣高寒, 絶無瘴毒之患, 而近聞永興有之.

此其大略也.《金華耕讀記》

---

185 양덕(陽德):지금의 북한 평안남도 동남부에 위치한 양덕군(陽德郡) 일대.
186 맹산(孟山):지금의 북한 평안남도 북동부에 위치한 맹산군(孟山郡) 일대.
187 순천(順川):지금의 북한 평안남도 중부 대동강 중류 연안에 위치한 순천시(順天市) 일대.
188 영흥(永興):지금의 북한 함경남도 남부에 위치한 영흥군(永興郡) 일대.

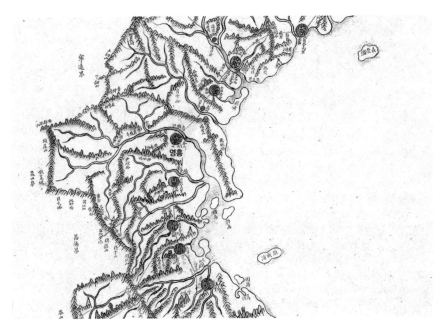

함경도 일대(《해동지도》)

4. 생업 조건

生理

1) 살 곳을 고를 때는 농사와 장사에 편리한 곳을 택해야 한다

論卜居宜便農賈

사람이 세상을 살아갈 때 살아 있는 이를 봉양하고 죽은 이를 장례 지내는 일[1]에는 모두 재화가 필요하다. 그런데 재화를 생산하는 방법은 토지가 비옥한 것이 가장 좋고, 배나 수레로 물건을 운송하여 파는 것이 그 다음이다.

人生於世, 養生送死, 皆需財用, 而生財之道, 土沃爲上, 舟車貿遷次之.

토지가 비옥하다는 것은 땅이 오곡(五穀)[2]을 재배하기에 적합하다는 뜻이다. 논은 볍씨 한 말을 뿌려 재배하는 한 마지기[斗落]에서 쌀 60말을 수확하는 농지가 상등(上等)이고, 쌀 40~50말을 수확하는 농지가 그 다음이며, 쌀 30말 이하를 수확하는 농지는 척박한 농지이다. 밭은 1일경(日耕, 하루갈이)[3]의 면적당 조 30석을 수확하는 토지가 상등이고, 조 20석을 수확하는 토지가 그 다음이다. 조 3~5석을 수확하는 토지는 척박한 토지로, 이런 곳에서는 누구도 살 수 없다.

土沃謂地宜五穀. 水田種稻一斗, 收六十斗者爲上, 收四五十斗者次之, 收三十斗以下者爲瘠土. 陸田耕一日, 收粟三十石者爲上, 二十石者次之, 三五石者爲瘠土. 俱不堪居矣.

---

1 살아……일 : 원문의 양생송사(養生送死)를 옮긴 것으로,《예기(禮記)》권21〈예운(禮運)〉에 나온다.

2 오곡(五穀) : 주식(主食)으로 먹는 가장 중요한 5가지 곡물로, 쌀·보리·콩·기장·조를 말한다.

3 일경(日耕) : 해가 떠있는 하루의 낮 동안에 소가 갈 수 있는 밭의 넓이. 조선시대에는 밭의 넓이를 헤아릴 때 공식적으로 이 단위를 썼으나, 실제 넓이가 어느 정도인지는 정확하게 말할 수 없다. 밭을 가는 소의 건강 상태, 땅의 위치, 흙의 질 등에 따라 그 넓이가 들쭉날쭉하기 때문이다.

물건을 운송하여 파는 방법은 말이 수레만 못하고, 수레가 배만 못하다. 그러므로 거주지가 강이나 바다에 가까우면 배들이 다니는 곳과 통하고, 여러 큰 읍의 재화가 모여드는 곳과 통하므로, 이런 곳에서는 모두 값이 비쌀 때 내다 팔고 값이 쌀 때 사들이는 상술을 부려볼 만하다. 《팔역가거지》[4]

貿遷之道, 馬不如車, 車不如船. 故居近江海, 可通舟楫處, 通都大邑貨財湊集處, 皆可試貴出賤取之術. 《八域可居誌》

2) 살 곳을 고를 때는 먼저 농지를 보아야 한다

論卜居先看田地

육가(陸賈)[5]는 벼슬에서 물러나 집에서 지낼 때에 전대(纏帶, 돈주머니)에는 1천금의 황금을 지니고 있었지만, 그럼에도 굳이 "호치현(好時縣)[6]의 논과 밭이 좋으니, 그곳에 집을 짓고 살 만하다."[7]라 했다. 촉(蜀) 땅에 살던 탁씨(卓氏)[8]가 다른 지역으로 강제로 거처를 옮겨야 했을 때, 함께 끌려간 사람들은 앞다투어 가까운 지역으로 가게 해달라고 부탁했는데, 탁씨만은 문산(汶山)[9] 일대의 들녘이 비옥하여 큰 토란이 산출된다는 이유로, 먼 지역인 문산으로 거처를 옮겨달라고 요청했다.[10]

陸賈之家居, 有囊中裝千金, 而猶必曰: "好時田地善, 可以家焉." 蜀卓氏之遷也, 諸遷虜爭求近處, 而卓氏以汶山之下沃野, 下有蹲鴟, 獨求遠遷.

---

4 《擇里志》〈卜居總論〉 "生理", 45쪽.

5 육가(陸賈) : B.C. 240~B.C. 170(?). 전한(前漢) 시기의 정치가, 문학가. 언변에 능하여 한나라 고조 유방을 수행하며 사신 역할을 여러 차례 수행하였다. 고조의 부인 여후(呂后)가 전횡을 일삼자 사직하고 은거하다가, 다시 재기하여 한 문제(漢文帝, B.C. 202~B.C. 157)가 왕위에 오르는 데 큰 공을 세웠다.

6 호치현(好時縣) : 지금의 중국 섬서성에 있는 작은 마을. 육가가 벼슬길에서 물러나 이곳에서 은거했다.

7 호치현의……살 만하다 : 《史記》 卷97 〈酈生陸賈列傳〉, 2699쪽.

8 탁씨(卓氏) : 탁씨는 본래 조(趙)나라 사람으로, 철을 캐고 재련하여 큰 부(富)를 일구었다. 조나라가 진(秦)나라에 의해 멸망하자, 탁씨는 재물을 빼앗기고 포로가 되어 강제 이주를 해야 하는 처지가 되었는데, 함께 끌려온 사람들은 가까운 곳으로 옮겨달라고 부탁했지만, 탁씨는 촉(蜀)의 문산(汶山) 기슭의 비옥한 들녘에서 큰 토란이 산출된다는 사실을 알고, 이를 팔아 돈을 모을 생각으로 일부러 먼 곳으로 옮겨달라고 부탁했다. 결국 탁씨는 임공(臨邛)에 이르러서 철이 생산되는 산으로 들어가, 그곳에서 쇠를 녹여서 그릇을 만들고 교역하는 일을 하며 다시 엄청난 규모의 부(富)를 일구었다.

9 문산(汶山) : 지금의 중국 사천성 문산현.

10 촉(蜀)……요청했다 : 《史記》 卷69 〈貨殖列傳〉, 3277쪽.

이와 같은 사례에서 옛 사람들이 살 곳을 고를 때는 반드시 논과 밭이 비옥한 곳을 먼저 택했다는 사실을 알 수 있다. 만약 논밭이 비옥하지 않다면 비록 쌓아놓은 재물이 천만금이라 하더라도 결국 자신의 소유가 아닌 것이다. 《금화경독기》[11]

是知古人卜居, 必先取田地之善. 苟其不善, 縱積財千萬, 終非己有也. 《金華耕讀記》

3) 살 곳을 고를 때는 물건을 운송하여 팔기에 편리한 곳을 택해야 한다

論卜居宜便貿遷

물건을 운송하여 파는 수단은 말이 수레만 못하고, 수레가 배만 못하다. 우리나라는 동쪽·서쪽·남쪽이 모두 바다라서, 배가 다니지 못할 곳이 없다. 일반적으로 주상(舟商, 배로 오가며 장사를 하는 상인)이 출입할 때는 반드시 강과 바다가 서로 만나는 곳에서 이익을 얻고 물건을 사고 판다.

貿遷之道, 馬不如車, 車不如船. 我國東西南皆海, 船無有不通. 凡舟商出入, 必以江海相交處, 管利脫貰.

그러므로 경상도에는 낙동강이 바다로 들어가는 곳에 김해(金海)[12] 칠성포(七星浦)[13]가 있는데, 북쪽으로 상주까지 거슬러 올라가고, 서쪽으로 진주까지 거슬러 올라갈 수 있으니, 김해에서만 배가 드나드는 입구를 관할한다.

故慶尙則洛東江入海處爲金海七星浦, 北沂至尙州, 西沂至晉州, 惟金海管[1]轄其口.

---

11 출전 확인 안 됨.
12 김해(金海):경상남도 김해시 시내·대동면·상동면·생림면·주촌면·진례면·진영읍·한림면, 창원시 대산면, 부산광역시 강서구 구락동·녹산동·명지동·미음동·범방동·생곡동·송정동·지사동·화전동 일대.
13 칠성포(七星浦):낙동강 하류에 위치한 포구. 남해 지역 해상 운송의 중심지 중 하나였다. 지금의 경상남도 김해시 안동 일대로 추정된다.
[1] 管:저본에는 "綰". 《擇里志·卜居總論·生理》에 근거하여 수정.

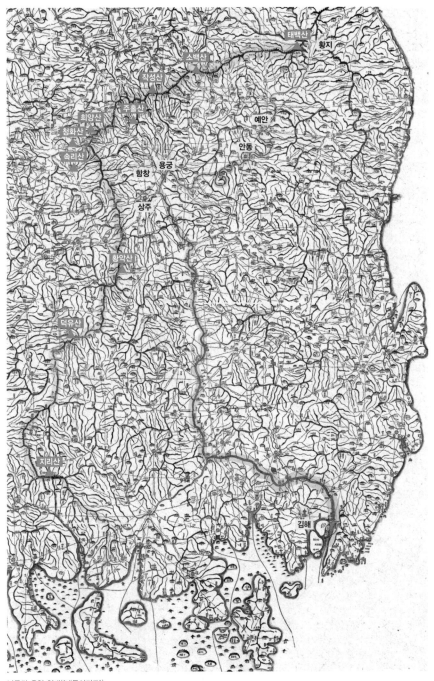

낙동강 유역 일대(《대동여지도》)

전라도에는 나주(羅州)[14]의 영산강(靈山江)·영광(靈光)[15]의 법성포(法聖浦)[16]·흥덕(興德)[17]의 사진포(沙津浦)[18]·전주(全州)[19]의 사탄(沙灘)[20] 등이 모두 조수가 통하여 장삿배가 모여 드는 곳이다.

충청도는 금강(錦江)의 원류가 비록 멀기는 하지만 공주(公州) 동쪽 즉 그 위의 상류쪽은 물이 얕고 여울이 많아 바다에서 들어오는 배가 다니지 못한다. 금강 본류(本流)가 흐르는 부여(扶餘)와 금강 지류인 논산천이 흐르는 은진(恩津)[21]부터는 조수와 통하기

全羅則羅州之靈山江、靈光之法聖浦、興德之沙津浦、全州之斜灘, 皆通潮聚商船.

忠淸則錦江之水源流雖遠, 公州以東, 水淺多灘, 不通海船, 自扶餘、恩津始通潮汐, 故白馬以下鎭江一帶, 皆縮[2]船利, 惟恩津爲水

---

14 나주(羅州):광주광역시 광산구 남산동·내산동·덕림동·대산동·도덕동·동림동·동산동·동호동·명도동·명화동·북산동·산수동·삼거동·삼도동·선동·송산동·송촌동·송치동·송학동·신동·양동·양산동·연산동·오운동·옥동·왕동·용곡동·월전동·장록동·지산동·지정동·지죽동·지평동, 나주시 시내·공산면·노안면·다시면·동강면·문평면·반남면·세지면·왕곡면, 목포시 달동·옥암동·율도동, 무안군 삼향읍, 신안군 도초면·비금면·안좌면·암태면·압해면·자은면·장산면·지도면·하의면·흑산면, 영암군 금정면·시종면 금지리·신연리·신학리·신흥리·옥야리, 신북면 갈곡리·양계리·유곡리·학동리, 도포면 도포리·봉호리 일대

15 영광(靈光):전라남도 무안군 망운면, 운남면 내성리·성내리·연리·하묘리, 신안군 임자면·증도면, 임태면 당사리, 압해읍 고이리·매화리, 지도읍 당촌리·선도리·어의리·탄도리, 영광군 군남면·군서면·낙월면·대마면·묘량면·백수읍·법성면·불갑면·염산면·영광읍·홍농읍, 장성군 삼계면·삼서면, 동화면 구림리·남산리·남평리·동호리·서양리·용정리 일대.

16 법성포(法聖浦):전라남도 영광군 법성면 해안에 있는 포구. 고려 성종(成宗) 때 이곳에 조창(漕倉)을 설치하였다.

17 흥덕(興德):전라북도 고창군 성내면·신림면·흥덕면, 부안면 봉암리·사창리·상등리·선운리·용산리·운양리, 아산면 반암리 일대.

18 사진포(沙津浦):흥덕 북쪽에 위치한 포구로, 주변의 물산들이 모여들어 일찍이 해창(海倉)이 설치되었으며, 이로 인해 왜구의 침략이 극심하였던 지역이다.

19 전주(全州):전라북도 김제시 공덕면 공덕리·동계리·마현리·저산리·제말리·황산리·회룡리, 청하면 대청리·동지산리·장산리, 금산면, 완주군 구이면·봉동읍·삼례읍·상관면·소양면·용진읍·이서면, 운주면 산북리, 익산시 오산면, 시내 갈산동·금강동·남중동·동산동·마동·만석동·모현동·모건동·송학동·신동·신용동·신흥동·어양동·영등동·인화동·주현동·중앙동·창인동·평화동, 왕궁면 광암리·구덕리·동봉리·동용리·쌍제리·흥암리, 춘포면 춘포리, 전주시 완산구, 덕진구 고랑동·금상동·덕진동·동산동·만성동·반월동·산정동·성덕동·송천동·여의동·용정동·원동·장동·전미동·진북동·팔복동·호성동·화전동, 충청북도 논산시 양촌면 남산리·반암리·신기리·양촌리·오산리·인천리·채광리 일대.

20 사탄(沙灘):지금의 만경강(萬頃江)을 말한다. 전라북도 북부를 가로지르는 강으로, 하류에 김제 평야가 형성되어 있다.

21 은진(恩津):충청남도 논산시 가야곡면·은진면·채운면, 강경읍 남교리·대흥리·동흥리·북옥리·산양리·서창리·염천리·중앙리·채산리·채운리·태평리·홍교, 시내 가산동·관촉동·내동·대교동·등화동·반월동·지산동·취암동·화지동, 양촌면 석서리·중산리, 연무읍 금곡리·동산리·마산리·소룡리·양지리·죽본리·죽평동 일대

[2] 縮:《擇里志·卜居總論·生理》에는 "通".

전라도 유역 일대(《대동여지도》)

때문에 백마강(白馬江) 하류의 진강(津江)²² 일대에서 모두 수운의 이익을 차지한다.

그 중 오직 은진은 수로와 육로의 요충지에 자리하여 온갖 상인들이 모여든다. 내포(內浦)²³에는 아산(牙山)²⁴의 공세진(貢稅津)²⁵·덕산(德山)²⁶의 유관포(由官浦)²⁷ 등이 수량이 많고 원류가 길다. 홍주(洪州)²⁸의 광천(廣川)²⁹·서산(瑞山)³⁰의 성연(聖淵)³¹은 비록 계항(溪港)³²이지만 조수가 통하기 때문에 모두 장사꾼들이 드나들며 물건을 사고 파는 곳이다.

경기도의 바닷가 고을은 비록 조수가 통하는 냇물이 있어도 한양이 가깝기 때문에 장삿배가 많이 모이지는 않는다. 한양 북쪽의 임진강과 남쪽의 한강이 만나는 지역은 전국의 장삿배들이 이익을

陸要衝, 百賈湊集. 內浦則牙山貢稅津、德山由官浦, 水大而源長, 洪州廣川、瑞山聖淵③, 雖溪港, 以通潮, 故竝爲商賈出入脫貰之所.

京畿沿海邑, 雖通潮之川, 以近京, 故商船不大集. 漢陽上下江, 爲一國船利都會, 多射利致富之人.

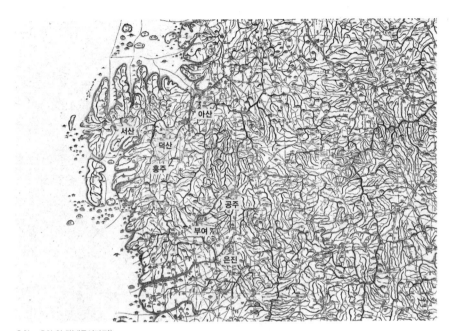

충청도 유역 일대(《대동여지도》)

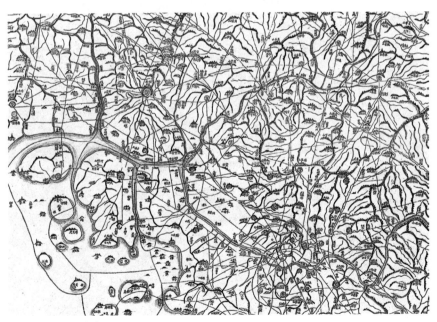

한강 유역 일대(《대동여지도》)

얻기 위해 모두 모여드는 곳이라 그 이익을 차지하여
부자가 된 사람이 많다.

개성(開城)의 후서강(後西江)[33]은 개성부(開城府)까지
의 거리가 30리도 채 안 되는 데다 조수가 통하여 고
려의 도읍이었을 때는 팔도의 공물이 모두 이곳으로
모여들었다. 지금도 부상대고(富商大賈)[34]들이 강기슭
에 집을 많이 지어 놓고 다른 지방 사람들과 교류하
여 배로 얻는 이익이 은진보다 못하지 않다.

평안도는 평양(平壤)의 대동강(大同江)·안주(安州)[35]

開城 後西江, 距府治不滿
三十里, 且通潮汐, 王氏建
都時, 八道饋餉皆萃於此.
今富商大賈多治第宅於江
岸, 通外道, 船利不下恩
津.

平安則平壤之大同江、安州

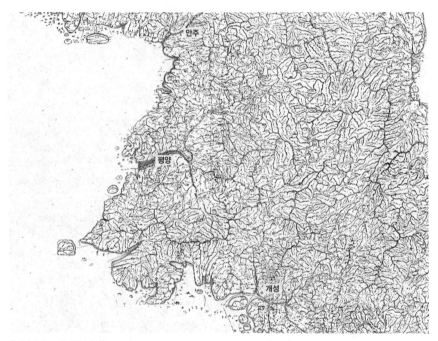

황해도 유역 일대(《대동여지도》)

---

33 후서강(後西江): 개성 오관산(五冠山)의 서쪽으로 흐르는 강이다.
34 부상대고(富商大賈): 많은 밑천을 가지고 대규모로 장사를 하는 상인.
35 안주(安州): 평안북도 안주군 일대.

의 청천강(淸川江)이 또한 배로 얻는 이익을 독차지하
고 있다.

대체로 전국을 통틀어 논할 때, 한강은 물이 많
고 원류가 멀어 상류에 해당하는 춘천(春川)의 우두
촌(牛頭村)[36]·원주(原州)의 흥원창(興元倉)[37]·충주(忠
州)[38]의 금천(金遷)[39]은 모두 장삿배들이 모여들어 사
들였던 물건을 다시 파는 장소이다. 그러나 강을 운
행하는 배는 크기가 작아서 바다까지 나갈 수 없기
때문에 차지하는 이익이 바닷배만 못하다. 그러나
여러 물이 모두 모여드는 데다 한양과도 긴밀하게 통
하여 내륙과 바다의 재화를 받아들이기에는 마땅히
제일이다.

그 다음은 은진과 강경(江景)[40] 나루로, 이곳은 충
청도와 전라도 두 곳의 내륙과 바다 사이에 위치하
면서 금강 남쪽으로 큰 도회지를 이룬다. 어부들과
산골의 농가에서는 모두 이곳에 물건을 내놓아 교
역하고 봄·가을로 물고기를 잡아들여 생선비린내가
촌락에 가득하고, 큰 배와 작은 배가 밤낮으로 드
나들어 긴 담벼락을 두른 듯할 정도이다. 이곳에는
한 달에 6번 큰 시장이 서는데, 가깝고 먼 곳에서 실

之淸川江, 亦擅船利.

大抵統一國而論之, 漢江
水大而源遠, 其上流春川之
牛頭村、原州之興元倉、忠
州之金遷, 皆爲商船聚會
轉販之所. 然江船小, 不能
出海, 故縮利遜於海船. 然
旣衆水都會, 且密通京都,
受陸海之貨, 當爲第一.

次則恩津、江景津, 居忠、
全二道陸海之間, 爲錦南
一大都會, 海夫、峽戶皆於
此出物交易, 春秋魚採,
魚腥滿村, 巨舫小艓日夜
如堵墻. 一月六大市, 委
輸遠近貨物, 自不下漢陽
東、西江.

---

36 우두촌(牛頭村) : 지금의 강원도 춘천시 우두동 일대.
37 흥원창(興元倉) : 강원도 원주시 부론면 흥호리에 설치되었던 조창이다.
38 충주(忠州) : 충청북도 괴산군 감물면·불정면, 음성군 감곡면·금왕읍·대소면·맹동면·삼성면·소이면, 생
    극면 방축리·생리·송곡리·신양리·오생리·임곡리·차곡리·차평리·팔성리, 제천시 덕산면, 한수면 보평리·
    송계리, 충주시 가금면·금가면·노은면·대소원면·산척면·살미면·소태면·시내·신니면·앙성면·엄정면·주
    덕읍, 동량면 대전리·손동리·용교리·조동리·지동리·하천리·화암리 일대.
39 금천(金遷) : 충청북도 충주시 중앙탑면 일대를 지나는 남한강.
40 강경(江景) : 충청남도 논산시 강경읍 일대.

어 나른 화물의 양이 한양의 동강(東江)·서강(西江)[41]
에 못지않다.

그 다음은 김해(金海)의 칠성포(七星浦)로, 이곳은
경상도 전체 물길의 입구에 위치하여 남북으로 내륙
과 바다의 이익을 전부 차지한다. 이 3곳이 국내에
서 가장 으뜸이다.

이상이 우리나라에서 장삿배로 이익을 얻을 수
있는 장소의 대략이다. 살 곳을 고르는 사람은 반드
시 뱃길이 멀지 않은 곳을 택하여 거주해야, 비로소
물건을 운송해 팔아서 위로 부모를 모시고 아래로
처와 자식들을 먹여 살리는 데에 어려움이 없을 것
이다.《팔역가거지》[42]

次則金海七星浦, 居慶尙
一道之水口, 盡緝南北海
陸之利, 此三處爲國中之
最.
此我國船利之大略也. 卜
居者必擇船路不遠處居止,
始可以貿遷, 無有仰事俯
育矣.《八域可居誌》

---

41 동강(東江)·서강(西江):동강은 지금의 서울 옥수동 일대 앞을 흐르는 한강으로, 일명 동호(東湖)라 했고,
  서강은 마포에서 양화진 일대를 흐르는 한강을 말한다.
42 《擇里志》〈卜居總論〉"生理", 46~47쪽.

5. 인심이 인(仁)한 마을에 살기　里仁

1) 살 곳을 고를 때는 마을 풍속을 살펴야 한다

공자는 "인심이 인(仁)한 마을에 살기가 좋다. 살 곳을 고를 때 인한 곳에 살지 않으면 어찌 지혜롭다고 하겠는가?"[1]라 했다. 맹자의 어머니도 좋은 마을을 찾아 3번이나 이사하며 아들을 교육했다.[2] 대개 좋은 풍속이 없는 마을을 택하면 자신에게 해로울 뿐만 아니라, 자손 또한 나쁜 풍속에 물들고 그릇된 길로 빠질 우려가 있다. 그러므로 살 곳을 고를 때는 먼저 그 곳의 풍속을 살피지 않으면 안 된다. 《팔역가거지》[3]

2) 살면 안 되는 7곳

사람이 거주할 집은 먼저 이웃을 잘 가려야 한다. 맹자 어머니가 3번이나 이사한 데에는 진실로 깊은 뜻이 있다. ①일반적으로 사묘(寺廟)[4]와 신불(神佛, 신이나 부처를 모시는 곳)의 주변은 살면 안 된다. ②높은 벼슬아치와 부자의 옆집은 살면 안 된다. ③앞뒤

論卜居必視謠俗

孔子曰:"里仁爲美, 擇不處仁, 焉得智?" 孟母亦有三遷之敎. 蓋擇非其俗, 則不但於身有害, 在子孫亦有薰染詿誤之患. 故卜居不可不先視其地之謠俗. 《八域可居誌》

七不可居

人家居住, 先要擇鄰, 孟母三遷, 良有深意. 凡寺廟、神佛之傍, 不可居也; 顯宦、財主之側, 不可居也; 前後近河之所, 不可居也; 草房

1　인심이……하겠는가:《論語注疏》卷4〈里仁〉(《十三經注疏整理本》23, 51쪽).
2　맹자의……교육했다:맹자의 어머니가 교육을 위하여 묘지 근처에서 시장으로, 시장에서 서당 근처로 집을 옮겼다는 고사.《列女傳》卷1〈母儀傳〉에 나온다.
3　《擇里誌》〈卜居總論〉"人心"(국립중앙도서관 古041-1-27, 48쪽)
4　사묘(寺廟):불교의 부처 및 도교의 각종 신(神)을 모시는 절[寺]과 관우(關羽) 등 민속의 신을 모시는 묘(廟)를 통칭한다.

로 강과 가까운 곳은 살면 안 된다. ④초가집이 옹기 종기 모여 있는 곳은 살면 안 된다. ⑤흉포한 자들의 소굴이 있는 땅은 살면 안 된다. ⑥창녀와 광대들이 섞여 있는 곳은 살면 안 된다. ⑦젊은 과부와 탕자 (蕩子, 방탕하게 노는 사람)가 사는 근처에 살면 안 된다.

위와 같은 곳에 살면 비록 꼭 사고가 생기지는 않더라도 다만 그곳의 기세가 나를 억누르고, 그곳의 정취가 나를 어그러지게 하고, 그곳의 이치가 나를 어긋나게 한다. 그러므로 거리낌 없이 이런 곳들을 멀리하여 후환을 방지해야 한다. 만약에 순박하고 선량한 풍속이 있는 마을에 산다면, 이웃은 덕(德)에 부합하고 마을은 인(仁)에 부합할 뿐만 아니라 자신도 이미 충분히 쾌락과 안정이라는 복을 누릴 것이다. 《전가보》[5]

叢聚之處, 不可居也;窩坊 ①凶暴之地, 不可居也;娼、優相雜之間, 不可居也;少寡、蕩子之近, 不可居也. 居之雖未必就有事故, 但以其勢壓②於我, 其情悖於我, 其理拂於我, 不妨遠之以防後患. 若居淳良之鄕, 不獨隣稱德、里稱仁, 而自己享許多快樂、安靜之福.《傳家寶》

3) 재화와 이익이 모여드는 곳은 살면 안 된다.

일반적으로 배나 수레가 모여드는 곳이나 시장의 이익을 다투는 곳은 번잡하고 시끄러워 싫증이 날 뿐만 아니라 민가의 풍속 또한 결코 아름답지 않다. 《증보산림경제》[6]

論財利湊集處不可居

凡舟車湊集、市井爭利處, 非但熱鬧可厭, 民俗亦必不美.《增補山林經濟》

4) 팔도의 풍속

평안도는 인심이 순박하고 후하다. 그 다음으로

論八域謠俗

關西人心醇厚. 次則嶺南

---

5 《傳家寶》卷1〈俚言〉"治家", 24쪽.
6 《增補山林經濟》卷1〈卜居〉"地勢"(《農書》3, 14쪽).
① 坊 : 저본에는 "訪".《傳家寶·俚言·治家》에 근거하여 수정.
② 壓 : 저본에는 "厭".《傳家寶·俚言·治家》에 근거하여 수정.

경상도는 풍속이 소박하고 진실됨을 지향한다. 함경도는 여진(女眞)과 국경을 접하고 있어 백성이 모두 굳세고 날쌔다. 황해도는 산수가 험준해서 백성이 대부분 거칠고 사납다. 강원도는 산골에 사는 백성이 대부분 굼뜨다. 전라도는 오로지 교활함을 지향하여 그릇된 일에 동요하기 쉽다. 경기도는 도성 밖 시골 고을에 사는 백성의 생활이 피폐하다. 충청도는 오로지 이익과 권세만을 좇는다. 이것이 팔도 인심의 대략이다.[7]《팔역가거지》[8]

俗尙質實. 關北地接女眞, 民皆勁悍. 海西山水險阻, 民多獷暴. 關東峽民多蠢. 湖南專尙狡獪, 易動以非. 京畿都城外野邑民物彫弊. 湖西專趨利勢. 此八域人心之大略也.《八域可居誌》

---

7   평안도는……대략이다:이 책을 지을 당시의 풍속을 저자 이중환이 자신의 주관으로 요약한 글이다. 각 지역 풍속에 대하여 객관적으로 서술했다고 보기는 어렵다.
8   《擇里誌》〈卜居總論〉"人心"(국립중앙도서관 古041-1-27, 48쪽)

6. 경치 좋은 곳

勝槪

1) 높은 산과 급한 여울이 있는 곳에 살 곳을 정해 서는 안 된다

높은 산과 급하게 흐르는 물, 험준한 골짜기와 세찬 여울은 비록 한때 감상하는 즐거움이 있지만 사찰(寺刹)이나 도관(道觀, 도교의 사원)이 자리잡기에 알맞을 뿐이다. 따라서 대대로 전하여 오래도록 살 수 있는 집터로 삼아서는 안 된다. 반드시 시골 마을에는 계산(溪山)이나 강산(江山)의 정취가 서려있어야 한다. 그러니 평탄하고 넓어 밝고 수려한 곳이나, 맑고 깨끗하여 그윽하고 우아한 정취가 있는 곳이나, 산이 높지 않으면서도 경관이 빼어난 곳이나, 물이 많지는 않지만 맑은 곳이어야 한다. 비록 기이한 바위와 빼어난 돌이 있지만 음험하고 사나운 자태가 조금도 없는 곳은 이곳에 신령한 기운이 모여 있다. 이런 곳이 읍에 있으면 이름난 성(城)이 되고, 시골에 있으면 이름난 마을이 되는 것이다. 《팔역가거지》[1]

論高山急湍不宜奠居

高山急水、險峽驚湍, 雖有一時賞翫之樂, 只宜寺觀栖止, 不可作世傳永奠之基. 必也野邑有溪山、江山之趣, 或夷曠而明麗, 或瀟洒而幽雅, 或山不高而秀, 或水不大而淸. 雖有奇巖、秀石, 而絶無陰險怒厲之容, 玆爲靈氣鍾聚, 在邑爲名城, 在鄕爲名村矣. 《八域可居誌》

---

1 《擇里志》〈卜居總論〉"山水", 72쪽.

2) 명산과 아름다운 물이 있는 곳에는 별장을 두어야 한다

論名山、佳水宜置別業

산수는 정신을 즐겁게 하고 성정(性情)을 활달하게 만들어 준다. 거처하는 곳에 이러한 산수가 없으면 사람이 거칠어질 것이다. 그러나 산수가 좋은 곳은 생업 조건이 열악한 곳이 많다. 사람이 이미 자라처럼 집을 지고 산다거나 지렁이처럼 흙만 먹고 살 수가 없는 존재라면 한갓 좋은 산수만을 좇아서 삶터로 삼아서도 안 된다. 비옥한 땅이 있는 넓은 들판이어서 지리가 아름다운 곳을 택하여 살 곳으로 정함만 못하다. 그러고서는 따로 명산과 아름다운 물이 있는 곳에서 10리나 20~30리쯤 떨어진 땅을 사 둔다. 그래서 매번 흥취가 일어날 때마다 때때로 찾아가서 노닐면, 이야말로 계속해서 오래도록 유지할 만한 방법이다.

論名山、佳水宜置別業

山水可以怡神暢情, 居而無此, 令人野矣. 然山水好處, 生理多薄. 人旣不能鼇[1]家蚓食, 則亦不可徒取山水以爲生, 不如擇沃土曠野地理佳處奠居, 另買名山、佳水於十里、二三十里之地, 每一意到, 時時往遊, 此乃可繼可久之道也.

옛날에 주자(朱子)는 무이산(武夷山)[2]의 산수를 좋아하여 이 산의 물굽이와 산봉우리에 대해서 글로 아름답게 묘사하여 꾸미지 않을 때가 없었지만, 주자 또한 여기에 집을 둔 적은 없었다. 그러고서는 "봄날에 그곳에 이르면 붉은 꽃과 초록 잎들이 서로 아름다운 모습을 비추고 있으니, 이 또한 나쁘지 않다."[3]라 말할 뿐이었으니, 이는 본받을 만한 일이다. 《팔역가거지》[4]

昔朱子好武夷山水, 川曲峯巓, 無不藻繪而賁飾之, 亦未嘗置家於此, 但曰"春間至彼, 紅綠相映, 亦自不惡", 此可爲法也. 《八域可居誌》

---

2 무이산(武夷山): 지금의 중국 복건성(福建省)과 강서성(江西省)의 경계에 있는 산. 경관이 뛰어나 예부터 시인 묵객들의 발걸음이 끊이지 않았다.

3 봄날에……않다: 《晦菴集》卷36〈答陳同甫〉(晦菴先生朱文公文集 36, 사고전서DB).

4 《擇里志》〈卜居總論〉 "山水", 77쪽.

[1] 鼇: 저본에는 "撖". 《擇里志·卜居總論·山水》에 근거하여 수정.

7. 피해야 할 곳

避忌

1) 살지 말아야 할 거처 9곳(九不居)

일반적으로 집이 충구(衝口, 여러 기운이 충돌하는 관문)를 마주하는 곳에는 살지 않는다. 옛 절과 묘(廟)[1] 및 사당과 사(社)[2], 그리고 대장간이 있던 곳에는 살지 않는다. 초목이 나지 않는 곳에는 살지 않는다. 예전에 군영이 있었던 곳이나 전쟁터였던 곳에는 살지 않는다. 물줄기를 바로 맞닥뜨리는 곳에는 살지 않는다. 산등성이와 정면으로 맞닥뜨린 곳에는 살지 않는다. 큰 성문 입구 근처에는 살지 않는다. 옥문을 마주 보고 있는 곳에는 살지 않는다. 온갖 시냇물이 모여드는 입구에는 살지 않는다. 《거가필용》[3]

九不居

凡宅當衝口處, 不居;古寺廟及祠社、爐冶處, 不居;草木不生處, 不居;故軍營、戰地, 不居;正當水流處, 不居;山脊衝處, 不居;大城門口處, 不居;對獄門處, 不居;百川口處, 不居. 《居家必用》

2) 피해야 할 거처 6곳(六忌居)

옛 도로, 신령의 제단, 신상(神像) 앞, 불상 뒤, 무논, 부엌 등이 있었던 곳, 이런 땅에는 모두 살지 못한다. 【증보산림경제 《경》에서 "경계할 곳은 신상의 앞과 불상의 뒤이다"라 했으니, 이는 아마도 이곳에 왕성한 기운이 집약되어 신령한 기운과 음산한

六忌居

古路、靈壇、神前、佛後、水田、爨竈之所, 其地竝不堪居. 【增補山林經濟 《經》云:"所戒神前、佛後", 此

---

1 묘(廟):조상의 신위(神位)를 마련하여 제사지내는 곳. 불교의 사원을 칭하기도 한다.
2 사(社):토지를 관장하는 신(神)에게 제사지내는 곳. 온갖 제례(祭禮)를 칭하기도 한다.
3 《居家必用事類全集》丁集 〈宅舍〉 "周書秘奧營造宅經", 130쪽.

기운이 서로 부딪히기 때문에 그곳에 살면 불안해지기 때문일 것이다. 그러나 만약 그런 곳에 지맥의 기운이 매우 왕성하여 생기가 잘 응집되어 있다고 생각될 때에는 또한 이러한 금기에 얽매여서 그 땅을 버려서는 안 된다. 그 신당이나 묘당이 원두(源頭)[4]에 있어서 바람을 막고 있거나, 지호(地戶)[5]를 누르고 있어서 물을 막고 있으면 좋을 것이다.]6 《거가필용》7

恐旺氣應注①, 神靈幽陰相觸, 居之不安. 若脈氣大旺, 各有結作, 又不可拘此而棄也. 其神廟或在源頭而障風, 或鎭地戶而塞水, 斯爲美矣.]《居家必用》

3) 피해야 할 거처 10곳(十忌居)

피해야 할 집터는 제단, 빈 집터, 대장간, 방앗간, 기름집, 허물어진 무덤, 바위가 갈라진 민둥산, 길 사이로 물이 부딪치고 갈라져 흐르는 골짜기이다. 이러한 곳에 살면 재앙이 일어난다. 또 이무기가 사는 연못이나 용이 사는 굴 가까운 곳은 피한다. 《증보산림경제》8

十忌居
居址忌祭壇、廢址、爐冶、碓房、油坊、壞塚、石斷童岡山、衝水割交道間隩, 居之興殃. 又忌近蛟潭、龍窟之傍.《增補山林經濟》

4) 살[箭]9이 있는 5곳(五箭地)

조진(趙進)[10]이 일찍이 다음과 같이 말한 적이 있다.

五箭地
趙三翁嘗言:“卜居, 無居五

---

4 원두(源頭):풍수지리에서 용의 발원처를 일컫는 말이다. 이곳은 수원(水源)이 짧게 와서 길게 가니 참룡[眞龍]이 머무르지 않아 혈이 맺히지 않는다.

5 지호(地戶):풍수지리에서 수구(水口)를 일컫는 여러 표현 중 하나이다. 내명당과 외명당의 경계 지점이며, 명당수가 청룡·백호가 끝나는 부분에서 만나는 지점으로 물의 출구이다. 팔괘와 관련시켜 지호(地戶)는 방위상 곤방(坤方, 남서쪽)을 가리킨다.

6 경에서⋯⋯좋을 것이다:《增補山林經濟》卷1〈卜居〉“相址”(《農書》3, 17쪽).

7 《居家必用事類全集》丁集〈宅舍〉“周書秘奧營造宅經”, 131쪽.

8 《增補山林經濟》卷1〈卜居〉“相址”(《農書》3, 17쪽).

9 살[箭]:전(箭)은 풍수에서는 살(殺)과 같은 뜻으로, 살기(殺氣)가 화살처럼 사람을 쏘아 큰 피해를 끼치는 나쁜 기운을 말한다.

10 조진(趙進):?~?. 자는 종선(從先), 호는 삼옹(三翁)으로 추정된다.《규거지(睽車志)》에 나오는 인물로, 당나라 초기의 명의이자 신선가인 손사막(孫思邈, ?~682)을 10년간 따르며 도의 요체를 전수받았다고 한다.

① 注:저본에는 “住”.《增補山林經濟·卜居·相址》에 근거하여 수정.

집터를 정할 때 다음의 살이 있는 5곳에는 살 수 없다. 산정, 산등성이, 산의 능선머리, 고개의 등 쪽은 땅 구덩이의 입구로서, 곧바로 바람이 드나드는 문을 마주보고 있기 때문에 풍속이 날아가는 화살처럼 빠르다. 이를 '바람살[風箭, 풍전]'이라 한다.

험한 계곡, 급류, 바위틈의 샘, 쏟아지는 폭포 등은 바위에 부딪치고 모래를 쓸어내리며 소리가 천둥같고 밤낮을 쉬지 않는다. 이를 '물살[水箭, 수전]'이라 한다.

단단한 곳, 뜨겁고 건조한 곳, 소금기로 척박한 곳, 모래사막은 초목이 자라지 않고 물과 샘의 윤택함이 없으며, 단단한 철이나 쇠비린내 나는 주석(朱錫)과 같은 토질을 가져 독충과 개미들이 모이고, 무너진 흙처럼 부스러진다. 이를 '흙살[土箭, 토전]'이라 한다.

층층이 올라간 벼랑, 첩첩이 쌓인 봉우리, 험준한 절벽, 깎아지른 듯한 바위는 날카로운 봉우리와 송곳 같은 윗부리가 있기에 칼날을 뽑아서 모아 놓은 듯하며, 이를 내놓고 뼈를 드러내어서 그 형상이 마치 탑과 같다. 이를 '바윗살[石箭, 석전]'이라 한다.

길게 뻗쳐 있는 숲, 오래된 나무, 무성한 나무그늘, 우거진 수풀은 하늘을 덮어 해를 가렸으며, 담쟁이덩굴이 드리워지고 등나무가 뻗어 있고, 빽빽한 숲으로 음습하고 싸늘하여 마치 폐허가 된 묘지 사이에 있는 듯하다. 이를 '나뭇살[木箭, 목전]'이라 한다.

이상의 살이 있는 5곳은 그 기운이 거주하는 사람을 쏘아 상하게 하니 모두 쓸 수 없다. 집터를 정

箭之地. 峯巓、嶺脊、陵首、隴背、土囊之口, 直當風門, 急如激矢者, 名曰 '風箭'.

峻溪、急流、懸泉、瀉瀑、衝石走沙, 聲如雷動, 晝夜不息者, 名曰 '水箭'.

堅剛、爍燥、斥鹵、沙磧, 不生草木, 不澤水泉, 硬鐵腥錫, 毒蟲蟻聚, 散若壞壤者, 名曰 '土箭'.

層崖、疊巘、峻壁、巉巖, 銳峯峭岫, 拔刃攢鍔, 聳齒露骨, 狀如浮圖者, 名曰 '石箭'.

長林、古木、茂樾、叢薄, 翳天蔽日, 垂蘿蔓藤, 陰森肅冽, 如墟墓間者, 名曰 '木箭'.

五箭之地, 射傷居人, 皆不可用. 要在回環紆抱, 氣象

하는 요점은 주위의 환경이 집터를 품에 안듯 빙 둘러싸고 있고, 기의 흐름이 밝고 깊고, 형세가 넓고, 토양이 비옥하고, 샘물은 달며 바위는 청정한 데에 있으니, 이런 곳이면 가장 좋은 땅이다. 굳이 하늘의 별자리나 땅의 괘상(卦象)[11]에 하나하나 얽매일 필요는 없다.《규거지(睽車志)[12]》[13]

明邃, 形勢寬閑, 壤肥土沃, 泉甘石淸, 乃爲上地. 固不必一一泥天星、地卦也."《睽車志》

5) 살 수 없는 6곳(六不可居)

일반적으로 사는 집이 큰 산에 바짝 붙어 있을 경우에는 반드시 산사태를 당할 염려가 있고, 강이나 바다에 가깝게 있면 물이 범람할 염려가 있다. 물이 나쁘고 장기(瘴氣)[14]가 극심한 곳, 땔감이나 꼴을 얻기가 불편한 곳, 호랑이나 표범이 횡행하는 곳, 도적이 출몰하는 고장에는 모두 살 수 없다.《증보산림경제》[15]

六不可居

凡家居緊靠大山, 必被沙汰之患 ; 迫臨江海, 恐有漲溢之慮. 水惡瘴劇, 柴草不便, 虎豹縱橫, 盜賊出沒之鄕, 皆不可居.《增補山林經濟》

---

11 괘상(卦象) : 괘[卦]가 상징하는 사물과 해당하는 효[爻]와의 관계를 말한다.

12 《규거지(睽車志)》 : 송(宋)나라의 곽단(郭彖, ?~?)이 지은 책으로, 당시 항간에 떠도는 귀신과 신기한 일들에 관해 서술했다. 곽단의 자는 백상(伯象). 화주(和州, 지금의 안휘성 화현 일대) 사람이다. 중국 송(宋)나라 효종(孝宗) 건도(乾道) 연간(1165~1173) 전후에 활약하였으며 진사(進士)를 거쳐 흥국군(興國軍)을 역임했다.

13 《睽車志》 卷 6(中國哲學書電子化計劃).

14 장기(瘴氣) : 앞에서 소개된 산람장기(山嵐瘴氣)의 준말이다.

15 《增補山林經濟》 卷1〈卜居〉 "論地勢"(《農書》 3, 14쪽).

- II -

집 가꾸기

營治

1. 황무지 개간

開荒

1) 황무지의 벌목법

荒地伐木法

일반적으로 집터를 새로 정할 때 산과 들이 오래도록 버려져서 수목이 울창한 곳을 얻으면 《제민요술》의 황무지 개간법을 사용하여 그 나무들의 껍질을 벗겨내어[劚] 죽여야 한다.[1] 【영(劓)이란 나무껍질을 벗겨내는 것을 말하는데, 껍질을 벗겨내면 나무가 바로 죽는다.】 그로부터 3년이 지난 뒤에 뿌리가 마르고 줄기가 썩으면 그제야 집터를 고를 수가 있다. 만약 3년을 지체하며 기다릴 수 없는 사람은 나무뿌리의 주위에 깊이가 2~3척 되는 구덩이를 파고 밑뿌리를 잘라냄으로써 나무의 새 움이 나지 못하게 한다. 그러면 다음해에 편하게 집터를 평평하게 고를 수 있으나 다만 이 과정이 매우 힘이 든다.

凡新卜厥居, 得山原久荒樹木森蔚之地者, 當用《齊民要術》開荒法劓殺之.【劓, 謂剝斷樹皮, 其樹立死.】三歲後, 根枯莖朽, 乃可開闢. 若不可遲待三年者, 環樹根掘垱深二三尺, 劂去盤根, 毋令櫱生. 明年便可鏟平, 但甚費力也.

일반적으로 나무를 베는 시기는 7월이 가장 좋은 때이고 10월이 가장 안 좋은 때이다. 베어낸 나무 중에서 소나무와 측백나무는 집 짓는 데 용마루[종도리]나 대들보를 만드는 재목이 될 수 있고, 떡갈나무나 상수리나무는 외양간이나 돼지우리, 방앗간, 변소

凡伐木, 以七月爲上時, 十月爲下時. 其松柏可作棟宇之材, 柞櫟可作牛宮、豚柵、碓坊、圂居之用, 椅、桐、榆、槐可鏇造器物. 若有偃

---

1 나무들의……한다 : 《齊民要術校釋》 卷1〈耕田〉, 37쪽. 여기서 말한 《제민요술》의 기사는 《본리지》 권4〈농지 가꾸기〉 "개간" '산과 습지의 황무지 개간법'에서 이미 소개된 적이 있다.

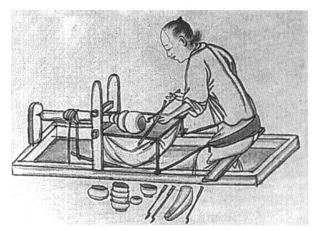

갈이틀(라이덴 국립민속박물관)

를 짓는 데 사용할 수 있으며, 의나무·오동나무·느 릅나무·회화나무는 갈이틀[鏇]2로 둥글게 깎아서 기 물을 만들 수 있다. 만약 비스듬히 누워 있는 소나 무3나 동쪽 언덕의 오동나무4, 싱그러운 뽕나무5가 있으면, 이것이 집터에 집을 짓는 데 방해가 되지 않 을 때는 모두 가지를 쳐내고 다듬기만 해야 하니, 다 른 나무들과 섞여 벌목되지 않도록 한다.

　이와 관련하여《시경》〈황의(皇矣)〉라는 시에 다음 과 같이 읊고 있다.

蓋之松、朝陽之桐、沃若之 桑, 苟不礙營室基址者, 皆 須葺理攘剔, 莫敎混被斬 伐.

《皇矣》之詩曰:

2　갈이틀[鏇] : 목재를 둥근 모양으로 가공하기 위한 기계로, 둥근 나무그릇과 같은 용기를 만드는 이 기계는 그릇을 빚는 물레와 비슷한 역할을 하며, 모양은 현대의 목선반과 비슷하다. 자세한 내용은《섬용지》권3 〈공업총정리〉 "갈이틀", 204쪽에 나온다. 위 그림은 김준근의 풍속화 〈가질간〉(라이덴 국립민속박물관).
3　비스듬히……소나무 : 원문의 '언개(偃蓋)'는 쓰러져 있는 일산으로, 오래된 소나무가 비스듬히 누워 있는 모 습을 형용한 말이다.
4　동쪽……오동나무 : 성군의 덕을 입어 동쪽 언덕에서 자라난다고 하는 오동나무. 다음의 구절이 참조가 된 다. "梧桐生矣, 于彼朝陽." 《毛詩注疏》 卷17〈大雅·生民之什〉 "卷阿"(《十三經注疏整理本》 6, 1334쪽).
5　싱그러운 뽕나무 : 다음의 구절이 참조가 된다. "桑之未落, 其葉沃若." 《毛詩注疏》 卷3〈國風·衛風〉 "氓" (《十三經注疏整理本》 4, 271쪽).

뽑아내고 제거하네,
선 채로 죽은 나무와 말라죽은 나무를.
다듬고 가지런히 하네,
뭉쳐난 나무와 줄이어 선 나무를.
베어서 없애네,
위성류(渭城柳)[6]와 영수목(靈壽木)[7]을.
물리쳐서 잘라내네,
산뽕나무와 꾸지뽕나무를.[8]

"作之屛之,
其菑其翳.
修之平之,
其灌其栵.
啓之辟之,
其檉其椐.
攘之剔之,
其檿其柘."

이것이 황무지를 개간하기 위한 근본 줄거리이다.
《금화경독기》

此開荒之大經也.《金華耕
讀記》

2) 집터 닦는 법

집터를 닦아서 집을 지을 때에는 주인은 반드시
땅의 운수와 그 해의 운수와 금루사각(金樓四角)[9]에
따른 날짜를 잘 가려서 구속되거나 꺼리는 것이 없
게 해야 한다. 그런 다음에 비로소 위에서 말한 길일
(吉日)의 한밤중에 술과 과일, 포와 식해, 향과 촛불

開基法

開基營室之時, 主人必擇
地運、年運、金樓四角, 無
所拘忌. 然後始用上舛[1]
吉日夜半[2], 精備酒、果、
脯、醢、香、燭, 操文祭告土

---

6 위성류(渭城柳):주로 정원에 관상용으로 심으며 잎은 약용하는 나무. 일명 '작은큰키나무'라고 한다.
7 영수목(靈壽木):대나무와 비슷한 마디가 있는 나무로, 주로 지팡이를 만드는 재료로 널리 사용되었다.
8 뽑아내고……꾸지뽕나무를:《毛詩注疏》卷16〈大雅·文王之什〉"皇矣"《十三經注疏整理本》6, 1199쪽).
9 금루사각(金樓四角):택일법의 하나로 가장(家長)의 나이를 기준으로 한다. 구궁도(九宮圖) 태궁(兌宮)에
   서 1세를 시작하여 건궁(乾宮) 2세, 감궁(坎宮) 3세, 중궁(中宮)은 4세와 5세, 간궁(艮宮) 6세, 진궁(震
   宮) 7세, 손궁(巽宮) 8세, 이궁(離宮) 9세, 곤궁(坤宮) 10세, 다시 태궁(胎宮) 11세, 건궁(乾宮) 12세……
   의 순서로 짚어나가다가 집을 짓는 나이에 해당되는 곳을 찾는다. 집을 지을 때 나이가 사정위(四正位)인
   감(坎)·진(震)·이(離)·태(兌)에 해당하면 길하다. 그러나 나이가 사각위(四角位)인 건(乾)·곤(坤)·간(艮)·
   손(巽)·중궁(中宮)에 해당할 때에 집을 신축하거나 보수하면 길하지 않다.
[1] 舛:저본에는 "件".《增補山林經濟·卜居·動土開基》에 근거하여 수정.
[2] 半:《增補山林經濟·卜居·動土開基》에는 "間".

8, 18~68 손	9, 19~69 리	10, 20~70 곤
7, 17~67 진	4, 14~64 중궁 5, 15~65	1, 11~61 태
6, 16~66 간	3, 13~63 감	2, 12~62 건

금루사각 도해(조인철 제공)

등을 정갈하게 갖춘 다음 제문을 들고 토지의 신에게 고유제(告由祭)[10]를 지낸다. 그렇게 하고서야 비로소 흙을 파는데, 그때 땅을 깊게 파서 겉흙을 걷어내고 반드시 생흙을 본 다음에야 그친다. 여기서 간혹 나무뿌리·머리카락 및 그 밖에 더러운 것이 나오면 모두 제거한다. 생흙 위에 흙의 성질이 성글어 푸석푸석한 곳이 있다면 그 아래 반드시 매장된 물건이 있으니, 또한 자세히 살펴보아야 하지 대충대충 가볍게 보아 넘겨서는 안 된다. 《증보산림경제》[11]

地之神, 方可動土, 而深開浮土, 必見生地乃止. 或有木根, 人[3]髮及他穢物, 悉屛去之. 生地上如有土性虛鬆之處, 其下必有所埋之物, 亦須細檢, 不宜泛忽看過.《增補山林經濟》

3) 용맥(龍脈)[12] 뚫기

산골짜기 혈의 경우 용맥이 가늘고 교묘하며 국(局)도 작게 맺혀 있으면 공사하기에 적당하지 않다.

論龍脈穿鑿

山谷之穴, 龍脈細巧而結局亦小, 則不宜施工. 穿鑿

---

10 고유제(告由祭) : 국가나 왕실·사회·가정에서 일상으로 행하던 의례의 하나로서, 어떤 일에 대한 사유(事由)를 신령에게 아뢰는 제사이다.

11 《增補山林經濟》卷1〈卜居〉"動土開基"(《農書》3, 26쪽).

12 용맥(龍脈) : 풍수지리에서, 산의 정기가 흐르는 산줄기. 그 정기가 모인 자리가 혈(穴)이 된다.

③ 人 : 《增補山林經濟·卜居·動土開基》에는 "骨".

만약에 이 용맥을 뚫으면 생기를 상하게 하거나 주인의 재운이 불길할 수도 있기 때문이다. 평지 집터일 경우 용의 기운이 왕성하고 국(局)도 크게 맺혀 있으면 공사를 약간 해도 괜찮고 또 용맥을 뚫는 것도 무방하다. 이는 대개 양기가 밑에 가라앉아 있기 때문이다. 《증보산림경제》[13]

恐傷生氣, 主人財不吉. 平地之宅, 龍氣旺盛而結局亦大, 則縱些少工, 鑿亦無妨害, 蓋陽氣沈潛故也. 《增補山林經濟》

4) 고지대를 깎아 저지대를 돋운다

사(砂)가 혹시 날카롭게 형성됨으로써 방해가 되는 곳이 있어서 이를 제거해야 한다면 제거해버리는 것이 좋다. 혹시 사(砂)에 모자라는 부분이 있으면 긴 부분을 잘라서 짧은 부분에 보태주거나[14] 고지대를 깎아 저지대를 돋움으로써 중간에 맞추도록 한다. 이것이 비록 옮겨온 흙이지만 공력이 법도대로 잘 이루어지면 그 모양이 저절로 된 듯하여, 오랜 시간이 지난 뒤에는 주위와 자연스럽게 어울릴 것이니, 길할 것이다. 《증보산림경제》[15]

論鋤高益低

砂或尖利, 有妨礙處, 當除則除之可也. 或砂有不足處, 可以截長補短, 鋤高益低, 使適於中. 此雖客土, 如工力得法, 儼若天作, 久後自然相應, 吉矣. 《增補山林經濟》

---

13 《增補山林經濟》 卷1〈卜居〉 "陽居雜法補遺"(《農書》 3, 62쪽).
14 긴……보태주거나 : 원문의 '절장보단(絕長補短)'의 번역으로, 이 구절은 《맹자》 〈등문공(滕文公)〉에 나오는 표현이다.
15 《增補山林經濟》, 위와 같은 곳.

2. 나무 심기

種植

1) 나무를 심어 사상(四象)[1]을 대신하는 법

일반적으로 주택에서 왼쪽에 흐르는 물(청룡)이 없고, 오른쪽에 긴 길(백호)이 없으며, 앞에 연못(주작)이 없고, 뒤에 구릉(현무)이 없다면, 동쪽(왼쪽)에 복숭아나무와 버드나무를 심고, 남쪽(앞)에 매화나무와 대추나무를 심으며, 서쪽(오른쪽)에 치자나무와 느릅나무를 심고, 북쪽(현무)에는 내나무[柰, 능금의 일종]와 살구나무를 심는다. 《거가필용》[2]

種樹代四象法

凡宅若無左流水, 右長途, 前汚池, 後邱陵, 則東種桃、柳, 南種梅、棗, 西種梔、楡, 北種柰、杏.《居家必用》

2) 사람의 거처에는 수목이 푸르고 무성해야 한다

주택의 네 가장자리에 대나무와 수목이 푸르게 자라면 재물이 모여든다. 《거가필용》[3]

論人居宜樹木翠茂

住宅四畔竹木靑翠, 進財.《居家必用》

인가는 나무가 없이 헐벗고 붉은 맨땅이 되어서는 안 되니, 반드시 수목이 깊고 무성하게 자라서 그 기상을 두텁게 해주어야 한다. 천변에 나무를 줄지

人家不宜禿赭, 要令樹木深茂, 厚其氣像. 川邊列植, 所宜以防水災.《事宜》

---

1 사상(四象):《상택지》권1〈지리〉"사방의 형상"에 자세히 보인다. 사신사(四神砂) 즉, 청룡·백호·주작·현무를 의미한다.
2 《居家必用事類全集》丁集〈宅舍〉"周書秘奧營造宅經", 130쪽.
3 《居家必用事類全集》丁集〈宅舍〉"周書秘奧營造宅經", 131쪽.

어 심으면 수재를 예방하기에 좋다. 《사의(事宜)[4]》[5]

3) 수목의 향배(向背)

일반적으로 수목이 모두 주택을 향하여 모여들려
는 세(勢)라면 길하고, 주택을 등지려는 세라면 흉하
다. 《거가필용》[6]

論樹木向背

凡樹木皆欲向宅吉, 背宅
凶. 《居家必用》

4) 나무 심을 때 피해야 할 점

주택의 동쪽에 살구나무가 있으면 흉하다. 주택
의 북쪽에 자두나무가 있고 주택의 서쪽에 복숭아
나무가 있으면 사는 사람이 모두가 음탕하고 사악한
짓을 한다. 주택의 서쪽에 버드나무가 있으면 형벌
과 죽임을 당한다. 주택의 동쪽에 버드나무를 심으
면 말이 불어나고, 주택의 서쪽에 대추나무를 심으
면 소가 불어난다. 중문에 회화나무가 있으면 3대가
부귀를 누리고, 주택의 뒤에 느릅나무가 있으면 온
갖 귀신들이 함부로 접근하지 못한다. 《거가필용》[7]

種樹宜忌

宅東有杏, 凶. 宅北有李,
宅西有桃, 皆爲淫邪. 宅西
有柳, 爲被刑戮. 宅東種
柳, 益馬 ; 宅西種棗, 益牛.
中門有槐, 富貴三世 ; 宅後
有榆, 百鬼不敢近. 《居家
必用》

인가의 안마당에 나무를 심으면 1개월 안에 재물
천만금이 흩어진다. 《거가필용》[8]

人家種植中庭, 一月散財千
萬. 同上

큰 나무가 집 가까이 있으면 질병이 계속 이어진

大樹近軒, 疾病連綿. 同上

4　사의(事宜) : 미상.
5　출전 확인 안 됨.
6　《居家必用事類全集》丁集〈宅舍〉"周書秘奧營造宅經", 130쪽.
7　《居家必用事類全集》, 위와 같은 곳.
8　《居家必用事類全集》丁集〈宅舍〉"周書秘奧營造宅經" '庭軒', 132쪽.

다. 《거가필용》[9]

안마당에 나무를 심으면 주인이 이별을 하게 된다. 《거가필용》[10]

인가에 나무를 심되 주택의 사방에 오직 대나무만을 심어서 푸르고 울창하게 되면, 생기가 왕성하게 될 뿐만 아니라 자연스럽게 속된 기운이 사라질 것이다. 동쪽에 복숭아나무와 버드나무를 심고, 서쪽에 꾸지뽕나무와 느릅나무를 심고, 남쪽에 매화나무와 대추나무를 심고, 북쪽에 내(柰)나무와 살구나무를 심으면 길하다.

또 이렇게 말했다.

"주택의 동쪽에 살구나무를 심어서는 안 되고, 주택의 남쪽과 북쪽에 자두나무를 심어서는 안 되며, 주택의 서쪽에 버드나무를 심어서는 안 된다. 중문에 회화나무를 심으면 3대가 번창하며, 집 뒤에 느릅나무를 심으면 온갖 귀신이 도망하여 숨는다. 뜰 앞에 오동나무를 심지 말라. 주인이 하는 일을 방해한다. 집 안에 파초를 많이 심으면 안 되니, 시간이 오래 흐르면 화의 빌미를 불러일으킬 것이다. 대청 앞에는 석류를 심어야 하니, 후손이 많아지고 크게 길할 것이다. 안마당에 나무를 심어 그늘을 드리우거나 꽃을 심어서 울타리를 만들어서는 안 되니,

中庭種樹, 主分張. 同上

人家居止種樹, 維栽竹四畔, 靑翠鬱然, 不惟生旺, 自無俗氣. 東種桃、柳, 西種柘、楡, 南種梅、棗, 北種柰、杏爲吉.

又云:

"宅東不宜種杏, 宅南北不宜種李, 宅西不宜種柳. 中門種槐, 三世昌盛;屋後種楡, 百鬼退藏. 庭前勿種桐, 妨礙主人翁. 屋內不可多種芭蕉, 久而招祟. 堂前宜種石榴, 多嗣大吉. 中庭不宜種樹取陰, 栽花作闌, 惹淫招損."

---

9 《居家必用事類全集》, 위와 같은 곳.
10 《居家必用事類全集》, 위와 같은 곳.

그것은 음탕한 마음을 일으켜서 손해를 초래하기 때문이다."

음양가(陰陽家)[11]들은 나무 심을 때의 금기에 대해 다음과 같이 읊었다.

陰陽忌云:

"마당 한가운데 나무 심으면 막히고 곤궁한 일이 많고, 나무가 마당 한가운데 오래 심겨 있으면 주로 재앙을 불러오네.

"庭心樹木多[1]閑困,
長植庭心主禍殃.

큰 나무가 집 가까이 있으면 질병에 자주 시달리고, 문 앞에 대추나무 두 그루가 있으면 경사스러운 일에 즐거워지네.

大樹近軒多致疾,
門前雙棗喜嘉[2]祥.

문 앞에 푸른 풀이 있으면 근심과 원한이 많아지고, 문 밖에 수양버들이 있으면 방해받는 일이 생기네.

門前靑草多愁怨,
門外垂楊更有妨.

주택 안에 뽕나무 심고 아울러 무궁화나무 심으며, 복숭아나무도 심으면 끝내 편안하고 건강할 수 없다네."《지리신서(地理新書)[12]》[13]

宅內種桑并種槿,
種桃終是不安康."
《地理新[3]書》

5) 살 곳을 골랐으면 서둘러 먼저 나무를 심어야 한다

論卜居急先種樹

임원(林園)에서 고상한 뜻을 이루려는 사람이 작은 언덕이나 골짜기에서 뜻을 둘 만한 곳을 얻었다면 무엇보다도 먼저 나무를 심어야지 쓸데없이 시간

雅意林園者, 苟得一邱一
壑可意之地, 宜急先種樹,
莫宜虛徐. 竊見山林、皋壤

---

11 음양가(陰陽家):천문(天文)·역수(曆數)·풍수지리를 연구하여 미래의 길흉화복을 예언하는 사람.
12 지리신서(地理新書):북송의 왕수(王洙, 997~1057) 등이 가우(嘉祐) 원년(1057)에 편찬한 실용 지서. 금(金)의 필리도(畢履道)와 장겸(張謙)이 증보했다.
13 출전 확인 안 됨;《遵生八牋》卷7〈家居種樹宜忌〉, 233쪽.
[1] 多:《遵生八牋·家居種樹宜忌》에는 "名".
[2] 嘉:《遵生八牋·家居種樹宜忌》에는 "加".
[3] 新:《遵生八牋·家居種樹宜忌》에는 "心".

을 지체해서는 안 된다. 내가 가만히 살펴보니 산림 (山林)에서나 들판에서 누리는 즐거움에 대하여 모든 사람이 말은 하지만, 한 사람이라도 그러한 즐거움을 제대로 누렸다는 말은 끝내 듣지 못했다.

대개 벼슬하는 사람은 어디엔가 얽매여서 그러한 즐거움을 실천할 수 없고, 불우한 처지에서 뜻을 이루지 못한 선비는 또 재화가 없어 곤궁하기 때문이다. 어떤 사람은 지위가 높아지고 바라는 대로 되자 비로소 산을 사고 논밭으로 되돌아가서 살려는 뜻을 가지게 되고, 또 어떤 사람은 조금씩 돈을 모아 많이 쌓아 놓은 후에야 비로소 집에 대해서 물어서 사고 전답을 구하려는 계획을 세우는데 이 또한 어김없이 늙고 기력이 쇠진한 뒤이다.

일반적으로 집을 짓고 텃밭을 가꾸는 등의 일도 오히려 여러 해 동안 차례로 경영을 해야만 마칠 수가 있다. 하물며 과실나무를 심어 열매를 따먹고, 소나무를 심어 그늘을 즐기는 일은 10년이나 20~30년이 아니면 할 수가 없다. 뛰어난 지혜로도 그 시간을 앞당길 수 없고, 재력으로도 나무를 길게 자라도록 뽑아줄 수는 없으니, 오직 바쁘게 서둘러 나무를 심는 길 뿐이다.

옛날에 어떤 사람이 서광계(徐光啓)[14]에게 물었다. "나무를 심으면 10년을 기다려야 하는데 나이가 들어 그것을 기다릴 수가 없으니 이를 어찌하면 되겠습

之樂, 人人言之, 而竟未聞一人樂其樂者.

蓋縉紳先生有所絆而不能爲, 落拓培壤之士又困於無貲. 或位高志滿, 始有買山返耕之意, 或積著銖累, 始作問舍求田之計者, 亦必在晼晩衰遲之後.

凡營室治圃等事, 尙可數年經紀次第完了. 至於種菓食實, 栽松取陰, 非十年、二三十年, 便不可爲. 巧智不能趣其限, 財力不能揠之長. 惟有忙急樹藝而已.

昔有問徐玄扈者, 曰: "種樹須十年, 年老不能待者, 奈何?" 玄扈曰: "急樹之."

---

14 서광계(徐光啓): 1562~1633. 자는 자선(子先), 호는 현호(玄扈)이다. 중국 명나라 말기의 정치가이자 학자이며 예수회에 입교하고 마테오 리치에게 천문·역산·지리·수학·수리(水利)·무기 등의 서양과학을 배웠다. 《기하원본(幾何原本)》·《농정전서(農政全書)》·《숭정역서(崇禎曆書)》 등을 번역 또는 저술하였다.

니까?" 그러자 서광계가 그에게 "서둘러 나무를 심 으시오."라 했다. 그러므로 나도 집을 짓는 데 제일 서둘러야 할 일은 나무 심기 만한 것이 없다고 말하는 것이다.《금화경독기》

故余亦謂卜築第一急務, 莫如種樹也.《金華耕讀記》

3. 집 짓기와 배치

建置

1) 방은 남향이어야 한다

인가의 방은 남향이 가장 좋고, 동향이 그 다음이며, 북향이 또 그 다음이지만, 절대로 서향으로 지어서는 안 된다. 문이 서쪽을 향하면 이롭지 못한 점이 많기 때문이다. 《전가보》[1]

사람이 사는 방은 반드시 남향으로 지어서 양기를 받아들이게 해야 한다. 집터가 자좌(子坐, 정남향으로 앉은 자리)에 있거나 유좌(酉坐, 동쪽을 향하여 앉은 자리)에 있거나 또는 묘좌(卯坐, 서쪽을 향하여 앉은 자리)에 있거나 상관없이, 일반적으로 사람이 사는 방에 관계된 것이라면 모두 남향으로 낸 창이 없어서는 안 된다. 《금화경독기》[2]

2) 방은 빈틈이 없어야 한다

일반적으로 사람이 거처하는 방은 반드시 빈틈이 없어야 한다. 자그마한 틈이라도 있어서 풍기(風氣)가 들어오게 해서는 안 된다. 《거가필용》[3]

論居室宜向南

人家房屋, 向南爲上, 向東爲次, 向北又次, 切不可向西, 以西方門向, 多不利也. 《傳家寶》

人居房室, 必須向南以受陽氣, 不論宅基之坐子、坐酉、坐卯, 凡係人居房屋, 皆不可無向南之牖. 《金華耕讀記》

論居室須周密

凡人居止之室, 必須周密. 勿令有細隙, 致有風氣得入. 《居家必用》

---

1 《傳家寶》卷1〈俚言〉"治家", 24쪽.
2 출전 확인 안 됨.
3 《居家必用事類全集》丁集〈宅舍〉"周書秘奧營造宅經", 131쪽.

3) 방은 깨끗해야 한다

사람이 잠자는 방은 깨끗해야 한다. 깨끗하면 영험한 기운을 받아들이고, 깨끗하지 않으면 묵은 기운을 받아들이게 된다. 묵은 기운이 사람의 방을 어지럽히면 하려는 일은 제대로 이루어지지 않고, 만들려는 것도 완성되지 못한다. 《거가필용》[4]

論室宇當令潔盛

人臥室宇, 當令潔盛, 盛則受靈氣, 不盛則受故氣. 故氣之亂人室宇者, 所爲不成, 所作不立. 《居家必用》

4) 방은 사치스럽고 화려해서는 안 된다

거처는 사치스럽고 화려하게 해서는 안 된다. 사치스럽고 화려한 거처는 사람을 탐욕스럽고 만족하지 못하게 만들어 근심과 해악의 근원이 된다. 그러므로 거처는 단지 소박하고 깨끗하게 가꾸어야 한다. 《거가필용》[5]

論居室不宜綺麗

居處不得綺靡華麗, 令人貪婪無猒, 乃患害之源, 但令雅素淨潔. 《居家必用》

5) 집은 너무 높거나 낮아서는 안 된다

집은 높으면 안 되니, 높으면 양이 성하여 너무 밝기 때문이다. 집은 낮아도 안 되니, 낮으면 음이 성하여 너무 어둡기 때문이다. 너무 밝으면 백(魄)을 상하게 하고 너무 어두우면 혼(魂)을 상하게 한다.[6] 사람에게 있어 혼은 양이고 백은 음이니, 만약에 혼백이 밝음과 어둠에 상하게 되면 질병이 발생하게

論屋無太高太低

屋無高, 高則陽盛而明多 ; 屋無卑, 卑則陰盛而暗多. 明多則傷魄, 暗多則傷魂, 人之魂陽而魄陰, 苟傷明暗則疾病生焉. 《天隱養生書》

4　《居家必用事類全集》丁集〈宅舍〉"周書秘奧營造宅經" '房室', 132쪽.
5　《居家必用事類全集》丁集〈宅舍〉"周書秘奧營造宅經", 131쪽.
6　집은 높으면……상하게 한다 : 인간의 몸에 깃든 영을 음양(陰陽)의 두 측면으로 나누면 양은 혼(魂), 음은 백(魄)이 된다. 혼은 몸의 정신적이고 밝은 하늘과 백은 몸의 물질적이고 어두운 땅과 관계된다. 살아서 몸 안에 섞여 있던 혼백은, 죽어서 혼은 하늘로 올라가 신(神)이 되고 백은 땅으로 꺼져 귀(鬼)가 된다. 살아서는 혼백, 죽어서는 귀신의 형태로 존재한다.

된다. 《천은양생서(天隱養生書)[7]》[8]

6) 방을 지을 때는 소통이 잘 되도록 해야 한다

왕사성(王士性)[9]은 "방을 지을 때는 창과 문이 소통이 잘 되도록 해야 한다. 만약 사방의 벽으로 막혀 방이 은밀하면 그 방은 마침내 귀신이 눌러 사는 곳이 될 것이다."라 했다. 《산림경제보》[10]

7) 집짓기의 여러 금기

일반적으로 주택은 집터의 동쪽이 건물로 들어차고 서쪽이 비어 있으면 집안에 늙은 부인이 없어지고, 집터의 서쪽에는 건물이 있으나 동쪽에는 없으면 집안에 늙은 남자가 없게 된다. 주택이 무너졌는데 지붕만 남아 있으면 끝내 곡소리가 그치지 않고, 주택의 재목을 새로운 것으로 바꾸면 오래도록 인망을 얻을 것이다. 반쪽짜리 기둥에 초가지붕을 올리면 사람이 흩어져 주인이 없고, 칸살[間架][11]이

論爲室宜令疏達

王太初曰:"爲室, 當令戶牖疏達. 若四壁隱密, 終爲鬼據."《山林經濟補》

造屋雜忌

凡宅, 實東空西, 家無老妻;有西無東, 家無老翁. 壞宅留屋, 終不斷哭;宅材①鼎新, 人望千春. 薦屋半柱, 人散無主;間架成隻, 潛費②衣食;接棟③造屋, 三年一哭.《居家必用》

---

7 천은양생서(天隱養生書):당나라 도사 사마승정(司馬承禎, 647~735)이 지은 도교 양생론서이다. 사마승정은 호가 천은자(天隱子)이므로 《천은자양생서(天隱子養生書)》라고도 한다. 〈임원경제지 인용서목〉에서는 《양성론(養性論)》이라 했다.

8 《天隱子》〈安處〉(欽定四庫全書);《居家必用事類全集》丁集〈宅舍〉"周書秘奧營造宅經", 132쪽.

9 왕사성(王士性):1546~1598. 중국 명나라의 인문지리학자. 자는 항숙(恒叔), 호는 태초(太初)이다. 《광유지(廣游志)》·《오악유초(五岳游草)》·《광지역(廣志繹)》등 중국 각 지방의 생생한 생활을 기록한 귀중한 필기류(筆記類) 저작을 남겼다.

10 출전 확인 안 됨.

11 칸살[間架]:간(間)은 도리 방향(좌우 방향)의 기둥 사이를 말하며, 가(架)는 보 방향(전후 방향)의 기둥 사이를 말한다.

① 材:저본에는 "林".《居家必用事類全集·宅舍·周書秘奧營造宅經》에 근거하여 수정.

② 費:저본에는 "滋".《居家必用事類全集·宅舍·周書秘奧營造宅經》에 근거하여 수정.

③ 棟:저본에는 "東".《居家必用事類全集·宅舍·周書秘奧營造宅經》에 근거하여 수정.

짝수[12]가 되면 의복과 음식이 은연 중에 허비되며,
마룻대[13]를 이어 붙여서 지붕을 만들면 3년마다 한
번 곡소리가 울리게 된다. 《거가필용》[14]

지붕을 덮기 위해서 서까래[15]를 깔 때에 기둥머
리나 들보[16] 상부에 부착시켜서는 안 되고, 반드시
양 가장자리에 있는 들보에 걸쳐서 부착시켜야 한다.
작은 것으로 큰 것을 눌러서는 안 된다는 말이다.
《거가필용》[17]

일반적으로 집을 지을 때는 담장과 바깥문부터 먼
저 짓는 일을 절대로 금하는데, 그렇게 할 경우 반드
시 집을 완성하기가 어렵기 때문이다. 《거가필용》[18]

일반적으로 집을 세울 때는 목수가 집의 기둥 밑
에 목필(木筆)[19]을 버려두는 일을 막아야 하니, 그렇
게 할 경우 그 집이 길하지 않기 때문이다. 더욱이
나무의 뿌리 쪽을 위로 가게 거꾸로 세워 기둥을 만

蓋屋布椽, 不得當柱頭梁
上著, 須是兩邊騎梁著. 云
不得以小壓大也. 同上

凡造屋, 切忌先築墻圍并
外門, 必難成. 同上

凡起屋, 防木匠放木筆於
屋柱下, 令人家不吉 ; 更防
有倒木作柱, 令人不吉. 同
上

---

12 짝수 : 대개의 전통목조건축이 3칸·5칸 등으로 이루어져 있는 것을 감안할 때, 여기서는 길이 단위가 아닌
   면적 단위로서 짝수 칸이 되어야 한다는 것을 말한다. 소위 육간대청(六間大廳)은 정면이 3칸, 측면은 2칸
   으로서 6칸의 마루를 뜻한다. 여기서 6칸은 면적단위로 계산한 것이다.
13 마룻대 : 용마루 아래 서까래가 없이 지붕을 지탱하는 도리. 용마루는 지붕 꼭대기에 있는 수평 방향의
   지붕마루다.
14 《居家必用事類全集》丁集〈宅舍〉"周書秘奧營造宅經", 130~131쪽.
15 서까래 : 지붕을 받기 위해 마룻대에서 도리 또는 보에 걸쳐 지른 나무.
16 들보 : 건물의 기둥과 기둥 사이 위에 앞뒤로 건너질러 상부의 하중을 지지하는 가로재. 이와 직교하면서 건
   물의 길이 방향에 평행한 가로재를 '도리'라고 한다.
17 《居家必用事類全集》丁集〈宅舍〉"周書秘奧營造宅經", 131쪽.
18 《居家必用事類全集》, 위와 같은 곳.
19 목필(木筆) : 건축재에 선을 긋는 데 사용하는 나무 붓 혹은 목탄.

드는 경우가 없도록 막아야 하니, 그렇게 할 경우 사람이 길하지 않기 때문이다. 《거가필용》[20]

집의 칸살은 짝수로 만들지 말아야 하니, 홀수로 만들어야 크게 길하다. 처마 끝이 집을 찌를 듯이 향하면 주로 살상이 일어난다. 처마 끝이 안에서 밖으로 찌를 듯이 향하면 바깥 사람이 죽고, 바깥에서 안으로 찌를 듯이 향하면 안 사람이 당한다. 일반적으로 집은 바깥 처마가 넓게 내려온 것을 으뜸으로 여기므로 처마가 좁거나 벽에 바싹 다가서게 해서는 안 된다. 빗겨 들어오는 비가 벽면을 적시면 집안사람들이 이질(痢疾)[21]에 많이 걸린다.

屋架與間不欲雙, 須隻爲大吉. 水簷頭相射, 主殺傷. 內射外, 外人死 ; 外射內, 內人當. 凡屋, 外簷廣闊爲上, 不得逼促. 斜雨潑壁, 家多痢疾.

바람이 불어 지붕의 기와가 잘 고정되지 않으면 약을 복용할 필요가 없다. 지붕에서 물이 새면 새댁에게 좋을 게 없다. 들보와 마룻대가 한쪽으로 기울면 집안에 시빗거리가 많이 발생한다. 지붕의 형세가 비스듬히 기울면 도박을 좋아하게 되고 여자를 탐하게 된다. 기와가 움직이고 마룻대가 무너지면 자손이 가난하고 쇠퇴하게 된다. 《거가필용》[22]

風吹不著, 不用服藥. 廁屋漏漿, 新婦無良. 梁棟偏攲, 家多是非. 屋勢傾斜, 賭博貪花. 瓦移棟摧, 子孫貧羸. 同上

일반적으로 기둥의 끝을 두(斗)라 하고, 도리의 끝을 승(升)이라 하는데, 승이 두 밑에 있으면 순조롭지 못하니, 주로 효성스럽지 못한 자제를 두게 된다.

凡柱尾爲斗, 枋尾爲升, 升在斗下爲不順, 主有不孝子弟. 斗在升下, 大吉. 同上

20 《居家必用事類全集》, 위와 같은 곳.
21 이질(痢疾) : 곱똥을 누며 뒤가 무겁고 잦은 병증.
22 《居家必用事類全集》, 위와 같은 곳.

두가 승의 밑에 있으면 크게 길하다. 《거가필용》[23]

주택에서 누각을 지을 때에는 길거리에 바싹 접근해서 짓지 말아야 한다. 누각은 낮게 지으면 길하고 높게 지으면 흉하니, 높게 지으면 오통신(五通神)[24]을 불러들일 수 있다. 《거가필용》[25]

居宅造樓, 莫近街頭. 低吉高凶, 能招五通. 同上

주택의 청(廳)[26] 뒤에는 귀두(龜頭, 거북 머리 형상)를 만들어서는 안 된다. 《거가필용》[27]

居宅廳後不宜作龜頭. 同上

당(堂)[28]에 난간을 계획할 때는 짝수를 사용해야 하니, 그렇게 하면 주로 집이 화목하다. 《거가필용》[29]

畫堂應干, 須用偶數, 則主家和睦. 同上

개인 주택의 청(廳)은 넓고 크게 만들 필요가 없고 그 칸수도 홀수로 해야 한다. 청 위에 마룻대가 하나만 있을 경우 내정(內政, 아내)이 바깥일에 간여하는 사태를 불러일으킬 염려가 있다. 《거가필용》[30]

私居廳, 不必廣大, 亦要數隻. 廳上單棟, 恐招內政豫事. 同上

청은 있으나 당이 없으면, 고아와 과부가 감당하

有廳無堂, 孤寡難當. 同上

---

23 《居家必用事類全集》丁集〈宅舍〉"周書秘奧營造宅經", 131쪽.
24 오통신(五通神):중국 강남 지역의 민간에서 신봉하던 신으로, 푸른 옷을 입고 있으며 한쪽 다리가 없다고 한다.
25 《居家必用事類全集》丁集〈宅舍〉"周書秘奧營造宅經" '樓', 132쪽.
26 청(廳):중국의 경우 손님 접대나 예식 등의 용도로 쓰는 큰 방. 대청.
27 《居家必用事類全集》丁集〈宅舍〉"周書秘奧營造宅經" '廳堂', 132쪽.
28 당(堂):중국의 용례와 차이가 있지만 우리나라에서 당(堂)은 대개 마루 혹은 대청의 의미로 사용한다.
29 《居家必用事類全集》, 위와 같은 곳.
30 《居家必用事類全集》, 위와 같은 곳.

기가 어려울 정도로 많아진다. 《거가필용》[31]

남쪽의 청을 서쪽의 가옥에 연결하면 세월이 갈수록 근심으로 애태우게 된다. 《거가필용》[32]

南廳連西屋, 歲月憂煎. 同上

안방을 터서 청을 만들면 결국에 이롭지 않으나, 청을 터서 안방을 만들면 문제 될 게 없다. 《거가필용》[33]

拆裏爲廳, 終不利, 拆廳爲裏則無妨. 同上

방문은 천정(天井)[34]과 똑바로 마주보게 할 수 없다. 그렇게 하면 주로 그 방에 살고 있는 사람에게 재앙이 잦다. 《거가필용》[35]

房門不得正對天井, 主此房人口頻災. 同上

부엌문은 그 집의 대문과 마주보게 해서는 안 된다. 그렇게 하면 주로 구설수에 오르고 질병이 생긴다. 《거가필용》[36]

竈房門不可對其屋門, 主口舌、病患. 同上

뽕나무는 지붕 재목으로 삼기에 알맞지 않고, 죽은 나무는 마룻대와 들보를 만들기에 알맞지 않다. 《거가필용》[37]

桑樹不宜作屋木, 死樹不宜作棟梁. 同上

31 《居家必用事類全集》, 위와 같은 곳 ; 《山林經濟》卷1〈卜居〉 "廳堂"(《農書》2, 14쪽).
32 《居家必用事類全集》, 위와 같은 곳.
33 《居家必用事類全集》, 위와 같은 곳 ; 《山林經濟》, 위와 같은 곳.
34 천정(天井) : 사방이 둘러싸인 조그만 마당을 말하는 것으로 추정된다.
35 《居家必用事類全集》丁集〈宅舍〉 "周書秘奧營造宅經" '房室', 132~133쪽.
36 《居家必用事類全集》丁集〈宅舍〉 "周書秘奧營造宅經" '房室', 133쪽.
37 《居家必用事類全集》丁集〈宅舍〉 "周書秘奧營造宅經", 131쪽.

일반적으로 집을 지을 때 그 집의 평면 모양이 일(日)·월(月)·구(口)·길(吉)자와 같으면 길하고, 모양이 공(工)·시(尸)자와 같으면 길하지 않다. 《증보산림경제》[38]

凡造屋, 其形如日、月、口、吉字者吉, 形如工、尸字者不吉.《增補山林經濟》

집을 지을 때에는 반드시 칸수를 홀수로 사용하는 것을 길하다고 여기니, 예컨대 1칸·3칸과 같은 부류로 짓는 것이다. 기둥의 척(尺) 수 및 서까래를 까는 숫자를 헤아릴 때도 홀수를 사용한다. 문 2개를 서로 마주보게 해서는 안 된다. 만약 양쪽 벽면에 창문을 마주보도록 내고 싶으면 반드시 한쪽은 홀로, 다른 쪽은 짝으로 내도록 해야 한다. 《증보산림경제》[39]

造屋, 必用單數爲吉, 如一間、三間之類. 量柱尺數及布椽多少, 亦用單數. 兩戶不可相當. 兩壁如欲對窓, 必須一隻一雙. 同上

청 뒤에는 귀두(龜頭)를 만들어서는 안 된다. 당(堂)이 겨우 한 채에 불과하다고 해서 하나라는 뜻이 들어 있는 '고(孤)'나 '양(陽)'이라는 이름을 붙이면 길하지 않다. 집은 동쪽에 건물이 없거나, 혹은 북쪽이 터져 있거나, 남쪽이 터져 있거나, 서쪽이 터져 있어도 길하지 않다. 새로 지은 집의 양쪽 끝이 만약 작은 집과 붙어 있으면 길하지 않다.[40] 《증보산림경제》[41]

廳後不宜作龜頭. 堂只一座, 名"孤"、"陽", 不吉. 屋無東, 或缺北, 或缺南, 或缺西, 亦不吉. 新宅兩頭如接小屋, 不吉. 同上

---

38 《增補山林經濟》卷1〈卜居〉"造屋" '宜忌雜法'(《農書》3, 21쪽).
39 《增補山林經濟》卷1〈卜居〉"造屋" '宜忌雜法'(《農書》3, 21~22쪽).
40 집은……않다:동쪽에 아예 건물이 없는 경우, 또는 서·북·남에 건물이 있다고 하더라도 이어지지 않고 끊어져 있는 경우를 말한다.
41 《增補山林經濟》卷1〈卜居〉"造屋" '宜忌雜法'(《農書》3, 22쪽).

집의 기둥이 허공중에 매달리고, 들보는 기울고 마룻대가 비스듬하며, 도리에 벌레가 먹고 기둥이 갈라진 경우, 또는 청은 있으나 당이 없어서 마룻대와 도리에 연결되며, 집의 앞채와 뒤채는 낮은데 가운데 채는 높이 세워서 사방의 물이 모일 곳이 없어 흩어지는 경우[四水不歸]42, 또는 집 뒤에 3~5채의 자그마한 집이 다닥다닥 붙어 있어서 지붕마루가 집 왼편을 찌르거나 집 오른편을 찌르는 경우, 또는 지붕마루가 집 뒤편을 겨누기도 하고, 또는 부서진 지붕이 집 앞을 막거나 마룻대가 꺾어지고 기와가 흩어져있는 경우, 이는 모두 길하지 않다. 《증보산림경제》43

屋柱空懸, 梁欹棟斜, 枋蝕柱裂;或有廳無堂, 接棟接桁④, 屋低前後, 中屋高搆, 四水不歸;或屋後小屋三五相逐, 屋脊衝左, 或衝右;或屋脊射後, 或破屋當前, 或棟摧瓦散, 皆不吉. 同上

가옥을 짓는 재목으로는 굽어진 것과 벌레가 파먹은 것을 피한다. 또 저절로 죽은 나무와 말라 죽은 뽕나무를 피한다. 또 지진을 겪은 나무 및 단풍나무와 대추나무를 피한다. 일반적으로 사당·사찰·관아에서 사용했던 재목이나 배에서 사용했던 재목은 또한 절대 피한다. 또 서낭당이나 사당의 나무 및 새나 짐승이 서식한 나무를 집 짓는 재목으로 들여오는 일은 피한다. 《증보산림경제》44

屋材忌彎曲者、蟲蛀者. 又忌自死樹及枯桑. 又忌震餘木及楓、棗木. 凡祠宇、寺刹、公廨退材及舟楫退材, 又大昃、神樹、社木及禽獸⑤所捿之木, 忌入於家材. 同上

---

42 사방의……경우:동서남북의 지붕에서 흘러내리는 물이 갈 곳이 없어서 여기저기 흩어진다는 것이다. 그에 대응되는 용어는 사수귀당(四水歸堂)이다. 사수귀당은 사면의 낙숫물이 마당에 모인다는 것을 의미하고 중국에서는 이를 하늘이 내려준 재물로 생각하고 매우 귀하게 여기는 경향이 있었다.

43 《增補山林經濟》, 위와 같은 곳.

44 《增補山林經濟》卷1〈卜居〉"擇材"(《農書》3, 24쪽).

④ 桁:저본에는 "桭".《增補山林經濟·卜居·造屋》에 근거하여 수정.

⑤ 獸:《增補山林經濟·卜居·造屋》에는 "鳥".

8) 대문을 내는 방향

건(乾) 방위를 뒤로 하고 있는 주택[45] :

간(艮) 방향의 문일 경우,

【부귀하게 되고, 자손이 많다.】

태(兌) 방향의 문일 경우,

【사람이 흥성하게 된다.】

곤(坤) 방향의 문일 경우,

【재물이 많아진다.】

손(巽) 방향의 문과 감(坎) 방향의 문일 경우,

【남녀가 전염병에 걸린다.】

이(离) 방향의 문일 경우,

【노인이 해수병으로 죽고, 젊은 부인이 죽는다.】

진(震) 방향의 문일 경우.

【사람에게 적합하다.】

곤(坤) 방위를 뒤로 하고 있는 주택[46] :

건 방향의 문일 경우,

【주인에게 금은보화가 생긴다.】

간 방향의 문일 경우,

【부귀하게 된다.】

태 방향의 문일 경우,

【전장(田庄)[47]이 풍족해진다.】

裝門方向

乾宅 :

艮門,

【富貴, 多子孫.】

兌門,

【人興】

坤門,

【財旺】

巽門, 坎門,

【男女瘟瘟】

离門,

【翁嗽死, 少婦亡.】

震門.

【宜人】

坤宅 :

乾門,

【主金寶】

艮門,

【富貴】

兌門,

【足田庄】

---

45 건(乾)……주택:마당의 중심에 나침반을 두고, 집의 뒤쪽 방위가 360도를 8개의 방위로 구분하였을 때, 건(乾, 북서쪽)인 경우로서 건좌택(乾坐宅)이라고도 한다. 건택의 경우 길방(吉方)은 건·간·곤·태(乾·艮·坤·兌)의 방위이다. 흉방은 감·진·손·리(坎·震·巽·離)의 방위이다.

46 곤(坤)……주택:마당의 중심에 나침반을 두고, 집의 뒤쪽 방위가 360도를 8개의 방위로 구분하였을 때, 곤(坤, 남서쪽)인 경우로서 곤좌택(坤坐宅)이라고도 한다. 곤택의 경우 길방(吉方)은 건·간·곤·태(乾·艮·坤·兌)의 방위이다. 흉방은 감·진·손·리(坎·震·巽·離)의 방위이다.

47 전장(田庄):논밭 등의 농지와 농막·별장 등의 농사용 부속 건물을 아울러 말함.

손 방향의 문일 경우, 　　　　　　　　　　巽門,

【주인의 어머니를 상하게 한다.】 　　　　【傷宅母】

진 방향의 문일 경우, 　　　　　　　　　震門,

【인적이 끊어지게 한다.】 　　　　　　　【絶人烟】

이 방향의 문일 경우, 　　　　　　　　　离門,

【젊은 부인이 재앙을 당한다.】 　　　　　【少婦殃】

감 방향의 문일 경우. 　　　　　　　　　坎門.

【객사한다.】 　　　　　　　　　　　　　【客死】

간(艮) 방위를 뒤로 하고 있는 주택[48] : 　　艮宅 :

태 방향의 문일 경우, 　　　　　　　　　兌門,

【진기한 보물이 많아진다.】 　　　　　　【多寶貝】

곤 방향쪽의 문일 경우, 　　　　　　　　坤門,

【금은이 풍부해지고, 가축이 많아진다.】 　【富金銀, 旺六畜.】

건 방향의 문일 경우, 　　　　　　　　　乾門,

【사람과 재물이 많아지고, 여인이 상하게 된다.】 　【旺人財, 傷女人.】

진 방향의 문일 경우, 　　　　　　　　　震門,

【어린이들에게 재앙이 많아진다.】 　　　【小口多災】

감 방향의 문일 경우, 　　　　　　　　　坎門,

【어린이들이 상하고, 물에 투신하는 사람이 생긴다.】 　【傷小口, 人投河水[6].】

이 방향의 문일 경우, 　　　　　　　　　离門,

【대가 끊어진다.】 　　　　　　　　　　【絶嗣】

손 방향의 문일 경우. 　　　　　　　　　巽門.

【노모와 막내아들이 상한다.】 　　　　　【傷老母、少男】

---

48 간(艮)……주택:마당의 중심에 나침반을 두고, 집의 뒤쪽 방위가 360도를 8개의 방위로 구분하였을 때, 간
　　(艮, 북동쪽)인 경우로서 간좌택(艮坐宅)이라고도 한다. 간택의 경우 길방(吉方)은 건·간·곤·태(乾·艮·
　　坤·兌)의 방위이다. 흉방은 감·진·손·리(坎·震·巽·離)의 방위이다.
6 河水:《增補山林經濟·卜居·裝門》에는 "水死".

태(兌) 방위를 뒤로 하고 있는 주택[49]:

兌宅:

간 방향의 문일 경우,

艮門,

【부귀하게 된다.】

【富貴】

곤 방향의 문일 경우,

坤門,

【재물이 많아진다.】

【旺財】

건 방향의 문일 경우,

乾門,

【비록 부유해지지만 늙은 남자를 잃게 된다.】

【雖富, 損老翁.】

진 방향의 문일 경우,

震門,

【장남이 화를 당한다.】

【禍長男】

감 방향의 문일 경우,

坎門,

【형벌을 받는다.】

【犯刑】

이 방향의 문일 경우,

离門,

【피로하여 상한다.】

【癆⑦傷】

손 방향의 문일 경우.

巽門.

【도적이 되고, 남녀가 형극(刑剋)[50]이 된다.】

【賊盜, 男女刑剋.】

손(巽) 방위를 뒤로 하고 있는 주택[51]:

巽宅:

이 방향의 문과 진 방향의 문일 경우,

离門、震門,

【장수하고 부유하게 된다.】

【壽富】

감 방향의 문일 경우,

坎門,

【횡재를 하게 된다.】

【發橫財】

---

49 태(兌)……주택 : 마당의 중심에 나침반을 두고, 집의 뒤쪽 방위가 360도를 8개의 방위로 구분하였을 때, 태(兌, 서쪽)인 경우로서 태좌택(兌坐宅)이라고도 한다. 태택의 경우 길방(吉方)은 건·간·곤·태(乾·艮·坤·兌)의 방위이다. 흉방은 감·진·손·리(坎·震·巽·離)의 방위이다.

50 형극(刑剋) : 형살(刑殺)에 걸려 상극(相剋)이 됨.

51 손(巽)……주택 : 마당의 중심에 나침반을 두고, 집의 뒤쪽 방위가 360도를 8개의 방위로 구분하였을 때, 손(巽, 남동쪽)인 경우로서 손좌택(巽坐宅)이라고도 한다. 손택의 경우 길방(吉方)은 감·진·손·리(坎·震·巽·離)의 방위이다. 흉방은 건·간·곤·태(乾·艮·坤·兌)의 방위이다.

⑦ 癆 : 저본에는 "勞". 《增補山林經濟·卜居·裝門》에 근거하여 수정.

간 방향의 문일 경우, 　　　　　　　　　　　　艮門,

【바람으로 인한 화재가 일어난다.】 　　　　【遭風火】

곤 방향의 문일 경우, 　　　　　　　　　　　坤門,

【어머니가 재앙을 당한다.】 　　　　　　　　【無[8]災】

태 방향의 문과 건 방향의 문일 경우. 　　　　兌門、乾門.

【아들과 딸이 다친다.】 　　　　　　　　　　【傷男、女】

감(坎) 방위를 뒤로 하고 있는 주택[52] : 　　　坎宅 :

진 방향의 문일 경우, 　　　　　　　　　　　震門,

【집안이 왕성하게 된다.】 　　　　　　　　　【家旺】

손 방향의 문일 경우, 　　　　　　　　　　　巽門,

【사람과 재물이 풍성하게 된다.】 　　　　　　【旺人財】

이 방향의 문일 경우, 　　　　　　　　　　　离門,

【비록 재물과 봉록이 흥성하나 부인이 상한다.】 【雖興[9]財祿而傷婦人】

곤 방향의 문일 경우, 　　　　　　　　　　　坤門,

【시동생과 상극이 된다.】 　　　　　　　　　【剋小郎】

태 방향의 문일 경우, 　　　　　　　　　　　兌門,

【중풍과 악창, 귀머거리와 벙어리가 생기며, 　【風癩聾啞, 財絕人散】
재물이 끊어지고, 사람도 흩어진다.】

건 방향의 문일 경우, 　　　　　　　　　　　乾門,

【늙은 남자가 발을 전다.】 　　　　　　　　【跛老翁】

간 방향의 문일 경우. 　　　　　　　　　　　艮門.

【어린아이가 물에 빠지거나 우물에 떨어진다.】 【小兒投河落井】

---

52 감(坎)……주택：마당의 중심에 나침반을 두고, 집의 뒤쪽 방위가 360도를 8개의 방위로 구분하였을 때, 감(坎, 북쪽)인 경우로서 감좌택(坎坐宅)이라고도 한다. 감택의 경우 길방(吉方)은 감·진·손·리(坎·震·巽·離)의 방위이다. 흉방은 건·간·곤·태(乾·艮·坤·兌)의 방위이다.

[8] 無 : 저본에는 "母".《增補山林經濟·卜居·裝門》에 근거하여 수정.

[9] 興 :《增補山林經濟·卜居·裝門》에는 "旺".

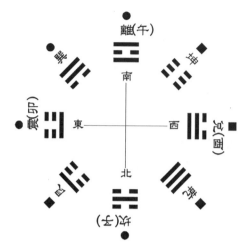

집의 좌향(坐向)과 대문의 길흉에 관한 팔괘방위도(조인철 제공)

● 또는 ■끼리 짝을 이루는 경우에는 길하고, 서로 혼용되는 경우에는 흉하다.

이(离) 방위를 뒤로 하고 있는 주택[53]:	离宅:
손 방향의 문일 경우,	巽門,
【재물은 풍성해지고, 사람은 겸손해진다.】	【財豐人遜】
진 방향의 문일 경우,	震門,
【영화를 누린다.】	【榮華】
감 방향의 문일 경우,	坎門,
【장수하고 건강하다.】	【壽健】
곤 방향의 문과 태 방향의 문일 경우,	坤門、兌門,
【불이 나고, 딸과 부인이 사나워진다.】	【火燒女婦顚煩】
건 방향의 문일 경우,	乾門,
【재물을 탕진하고, 병이 끊이지 않는다.】	【財耗病纏】
간 방향의 문일 경우.	艮門.

53 이(离)……주택 : 마당의 중심에 나침반을 두고, 집의 뒤쪽 방위가 360도를 8개의 방위로 구분하였을 때, 이(離, 남쪽)인 경우로서 이좌택(離坐宅)이라고도 한다. 이택의 경우 길방(吉方)은 감·진·손·리(坎·震·巽·離)의 방위이다. 흉방은 건·간·곤·태(乾·艮·坤·兌)의 방위이다.

【정신병을 앓고, 귀머거리와 벙어리가 생긴다.】	【瘋疾⑩聾啞】
진(震) 방위를 뒤로 하고 있는 주택[54] :	震宅:
손 방향의 문일 경우,	巽門,
【복을 누리고 장수한다.】	【福壽】
이 방향의 문일 경우,	离門,
【사람과 재물이 풍성해진다.】	【旺人財】
감 방향의 문일 경우,	坎門,
【곡식은 많으나 아들이 지혜롭지 못하다.】	【多粟而子不智⑪】
건 방향의 문과 태 방향의 문일 경우,	乾門、兌門,
【주로 어른과 노인들이 다친다.】	【主傷長老】
곤 방향의 문일 경우,	坤門,
【모친이 죽는다.】	【母死】
간 방향의 문일 경우.	艮門.
【장자가 먹을 것이 없게 된다.】	【長子無飱】

대개 감(坎)·이(离)·진(震)·손(巽) 4방향으로 지은 주택은 건(乾)·곤(坤)·간(艮)·태(兌)의 방향으로 문을 내는 것을 피하고, 건·곤·간·태 4방향으로 지은 주택은 감·이·진·손 방향으로 문을 내는 것을 피한다. 이를 어기면 흉하다. 《증보산림경제》[55]

蓋坎、离、震、巽四宅, 忌向乾、坤、艮、兌方而裝門, 乾、坤、艮、兌四宅, 忌向坎、离、震、巽方而裝門. 犯之則凶.《增補山林經濟》

9) 대문을 낼 때의 여러 금기　　　裝門雜忌

일반적으로 문짝 2개와 문 양쪽의 벽은 크기가 서　　凡門面兩畔壁, 須大小一

---

54 진(震)……주택 : 마당의 중심에 나침반을 두고, 집의 뒤쪽 방위가 360도를 8개의 방위로 구분하였을 때, 진(震, 동쪽)인 경우로서 진좌택(震坐宅)이라고도 한다. 진택의 경우 길방(吉方)은 감·진·손·리(坎·震·巽·離)의 방위이다. 흉방은 건·간·곤·태(乾·艮·坤·兌)의 방위이다.

55 《增補山林經濟》卷1〈卜居〉"裝門"(《農書》3, 33~35쪽).

⑩ 瘋疾 :《增補山林經濟·卜居·裝門》에는 "風病".

⑪ 而子不智 :《增補山林經濟·卜居·裝門》에는 "二子不和".

로 같아야 한다. 왼쪽의 문짝이나 벽이 크면 주인이
아내를 바꾸게 되고, 오른쪽의 문짝이나 벽이 크면
자식은 고아가 되고 처는 과부가 된다. 《거가필용》[56]

문짝이 벽보다 높으면 주인이 곡소리와 울음소리
가 많은 법이고, 빈 자리에 문을 내면 전염병과 불을
자주 불러들인다. 변소가 문을 마주 대하고 있으면
악창과 부스럼[57]이 몸에서 떠나지 않고, 창고 입구가
문을 향하고 있으면 집안이 쇠퇴할 뿐만 아니라 전
염병을 일으킨다. 절구가 문간에 놓여 있으면 집에
서 책이 떠나가며, 문 앞에 바로 집이 있으면 집안에
남은 곡식이 없게 된다. 문의 입구에 물구덩이가 있
으면 집안이 파산하여 외롭게 되고, 큰 나무가 문 앞
에 자라고 있으면 전염병을 불러온다. 담장 끝이 찌
를 듯이 문을 향하면 항상 남들의 논란거리가 되고,
교차로에 문을 끼고 있으면 식구가 남지 않게 된다.
곧은 대로가 바로 문에 닥쳐 있으면 집안에 늙은 남
자가 없게 되고, 문으로 물이 쏟아져 들어오게 되면
집안이 흩어지고 사람은 벙어리가 된다. 신사(神社)[58]
가 문을 마주 대하고 있으면 항상 계절성 전염병을
앓게 되고, 문 가운데로 물이 흘러나가면 재물이

般. 左大換妻, 右大孤寡.
《居家必用》

門扇[12]高於壁, 主[13]多哭
泣;門裝虛坐, 頻招瘟、火.
糞屋對門, 癱瘓常存;倉口
向門, 家退動瘟. 搗石門
居, 屋出離書;門前直屋,
家無餘穀. 門口水坑, 家
破伶仃;大樹當門, 羅鼓
天瘟. 墻頭衝門, 常被人
論;交路夾門, 人口不存.
正[14]路直衝, 家無老翁;門
被水射, 家散人啞. 神社
對門, 常病時瘟;門中水
出, 財散冤屈. 門著井水,
家招神鬼. 正門前, 不宜種
柳. 同上

---

56 《居家必用事類全集》丁集〈宅舍〉"周書秘奧營造宅經"'門戶', 133쪽.

57 부스럼:모공이 병균에 감염되어 곪고 아픈 증상. 종기와 유사하지만, 환부의 크기가 광범위하고 여러 합병
   증을 유발할 수 있다.

58 신사(神社):조상의 신주(神主)를 안치하고 제사지내는 건물.

[12] 扇:저본·《居家必用事類全集》에는 없음.《山林經濟·卜居·門路》에 근거하여 수정.

[13] 主:저본·《居家必用事類全集》에는 "法".《山林經濟·卜居·門路》에 근거하여 수정.

[14] 正:《居家必用事類全集·宅舍·周書秘奧營造宅經》에는 "衆和".

흩어지고 억울한 일을 당하게 된다. 문 가까이 우물
을 두면 귀신을 불러들이게 된다. 정문 앞에는 버드
나무를 심어서는 안 된다. 《거가필용》[59]

동북쪽에 문을 내면 괴이한 일이 계속 일어나게
된다. 《거가필용》[60]

東北開門, 怪異重重. 同上

집안의 출입구와 대문이 서로 마주보게 해서는
안 된다. 《거가필용》[61]

宅戶, 三門莫相對. 同上

문 좌우에 신당(神堂)을 설치해서는 안 되니, 설치
하면 3년에 한 번씩 곡을 하게 된다. 《거가필용》[62]

門左右不可安神堂, 三年一
哭. 同上

10) 길 내는 법

문을 향하여 곧장 뻗은 길을 '충파(衝破)'라 한다.
길이란 반드시 감돌고 굽이져야 하는 것이다. 만약 집
의 물줄기가 우측에서 좌측으로 흐르면 진입로는 그
반대로 좌측에서 우측으로 들어오게 하고, 물줄기가
좌측에서 우측으로 흐르면 진입로는 그 반대로 우측
에서 좌측으로 들어오게 해야지, 곧바로 치고 들어오
는 일은 절대로 피한다. 《고사촬요(攷事撮要)[63]》[64]

取路法

當面直來之路, 謂之"衝
破". 必須盤旋轉曲, 若宅
水倒左, 從右畔入;宅水倒
右, 從左畔入, 切忌直衝.
《攷事撮要》

---

59 《居家必用事類全集》, 위와 같은 곳.
60 《居家必用事類全集》, 위와 같은 곳.
61 《居家必用事類全集》, 위와 같은 곳.
62 《居家必用事類全集》, 위와 같은 곳.
63 고사촬요(攷事撮要) : 조선 전기 1554년(명종 9)에 어숙권(魚叔權) 등이 3권 3책으로 발간한 책. 조선시대
의 사대교린(事大交隣)을 비롯하여 일상생활에 필요한 상식 따위를 뽑아 엮은 유서(類書)로, 초간본은 현
재 전하는 것이 없으나, 1771년(영조 47)에 서명응(徐命膺)이 《고사신서(攷事新書》로 대폭 개정 증보하기
까지 무려 12차에 걸쳐 간행되었다.
64 출전 확인 안 됨 ; 《山林經濟》卷1〈卜居〉"門路"(《農書》2, 19쪽).

길이 청룡을 에워싼 채로 나 있으면 길하고, 백호를 에워싼 채로 나 있으면 흉하다. 사수(四獸)【안 사수는 청룡·백호·주작·현무를 말한다.】의 등뼈 위에 십(十)자 형태의 길이 나 있거나, 명당 중심에 정(井)자 형태의 길이 나 있는 경우는 모두 피한다. 두 개의 길이 가로놓이고 하나의 길이 곧게 뻗어나가는 길은 '강시(扛屍, 시체를 멘 형상의 길)'라 하는데, 흉하다. 《고사촬요》[65]

네 방향의 길이 주택을 에워싸고 있으면 흉한데, 그러한 결과는 가장 두드러지게 나타난다. 《고사촬요》[66]

건(乾, 북서쪽) 방위를 뒤로 하고 있는 집에[67] 간(艮, 북동쪽)과 손(巽, 남동쪽)길이 교차하거나 곤(坤, 남서쪽)과 신(申, 남서쪽)길이 교차하는 경우 모두 흉하다. 《고사촬요》[68]

일반적으로 주택의 문 앞에 내는 길은 내룡(來龍)[69]과 내수(來水)[70]를 열어 놓게 내야 하는데, 그래야 산을 받아들이고 물을 취할 수 있으므로 길하다. 게다가 산과 물의 흐름에 거슬러서 길을 내어 다니면

路繞靑龍則吉, 繞白虎則凶. 四獸【案 謂靑龍、白虎、朱雀、玄武.】脊上有十字樣路, 明堂中心有井字樣路, 皆忌. 兩橫一直, 名曰"扛屍", 凶. 同上

四路圍宅凶, 其驗最著. 同上

乾山艮、巽上交路, 凡坤、申上交路, 皆凶. 同上

凡宅門路要開來龍、來水, 方爲迎山就水吉, 更得逆路行尤佳. 《陽宅吉凶論》

---

65 출전 확인 안 됨 ; 《山林經濟》 卷1 〈卜居〉 "門路"(《農書》 2, 19~20쪽).
66 출전 확인 안 됨 ; 《山林經濟》, 위와 같은 곳.
67 건……집에 : 묏자리에서 뒤쪽 방위를 주로 '산(山)'이라고 표현한다. 집터에서는 산(山) 대신에 '좌(坐)'로 표현한다.
68 출전 확인 안 됨.
69 내룡(來龍) : 주산에서 내려온 산줄기. 내산(來山).
70 내수(來水) : 혈쪽으로 흘러오는 물. 명당수(明堂水).

더욱 좋다.《양택길흉론》[71]

문 앞에 내는 길이 만약 흘러가는 물의 방향으로 나 있다면 흉하다.《양택길흉론》[72]

門路, 若在去水方則凶. 同上

산수가 청룡 방향으로부터 온다면 문 앞에 내는 길은 왼쪽을 향하여 내야 하고, 산수가 백호 방향으로부터 온다면 문 앞에 내는 길은 오른쪽을 향하여 내야 한다. 만약 물이 흘러내려가는 방향으로 문 앞 길을 낸다면 흉하다.《양택길흉론》[73]

山水從靑龍方來, 宜從向左開門路;山水從白虎方來, 宜從向右開門路. 若向水隨流方開門路凶. 同上

문 앞의 길은 굽이굽이마다 배알하는 듯하면 길하며, 주택의 서남방에 큰 길이 있으면 길하다. 가장 꺼리는 길은 문을 향하여 길이 곧장 뻗은 충파(衝破)이다. 그리고 천(川)자 형상으로 집을 치고 들어오는 길을 꺼리고, 또 정(井)자 형상의 길을 꺼린다. 문이 사방으로 통하는 길 바로 곁에 있거나, 두 갈래의 길이 문을 끼고 있거나, 문 앞에서 길이 교차하거나, 두 개의 길이 가로로 놓에 평행하면 모두 길하지 않다.《증보산림경제》[74]

門路曲曲來朝吉, 西南有大路吉, 最嫌當面直來衝破. 忌川字形衝家, 又忌井字形. 或門臨四路, 或兩路夾門, 或門前交路, 或兩橫一直, 皆不吉.《增補山林經濟》

11) 담장 쌓기의 여러 금기

墙垣雜忌

토담의 형상이 시위를 당긴 활과 같이 둥글면 주

土墻狀如彎弓, 主富. 一重

---

71 출전 확인 안 됨.
72 출전 확인 안 됨.
73 출전 확인 안 됨.
74 《增補山林經濟》卷1〈卜居〉"取路"(《農書》3, 35~36쪽).

인이 부유해진다. 토담은 한 겹에는 봉우리 하나를 쌓고, 두 겹에는 봉우리 둘을 쌓으면 곡식이 많게 된다. 그런데 만약 담장을 빙 두르면서 나지막하게 쌓으면 길하지 않다. 담쟁이덩굴이 서로 얽히면 재앙이 있으니, 담장에는 가리고 덮는 것이 없어야 한다. 담장의 형상이 관재(棺材)[75]와 유사하거나, 집의 문을 치고 들어오거나, 비스듬하게 기울었거나, 좁은 길이 서로 뒤섞이면 모두 길하지 않다. 특히 문짝보다 담장의 높이가 낮은 것을 절대 피한다. 《증보산림경제》[76]

一峯, 兩重兩峯, 多穀. 若繞繞而低, 不吉. 薜蘿交結災禍, 墻無遮蓋. 或形類棺材, 或衝其門, 或斜倒, 或夾路交加, 皆不吉. 切忌低於門扇. 《增補山林經濟》

12) 나무 심어 울타리 삼는 법

울타리를 만들 때는, 먼저 대지의 사방 가장자리에 깊이와 너비가 2척이 되도록 구덩이를 판다. 그리고 멧대추가 익었을 때 그 씨를 많이 채취하여 파놓은 구덩이에 빽빽하게 심었다가, 싹이 튼 다음에 잘 가꾸어 손상이 없도록 한다. 1년 후에 높이가 3척 정도로 자라면 이듬해 봄에 가로 자란 가지는 제거하고 가시를 남긴 뒤, 겨울을 지내고 난 다음에 새끼로 엮어서 울타리를 만들되 적당하게 모아서 묶는다. 그 다음 해에 나무가 더욱 높이 자라면 도적을 방지할 수 있다. 《구선신은서》[77]

挿籬法

作籬, 先於地四畔, 掘坑深濶二尺. 待酸棗熟時, 多收取子, 坑中稠種之, 生後護惜之, 勿令損. 一年後高三尺, 來春削去橫枝留[15]刺, 過冬編作籬, 隨宜夾縛. 明年更高, 可防盜賊. 《臞仙神隱書》

---

75 관재(棺材): 관을 만드는 데 적합한 재목. 널감이라고도 한다.
76 《增補山林經濟》 卷1 〈卜居〉 "墻籬"(《農書》 3, 37쪽).
77 출전 확인 안 됨; 《山林經濟》 卷1 〈卜居〉 "墻籬"(《農書》 2, 20~21쪽).
[15] 留: 저본에는 없음. 《山林經濟·卜居·墻籬》 에 근거하여 보충.

탱자나무를 울타리 삼아 많이 심으면 도적을 방지할 수 있다. 《산림경제보》[78]

枳樹多種, 可防盜. 《山林經濟補》

[안] 우기(尤玘)[79]의 《만류계변구화(萬柳溪邊舊話)》에 멀구슬나무 성(城)을 만드는 법이 실려 있고[80], 가사협(賈思勰)의 《제민요술》에는 정원의 울타리를 만드는 법이 실려 있으며[81], 서광계(徐光啟)의 《농정전서》에는 정원의 울타리 만드는 나무의 종류를 논하고 있다.[82] 이들은 모두 《만학지(晚學志)》에 자세하게 설명되어 있으니[83], 본 항목과 더불어 참고할 만하다.

[案] 尤氏 《萬柳溪邊舊話》 有作棟城法, 賈氏 《齊民要術》 有作園籬法, 徐氏 《農政全書》 有論作園籬諸品者, 并詳見 《晚學志》, 可與此段參考.

13) 창고의 방위

일반적으로 창고를 지을 때는 뜰이나 마당이 있어야 하고, 마당물의 흐름방향이 창고문을 향하도록 하는 것이 길하다. 집의 중심에서 볼 때, 창고가 있을 곳은 갑(甲)·병(丙)·경(庚)·임(壬) 4방향으로 하되, 평상시 방문을 열고 앉으면 보이는 50~60척쯤 떨어진 곳에 창고가 위치해야 한다. 《증보산림경제》[84]

倉庫方位

凡造倉庫, 須倉面前庭場, 水朝倉門, 吉. 宜用甲、丙、庚、壬四方, 平居開戶坐見處, 五六丈之距. 《增補山林經濟》

---

78 출전 확인 안 됨; 《山林經濟》 卷1 〈卜居〉 "墻籬"(《農書》 2, 21쪽).
79 우기(尤玘) : ?~?. 원나라 무석(無錫) 사람으로, 자는 군옥(君玉), 호는 지비자(知非子). 남송 4대 시인의 한 사람인 우무(尤袤)의 후예로, 관직은 호부상서(戶部尙書)에 이르렀다.
80 우기(尤玘)의……있고 : 《萬柳溪邊舊話》 에 있다.
81 가사협(賈思勰)의……있으며 : 《齊民要術》 卷4 〈園籬〉(《齊民要術校釋》, 254~255쪽)에 있다.
82 서광계(徐光啟)의……있다 : 《農政全書》 卷37 〈種植〉 "種法"(《農政全書校注(中)》, 1032~1033쪽)에 있다.
83 이들은……있으니 : 《만학지》 권1 〈총서〉 "울타리 만드는 법 (부록)울타리 만드는 나무의 종류"에 있다.
84 《增補山林經濟》 卷1 〈卜居〉 "墻籬"(《農書》 3, 46쪽).

12사산주천도(조인철 제공)

14) 방아와 맷돌 놓는 방위

《천로경(天老經)》[85]에서 "방아를 적절한 장소가 아닌 곳에 안치하면 사람이 병이 들어 침상을 벗어나지 못한다."라 했다. 동북방 간(艮)의 위치 및 인(寅)·해(亥)의 위치가 크게 길하며, 나머지 다른 방위는 모두 흉하다.【맷돌을 놓는 방위도 똑같다.】《거가필용》[86]

본명(本命, 태어난 해의 간지)의 생왕방(生旺方)[87] 및 인(寅)·간(艮)·해(亥)·자(子) 방위가 적합하다.

인(寅) 방위가 크게 길하고, 묘(卯) 방위는 부귀하게 된다.

安碓、磨方位

《天老經》云："安碓非其所, 人病不離床." 宜東北方艮地及寅、亥地大吉, 餘方并凶.【安磨方同】《居家必用》

宜本命生旺方及寅、艮、亥、子[16].

寅大吉, 卯富貴.

---

85 천로경(天老經): 확인 안 됨.

86 《居家必用事類全集》丁集〈宅舍〉"興工造作日" '安碓吉方', 149쪽.

87 생왕방(生旺方): 생년지지(生年地支)를 중심으로 12포태(포·태·양·생·욕·대·관·왕·쇠·병·사·묘)로 배속하였을 때, 생(生)과 왕(旺)이 배속되는 방위를 의미한다. 예를 들어 자년생(子年生, 쥐띠)이라고 한다면 축이 포, 인이 태, 묘가 양, 진이 생이 되고, 욕, 대, 관 다음의 왕(旺)에 해당하는 것은 신(申)이 된다.

[16] 子: 저본에는 "方".《山林經濟·卜居·安碓》에 근거하여 수정.

【동쪽을 향하게 하면 길하다.】 【向東吉】

진(辰) 방위는 누에치기와 농사에 적합하다. 辰宜蠶田,

【서남쪽을 향하게 하면 길하다.】 【向西南吉】

사(巳) 방위는 자손이 많게 된다. 巳多子孫,

【동쪽을 향하게 하면 길하다.】 【向東吉】

오(午) 방위는 크게 흉하다. 午大凶,

【동쪽을 향하게 하면 장자가 죽는다.】 【向東長子亡】

미(未) 방위는 재앙이 생긴다. 未殃,

【동쪽을 향하게 하면 부인이 죽는다.】 【向東婦亡】

신(申) 방위는 구설수에 오르게 한다. 申口舌,

【남쪽으로 향하게 하면 길하고, 동북쪽을 향하 【向南吉, 東北凶.】
게 하면 흉하다.】

유(酉) 방위는 불효한 자식을 낳게 한다. 酉生不孝,

【서쪽을 향하게 하면 길하고, 동북쪽을 향하게 【向西吉, 東北凶.】
하면 흉하다.】

술(戌) 방위는 앞에는 부유하였다가 뒤에는 가난 戌先富後貧, 亥女淫亂.
해지게 하며, 해(亥) 방위는 여자가 음란해진다.

【동쪽을 향하게 하면 길하다.】 【向東吉】

방아의 머리 쪽에 집이 있으면 집이 편안하지 않 碓頭有家, 家不安. 碓頭勿
다. 방아의 머리 부분이 집안을 거슬러 향하게 하지 逆向, 不向外, 橫直安之,
말고, 밖으로도 향하게 하지 말며, 가로로 똑바로 吉.《山林經濟》
안치하면 길하다.《산림경제》[88]

내룡(來龍)이 뒤에 있으면 방아는 앞에 두어야 좋 來龍在後, 碓宜居前;龍前
고, 용이 앞에서 다가오면 방아는 뒤에 둔다. 용이 來, 碓居後. 龍來左, 碓居

---

88 《山林經濟》卷1〈卜居〉"安碓"(《農書》2, 21쪽).

왼쪽에서 다가오면 방아는 오른쪽에 두고, 용이 오른쪽에서 다가오면 방아는 왼쪽에 두어야 길하다. 방아의 머리 쪽이 밖을 향할 경우, 사람이 방아의 뒤에서 방아를 밟는 것이 좋다. 방아의 머리 쪽이 집을 향하면 크게 길하지 않다. 또 청룡이나 백호의 자리에 위치하는 것을 피한다.《증보산림경제》[89]

右 ; 龍來右, 碓居左吉. 碓頭向外, 人從後踏可也. 碓頭向宅, 大不吉. 又忌在龍在虎.《增補山林經濟》

일반적으로 대장간 풍로·기름틀·물레방아·맷돌은 모두 움직이는 물건에 해당하니, 대체로 수구(水口)에 두어야 한다. 그 집의 배후에 있는 백호의 머리 쪽 및 주작·현무 위에는 모두 이와 같은 물건들을 만들어 두어서는 안 된다.《증보산림경제》[90]

凡鐵爐、油榨、水碓、磨磴俱係動物, 大槪宜居水口. 其背后虎頭及朱雀、玄武上, 皆不可作之也. 同上

15) 변소와 잿간을 배치하는 방위

변소를 안치하는 방위의 경우, 자(子)·축(丑)이면 모두 흉하고, 인(寅)·묘(卯)·미(未)이면 크게 길하며, 진(辰)이면 농사와 누에치기하는 데 길하고, 사(巳)이면 자손에게 길하며, 오(午)이면 귀인이 나고, 신(申)이면 구설수가 그치지 아니하며, 유(酉)이면 자손이 불효하고, 술(戌)이면 처음에는 가난했다가 뒤에 가서는 부유하게 되며, 해(亥)이면 크게 흉하다.《거가필용》[91]

置糞屋方

安廁方, 子、丑皆凶, 寅、卯、未大吉, 辰田蠶吉, 巳子孫吉, 午貴人生, 申口舌不止, 酉子孫不孝, 戌先貧後富, 亥大凶.《居家必用》

재를 쌓아 놓는 잿간은 유방(酉方)[92]이 좋으니 주

灰屋宜酉方, 主多穀. 然必

---

89 《增補山林經濟》 卷1〈卜居〉 "碓磨"《農書》3, 51쪽).

90 《增補山林經濟》 卷1〈卜居〉 "碓磨"《農書》3, 52쪽).

91 출전 확인 안 됨;《山林經濟》 卷1〈卜居〉 "廁"《農書》2, 20쪽).

92 유방(酉方):정서쪽을 중심으로 좌우 15도 이내의 방향.

인에게 곡식이 많아진다. 그러나 반드시 변소에 약간 붙여서 지어야만 좋다. 《증보산림경제》[93]

뜨거운 재는 불이 되살아나기 쉽다. 그러므로 잿간을 거주하는 곳에 인접해서 지어서는 안 된다. 《증보산림경제》[94]

16) 마구간 짓는 방위

마구간을 지을 때는 서북 방위를 피하고, 또 유방(酉方)을 피한다. 그렇지 않으면 장맛이 없어진다. 《증보산림경제》[95]

稍近廁邊可也. 《增補山林經濟》

熱灰易生火, 故灰屋勿接近人居. 同上

造廐方

造廐, 忌西北方, 又忌酉, 令醬味不甘. 《增補山林經濟》

---

93 《增補山林經濟》卷1〈卜居〉"廁室"(《農書》3, 51쪽).
94 《增補山林經濟》, 위와 같은 곳.
95 《增補山林經濟》卷1〈卜居〉"牛馬廐"(《農書》3, 48쪽).

4. 우물, 연못, 도랑

井, 池, 溝渠

1) 샘 찾아 우물 파는 법

審泉開井法

일반적으로 우물을 팔 때는 반드시 여러 개의 큰 대야에 물을 담아 각각의 장소에 둔다. 밤기운이 뚜렷해지면 큰 대야에 비친 별 중에서 어느 곳이 가장 크고 밝은지 본다. 그러면 가장 밝은 곳에는 반드시 물맛이 좋은 샘이 있을 것이다. 이 방법을 시험하여 여러 번 효과를 보았다. 《계신잡지(癸辛雜識)[1]》[2]

凡開井, 必用數大盆貯水, 置各處, 俟夜氣明朗, 觀所照星何處最大而明, 則地必有甘泉, 試之屢驗. 《癸辛雜識》

높은 지대에 우물을 만들 때 샘의 근원이 있는 곳을 찾지 못했다면, 그 샘의 근원을 찾는 법에는 다음과 같은 4가지가 있다.

高地作井, 未審泉源所在, 其求之法有四.

첫째, 물기로 시험하기. 밤이 되면 물기가 항상 위로 올라왔다가 해가 나오면 즉시 그친다. 지금 이 지역에 수맥이 어디에 있는지 알고자 한다면 날이 밝아 색을 분별할 수 있을 때에 구덩이를 하나 파야 한다. 그리고 사람이 구덩이에 들어가서 눈을 땅에 가깝게 대고 관찰한다. 지면에서 연기가 오르는 것처럼 위로 올라와 나오는 기가 있으면 바로 물기이다.

第一氣試. 當夜水氣恒上騰, 日出卽止. 今欲知此地水脈安在, 宜掘一地窖於天明辨色時, 人入窖以目切地望, 地面有氣如烟騰騰上出者, 水氣也. 氣所出處, 水脈在其下.

---

1 계신잡지(癸辛雜識):송(宋)나라 때 주밀(周密, 1232~1308)의 저서로, 일상생활과 연관된 내용이 수록되어 있다.
2 《癸辛雜識》〈續集〉上.

물기가 나오는 곳에는 수맥이 그 아래에 있다.

둘째, 대야로 시험하기. 물기를 관찰하는 법은 넓은 들에서는 가능하다. 그러나 성읍 안이나 주거지 곁에서는 물기를 볼 수 없으니, 3척 깊이의 구덩이를 파되, 구덩이의 너비와 길이는 임의대로 한다. 그리고 구리나 주석 대야 1개를 마련하여 청유(淸油)[3]로 대야를 아주 조금씩 두루 문지른다. 구덩이 바닥에 0.1~0.2척 높이의 나무를 깔고 그 위에 대야를 엎어놓는다. 대야 위에 마른 풀을 덮고 마른 풀 위에는 흙을 덮어두었다가 하루가 지나면 대야를 열어본다. 대야바닥에서 물방울이 맺혀 떨어지려 하면 그 아래는 샘이다.

【안 《농가집설》에서 "땅 위에 여러 개의 대야를 엎어 놓고 밤을 지낸 뒤 본다. 대야 안에 이슬기가 많이 맺혀 있는 곳을 파면 반드시 샘을 얻을 수 있다."[4]라 했으니, 이 기록과 대동소이하다.】

셋째, 물동이로 시험하기. 도기 굽는 집이 가까이 있으면 질그릇 물동이나 날그릇 1개를 구해서 앞의 구리대야로 시험하는 법처럼 쓴다. 물기가 질그릇 물동이를 넣은 곳에 스며들면 그 아래는 샘이다. 도기 굽는 곳이 없으면 흙벽돌로 대신한다. 또는 양털로 대신하는데, 양털은 습기를 받아들이지 않으니 물기를 얻으면 반드시 충분히 드러날 것이다.

넷째, 불로 시험하기. 이전의 방법들과 같이 땅을

第二盤試. 望氣之法, 曠野則可, 城邑之中、室居之側, 氣不可見, 宜掘地深三尺, 廣長任意, 用銅錫盤一具, 淸油微微遍擦之. 窖底用木高一二寸, 以捂盤偃置之. 盤上乾草蓋之, 草上土蓋之, 越一日開視, 盤底有水欲滴者, 其下則泉也.

【案 《農家集說》云 : "覆數盆于地上, 經夜視之, 見其中露氣結聚多者, 鑿之必得泉." 與此大同小異.】

第三缶試. 近陶家之處, 取甀缶、坯子一具, 如前銅盤法用之, 有水氣沁入瓶缶者, 其下泉也. 無陶之處, 以土鹽代之. 或用羊毧代之, 羊毧不受濕, 得水氣必足見也.

第四火試. 掘地如前, 籬火

---

3 청유(淸油):가열하지 않은 깨로 짠 기름으로, 의료용 등 다용도로 쓰였다.
4 땅 위에……있다:확인 안 됨.

파고 그 바닥에 구등(篝燈)5을 놓고 불을 붙인다. 연기가 위로 올라가면서 구불구불한 굴곡이 있으면 이곳이 물기가 응결되는 곳이니, 그 아래는 샘이다. 하지만 연기가 곧게 올라가는 곳은 샘이 없다.《태서수법(泰西水法)》6

其底, 烟氣上升, 蜿蜒曲折者, 是水氣所滯, 其下則泉也, 直上者否.《泰西水法》

여지은(呂知隱)7이 말했다. "초목이 무성한 곳에는 샘이 있으니, 항상 눕고 싶은 곳에는 샘을 파볼 만하다."《문기록(聞奇錄)》8》9

呂知隱曰 : "草木鬱茂處有泉, 每戀臥處地可鑿井."《聞奇錄》

2) 인가에는 우물이 여러 개 있어야 한다

인가에는 물이 없어서는 안 되니, 우물이 여러 개 있으면 또한 거리낄 것이 없다. 우물물의 맛이 비록 나빠도 우물을 팔 만하다. 그 우물물을 끌어다가 옹정(甕井)10을 만들기도 하고, 연못에 물을 대기도 하니, 모두 쓸 곳이 있다.《증보산림경제》11

論人家宜有數井

人家不可缺水, 有數井亦無妨, 味雖惡, 亦可開. 引其流, 或作甕井, 或注于池, 皆有可用.《增補山林經濟》

3) 우물 팔 때의 여러 금기

자방(子方)12의 땅에 우물을 파면 반드시 우물에 빠져 죽는 사람이 있다.《음양서(陰陽書)》13》14

鑿井雜忌

子地穿井, 必有墮井死者.《陰陽書》

---

5 구등(篝燈) : 바람막이를 씌운 등불.
6 《泰西水法》卷4〈水庫記〉;《農政全書》卷20〈水利〉"泰西水法"下(《農政全書校注》, 515~516쪽).
7 여지은(呂知隱) : 미상.
8 문기록(聞奇錄) : 미상.
9 《葆光錄》卷1.
10 옹정(甕井) : 밑바닥을 제거한 항아리를 땅에 묻어 설치한 우물.
11 《增補山林經濟》卷1〈卜居〉"天井"(《農書》3, 41쪽).
12 자방(子方) : 정북쪽을 중심으로 좌우 15도 이내의 방향.
13 음양서(陰陽書) : 미상.
14 출전 확인 안 됨.

묘방(卯方)15에는 우물을 파지 않는데, 물맛이 좋은 샘이라도 향기가 나지 않기 때문이다. 《거가필용》16

卯不穿井, 甘泉不香. 《居家必用》

인방(寅方)17에 샘을 파면 부귀하게 된다. 묘방에 샘을 파면 현명한 사람이 끊임없이 난다. 진방(辰方)18에 샘을 파면 술과 음식이 끊임없이 난다. 사방(巳方)19에 샘을 파면 자손이 번성한다. 오방(午方)20에 샘을 파면 좋은 말이 끊임없이 난다. 미방(未方)21에 샘을 파면 여손(女孫)이 음란하여 흩어진다. 신방(申方)22에 샘을 파면 여자가 음란하다. 술방(戌方)23에 샘을 파면 관재(官災)24를 입어 병사한다. 축방(丑方)25에 샘을 파면 부부가 갈라진다. 자방에 샘을 파면 자손이 끊어진다. 《양택길흉론》26

寅方泉, 富貴 ; 卯方泉, 賢人不絕 ; 辰方泉, 酒食不絕 ; 巳方泉, 子孫盛 ; 午方泉, 良馬不絕 ; 未方泉, 女孫淫離 ; 申方泉, 女子淫 ; 戌方泉, 官災病死 ; 丑方泉, 夫妻分離 ; 子方泉, 子孫失折. 《陽宅吉凶論》

당(堂) 앞에는 우물을 파면 안 된다. 《양택길흉론》27

堂前不可穿井. 同上

부엌 주변에 우물이 있으면 해가 갈수록 재산을

井於竈邊, 年年虛耗. 同上

---

15 묘방(卯方) : 정동쪽을 중심으로 좌우 15도 이내의 방향.
16 《居家必用事類全集》4〈尊輝寸景寸〉.
17 인방(寅方) : 정동쪽에서 북쪽으로 30도 되는 지점을 중심으로 좌우 15도 이내의 방향.
18 진방(辰方) : 정동쪽에서 남쪽으로 30도 되는 지점을 중심으로 좌우 15도 이내의 방향.
19 사방(巳方) : 정남쪽에서 동쪽으로 30도 되는 지점을 중심으로 좌우 15도 이내의 방향.
20 오방(午方) : 정남쪽을 중심으로 좌우 15도 이내의 방향.
21 미방(未方) : 정남쪽에서 서쪽으로 30도 되는 지점을 중심으로 좌우 15도 이내의 방향.
22 신방(申方) : 정서쪽에서 남쪽으로 30도 되는 지점을 중심으로 좌우 15도 이내의 방향.
23 술방(戌方) : 정서쪽에서 북쪽으로 30도 되는 지점을 중심으로 좌우 15도 이내의 방향.
24 관재(官災) : 관아의 억압이나 착취로 인한 재앙.
25 축방(丑方) : 정북쪽에서 동쪽으로 30도 되는 지점을 중심으로 좌우 15도 이내의 방향.
26 출전 확인 안 됨.
27 출전 확인 안 됨.

탕진한다. 《양택길흉론》[28]

우물과 부엌이 마주보면 주로 남녀간에 분란이
있다. 《양택길흉론》[29]

井竈相看, 主男女內亂. 同
上

우물을 팔 때 주산(主山)의 생왕방(生旺方)[30]을 취하
면 길하다. 《증보산림경제》[31]

開井, 取本山生旺方吉.
《增補山林經濟》

우물은 짝을 이루어 파야 하니, 그러면 안광(眼
光)[32]이 크게 발한다. 《증보산림경제》[33]

井宜雙成, 大發眼光. 同上

우물은 깊이가 2.7척이 되어야 농사가 왕성해진
다. 벽돌을 겹쳐 쌓아 완전하게 만들려면 반드시 15
층이 되어야 하는데, 이보다 얕으면 흉하다. 우물이
기울어졌거나, 안쪽이 좁거나, 등지고 있거나, 막혔
거나, 깨끗하지 못하거나, 부서지거나, 구덩이가 움
푹 들어갔거나, 뾰족하게 튀어나온 형태를 금하고,
곧고 긴 모양을 가장 금한다. 샘물이 흘러내릴 때 그
소리가 똑똑거리면 길하지 않다. 또는 물이 흘러갈
곳이 없거나, 물이 건너는 다리에 바싹 붙어서 흐르
거나, 물 흐르는 모양이 소의 멍에 같거나, 떠오르는

井宜深二尺七寸, 旺田. 砌
磚完葺, 須十五級, 淺則
凶. 忌傾倒逼狹, 反背窒
塞, 不淨破碎, 坑窊突尖,
大忌直長, 如有泉瀝, 其聲
滴滴, 不吉. 或水無所適,
或貼橋而行, 或狀如牛軛,
又如出月, 不吉. 同上

---

28 출전 확인 안 됨.

29 출전 확인 안 됨.

30 생왕방(生旺方) : 주산(主山)의 방위를 기준으로 12지지를 12포태로 배속하였을 때의 생과 왕에 해당하는
방위.

31 《增補山林經濟》 卷1〈卜居〉 "天井"(《農書》 3, 39쪽).

32 안광(眼光) : 미상. 우물을 2개 또는 짝수로 파면 애꾸눈이 아니라 양쪽 눈이 뜬 모양을 하고 있기 때문에
이를 비유하여 표현한 것으로 추정된다.

33 《增補山林經濟》 卷1〈卜居〉 "天井"(《農書》 3, 40쪽).

초생달 같으면 길하지 않다.[34] 《증보산림경제》[35]

4) 연못 팔 때의 여러 금기

연못은 집 왼쪽이나 오른쪽이나 뒤쪽에 파는 것을 모두 금한다. 문 앞에는 연못 3개를 파는 것을 절대 금한다. 집 앞뒤에는 연못 2개를 파는 것을 금하고, 또 돼지밥통이나 돼지허리 같은 연못의 모양을 금한다. 문 앞에는 한 쌍의 연못을 곡(哭)자의 머리처럼 나란히 네모나게 파는 것을 금한다. 집 서쪽에 연못이 있으면 이를 '백호가 아가리를 벌렸다'라 하는데, 그곳에 연못 파기를 모두 금한다. 집 앞에 둥근 연못을 툭 트이게 파서 물을 끌어들여 흐르게 할 때, 물이 만약 혼탁하면 좋지 않다. 《증보산림경제》[36]

5) 연못 파는 여러 방법

집 북쪽(뒤편)에는 정원을 만들어 과일나무를 심으며, 집 좌우편에는 텃밭을 만들어 채소를 심는다. 집 남쪽(앞면)에는 한 면을 비워 위쪽과 아래쪽으로 연못을 파되, 하나는 작고 하나는 크게 만든다. 작은 연못에는 연을 심고, 큰 연못에는 물고기를 기른다. 《고사십이집(攷事十二集)[37]》[38]

池塘雜忌

塘居屋左或右或屋後, 皆忌之 ; 門前三塘, 切忌之. 屋前後忌兩口塘, 又忌形如豬肚、豬腰. 門前忌雙池爲哭字頭. 西有池, 謂之 "白虎開口", 皆忌之. 宅前明開圓池, 引通活水, 水若渾濁, 不好.《增補山林經濟》

池塘雜法

舍北爲園, 種以果木, 舍左右爲圃, 種以蔬菜. 空其南一面 鑿上下池, 一小一大, 小者種蓮, 大者養魚.《攷事十二集》

---

34 또는……않다:우각호(牛角湖)의 모양을 의미하는 것으로 판단된다.

35 《增補山林經濟》, 위와 같은 곳.

36 《增補山林經濟》卷1〈卜居〉"池塘"(《農書》3, 53쪽).

37 고사십이집(攷事十二集):조선 후기 서명응이 편찬한 유서(類書)로, 조선시대의 제도, 관직, 일상생활에 대한 내용이 들어 있다.

38 출전 확인 안 됨.

물이 맑으면 순채를 심고 물고기를 기르며, 물이 흐리면 연을 심는다.《사의》[39]

水淸則種蓴養魚, 濁則種蓮.《事宜》

국(局) 안에 물웅덩이가 될 곳이 있으면 주위에 둑을 쌓고 떡갈나무로 만든 큰 말뚝을 둥글게 박아 둑을 보호한다. 만약 흐르는 물이 통하면 순채를 심고 물고기를 기르며, 물이 더럽고 탁하면 연을 심는다. 연못의 얕은 곳에는 왕골이나 갈대 따위를 심고, 연못물을 나누어 아래로 흘러가게 하여 논과 미나리밭에 물을 댄다.《증보산림경제》[40]

【안《이운지》〈은거지의 배치〉의 연못 만드는 여러 방법[41]을 함께 참고해야 한다.】

局內如有水瀦處, 圍築陂堤, 環植柞櫟大橛以護堤. 若通活水則種蓴養魚, 汚濁則種蓮. 其淺處多種莞茵蒹葭之屬, 分引下流以灌漑稻田、芹畦.《增補山林經濟》

【案 當與《怡雲志·衝泌鋪置》作池塘諸法參考.】

6) 도랑은 통하도록 준설해야 한다

도랑을 통하도록 준설하면, 집이 깨끗해져 더러운 기운이 없고, 전염병이 생기지 않는다.《거가필용》[42]

論溝渠宜通浚

溝渠通浚, 屋宇潔淨無穢氣, 不生瘟疫病.《居家必用》

7) 고지대에는 수고(水庫, 물 저장고)를 만들어야 한다

물이 많은 지역의 저지대는 물이 모이는 곳이다. 평탄한 들판은 농지의 토질이 중간 정도여서 강물을 끌어들이고 우물을 파면 충분히 쓸 수 있다. 만약 산과 봉우리가 겹겹이 있으면 험한 골짜기에서 빠르게 흐르는 물이 물의 급한 흐름을 타고 격렬하게

論高地宜作水庫

澤國下地, 水之所都. 平原易野, 厥田中中, 引河鑿井, 斯足用焉. 若乃重山複嶺, 陡澗迅流, 乘水之急, 激而自上, 廢人用器, 厥利尤

---

39 출전 확인 안 됨.
40 출전 확인 안 됨.
41 이운지……방법:《이운지》권1〈은거지의 배치〉"크고 작은 연못"~"샘물 끌어들이는 법"에 있다.
42 《居家必用事類全集》丁集〈溝瀆〉.

스스로 올라가니, 외부와 차단된 사람들이 쓰는 용기는 그 이로움이 더욱 클 것이다.

그러니 따로 매우 기름진 땅과 견고한 성이 있어도 높은 땅에 거처하고 험준한 기세를 타면, 강이나 시내가 있는 곳과는 단절되고 길이 끊어진 곳도 있다. 그러므로 우물을 100심(尋)[43] 깊이로 파서 수차(水車)에 물을 채우고 두레박줄을 넣어도, 때로 심한 가뭄을 만나면 물이 구슬처럼 방울방울 떨어지는 정도가 된다. 간혹 단절된 변방이나 고립된 곳에 있으면 항상 반드시 먼 곳에서 물을 길어야 하니, 험지에 둘러싸여 있어 오래도록 곤궁하면 물이 떨어져서 사람과 말이 오지 않는다. 이와 같은 종류의 지역이 세상에 많이 있다.

목이 마를 때가 되어서야 계획을 세우면 어찌 해결할 수 있겠는가? 계획을 세우자면 빗물이나 눈 녹은 물을 항상 저장하여 궁한 때를 대비하는 것보다 나은 일이 없다. 그러나 사람 마음은 가까운 일에 얽매이기 마련이어서 혹시라도 미리 염려하지 않다가 가뭄이 닥치고 나면 앉은 채로 말라죽을 뿐이다.

또한 산에 의지하여 땅을 파고 연못을 만들어 가뭄에 대비해도, 10일이 넘도록 비가 오지 않으면 벌써 바닥이 거북 등딱지처럼 터지는 경우도 있다. 그러나 이는 끌어서 대준 물이 쉽게 없어진다고 마음 아파할 뿐, 연못에서 새나가는 물이 정말로 많다는 사실을 깨닫지 못한 것이다.

大矣.

別有天府、金城, 居高乘險, 江河溪澗境絕路殊, 鑿井百尋, 盈車載緪, 時逢亢旱, 涓滴如珠. 或乃絕徼孤懸, 恒須遠汲, 長圍久困, 人馬乏絕. 若斯之類, 世多有之.

臨渴爲謀, 豈有及哉? 計莫如恒儲雨雪之水, 可以御窮, 而人情狃近, 未或先慮, 及其已至, 坐槁而已.

亦有依山掘地, 造作塘池, 以爲旱備, 而彌旬不雨, 已成龜坼, 徒傷挹注之易窮, 不悟滲漏之寔多矣.

---

43 심(尋): 길이 단위. 1심은 8척이다.

서방의 여러 나라에서 산에 의지하여 성을 쌓을 때는 사람들이 물 저장을 곡물을 저장하듯이 한다. 곡식이 붉게 썩는 것을 막듯이 물이 새나가는 것을 막으니, 그 계획이 또한 대략 이와 같다. 그런 이유로 수고를 만들어 집에 3년 동안 쓸 물을 비축하니, 비록 큰 가뭄이나 강한 적군을 만나도 우리 편을 곤란하게 하는 일이 없다.

또 높은 지역의 물은 땅 속에서 오래 묵은 물에 비하면 새로 떠온 물과 같다. 이 물은 정신적인 괴로움을 덜어주고 질병을 제거하여 사람을 이롭게 하고 사물을 조화롭게 하니, 때때로 지하수보다 낫다. 서방의 산성에 사는 사람은 강물이나 우물물을 보아도 오히려 하찮게 여겨 맛보려 하지도 않는다. 《태서수법》[44]

西方諸國因山爲城者, 人積水有如積穀, 穀防紅腐, 水防漏渫, 其爲計亦略同之. 以故作爲水庫, 率令家有三年之畜, 雖遭大旱, 遇強敵, 莫我難焉.

又上方之水, 比于地中陳久之水, 方于新汲, 其蠲煩去疾, 益人和[1]物, 往往勝之. 彼山城之人遇江河、井泉之水, 猶鄙不肯嘗也. 《泰西水法》

상택지 권제1 끝

相宅志卷第一

---

44 《泰西水法》卷3〈水庫記〉;《農政全書》卷20〈水利〉"泰西水法"下(《農政全書校注》503~504쪽). 《태서수법》에는 이상의 내용에 이어서 수고 만드는 법을 매우 상세하게 소개했다. 소개한 내용은 거의 모두 《섬용지》권1〈건물 짓는 제도〉"우물【부록 수고(물 저장고)】" '수고(물 저장고)'에 실려 있다.
[1] 和:《泰西水法·水庫記》에는 "利".

상택지 권제 2

相宅志 卷第二

I. 전국의 명당

조선 팔도의 산하를 잇는 산·내·강·바다의 인근 주요 읍들을 개괄하고, 입지 조
건, 경제 환경, 교통 환경, 지역적 특성, 배출 인물, 주거 가능성 여부를 알려준다.
각 도별로 특성이 비교적 두드러져 해당 도에 대한 당대의 인식을 엿볼 수 있다.
이 글에 근거하면 영남이 훌륭한 인재를 가장 많이 배출하고, 살기도 좋은 곳이
다. 특히 예안·안동·순흥·영천·예천 등은 신령스러운 기운이 왕성한, 복지(福地)
이다.

강세황,《송도기행첩》태종대(국립중앙박물관 소장)

전국의 명당

八域名基

1. 전국총론

八域統論

1) 경기도

京畿

죽산(竹山)[1]의 칠장산(七長山)[2]은 경기도와 충청도의 경계에 우뚝 솟아 있다. 이 산줄기는 서북쪽으로 뻗어 나가다가 수유고개[水踰峴][3]에서 크게 끊어져 평지가 되고, 다시 솟아나서 용인(龍仁)[4]의 부아산(負兒山)[5]이 되고, 석성산(石城山)[6]이 되고, 광교산(光敎山)[7]이 된다.

광교산으로부터 산줄기가 서북쪽으로 뻗어 관악산(冠岳山)[8]이 되고, 서쪽으로 바로 뻗어서는 수리산(脩理山)[9]이 된다.

竹山 七長山, 卓立於畿、湖交界, 西北行, 大斷於水踰峴爲平地, 復起爲龍仁負兒山, 爲石城山, 爲光敎山.

自光敎西北行爲冠岳, 直西爲脩理①山.

---

1 죽산(竹山) : 경기도 안성시 보개면 남평리·동평리·북가현리, 삼죽면, 일죽면 가리·고은리·금산리·방초리·산북리·송천리·월정리·장암리·주천리·죽림리·화곡리, 죽산면, 용인시 처인구 백암면 가좌리·가창리·근곡리·근삼리·근창리·백암리·석천리·옥산리·용천리·장평리, 원삼면 가좌월리·고당리·두창리·마성리·문촌리·맹리·미평리·죽릉리, 이천시 율면, 충청남도 진천군 광혜원면 일대.
2 칠장산(七長山) : 경기도 안성시 금광면·죽산면·삼죽면에 걸쳐 있는 산. 해발 492m. 원래 칠현산(七賢山)의 한 봉우리로 인식되었으나 후대에 분화되어 현재는 덕성산(519m)·칠현산(516m)과 능선으로 이어진다.
3 수유고개[水踰峴] : 경기도 용인시 처인구 남동에 있는 고개. 물넘이 고개, 무내미 고개라고도 불렸다.
4 용인(龍仁) : 경기도 용인시 수지구, 기흥구, 처인구 시내(마평동·운학동·해곡동 제외), 남사면, 모현면, 이동면, 포곡읍, 수원시 장안구 이의동·하동, 광주시 오포읍, 안성시 양성면, 성남시 분당구, 화성시 옛 동탄읍 일대.
5 부아산(負兒山) : 경기도 용인시 서쪽에 위치한 산. 해발 403m.
6 석성산(石城山) : 경기도 용인시 기흥구 동백동, 처인구 포곡읍 가실리에 걸쳐 있는 산. 해발 472m. 보개산(寶蓋山).
7 광교산(光敎山) : 경기도 수원시 장안구, 용인시 수지구에 걸쳐 있는 산. 해발 582m.
8 관악산(冠岳山) : 서울특별시 관악구·금천구, 경기도 안양·과천시에 걸쳐 있는 산. 해발 629m.
9 수리산(脩理山) : 경기도 안양시·군포시의 경계에 있는 산. 해발 489m.
① 脩理 : 《擇里志·京畿》에는 "修李". 이하 동일.

경기도 남부(《대동여지도》)

수리산의 가장 긴 맥은 인천(仁川)[10] · 부평(富平)[11] · 김포(金浦)[12] · 통진(通津)[13]을 거쳐서 붕홍석맥(崩洪石脈)[14] 이 되어 강을 건넌 뒤, 일어나서 강화부(江華府)[15]의

脩理最長之脈由仁川、富平、金浦、通津, 爲崩洪石脈渡江, 而起爲江華府之

---

10 인천(仁川) : 인천광역시 남구, 남동구, 동구, 연수구, 중구, 부평구 십정동, 옹진군 덕적면, 광명시 옥길동, 시흥시 과림동 · 계수동 · 금이동 · 대야동 · 도창동 · 매화동 · 무지동 · 미산동 · 방산동 · 신천동 · 신현동 · 안현동 · 은행동 · 포동, 화성시 신외동 · 장전동, 비봉면 삼화리 · 유포리 일대.

11 부평(富平) : 인천광역시 계양구, 부평구(십정동 제외), 서구 가정동 · 가좌동 · 검암동 · 경서동 · 공촌동 · 백석동 · 석남동 · 시천동 · 신현동 · 심곡동 · 연희동 · 원창동, 부천시 소사구, 오정구, 원미구, 서울특별시 구로구 개봉동 · 고척동 · 궁동 · 오류동 · 온수동 · 천왕동 · 항동, 강서구 오곡동 · 쇠동, 김포시 고촌읍, 인천광역시 남동구, 중구 일대.

12 김포(金浦) : 경기도 김포시 시내, 고촌읍, 인천광역시 서구 금곡동 · 대곡동 · 당하동 · 마전동 · 불로동 · 오류동 · 왕길동 · 원당동 일대.

13 통진(通津) : 경기도 김포시 대곶면, 양촌면, 월곶면, 통진면, 하성면, 인천광역시 강화군 강화읍, 길상면 일대.

14 붕홍석맥(崩洪石脈) : 풍수의 용론에 나오는 내용으로 산줄기가 물을 건너지 못하는 것이 원칙인데, 물줄기를 가로 지르는 붕홍이 있으면 산줄기가 물줄기로 단절되었다고 간주하지 않고 물 건너로 연결되어 있다고 본다. 산줄기의 연결과 붕홍의 종류에 대해서는 조인철, 《우리시대의 풍수》, 민속원, 2008, 158~159쪽 참조.

15 강화부(江華府) : 인천광역시 강화군 강화읍, 길상면, 내가면, 불은면, 서도면, 삼산면(상리 · 하리 제외), 선원면, 송해면, 양도면, 양사면, 하점면, 화동면, 옹진군 북도면, 강화군 교동면, 김포시 월곶면 일대.

모석붕홍(摸石崩洪), 천자붕홍(川字崩洪), 지자붕홍(之字崩洪)(출처 : 조인철, 《우리시대의 풍수》, 158~159쪽)

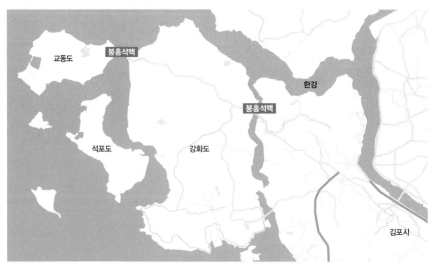

경기도 김포와 강화도 사이에 붕홍석맥이 있고, 강화도와 교동도 사이에 붕홍석맥이 있다. 개성에 대해서 교동도는 해상에 있는 외주작 또는 외안산이 된다.(다음 지도)

마니산(摩尼山)[16]이 되어 한양(漢陽) 수구(水口)의 나성 (羅星)[17]이 된다. 강화부의 치소는 마니산 아래에 있고, 강화도는 동쪽과 북쪽으로 강(한강과 임진강이 만나는 강)을 두르고 있으며, 서쪽과 남쪽으로 바다를

摩尼山, 爲漢陽水口之羅 星. 府治在摩尼之下, 東、 北環江, 西、南環海. 又西 抽一脈, 爲崩洪石脈, 過一

16　마니산(摩尼山) : 인천광역시 강화군 화도면에 있는 산. 해발 469m.

17　나성(羅星) : 수구의 수중에 돌이나 흙이 쌓여서 섬처럼 만들어진 것을 말한다. 이것은 풍수에서 재물로 간주하는 물이 급하게 흐르거나 한꺼번에 빠져나가는 것을 저지한다. 한강의 밤섬, 여의도, 유도, 강화도 등이 모두 한강의 나성에 속한다.

두르고 있다. 또 강화부 서쪽으로 산줄기 하나가 나와 붕홍석맥이 되어 자그마한 포구 하나를 지난 뒤 교동도(喬桐島)¹⁸가 되는데, 이것이 개성(開城)¹⁹의 외안산(外案山)²⁰이다. 이 두 섬은 모두 땅에 소금기가 많고 자주 가뭄이 들기 때문에 백성들은 물고기와 소금으로 생계를 꾸려 간다.

小浦爲喬桐島, 爲開城外案. 二島并地潟數旱, 民以魚鹽資生.

수리산의 가장 짧은 맥은 안산(安山)²¹ 바닷가에서 그친다. 안산에는 고관대작의 초지(稍地)²²가 많고, 서울과 가까우며 물고기와 소금이 풍부하기 때문에 대대로 거주하는 사대부도 많다.

脩理最短之脈止於安山海上, 多公卿家稍②地, 近京而饒魚鹽, 亦多世居士大夫.

수리산의 남쪽으로 뻗은 줄기의 경우, 서남쪽으로 뻗은 줄기는 광주(光州)²³의 성곶리[聲串里]²⁴에서

脩理南去者, 西南行止於廣州 聲串里, 地饒魚鹽,

---

18 교동도(喬桐島) : 인천광역시 강화군 교동면에 속하는 섬.

19 개성(開城) : 황해북도 개성시 남면, 동면, 북면, 서면, 송도면, 영남면, 영북면, 청교면, 토성면 일대.

20 외안산(外案山) : 혈을 중심으로 주변의 산들을 지칭할 때는 사신사(四神砂)의 개념으로 전주작, 후현무, 좌청룡, 우백호로 지칭하고, 용론적 개념에서 주종주객(主從主客)의 개념으로 볼 때는 혈(穴) 뒤의 산을 주산(主山), 더 뒤의 산들을 순서대로 소조산, 중조산, 태조산으로 일컫는다. 그다음 앞의 산은 안산(案山)과 조산(朝山)이 있는데, 조산은 주산에 대하여 손님에 해당하는 것이 되고, 안산은 주인과 손님 사이에 놓인 탁자가 되는 것이다. 개성의 외안산이라고 지칭한 것은 아마도 개성을 외명당을 포함한 넓은 범위로 보았을 때 교동노가 나지막하게 탁자처럼 보였기 때문에 그렇게 부른 것이 아닌가 한다. 실제로 풍수에서는 외안산이라는 용어가 흔히 사용되는 것은 아니다. 논리상 사신사의 하나로 보고 외주작(外朱雀)이라고 해야 적합한 용어가 되는 것이다.

21 안산(安山) : 경기도 안산시 단원구, 상록구 부곡동·성포동·수암동·양상동·월피동·장상동·장하동, 시흥시 거모동·광석동·군자동·논곡동·능곡동·목감동·물왕동·산현동·월곶동·장곡동·장현동·정왕동·조남동·죽률동·하상동·하중동, 인천광역시 중구 일대.

22 초지(稍地) : 국도(國都)에서 3백 리 안에 있는 대부(大夫)의 채지(采地)를 말함.(《周禮·天官·大宰》) 가읍(家邑) 또는 가삭(家削)이라고도 함. 경(卿)과 공(公)의 채지는 각각 현지(縣地)와 강지(畺地)라고 함.

23 광주(廣州) : 경기도 광주시 시내, 곤지암읍, 남종면 금사리·삼성리·이석리, 도척면, 오포읍, 중부면, 퇴촌면, 군포시 대야미동·도마교동·둔대동, 남양주군 와부읍 팔당리, 조안면(시우리 제외), 서울특별시 강남구, 강동구, 서초구 내곡동·신원동·염곡동, 송파구(신천동·잠실동 제외), 서초구 내곡동·신원동·염곡동, 성남시 분당구(구미동 제외), 수정구(창곡동 제외), 중원구, 수원시 권선구 당수동·입북동, 장안구 송죽동·자동·조원동·파장동, 안산시 상록구 건건동·본오동·사동·이동·일동·팔곡일동, 의왕시, 하남시, 화성시 매송면 송라리·야목리·원리, 남양주시 시내, 서울특별시 광진구, 성동구, 영등포구, 용산구, 양평군 양서면, 화성시 비봉면 일대.

24 성곶리[聲串里] : 경기 안산시 상록구 성포동 일대에 있던 마을.

② 稍 : 《擇里志·京畿》에는 "祖".

그친다. 이 지역은 물고기와 소금이 풍부하기 때문에 근해의 상선이 상당히 많이 모여들어, 이곳에 사는 사람들은 물고기 판매를 생업으로 삼고 있으며, 그중에 때때로 부자가 되는 사람도 있다.

頗集近海商船, 居民販魚爲業, 往往致富.

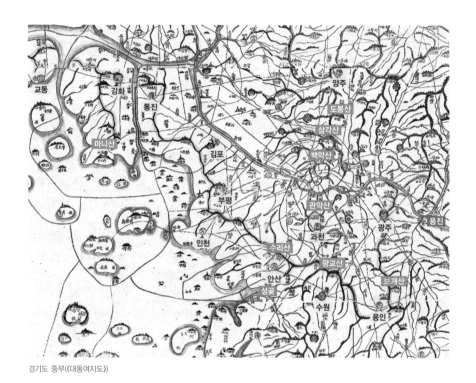

경기도 중부(《대동여지도》)

수리산의 동남쪽으로 뻗은 줄기는 수원부(水原府)25의 여러 산이 되었다가 바다에 이르러 그친다.

東南行爲水原府諸山, 止於海. 與湖西 牙山縣隔浦

---

25 수원부(水原府): 경기도 수원시 권선구(입북동·당수동 제외), 영통구, 장안구(하동·이의동 제외), 팔달구, 오산시, 화성시 옛 동탄면, 매송면, 봉담읍, 양감면(고렴리·대양리 제외), 우정읍, 장안면, 정남면, 옛 태안읍, 팔탄면, 향남읍(구문천리·상신리·하길리 제외), 평택시 고덕면 궁리·당현리·두릉리·문곡리·방축리, 안중읍(안중리 제외), 오성면 길음리·양교리·죽리, 청북면 백봉리·어소리·어연리·옥길리·토진리·한산리·후사리, 포승읍 도곡리·석정리·홍원리, 현덕면(황산리 제외), 안산시 단원구 풍도동, 당진시 신평면, 아산시 영인면, 용인시 기흥구, 처인구, 평택시 시내, 화성시 서신면 일대.

이곳은 충청도의 아산현(牙山縣)[26]과 포구를 사이에 두고 마주보고 있다. 산 줄기의 가운데에는 금수산(金水山)[27]이 있다. 금수산에서 나온 다른 줄기가 서쪽으로 뻗어 남양부(南陽府)[28]가 되고, 남양부의 서쪽에 위치한 문판현(文板峴, 글판이고개)[29]을 거쳐서 서쪽으로 뻗어 바다에 이르러 그친다. 충청도의 당진(唐津)[30]과 작은 바다를 사이에 두고 있으며, 지세가 바다 속으로 쑥 뻗어 들어가는 형상이다. 소금 굽는 수 백 가구가 남쪽과 북쪽 해안에 별처럼 늘어서 있다. 육지가 끝나는 바닷가가 화량진(花梁鎭)[31]이 되고, 화량진으로부터 바다를 건너서 10리를 가면 대부도(大阜島)[32]가 되는데, 모두 어민들이 거주하는 곳이다. 그러므로 남양부의 서쪽 촌락들이 한강 이남에서 물고기와 소금을 판매하는 이익을 독차지하고 있다.

相望, 中有金水山. 金水別枝西去爲南陽府, 由府西文板峴, 西行止於海. 與湖西 唐津隔小海, 地勢陡入海中. 鹽戶屢百, 星羅於南北海汀, 地盡頭爲花梁鎭, 自鎭渡海十里爲大阜島, 皆漁戶所居, 故南陽西村獨擅漢南魚鹽之利.

---

26 아산현(牙山縣) : 충청남도 아산시 염치읍·영인면·음봉면, 인주면(걸매리·금성리 제외), 둔포면 둔포리·석곡리·시포리·신남리·신법리·신왕리·염작리·운교리·운룡리, 선장면 신문리, 탕정면 명암리·용두리 일대.

27 금수산(金水山) : 미상.《택리지(擇里志)》에는 이 구절 뒤에 다음과 같은 내용이 있다. "산꼭대기에 못이 있는데, 못물이 노랗게 물들인 듯하다. 전하는 말로는 금이 그 안에서 나온다고 한다. 옛날에 중국에서 온 사람 중에 지기(地氣)를 잘 살피는 사람이 말하기를 이 산에 금보(金寶)의 기운이 있다고 했다 한다(頂有池, 水如染黃, 相傳金産其中. 昔唐人有望氣者, 言山有金寶氣云.)." 산 명칭의 유래를 추측할 수 있는 이 내용을 근거로 조사해 보았으나, 현재의 산을 찾을 수 없었다.

28 남양부(南陽府) : 경기도 화성시 시내(신외동·장전동·수화동 제외), 마도면, 서신면, 송산면, 비봉면(유포리·삼화리 제외), 봉담읍 상기리, 향남읍 구문천리·상신리·하길리, 안산시 단원구 남동·대부동·동동·북동·선감동, 인천광역시 옹진군 영흥면, 자월면, 화성시 매송면, 우정읍, 팔탄면, 시흥시, 인천광역시 중구, 옹진군 덕적면, 충청남도 당진시 석문면, 서산시 성연면, 아산시 영인면, 인주면, 태안군 근흥면, 소원면 일대.

29 문판현(文板峴) : 경기도 화성시 남양읍 남양리에 위치한 고개. 지금도 '글판동길'이라는 지명이 있음.《대동여지도》에는 '판문현(板門峴)'으로 적혀있다.

30 당진(唐津) : 충청남도 당진시 시내·고대면·석문면 일대.

31 화량진(花梁鎭) : 경기도 화성시 송산면 지화리 일대에 있던 진.

32 대부도(大阜島) : 경기도 안산시 단원구 대부동에 위치한 서해상에 돌출된 남양반도 서쪽의 섬.

수원(水原)의 동쪽은 양성(陽城)³³·안성(安城)³⁴이다. 안성은 경기도와 충청도의 바닷가와 산골 사이를 차지하고 있으므로, 화물이 수송되고 장인과 상인이 모여들어서 한강 이남의 도회지가 되었다. 그러나 안성의 치소 바깥은 비록 평탄하여 좋은 땅 같으나 살기(殺氣)³⁵가 있으므로 살기에 좋지 않다.

과천(果川)³⁶은 수원의 북쪽에 있고 금천(衿川)³⁷은 안산(安山)의 북쪽에 있는데, 두 곳 모두 한강을 등지고 있어 한강 이남의 근교가 된다. 대체로 한강 이남의 여러 고을은 촌락이 퇴락하고 피폐하였으며, 풍수(風水)로 보면 슬프고 근심스러운 형상이기 때문에 살만한 곳이 없다.

한강(漢江)³⁸은 충주(忠州)³⁹로부터 서쪽으로 흘러서 원주(原州)⁴⁰·여주(驪州)⁴¹·양근(楊根)⁴²을 돌아,

水原東爲陽城、安城, 安城居畿、湖海峽之間, 貨物委輸, 工商走集, 爲漢南都會. 然邑治外, 雖平善地, 有殺氣, 不可居.

果川在水原之北, 衿川在安山之北, 竝背負漢水, 爲漢南近郊. 大抵漢南諸邑村落凋弊, 風水悲愁, 無可居處.

漢水自忠州西流循原州、驪州、楊根, 至廣州之北, 會

---

33 양성(陽城) : 경기도 안성시 공도면, 양성면, 원곡면, 평택시 시내 가재동·도일동·소사동·용이동·월곡동·죽백동·청룡동·서정동·장당동, 고덕면 동청리, 서탄면 황구지리, 청북면 고념리·고잔리·삼계리·어소리·율북리·한산리·현곡리, 포승읍 내기리·방림리·신영리·원정리·희곡리, 화성시 양감면 대양리 일대.

34 안성(安城) : 경기도 안성시 시내, 금광면, 대덕면, 미양면, 서운면, 보개면(남풍리·동평리·북가현리 제외) 일대.

35 살기(殺氣) : 여기서의 살기(殺氣)는 풍수학에서 말하는 '사람을 해치거나 죽이는 나쁜 기운'을 말한다. 여기에는 바람, 물, 험한 바위, 거대한 나무 등의 자연물도 포함된다.

36 과천(果川) : 경기도 과천시, 군포시 군포동·금정동·당정동·부곡동·산본동, 안양시 동안구, 만안구(박달동·석수동 제외), 서울특별시 동작구 노량진동·동작동·본동·사당동, 서초구 반포동·방배동·서초동·신원동·양재동·우면동·원지동·잠원동, 경기도 성남시 수정구, 서울특별시 용산구, 강남구 일대.

37 금천(衿川) : 서울특별시 금천구, 관악구, 영등포구(양화동·여의도동 제외), 동작구 대방동·상도동·신대방동, 경기도 광명시, 안양시 만안구 박달동·석수동, 시흥시 일대.

38 한강(漢江) : 태백산맥에서 발원하여 강원도·충청북도·경기도·서울특별시를 흘러 황해로 흘러들어가는 강. 길이 514km.

39 충주(忠州) : 충청북도 괴산군 감물면·불정면, 음성군 감곡면·금왕읍·대소면·맹동면·삼성면·소이면, 생극면 방축리·생리·송곡리·신양리·오생리·임곡리·차곡리·차평리·팔성리, 제천시 덕산면, 한수면 보평리·송계리, 충주시 가금면·금가면·노은면·대소원면·산척면·살미면·소태면·시내·신니면·앙성면·엄정면·주덕읍, 동량면 대전리·손동리·용교리·조동리·지동리·하천리·화암리 일대.

40 원주(原州) : 강원도 원주시 일대.

41 여주(驪州) : 경기도 여주군 가남면, 금사면, 능서면, 대신면, 북내면 내룡리·당우리·상교리·신남리·오금

광주의 북쪽에 이르러 용진(龍津)⁴³에서 모인다. 여기서 다시 서남쪽으로 흘러 한양의 면수(面水, 한양을 안쪽으로 끌어안듯이 휘감아 돌아가는 물, 별칭으로 옥대수)가 된다. 여주의 치소는 강의 남쪽에 있는데 한양과의 거리가 수로와 육로 모두 200리가 채 되지 않는다. 여주는 동남쪽이 넓게 펼쳐져 있고 기상이 맑고 상쾌해서 대대로 거주하는 사대부가 많다.

여주의 남쪽은 이천(利川)⁴⁴·음죽(陰竹)⁴⁵으로 모두 여주에는 미치지 못한다. 북쪽은 지평(砥平)⁴⁶·양근(楊根)으로 강원도의 홍천(洪川)⁴⁷과 경계를 접하고, 여기저기 어지러이 뻗은 산과 깊은 골짜기로 이루어져 있기 때문에 모두 살기에 좋지 않다.

여주의 서쪽은 광주(廣州)⁴⁸이다. 석성산(石城山)의 한 줄기가 북쪽으로 뻗어나가 한강의 남쪽까지 내달린다. 광주의 치소⁴⁹는 만 길 높은 산의 정상에 있는

龍津, 西南流爲漢陽面水. 驪州邑治在江之南, 距漢陽水陸不滿二百里. 東南展闊, 氣象淸爽, 多世居士夫.

南爲利川、陰竹, 竝不及驪州, 北爲砥平、楊根, 與關東 洪川接壤, 亂山深峽, 皆不可居.

驪州西爲廣州, 石城山一枝, 北走漢江之南. 州治在萬仞山巓, 卽百濟始祖溫

리·오학리·외룡리·주암리·천송리·현암리, 산북면, 여주읍, 점동면, 흥천면, 양평군 개군면, 여주군 강천면, 양평군 용문면 일대.
42 양근(楊根): 경기도 양평군 강상면, 강하면, 서종면, 양서면, 양평읍, 옥천면, 가평군 설악면, 청평면 삼회리, 광주시 남종면 검천리·귀여리·분원리·수청리·우천리 일대.
43 용진(龍津): 북한강 하류로, 북한강이 남한강과 합류하기 직전의 지점인 경기도 남양주시 조안면 송촌리·조안리, 양평군 양서면 양수리 사이를 흐르는 강.
44 이천(利川): 경기도 이천시 시내, 대월면, 마장면, 모가면, 백사면, 부발읍, 신둔면, 호법면 일대.
45 음죽(陰竹): 경기도 이천시 설성면, 율면, 장호원읍, 충주시 생극면 관성리·도신리·병암리 일대.
46 지평(砥平): 경기도 양평군 단월면, 양동면, 용문면, 지제면, 청운면 일대.
47 홍천(洪川): 강원도 홍천군 일대.
48 광주(廣州): 경기도 광주시 시내, 곤지암읍, 남종면 금사리·삼성리·이석리, 도척면, 오포읍, 중부면, 퇴촌면, 군포시 대야미동·도마교동·둔대동, 남양주군 와부읍 팔당리, 조안면(시우리 제외), 서울특별시 강남구, 강동구, 서초구 내곡동·신원동·염곡동, 송파구(신천동·잠실동 제외), 서초구 내곡동·신원동·염곡동, 성남시 분당구(구미동 제외), 수정구(창곡동 제외), 중원구, 수원시 권선구 당수동·입북동, 장안구 송죽동·자동·조원동·파장동, 안산시 상록구 건건동·본오동·사동·이동·일동·팔곡일동, 의왕시, 하남시, 화성시 매송면 송라리·야목리·원리, 남양주시 시내, 서울특별시 광진구, 성동구, 영등포구, 용산구, 양평군 양서면, 화성시 비봉면 일대.
49 광주의 치소: 경기도 광주시 남한산성면 산성리에 있다.

데, 이곳이 바로 백제(百濟)의 시조인 온조왕(溫祚王)[50]의 옛 도읍지이다. 지금은 수도의 수비를 맡은 요새지대이므로 광주 일대는 살기에 좋지 않다.

철령(鐵嶺)[51]의 한 맥이 남쪽으로 600리 뻗어 나가다 양주(楊州)[52]에 이르러 나지막한 산이 된다. 이 산들은 간방(艮方)으로부터 비스듬하게 돌아서 들어오다가[53] 갑자기 일어나서 도봉산(道峯山)[54]의 일 만 장(丈) 높이의 바위봉우리가 된다.[55] 여기서부터 곤방(坤方)을 향하여 뻗어 나가다가[56] 조금 맥이 끊어지고, 다시 우뚝하게 일어나서 삼각산(三角山)[57] 백운대(白雲臺)가 된다. 여기서부터 산맥이 남하하여 만경대(萬景臺)가 되는데, 그 중 한 줄기는 서남쪽으로 가고, 한 줄기는 남쪽으로 가서 백악산(白岳山)[58]이 된다.

祚王故都也. 今爲保障重地, 故廣州一境, 不可居.

鐵嶺一脈南行六百里, 到楊州殘山, 自艮方斜逗以入, 忽起爲道峯萬丈石峯. 自此向坤方行, 少斷而又特起爲三角山 白雲臺. 自此南下爲萬景臺, 一枝西南去, 一枝南爲白岳. 地家言 "衝天木星", 爲都城之主. 東南皆[3]大江也, 西通海潮, 盤結於衆水都會之間,

---

50 온조왕(溫祚王):B.C. 18~A.D. 27 재위. 고구려 시조 주몽의 아들로, 위례성(慰禮城)에 도읍하였다.

51 철령(鐵嶺):함경남도 안변군 신고산면과 강원도 회양군 하북면 사이에 있는 고개. 해발 685m.

52 양주(楊州):경기도 고양시 덕양구 북한동·오금동·지축동·효자동, 구리시, 남양주시 시내, 별내면, 수동면 송천리·수산리·지둔리, 오남읍, 와부읍(팔당리 제외), 조안면 시우리, 진건읍, 진접읍, 퇴계원면, 화도읍, 동두천시(탑동 제외), 서울특별시 광진구, 노원구, 도봉구, 성동구 성수동, 송파구 신천동·잠실동, 은평구, 중랑구, 양주시 시내, 광적면, 백석읍, 은현면, 장흥면, 연천군 전곡읍, 청산면, 의정부시, 파주시광탄면 기산리·영장리, 포천시 신북면 갈월리·금동리·덕둔리·삼정리, 서울특별시 강북구, 서대문구, 성북구, 종로구, 중구, 포천시 내촌면 일대.

53 간방(艮方)으로부터……들어오다가:간방은 정북쪽과 정동쪽 사이 한가운데를 중심으로 좌우 15도 각도 안의 방향이다. 본문의 내용은 360도를 8개 방위로 나누어서 도봉산에서 볼 때 북동쪽에서 산줄기가 들어왔다는 말이다.

54 도봉산(道峯山):서울특별시 도봉구와 경기도 의정부·양주시에 걸쳐 있는 산. 해발 740m.

55 도봉산의……된다:이 모습을 보여주는 도봉산은 다음과 같다.

56 곤방(坤方)을……나가다가:곤방은 정남쪽과 정서쪽 사이 한가운데를 중심으로 좌우 15도 각도 안의 방향이다. 본문의 내용은 간방으로 들어온 산줄기가 직선으로 곧장 나아가면 남서인 곤방이 된다는 말이다.

57 삼각산(三角山):서울특별시 도봉구·강북구·종로구·은평구와 경기도 고양시·양주시·의정부시에 걸쳐 있는 산. 지금의 북한산이다. 해발 836m. 삼각산의 '삼(3)'은 백운대(白雲臺, 836m), 인수봉(人壽峰, 810m), 만경대(萬鏡臺, 787m)를 가리킨다.

58 백악산(白岳山):서울특별시 종로구 팔판동·삼청동·부암동·청운동·궁정동과 성북구 성북동에 걸쳐 있는 산. 지금의 북악산이다. 해발 342m.

③ 皆:《擇里志·京畿》에는 "北皆".

도봉산　　　　　　　　　　　　　　　　　인왕산에서 본 북악산(2014년 촬영, 조인철 제공)

풍수가들은 이 백악이 '하늘을 찌르는 목성(木星)[59]'이라 했는데, 도성의 주산(主山)이다. 한양은 동쪽과 남쪽에 모두 큰 강이 있고, 서쪽으로 바다의 조수와 통하여 여러 물이 모두 모이는 곳에서 얽혀 있으니, 그리하여 온 나라 산수의 정기를 모은 곳이 되었다. 300년 문명과 문물이 발휘된 곳에 유학의 기풍이 크게 진작되어 '소중화(小中華)'라 부르기도 하니, 이 또한 지리(地理)로 말미암아 그러한 것이다.

한양으로부터 서쪽으로 140리 떨어진 곳은 개성부(開城府)이니, 이곳이 바로 고려(高麗)의 수도이다. 송악산(松岳山)[60]은 개성의 진산(鎭山)[61]이고 만월대(滿

茲爲一國山水聚會精神之處. 三百年聲明、文物之區, 儒風大振, 號爲"小中華", 亦由地理然也.

自漢陽西去一百四十里爲開城府, 卽高麗國都也. 松岳爲鎭而滿月臺在其下,

---

59 목성(木星) : 여기서 말한 '하늘을 찌르는 목성'은 풍수에서 산을 형상에 따라 오성(五星, 목·화·토·금·수)에 배속시킨 것으로, 목성은 나무가 직립하듯 산의 형상이 솟아오른 것을 말한다. 아래 그림 참조.(조인철, 《우리시대의 풍수》, 127쪽)

목성	화성	토성	금성	수성

60 송악산(松岳山) : 개성특급시와 황해도 개풍군에 걸쳐 있는 산. 해발 488m.
61 진산(鎭山) : 풍수에서 말하는 주산(主山)·후산(後山)과 다른 개념의 산으로, 마을·고을·읍성의 단위에서 그 지역을 대표하는 산을 말한다.

月臺)62는 송악산 아래에 있으니, 《송사(宋史)》에서 말한 "큰 산에 의지해서 궁전을 세웠다."63라 한 곳이 바로 이곳이다. 만월대의 북쪽에 자하동(紫霞洞)64이 있는데 샘과 바위가 호젓하고 빼어나서 살기에 좋은 곳이 많다.

그러나 우리 조선이 나라를 세워 한양에 수도를 정한 뒤 왕씨의 세신(世臣)들 중 조선의 신하로 복종하려 하지 않은 사람들이 모두 이곳에 남아 따르지 않았다. 그래서 토박이들이 그 지역을 문을 닫고 사는 동네라 하여 '두문동(杜門洞)'이라 불렀다. 개국 초기에 앞으로 100년 동안은 개성의 선비들이 과거에 응시하는 것을 제한한다는 명을 내렸다. 그리하여 그 아들에서 손자로 이르는 동안 마침내 평민이 되어 장사를 생업으로 삼게 되었다. 그렇게 300년이 흐르자 마침내 관료로 이름난 선비가 없어졌다. 서울의 사대부들도 개성을 이역(異域, 딴 나라)으로 여기게 되어, 이곳에 가서 사는 사람이 없게 되었다.

풍덕부(豊德府)65는 개성부의 남쪽에 있고, 장단부(長湍府)66는 풍덕부의 동쪽에 있다. 한탄강[大灘江]67은 동쪽에서 흘러오고 징파도(澄波渡)68는 북쪽에서

《宋史》所謂"依大山立宮殿"者是也. 臺北有紫霞洞, 泉石幽絶, 多可居處.

然我朝開國, 定鼎漢陽, 王氏世臣之不欲臣服者, 皆留不從. 土人號其地曰"杜門". 國初命限百年停士子科擧, 傳子至孫, 遂爲平民, 以商販爲業. 三百年來, 遂無顯達之士. 京城士大夫視爲異域, 無往居者矣.

豊德府在其南, 長湍府在豊德之東. 大灘江自東, 澄波渡自北, 合於麻田, 循長

---

62 만월대(滿月臺) : 개성시 송악산 남쪽 기슭에 있던 고려시대의 왕궁. 현재는 터만 남아있다.

63 큰 산에……세웠다 : 《宋史》 487卷 〈列傳〉 第346 "外國三" '高麗'에 있다.

64 자하동(紫霞洞) : 신선이 살고 있다고 전해지는 개성시 송악산 남쪽의 골짜기.

65 풍덕부(豊德府) : 황해북도 개성시 개풍군 광덕면, 대성면, 상도면, 임한면, 중면, 풍동면, 흥교면 일대.

66 장단부(長湍府) : 경기도 파주시 군내면, 장단면, 진동면, 진서면, 연천군 백학면 갈현리·고읍리·두매리·두현리·매현리·백령리·사시리·석주원리·오음리·자작리·항동리·판부리·포춘리, 장남면, 왕징면 고왕리·고잔상리·고잔하리·기곡리·임강리, 파주시 문산읍, 적성면, 파평면 일대.(일제강점기 당시 주소로 장단군 강상면, 군내면, 대강면, 장단면, 장도면, 장남면, 진서면, 진동면 일대 포함)

67 한탄강[大灘江] : 강원도 평강군에서 발원하여 철원과 연천을 거쳐 전곡에서 임진강과 합류하는 강.

68 징파도(澄波渡) : 경기도 연천군 왕징면 북삼리 일대를 흐르던 강. 징파강(澄波江)이라고도 하며, 임진강의

흘러오는데, 이 두 강이 마전(麻田)[69]에서 합류한 뒤, 장단을 돌아 남쪽에서 임진(臨津)[70]이 된다. 또 서쪽에서 한강물과 모여서 풍덕의 승천포(昇天浦)[71]가 된다.

湍, 南爲臨津. 又西會漢水 爲豐德 昇天浦.

장단부의 치소는 임진 북쪽에 있는 백학산(白鶴山)[72] 아래에 있다. 고을의 북쪽에는 화장산(華藏山)[73]이 있는데 화장산 남쪽으로는 모두 낮은 산언덕과 평탄한 시내가 있다. 이곳은 고려부터 조선에 이르기까지 고관대작의 무덤이 많아서 사람들이 이곳을 낙양(洛陽)의 북망산(北邙山)[74]에 견주었다.[75]

長湍邑治在臨津北白鶴山 下. 邑北有華藏山, 華藏以 南皆細麓平川. 自麗至鮮, 多公卿塚墓, 人比之洛陽 北邙.

임진의 동쪽에는 연천(漣川)[76]·적성(積城)[77]이 있고, 북쪽에는 마전·삭녕(朔寧)[78]이 있다. 이곳은 한양

臨津東有漣川、積城, 北有 麻田、朔寧, 直漢陽北百餘

본류이다.

69 마전(麻田): 경기도 연천군 군남면 남계리·황지리, 미산면, 왕징면 노동리·동중리·무등리·북삼리·작동리 일대.

70 임진(臨津): 함경남도 덕원군 마식령산맥에서 발원하여 황해북도 판문군과 경기도 파주시 사이에서 한강으로 유입되어 황해로 흘러드는 임진강(臨津江)의 일부로, 경기도 파주시 파평면 율곡리 화석정 앞부분을 흐르는 강을 말한다.

71 승천포(昇天浦): 황해북도 개성시 풍덕군 일대에 있었던 포구로, 강화도의 금곡천(金谷川) 하구에서 흘러나오는 물줄기와 만난다. 금곡천은 남쪽에서 북쪽으로 흘러, 강화도 장정리와 양오리·송해면 상도리를 지나 숭뢰리 앞에서 바다로 들어가는데, 북쪽으로는 봉천산을, 남쪽으로는 고려산을 분수령으로 한다. 1696년에 편찬된 《강도지(江都志)》에는 "승천포의 근원은 봉두산에서 출발하여 북으로 흘러 바다에 들어간다."고 했다. 이 때문에 승천포·금곡천·다송천·승천개 등 불리는 명칭이 다양했다. 《대동여지도》에는 개성 지역에 '승천포(昇天浦)'라고 적혀 있고, 강 건너 강화 지역에 '승천(昇天)'이라 적혀 있다.

72 백학산(白鶴山): 경기도 파주시 군내면에 있는 산. 해발 229m. 백악산(白岳山)이라고도 한다.

73 화장산(華藏山): 경기도 파주시 진서면 일대에 있는 산. 해발 558m.

74 낙양(洛陽)의 북망산(北邙山): 중국 하남성(河南省) 낙양(洛陽) 북쪽에 있는 산. 낙양은 여러 나라의 도읍이 거쳐 갔으므로 이 산에는 역대 제왕과 명인들의 무덤이 많다.

75 고을의……견주었다: 《임원경제지》의 저자 서유구와 그 선조들의 무덤도 바로 이 지역(파주시 진서면 금릉리)에 있다. 지금은 남북한의 경계인 비무장지대이다.

76 연천(漣川): 경기도 연천군 군남면(남계리·황지리 제외), 연천읍(부곡리 제외), 왕징면 강내리·강서리, 중면 마거리·삼곶리·적거리·중사리·합수리·횡산리, 연천군 미산면, 포천시 창수면 일대.

77 적성(積城): 경기도 양주시 남면, 은현면 운암리, 연천군 백학면 구미리·노곡리·두일리·전동리·통구리·학곡리, 전곡읍 늘목리, 파주시 적성면(장좌리 제외), 파평면 장파리, 연천군 미산면, 장남면 일대.

78 삭녕(朔寧): 경기도 연천군 북서부 일대에 있던 군.

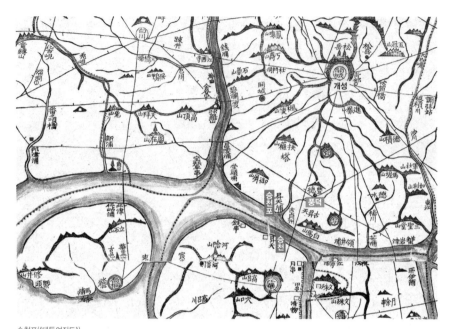

승천포(《대동여지도》)

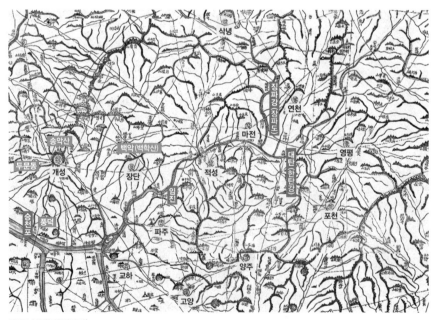

경기도 북부(《대동여지도》)

북쪽까지 곧장 가면 100여 리밖에 떨어지지 않았을 뿐만 아니라, 수로로 이경(二京, 한양과 개성)과 통한다. 그러나 이 지역은 모두 흙이 척박하고 백성들이 가난하여 살기에 좋은 곳이 적다. 오직 삭녕은 논밭이 상당히 좋고, 강에 임하여 빼어난 경관이 많아서 사대부들이 사는 집도 많다.

양주(楊州)·포천(抱川)[79]·가평(加平)[80]·영평(永平)[81]은 한양의 동쪽 교외이고, 고양(高陽)[82]·적성(積城)·파주(坡州)[83]·교하(交河)[84]는 한양의 서쪽 교외이다. 이 두 교외 지역은 모두 흙이 척박하고 백성들이 가난하므로 살기에 좋은 곳이 적다. 사대부가 집안이 가난해지고 세력을 잃은 뒤 삼남(三南, 충청도·전라도·경상도의 통칭) 지방으로 내려가는 사람은 가문을 보전할 수 있지만, 이 두 교외지역으로 이주하는 사람은 한미하게 되고 쇠퇴하게 되어 1~2대가 지난 뒤에는 평민으로 떨어지는 경우가 많다.《팔역가거지》[85]

里, 水路通二京. 然竝土薄民貧, 少可居處. 惟朔寧, 田地頗善 而臨, 江多勝槪, 亦多士夫之家.

楊州、抱川、加平、永平爲東郊, 高陽、積城、坡州、交河爲西郊. 二郊俱土瘠民貧, 少可居處. 士大夫家貧失勢, 下三南者, 能保有家世, 出二郊者, 寒傲凋殘, 一二傳之後, 多夷爲平民矣.《八域可居誌》

79 포천(抱川):포천시 시내, 가산면, 군내면, 신북면 가채리·고일리·기지리·만세교리·삼성당리·심곡리·신평리, 소흘읍, 화현면, 동두천시 탑동, 포천시 일동면 일대.
80 가평(加平):경기도 가평군 가평읍, 북면(적목리 제외), 상면, 청평면(삼회리 제외), 하면, 남양주시 수동면 내방리·외방리·입석리, 춘천시 서면 일대.
81 영평(永平):경기도 포천시 영북면, 영중면, 이동면, 일동면, 창수면, 관인면 사정리, 가평군 북면 적목리, 포천시 신북면, 연천군 전곡읍, 신서면, 철원군 근남면, 화천군 사내면 일대.
82 고양(高陽):경기도 고양시 덕양구(오금동·지축동·효자동 제외), 일산구, 파주시 조리읍, 서울특별시 은평구 일대.
83 파주(坡州):경기도 파주시 광탄면(기산리·영장리 제외), 문산읍, 법원읍, 월롱면, 조리읍, 파주읍, 파평면(장파리 제외), 고양시 덕양구 일대.
84 교하(交河):경기도 파주시 시내, 교하읍, 탄현면, 조리읍 등원리 일대.
85 《擇里志》〈京畿〉, 33~42쪽.

2) 충청도[湖西]¹

충청도 남쪽의 절반은 차령(車嶺)² 남쪽에 있어 전라도와 서로 접해 있고, 북쪽의 절반은 차령 북쪽에 있어 경기도와 서로 이웃하고 있다. 서쪽으로는 서해에 닿아 있고, 동쪽으로는 경상도와 이어져 있다. 동북쪽 모퉁이에 있는 충주 등의 고을은 강원도 남쪽으로 쑥 들어가 있다.

물산의 풍부함은 비록 전라도와 경상도에 미치지 못하지만 산천이 평탄하고 부드러우며, 서울의 가까운 남쪽을 차지하고 있으니, 그리하여 충청도는 사대부들이 모여 사는 곳이 되었다. 경성(서울)의 세도 있는 가문 중 충청도에 논밭과 집을 두고 근거지로 삼지 않는 집이 없다. 게다가 이 지역의 기후와 풍속이 서울과 크게 다르지 않으므로 터를 골라서 살기에 가장 좋은 곳이다.

공주(公州)³는 충청도관찰사의 감영이 있는 곳으로 곧 백제 말엽에 당(唐)의 장수 유인원(劉仁願)⁴이

湖西

湖西南一半在車嶺之南者,與湖南相接, 北一半在車嶺之北者, 與京畿相隣, 西臨大海, 東連嶺南, 東北角忠州等邑, 斗入江原之南.

物產之多, 雖不及二南, 而山川平嫩, 居國之近南, 玆爲衣冠淵藪, 京城世家無不置田宅於道內以爲根本之地. 且其風氣、俗習與京都無甚異, 故最可擇而居之.

公州爲道伯治所, 卽百濟末唐 劉仁願置熊津都督府

---

1 충청도[湖西]: 충주(忠州)와 청주(淸州) 두 지역의 머리글자를 합하여 만든 명칭이다. 호서(湖西)라는 명칭의 유래에는 2가지 설이 있다. 충청북도 제천에 있는 의림지(義林池)를 기준으로 해서 그 서쪽을 충청도라 한다는 설과 금강(錦江, 옛 명칭 湖江)을 기준으로 한다는 설이 있다.
2 차령(車嶺): 충청남도 천안시 동남구 광덕면과 공주시 정안면 일대에 있는 고개. 서울과 충청도를 연결하는 주요한 교통로였다. 해발 190m.
3 공주(公州): 충청남도 공주시 계룡면, 반포면, 사곡면, 시내, 신풍면, 우성면, 유구읍, 의당면, 이인면, 장기면, 정안면, 탄천면, 논산시 상월면 석종리, 부여군 부여읍 저석리, 연기군 금남면, 남면 나성리·방축리·송담리·송원리·종촌리, 대전광역시 중구, 동구 구도동·낭월동·대별동·삼괴동·상소동·소호동·원동·이사동·인동·장척동·동·중동·하소동·효동, 서구 갈마동·내동·도마동·둔산동·변동·복수동·삼천동·용문동·정림동, 유성구 금고동·금탄동·갑동·구성동·구룡동·구암동·궁동·노은동·대동·덕진동·도룡동·둔곡동·반석동·복룡동·봉명동·봉산동·상대동·송강동·수남동·신봉동·신성동·어은동·외삼동·원신흥동·자운동·장대동·죽동·지족동·추목동·하기동 일대.
4 유인원(劉仁願): ?~?. 중국 당나라의 낭장(郞將)으로 삼국통일 당시 나당연합군으로 파견되었다. 백제가 멸망한 후 군사 1만명을 거느리고 사비성(泗沘城, 현 부여)과 웅진 일대에 주둔하면서 백제의 저항 세력을 제압하였다.

웅진도독부(熊津都督府)[5]를 두었던 곳이다. 한양과의 거리가 300리이고, 차령과 금강(錦江)[6]의 남쪽에 있다. 공주에서 금강을 건너고 차령을 넘은 뒤 천안(天安)[7]과 직산(稷山)[8]을 지나 경기도에 도달한다. 직산 이북은 모두 들이 흩어져 있고 흙이 척박하며, 산적이 많아서 살기에 좋지 않다.

공주에서 서북쪽으로 200리쯤 되는 곳에 가야산(伽倻山)[9]이 있는데, 서쪽으로는 서해에 닿아 있고 북쪽으로는 경기도의 바닷가 고을과 큰 물[大澤][10] 하나를 사이에 두고 있다. 이곳이 바로 서해가 육지 안쪽으로 쑥 들어온 곳으로, 가야산 동쪽에 큰 평야를 갈라 들어와서 평야 가운데에 '유궁진(由宮津)[11]'이라는 큰 포구가 하나 있는데, 만조(滿潮)가 되지 않으면 배를 띄울 수 없다.

者也. 距漢陽三百里, 在車嶺, 錦水之南. 自公州渡錦水, 踰車嶺, 歷天安, 稷山以達京畿. 稷山以北, 皆野散土瘠, 多草寇不可居.

公州西北可二百里有伽倻山, 西臨大海, 北與京畿海邑隔一大澤, 卽西海之斗入處, 東坼大野, 野中有一大浦, 名"由宮津", 非候潮滿, 不可用船.

---

5 웅진도독부(熊津都督府) : 백제 멸망 후 웅진에 설치한 당나라의 통치기관. 660년 신라와 당나라의 연합군은 백제를 패망시켰고, 당나라는 백제의 옛 땅을 통치하기 위하여 5개의 도독부를 두었다.

6 금강(錦江) : 전라북도 장수군 장수읍의 신무산(神舞山)에서 발원하여 무주·금산·영동·옥천·보은·청주·대전·공주·논산·부여·서천·익산을 지나 군산만에서 서해로 흘러드는 강. 한강과 낙동강 다음으로 큰 강이다. 예전에는 공주 일대를 흐르던 강을 한정해서 금강 또는 웅진강이라 했고, 금산군에서는 적벽강, 부여군에서는 백마강이라 불렀다.

7 천안(天安) : 충청남도 천안시 동남구 광덕면·시내·풍세면, 아산시 둔포면 관대리·봉재리·산전리·송용리·시포리·신양리·신항리, 선장면 가산리·돈포리·대정리·신덕리·채신언리·홍곶리, 인주면 금성리, 예산군 신암면 신종리·신택리·하평리 일대.

8 직산(稷山) : 충청남도 천안시 서북구 성거읍·성환읍(성환)·입장면·직산읍, 경기도 평택시 안중읍 안중리, 오성면 교포리·당거리·창내리, 팽성읍 노양리·도두리·본정리·신대리, 포승면 만호리·신영리·희곡리, 현덕면 황산리 일대.

9 가야산(伽倻山) : 충청남도 예산군 덕산면과 서산시 운산면·해미면에 걸쳐 있는 산. 해발 678m.

10 큰 물[大澤] : 충청남도 아산시와 경기도 평택시 앞 아산만 일대는 소사하와 곡교천, 삽교천 등의 하천이 바다와 만나 큰 물을 이룬다.

11 유궁진(由宮津) : 충청남도 예산군 신암면, 당진시 합덕읍, 아산시 선장면의 경계로, 삽교천과 무한천이 만나는 지점에 있었던 듯한 포구. 유궁포(由宮浦)라고도 한다. 이 위치를 알려주는 정확한 자료는 없다. 유궁진 서쪽에 홍주·덕산이 있고, 동쪽에 신창·예산이 있다는 아래의 해설과 "유궁포 북쪽에 이르러 소사하(素沙河)와 합류하고, 이 두 물이 만나는 곳에 영인산(靈仁山)이 있다"는 충청도 기사의 후반부 설명에 의거한 결론이다. 이곳은 지금 삽교천 방조제가 조성되어 있다.

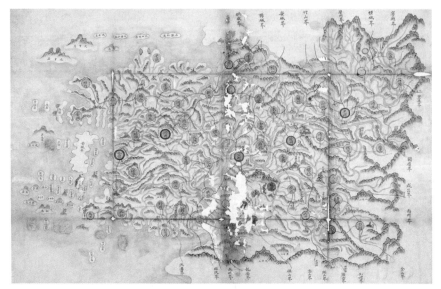

호서지도（《비변사인방안지도(備邊司印方眼地圖)》)(규장각한국학연구원 소장)

가야산의 앞뒤로 10개의 현(縣)이 있는데, 이 현을 통틀어 '내포(內浦)[12]'라 부른다. 내포의 지세는 험준하고 한 구석에 떨어져있기 때문에 임진왜란(1592년)과 병자호란(1636년) 두 차례 전란도 모두 이곳에는 이르지 않았다. 토지가 비옥하고 물가와 평지가 평탄하고 넓으며, 물고기와 소금이 극히 흔해서 부자가 많을 뿐만 아니라 대대로 거주하는 사대부도 많다. 그러나 바다가 가까워 학질(瘧疾)[13]과 부종(浮腫)[14]이 많이 발생하고, 산천은 비록 평탄하고 넓게

伽倻前後有十縣, 皆號爲 "內浦". 地勢斗絕一隅, 壬辰、丙子南北二亂俱不到, 土地饒沃, 墳衍平曠, 魚鹽至賤, 多富人, 亦多士大夫世居. 然近海多瘧腫, 山川雖平善迤闊, 而少秀拔之意, 邱陵雖嫩軟細小, 而乏泉石之勝, 此其

---

12 내포(內浦):아래의 설명에 따르면 내포로 불리는 현은 보령, 결성, 해미, 태안, 서산, 면천, 당진, 홍주, 덕산, 예산, 신창, 대흥, 청양 등 13개 현이라 할 수 있다. 여기서는 10개의 현이라 했고, 아래에서는 오서산 북쪽의 현을 11개라 했으나, 13개로 보아야 타당할 듯하다.

13 학질(瘧疾):학질을 유발하는 모기에게 물려서 감염되는 전염병. 오늘날의 병명으로는 말라리아에 해당한다. 고열과 함께 설사나 구토가 나온다.

14 부종(浮腫):몸이 부어오르는 병증. 혈액 순환 장애 등의 원인으로 발생한다.

펼쳐져 있지만 수려한 자태는 적다. 또 구릉은 비록 부드럽고 섬세하지만 샘과 바위의 빼어난 경치가 부족하니, 이것이 바로 단점이다.

그 중에서 보령(保寧)[15]은 산수가 가장 빼어난 곳으로, 영보정(永保亭)[16]이 있어 명승지라 부른다. 보령·결성(結城)[17]·해미(海美)[18] 3개의 고을은 가야산의 서쪽에 있고, 이 고을들의 북쪽은 태안(泰安)[19]과 서산(瑞山)[20]으로 강화(江華)와 남북으로 마주보며 작은 바다를 사이에 두고 있다. 서산의 동쪽에 있는 면천(沔川)[21]·당진은 북쪽으로 비껴서 남양(南陽)의 화량(花梁)[22]과 작은 바다를 사이에 두고 있다. 이 4개의 고을은 모두 가야산의 북쪽에 있다.

가야산의 동쪽은 홍주(洪州)[23]·덕산(德山)[24]이다.

所短也.

其中保寧山水最勝, 有永保亭號勝地. 保寧、結城、海美三邑在伽倻西, 其北則泰安、瑞山, 與江華南北相對隔小海. 瑞山之東沔川、唐津, 北斜與南陽 花梁隔小海. 此四邑在伽倻北.

伽倻之東爲洪州、德山, 竝

---

15 보령(保寧): 충청남도 보령시 시내·오천면·주교면·주포면·청라면·청소면 일대.

16 영보정(永保亭): 충청남도 보령시 오천면 소성리 충청수영성(忠淸水營城)에 있던 정자. 바다를 조망할 수 있고 경치가 수려해 시인들이 많은 시문을 남겼다. 1896년 폐영되면서 소실되었으나 2015년 복원하였다.

17 결성(結城): 충청남도 홍성군 결성면·구항면·서부면·은하면, 광천읍 가정리·광천리·내죽리·소암리 일대.

18 해미(海美): 충청남도 당진시 대호지면·정미면, 서산시 해미면, 운산면 갈산리·고산리·고풍리·수당리·수평리·안호리·여미리·용장리·용현리·팔중리 일대.

19 태안(泰安): 충청남도 태안군 남면·소원면·원북면·이원면·태안읍, 근흥면 두야리·마금리·수룡리·안기리·용신리, 안면읍 정당리, 서산시 팔봉면 고파도리 일대.

20 서산(瑞山): 충청남도 서산시 시내·대산읍·부석면·성연면·인지면·지곡면·팔봉면, 음암면(성암리 제외), 운산면 가좌리·갈산리·신창리·와우리·용현리·원평리·태봉리, 태안군 고남면·안면읍 일대.

21 면천(沔川): 충청남도 당진시 면천면·송산면·순성면, 송악읍(고대리·부곡리·오곡리·월곡리·한진리 제외), 우강면(부상리·신촌리 제외) 일대.

22 화량(花梁): 경기도 화성 일대의 옛 지명. 현재는 화성시 송산면이다. 조선 전기에 경기수군절도사영(京畿水軍節度使營)이 설치되어 있던 화량진(花梁鎭)이다.

23 홍주(洪州): 충청남도 당진시 신평면, 송악읍 고대리·부곡리·오곡리·월곡리·전대리·한진리, 순성면 중방리, 우강면 세류리, 합덕읍 대전리·대합덕리·도곡리·석우리·성동리·소소리·신리·신석리·옥금리·운산리, 보령시 용천면, 오천면 녹도리·삽시도리·외연도리·원산도리, 서산시 고북면, 운산면 가좌리·거성리·상성리·소중리·원벌리, 청양군 화성면, 남양면 구룡리·대봉리·온암리·용두리·용마리·홍산리, 비봉면 강정리·방한리·양사리·용천리, 홍성군 갈산면·금마면·장곡면·홍동면·홍북면·홍성읍, 은하면 장척리, 전라북도 군산시 옥도면 어청도리 일대.

24 덕산(德山): 충청남도 예산군 고덕면·덕산면·봉산면·삽교읍, 신암면 하평리, 당진시 합덕읍 도리·신흥리·잠원리·합덕리 일대.

이곳은 모두 유궁진의 서쪽에 있어 유궁진 포구의 동쪽에 있는 예산(禮山)[25]·신창(新昌)[26]과 더불어 뱃길로 한양과 통하는 매우 빠른 길이다.

홍주의 동남쪽은 대흥(大興)[27]·청양(靑陽)[28]이 있는데, 이곳이 바로 백제의 임존성(任存城)[29]이다.

在由宮之西, 與浦東禮山、新昌舟楫通漢陽甚捷.

洪州東南爲大興、靑陽, 卽百濟 任存城.

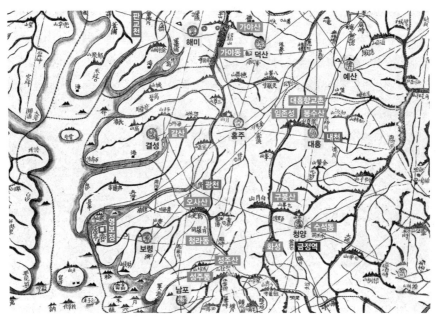

보령·결성·홍주·해미 일대(《대동여지도》)

---

25 예산(禮山):충청남도 예산군 대술면·예산읍·오가면, 신암면 계촌리·두곡리·별리·예림리·오산리·용궁리·조곡리·종경리·중례리·탄중리 일대.

26 신창(新昌):충청남도 아산시 도고면·신창면, 시내 득산동·점량동, 선장면 가산리·군덕리·궁평리·대흥리·선창리·신동리·신성리·장곶리·죽산리·홍곶리 일대.

27 대흥(大興):충청남도 예산군 광시면·대흥면·신양면·응봉면 일대.

28 청양(靑陽):충청남도 청양군 대치면·운곡면·청양읍, 남양면 금정리·매곡리·백금리·봉암리·신왕리·온암리·온직리, 비봉면 관상리·녹평리·사점리·신원리·장재리·중목리 일대.

29 임존성(任存城):충청남도 예산군 대흥면 상중리 산8번지에 있는 백제시대 산성. 봉수산(鳳首山) 정상과 그 주위를 둘러싸고 있으며, 봉수산성이라고도 한다. 사적 제90호.

임존성(《한국민족문화대백과사전》)

이 11개의 고을은 모두 오서산(烏棲山)[30]의 북쪽에 있다. 【오서산은 가야산으로부터 내려와 내포의 남쪽에 있다.】

오서산 앞의 한 맥이 서남쪽으로 뻗어 성주산(聖住山)[31]이 되었다. 성주산의 서쪽은 곧 비인(庇仁)[32]·남포(藍浦)[33]로, 흙이 매우 기름지고 서쪽으로는 서해에 닿아 있어 물고기·소금·메벼를 판매하는 이익이 있다.

성주산의 남쪽은 곧 서천(舒川)[34]·한산(韓山)[35]·임천(林川)[36]으로, 앞쪽으로는 진강(鎭江)[37]에 닿아 있고

茲十一邑竝在烏棲山之北.【烏棲山自伽倻山來, 在內浦之南.】

烏棲前一脈西南行, 爲聖住山. 山西卽庇仁、籃浦, 土極膏腴, 西臨大海, 有魚鹽、粳稻之利.

山南卽舒川、韓山、林川, 前臨鎭江, 居江海間, 舟楫

---

30 오서산(烏棲山):충청남도 홍성군 광천읍, 보령시 청소면, 청양군 화성면에 걸쳐 있는 산. 해발 790m.《대동여지도》에는 오사산(烏史山)으로 적혀 있다.
31 성주산(聖住山):충청남도 보령시 미산면·성주면에 걸쳐 있는 산. 해발 680m.
32 비인(庇仁):충청남도 서천군 비인면·서면·종천면·판교면 일대.
33 남포(藍浦):충청남도 보령시 남포면·미산면·성주면·웅천읍·주산면 일대.
34 서천(舒川):충청남도 서천군 마서면·문산면·서천읍·시초면·장항읍·종천면·지석리, 판교면 금덕리·등고리·문장리·북산리, 전라북도 군산시 옥도면 개야도리 일대.
35 한산(韓山):충청남도 서천군 기산면·마산면·한산면·화량면 일대.
36 임천(林川):충청남도 부여군 세도면·양화면·임천면·장암면·충화면 일대.
37 진강(鎭江):금강의 이칭. 백마강 하류에서 바다로 흘러가는 강을 말한다.《대동여지도》에는 진포(鎭浦)로 적혀 있다.

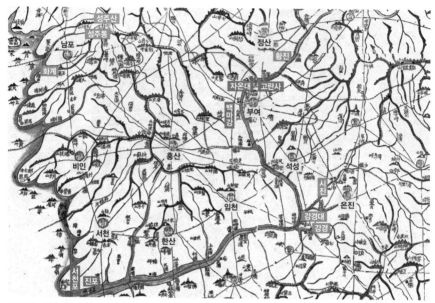

비인·남포·서천·한산·홍산·정산·강경 일대(《대동여지도》)

강과 바다 사이를 차지하고 있어 뱃길의 편리함이
한양에 뒤지지 않는다.

    성주산의 동북쪽에는 홍산(鴻山)[38]·정산(定山)[39]이
있다. 홍산은 임천의 북쪽에 있으며, 동쪽으로는 강
경(江景)[40]과 강을 사이에 두고 있다. 정산은 청양의
동쪽에 있으며, 공주와 경계를 접하고 있다.

    이 7개 고을은 대체적으로 풍속이 같고, 또 대대
로 거주하는 사대부가 많다. 다만 청양과 정산은 산
수에 산람장기가 있어서 살기에 좋지 않다.[41]

之利不下漢陽.

山東北有鴻山、定山. 鴻山
在林川北, 東與江景隔江.
定山在青陽東, 與公州①
接壤.

兹七邑大同俗, 又多士大夫
世居者. 惟青陽、定山水土
瘴惡, 不可居.

---

38 홍산(鴻山):충청남도 부여군 구룡면·남면·내산면·옥산면·외산면·홍산면, 보령시 미산면 도흥리 일대.

39 정산(定山):충청남도 청양군 목면·장평면·정산면·청남면 일대.

40 강경(江景):충청남도 논산시 강경읍 일대.

41 다만……않다:여기서 말한 고을 중 청양은 오서산 남쪽의 7개 고을이 아니라 오서산 북쪽의 13개 고을 중
   하나이다.

① 州:《擇里誌·忠淸道》에는 "山".

계룡산(2009년 촬영. 조인철 제공)

진안 마이산(2011년 촬영. 조인철 제공)

공주의 경계는 매우 넓고, 금강에 걸쳐 있다. 공주의 동남쪽 40리 떨어진 곳이 계룡산(鷄龍山)[42]이니, 바로 전라도 마이산(馬耳山)[43]의 산줄기가 끝나는 곳으로, 금강의 남쪽에 있다. 계룡산의 한 줄기가 서쪽으로 내려가다 크게 끊어져 판치(板峙)[44]가 되고, 다시 일어나서 월성산(月城山)[45]이 되니, 이 산이 공주의 진산(鎭山)이다.

금강은 동쪽에서 공주의 북쪽으로 흘러오다 남쪽으로 꺾어져 웅진(熊津)[46]이 되고, 백마강(白馬江)이 되었다가 강경강(江景江)[47]이 된다. 그리고 서쪽으로 꺾어져 진강(鎭江)이 되었다가 바다로 들어간다.

公州境界甚廣, 跨據錦水. 州東南四十里爲鷄龍山, 卽全羅 馬耳之盡脈也, 在錦江南. 一支西下, 大斷爲板峙, 復起爲月城山, 爲州之鎭山.

錦水自東至州北, 南折而爲熊津, 爲白馬江, 爲江景江. 又西折爲鎭江, 入于海[2].

---

42 계룡산(鷄龍山): 충청남도 공주시·계룡시·논산시와 대전광역시에 걸쳐 있는 산. 해발 845m.

43 마이산(馬耳山): 전라북도 진안군 진안읍 남쪽에 있는 2개의 암석 봉우리로 이루어진 산. 해발 673m.

44 판치(板峙): 충청남도 공주시 계룡면 기산리(箕山里) 원골 남쪽에 있는 고개. 수일령(水溢嶺)·수유령(水踰嶺)·무너미고개·늘티 등의 이칭이 있다.

45 월성산(月城山): 충청남도 공주시 옥룡동과 소학동에 걸쳐 있는 산. 해발 313m.

46 웅진(熊津): 금강의 이칭. 충청남도 공주시 일대를 흐르는 강.

47 강경강(江景江): 금강의 이칭. 충청남도 논산시 연무읍에서 발원하여 논산천으로 흘러드는 금강의 제2지류.

2 海: 저본에는 "利".《擇里誌·忠淸道》에 근거하여 수정.

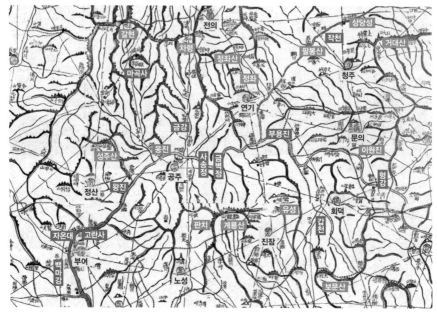

공주·은진·부여·연기 일대《대동여지도》

은진(恩津)48의 남쪽에는 사제천(沙梯川)49이 있고, 동남쪽은 부여현(扶餘縣)50인데 백마강과 닿아 있으니, 바로 백제의 고도(故都)이다. 강가에는 바위와 골짜기가 기이하고 빼어나며, 경치가 몹시 뛰어나고, 흙이 매우 비옥하여 부유한 집이 많다.

속리산(俗離山)51이 남쪽으로 뻗어나가다 추풍령(秋風嶺)52에서 크게 끊어지고, 다시 일어나서 황간

恩津南有沙梯川, 東南爲扶餘縣, 臨白馬江, 卽百濟故都. 濱江巖壑奇秀, 景槪絶勝, 土極沃, 多富厚之家.

俗離山南走, 大斷於秋風嶺, 起爲黃澗 黃岳山, 入

---

48 은진(恩津):충청남도 논산시 가야곡면·은진면·채운면, 강경읍 남교리·대흥리·동흥리·북옥리·산양리·서창리·염천리·중앙리·채산리·채운리·태평리·홍교, 시내 가산동·관촉동·내동·대교동·등화동·반월동·지산동·취암동·화지동, 양촌면 석서리·중산리, 연무읍 금곡리·동산리·마산리·소룡리·양지리·죽본리·죽평동 일대.
49 사제천(沙梯川):충청남도 논산군 은진면 반야산 기슭을 흐르는 하천.
50 부여현(扶餘縣):충청남도 부여군 규암면·은산면, 부여읍(현북리 제외), 초촌면 세탑리·송국리·신암리·연화리·응평리·초평리·추양리 일대.
51 속리산(俗離山):충청북도 보은군 속리산면과 괴산군, 경상북도 상주시 화북면에 걸쳐 있는 산. 해발 1,058m.
52 추풍령(秋風嶺):충청북도 영동군 추풍령면과 경상북도 김천시 봉산면의 경계에 있는 고개. 해발 221m.

덕유산(2005년 촬영, 조인철 제공)

(黃澗)[53]의 황악산(黃岳山)[54]이 되며, 전라도 경계로 들어가서 무주(茂朱)[55]의 덕유산(德裕山)[56]이 된다. 또 덕유산으로부터 내려가다 장수(長水)[57]와 남원(南原)[58] 사이에서 크게 끊어졌다가 서쪽으로 가서 임실(任實)의 마이산[59]이 된다. 여기에서 돌산의 한 줄기가 거꾸로

湖南境爲茂朱之德裕山. 又自德裕大斷於長水、南原間, 西去爲任實 馬耳山. 自此石山一脈逆行北走, 爲珠琉山、雲梯山、大芚山,

---

53 황간(黃澗) : 충청북도 영동군 매곡면·상촌면·황긴면, 용산면 백자전리·청화리, 추풍령면 계룡리, 경상북도 김천시 봉산면 광천리·덕천리·상금리·신암리·예지리·태화리, 대항면 덕전동·복전동·향천동 일대

54 황악산(黃岳山) : 충청북도 영동군 매곡면·상촌면과 경상북도 김천시 대항면에 걸쳐 있는 산. 황학산(黃鶴山)이라고도 한다. 해발 1,111m. 본문에서는 황간의 황악산으로 되어있으나, 현재는 행정구역 개편으로 황간이 영동군에 편입되었다.

55 무주(茂朱) : 전라북도 무주군 무주읍·무풍면·설천면·안성면·적상면, 전라북도 장수군 계북면, 충청북도 영동군 양강면·용화면 일대.

56 덕유산(德裕山) : 전라북도 무주군·장수군과 경상남도 거창군·함양군에 걸쳐 있는 산. 주봉인 향적봉(香積峰)은 해발 1,614m.

57 장수(長水) : 전라북도 장수군 계남면·계북면·장계면·장수읍·천천면, 산서면 마하리·백운리·오성리·학선리 일대.

58 남원(南原) : 전라북도 남원시 시내·금지면·대강면·대산면·덕과면·보절면·사매면·산동면·송동면·수지면·이백면·주생면·주천면, 산내면 덕동리, 순창군 동계면 관전리·내령리·서호리·수장리·수정리·신흥리·유산리·이동리·주월리·현포리, 적과면 괴정리, 임실군 삼계면·지사면, 오수면 금암리·대정리·둔기리·둔덕리·신기리·오수리·용두리·용정리, 장수군 번암면, 산서면 건지리·동화리·봉서리·사계리·사상리·신창리·쌍계리·오산리·이룡리·하월리, 전라남도 곡성군 고달면, 구례군 산동면, 광의면 구만리·대전리·방광리·온당리, 용방면 신도리·죽정리·중방리, 장수군 장수읍 일대.

59 임실(任實)의 마이산 : 마이산은 진안에 있기 때문에 임실은 진안의 오기로 보인다.

북쪽으로 뻗어나가 주류산(珠琉山)[60]·운제산(雲梯山)[61]·대둔산(大芚山)[62]이 되었다가, 다시 충청도 경계로 들어와 금강을 등지고 돌아서 계룡산이 된다.

덕유산과 마이산 사이에 있는 동서 여러 고을의 시내와 계곡물이 합류하여 적등강(赤登江)[63]이 되고, 남쪽에서 북쪽으로 흘러가다 옥천(沃川)[64]의 동쪽에 이르러 또 속리산의 물과 합류하여 서쪽으로 꺾어져 금강이 된다. 영동(永同)[65]·황간·청산(靑山)[66]·보은(報恩)[67]은 적등강의 동쪽에 있고, 옥천은 적등강의

還入湖西境, 背錦水而廻爲鷄龍山.

德裕、馬耳之間東西諸邑川壑之水, 合爲赤登江, 自南北走至沃川東, 又合俗離之水, 西折爲錦江. 永同、黃澗、靑山、報恩在赤登之東, 沃川在赤登之西, 永同

---

60 주류산(珠琉山): 주류산은 《택리지》에 '주류산(珠旒山)'으로 적혀 있다. 《대동여지도》 등 여지서에는 대부분 '주줄산(珠崒山)'으로 적혀 있다. 전라북도 진안군 부귀면·정천면·주천면과 완주군 동상면에 걸쳐 있는 운장산이다. 해발 1,126m.《신증동국여지승람》·《호남지도》·《해동지도》에는 '주줄산(珠崒山)', 《여지도서》·《광여도》·《1872년 지방지도》 등에는 '추줄산(崷崒山)'이라 적혀 있다. 국토지리정보원 편, 《한국지명유래집: 전라·제주편 지명》, 2010 참조.

61 운제산(雲梯山): 위치를 고증하기가 어렵다. 《대동여지도》·《동국여지승람》 등에 나온다. 《신증동국여지승람》에서는 "불명산(不明山)은 현의 북쪽 30리에 있다. 운제산은 운제현에 있으며, 산이 아주 높고 험하다.(不明山在縣北三十里. 雲梯山在雲梯縣, 山極高險.)"라 했다. 《여지도서》의 전라도 '고산'편에서는 "불명산에서 뻗어나온다. 관아 동쪽 23리에 있다."라 했다. 지금의 불명산은 전라북도 완주군 경천면과 운주면에 걸쳐 있는 산(해발 428m)을 가리키는데, 지리지의 불명산과는 다른 산이다. 지리지에 나오는 불명산은 《대동여지도》 등 여러 지리서에 북쪽에 쌍계사가 위치해 있는 것으로 보아 작봉산을 가리키는 것으로 보아야 한다. 작봉산은 충청남도 논산시 양촌면과 전라북도 완주군 화산면의 경계에 걸쳐 있다(해발 419.6m). 이런 점들을 고려했을 때 운제산은 작봉산의 남쪽에 있으면서 산이 높고 험한 산이어야 한다. 그리고 《대동여지도》에는 그 산 바로 남쪽에 운제현(고산현의 속현이었던 옛 현)의 치소가 있었던 곳으로 표기되어 있다. 이곳에는 지금 화산면사무소가 있는 점으로 미루어보아, 이곳에 운제현의 치소가 있었을 가능성이 있다. 따라서 화산면사무소의 북쪽에 있는 고성산(374m, 화산면 화평리)과 예봉산(411m, 화산면 승치리)이 운제산이었을 가능성이 높아 보인다. 지금도 운제리라는 지명이 남아 있는데, 운제리는 화산면사무소의 동남쪽 가까이에 있다. 예봉산 남쪽에 두 봉우리가 있는데, 이 산 중 낮은 봉우리(363m)를 운제산으로 보는 견해도 있다.

62 대둔산(大芚山): 전라북도 완주군과 충청남도 논산시·금산군에 걸쳐 있는 산. 해발 878m.

63 적등강(赤登江): 금강의 이칭. 충청북도 영동군 동이면 적하리 일대에서는 금강을 적등진(赤登津)이라 불렀다. 적등진 나루는 충청도와 경상도를 연결하는 중요한 길목이었다. 《대동여지도》에는 적등진으로 적혀 있다.

64 옥천(沃川): 충청북도 옥천군 군북면·군서면·동이면·안남면·안내면·옥천읍·이원면), 영동군 양산면·학산면, 양강면 두평리·묵정리, 용화면 여의리·용강리·자계리 일대.

65 영동(永同): 충청북도 영동군 심천면·양강면·영동읍, 용산면(백자전리 제외), 용화면 안정리·용화리·월전리·자계리·조동리, 옥천군 양산면, 이원면 일대.

66 청산(靑山): 충청북도 옥천군 청산면·청성면, 보은군 내북면 도원리·동산리·봉황리·성암리·성치리·아곡리·적음리·창리·화전리, 안내면 일대.

67 보은(報恩): 충청북도 보은군 마로면·보은읍·산외면·삼승면·속리산면·수한면·장안면·탄부면, 내북면 두평리·상궁리·서지리·세촌리·이원리·하궁리 일대.

238   상택지·권제 2

서쪽에 있으며, 영동은 속리산과 덕유산 사이를 차지하고 있다.

공주에서 동쪽으로 금강의 남쪽 강둑을 따라가다가 계룡산의 배후에서 거듭된 고개를 넘으면 유성(儒城)[68]의 큰 평야가 되고, 그 들에 있는 시내는 들 가운데를 가로지르면서 서쪽으로 흐르다가 진산(珍山)[69]의 옥계(玉溪)[70]와 합류하여 북쪽에서 금강으로 흘러 들어가니, 이를 '갑천(甲川)[71]'이라 한다. 갑천의 동쪽은 곧 회덕현(懷德縣)[72]이고 서쪽은 곧 진잠현(鎭岑縣)[73]이다. 동서의 양쪽 산이 남쪽에서 평야를 끌어안고 있으며, 평야는 북쪽에 이르러 합류하여 교차한다. 높이 가로막혀 있는 사방의 산은 평야 가운데를 둘러싸고 있으며, 평탄한 산등성이는 구불구불 뻗어있으면서 부드럽다. 구봉산(九峯山)[74]과 보문산(寶文山)[75]은 평야의 남쪽에 높이 솟아 있는데 그 청명한 기상은 거의 한양의 동쪽 교외보다 뛰어나고,

居俗離、德裕之間.

自公州東循江南岸, 鷄龍背後踰重嶺, 爲儒城大野, 有川畫一野之中西流, 與珍山玉溪合, 北入錦江, 曰"甲川". 甲川之東卽懷德縣, 西卽鎭岑縣. 東西兩山自南抱野, 至北合叉, 高障四山, 環圍野中, 平岡委蛇頓嫩. 九[3]峯山、寶文山聳峙於南, 清明氣像殆過漢陽東郊, 田地極善且廣. 但海汀稍遠, 西仰江景之輸易.

---

68 유성(儒城): 대전광역시 유성구 일대. 구성동·어은동·궁동·봉명동·원신흥동·상대동·구암동 등 옛 유성면 지역이 1935년 행정구역 개편으로 충청남도 대덕구에 편입되었고, 1983년에는 대전시에 편입되었다.

69 진산(珍山): 충청남도 금산군 복수면·진산면·추부면 일대.

70 옥계(玉溪): 충청남도 금산군 진산면에 있는 계곡인 옥계에서 발원한 시내.

71 갑천(甲川): 전라북도와 충청남도의 경계인 대둔산(878m)에서 발원하여 논산·금산·대전을 거쳐 금강으로 흘러드는 금강의 제1지류이다.

72 회덕현(懷德縣): 대전광역시 대덕구, 동구 가양동·가오동·낭월동·대동·대별동·대성동·대화동·마산동·비룡동·삼성동·삼정동·삼천동·성남동·세천동·소제동·신상동·신안동·신하동·신흥동·용계동·용운동·용전동·자양동·주산동·천동·추동·판암동·홍도동, 유성구 문지동·원촌동·전민동·탑립동 일대.

73 진잠현(鎭岑縣): 대전광역시 서구 관저동·괴곡동·도안동·매로동·봉곡동·산직동·오동·용촌동·우명동·원정동·장안동·평촌동·흑석동, 유성구 계산동·교촌동·대정동·방동·성북동·세동·송정동·용계동·원내동·학하동, 충청남도 계룡시 남선면 남선리 일대.

74 구봉산(九峯山): 대전광역시 서구 관저동, 가수원동, 괴곡동, 흑석동, 봉곡동에 둘러싸여 봉우리 9개가 길게 서 있는 산. 해발 264m.

75 보문산(寶文山): 대전광역시 중구 대사동·석교동에 걸쳐 있는 산. 해발 457m.

[3] 九: 저본에는 "北".《擇里誌·忠淸道》에 근거하여 수정.

논밭도 매우 좋고 또한 넓다. 다만 바닷가가 조금 멀
기 때문에 서쪽으로 강경과의 수송과 교역에 의지하
고 있다.

계룡산 사련봉(四連峯)[76]의 한 줄기가 서쪽으로 내
려와 경천촌(敬天村)[77]이 된다. 경천촌의 서쪽은 노
성(魯城)[78]·석성(石城)[79]이고 그 남쪽은 연산(連山)[80]·
은진이다. 노성과 연산은 산에 가까우면서도 흙이

雞龍 四連峯一支西下爲敬
天村, 其西則魯城、石城,
其南則連山、恩津. 魯、連
山土沃, 恩、石處野土

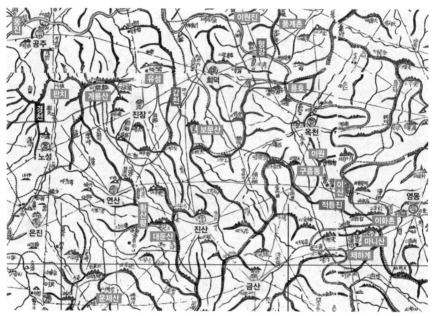

유성·진산·진잠·회덕·노성·연산 일대(《대동여지도》)

---

76 사련봉(四連峯): 충청남도 공주시 계룡면 계룡산 관음봉에서 연천봉 사이에 있는 4개의 봉우리. 문필봉이
   라고도 한다.
77 경천촌(敬天村): 충청남도 공주시 계룡면 경천리에 있던 마을.
78 노성(魯城): 충청남도 논산시 노성면 일대.
79 석성(石城): 충청남도 부여군 석성면, 부여읍 현북리, 논산시 성동면 일대.
80 연산(連山): 충청남도 계룡시 시내 금암동, 두마면·엄사면, 신도안면 부남리·석계리·용동리·정장리, 논
   산시 부적면·벌곡면·연산면, 양촌면 거사리·남산리·명암리·모촌리·반곡리·산직리·신량리·신흥리, 광석
   면 일대.

비옥하고, 은진과 석성은 들에 있으면서도 흙이 척박해서 홍수나 가뭄의 해를 자주 당한다. 이 4개의 고을은 경천촌과 통해 하나의 들로 되어 있고, 바다 밀물이 강경강으로부터 들 가운데로 흐르는 여러 하천에 출입하므로 모두 뱃길로 통행할 수 있다.

영동의 동쪽은 추풍령이다. 추풍령은 덕유산이 산맥을 지나다가 기운이 쉬는 곳이므로 이름은 비록

薄, 數被水旱之災. 此四邑與<u>敬天</u>通爲一野, 海潮從<u>江景</u>出入野中諸川, 皆通舟楫.

<u>永同</u>之東爲<u>秋風嶺</u>, 嶺爲<u>德裕</u>過脈息氣處, 名雖嶺,

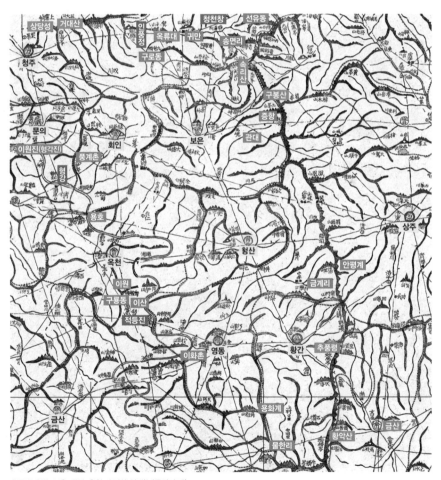

추풍령·청산·보은·회인·옥천·속리산 일대(《대동여지도》)

고개[嶺]지만 실제로는 평지이다. 그러므로 산세가 아주 거칠거나 웅장하지는 않지만, 그렇다고 또 아주 낮거나 평탄하지도 않으며 암석과 산봉우리가 모두 윤택하면서도 온화한 정취를 띠고 있다. 계곡물이 맑고 깨끗해서 사랑스럽고, 토지는 비옥하며 물도 많아서 관개하기 쉬우므로 가뭄의 해가 적다.

청산 역시 그러하다. 청산은 북쪽으로 보은과 접하고 있다. 보은과 청산 2개의 고을은 모두 대추 농사에 알맞아서 백성들은 대추 판매를 생업으로 삼고 있다. 보은의 북쪽은 회인현(懷仁縣)[81]으로 첩첩산중의 골짜기에 있다.

옥천은 북쪽으로 금강을 경계로 하고, 회덕과 고개 하나를 사이에 두고 있는데, 마치 한강의 동쪽 교외처럼 산천이 정결하고 흙빛은 밝고 수려하다. 그러므로 들이 매우 척박하여 논에서는 수확이 적지만, 토지는 면화 농사에 가장 알맞기 때문에 백성들은 면화 재배를 생업으로 삼고 있다. 그러나 예로부터 글을 쓰고 학문하는 선비가 많이 나왔다.

속리산은 청주(淸州)[82] 동쪽 100리 떨어진 곳에

而實則平地. 故山勢[4]不甚麤壯, 亦不甚低平, 而巖石、峯巒俱帶潤澤、和淑之意, 溪澗淸澄可愛, 土地肥厚, 水多易漑, 少旱災.

靑山亦然, 北接報恩. 報恩、靑山二邑俱宜棗, 民以販棗爲業. 報恩之北爲懷仁縣, 在萬山深峽中.

沃川北限錦江, 與懷德隔一嶺, 山川精潔, 土色明秀如漢陽東郊. 故野甚瘠薄, 水田少所收, 地最宜綿, 民以種綿爲業, 然自古多出文學之士.

俗離山在淸州東百里, 山

---

81 회인현(懷仁縣):충청북도 보은군 회남면·회인면, 내북면 법주리·신궁리·염둔리·용수리, 수한면 노성리·세촌리·율산리·차정리, 청원군 가덕면 계산리·수곡리·시동리, 문의면 마구리·마동리·묘암리·염치리 일대.
82 청주(淸州):충청북도 괴산군 청천면 강평리·거봉리·고성리·귀만리·금평리·대전리·대치리·덕평리·도원리·무릉리·부성리·사기막리·사담리·삼락리·상신리·선평리·송면리·신월리·여사왕리·운교리·월문리·이평리·지경리·지촌리·청천리·평단리·화양리·후영리·후평리, 청원군 강내면·남이면·남일면·낭성면·내수읍·미원면·오송읍·옥산면, 가덕면 금거리·내암리·병암리·상야리·한계리, 북이면 광암리·금대리·금암리·내둔리·내추리·대길리·대율리·부연리·서당리·석화리·선암리·송정리·신기리·신대리·영하리·장재리·초중리·토성리·현암리·호명리·화상리, 오창읍(여천리 제외), 청주시 상당구·흥덕구, 충청남도 천안시 동남구 수신면, 병천면 송정리, 세종특별자치시 부강면 산수리·행산리, 소정면 소정리·운당리, 대전광역시 동구 내탑동·사성동·신촌동·오동·주촌동·추동, 세종특별자치시 연동면, 진천군 초평면 일대.
[4] 山勢:《擇里誌·忠淸道》에는 "山雖多".

달천《한국민족문화대백과사전》

있다. 속리산의 물이 동쪽으로 흘러가면 경상도의 낙동강으로 들어가고, 서쪽으로 흘러가면 금강으로 들어가고, 북쪽으로 흘러가면 충주의 달천(達川)[83]이 되어서 한강으로 들어간다.

속리산 산맥의 한 줄기는 북쪽으로 뻗어나가 거대령(巨大嶺)[84]이 되고, 달천을 끼고 서북쪽으로 경기도의 죽산 경계에 이르러 칠장산이 된다. 칠장산에서 한강물을 따라가다 서북쪽으로 뻗은 줄기는 여기저기 흩어져서 한강 이남의 여러 산이 된다.[85]

칠장산에서 서남쪽으로 뻗은 줄기는 하나의 산줄기[嶺脈]가 되어 진천(鎭川)[86]에서는 대문령(大門嶺)[87]이

水東注者入慶尙 洛東江, 西注者入錦江, 北注者爲 忠州 達川, 入漢江.

山脈一支北走爲巨大嶺, 夾 達川西北至京畿 竹山境, 爲七長山. 自七長循漢水 西北行者, 散爲漢南諸山.

西南行者爲一嶺脈, 在鎭 川爲大門嶺, 在木川爲磨日

---

83 달천(達川): 충청북도 보은군 속리산에서 발원하여 괴산군을 지나 충주시 서쪽에서 남한강으로 합류하는 하천. 길이 123km. 달래강 또는 감천(甘川)이라고도 한다. 《대동여지도》에는 달천강(達川江)으로 적혀 있다.
84 거대령(巨大嶺): 충청북도 청주시 상당구 명암동에 있는 고개. 것대고개라고도 한다. 해발 484m. 《대동여지도》에는 거대령 대신에 거대산(巨大山)으로 적혀 있다. 거대령은 이 산을 넘어가는 고개일 것이다.
85 칠장산에서……된다: 경기도 안성시 일대에 있는 칠장산에서 서북쪽으로 낮은 산들이 계속 이어져 한강과 남한강 유역 일대의 고지대를 형성한다. 《상택지》권2〈전국총론〉 "경기도"에 각 산들의 명칭이 보인다.
86 진천(鎭川): 충청북도 진천군 덕산면·만승면·문백면·백곡면·이월면·진천읍, 초평면 금곡리·신통리·연담리·영구리·오갑리·용정리·화산리 일대.
87 대문령(大門嶺): 충청북도 진천군 백곡면 대문리에 있는 고개.

되고, 목천(木川)⁸⁸에서는 마일령(磨日嶺)⁸⁹이 되었다가 전의읍(全義邑)⁹⁰에서 크게 끊어져 서쪽에서는 평지가 되고, 금강의 북쪽에 이르러 다시 일어나서 차령(車嶺)이 된다.

이 차령 줄기가 또 서쪽으로는 무성산(武城山)⁹¹과 오서산(烏棲山)이 되었다가 남쪽으로 뻗어 임천·한산에서 그치고 북쪽으로 뻗어 태안·서산에서 그친다.

마일령 동쪽과 거대령 서쪽 사이에는 중간에 큰 평야가 펼쳐져 있고, 동서에 있는 두 산의 물이 합류하여 작천(鵲川)⁹²이 된다. 작천은 진천 7정(七亭)⁹³의 동쪽에서 발원하여 남쪽에서 금강 상류인 부용진(芙蓉津)⁹⁴으로 들어간다. 작천의 서쪽은 목천·전의·연기(燕岐)⁹⁵이고, 작천의 동쪽은 청안(淸安)⁹⁶·청주·문의(文義)⁹⁷이다.

嶺, 大斷於全義邑, 西爲平地, 至錦北復起爲車嶺.

又西爲武城、烏棲, 南止於林川、韓山, 北止於泰安、瑞山.

磨日嶺以東、巨大嶺以西中開大野, 東西二山之水合爲鵲川. 鵲川發源於鎭川七亭之東, 南入錦江上流芙蓉津. 鵲川之西爲木川、全義、燕岐, 鵲川之東爲淸安、淸州、文義.

---

88 목천(木川) : 충청남도 천안시 동남구 동면·목천읍·북면·성남면, 병천면(송정리 제외) 일대.

89 마일령(磨日嶺) : 충청남도 천안시 목천읍 송전리와 성거면 천흥리 사이에 있는 고개. 만일령(晩日嶺)이라고도 한다. 《대동여지도》에는 망일령(望日嶺)으로 적혀 있다.

90 전의읍(全義邑) : 세종특별자치시 전의면, 전동면 노장리·미곡리·보덕리·봉대리·석곡리·송곡리·청람리·청송리, 소정면 대곡리·소정리 일대.

91 무성산(武城山) : 충청남도 공주시 우성면·사곡면·정안면에 걸쳐 있는 산. 해발 614m.

92 작천(鵲川) : 충청북도 괴산군 청안면과 진천군의 이월면 대문령 일대에서 발원하여 목천·청주·문의 등을 지나 금강과 합류하는 하천. 까치내라고도 한다.

93 진천 7정(七亭) : 충청북도 진천군 진천읍에 있던 7개의 유명한 정자. 현재는 식파정(息波亭)과 백원정(百源亭)이 남아 있다.

94 부용진(芙蓉津) : 세종특별자치시 연기면과 연동면에서 작천과 합류하는 금강에 있던 나루터, 또는 그 주변의 강을 일컫는다.

95 연기(燕岐) : 충청남도 연기군 동면·서면, 남면 갈운리·고정리·눌왕리·방축리·보통리·부동리·수산리·양화리·연기리·월산리, 조치원읍(평리 제외), 충청북도 청원군 부용면 갈산리, 공주시 의당면 일대.

96 청안(淸安) : 충청북도 증평군 도안면·증평읍·청안면, 진천군 초평면 용기리·용산리·은암리·진암리, 청원군 오창읍, 북이면 석성리·옥수리·용계리·장양리·추학리 일대.

97 문의(文義) : 충청북도 청원군 문의면·현덕면, 가덕면 국전리·노동리·삼항리·상대리·수곡리·인차리·청룡리·행정리, 부용면(갈산리·산수리·행정리 제외), 청원군 강내면 일대.

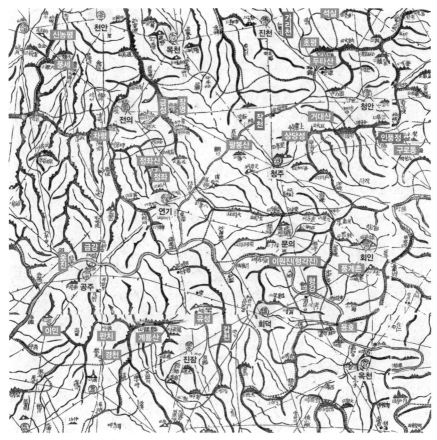

진천·전의·연기·청안·청주 일대(《대동여지도》)

그 중에서 청주가 가장 크다. 청주는 공주 동북쪽으로 100리 떨어져 있고, 고을은 거대령 아래에 있으며, 면적이 매우 넓어 작천의 서쪽을 가로질러 목천과 연기의 사이로 끼어 들어갔다가 서쪽에 만나는 산에서 그친다.

청주 서쪽에 만나는 산 일대에서 구불구불 남쪽으로 내려온 산줄기는 모두 토산(土山)으로 바위가 없으며, 작천 서쪽에서 감돌아 북쪽으로 목천과 전의

其中淸州最大, 在公州東北百里, 邑在巨大嶺下, 幅員甚廣, 跨越鵲川西, 介入木川、燕岐之間, 止於西山.

西山一帶委蛇南下者, 皆土山無石, 盤回⑤於鵲川以西, 北自木川、全義, 南至

로부터 남쪽으로 연기에 이른다. 산의 경치가 구불 구불하며 날아오르듯 솟아 부드럽고 아름다우며 들의 형세는 여러 겹으로 회호(回互, 돌아서 휘감다.)하여 풍수가들이 말하는 '탈살(脫殺, 살기를 벗은 지형)'이 되었다. 이곳은 옥천에 비해 더욱 평탄하고, 흙이 매우 비옥하기 때문에 오곡과 목화 농사에 알맞다.

작천의 동쪽은 큰 평야인데, 동남쪽으로 40여 리가 트여 있다. 평야 가운데에 작은 산의 8개 봉우리가 빽빽하게 늘어서 있는데, 이를 '팔봉산(八峯山)[98]'이라 한다. 이 산은 남쪽에서 서북쪽을 향해 평야 가운데에 버티고 앉아 동쪽으로 거대령과 서로 마주하고 있다. 이곳의 흰 모래와 얕은 냇물, 평탄한 언덕과 부드러운 산자락은 경기도 장단 지역과 흡사하다. 다만 청주의 고을 치소가 남쪽은 높고 서쪽은 낮아서 물이 남쪽에서 들어오므로 해마다 물난리로 흙이 허물어지는 것을 걱정하게 된다.

거대령을 동쪽으로 넘으면 상당산성(上黨山城)[99]이고[100], 더 동쪽으로 가면 청천(靑川)[101]이다. 상당(上黨)[102]과 청천을 통틀어 '산동(山東)[103]'이라 한다. 그러나 이 산동은 지대가 산 위에 있기 때문에 풍기가

燕岐. 山色紆揚婉媚, 野勢重複回互, 堪輿家謂之 "脫殺". 比沃川尤平善, 土甚肥沃, 宜五穀、木綿.

鵲川之東爲大野, 東南坼四十餘里, 野中有小山八峯森列, 名"八峯山", 自南向西北盤據野中, 東與巨大嶺相對. 白沙淺川, 平岡嫩麓, 恰似京畿 長湍. 但邑治南高西低而水自南來, 歲患漂圮.

東踰巨大嶺則爲上黨山城, 又東則爲靑川, 上黨、靑川通謂之"山東", 而地在山上, 風氣凄寒, 不及淸州

98 팔봉산(八峯山):충청북도 청주시 서원구 남이면에 있는 산. 해발 297m.
99 상당산성(上黨山城):충청북도 청주시 상당구 산성동 성내로124번길에 있는 조선시대 산성. 사적 제212호.
100 거대령을……상당산성이고:《대동여지도》에는 상당산성[上黨城]이 거대산 서쪽에 있어서, 거대령 동쪽에 상당산성이 있다는 이 구절의 설명이 잘못되었다고 판단할 수 있다. 하지만 현재의 거대산(것대산) 정상 북동쪽에 상당산성이 위치해 있기 때문에 거대령이 실제로는 상당산성 서쪽에 있을 것으로 보인다.
101 청천(靑川):충청북도 괴산군 청천면 일대.
102 상당(上黨):충청북도 청주시 상당구 일대.
103 산동(山東):상당과 청천 일대의 옛 지명.
⑤ 回:저본에는 "互".《擇里誌·忠淸道》에 근거하여 수정.

상당산성 남문 주변(문화재청)

싸늘하고 차가워 청주 들판에 미치지 못한다.

　산동은 남쪽에 속리산이 있고, 동쪽으로는 선유산(仙遊山)[104]에 막혀 있으며, 북쪽으로는 북쪽으로 뻗은 속리산의 줄기가 굽어서 고리처럼 감싸고 있다. 북쪽은 막혀 있는 반면 남쪽은 통해 있어서 그 안에는 이름난 마을이 많다. 땅에서는 철이 생산되고, 또한 관곽(棺槨)과 건축에 쓸 재목이 풍부해서 평야지대에 사는 사람들은 모두 이곳에서 물건을 거래한다. 청천의 남쪽에는 용화동(龍華洞)[105]이 있다. 용화동의 물은 속리산의 물과 청천의 북쪽에서 합류하여 괴강(槐江)[106]과 송계(松溪)[107]로 흘러간다. 남북 위아래로 강물과 닿아 있어 명승지가 된 곳이 많다.

之野.

南有俗離, 東阻仙遊, 北則俗離之北去者彎環抱, 障北通南, 內多名村塢. 地産鐵, 且饒棺槨、宮室之材, 野人皆於此貿遷. 青川之南有龍華洞, 龍華之水與俗離之水合于青川北, 注槐江、松溪, 南北上下多臨水爲勝者.

---

104 선유산(仙遊山):충청북도 괴산군 청천면과 경상북도 문경시 가은읍에 걸쳐 있는 산. 대야산(大耶山)이라고도 한다. 해발 931m.

105 용화동(龍華洞):충청북도 괴산군 청천면과 경상북도 상주시 화북면 경계에 있는 속리산의 계곡.

106 괴강(槐江):충청북도 괴산군을 통과하는 강으로, 달천의 이칭. 《대동여지도》에는 괴진(槐津)으로 적혀 있다.

107 송계(松溪):충청북도 제천시 한수면 송계리 월악산 일대의 계곡을 흐르는 하천.

그 북쪽은 진천이다. 진천은 청주에 비해 들판이 적고 산이 많다. 그러나 흙이 상당히 비옥하고, 또 큰 냇물이 많기 때문에 가뭄에도 재해를 입지 않는다. 이곳에서 서북쪽으로 대문령을 넘으면 직산이다. 이 지역은 바다 어귀까지 겨우 100리 떨어져 있기 때문에 물고기와 소금을 판매하는 이익이 있다. 문의는 남쪽으로 형강(荊江)[108]에 닿아 있어 강물과 닿아 있는 곳에 명승지가 많다. 오직 청안만 산수가 보잘 것 없고 거칠어 살기에 좋지 않다.

목천의 마일령 서쪽에서 시작하여 내포 동쪽과 차령 북쪽에는 천안·직산·평택(平澤)[109]·아산·신창·온양(溫陽)[110]·예산 등 7개 고을이 있고, 그 풍속은 대체로 같다. 그러나 이들 중 남쪽 고을은 산골짜기에 가깝고, 북쪽 고을은 포구와 갯벌에 가깝다. 산골짜기에 가까우면 흙이 비옥하여 곡식과 면화 농사에 알맞고, 포구와 갯벌에 가까우면 소금기 있는 땅과 비옥한 땅이 절반씩 섞여 있어 물고기와 소금을 생산하는 이익과 뱃길의 편리함을 차지할 수 있다. 이것이 그 고을들의 대강이다.

其北則鎭川, 鎭川比淸州少野多山. 然土頗沃, 又多大川, 旱不爲災. 西北踰大門嶺則爲稷山, 地海門菫百里, 故亦通魚鹽之利. 文義南臨荊江, 臨水多勝地. 惟淸安山水鄙野不可居.

自木川 磨日嶺以西, 內浦以東, 車嶺以北有天安·稷山·平澤·牙山·新昌·溫陽·禮山等七邑, 大同俗. 然南近山峽, 北近浦澉, 近山峽則土沃宜穀綿, 近浦澉則鹵·沃參半, 能擅魚鹽·舟楫之利, 此其大槪也.

108 형강(荊江): 대전광역시 대덕구 미호동과 충청북도 청주시 상당구 문의면이 접해있는 일대를 흐르는 금강 상류의 이칭.
109 평택(平澤): 경기도 평택시 오성면 당거리, 팽성읍 객사리·근내리·남산리·내리·노성리·노양리·노와리·대사리·대추리·동창리·두리·두정리·본정리·석근리·석봉리·송화리·신궁리·신호리·안정리·원정리·추팔리·평궁리·함정리 일대.
110 온양(溫陽): 충청남도 아산시 배방면·송악면·탕정면, 시내 권곡동·기산동·남동·모종동·방축동·법곡동·신인동·실옥동·온천동·용화동·읍내동·장존동·좌부동·초사동·풍기동 일대.

영인산(2004년 촬영. 조인철 제공)

유궁포(由宮浦)[111]는 북쪽에 이르러 소사하(素沙河)[112]와 합류하고, 이 두 물이 서로 만나는 곳에 영인산(靈仁山)[113]이 있으니, 이 산이 바로 아산현의 진산이다. 영인산은 동남쪽으로부터 서북쪽을 향하여 뻗어가고 소사하 하류는 이곳에 이르러 산 앞에서 감돌아 머문다. 산 뒤에 있는 곡교대천(曲橋大川)[114]은 동남쪽에서 흘러와 서북쪽 술방(戌方)[115]에서 소사하와 만나 합류하여 큰 호수가 된다.[116]

由宮浦至北, 與素沙河合, 兩水交會處有靈仁山, 卽牙山縣鎭山也. 山自東南向西北, 而素沙河下流至是匯淳於面前. 背後曲橋大川, 自東南來會於西北戌方, 合爲大湖.

---

111 유궁포(由宮浦): 유궁진(由宮津)의 이칭.

112 소사하(素沙河): 안성천(安城川)의 옛 명칭. 경기도 안성시 고삼면과 보개면 일대에서 발원하여 평택시를 지나 아산만으로 흘러드는 하천. 길이 76km. 《대동여지도》에는 평택 치소 오른쪽에 "소사평(素沙坪)"이 있다.

113 영인산(靈仁山): 충청남도 아산시 영인면 일대에 있는 산. 해발 364m. 《대동여지도》에는 영인산(寧仁山)으로 적혀 있다.

114 곡교대천(曲橋大川): 충청남도 천안시 광덕면에서 발원하여 아산시 염치읍 곡교리를 지난 뒤 삽교천과 합류하여 아산만으로 흘러드는 하천. 곡교천이라고도 한다.

115 술방(戌方): 정서쪽에서 북쪽으로 30도를 중심으로 좌우 15도 각도 안의 방향.

116 곡교대천은……된다: 충청남도 아산시와 경기도 평택시 사이의 아산만에는 소사하와 곡교천 등 각 하천의 물이 합류하여 만들어진 호수처럼 큰 물이 있었고, 이 물이 바다로 흘러 들어갔다. 현재 이곳에는 그 지형을 활용하여 아산만방조제가 축조되어 있고, 방조제 안으로 인공호수인 아산호(牙山湖)가 조성되어 있다.

호수 남쪽의 산 하나는 신창에서 뻗어오고 호수 북쪽의 산 하나는 수원에서 뻗어온다. 이 산들이 마치 문처럼 수구(水口)[117]에서 서로 만났다가 물이 문을 빠져나와 바로 유궁포의 하류와 합류하면 공산(公山)[118]이 마치 큰 배가 돛을 달고 있는 모양과 같이 있는데, 산 전체가 모두 돌로 이루어져 마치 발해(渤海)의 갈석산(碣石山)[119]과 같이 흐르는 물 속에 서 있다.

조정에서는 영인산 북쪽에 창고[120]를 설치해서 충청도 바닷가 주변 고을의 부세(賦稅)[121]를 거두어 서울까지 배로 실어 나르므로 이곳을 '공세호(貢稅湖)[122]'라 한다. 이 지역은 물고기와 소금이 풍부해서 상인들이 모여들고 부유한 집이 많다. 영인산은 두 물 사이에서 그쳤으나 산의 기맥(氣脈)은 다 풀어지지 않아서 전후좌우가 모두 이름난 마을이고 사대부의 집이 많다. 유궁포 동서쪽의 여러 고을은 모두 장삿배가 통하는데, 그중에서 예산이 상인이 모이는 도회지가 되었다.

湖南一山自新昌至, 湖北一山自水原至, 交紐於水口如門, 水出門卽與由宮浦下流合, 而公山如大舶掛帆, 全身皆石矼, 立於中流如渤海 碣石.

朝家置倉於靈仁山北, 收湖西近海邑賦稅, 漕至京師, 故名"貢稅湖". 地饒魚鹽, 商賈萃集, 多富厚之家. 靈仁山止於二水間, 而氣脈不解, 左右前後皆名村, 多士大夫家. 由宮浦東西諸邑, 皆通舟商而其中禮山爲居留都會之所.

---

117 수구(水口): 두 물이 만나는 지점이며, 물의 출구이다. 파구(破口) 혹은 합수(合水)라고도 한다.
118 공산(公山): 공산은 본래 국가 소유의 산이라는 뜻이나, 여기서는 《대동여지도》에 영옹암(令翁岩)으로 적혀 있는 바위섬을 가리킨 듯하다. 영공암(令公巖)이라고도 한다. 영옹암은 지금의 평택항 앞 바다에 있던 높이 100척 가량의 바위산이다. 《신증동국여지승람》(제9권 「경기」 "수원도호부")에서는 대진(大津, 경기도 평택시 평택항 지점에 있던 나루)을 소개하면서 "수원 치소에서 서남쪽으로 100리 떨어졌으며 나루의 너비가 10여 리인데, 조세(潮勢)가 사납다. 나루의 중류(中流)에 영옹암(令翁巖)이 우뚝 서 있는데 높이는 100척 정도 된다."고 했다.
119 갈석산(碣石山): 중국 하북성(河北省) 창려현(昌黎縣) 북쪽 일대에 걸쳐 있는 산. 발해의 서쪽 영역에 해당한다. 해발 695m.
120 창고: 공진창(貢津倉)을 가리킨다. 《대동여지도》에 공진(貢津)으로 적혀 있는 곳이다.
121 부세(賦稅): 세금으로 걷는 곡물과 공물.
122 공세호(貢稅湖): 충청남도 아산시 인주면 공세리 앞 바다의 옛 명칭. 조선 초기부터 이곳에 공세창(貢稅倉, 공진창의 이명)을 설치해 충청도 여러 고을의 세곡을 거두어 들여서 뱃길로 서울까지 운송하였다.

차령에서 서쪽으로 뻗어나가면 광덕산(廣德山)[123]이 되고, 또 한 줄기가 떨어져 나가 설라산(雪羅山)[124]이 되었는데, 모두 온양의 동쪽에 있다. 이 산은 민중(閩中)[125]의 포전(莆田)[126]에 있는 호공산(壺公山)[127]처럼 수려하게 하늘 위로 솟아있어 우뚝 선 홀과 같은 형상이다. 또한 풍수가들이 길방(吉方)으로 여기는 동남쪽[128]에 있으니, 아산과 온양에서 관료로 이름 나거나 글을 쓰고 학문하는 선비가 많이 배출된 이유는 이 산 때문이라고 한다.

청주에서 청안의 유령(楡嶺)[129]을 넘고 괴산(槐山)[130]을 지나서 달천을 건너면 충주이다. 충주의 치소는 한양에서 동남쪽으로 300리 떨어져 있다. 속리산에 있는 구요팔곡(九遙八曲)[131]의 물이 북쪽으로 흘러

車嶺西去者爲廣德山, 又離爲雪羅山, 在溫陽東, 如閩中 莆田 壺公山, 秀出天中, 形如卓笏. 堪輿家以此山爲東南吉方, 牙山、溫陽多出顯達、文學之士, 以此云.

自淸州踰淸安 楡嶺, 歷槐山, 渡達川爲忠州, 邑治在漢陽東南三百里. 俗離九遙八曲之水, 北行至淸州

---

123 광덕산(廣德山):충청남도 아산시 배방읍·송악면과 천안시 동남구 광덕면 일대에 걸쳐 있는 산. 해발 699m.《대동여지도》에서는 표기가 되어 있지 않아 위치를 확정하기는 어렵지만,《대동여지도》에 표기되어 있는 각흘치(角屹峙, 각흘고개라고도 하며 충청남도 아산시 송악면 거산리와 공주시 유구읍 문금리 사이에 있는 고개이다)와 갈현(葛峴, 갈재고개라고도 하며 충남 아산시 송악면 거산리에 있는 고개. 각흘치의 동쪽에 있나)이 지금의 지명에서 확인되는 점으로 볼 때, 갈현(葛峴)으로 표기된 곳이 바로 북쪽에 해당한다.

124 설라산(雪羅山):충청남도 아산시 좌부동·배방읍·송악면에 걸쳐 있는 산. 지금의 설화산(雪華山)이다. 해발 441m.《대동여지도》에는 설아산(雪我山)으로 적혀 있다.

125 민중(閩中):중국 복건성(福建省) 일대의 옛 명칭.

126 포전(莆田):중국 복건성 포전시 일대.

127 호공산(壺公山):중국 복건성 포전시 서남부에 걸쳐 있는 산. 해발 700m.

128 길방(吉方)으로……동남쪽:동남쪽은 팔괘의 방위상 손(巽) 방위에 해당하며, 오행상으로 목(木)기운이 성한 곳이다. 이 목기운이 큰 벼슬을 할 수 있는 문장가를 배출하는 기운을 발산한다고 본다.

129 유령(楡嶺):충청북도 괴산군 괴산읍과 연풍면 사이에 있는 고개. 해발 미상. 본문에서는 청안의 유령이라고 했으나,《조선팔도지도·충청도》에 나오는 '유령'과《비변사인방안지도·호서지도》에 나오는 "유치령(楡峙嶺)"은 충주 아래 괴산과 연풍 사이에 있다.《대동여지도》에는 괴산과 연풍 사이에 유령은 나오지 않고 그 위치에 모현(茅峴)이 있으며, 그 위로는 송현(松峴)이 있다.

130 괴산(槐山):충청북도 괴산군 괴산읍·문광면·사리면·소수면, 감물면 오창리, 불정면 신흥리, 칠성면(비도리 제외) 일대.

131 구요팔곡(九遙八曲):굽이굽이 휘어지며 길게 이어진 계곡. 속리산에는 화양구곡(華陽九曲)과 선유구곡(仙遊九谷) 등 경치가 수려한 계곡이 많다.

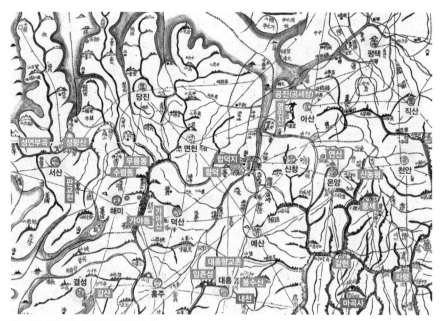

아산·신창·덕산·온양·천안 일대(《대동여지도》)

유치령(《비변사인방안지도》)

가다가 청주 산동(山東)에 이르러 청천강(靑川江)[132]이 되고, 괴산에 이르러 괴강이 되며, 충주 치소 서쪽에 이르러 달천이 되고, 북쪽으로 금천(金遷)[133] 앞에 이르러 청풍강(淸風江)[134]과 합류하여 남한강으로 들어간다.

충주읍은 남한강 상류를 차지하고 있어 물길로 왕래하기 편리하므로 서울의 사대부 중에 이곳에 자리 잡은 이들이 많다. 달천에서 남쪽으로 물을 거슬러 올라가면 괴강에 이르고, 동쪽으로 거슬러 올라가면 청풍강에 이른다. 여기에는 사대부들의 정자와 누각이 많아 의관을 갖춘 사람들이 모여들어서 배와 수레가 운집한다. 게다가 이곳은 서울에서 손방(巽方)[135]에 위치하기 때문에 한 고을에서 과거에 급제하는 사람 수가 많기로 팔도 여러 고을 중에 으뜸이니, 이름난 도회지라 부르기에 충분하다.

그러나 경상좌도(慶尙左道)[136]에서 한양으로 가는 길은 죽령(竹嶺)[137]을 거쳐서 통해 있고, 경상우도(慶尙右道)[138]에서 한양으로 가는 길은 조령(鳥嶺)[139]을 거쳐서 통해 있으며, 이 두 고개로 통하는 길은 모두

山東爲靑川, 至槐山爲槐江, 至忠州邑治西爲達川, 北至金遷前, 與淸風江合入漢水.

邑居漢水上流, 水路便於往來, 故京城士大夫多卜居於此. 自達川南溯至槐江, 東溯至淸風. 多士大夫亭閣, 衣冠聚會, 舟車走集. 且居國都巽方, 故一邑科第之多甲於八路諸邑, 足稱名都.

然慶尙左道由竹嶺通, 右道由鳥嶺通, 二嶺之路皆會于邑治, 獨當畿、嶺往來之衝, 爲有事必爭之地. 且

---

132 청천강(靑川江) : 충청북도 괴산군 청천면 일대를 흐르는 강. 달천의 상류이다.

133 금천(金遷) : 충청북도 충주시 가금면 창동리 일대로, 달천과 남한강(청풍강)이 만나는 지점이다.

134 청풍강(淸風江) : 충청북도 충주시 종민동·동량면과 제천시 한수면 일대에 흐르던 남한강의 본류였으나, 충주댐이 건설된 이후 청풍호(충주호의 이칭)가 만들어지면서 수몰되었다.

135 손방(巽方) : 정동쪽과 정남쪽 사이 한가운데를 중심으로 좌우 15도 각도 안의 방향이다. 목(木)기운이 일어나는 방위로 간주된다.

136 경상좌도(慶尙左道) : 경상도에서 낙동강 동쪽(서울 기준으로 왼쪽) 지역을 말한다. 1407년(태종 7년) 군사 행정 상의 편의를 위하여 낙동강을 기준으로 경상도를 좌도와 우도로 나누었다.

137 죽령(竹嶺) : 경상북도 영주시 풍기읍과 충청북도 단양군 대강면 사이에 있는 고개. 해발 689m.

138 경상우도(慶尙右道) : 경상도에서 낙동강 서쪽 지역을 말한다.

139 조령(鳥嶺) : 경상북도 문경시 문경읍과 충청북도 괴산군 연풍면 사이에 있는 고개. 해발 642m.

충주 치소로 모인다. 따라서 충주가 경기도와 경상도를 왕래하는 요충지에 해당하므로 유사시에는 반드시 전투가 일어나는 곳이다. 게다가 지세가 서북쪽으로 빠져나가서 온축되는 기운이 없으므로 부유한 사람도 많지 않다. 또 사람들이 조밀하게 많아서 늘 구설로 다툼이 많고 풍속이 경박해서 살기에 좋지 않다. 그러나 이것은 고을의 치소에 대해서만 논했을 때 그렇다는 것일 뿐이다.

충주의 치소 서쪽에서 달천을 건너면 속리산이고, 여기에서 북쪽으로 뻗어간 한 줄기가 음성현(陰城縣)[140] 서쪽에서 우뚝 일어나서 가섭산(迦葉山)[141]이 되고, 부용산(芙蓉山)[142]이 되고, 금천·가흥(嘉興)[143]의 여러 마을이 된다. 이곳은 모두 흙이 비옥해서 살기에 좋다.

청풍(淸風)[144]의 동쪽은 단양(丹陽)[145]이고, 단양의 북쪽은 영춘(永春)[146]이다. 이 3개의 고을은 모두 계곡이 깊고 험하여 활짝 트인 들판이 적다. 충주의 동북쪽은 제천(堤川)[147]이다. 제천의 지형은 산 위에

地勢走瀉西北, 無停蓄之氣, 故亦少富厚者. 人民稠衆, 常多口舌浮薄不可居, 然此以邑治論耳.

自邑治西渡達川則俗離, 北行一枝, 自陰城縣西特起, 爲迦葉山, 爲芙蓉山, 爲金遷、嘉興諸村, 皆土沃可居.

淸風之東丹陽, 丹陽之北永春, 三邑垃谿洞巘險, 少開野處. 忠州東北爲堤川, 山上結局, 四面環山, 內則

---

140 음성현(陰城縣) : 충청북도 음성군 원남면·음성읍 일대.

141 가섭산(迦葉山) : 충청북도 음성군 음성읍과 충주시 신니면에 걸쳐 있는 산. 해발 710m.

142 부용산(芙蓉山) : 충청북도 음성군 음성읍·금왕읍·생극면과 충주시 신니면에 걸쳐 있는 산. 해발 644m.

143 가흥(嘉興) : 충청북도 충주시 중앙탑면 가흥리·장천리 일대.《대동여지도》를 비롯하여 대부분의 지리서에 가흥(可興)으로 표기되어 있다. 가흥은 금천의 동쪽에 있는데, 조선시대의 조창인 가흥창(可興倉)이 있었던 마을이다. 이곳은 경상도와 충주 지역에서 수납된 세곡을 서울의 용산창으로 운송하던 곳이라 조선시대에는 매우 번성했던 곳이었다.

144 청풍(淸風) : 충청북도 제천시 수산면·청풍면, 금성면 구룡리·사곡리·성내리·월굴리·위림리·적덕리·중전리·진리·포전리·활산리, 덕산면 월악리, 한수면 덕곡리·보평리·북로리·상로리·서창리·역리·탄지리·한천리·황강리, 충주시 동량면 명오리·사기리·서운리·포탄리·함암리·호운리 일대.

145 단양(丹陽) : 충청북도 단양군 단성면, 단양읍, 대강면, 매포읍, 적성면, 제천군 금성면, 수산면 일대.

146 영춘(永春) : 충청북도 단양군 가곡리·어상천면·영춘면 일대.

147 제천(堤川) : 충청북도 제천시 백운면·봉양읍(봉)·송학면·시내, 금성면 대장리·동막리·양화리·월림리 일대.

맺어진 형국이라 사면이 산으로 둘러싸여 있다. 그 안에는 들이 펼쳐져 있으며, 산이 나지막하여 밝고 환한 모습이 있기에 대대로 거주하는 사대부가 많다. 그러나 지대가 높고 바람이 차며 흙이 척박하여 면화가 나지 않으므로, 이곳에 사는 사람들 중에 부자는 적고 가난한 사람은 많다.

野拓山低, 晃然明朗, 亦多世居士大夫. 然地高風寒, 土瘠無綿, 居民少富多貧.

연풍(延豐)[148]은 충주의 남쪽, 괴강의 동쪽에 있다. 흙이 비옥하고 물을 대기 쉬워 목화 농사에 아주 좋은 밭이다. 그러나 조령의 한 줄기가 동남쪽을 높이 막고 있기 때문에, 비록 산수의 빼어난 경치가 있지만 옛날부터 관료로 이름이 알려진 사람이 없다.

延豐在忠州南、槐江東. 土厚易灌, 木綿爲上田. 然鳥嶺一派高障東南, 雖有溪山之勝, 從古無顯者.

연풍의 서쪽은 괴산이다. 괴산은 조령과 유령의 두 골짜기 사이에 있기 때문에 지세가 좁으면서 종기가 난 듯이 울퉁불퉁하지만 역시 탈살(脫殺)이 잘된 지형이다. 동쪽으로 괴강에 닿아 있으며 명승지와 이름난 마을이 많고 관료로 이름이 알려진 사람도 많다. 흙은 오곡과 목화 농사에 알맞다. 북쪽으로 금천에 가까워 또한 살기에 좋은 곳이다. 《팔역가거지》[149]

延豐西則槐山, 地在鳥嶺、榆嶺兩峽間, 地勢狹窄臃腫, 然亦脫殺. 東臨槐江, 多勝地、名村, 亦多顯貴者. 土宜五穀、木綿. 北近金遷, 亦可居處也.《八域可居誌》

---

148 연풍(延豐):충청북도 괴산군 연풍면·장연면, 감물면 매전리, 칠성면 비도리, 충주시 상모면, 살미면 문강리·토계리 일대.
149 《擇里志》〈湖西〉, 24~33쪽.

3) 전라도[湖南][1]

전라도는 동쪽으로 경상도와 접하고, 북쪽으로 충청도와 이웃하고 있으며, 본래 백제의 땅이었다. 훗날 견훤(甄萱)[2]이 이 땅을 근거지로 삼아 고려 태조(太祖)[3]와 여러 차례 전쟁을 벌여서 태조가 여러 번 위기에 처한 적이 있다. 태조는 견훤을 평정하자 백제 사람들을 미워하여 '차령(車嶺) 이남 지역은 물이 모두 등을 지고 달아난다.'라 하고, 차령 이남에 거주하는 사람을 등용하지 말라는 유명(遺命)을 내렸다. 고려 중엽에 이르러서는 간혹 재상의 반열에 오른 자도 있었지만, 고려 왕조에서 등용된 자는 역시 매우 드물었다. 우리 조선에 이르러서야 이러한 금령이 점차 완화되었다.

전라도의 토지는 비옥하고 서남쪽으로 바다와 인접해 있어서, 생선·소금·메벼·명주실·솜·모시·닥나무·귤·유자·대나무를 판매하는 이익이 있다. 전라도의 풍속은 노래와 여색·사치스럽고 화려함을 숭상하고, 약삭빠르고 경박하면서 아첨을 잘하는 사람이 많아서 글을 쓰고 학문하는 일을 중요하게 여기지 않으므로, 과거에 급제하여 관료로 이름난 사람이 경상도보다 적다. 그러나 인걸은 지령(地靈)

湖南

湖南東與嶺南接, 北隣湖西, 本百濟地. 後甄萱據其地, 與高麗 太祖屢攻戰, 麗祖數嘗危殆. 及平甄氏, 惡百濟人, 以爲"車嶺以南, 水皆背走", 遺命勿用車嶺以南人. 至中葉間有登宰列者, 然亦罕少. 入我朝, 此禁漸弛.

地饒沃, 西南濱海, 有魚鹽、粳稻、絲絮、苧楮、橘柚、竹木之利. 俗尚聲色豪侈, 人多儇薄傾巧而不重文學, 科第顯達遜於嶺南. 然人傑地靈, 亦自不少.

---

1 전라도[湖南] : 전주(全州)와 나주(羅州) 두 지역의 머리글자를 합하여 만든 명칭이다. 호남(湖南)은 삼한(三韓) 시대부터 벼농사를 위해 조성된 전라북도 김제시의 벽골제(碧骨堤)를 기준으로, 그 이남에 해당하는 지역을 말한다. 일설에는 전라북도와 충청남도의 경계인 금강의 남쪽이라는 주장도 있다.

2 견훤(甄萱) : 867~936. 후백제(後百濟)의 초대(初代) 왕. 중국과의 국교를 맺고, 궁예의 후고구려와 충돌하며 세력 확장에 힘썼다. 훗날 고려 왕건에게 투항하여 후백제를 멸망시켰다.

3 고려 태조(太祖) : 877~943. 고려왕조를 창업한 태조 왕건(王建). 후고구려의 임금인 궁예를 몰아내고 고려를 세운 뒤, 신라와 후백제를 정복해 삼국을 통일하였다.

이므로[4] 전라도의 인걸 또한 자연히 적지 않다.

고봉(高峰) 기대승(奇大升)[5]은 광주(光州) 사람이고, 일재(一齋) 이항(李恒)[6]은 부안(扶安)[7] 사람이며, 하서(河西) 김인후(金麟厚)[8]는 장성(長城)[9] 사람인데, 모두 도학(道學, 유학)으로 알려졌다. 제봉(霽峰) 고경명(高敬命)[10]과 건재(健齋) 김천일(金千鎰)[11]은 모두 광주 사람인데, 절의(節義)로 알려졌다. 고산(孤山) 윤선도(尹善道)[12]는

奇高峰大升, 光州人 ; 李一齋恒, 扶安人 ; 金河西麟厚, 長城人, 并以道學稱. 高霽峰敬命、金健齋千鎰, 俱光州人, 以節義稱. 尹孤山善道, 海南人 ; 李默齋尙

---

4 인걸은 지령(地靈)이므로 : 큰 인물은 땅의 신령스러운 기운을 받은 곳에서 태어난다는 뜻이다.

5 기대승(奇大升) : 1527~1572. 조선 중기의 문신이자 학자. 호는 고봉(高峯)·존재(存齋). 김인후(金麟厚)·이항(李恒) 등과 태극설(太極說)에 대해 논한 바 있고, 정지운(鄭之雲)의 천명도설(天命圖說)을 통해 이황(李滉)과 만남을 가진 뒤, 12년에 걸쳐 서한을 교환하며 유학 사상에 대해 논의하였다. 그 가운데 1559년(명종 14년)에서 1566년(명종 21년)까지 8년 동안에 이루어진 이른바 사칠논변(四七論辨)은 유학사상 지대한 영향을 끼친 논쟁으로 평가된다.

6 이항(李恒) : 1499~1576. 조선 중기의 문신이자 학자. 호는 일재(一齋). 1566년에 학행(學行)으로 천거를 받아 의영고령(義盈庫令)·임천군수를 지냈다. 그의 학문은 반궁성의(反躬誠意)를 입덕(入德)의 근본으로 삼고 주경궁리(主敬窮理)를 수도(修道)의 방법으로 삼을 것을 주장했다. 저서로는 《일재집(一齋集)》이 있다.

7 부안(扶安) : 전라북도 부안군 계화면·동진면·변산면·보안면·부안읍·상서면·위도면·주산면·줄포면·진서면·하서면·행안면, 군산시 옥도면 두리도리·비안도리, 부안군 백산면, 정읍시 고부면·영원면 일대.

8 김인후(金麟厚) : 1510~1560. 조선 중기의 문신이자 학자. 호는 하서(河西)·담재(湛齋). 그의 학문은 주경명리(主敬明理)에 기반한 애경(愛敬)·인의(仁義)·명성(明誠)·지행(知行)을 강조하였다. 또한 천문·지리·의약·산수·율력(律曆)에도 정통하였다. 저서로는 《하서집(河西集)》·《주역관상편(周易觀象篇)》·《서명사천도(西銘事天圖)》·《백련초해(百聯抄解)》 등이 있다.

9 장성(長城) : 전라북도 장성군 남면·북이면·북일면·북하면·서삼면·장성읍·진원면·황룡면, 광주광역시 광산구, 담양군 월산면 일대.

10 고경명(高敬命) : 1533~1592. 조선 중기의 문신이자 의병장. 호는 제봉(霽峰)·태헌(苔軒). 1552년 사마시에 제1위로 합격하여 진사가 되었고, 그 뒤 형조좌랑·사간원정언 등을 거쳐 1563년에는 교리가 되었다. 임진왜란에 충청도 금산전투에서 왜군과 싸우다가 전사하였다. 훗날 좌찬성(左贊成)에 추증되었다. 저서로는 《제봉집(霽峰集)》이 있다.

11 김천일(金千鎰) : 1537~1593. 조선 중기의 문신이자 의병장. 호는 건재(健齋). 이항(李恒)의 문인으로, 김인후·유희춘(柳希春) 등과 교유하였다. 1573년에 학행(學行)으로 발탁되어 처음 군기시주부(軍器寺主簿)가 된 뒤, 용안현감(龍安縣監)·강원도 도사(都事)·경상도 도사를 역임했다. 지평(持平) 때에 소를 올려 시폐를 적극 논란하다가 좌천되어 임실현감이 되었다. 그 뒤 담양부사·한성부서윤·수원부사를 역임하다가, 임진왜란 때 경상도 진주성 전투에서 순사(殉死)했다.

12 윤선도(尹善道) : 1587~1671. 조선 중기의 문신이자 시조작가. 호는 고산(孤山)·해옹(海翁). 1612년 진사가 되고, 1616년 성균관 유생으로 권신(權臣) 이이첨(李爾瞻) 등의 횡포를 상소했다가 함경도 경원(慶源)과 경상도 기장(機張)에 유배되었다. 1623년 인조반정(仁祖反正)으로 풀려나 의금부도사(義禁府都事)가 되었으나 곧 사직하고 낙향, 여러 관직에 임명되었으나 모두 사퇴했다. 1628년 42세 때 별시문과(別試文科) 초시(初試)에 장원, 왕자사부(王子師傅)가 되었다. 치열한 당쟁으로 일생을 거의 벽지의 유배지에서 보냈으나 경사(經史)에 해박하고 의약·복서(卜筮)·음양·지리에도 통하였으며, 특히 시조(時調)에 더욱 뛰어났다. 저서로는 《고산선생유고(孤山先生遺稿)》·《산중신곡(山中新曲)》·《금쇄동집고(金鎖洞集古)》가 있다.

해남(海南)13 사람이고, 묵재(默齋) 이상형(李尙馨)14은 남원(南原) 사람인데, 모두 문학(文學)으로 알려졌다. 장군(將軍) 정지(鄭地)15와 금남(錦南) 정충신(鄭忠信)16은 모두 광주 사람인데, 장수(將帥)로 알려졌다. 찬성(贊成) 오윤겸(吳允謙)17과 의정(議政) 이상진(李尙眞)18은 이름난 관료로 알려졌다.

사한(詞翰, 시(詩)를 비롯한 문장)으로는 고부(古阜)19의 옥봉(玉峯) 백광훈(白光勳)20과 영암(靈巖)21의 고죽

馨, 南原人, 并以文學稱. 鄭將軍地、鄭錦南忠信, 并光州人, 以將帥稱. 吳贊成允謙、李議政尙眞, 以顯達稱. 詞翰則古阜 白玉峯光勳、靈巖 崔孤竹慶昌. 寓居則

---

13 해남(海南): 전라남도 해남군 마산면·문내면·산이면·해남읍·화산면·화원면·황산면, 계곡면 해남군 계곡면 가학리·강절리·당산리·덕정리·반계리·방춘리·법곡리·사정리·성진리·신평리·여수리·잠두리·장소리·황죽리, 삼산면 구림리·상가리·원진리·충리·평활리, 송지면 미야리·서정리·우근리·학가리·해원리, 현산면 고현리·구산리·구시리·덕흥리·만안리·백포리·읍호리·일평리·조산리·초호리·황산리 일대.

14 이상형(李尙馨): 1585~1645. 조선 중기의 문신. 호는 천묵재(天默齋). 병자호란 때 화의론(和議論)을 주장하는 최명길(崔鳴吉) 등을 탄핵했으며, 집의(執義)와 교리(校理)를 역임했다. 문집으로《천묵유고(天默遺稿)》가 있다.

15 정지(鄭地): 1347~1391. 고려 후기의 무신. 중낭장·전라도안무사·지문하부사·문하평리·양광전라경상도도절제체찰사·판개성부사 등을 역임했으며, 여러 차례 왜구를 격퇴시켰다.

16 정충신(鄭忠信): 1576~1636. 조선 중기의 무신. 호는 만운(晚雲)·금남(錦南). 시호는 충무(忠武). 임진왜란 때 권율 휘하에서 종군했고 만포첨사로 국경을 수비했다. 이괄의 난 때 황주와 서울에서 싸워 이겼고 정묘호란 때 부원수가 되었으며, 조정에서 후금과 단교하려는 정책에 반대해 유배되었다. 천문·지리·복서·의술 등 다방면에 걸쳐서 정통했으며, 청렴하기로 이름이 높았다. 저서로는《만운집(晚雲集)》·《금남집(錦南集)》·《백사북천일록(白沙北遷日錄)》이 있다.

17 오윤겸(吳允謙): 1559~1636. 조선 중기의 문신. 호는 추탄(楸灘)·토당(土塘). 광해군 때 호조참의·우부승지 등을 역임했고, 선현들의 문묘종사와 폐모론(廢母論)에 반대하여 탄핵을 받았다. 중추부동지사로서 명나라에 다녀왔으며 인조 때 형조판서·예조판서·우의정 등을 거쳐 영의정에 올랐다. 저서로는《추탄집(楸灘集)》·《동사상일록(東槎上日錄)》·《해사조천일록(海槎朝天日錄)》등이 있다.

18 이상진(李尙眞): 1614~1690. 조선 중기의 문신. 호는 만암(晚庵). 현종 때 이조참판·대사간·대사헌을 역임했다. 숙종 때 이조판서·우의정·중추부판사를 지냈고, 기사환국으로 유배되어 죽었다. 저서로는《만암유고(晚庵遺稿)》가 있다.

19 고부(古阜): 전라북도 정읍시 고부면·덕천면·소성면·영원면·이평면·정우면, 시내 공평동·용계동·흑암동, 부안군 백산면, 부안읍 내요리, 고창군 부안면 검신리·봉암리·상암리·선운리·송현리·수남리·수동리·수양리·오산리·중흥리 일대.

20 백광훈(白光勳): 1537~1582. 조선 중기의 시인. 호는 옥봉(玉峯). 명나라 사신에게 시와 글을 지어주어 감탄케 하여 백광선생(白光先生)의 칭호를 받았으며, 송익필(宋翼弼)·이산해(李山海)·최경창(崔慶昌) 등과 함께 팔문장(八文章)으로 불리었다. 영화체(永和體)에도 빼어났다. 저서로는《옥봉집(玉峯集)》이 있다.

21 영암(靈巖): 전라남도 강진군 도암면 봉황리, 영암군 군서면·덕진면·도포면·미암면·삼호면·서호면·영암읍·학산면, 시종면 구산리·봉소리·신학리·와우리·월롱리·월송리, 신북면 금수리·명동리·모산리·월지리·월평리·이천리·장산리·행정리, 완도군 노화읍·보길면·소안면, 군외면 당인리, 해남군 북평면·옥천면, 계곡면 선진리, 북일면 신월리·용일리·운전리·흥촌리, 송지면 가차리·군곡리·금강리·동현리·마봉리·산정리·서정리·소죽리·송호리·어란리·통호리, 현산면 월송리, 화산면 삼마리, 제주특별자치도 제주시 추자면 일대.

(孤竹) 최경창(崔慶昌)22이 있다. 우거(寓居)23한 인물로는 부윤(府尹) 신말주(申末舟)24가 순창(淳昌)25에, 이상(貳相) 이계맹(李繼孟)26이 김제(金堤)27에, 판서(判書) 이후백(李後白)28이 해남에, 판서 임담(林墰)29이 무안(務安)30에 기거했다. 단학(丹學)31으로는 도사(道士) 남궁두(南宮斗)32가 함열(咸悅)33 사람이고, 청하(靑霞) 권극중(權克中)34이

申府尹末舟居淳昌, 李貳相繼孟居金堤, 李判書後白居海南, 林判書墰居務安. 丹學則南宮道士斗, 咸悅人 ; 權靑霞克中, 古阜人, 皆其最著者也.

---

22 최경창(崔慶昌) : 1539~1583. 조선 중기의 시인. 호는 고죽(孤竹). 문장과 학문에 뛰어나 송익필(宋翼弼) 등과 함께 팔문장으로 불리었다. 당시(唐詩)에도 능하여 삼당파(三唐派)라고도 일컬어졌다. 저서로는 《고죽유고(孤竹遺稿)》가 있다.

23 우거(寓居) : 남의 집이나 타향에서 임시로 사는 일.

24 신말주(申末舟) : 1439~?. 조선 전기의 문신. 호는 귀래정(歸來亭). 대사간·전주부윤·진주목사·창원도호부사·경상우도 병마절도사 등을 역임한 뒤, 다시 대사간이 되었고, 이듬해 중추부첨지사와 전라도 수군절도사를 지냈다. 무술에도 능하였으며 순창의 화산서원에 제향되었다.

25 순창(淳昌) : 전라북도 순창군 구림면·금과면·복흥면·순창읍·쌍치면·유등면·인계면·팔덕면·풍산면, 동계면 구미리·동심리·어치리, 적성면 고원리·내월리·대산리·석산리·운림리·지북리·평남리 일대.

26 이계맹(李繼孟) : 1458~1523. 조선 전기의 문신. 1517년 명나라에 갔을 때 《대명회전(大明會典)》에 이인임(李仁任)과 그 아들 단(旦, 태조 이성계)에 대한 잘못된 기록을 발견하여 보고하는 공을 세웠다. 호조판서·예조판서·병조판서를 지내고, 겸지경연사(兼知經筵事) 등을 역임했다. 전주의 서산사(西山祠), 여산의 향사(鄕祠), 김제의 용암서원(龍巖書院)에 배향되었다.

27 김제(金堤) : 전라북도 김제시 공덕면·부량면·백구면·백산면·용지면·죽산면, 시내 갈공동·검산동·교동·도장동·명덕동·백학동·복죽동·상동동·서암동·서정동·순동·신곡동·신덕동·신월동·신풍동·양전동·연정동·오정동·옥산동·요촌동·용동·월봉동·월성동·입석동·장화동·제월동·하동·흥사동, 청하면 관상리·월현리·장산리, 전주시 덕진구 강흥동·도덕동·도도동 일대.

28 이후백(李後白) : 1520~1578. 조선 중기의 문신. 호는 청련(靑蓮). 대사간·이조판서·호조판서 등을 역임했다. 인성왕후(仁聖王后, 1514~1577) 목상운제 때 반 2년상을 주장하여 실행하게 했다. 중국 명나라에 잘못 기록된 태조 이성계의 가통(家統)을 시정해 줄 것을 요구한 종계변무(宗系辨誣)의 공으로 광국공신 2등, 연양군에 추봉되었다. 저서로는 《청련집(靑蓮集)》이 있다.

29 임담(林墰) : 1596~1652. 조선 중기의 문신. 호는 청구(淸癯). 병자호란 때 사헌부지평으로 인조를 호위하였고, 청나라와 화의가 성립된 뒤에는 진휼어사(賑恤御使)로 호남지방에 내려와 나주·무안 등의 지역에서 기거했다. 그 후로는 경상도관찰사로 서원이 사당화(私黨化)되는 폐습을 상소했고, 충청도관찰사로 유탁(柳濯)의 모반사건을 처결했으며, 형조참판·대사간 등을 거쳐 이조판서를 역임했다.

30 무안(務安) : 전라남도 목포시 대양동·옥암동, 무안군 몽탄면·무안군·일로읍·청계면, 운남면 동암리·성내리, 현경면 양학리·평산리·해운리·현화리, 함평군 엄다면·학교면, 무안군 망운면, 함평군 함평읍 일대.

31 단학(丹學) : 도교의 수련법 중 하나. 체내의 기의 흐름을 자연의 순환법칙에 일치시킴으로서 건강을 도모하고 생명의 참모습에 대한 깨달음에 도달하기 위한 수련법 또는 그 학문을 말한다.

32 남궁두(南宮斗) : 1526~1620. 조선 중기 단학파(丹學派)의 한 사람. 진사과에 급제했으나 무주의 어느 암자에서 도사를 만나 도교의 방술을 배웠다. 《해동이적(海東異蹟)》의 기록에 따르면 그는 도교의 수련법으로 건강을 유지하여 90세에도 전국의 명산대천을 유랑했다고 한다.

33 함열(咸悅) : 전라북도 익산시 성당면·웅포면·함라면·함열읍·황등면 일대.

34 권극중(權克中) : 1560~1614. 조선 중기 학자. 호는 풍담(楓潭)·화산(花山). 내시교관(內侍敎官)·세자익위사세마(世子翊衛司洗馬)에 올랐다가 사직한 뒤, 학문에만 힘썼다. 저서로는 《풍담집(楓潭集)》이 있다.

고부(古阜) 사람인데, 모두 가장 널리 알려진 사람들
이다.

덕유산(德裕山)[35]은 충청도·전라도·경상도가 만나
는 곳에 있다. 서쪽으로 한 줄기가 나와 전주(全州)[36]
동쪽에 이르러 마이산(馬耳山)[37]이 되었다. 또 마이산
의 산맥 하나로부터 서남쪽으로 임실(任實)[38]과 전주
가 만나는 곳을 따라 뻗어 금구(金溝)[39]의 모악산(母岳
山)[40]이 되었다가, 만경강(萬頃江)[41]과 동진강(東津江)[42]
두 강의 안쪽에서 그친다.

또 다른 산맥 하나는 서남쪽으로 뻗어 순창의 복
흥산(復興山)[43]이 되고, 정읍(井邑)[44]의 노령(蘆嶺)[45]이
된다.

德裕山在湖西、湖南、嶺南
之交, 西出一枝, 至全州東
爲馬耳山. 自馬耳一脈, 西
南行從任實、全州之交, 爲
金溝 母岳, 止於萬頃、東
津二水之內.

一西南爲淳昌 復興山, 爲
井邑 蘆嶺.

---

35 덕유산(德裕山) : 전라북도 무주군·장수군, 경상남도 거창군·함양군에 걸쳐 있는 산. 해발 1,614m.
36 전주(全州) : 전라북도 김제시 공덕면 공덕리·동계리·마현리·저산리·제말리·황산리·회룡리, 청하면 대청
리·동지산리·장산리, 금산면, 완주군 구이면·봉동읍·삼례읍·상관면·소양면·용진읍·이서면, 운주면
산북리, 익산시 오산면, 시내 갈산동·금강동·남중동·동산동·마동·만석동·모현동·모건동·송학동·신
동·신용동·신흥동·어양동·영등동·인화동·주현동·중앙동·창인동·평화동, 왕궁면 광암리·구덕리·동
봉리·동용리·쌍제리·흥암리, 춘포면 춘포리, 전주시 완산구, 덕진구 고랑동·금상동·덕진동·동산동·만
성동·반월동·산정동·성덕동·송천동·여의동·용정동·원동·장동·전미동·진북동·팔복동·호성동·화전
동, 충청남도 논산시 양촌면 남산리·반암리·신기리·양촌리·오산리·인천리·채광리 일대.
37 마이산(馬耳山) : 전라북도 진안군 진안읍과 마령면 일대에 걸쳐 있는 산. 해발 680m.
38 임실(任實) : 임실군 강진면·관촌면·덕치면·성수면·신덕면·신평면·운암면·임실읍·청웅면, 오수면 군평
리·대명리·봉천리·오산리·오암리·주천리 일대.
39 금구(金溝) : 전라북도 김제시 시내 난봉동·황산동, 금구면·금산면·봉남면·황산면 일대.
40 모악산(母岳山) : 전라북도 김제시와 완주군 경계에 걸쳐 있는 산. 해발 793m.
41 만경강(萬頃江) : 전라북도 완주군 동상면과 소양면의 경계인 원등산(遠登山, 713m)에서 발원하여 호남평
야의 중심부를 지나 황해로 흘러드는 강.
42 동진강(東津江) : 전라북도 정읍시 산외면의 상두산(象頭山, 575m)에서 발원하여 김제평야를 지나 황해로
흘러드는 강.
43 복흥산(復興山) : 전라북도 순창군 복흥면 일대에 있는 산. 해발 710m.《대동여지도》에는 복흥산(福興山)
으로 적혀있다.
44 정읍(井邑) : 전라북도 정읍시 입암면, 북면 복흥리·승부리·신평리·태곡리·한교리, 시내 교동·교암동·구
룡동·금붕동·내장동·농소동·부전동·삼산동·상동·상평동·송산동·수성동·시기동·신월동·신정동·
쌍암동·연지동·용산동·장명동·하북동·하모동 일대.
45 노령(蘆嶺) : 전라북도 정읍시와 전라남도 장성군 북이면 사이의 도계(道界)를 이루는 고개.

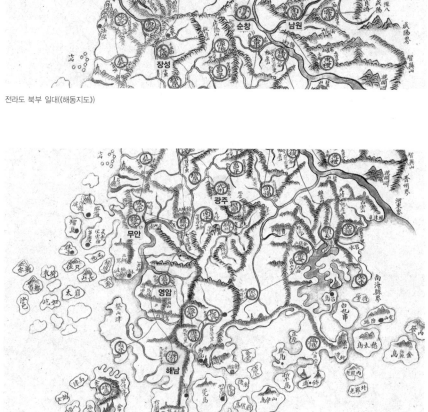

전라도 북부 일대(《해동지도》)

전라도 남부 일대(《해동지도》)

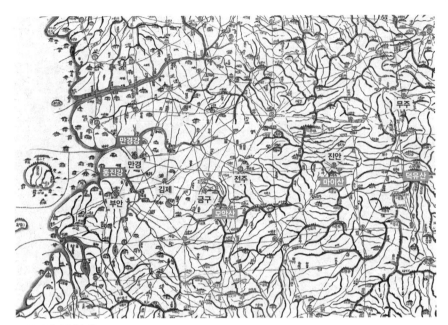

마이산 일대(《대동여지도》)

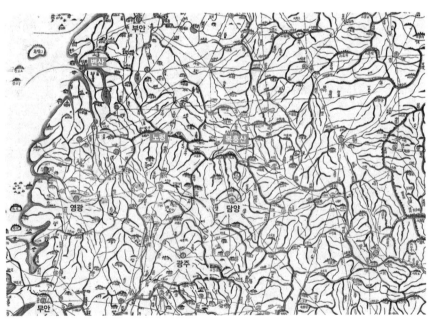

노령산맥 일대(《대동여지도》)

노령에서 여러 줄기가 갈라져 서쪽으로는 영광(靈光)46에서 그치고, 서남쪽으로는 무안에서 그치고, 북쪽으로는 부안의 변산(卞山)47에서 그친다. 또 동남쪽으로는 담양(潭陽)48과 광주 아래에 위치한 산이 된다.

마이산의 줄기가 북쪽으로 뻗어 주줄산(珠崒山)49이 되는데, 이 산은 진안(鎭安)50과 전주 사이에 있다. 여기에서 서쪽으로 산맥 하나가 나와 전주부(全州府)가 되는데, 이곳이 전라도관찰사의 치소이다.

전주부의 동쪽은 위봉산성(威鳳山城)51이고, 약간 북쪽에는 기린봉(麒麟峰)52이 있는데, 이곳에서 산맥 하나가 나와 전주부에 이르렀다가 서북쪽으로 뻗어 건지산(乾止山)53이 된다. 또 산맥 하나가 나와 서쪽으로 가서 덕지(德池)54가 되는데, 이 호수는 매우 깊고 넓다. 덕지를 지나면 또 다시 큰 들판을 빙

自嶺分衆枝, 西止靈光, 西南止務安, 北止扶安卞山. 又東南爲潭陽、光州以下之山.

馬耳北行爲珠崒山, 在鎭安、全州之間, 西出一脈爲全州府, 是爲監司治所.

東爲威鳳山城, 稍北有麒麟峰, 出一脈至府, 西北爲乾止山. 又抽一脈, 西去爲德池, 極深闊. 過池而又爲平岡盤廻於大野, 逆受萬馬洞水, 地理甚佳,

---

46 영광(靈光) : 전라남도 무안군 망운면, 운남면 내성리·성내리·연리·하묘리, 신안군 임자면·증도면, 임태면 낭사리, 입해읍 고이리·매회리, 지도읍 당촌리·선도리·어의리·탄도리, 영평구 군남면·군서면·낙월면·대마면·묘량면·백수읍·법성면·불갑면·염산면·영광읍·홍농읍, 장성군 삼계면·삼서면, 동화면 구림리·남산리·남평리·동호리·서양리·용정리 일대.

47 변산(卞山) : 전라북도 부안군 변산면에 있는 산. 해발 510m. 변산(邊山)이다.

48 담양(潭陽) : 전라남도 담양군 금성면·담양읍·대덕면·무정면·봉산면·용면·월산면, 수북면 풍수리, 창평면 광덕리·유곡리·의항리·일산리·장화리·해곡리 일대.

49 주줄산(珠崒山) : 전라북도 진안군 부귀면 황금리, 정천면·주천면, 완주군 동상면에 걸쳐 있는 운장산(雲長山)의 옛 이름. 해발 1,126m.

50 진안(鎭安) : 전라북도 진안군 마령면·백운면·부귀면·상전면·성수면·진안읍, 정천면 월평리.

51 위봉산성(威鳳山城) : 전라북도 완주군 소양면 대흥리에 있는 조선시대의 산성. 너비 3m, 높이 약 4.5m, 전체 길이 약 16km에 이르는 이 산성은 1407년(태종 7)에 축성하여 1675년(숙종 1)에 중수했으며, 태조의 영정을 봉안하기 위하여 축성했다. 2006년에 사적 제471호로 지정되었다.

52 기린봉(麒麟峰) : 전라북도 전주시 덕진구에 위치한 산. 전주시에서 가장 높은 산으로, 산자락이 남북으로 펼쳐져 있다. 정상 부근에 선린사가 있고, 아래에는 아중저수지가 있다. 해발 306m. 《대동여지도》에는 기령봉(猉狺峯)으로 적혀 있다.

53 건지산(乾止山) : 전라북도 전주시 덕진구의 덕진동에 위치한 산. 해발 99m.

54 덕지(德池) : 전라북도 전주시 덕진구 덕진동에 위치한 덕진호(德津湖)의 옛 이름.

두르고 있는 평평한 언덕이 형성되는데, 이곳은 만마동(萬馬洞)55의 물을 거슬러 받기 때문에 지리가 매우 아름다워 참으로 살 만한 곳이다.

주줄산의 여러 계곡물은 고산현(高山縣)56을 거쳐서 전주 경계에 들어가서 율담(栗潭)57·양전포(良田浦)58·오백주(五百洲)59가 된다. 이 지역은 큰 계곡의 물을 댈 수 있어서 흙이 가장 비옥하며, 벼·생선·생강·토란·대나무·감을 판매하는 이익이 있고, 수많은 촌락에는 생활에 필요한 기구가 모두 갖추어졌고, 서쪽으로 사탄(斜灘)60에서는 선박으로 생선과 소금을 유통하며, 사람과 물산이 조밀하고 풍부하기 때문에 재화가 쌓여 그 규모가 한양과 다를 바가 없으니, 참으로 하나의 큰 도회지이다. 노령 이북의 10여 개 고을에는 모두 산람장기가 있지만 오직 전주만 기후가 청량하니, 살기에 가장 좋다.

實爲可居處.

珠崒山諸谷之水, 由高山縣入全州境, 爲栗潭、良田浦、五百洲. 大溪灌漑, 土爲上腴, 有稻、魚、薑、芋、竹、柹之利, 千村萬落養生之具畢備, 西斜灘通舟船魚鹽, 人物稠衆, 貨財委積, 與京城無異, 誠一大都會也. 蘆嶺以北十餘邑皆有瘴, 惟全州淸涼, 最爲可居.

---

55 만마동(萬馬洞): 전라북도 완주군 상관면 일대의 옛 지명.《대동여지도》에는 만마관(萬馬關)만 표기되어 있다.

56 고산(高山): 전라북도 완주군 경천면·고산면·동상면·비봉면·운주면·화산면, 충청남도 논산시 양촌면 도평리·임화리 일대.

57 율담(栗潭): 지금의 전라북도 삼례읍 하리 일대. 일설에는 이보다 만경강 상류에 해당하는 지점인 전라북도 완주군 고산면 화정리에 위치한 앞대산터널 인근이라고도 한다.

58 양전포(良田浦): 지금의 전라북도 완주군 용진읍 신지리 일대. 지금도 양전마을이라는 지명이 전해진다.

59 오백주(五百洲): 지금의 전라북도 완주군 삼례읍 일대와 전라북도 전주시 덕진구 전미동 일대의 만경강과 전주천·소양천이 합류하는 지점으로 추정된다.

60 사탄(斜灘): 만경강 지류의 옛 이름.《대동여지도》에는 횡탄(橫灘)으로 적혀있다.

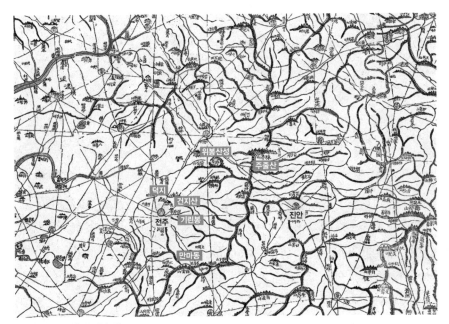

주줄산과 전주 일대(《대동여지도》)

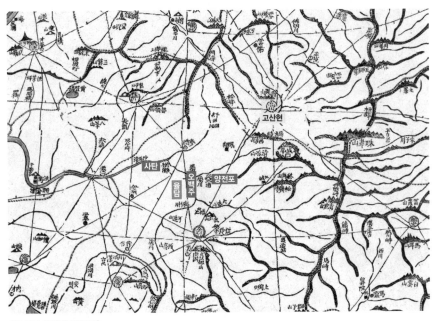

전주 북부 일대(《대동여지도》)

주줄산 북쪽의 한 줄기가 서쪽으로 내려가 탄현
(炭峴)[61]·용화산(龍華山)[62]이 되고, 옥구(沃溝)[63]에서
그친다. 탄현의 서북쪽에는 여산(礪山)[64] 등 5개의 고
을이 있는데, 그 중 여산은 흙이 차져서 산람장기가
있기 때문에 살기에 좋지 않다.

珠崒北一枝, 西下爲炭峴、
龍華山, 止於沃溝. 炭峴西
北有礪山等五邑, 礪山土
粘有瘴, 不可居.

용화산의 한 줄기가 북쪽으로 뻗어나가 여산 서
북쪽에서 채운산(采雲山)[65]이 된다. 채운산에서 작은
들판 하나를 건너면 황산촌(黃山村)[66]이다. 그 서쪽은
곧 용안(龍安)[67]·함열(咸悅)·임피(臨陂)[68]로, 모두 진강
(鎭江)의 남쪽에 있다.

龍華山一枝北走, 礪山西
北爲采雲山. 自采雲渡一
小坰, 爲黃山村. 其西卽龍
安、咸悅、臨陂, 并在鎭江
之南.

임피의 서쪽은 옥구이고, 탄현의 동쪽은 고산이
고, 용화산의 남쪽은 익산(益山)[69]이다. 고산과 익산

臨陂之西爲沃溝, 炭峴之
東爲高山, 龍華之南爲益

---

61 탄현(炭峴) : 지금의 전라북도 익산시 왕궁면 용화리 일대에 위치하는 고개. 현재는 '쑥고개'라는 지명으로 불린
    다. 《고려사절요》권1 〈태조 신성대왕 (太祖 神聖大王)〉 조목에 "장군 흔강(昕康)·견달(見達)·은술(殷述)·영식
    (令式)·우봉(又奉) 등 3천 2백 명을 사로잡고, 5천 7백여 명을 목 베었다. 적군이 무너져 달아나자, 우리 군사
    가 추격하여 황산군(黃山郡), 지금의 충청남도 논산시 연산면 일대에 이르러 탄령(炭嶺)을 넘어 마성(馬城)에
    주둔했다.(虜將軍昕康, 見達, 殷述, 令式, 又奉等三千二百人, 斬五千七百餘級, 賊潰北, 我軍追至黃山郡, 踰炭
    嶺, 駐營馬城)"라 했으니, 옛 기록에는 '탄령(炭嶺)'이라고도 했다는 사실을 확인할 수 있다.
62 용화산(龍華山) : 전라북도 익산시 금마면·삼기면·낭산면에 걸쳐 있는 산. 해발 430m.
63 옥구(沃溝) : 전라북도 군산시 옥산면·옥구읍·옥서면·회현면, 시내 개복동·개시동·경암동·경장동·금광
    동·금동·금암동·나운동·내초동·대명동·동흥남동·둔율동·명산동·문화동·미룡동·미원동·미장동·
    비응도동·사정동·산북동·삼학동·서흥남동·선양동·소룡동·송창동·송풍동·수송동·신관동·신영동·
    신찬동·신풍동·신흥동·영동·영화동·오룡동·오식도동·월명동·장미동·장재동·죽성동·중동·중앙로1
    가·중앙로2가·중앙로3가·지곡동·창성동·평화동·해망동·흥남동 일대.
64 여산(礪山) : 전라북도 익산시 낭산면·망성면·여산면, 충청남도 논산시 강경읍 황산리, 연무읍 고내리·마
    전리·봉동리·신화리·안심리·죽평리·황화정리 일대.
65 채운산(采雲山) : 충청남도 논산시 강경읍 채산리 일대에 있는 산. 해발 57m.
66 황산촌(黃山村) : 지금의 충청남도 논산시 강경읍 황산리 일대에 있던 마을.
67 용안(龍安) : 전라북도 익산시 용동면·용안면 일대.
68 임피(臨陂) : 전라북도 군산시 개정면·나포면·대야면·서수면·성산면·임피면, 시내 구암동·내흥동·조촌
    동, 익산시 황등면 신기리, 김제시 백구면 일대.
69 익산(益山) : 전라북도 익산시 금마면·삼기면, 시내 덕기동·부송동·석암동·석왕동·용제동·월성동·은기동·
    임상동·정족동·팔봉동, 왕궁면 동촌리·발산리·쌍제리·온수리·왕궁리·용화리·평장리, 춘포면 덕실리·삼포
    리·신동리·쌍정리·오산리·용연리·인수리창평리·천동리·천서리, 황등면 율촌리, 전주시 덕진구 도덕동 일대.

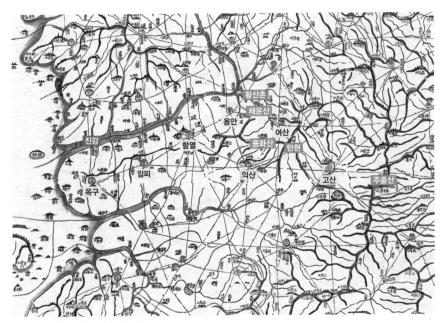

주줄산 서쪽 일대와 진강 남쪽 일대(《대동여지도》)

에는 모두 산람장기가 있는데, 그 중 고산의 산수가 익산에 비해 더욱 험악하니, 흙이 아무리 비옥하더라도 살기에 좋지 않다.

    모익신의 서쪽은 금구와 만경(萬頃)[70] 두 고을인데[71], 그 곳의 샘물은 상당히 맑고, 산도 탈살(脫殺, 살기를 벗은 지형)이면서 들판 가운데를 감돌고 있고, 두 물줄기가 감싸듯 하여 기맥이 풀리지 않았기 때문에 살기에 좋은 곳이 상당히 많다.

山. 高山、益山俱有瘴, 高山山[1]水尤險惡, 土雖沃, 不可居.

母岳之西爲金溝、萬頃二邑, 水泉頗淸, 山亦脫殺, 紆廻於野中, 二水關鎖, 氣脈不解, 頗多可居處.

---

70 만경(萬頃): 전라북도 김제시 광활면·만경면·성덕면·진봉면, 청하면 대청리·동지산리·장산리, 군산시 옥도면 관리도리·말도리·무녀도리·선유도리·신시도리·야미도리·장자도리 일대.

71 모악산의……고을인데: 모악산 서쪽의 금구와 만경만을 언급했으나, 실제로는 모악산을 기준으로 금구·김제·만경의 순서로 세 고을이 있다. 여기서는 김제를 언급하지 않았다.

[1] 山: 저본에는 "之".《擇里志·全羅道》에 근거하여 수정.

모악산 서쪽 일대(《대동여지도》)

그 나머지인 태인(泰仁)[72]·고부·부안·무장(茂長)[73] 등의 여러 고을에는 모두 산람장기가 있다. 오직 부안의 변산 부근과 흥덕(興德)[74]의 장지(長池)[75] 아래에는 토지가 비옥한 데다 호수와 산의 경치가 빼어나다. 그 중에서 산람장기가 없는 곳을 택한다면 또한 살기에 좋을 것이다.

其餘泰仁、古阜、扶安、茂長諸邑擧皆有瘴. 惟扶安卞山之傍興德 長池之下, 土地旣沃, 又有湖山之勝. 就其中擇無瘴處, 則亦可居止矣.

---

72 태인(泰仁) : 전라북도 정읍시 감곡면·산내면·산외면·신태인읍·옹동면·칠보면·태인면, 부안군 동진면 일대.

73 무장(茂長) : 전라북도 고창군 공음면·대산면·무장면·상하면·성송면·심원면·해리면, 아산면 남산리·삼인리·성산리·학전리 일대.

74 흥덕(興德) : 전라북도 고창군 성내면·신림면·흥덕면, 부안명 봉암리·사창리·상등리·선운리·용산리·운양리, 아산면 반암리 일대.

75 장지(長池) : 지금의 전라북도 고창군 성내면 신성리에 위치한 큰 못. 현재는 '동림저수지'라는 지명으로 전해진다. 《대동여지도》에는 장연(長淵)으로 적혀 있다.

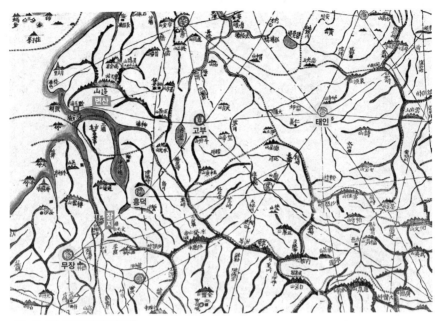

태인·고부·변산·무장 일대(《대동여지도》)

　노령의 서쪽은 함평(咸平)[76]·영광(靈光)·무안(務安)
이고, 남쪽은 장성(長城)·나주(羅州)[77]이다. 이 5개 고
을의 물과 샘에는 산람장기가 없다. 장성은 토양이
비옥하고 산수가 아름답고 수려하다.

蘆嶺之西爲咸平、靈光、務
安, 南爲長城、羅州, 此五
邑水泉無瘴. 長城壤沃而
山水佳麗.

76　함평(咸平):전라남도 무안군 해제면 광산리·대사리·덕산리·만풍리·산길리·석룡리·송석리·신정리·양매
리·용학리·유월리·임수리·학송리, 현경면 가입리·동산리·마산리·수양리·오류리·외반리·용정리·평산
리, 함평군 나산면·손불면·신광면·월야면·함평읍·해보면, 대동면 강운리·금산리·덕산리·서호리·연암
리·용성리·운교리·향교리 일대.

77　나주(羅州):광주광역시 광산구 남산동·내산동·덕림동·대산동·도덕동·동림동·동산동·동호동·명도동·
명화동·북산동·산수동·삼거동·삼도동·선동송·산동·송촌동·송치동·송학동·신동·양동·양산동·연
산동·오운동·옥동·왕동·용곡동·월전동·장록동·지산동·지정동·지죽동·지평동, 나주시 시내·공산면·
노안면·다시면·동강면·문평면·반남면·세지면·왕곡면, 목포시 달동·옥암동·율도동, 무안군 삼향읍, 신
안군 도초면·비금면·안좌면·암태면·압해면·자은면·장산면·지도면·하의면·흑산면, 영암군 금정면·시종
면 금지리·신연리·신학리·신흥리·옥야리, 신북면 갈곡리·양계리·유곡리·학동리, 도포면 도포리·봉호리
일대.

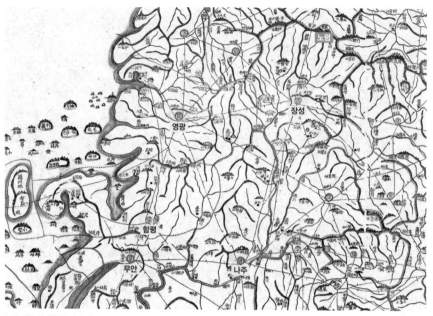

노령 서쪽 일대《대동여지도》

나주는 노령 아래에 있는 하나의 도회지이다. 뒤
쪽으로는 금성산(錦城山)[78]을 등지고 남쪽으로는 영
산강(靈山江)[79]에 닿아 있어 읍터의 국(局)과 형세가
한양과 비슷하기 때문에 예로부터 이름난 관료가
많았다. 강을 건너면 큰 들판이 펼쳐져서 동쪽으로
는 광주(光州)와 접하고 남쪽으로는 영암(靈巖)과 통
하며, 풍기(風氣)가 탁 트여있고 물산이 풍부하면서
지역이 넓어 촌락들이 별처럼 늘어서 있다. 게다가
전라도의 서남쪽 강과 바다에서 생산되는 이익을
주관하니, 가장 이름난 고을이다.

羅州爲嶺下一都會, 背負
錦城山, 南臨靈山江, 邑
基局勢, 恰似漢陽, 自古多
名宦. 渡江爲大野, 東接光
州, 南通靈巖, 風氣恢暢,
物衆地大, 村落星布. 且管
西南江海之利, 儘名邑也.

---

78 금성산(錦城山):전라남도 나주시 경현동·대호동에 걸쳐 있는 산. 해발 451m.
79 영산강(靈山江):전라남도 담양군 용추봉에서 발원하여 전라남도 중서부 지역을 지나 서해로 흘러드는 강.

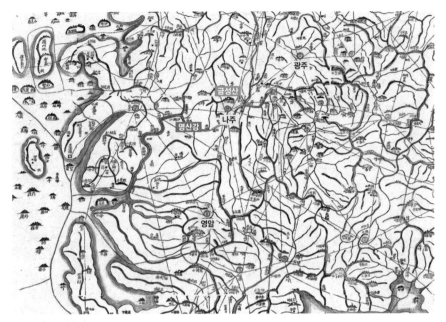

나주 일대(《대동여지도》)

영암은 나주의 서남쪽에 위치하는데, 이 중 월출산(月出山)[80] 아래 지역은 서해와 남해가 교차하는 모퉁이에 자리 잡고 있다. 신라가 당나라에 조공할 때는 모두 이 바닷가에서 배를 띄웠으니, 배를 타고 1일이 지나면 흑산도(黑山島)[81]에 이르고 또 1일이 지나면 홍의도(紅衣島)[82]에 이르고, 또 1일이 지나면 가가도(佳可島)[83]에 이른다. 여기에서 간방(艮方)으로 불어오는 바람을 타고 3일이 지나면 태주(台州) 영파부

靈巖處羅州之西南, 月出山下地據西、南海交角之上. 新羅朝唐, 皆於此海上發船, 乘海一日至黑山島, 又一日至紅衣島, 又一日至佳可島, 艮風三日, 至台州 寧波府 定海縣. 苟風順則一日可至. 南宋之通高麗也,

---

80 월출산(月出山) : 전라남도 영암군 영암읍과 강진군 성전면에 걸쳐 있는 산. 해발 809m.

81 흑산도(黑山島) : 전라남도 신안군 도초면 우이도리에 있는 우이도. 《대동여지도》에도 흑산도로 적혀 있으나, 그 아래에 본우이도(本牛耳島)라 하여 본래는 우이도라는 설명이 있다. 지금의 흑산도는 《대동여지도》에 대흑산(大黑山)이라고 적혀 있다.

82 홍의도(紅衣島) : 전라남도 신안군 흑산면 홍도리에 있는 섬. 흑산도에서 서쪽으로 21.6km 떨어진 지점에 위치하고 있다. 지금의 홍도이다.

83 가가도(佳可島) : 전라남도 신안군 흑산면에 딸린 섬. 섬 전체가 거의 산림지대로 이루어져 있다.

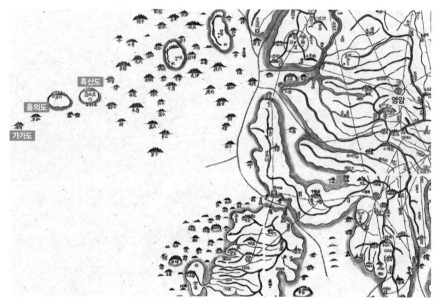

영암 일대(《대동여지도》)

(寧波府)[84]의 정해현(定海縣)[85]에 이른다. 만약 바람이
순조로우면 1일 만에 이를 수 있다. 남송(南宋)이 고
려와 교류할 때에 정해현에서 배를 띄우면 7일이 지
나서 고려의 국경에 이를 수 있었는데, 배를 대고 육
지에 오른 장소가 바로 이 지역이다.

　복흥산(復興山)의 동쪽은 임실·순창·남원·구례
(求禮)[86]로, 모두 산으로 둘러싸인 군(郡)이다. 마이
산(馬耳山) 남쪽 골짜기의 물은 임실을 거쳐서 남쪽으
로 남원에 이르러서는 요천(蓼川)[87]과 합류하여 잔수

自定海縣發船, 七日可至<u>麗</u>
境, 登陸卽此地也.

復興東爲任實、淳昌、<u>南原</u>、
求禮, 皆山郡也. <u>馬耳南洞</u>
之水由任實, 南至<u>南原</u>, 合
<u>蓼川爲潺水、鴨綠津</u>, 水西

---

84 태주(台州) 영파부(寧波府): 중국 절강성(浙江省) 태주(台州) 일대.
85 정해현(定海縣): 중국 절강성(浙江省) 동북부 동해에 있는 섬. 주산군도(舟山群島)의 중서부에 위치하며,
　주산시(舟山市)에 속한다.
86 구례(求禮): 전라남도 구례군 간전면·구례읍·마산면·문척면·토지면, 광의면 대산리·방광리·수월리·지
　천리, 용방면 사림리·신지리·용강리·용정리, 순천시 황전면 일대.
87 요천(蓼川): 지금의 전라북도 남원시 동충동·전라북도 장수군 장수읍 대성리 사이를 흐르는 하천.

(潺水)[88]와 압록진(鴨綠津)[89]이 된다.[90] 이 물의 서쪽이 곧 옥과(玉果)[91]·동복(同福)[92]·곡성(谷城)[93]이다. 물이 압록진에서 동쪽으로 꺾이기 시작하면 악양강(岳陽江)[94]이 되는데, 이곳은 남해의 조수와 통한다. 이어서 지리산을 따라 남쪽으로 흐르면서 섬진(蟾津)[95]이 되어 바다로 흘러 들어간다. 그러므로 섬진은 전라도와 경상도를 구분하는 경계이다.

남원에서 동쪽으로 고개 하나를 넘으면 곧 운봉현(雲峯縣)[96]이다. 이곳은 지리산 북쪽 팔량치(八良峙)[97] 위에 있으니, 곧 전라도와 경상도를 통행하는 큰 길이다. 남원현의 동남쪽은 성원(星園)[98]이고, 그 남쪽은 구례현(求禮縣)이다. 성원에서 구례까지는 온통 하나의 들판으로 이루어져 1묘(畝)에 1종(鍾)[99]을

卽玉果、同福、谷城也. 水自鴨始東折而爲岳陽江, 通南海潮汐, 循智異山南爲蟾津入于海. 故蟾津爲全、慶[2]分界也.

自南原東踰一嶺卽雲峯縣, 在智異山北八良峙上, 卽全、慶通行之大路也. 縣東南爲星園, 又南爲求禮縣, 自星園至求禮, 通爲一野, 多畝鍾水田. 然南原、求禮

---

88 잔수(潺水): 전라남도 곡성군 죽곡면과 전라남도 구례군 구례읍·마산면 일대를 흐르는 섬진강 중류 일대.

89 압록진(鴨綠津): 전라남도 구례군 구례읍 계산리, 곡성군 오곡면 압록리 사이에 위치한 나루터. 이 근처를 흐르는 상물을 이르기도 한다.

90 잔수(潺水)와……된다: 언급한 순서로 보면 요천과 합류한 뒤의 강물이 잔수인 듯하지만, 실세로는 입록진이 잔수보다 더 상류이다.

91 옥과(玉果): 전라남도 곡성군 겸면·오산면·옥과면·입면, 삼기면 원동리 일대.

92 동복(同福): 전라남도 화순군 남면·동복면·북면·이서면 일대.

93 곡성(谷城): 전라남도 곡성군 곡성읍·목사동면·삼기면·석곡면·오곡면·죽곡면 일대.

94 악양강(岳陽江): 경상남도 하동군 악양면 일대를 흐르는 섬진강 상류에 해당하는 강.

95 섬진(蟾津): 지금의 전라남도 광양시 진상면 도사리·신원리 일대와 경상남도 하동군 하동읍 읍내리·광평리 일대를 흐르는 섬진강 하류 일대.

96 운봉현(雲峯縣): 전라북도 남원시 산내면·아영면·운봉읍·인월면 일대.

97 팔량치(八良峙): 전라북도 남원시 산내면 일대와 경상남도 함양군 함양읍 일대의 경계에 있는 고개. 해발 513m. 전라북도 남원시 산내면 내령리에 '팔랑마을'이라는 지명이 전해진다.

98 성원(星園): 지금의 전라남도 구례군 산동면 계천리 일대. 이곳은 1906년 이전까지는 남원현에 속했다가 행정구역이 개편되면서 구례군으로 편입되었다. 화순 최씨(崔氏)의 집성촌으로, 산동면 계천리에 있는 현천마을에는 아직도 본관이 화순 최씨인 주민이 많이 거주하고 있다.

99 1종(鍾): 부피의 단위로, 1종은 6.4석 또는 8석, 또는 10석이라는 설이 있다.

[2] 慶: 저본에는 "羅". 《擇里志·全羅道》에 근거하여 수정.

거둘 만큼 비옥한 논이 많다. 그러나 남원과 구례는 모두 지리산 서쪽에 위치하여 섬진 서쪽의 3개 고을[100]과 함께 예로부터 산람장기가 있어 살기에 나쁜 지역으로 알려졌는데, 요즘에는 조금 청량해졌다고 한다.

복흥산 남쪽 산줄기는 담양(潭陽)·창평(昌平)[101]을 거쳐서 광주의 무등산이 되고, 무등산의 서남쪽은 광주·화순(和順)[102]·남평(南平)[103]·능주(綾州)[104]가 된다. 이 중에 오직 광주 서쪽 일대만이 나주와 인접하여 풍기가 원대하고 화창하기 때문에 예로부터 경치가 좋은 마을이 많았고, 또한 관료로 이름난 사람도 많았다.

영암의 동남쪽 바닷가에 8개 고을[105]이 있는데, 풍속은 대체로 같다. 이 중 오직 해남·강진(康津)[106]은 제주도로 나가는 바다의 중요한 통로가 되는 어귀에 위치해 있기 때문에 말·소·가죽·진주·자개·굴·유자·말총·대나무를 판매하는 이익이 있다. 그러나 이 8개 고을은 한양과 지리적으로 멀고 남해와

皆在智異西, 與水西三邑, 舊有瘴稱惡土, 近少淸涼云.

復興南枝由潭陽、平昌爲光州 無等山, 山之西南爲光州、和順、南平、綾州. 惟光州西接羅州, 風氣遠敞, 自古多名勝之村, 亦多顯達之人.

靈巖東南海上有八邑, 大同俗. 惟海南、康津縮耽羅出海之口, 有馬牛、革皮、珠貝、橘柚、騣竹之利. 然八邑地踔遠逼南海, 冬月草不凋, 蟲不蟄, 山嵐海氣

---

100 3개 고을: 동복(同福)·순천·광양을 가리킨 듯하다.

101 창평(昌平): 전라남도 담양군 고서면·남면, 대전면 갑향리·병풍리·성산리·행성리·황금, 수북면 개동리·고성리·나산리·남산리·대방리·대흥리·오정리·정중리·풍수리·황금리, 창평면 삼천리·오강리·용수리·유곡리·유천리·의항리·창평리, 월산면 일대.

102 화순(和順): 전라남도 화순군 동면, 화순읍 감도리·강정리·계소리·광덕리·교리·내평리·다지리·대리·도웅리·만연리·벽라리·삼천리·서태리·세량리·수만리·신기리·앵남리·연양리·유천리·이십곡리·일심리·향청리·훈리 일대.

103 남평(南平): 전라남도 나주시 금천면·남평읍·다도면·산포면·봉황면 일대.

104 능주(綾州): 전라남도 화순군 능주면·도곡면·도암면·이양면·청풍면·춘양면·한천면 일대.

105 8개 고을: 강진·해남·진도·장흥·흥양(고흥)·보성·낙안·순천을 가리키는 듯하다.

106 강진(康津): 전라남도 강진군 강진읍·군동면·대구면·도암면·마량면·병영면·성전면·신전면·신전면·옴천면·작천면·칠량면, 완도군 고금면·군외면·신지면·약산면·완도읍·청산면, 해남군 북일면 금당리·내동리·만수리·방산리·용일리 일대.

전라도 남부 일대《대동여지도》

가까워 겨울에도 풀이 시들지 않고 벌레가 겨울잠을 자지 않으므로, 산람의 기운과 바다 기운이 찌는 듯하여 산람장기가 된다. 게다가 일본과 아주 가까워서 흙이 비록 비옥하더라도 즐겁게 살 만한 곳이 아니다.

대략 전라도는 나라의 가장 남쪽에 있어서 토산물이 풍부하다. 산으로 둘러싸인 군(郡)은 강물이나 시냇물에 의지하여 관개하기 때문에 흉년으로 인한

蒸爲瘴癘. 且密通日本, 土雖膏腴, 非可居樂土也.

大較全羅一道在國之最南, 土産饒沃. 山郡賴川溪灌漑, 故少歉多收. 海邑舊有

피해가 적어 수확량이 많다. 바다 근처의 고을은 옛날에 제방을 막아 물을 댔는데, 신라 이후로 큰 제방과 못이 최근까지 점차 폐기되었기 때문에 자주 가물어 수확량이 적다.

옛날 중국의 사마광(司馬光)[107]은 민(閩)[108] 지역 사람들이 교활하고 험악하다고 말했지만, 주자(朱子)[109] 때에 이르러서는 현자들이 계속 나왔다. 이 전라도도 진실로 현자가 기거하면서 풍요로운 생업을 바탕으로 예양(禮讓, 예의와 겸양)과 문행(文行, 문장과 덕행)을 가르치면 역시 살기에 좋지 않은 곳은 아니다. 게다가 산천에 기이한 명승지가 많지만 고려시대부터 지금까지 그 기운이 잘 드러나지 않았으니, 이 지역 또한 언젠가 한 번은 정기가 모여 훌륭한 인물을 길러낼 것이다. 다만 지금 기준으로 말한다면 지리적으로 멀고 풍속이 경박하여 가서 살기에는 쉽지가 않다는 것이다. 《팔역가거지》[110]

堤陂浸灌, 而新羅以來大堤澤近漸廢湮, 故數旱而少收.

昔涑水公稱閩人狡險, 然至朱子時, 賢者輩出, 苟賢者居之, 因其富饒之業, 敎以禮讓·文行, 亦非不可居之地. 且山川多奇勝, 而自麗至今不甚顯, 此亦當一番鍾毓. 但以今論之, 地遠俗偷, 未易往居矣. 《八域可居誌》

---

107 사마광(司馬光) : 1019~1086. 중국 송대의 정치가이자 역사가. 자는 군실(君實)·호는 속수선생(涑水先生) 또는 사마온공(司馬溫公)이다. 인종(仁宗), 영종(英宗), 신종(神宗), 철종(哲宗) 등 네 왕조를 거치며 관직생활을 했으며, 왕안석(王安石)의 변법(變法)이 시행된 이후에 조정에서 물러나와 15년 동안 《자치통감(資治通鑑)》을 편찬했다. 그 밖의 저서로는 《온국문정사마공문집(溫國文正司馬公文集)》·《계고록(稽古錄)》·《속수기문(涑水記聞)》·《잠허(潛虛)》등이 있다.

108 민(閩) : 지금의 중국 복건성(福建省) 일대.

109 주자(朱子) : 1130~1200. 중국 송대의 유학자. 주는 회암(晦庵). 지금의 중국 복건성(福建省) 일대에 해당하는 민(閩) 지역이 그의 고향이다. 정이(程頤, 1033~1107)의 학문을 계승하여 주자학을 집대성(集大成) 했다. 중국 강서성(江西省) 구강시(九江市)에 위치한 백록동서원(白鹿洞書院)을 중심으로 많은 인재들을 길러내어 중국 남방의 '민학(閩學)학파' 형성의 주춧돌을 놓았으며 방대한 저술을 남겼다. 주요저술로는 《사서장구집주(四書章句集注)》·《시집전(詩集傳)》·《초사집주(楚辭集注)》등이 있으며, 이밖에 사후에 문인들이 정리하여 편찬한 《주자어류》·《주문공문집》이 있다.

110 《擇里志》〈全羅道〉, 19~24쪽.

4) 경상도[嶺南]¹

경상도는 지리(地理)²가 가장 좋다. 강원도의 남쪽에 있고, 서쪽으로는 충청도·전라도와 경계를 접하며, 북쪽으로는 태백산(太白山)³이 있다. 풍수가들은 태백산을 "높게 솟은 수성(水星)⁴의 형상이다."라 했다. 태백산의 왼쪽(한양 기준의 방위)으로 하나의 큰 줄기가 나와 동해 바닷가에 바싹 붙어 쭉 내려오다가 동래(東萊)⁵ 바닷가에서 그친다.

오른쪽으로도 하나의 큰 줄기가 나와 소백산(小白山)⁶·작성산(鵲城山)⁷·주흘산(主屹山)⁸·희양산(曦陽山)⁹·청화산(靑華山)¹⁰·속리산(俗離山)¹¹·황악산(黃岳山)¹²·덕유산(德裕山)¹³·지리산(智異山)¹⁴ 등이 되어 남해(南海) 바닷가에서 그친다. 이 두 줄기 사이에는

嶺南

嶺南地理最佳，在關東之南，西與湖西、南接界，北有太白山．堪輿家謂之"漲天水星"．左出一大枝薄東海，止於東萊海上．

右出一大枝，爲小白、鵲城、主屹、曦①陽、靑華、俗離、黃岳、德裕、智異等山，止於南海上，兩枝間沃野千里．

---

1 경상도[嶺南]:경주(慶州)와 상주(尙州) 두 지역의 머리글자를 합하여 만든 명칭이다. 영남(嶺南)은 경상도의 이칭으로 조령(鳥嶺), 즉 문경 새재의 남쪽에 있다는 의미이다.

2 지리(地理):여기서의 지리는《택리지》에서 살기 좋은 곳을 살필 때 고려해야 할 대상으로 언급한 지리·생리(生利)·인심(人心)·산수(山水)에서의 지리를 말한다.《택리지》를 저술한 이중환은 이 4가지 중에서 지리를 가장 먼저 거론하며 중시하였다. 지리는 그 지역의 풍수지리(風水地理)적 조건을 의미한다.

3 태백산(太白山):경상북도 봉화군과 강원도 영월군·태백시에 걸쳐 있는 산. 해발 1,567m.

4 수성(水星):풍수에서 산의 형태를 오행(五行)에 대입시켜 설명하는 오성(五星)의 하나로, 산줄기의 모습이 구불구불하게 물 흐르듯 큰 굴곡 없이 위에서 아래로 부드럽게 뻗어간 형태를 말한다.

5 동래(東萊):부산광역시 금정구·남구·동구·동래구·부산진구·사상구·사하구·서구·수영구·연제구·영도구·중구, 해운대구 반송동·반여동·석대동·우동·재송동·좌동·중동, 기장군 철마면 일대.

6 소백산(小白山):충청북도 단양군 가곡면, 경상북도 영주시 순흥면에 걸쳐 있는 산. 해발 1,439m.

7 작성산(鵲城山):충청북도 단양군의 적성면, 제천시 금성면에 걸쳐 있는 산. 해발 844m.

8 주흘산(主屹山):경상북도 문경시 문경읍에 있는 산. 해발 1,106m.

9 희양산(曦陽山):충청북도 괴산군 연풍면, 경상북도 문경시 가은읍에 걸쳐 있는 산. 해발 999m.

10 청화산(靑華山):경상북도 구미시 도개면·의성군 구천면·군위군 소보면에 걸쳐 있는 산. 해발 700m.

11 속리산(俗離山):충청북도 보은군 속리산면, 괴산군, 경상북도 상주시 화북면에 걸쳐 있는 산. 해발 1,058m.

12 황악산(黃岳山):경상북도 김천시 대항면, 충청북도 영동군 매곡면에 걸쳐 있는 산. 해발 1,111m.

13 덕유산(德裕山):전라북도 무주군·장수군, 경상남도 거창군·함양군에 걸쳐 있는 산. 해발 1,614m.

14 지리산(智異山):전라북도 남원시, 전라남도 구례군, 경상남도 산청군·함양군·하동군에 걸쳐 있는 산. 해발 1,915m.

① 曦:저본에는 "義".《擇里志·慶尙道》에 근거하여 수정.

태백산(2018년 촬영, 조인철 제공)

태백산 황지공원 전경(태백시청 관광문화과)

1,000리에 걸쳐 비옥한 들판이 펼쳐져 있다.

　황지(潢池)[15]의 물은 태백산의 가장 높은 봉우리 아래에서 산을 뚫고 나온다. 이 물이 북쪽에서 남쪽으로 흘러 예안(禮安)[16]에 이르러서는 동쪽으로 굽어

潢池之水，自太白山上峯下，穿山而出．自北南下，至禮安東折而西循安東之

15　황지(潢池) : 강원도 태백시 황지동에 있는 낙동강의 발원지.

16　예안(禮安) : 경상북도 안동시 녹전면, 도산면 가송리·단천리·동부리·분천리·서부리·선양리·온혜리·운곡리·원천리·의일리·의촌리·토계리, 예안면 귀단리·도촌리·동천리·부포리·삼계리·신남리·천전리·태곡리, 와룡면 오천리, 봉화군 명호면 일대.

졌다가 다시 서쪽으로 안동(安東)[17]의 남쪽을 돌아, 용궁(龍宮)[18]과 함창(咸昌)[19]의 경계에 이르러서야 비로소 남쪽으로 굽어져 낙동강(洛東江)[20]이 된다. 낙동이란 상주(尙州)[21]의 동쪽이라는 뜻이다. 【상주는 일명 '낙양(洛陽)'이다.】

낙동강은 김해(金海)[22]로 들어가 경상도 중앙을 가로지르면서 흐르니, 낙동강의 동쪽을 '경상좌도(慶尙左道)'라 하고, 낙동강의 서쪽을 '경상우도(慶尙右道)'라 한다. 경상좌도와 경상우도 이 두 갈래가 다시 김해에서 크게 합쳐지면서 70개의 고을이 하나의 수구를 함께 공유하면서 큰 형국을 만들었다.

南, 至龍宮、咸昌界, 始南折而爲洛東江. 洛東者, 謂尙州之東也.【尙州, 一名"洛陽".】

江入于金海, 劃居一道中央, 江東謂之"左道", 江西謂之"右道". 兩枝又大合於金海, 七十州同一水口作大局.

---

17 안동(安東): 경상북도 봉화군 석포면·소천면·재산면·명호면 북곡리, 물야면 가평리·개단리, 법전면 눌산리·소천리·어지리·척곡리·풍정리, 봉화읍 거촌리·내성리·삼계리·석평리·유곡리·해저리, 춘양면 도심리·서동리·서벽리·의양리·학산리, 안동시 시내·길안면·남선면·남후면·북후면·서후면·일직면·임동면·임하면·풍산읍·풍천면, 예안면 계곡리·구룡리·기사리·도목리·미질리·정산리·주진리, 와룡면 가구리·가류리·가야리·나소리·도곡리·산야리·절강리·주계리·중가구리·지내리, 예천군 감천면, 경상북도 안동시 녹전면, 도산면, 영양군 일월면, 영주군 문수면, 강원도 태백시 일대.
18 용궁(龍宮): 경상북도 문경시 영순면 금림리·달지리·날응리·오룡리 왕태리·이목리, 예천군 용궁면, 지보면, 개포면 가곡리·갈마리·신읍리·입암리·장송리·풍정리·황산리, 풍양면 삼강리·오지리·우망리·청곡리·청운리·하풍리·흔효리·흥천리, 의성군 안사면 신수리·쌍호리·월소리 일대.
19 함창(咸昌): 경상북도 문경군 가은읍 저음리, 영순면 말응리·율곡리, 상주시 공검면, 이안면, 함창읍, 은척면 하흘리·황령리 일대.
20 낙동강(洛東江): 경상도 전역을 유역권으로 하여 그 중앙 저지대를 흘러 남해로 흘러드는 하천. 낙동강이 흐르는 지역에 따라 각기 다른 명칭으로 불린다.
21 상주(尙州): 경상북도 구미시 도개면 용산리, 문경시 산북면 거산리·김용리·대상리·대하리·서중리·석봉리·소야리·약석리·우곡리·월천리·이곡리·전두리·종곡리·호암리·회룡리, 산양면 과곡리·녹문리·반곡리·봉정리·부암리·불암리·송죽리·신전리·연소리·우본리·위만리·존도리·진정리·평지리·현리·형천리, 영순면 금림리·김룡리·사근리·율곡리·의곡리·이목리, 호계면 가도리·막곡리·봉서리·부곡리·선암리, 상주시 시내·공성면·낙동면·내서면·모동면·모서면·외남면·외서면·중동면·청리면·화남면·화동면·화서면, 은척면 남곡리·두곡리·무릉리·문암리·봉상리·봉중리·우기리·장암리, 화북면 상오리·용유리·운흥리·입석리·장암리·중벌리, 예천군 풍양면 낙상리·와룡리·효갈리, 의성군 단밀면·단북면, 구천면 소호리·용사리·장국리, 충청북도 영동군 추풍령면 웅북리, 충청북도 보은군 속리산면 일대.
22 김해(金海): 경상남도 김해시 시내·대동면·상동면·생림면·주촌면·진례면·진영읍·한림면, 창원시 대산면, 부산광역시 강서구 구락동·녹산동·명지동·미음동·범방동·생곡동·송정동·지사동·화전동 일대.

태백산

소백산

작성산

주흘산

희양산

청화산

속리산

황악산

덕유산

지리산

남해

경상도의 산줄기와 물줄기《대동여지도》

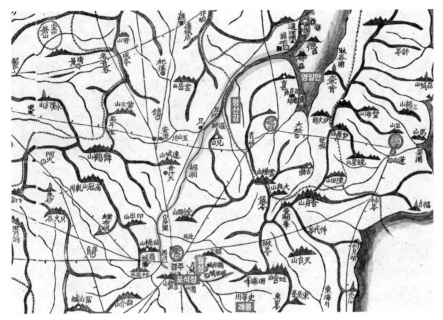

경주 일대((대동여지도))

아주 옛날에는 이곳에 면적이 사방 100리 밖에 되지 않는 작은 나라가 매우 많았는데, 신라가 출현하면서 이런 작은 나라들을 모두 통일했다. 신라는 1,000년 동안 나라를 향유하면서 경주(慶州)[23]에 도읍했는데, 예전에는 경주를 '계림군자지국(鷄林君子之國, 계림에 있는 군자의 나라)'으로 불렀고, 지금은 '동경(東京)'이라 부른다. 태백산 왼쪽 줄기의 중앙 지점에 있다. 풍수가의 말에 따르면 경주는 '회룡고조(回龍顧祖)[24]'로

上古內有百里之國甚多, 至新羅出而統一之. 新羅享國千年, 都慶州, 卽古所稱 "鷄林君子之國"也, 今稱 "東京", 在太白左枝中央, 地家言"回龍顧祖", 向西北開局, 局中之水東流爲大江入于海. 有新羅時半月城、

---

23 경주(慶州) : 경상북도 경주시 시내·감포읍·강동면·건천읍·내남면·서면·산내면·안강읍·양남면·양북면·외동읍·천북면·현곡면, 영천시 고경면 고도리·오류리·전사리·차당리·창상리·창하리, 대창면 대창리, 북안면 반정리·유상리·유하리, 자양면 보현리, 포항시 북구 기계면·기북면·신광면·죽장면. 울산광역시 울주군 두서면, 두동면 구미리·만화리·봉계리·삼정리·월평리·이전리·천전리, 청도군 운문면, 포항시 남구, 북구 흥해읍 일대.

24 회룡고조(回龍顧祖) : 풍수학에서 산세의 형상을 설명하는 표현으로, 산의 지맥이 쭉 뻗어 내려오다가 빙 돌아서 본산(本山)과 서로 마주하는 지세를 말한다.

회룡고조형(조인철, 《우리시대의 풍수》, 313쪽)

포석정 전경(문화재청)

서북쪽을 향해 벌어진 형국이니, 형국 안의 물은 동쪽으로 흘러 큰 강을 이루어 바다로 들어간다.[25] 경주에는 신라 때 유적인 반월성(半月城)[26]·포석정(鮑石亭)[27]·괘릉(掛陵)[28]의 옛터가 남아 있다.

신라 때에는 북쪽으로 발해(渤海)[29]와 거란족에 육로가 막혀서 오로지 해로로만 당나라에 조공했다. 신라는 당나라와 사신 교류가 끊이지 않아 문명과 문물에 관해서는 중국을 본받았으니, 그 문화가 상당히 우수하였음을 짐작할 수 있다.

경상도에서는 고려에서 우리 조선에 이르기까지 1,000년 동안 고관대작과 장군, 글을 쓰고 학문하는

鮑石亭、掛陵故址.

新羅時, 北阻大氏[2]及契丹, 專以海路朝唐, 冠蓋相續, 聲明文物慕效中國, 頗斐然可想[3].

自高麗以至我朝, 千年之間, 多出公卿將相、文學德

---

25 형국 안의……들어간다 : 경주 일대를 지나는 강은 형산강(兄山江, 《대동여지도》에는 형강(兄江)으로 되어 있다)으로, 경주시를 지나 북쪽으로 흐르는데, 경주시 안강읍에서 북동으로 꺾어 포항시를 관통하여 영일만으로 흘러든다.

26 반월성(半月城) : 경상북도 경주시 인왕동에 있는 신라시대의 도성. 101년(파사왕 22년)에 축조하였다. 월성(月城)·신월성(新月城)이라고도 한다.

27 포석정(鮑石亭) : 경상북도 경주시 배동에 있는 신라시대의 정원 시설물. 돌로 구불구불한 도랑을 타원형으로 만들고, 그 도랑을 따라 물이 흐르게 하여 여기에 술잔을 띄우고 술을 마시며 풍류를 즐겼다. 현재 포석정은 없고, 풍류를 즐기던 물길을 복원해놓은 모습은 위의 사진과 같다.

28 괘릉(掛陵) : 경상북도 경주시 외동읍 괘릉리에 있는 무덤. 신라시대의 원성왕릉(元聖王陵)으로 추정된다.

29 발해(渤海) : 698년부터 926까지 한반도 북부와 만주·연해주에 존속하며 신라와 남북국을 이루었던 국가.

[2] 氏 : 《擇里志·慶尚道》에는 "漢".

[3] 想 : 《擇里志·慶尚道》에는 "尚".

일과 덕행이 뛰어난 선비와 공훈을 세우거나 절개를 지킨 사람, 선도(仙道)·불도(佛道)·도교(道敎)의 무리가 많이 배출되어 인재의 창고라고 불린다. 만력(萬曆)³⁰ 이전에는 나라를 장악한 사람이 모두 경상도 사람이었고, 이 시기에 문묘(文廟)³¹에 모셔진 사현(四賢)³² 또한 경상도 사람이었다. 하지만 근래 100여 년 동안은 관료로 이름난 선비가 상당히 적다. 그러나 선배들이 남겨놓은 풍속과 은택이 아직까지 사라지지 않아서 풍속이 예의와 겸양을 숭상하니, 지금까지도 과거시험의 합격자가 다른 도에 비해 많다.

경상좌도는 흙이 척박하고 백성이 가난하기 때문에 비록 검소하게 아끼지만 학문에 뛰어난 선비가 많고, 경상우도는 흙이 비옥하고 백성이 부유하기 때문에 사치를 좋아하고 게을러 선비들이 글을 쓰고 학문하는 일에 힘쓰지 않는다. 이것이 경상도의 대략이다.

行之士與夫立勳樹節之人、仙·釋·道流, 號爲人材府庫. 萬曆以前④, 秉國者皆是道人, 四賢從祀文廟者又是道人, 近自百餘年來, 頗少顯名之士. 然先輩遺風餘澤, 至今未泯, 俗尙禮讓, 至今科第之多甲於他道.

左道土瘠民貧, 雖儉嗇而多文士;右道土沃民富, 喜豪侈而嬾惰, 不力於文學, 此其大較也.

---

30 만력(萬曆) : 명나라 신종(神宗)의 연호(1573~1619).

31 문묘(文廟) : 공자를 모신 사당으로, 서울의 성균관과 지방의 향교에서 공자와 그의 제자들, 그리고 조선의 학자들을 배향하는 곳이다.

32 사현(四賢) : 일반적으로는 조선 전기 유학자 중 뛰어난 4인을 가리키며, 김굉필(金宏弼, 1454~1504)·정여창(鄭汝昌, 1450~1504)·조광조(趙光祖, 1482~1519)·이언적(李彦迪, 1491~1553)을 말한다. 다만 여기에서 사현은 선조(宣祖) 이전 성균관 문묘에 종사된 학자 중에 경상도 출신의 김굉필·정여창·이언적·이황(李滉, 1501~1570)을 말하는 것으로 보인다.

④ 萬曆以前 : 《擇里志·慶尙道》에는 "我朝則宣廟以前".

예안(禮安)·안동(安東)·순흥(順興)³³·영천(榮川)³⁴·
예천(醴泉)³⁵ 등의 고을은 태백산과 소백산의 남쪽에
있는데 이 고을들은 신명(神明)이 모이는 복지(福地)이
다. 태백산 아래에는 평평한 산들과 탁 트인 들판이
밝고 수려하고, 깨끗하고 상쾌하며, 흰 모래와 견고
한 흙까지 갖추어져 있으니, 그 기상이 완연하게 한
양과 같다. 예안은 퇴계(退溪) 이황(李滉)³⁶의 고향이
며, 안동은 서애(西厓) 유성룡(柳成龍)³⁷의 고향이다.
이 5개 고을은 서로 가까운 거리에 인접해 있으면서
사대부가 가장 많은데, 모두 이황과 유성룡의 문인
과 자손들이다.

이들은 오륜(五倫)과 의리(義理)를 밝히고 도학(道
學)을 중시하여 비록 외딴 마을이나 쇠잔한 마을이
라도 늘 글 읽는 소리가 들리고, 해진 옷을 입고 항
아리 주둥이로 창을 만들어 살 정도로 가난해도 모

禮安、安東、順興、榮川、醴
泉等邑在太白、小白之南,
玆爲神皐[5]福地. 太白[6]之
下, 平山[7]曠野, 明秀淸朗,
白沙堅土, 氣像[8]宛如漢
陽. 禮安卽退溪 李文純之
鄕, 安東卽西崖 柳文忠之
鄕. 玆五邑隣比相近, 最多
士大夫, 皆退溪、西崖之門
人子孫也.

明倫義, 重道學, 雖孤村殘
里, 輒有讀書聲, 鶉衣甕
牖, 皆談道德性命. 近浸
衰下俗, 雖愿謹拘礙齷齪,

---

33 순흥(順興): 경상북도 영주시 단산면·부석면·순흥면, 안정면 묵리·여륵리·용산, 풍기읍 백신리·수철리·
전구리·창락리, 봉화군 물야면 두문리·수식리·압동리·오전리, 법전면 법전리·소지리, 봉화읍 도촌리·문
단리·적덕리·해저리·화천리, 춘양면 소로리, 강원도 태백시, 충청북도 단양군 영춘면 일대.

34 영천(榮川): 경상북도 영주시 문수면, 이산면, 장수면, 평은면, 시내 가흥동·고현동·문정동·상망동·상
줄동·영주동·적서동·조암동·조와동·창진동·하망동·휴천동, 단산면 옥대리, 부석면 노곡리·북지리·소
천리, 상운면 구천리·설매리·토일리, 봉화군 명호면 고감리, 물야면 오록리, 안동시 북후면, 서부면 일대.

35 예천(醴泉): 경상북도 문경시 동로면, 산북면 가곡리·가좌리·내화리·소야리·월천리·지내리·창구리·흑
송리, 예천군 보문면, 예천읍, 용문면, 유천면, 호명면, 감곡면 마촌리, 개포면 경진리·금리·동송리·우감
리·이사리, 풍양면 고산리·공덕리·괴당리·풍신리, 의성군 다인면 일대.

36 이황(李滉): 1501~1570. 조선 중기의 문신이자 학자. 시호는 문순(文純). 성균관대사성을 비롯해 단양군
수·풍기군수 등을 역임하고 사후 영의정으로 추증되었다. 이언적(李彦迪)의 사상을 이어받은 영남학파의
중추적 학자이자 성리학자로 주희의 성리학을 심화했다.

37 유성룡(柳成龍): 1542~1607. 조선 중기의 문신이자 학자. 시호는 문충(文忠). 이황의 제자로 홍문관 부제
학을 비롯하여 예조판서·병조판서·우의정·좌의정·영의정 등 최고위직을 역임하였다. 임진왜란으로 위기
에 빠진 조선왕조를 재정비하기 위한 각종 시무책(時務策)을 제안했다.

[5] 皐: 저본에는 "皐". 《擇里志·慶尙道》에 근거하여 수정.
[6] 白: 저본에는 "山". 《擇里志·慶尙道》에 근거하여 수정.
[7] 山: 저본에는 "川". 《擇里志·慶尙道》에 근거하여 수정.
[8] 像: 《擇里志·慶尙道》에는 "色".

두 도덕(道德, 도와 덕)과 성명(性命, 사람의 천성과 천명)을 이야기한다. 그러나 최근에는 그런 풍습이 점점 쇠락해서 비록 성품이 수수하고 신중해서 작은 일에도 끈질기게 매달리기는 하지만, 실속이 적고 말다툼을 좋아하기 때문에 또한 지금 사람이 옛사람을 따라잡지 못한다는 점을 알 수 있다.

안동부(安東府)의 치소는 화산(花山)[38]의 북쪽에 있다. 황수(潢水, 낙동강)는 간방(艮方)[39]에서 흘러오고, 청송(靑松)[40]의 읍천(邑川)[41]은 임하(臨河)[42]를 따라 흘러온다. 이 두 물은 치소의 손방(巽方)[43]에서 합류하여 읍성을 휘감으며 서남쪽으로 흘러간다. 안동부 남쪽에는 영호루(映湖樓)[44]가 있는데, 명승이라 불린다.

少實而喜口舌爭競, 亦可見古今之不相及也.

安東府治在花山之北[9]. 潢水自艮而至, 靑松邑川從臨河至, 合于巽方, 繞城西南去. 南有映湖樓, 號爲名勝.

---

38 화산(花山): 《신증동국여지승람》에는 안동의 화산(花山)은 총 2군데에 있는데, 하나는 안동부 동쪽 14리에 있고, 하나는 풍산현 남쪽 5리에 있다고 하였다. 《여지도서》에서는 화산이 안동부 남쪽 10리에 있다고 하였으며, 《대동여지도》에도 화산의 이름이 낙동강 남쪽에서 확인된다. 또 《대동여지도》에는 화산 남쪽으로 문필산(文筆山)과 봉지산(峯枝山)이 있다고 되어 있다. 문필산은 갈라산의 다른 이름으로, 칡꽃이 많이 피었다는 데서 산 이름이 유래하기도 하였다고 한다. 봉지산의 다른 이름은 남산(南山)으로, 현재 봉지산·남산·화산은 산이름으로 확인되지 않으며, 안동시 남쪽에서 가장 첫 번째로 확인되는 산이 갈라산이다. 이에 화산은 경상북도 안동시 남선면과 의성군 단촌면에 걸쳐 있는 갈라산(葛蘿山, 해발 547m)의 북쪽 끝 산기슭으로 추정된다.
39 간방(艮方): 정북쪽과 정동쪽 사이 한가운데를 중심으로 좌우 15도 각도 안의 방향.
40 청송(靑松): 경상북도 청송군 부남면, 부동면, 안덕면, 청송읍, 현동면, 현서면, 파천면 덕천리·신흥리·지경리 일대.
41 읍천(邑川): 해당 지역을 흐르는 주요 하천을 말한다. 현재 청송군 일대를 흐르는 하천은 용전천(龍纏川)으로, 경상북도 청송군 부남면 중기리에서 시작하여 파천면 어천리 사이로 흐른다. 《대동여지도》에는 남천(南川)으로 적혀 있다.
42 임하(臨河): 경상북도 안동시 임하면 일대.
43 손방(巽方): 정동쪽과 정남쪽 사이 한가운데를 중심으로 좌우 15도 각도 안의 방향.
44 영호루(映湖樓): 경상북도 안동시 정하동에 있는 누각. 현재의 위치는 옛 영호루 자리에서 강 건너 남쪽에 새로 세운 것으로, 건립 당시에는 경상북도 안동시 태화동·옥야동·운흥동 일대 강변의 어느 곳에 있었을 것으로 추정된다.
[9] 北: 저본에는 "南". 《輿地圖書·慶尙道·安東》에 근거하여 수정.

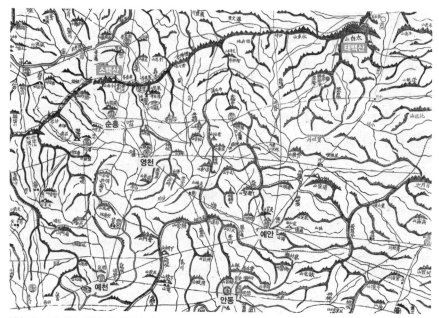

예안·안동·순흥·영천·예천 일대(《대동여지도》)

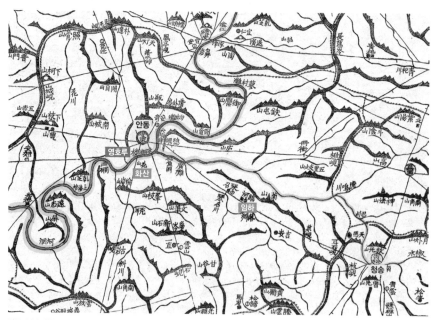

안동·임하·청송·화산 일대(《대동여지도》)

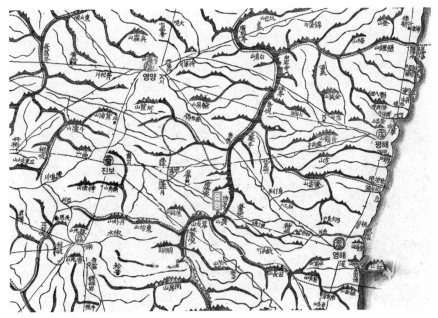

진보·영양·영해·평해·읍령 일대(《대동여지도》)

태백산의 동쪽에는 영양현(英陽縣)⁴⁵과 진보현(眞寶縣)⁴⁶이 있는데, 두 현의 풍속이 거의 같다. 진보현에서 동쪽으로 읍령(泣嶺)⁴⁷을 넘으면 영해부(寧海府)⁴⁸이다. 영해부는 북쪽으로 강원도 평해(平海)⁴⁹와 접해 있다.

太白之東有英陽、眞寶二縣
⑩、大同俗. 自眞寶東踰泣
嶺則寧海府也, 北與關東
平海接.

---

45 영양현(英陽縣): 경상북도 영양군 일월면, 청기면, 수비면 계리·기산리·발리리·송하리·수하리·신암리·신원리·오기리·죽파리, 영양읍 감천리·기산리·대천리·동부리·무창리·무학리·삼지리·상원리·서부리·전곡리·하원리·현리·화천리·황용리, 입암면 금학리·대천리·신구리·신사리·양항리·연당리 일대.

46 진보현(眞寶縣): 경상북도 영덕군 지품면 지품리, 영양군 입암면 교리·노달리·방전리·병옥리·산해리·삼산리·연당리·흥구리, 석보면 삼의리·택전리·포산리·화매리, 청송군 진보면, 파천면 관리·병부리·송강리·신기리·어천리·옹점리·중평리·황목리 일대.

47 읍령(泣嶺): 경상북도 영양군 영양읍 양구리에서 경상북도 영덕군 창수면 창수리로 넘어가는 고개. 해발 490m. 현재 울치재 혹은 움치채라고 한다.

48 영해부(寧海府): 경상북도 영덕군 병곡면, 영해면, 창수면, 축산면, 영덕읍 화천리, 영양군 석보면 답곡리·소계리·신평리·옥계리·요원리·원리리·주남리·지경리·홍계리, 영양읍 양구리 일대.

49 평해(平海): 경상북도 울진군 평해읍 일대

⑩ 縣: 저본에는 "邑". 《擇里志·慶尙道》에 근거하여 수정.

안동에서 황수를 건너면 팔공산(八公山)[50]이 있다. 팔공산의 북쪽과 황수의 남쪽에는 의성(義城)[51] 등 8~9개 고을이 있고[52], 그 동남쪽은 경주이다.

自安東渡潢水, 有八公山. 山北潢南有義城等八九邑, 其東南則慶州也.

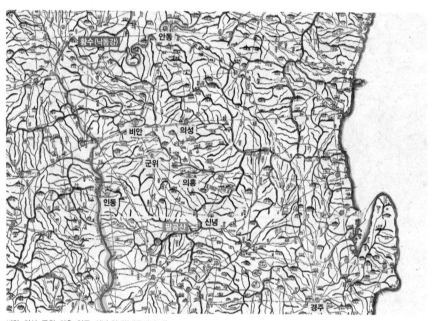

비안·의성·군위·의흥·인동·신녕 일대((대동여지도))

북쪽으로 영해부에서부터 남쪽으로 동래(東萊)에 이르기까지 모두 9개 고을[53]은 모두 태백산에서 뻗어

北自寧海, 南至東萊, 凡九 邑在嶺脊之外, 南北長而東

---

50 팔공산(八公山): 대구광역시와 경상북도 영천시, 군위군 부계면, 칠곡군 가산면에 걸쳐 있는 산. 해발 1,193m.

51 의성(義城): 경상북도 군위군 고로면 가암리·낙전리·석산리·양지리·학암리, 군위읍 광현리·상곡리·용대리, 안동시 일직면 명진리, 의성군 가음면, 금성면, 단촌면, 봉양면, 사곡면, 옥산면, 의성읍, 점곡면, 춘산면, 신평면 교안리·덕봉리·용봉리·중율리·청운리, 안평면 괴산리·기도리·대사리·도옥리·마전리·박곡리·석탑리·신안리·신월리·창길리 일대.

52 팔공산의……있고: 본문에서 설명하는 곳은 비안(比安)·의성(義城)·군위(軍威)·의흥(義興)·인동(仁同)·신녕(新寧)을 말한다. 나머지 2~3개 고을은 확실하지 않다.

53 9개 고을: 영덕(盈德)·청하(淸河)·흥해(興海)·영일(迎日)·장기(長鬐)·경주(慶州)·언양(彦陽)·울산(蔚山)·기장(機張)을 말한다.

나온 산줄기 밖에 있는데, 남북으로 길고 동서로 좁으며 모두 바다와 가까이에 있어 생선과 소금을 판매하는 이익이 있다. 이 중 경주는 9개 고을 가운데 가장 큰 도회지로, 아직도 고도(故都)의 풍속이 남아 있다. 조선조에 들어서는 회재(晦齋) 이언적(李彦迪)[54]의 고향이다.

팔공산(八公山)[55] 남쪽은 대구(大丘)[56]이고, 서쪽은 칠곡(漆谷)[57]이며, 동남쪽은 하양(河陽)[58]·경산(慶山)[59]·자인(慈仁)[60] 등의 고을이다. 대구는 경상도관찰사의 감영이 있는 곳으로, 사방이 산으로 높게 막혀 있어서

西狹, 並逼海有魚鹽之利而慶州於九邑中爲一大都會, 尙有故都之謠俗, 入我朝爲晦齋 <u>李文元</u>之鄕.

八公山南爲<u>大丘</u>, 西爲漆谷, 東南爲河陽、慶山、慈仁等邑. <u>大丘</u>爲監司治所, 四山高塞, 中藏大野. 野中

---

54 이언적(李彦迪): 1491~1553. 조선 중기의 문신이자 학자. 시호는 문원(文元). 의정부 종1품 좌찬성을 비롯해 이조판서·예조판서·대사간·대사성·한성부 판윤 등 고위직을 역임하고 사후 영의정으로 추증되었다. 조선시대 최초의 철학적 논쟁인 태극논쟁(太極論爭)을 벌여 성리학의 태두가 되었고, 이선기후설(理先氣後說)과 이기불상잡설(理氣不相雜說)을 강조하는 사상을 확립하였다. 그의 사상은 이황에게 계승되어 영남학파의 주요 성리설이 되었다.

55 팔공산(八公山): 대구광역시와 영천시, 군위군 부계면, 칠곡군 가산면에 걸쳐 있는 산. 해발 1,193m.

56 대구(大丘): 대구광역시 남구·달서구·서구·중구, 동구 검사동·능성동·내동·덕곡동·도동·도학동·둔산동·미곡동·미대동·방촌동·백안동·봉무동·부동·불로동·송정동·신무동·신암동·신용동·신천동·용수동·입석동·중대동·지묘동·지저동·진인동·평광동·효목동, 북구 검단동·노곡동·동변동·복현동·산격동·서변동·연경동·조야동·칠성동·침산동, 수성구 두산동·만촌동·범물동·범어동·상동·수성1~4가동·중동·지사동·파동·황금동, 달성군 가창면·다사읍·옥포면·하빈면·화원읍, 각남면 녹명리·사리·신당리·옥산리·함박리, 칠곡군 가산면·동명면, 고령군 다산면·성산면 일내.

57 칠곡(漆谷): 대구광역시 북구 관음동·구암동·국우동·금호동·도남동·동천동·동호동·매천동·사수동·읍내동·태전동·팔달동·학정동, 경상북도 칠곡군 동명면, 가산면 가산리·금화리·용수리·웅추리, 왜관읍 금남리·금산리·낙산리·매원리·봉계리·삼청리·석전리·왜관리, 지천면 금호리·낙산리·달서리·덕산리·백운리·송정리·신리·심천리·연호리·연화리·영오리·오산리·용산리·창평리 일대.

58 하양(河陽): 경상북도 경산시 하양읍, 와촌면 계당리·계전리·대한리·덕촌리·동강리·상암리·시천리·용천리, 진량읍 내리리·문천리·보인리·봉회리·부기리·북리·상림리·선화리·신상리·아사리·평사리, 대구광역시 동구 각산동·괴전동·동내동·매여동·신서동 일대.

59 경산(慶山): 경상북도 경산시 남천면, 시내 갑제동·계양동·대동·대정동·대평동·백천동·사동·사정동·삼남동·삼북동·삼풍동·상방동·서상동·신교동·옥곡동·옥산동·임당동·정평동·조쏩동·중방동·중산동·평산동, 압량면 금구리·내리·부적리·신대리·압량리·용암리·의송리·인안리·현흥리, 진량면 가야리, 대구광역시 동구 금강동·내곡동·대림동·동호동·사복동·상매동·서호동·숙천동·신기동·용계동·율암동·율하동, 수성구 가천동·고모동·노변동·대흥동·매호동·사월동·삼덕동·성동·시지동·신매동·연호동·욱수동·이천동 일대.

60 자인(慈仁): 경상북도 경산시 남산면, 용성면, 자인면(자), 시내 남방동·내동·신천동·여천동·유곡동·점촌동, 압량면 가일리·당리리·당음리·백안리·신월리, 진량읍 가야리·광석리·다문리·당곡리·대원리·마곡리·속초리·시문리·신제리·안촌리·양기리·평사리·현내리·황제리 일대.

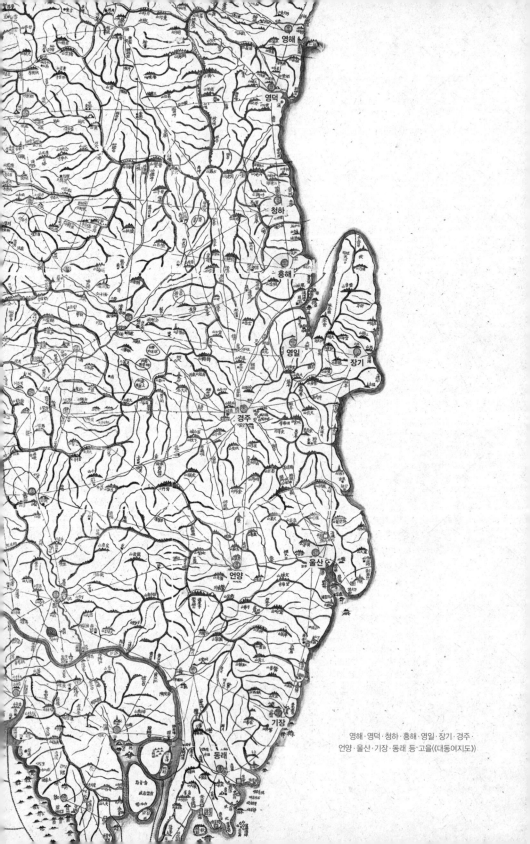

영해·영덕·청하·흥해·영일·장기·경주·
언양·울산·기장·동래 등 고을(《대동여지도》)

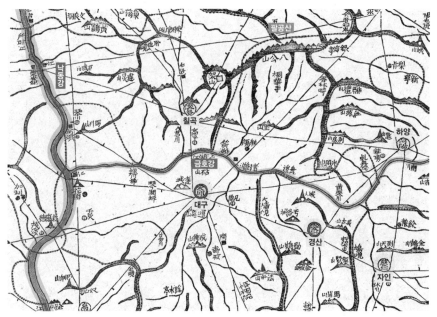

대구·칠곡·하양·경산·자인 일대(《대동여지도》)

그 안에 큰 들판을 감추고 있다. 들판에는 금호강(琴湖江)[61]이 있는데, 동쪽에서 서쪽으로 흘러 낙동강 하류에서 합류한다. 경상도관찰사의 감영은 금호강의 남쪽에 있다. 대구는 경상노의 중앙에 위치헤서 남쪽이나 북쪽으로의 거리가 매우 비슷하고 또한 지세와 풍경이 뛰어난 도회지이다.

　대구에서 동남쪽으로 동래에 이르기까지 8개 고을[62]이 있는데, 이 고을들은 비록 흙은 비옥하지만 왜(倭)와 가까워서 살기에 좋지 않다. 하지만 오직

有琴湖, 自東流西合于洛東下流. 邑治在江之陰處, 一道中央, 南北道里甚均, 亦形勝都會之地也.

大丘東南至東萊有八邑, 土雖沃近倭, 不可居. 惟密陽爲佔畢齋 金文簡之鄕,

61　금호강(琴湖江):경상북도 동부 산지에서 시작하여 영일·영천·경산·대구를 지나 낙동강으로 흐르는 강.
62　8개 고을:경산(慶山)·자인(慈仁)·현풍(玄風)·청도(淸道)·창녕(昌寧)·영산(靈山)·밀양(密陽)·양산(梁山)을 말한다.

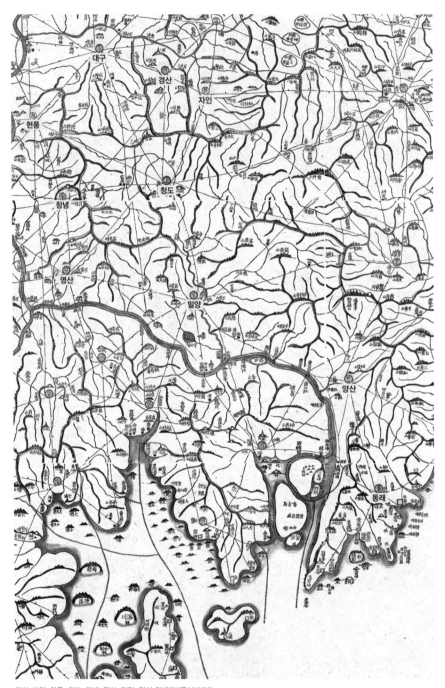

경산·자인·현풍·청도·창녕·영산·밀양·양산 일대(《대동여지도》)

밀양(密陽)[63]은 점필재(佔畢齋) 김종직(金宗直)[64]의 고향이고, 현풍(玄風)[65]은 한훤당(寒暄堂) 김굉필(金宏弼)[66]의 고향으로, 이 두 고을은 강을 끼고 있으면서도 바다와 가까워서 생선과 소금을 판매하는 이익이 있고 뱃길이 편리하며, 또한 번화하면서 경치 좋은 곳이다. 그래서 한양의 역관들이 이곳에 귀중한 물품을 많이 두었다가 왜와 교역하여 많은 시장의 이익을 얻는다.

경상우도를 살펴보면, 문경(聞慶)[67]은 새재[鳥嶺][68] 아래에 있어서 경상도 경계의 첫 고을이다. 대개 사방이 바위산으로 둘러싸인 고을이어서 매우 험한 지형 가운데 있지만, 풍수가들은 이곳을 '소탈살(少脫殺)[69]'한 곳이라 한다.

玄風爲寒暄堂 金文敬之鄕, 挾江而與海近, 有魚鹽、舟楫之利, 亦繁華勝地也. 漢陽譯舌輩多宿重貨於此, 與倭通互市利.

右道則聞慶在鳥嶺之下, 爲嶺南界首邑. 蓋巖邑也, 在重險中, 堪輿家謂"少脫殺".

---

63 밀양(密陽): 경상남도 밀양시 시내·단장면·부북면·산내면·산외면·삼랑진읍·상남면·상동면·초동면·하남면, 무안면 가례리·고라리·내진리·덕암리·마흘리·모로리·무안리·삼대리·신법리·양효리·연상리·운정리·웅동리·정곡리·죽월리·중산리·판곡리, 청도면 고법리·구기리·요고리, 경상북도 청도군 운문면 마일리·봉하리·정상리·지촌리 일대.

64 김종직(金宗直): 1431~1492. 조선 전기의 문신이자 학자. 호는 점필재(佔畢齋). 시호는 문간(文簡). 세조~성종대에 중앙과 지방의 주요 관직에 재직했으며, 학문적으로는 성리학적 정치질서를 확립하려 했던 사림파의 사조(師祖)이다. 중국 진(秦)나라 말기 항우(項羽)가 초(楚)나라 회왕(懷王, 의제(義帝))을 죽인 것을 빗대어 세조(世祖)가 단종(端宗)을 몰아내고 왕위에 오른 일을 비판하는 《조의제문(弔義帝文)》을 지어 기록으로 남겼는데, 김종직 사후인 1498년에 사관(史官)으로 있던 김일손(金馹孫)이 이를 사초에 수록하여 무오사화(戊午士禍)의 원인이 되었다.

65 현풍(玄風): 경상북도 고령군 개진면 부리·생리·옥산리·인안리, 우곡면 객기리·답곡리·봉산리·예곡리·포리, 대구광역시 달성군 구지면, 유가면, 현풍면, 논공읍 남리·본리리·북리·상리·하리, 경상북도 고령군 성산면, 경상남도 창녕군 이방면 일대.

66 김굉필(金宏弼): 1454~1504. 조선 전기의 문신이자 학자. 호는 한훤당(寒暄堂). 시호는 문경(文敬). 주부(主簿)·사헌부감찰·형조좌랑 등을 지냈다. 정몽주·길재(吉再)·김숙자(金叔滋)·김종직으로 이어지는 도학의 정통을 계승하였으며, 조광조·이장곤(李長坤)·주계정(朱溪正) 등의 제자들을 배출하여 서인(西人) 학파를 이루게 되었다. 조선 전기 사현(四賢) 중 한 명이다.

67 문경(聞慶): 경상북도 문경시 가은읍·농암면·마성면·문경읍, 시내 공평동·모전동·불정동·신기동·우지동·유곡동·창동·흥덕동, 호계면 견탄리·구산리·별암리·우로리·호계리, 충청북도 괴산군 청천면 삼송리 일대.

68 새재[鳥嶺]: 경상북도 문경시 문경읍과 충청북도 괴산군 연풍면 사이에 있는 고개. 새[鳥]나 넘나들 수 있는 험한 고갯길[嶺]이라는 의미로 이름을 지었다.

69 소탈살(少脫殺): 탈살(脫殺)이란 강한 기운을 가진 산세가 구불구불한 모양으로 진행하면서 뱀이 허물을 벗고 부드러운 피부로 거듭나듯이 점차 부드러운 산세로 변화하게 되는 것을 말한다. 여기서 소탈살(少脫殺)은 살기를 벗어내는 과정에 있는 것으로, 아직 미흡한 상태를 말한다.

문경의 남쪽은 함창(咸昌)이고, 그 남쪽은 상주(尙州)이다. 상주 역시 새재 아래의 도회지로, 산은 웅장하고 들판은 넓다. 북쪽으로는 새재와 가까워서 충청도·경기도와 육로로 통하고, 동쪽으로는 낙동강에 닿아 있어서 김해·동래와 수로로 통한다. 말과 선박으로 운송하니 남북으로 수로와 육로의 요충지가 되어 물자의 거래에 편리하기 때문에 상주에는 부유한 사람이 많고 이름난 선비와 관료도 많다. 정경세(鄭經世)[70]와 이준(李埈)[71] 모두 상주 사람이다.

상주 서쪽은 화령(火嶺)[72]으로, 노수신(盧守愼)[73]의 고향이고, 동쪽은 인동(仁同)[74]으로, 장현광(張顯光)[75]의 고향이다.

南爲咸昌, 又南爲尙州. 尙州亦嶺下都會也, 山雄野闊, 北近鳥嶺, 通湖西、京畿, 東臨洛東, 通金海、東萊. 馬運船輪[11], 爲南北水陸之要衝, 便於貿遷, 故地多富厚者, 又多名儒顯士[12], 鄭愚伏、李蒼石皆是州人也.

西爲火嶺, 盧蘇齋之鄕;東爲仁同, 張旅軒之鄕.

---

70 정경세(鄭經世) : 1563~1633. 조선 중기의 문신이자 학자. 호는 우복(愚伏). 임진왜란이 일어나자 의병을 일으켜 공을 세워 수찬(修撰)이 되고 여러 관직을 거쳐 1598년 경상도 관찰사가 되었다. 예론(禮論)에 밝아서 김장생(金長生) 등과 함께 예학파로 불렸다. 시문과 서예에도 뛰어났다.

71 이준(李埈) : 1560~1635. 조선 중기의 문신이자 학자. 호는 창석(蒼石). 임진왜란과 정묘호란 때 여러 차례 의병을 모았다. 예조정랑·수찬 등을 지냈고, 정묘호란의 공으로 중추부첨지사가 되었다.

72 화령(火嶺) : 경상북도 상주시 화서면 상곡리에 있는 고개. 이 일대의 옛 지명은 화령(化寧)이라고 하는데, 화령(火嶺)이라는 지명과 통용되었던 것으로 보인다.

73 노수신(盧守愼) : 1515~1590. 조선 중기의 문신이자 학자. 호는 소재(穌齋). 1543년(중종 38) 문과에 급제한 후 대사헌·이조판서·대제학·우의정·좌의정·영의정 등을 두루 역임하였다. 양명학을 연구하여 주자학파의 공격을 받았다.

74 인동(仁同) : 경상북도 구미시 시내 거의동·공단동·구평동·구포동·금전동·시미동·신동·양호동·오태동·옥계동·인의동·임수동·진평동, 장천면 신장리, 칠곡군 북삼읍, 석적읍, 약목면, 가산면 다부리·송학리·심곡리·천평리·학산리·학상리·학하리, 기산면 각산리·봉산리·영리·죽전리·평복리·행정리, 왜관읍 아곡리, 지천면 황학리 일대.

75 장현광(張顯光) : 1554~1637. 조선 중기의 학자. 호는 여헌(旅軒). 여러 차례 천거되었으나 모두 고사하여 일생을 학문과 교육에 종사하면서 정치에 뜻을 두지 않았다. 당대 사림의 한 사람으로 왕과 대신들에게 도덕정치의 구현을 강조하였다. 그의 성리학적 우주론이 최근 학계에서 주목을 받고 있다.

[11] 輪 : 《擇里志·慶尙道》에는 "載".

[12] 士 : 《擇里志·慶尙道》에는 "官".

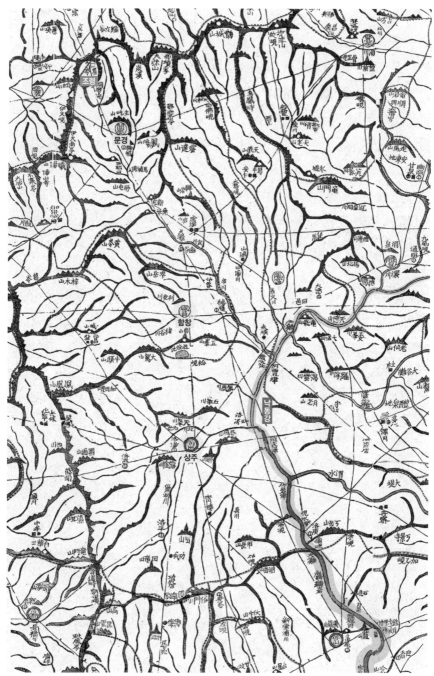

문경·함창·상주 일대(《대동여지도》)

상주 남쪽은 선산(善山)⁷⁶으로, 상주에 비해 산수가 더욱 청명하고 빼어나다. 예로부터 선산에 글을 쓰고 학문하는 선비가 많았기 때문에 사람들이 "조선 인재의 절반은 경상도에 있고, 경상도 인재의 절반은 선산에 있다."라 했다. 하지만 임진왜란 때 명나라 군대가 선산을 지나가던 중 명나라 술사(術士)가 조선에 인재가 많음을 꺼려서 병졸에게 명하여 선산 뒤 주산의 맥을 끊기 위해 숯을 피워 지진 뒤, 큰 쇠못을 박아 지맥을 눌러놓았다. 이때부터 인재가 쇠해져서 나오지 않았다고 한다.

황악산과 덕유산 동쪽의 물이 합류해서 감천(甘川)⁷⁷이 되어 동쪽에서 낙동강으로 들어간다. 감천과 닿아 있는 고을은 지례(知禮)⁷⁸·김산(金山)⁷⁹·개령(開寧)⁸⁰이니, 이 고을들은 선산과 함께 모두 관개의 편리함을 누린다. 논이 극히 기름져서 백성들이 그 땅에서 편안히 살고, 죄짓기를 두려워하며 간사함을 멀리

南爲善山, 山水比尙州, 尤淸明秀穎. 舊多文學之士, 故人謂"朝鮮人才半在嶺南, 嶺南人才半在善山". 壬辰天兵之過此也, 術士忌外國多才, 令兵卒斷邑後脈, 熾炭炙之, 釘以大鐵釘, 壓住之, 自是人才衰薾不出云.

黃岳、德裕以東之水合爲甘川, 東入于洛東. 臨水爲邑者, 知禮、金山、開寧, 與善山俱享灌漑之利. 水田極膏腴, 人民安土, 畏罪遠邪, 多世居士大夫.

---

76 선산(善山): 경상북도 구미시 고아읍·산동면·옥성면·장천면·해평면, 시내 공단동·광평동·남통동·도량동·봉곡동·부곡동·비산동·사곡동·상모동·선기동·송정동·수점동·신평동·원평동·임은동·지산동·형곡동, 도개면 가산리·궁기리·다곡리·도개리·동산리·신곡리·신림리·월림리·청산리, 선산읍 교리·내고리·노상리·독동리·동부리·봉곡리·북산리·생곡리·소재리·습례리·신기리·완전리·원리·이문리·죽장리·포상리·화조리, 의성군 구천면 청산리, 칠곡군 가산면 석우리 일대.

77 감천(甘川): 경상남도 거창군과 경상북도 김천시의 경계에 있는 수도산에서 발원하여 김천시를 흘러 낙동강으로 흘러드는 하천.

78 지례(知禮): 경상북도 김천시 대덕면, 부항면, 구성면 구미리·마산리·미평리·상거리·상원리·용호리·월계리·임천리·임평리·작내리, 지례면 거물리·관덕리·교리·대율리·도곡리·상부리·여배리, 대항면 일대.

79 김산(金山): 경상북도 김천시 어모면·조마면, 시내(대광동·덕곡동·율곡동 제외), 감문면 구야리·금곡리·금라리·남곡리·도명리·문무리·보광리·삼성리·송북리·은림리, 감천면 광기리·금송리, 구성면 광명리·금평리·송죽리·양각리·하강리·하원리·흥평리, 남면 송곡리, 농소면 노곡리·연명리·입석리, 대항면 대룡리·대성리·덕전리·운수리·주례리·향천리, 봉산면 신리·예지리·인의리, 충청북도 영동군 추풍령면 관리·사부리·신안리·작점리·죽전리·지봉리·추풍령리 일대.

80 개령(開寧): 경상북도 구미시 선산읍 봉남리·소재리, 김천시 개령면·남면·아포읍, 감문면 광덕리·대양리·덕남리·보광리·삼성리·성촌리·태촌리, 농소면·봉곡리·신촌리·용암리·월곡리·입석리, 시내 대광동·덕곡동·율곡동 일대.

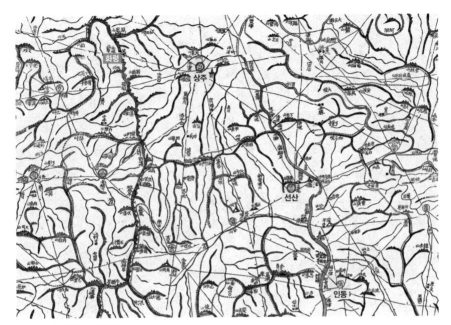

화령·인동·선산 일대(《대동여지도》)

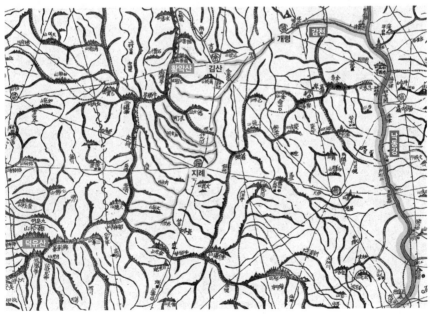

지례·김산·개령 일대(《대동여지도》)

하기에 이 지역에는 대대로 거주하는 사대부가 많다.

감천 남쪽에는 선석산(禪石山)[81]이 있고, 그 남쪽은 성주(星州)[82]와 고령(高靈)[83]이다. 또 그 남쪽은 합천(陜川)[84]으로 모두 가야산(伽倻山)[85]의 동쪽에 있다. 3개의 고을의 논은 경상도에서 가장 기름져서 조금 파종해도 많이 수확할 수 있으니, 이곳의 토박이들은 모두 부유하여 떠돌아다니는 사람이 없다. 성주는 산천이 밝고 수려하여 고려 때부터 이름난 선비나 관리가 많았으며, 우리 조선에 이르러서는 김우옹(金宇顒)[86]과 정구(鄭逑)[87]가 모두 성주 사람이다. 합천의 남쪽은 삼가(三嘉)[88]로, 조식(曺植)[89]의 고향이다.

甘川南有禪石山, 山南爲星州、高靈, 又南爲陜川, 竝在伽倻之東. 三邑水田爲嶺南最上腴, 少種多收, 土着竝富饒, 無流移者. 星州山川明秀, 自高麗多聞人顯士, 至我朝金東岡、鄭寒岡, 皆是州人也. 陜川南爲三嘉, 曺南溟之鄕.

---

81 선석산(禪石山): 경상북도 칠곡군 북삼읍 보손리·약목면 남계리, 성주군 월항면 인촌리에 걸쳐 있는 산. 해발 742m.

82 성주(星州): 경상북도 고령군 다산면, 덕곡면 가륜리·노리·반성리·백리·본리리·생리·예리·옥계리·용흥리·원송리, 성산면 강정리·고탄리·기족리·대흥리·득성리·무계리·박곡리·삼대리·상용리·어곡리·오곡리·용소리, 운수면 대평리·법리·봉평리·월산리·신간리·유리·팔산리·화암리, 김천시 증산면. 감천면 광기리·금송리·도평리·무안리·용호리, 지례면 신평리·울곡리·이전리, 성주군 가천면·금수면·벽진면·선남면·성주읍·수륜면·용암면·월항면·초전면, 칠곡군 기산면 노석리 일대.

83 고령(高靈): 경상북도 고령군 대가야읍·쌍림면 개진면 개포리·반운리·신안리·양전리·직리, 덕곡면 후암리, 성산면 기산리·사부리, 우곡면 대곡리·도진리·사전리·사촌리·속리·야정리·연리·월오리, 운수면 운산리 일대.

84 합천(陜川): 경상남도 의령군 궁류면 벽계리·운계리·평촌리, 합천군 가야면, 묘산면, 야로면, 합천읍, 대양면 대목리·덕정리·도리·무곡리·아천리·안금리·양산리·정양리·함지리, 봉산면 권빈리·김봉리·도곡리·봉계리·상현리·송림리·압곡리, 용주면 가호리·고품리·공암리·노리·방곡리·봉기리·성산리·손목리·용지리·우곡리·월평리·장전리·팔산리·평산리·황계리, 율곡면 기리·노양리·문림리·본천리·영전리·와리·율진리·임북리·제내리·항곡리, 대병면 일대.

85 가야산(伽倻山): 경상남도 합천군 가야면, 경상북도 성주군 가천면·수륜면에 걸쳐 있는 산. 해발 1,430m. 《대동여지도》에는 '가야산(加耶山)'으로 적혀 있다.

86 김우옹(金宇顒): 1540~1603. 조선 중기의 문신이자 학자. 호는 동강(東岡). 홍문정자(弘文正字)·병조참판·한성좌윤·성균관대사성을 거쳐 대사헌이 되었다. 당색은 동인(東人)이었으며 기축옥사(己丑獄事) 때 추방되어 회령(會寧)으로 귀양갔고, 임진왜란 때 석방되어 비어기무(備禦機務, 나라를 방비하기 위한 중요 계책) 7조를 건의했다.

87 정구(鄭逑): 1543~1620. 조선 중기의 문신이자 학자. 호는 한강(寒岡). 경학을 비롯해 산수·의약·풍수·역사·천문에 이르기까지 여러 방면에 정통했으며, 특히 예학에 뛰어났다.

88 삼가(三嘉): 경상남도 거창군 신원면, 합천군 가회면·대병면·삼가면·쌍백면, 봉산면 계산리·고삼리·노곡리·노파리·송림리·술곡리·양지리·저포리, 용주면 죽죽리 일대.

89 조식(曺植): 1501~1572. 조선 중기의 학자. 호는 남명(南冥). 벼슬에 뜻을 두지 않고 학문에만 정진하여 그의 호를 딴 남명학파가 탄생했으며, 이황과 더불어 영남유학의 지도자로 꼽힌다.

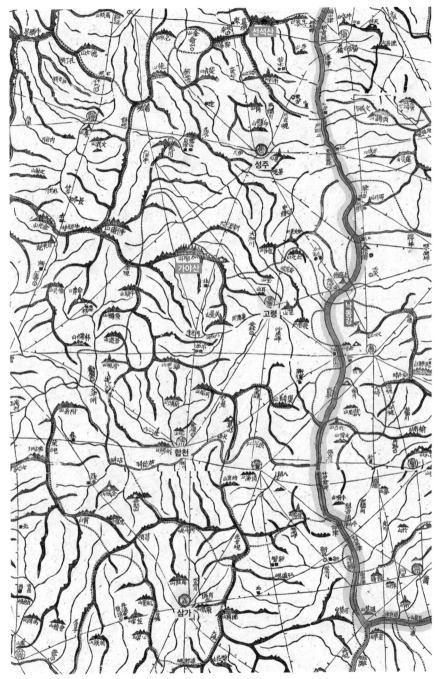

성주·고령·합천·삼가 일대(《대동여지도》)

덕유산 동남쪽은 안음(安陰)90으로, 정온(鄭蘊)91
의 고향이다. 안음의 동쪽은 거창(居昌)92이다. 이 두
고을의 남쪽은 함양(咸陽)93과 산음(山陰)94으로, 모
두 지리산 북쪽에 있다. 이 4개 고을 모두 흙이 비옥
하지만, 그 중 함양은 경치도 좋아서 산수굴(山水窟,
경치가 아름답고 빼어난 곳)로 더욱 알려져, 거창·안음과
함께 모두 이름난 고을로 알려졌다. 오직 산음만 지
대가 어두컴컴하여 살기에 좋지 않다.

이 4개 고을의 물이 합류해서 영강(濚江)95이 되어
96 진주(晉州)97 고을을 돌아 남쪽으로98 흐르다 낙동
강으로 들어간다. 진주는 지리산 동쪽에 있으며 큰
고을이다. 여기서는 장수와 재상이 된 인재를 많이

德裕東南爲安陰, 鄭桐溪
之鄕. 安陰東爲居昌, 南爲
咸陽、山陰, 在智異之北,
四邑竝土沃而咸陽尤稱山
水窟, 與居昌、安陰竝稱名
鄕, 惟山陰陰13晦不可居.

四邑之水合爲濚江, 循晉
州邑, 南入于洛東. 晉州在
智異東, 爲大邑, 多出將相
之才. 土肥而且有江山之

---

90 안음(安陰) : 경상남도 거창군 마리면, 북상면, 위천면, 남상면 진목리·춘전리, 주상면 완대리, 함양군 서
상면, 서하면, 안의면 일대. 1767년 안의(安義)로 이름이 바뀌어 《대동여지도》에는 '안의'로 되어있다.
91 정온(鄭蘊) : 1569~1641. 조선 중기의 문신이자 학자. 호는 동계(桐溪). 설서(設書)·사서(司書)·정언(正言)
등을 역임했고, 1614년 부사직(副司直)으로 재임하던 중 영창대군(永昌大君)의 처형이 부당함을 상소하였
으며, 정항(鄭沆)의 참수(斬首)를 주장하다가 광해군의 노여움을 사 제주도에서 유배생활을 했다.
92 거창(居昌) : 경상남도 거창군 가북면·가면조·거창읍·고제면·남하면·웅양면·주상면, 남상면 대산리·둔
동리·무촌리·송변리·오계리·월평리, 합천군 가야면 일대.
93 함양(咸陽) : 경상남도 함양군 마천면, 백전면, 병곡면, 수동면, 유림면, 지곡면, 함양읍, 휴천면 일대.
94 산음(山陰) : 경상남도 산청군 금서면 산청읍·생초면·오부면, 차황리 법평리·부리·상중리·신기리·실매
리·양곡리·우사리·장박리·장위리, 신안면 일대. 1767년 산청(山淸)으로 이름이 바뀌어 《대동여지도》에
는 '산청'으로 되어있다.
95 영강(濚江) : 지금의 남강(南江)이다. 남강은 경상남도 함양군 서상면 덕유산(德裕山)에서 발원하여 진주시
판문동에서 덕천강(德川江)과 합쳐져 북동쪽으로 방향을 바꾸어 함안군 대산면에서 낙동강과 합류하는
강이다. 《대동여지도》에는 "晉江"이라 적혀 있다.
96 4개 고을의……되어 : 여기에서 언급한 네 고을은 안음·거창·함양·산음이다. 하지만 안음·함양·산음을 거쳐
흐르는 물만 진주 남쪽을 지나 낙동강에 합류된다. 거창을 거쳐 흐르는 물은 합천·고령을 지나 낙동강에 합
류된다. 본문의 설명과 달리 실제로는 안음·함양·산음 세 고을을 지난 물이 영강(濚江)이 되는 것이다.
97 진주(晉州) : 경상남도 고성군 영오면, 영현면, 개천면 가천리·명성리·봉치리·북평리·예성리·용안리·청
광리, 남해군 창선면, 사천시 축동면, 시내 동동·서동, 산청군 삼장면·시천면, 단성면 기리·남사리·당산
리·백운리·사양리·운리·창촌리·호리, 진주시 시내, 금곡면, 금산면, 내동면, 대곡면, 대평면, 명석면,
문산읍, 사봉면, 수곡면, 이반성면, 일반성면, 정촌면, 진성면, 집현면, 하동군 옥종면, 청암면, 북천면
서황리·옥정리·화정리 일대.
98 남쪽으로 : 실제로는 진주를 돌아 북동쪽으로 흐른다.
13 陰 : 저본에는 "之". 《擇里志·慶尙道》에 근거하여 수정.

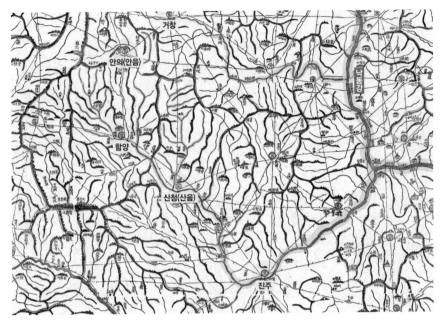

안음·거창·함양·산음·진주 일대(《대동여지도》)

배출했다. 흙이 기름진데다가 강과 산의 경치가 좋아서 사대부들은 재력과 세력을 뽐내며 주택과 정자 짓기를 좋아하니, 이곳에 사는 이들은 비록 벼슬살이를 하지 않더라도 유한공자(游閑公子, 한가롭게 지내는 사람)라는 명칭을 갖고 있다.

진주의 동쪽은 의령(宜寧)⁹⁹ · 초계(草溪)¹⁰⁰로, 진주와 풍속이 대체적으로 같다. 영강의 남쪽에 있는 13개 고을¹⁰¹에는 옛날부터 관료로 이름난 사람이

槪, 士大夫誇富豪, 喜治第宅, 亭榭, 雖不仕宦, 有游閑公子之名.

州東爲宜寧, 草溪, 與晉州大同俗. 灜江南十三邑, 自古少顯達者, 迫海隣倭, 水

---

99 의령(宜寧) : 경상남도 의령군 가례면, 낙서면, 대의면, 봉산면, 용덕면, 유곡면, 의령읍, 정곡면, 지정면, 칠곡면, 화정면, 궁류면 계현리·다현리·압곡리·토곡리, 부림면 감암리·경산리·단원리·대곡리·막곡리·손오리·신반리·여배리·익구리·입산리 일대.
100 초계(草溪) : 경상남도 합천군 덕곡면, 쌍책면, 적중면, 청덕면, 초계면, 대양면 백암리·오산리, 율곡면 갑산리·기리·낙민리·내천리·두사리 일대.
101 13개 고을 : 단성(丹城)·하동(河東)·곤양(昆陽)·남해(南海)·사천(泗川)·고성(固城)·진해(鎮海)·웅천(熊川)·거제(巨濟)·함안(咸安)·칠원(漆原)·창원(昌原)·김해(金海)를 말한다.

적었다. 또한 바다와 가깝고 왜와 인접해 있으며 물에 산람장기가 있어서 살기에 좋지 않다.

　다만 이 중 하동(河東)[102]은 일두(一蠹) 정여창(鄭汝昌)[103]의 고향으로, 지리산 남쪽에 있으면서 전라도 광양(光陽)[104]과 경계가 연접해 있기 때문에 '좌귀우부(左貴右富, 왼쪽 하동은 귀하고 오른쪽 광양은 부유하다)'라 한다. 그래서 하동 고을 곳곳에 오래도록 이름난 마을이 많다. 그러나 위치가 서울과 멀어 대대로 거주하던 토박이가 아니면 갑자기 가서 살기 어렵다. 《팔역가거지》[105]

泉瘴惡, 不可居.

惟河東爲一蠹 鄭文獻之鄕, 在智異南, 與湖南 光陽接壤, 故曰"左貴右富", 間多千年名村. 然地遠京都, 非土着世居, 未易遽往也. 《八域可居誌》

의령·초계·단성·곤양·남해·사천·고성·진해·웅천·거제·함안·칠원·창원·김해·하동·광양 일대(《대동여지도》)

---

102 하동(河東) : 경상남도 하동군 고전면, 악양면, 양보면, 적량면, 하동읍, 화개면, 횡천면, 금남면 갈사리, 북천면 방화리·사평리·직전리, 진교면 고이리·관곡리·백련리·송원리·월운리·진교리 일대.

103 정여창(鄭汝昌) : 1450~1504. 조선 전기의 문신이자 학자. 시호는 문헌(文獻). 예문관검열·세자시강원설서·안음현감 등을 역임했음. 김종직(金宗直)의 문하에서 학문을 익힌 조선 전기 사림파의 대표적인 학자이다.

104 광양(光陽) : 전라남도 광양시 광양읍·다압면·봉강면·옥곡면·욕룡면·진상면·진월, 시내 도이동·마동·성황동·중군동·중동·황금동·황길동, 여수시 율촌면 여동리 일대.

105 《擇里志》〈慶尙道〉, 15~19쪽.

5) 강원도[關東]¹

강원도는 함경도와 경상도의 사이에 있다. 서쪽으로는 황해도 곡산(谷山)²·토산(兔山)³ 등의 고을과 이웃하고, 서남쪽으로는 경기도와 충청도와 접해 있다. 강원도의 산줄기는 철령(鐵嶺)⁴에서 남쪽으로 태백산(太白山)에 이르기까지 하늘에 있는 구름에 닿을 듯이 가로로 뻗어 있다.

산줄기 동쪽에는 다음 9개의 군(郡)이 있다. 흡곡(歙谷)은 북쪽으로 함경도 안변(安邊)과 접해 있고, 통천(通川)·고성(高城)·간성(杆城)·양양(襄陽)·강릉(江陵)·삼척(三陟)·울진(蔚珍)이 있으며, 평해(平海)는 남쪽으로 경상도 영해(寧海)와 접해 있다. 이 9개의 군 모두 동해 바닷가에 있는데, 남북으로는 거리가 1,000리나 되지만 동서로는 100리가 채 되지 않는다. 산줄기가 서북쪽을 이미 막고 있으며 동남쪽은 바다와 매우 가깝다. 지세가 비록 협소하고 큰 산줄기 아래를 차지하고 있지만, 그 아래 들에 있는 산은 대부분 나지막하고 평평하며, 밝고 수려하나.

동해(東海)에는 조수가 없기 때문에 물이 혼탁하지 않아 '벽해(碧海, 깊고 푸른 바다)'라 불린다. 물길이

關東

關東在關北、嶺南間. 西隣海西 谷山、兔山等邑, 西南與京畿、湖西二道相接. 嶺脊自鐵嶺, 南至太白山, 橫亘如天際雲.

嶺之東有九郡： 曰歙谷, 北與關北 安邊接, 曰通川, 曰高城, 曰杆城, 曰襄陽, 曰江陵, 曰三陟, 曰蔚珍, 曰平海, 南與嶺南 寧海接. 九郡皆在東海上, 南北相距千里, 東西未滿百里. 嶺脊旣阻西北而東南逼海, 地勢雖局促, 居太① 山之下, 而下野之山② 多低平明秀.

東海無潮汐, 故水不渾濁, 號爲"碧海". 無汊③ 港島嶼

---

1 강원도[關東] : 강릉(江陵)과 원주(原州) 두 지역의 머리글자를 합하여 만든 명칭이다. 관동(關東)은 강원도의 이칭으로, 대관령(大關嶺)의 동쪽에 해당하는 지역이라는 의미이다.
2 곡산(谷山) : 황해도 동북부에 있던 군. 현재 황해북도 곡산군(북한) 일대.
3 토산(兔山) : 황해도 남동부에 있던 군. 현재 황해북도 토산군(북한) 일대.
4 철령(鐵嶺) : 함경남도 안변군 신고산면과 강원도 회양군 하북면(북한) 사이에 있는 고개. 높이 685m. 고개의 북쪽을 관북지방, 동쪽을 관동지방이라 한다. 1914년 추가령구조곡(楸哥嶺構造谷)을 따라 부설된 경원선이 개통되기 이전에는 관북지방과 중부지방을 잇는 중요한 교통로로 이용되어, 원산·용지원·고산·회양을 거쳐 서울로 연결되었다.
① 太 : 《擇里志·江原道》에는 "秦".
② 而……山 : 《擇里志·江原道》에는 "山野".

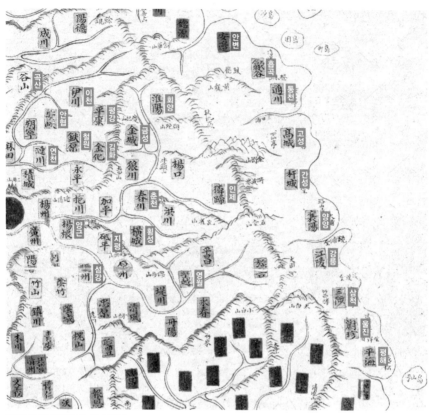

강원도 일대《삼한일람도(三韓一覽圖)》

갈라지는 섬처럼 가로막는 것도 없기 때문에 크고 평평한 호수나 저수지 곁에 있는 듯이 탁 트여 있어 아득하고 웅장하다. 또 이 지역에는 유명한 호수와 기이한 암석이 많아서, 높은 곳에 오르면 푸른 바다가 끝없이 펼쳐져 있고, 골짜기에 들어서면 물과 바위가 그윽하면서 고요하여 경치가 실제로 나라에서 제일이다. 경치가 빼어난 누대와 정자도 많다.

之遮蔽, 如臨大澤平塘, 闊遠宏壯. 又地多名湖、奇巖, 登高則滄海茫洋, 入洞則水石窈窕, 景槪實爲國中第一. 多樓臺亭觀之勝.

---

③ 汉: 저본에는 "濊".《擇里志·江原道》에 근거하여 수정.

9개의 군 서쪽은 금강산(金剛山)[5]·설악산(雪嶽山)[6]·오대산(五臺山)[7]·두타산(頭陀山)[8]·태백산(太白山)[9] 등이 있는데, 산과 바다 사이에 뛰어난 명승지가 많고, 동부(洞府)[10]는 그윽하고 깊으며 물과 바위가 맑고 깨끗해서 간혹 신선에 관한 기이한 행적이 전해 온다.

토박이들은 실컷 놀러 다니기를 좋아하여 그 중 나이 지긋한 이들은 기생·악공, 술·고기를 싣고 호수나 산에서 질탕하게 논다. 그래서 이들의 자제들도 놀러 다니는 데에 물들어 글을 쓰고 학문에 힘쓰는 자가 적다. 또한 이곳은 한양(漢陽)과 개성(開城)에서 아주 멀기 때문에 예부터 관료로 이름난 사람이 적다.

오직 강릉만이 과거에 급제한 사람을 상당히 배출했다. 게다가 흙이 매우 척박하여 논에 1두(斗)를 심으면 겨우 10여 두를 수확한다. 오직 고성과 통천에 논이 가장 많고 아주 척박하지도 않다. 그 다음은 삼척인데 논에 1두를 심으면 이따금 40두를 수확하기도 한다.

그러나 9개의 군 모두 바다에서 생기는 이익을 점유하고 있기 때문에, 백성들은 고기잡이와 해산물

九郡之西則金剛、雪[4]嶽、五臺、頭陀、太白等山、山海之間、多奇勝處、洞府幽深、水石清瞶、或傳仙靈異蹟。

土人重遊衍、其父老載妓樂、酒肉、跌宕於湖山之間。子弟化之、少治文學。亦以其絕[5]遠於二京、自古少顯達者。

惟江陵頗出科甲。且土甚瘠确、水田種一斗、菫收十餘斗。惟高城、通川最多水田、亦不甚瘠确。其次三陟、水田種一斗、往往收四十斗。

然九郡皆擅海利、民以漁採、煮鹽爲生、亦多富厚

---

5 금강산(金剛山): 강원도의 회양·통천·고성 3개 군에 걸쳐 있는 산(북한). 높이 1,638m.
6 설악산(雪嶽山): 강원도 속초시·양양군·인제군·고성군에 걸쳐 있는 산. 높이 1,708m. 남한에서는 한라산 (1,950m)·지리산(1,915m)에 이어 세 번째로 높은 산이며 '제2의 금강산'이라 불린다.
7 오대산(五臺山): 강원도 강릉시와 평창군·홍천군에 걸쳐 있는 산. 높이 1,563m.
8 두타산(頭陀山): 강원도 동해시 삼화동과 삼척시 하장면·미로면에 걸쳐 있는 산. 높이 1,353m.
9 태백산(太白山): 강원도 태백시와 경상북도 봉화군 석포면에 걸쳐 있는 산. 높이 1,567m.
10 동부(洞府): 신선들이 거주하는 전설상의 마을. 살기 좋아 사람들이 많이 모여 사는 마을을 뜻하기에 앞으로는 '마을'로 옮기기로 한다.
[4] 雪: 저본에는 "雲".《擇里志·江原道》에 근거하여 수정.
[5] 絕:《擇里志·關東》에는 "地".

우통수(문화재청)

채취, 자염(煮鹽, 바닷물을 졸여 소금을 만드는 일)을 생업으로 하여 부유한 사람도 많다. 다만 서쪽 고개가 너무 높아 이곳이 마치 머나먼 이역(異域) 같아서 한때 유람하고 감상하기에는 적당하지만 오래도록 살 만한 곳은 아니다.

강릉의 서쪽은 대관령(大關嶺)[11]이고 대관령 북쪽은 오대산인데, 우통수(于筒水)[12]가 여기서 나와 한강의 발원지가 된다. 북쪽으로 회양(淮陽)[13]에서 남쪽으로 정선(旌善)까지가 모두 여기저기 어지러이 뻗은 산과 깊은 골짜기이며, 물은 모두 서쪽으로 흘러 한강으로 들어간다. 지대가 높아 기후가 추우며 땅은 척박하고 백성은 거칠다. 그래서 비록 계곡과 산의 경치가 빼어나지만 역시 살 만한 곳은 아니다. 그 중에

者. 但西嶺太高, 如異域, 宜一時遊賞, 非久居處也.

江陵西爲大關嶺, 嶺北爲五臺山, 于筒之水出於是, 爲漢江之源. 北自淮陽, 南至旌善, 皆亂山深谷, 水皆西流入漢江. 風氣高寒, 地瘠民鹵. 雖有溪山之勝, 亦非可居之地. 惟春川、原州差勝.

---

11 대관령(大關嶺) : 강원도 강릉시 성산면과 평창군 대관령면 횡계리 사이에 있는 고개. 해발 832m.
12 우통수(于筒水) : 강원도 평창군 진부면의 오대산 해발 1,200m에 위치한 지점에서 흘러나오는 물로, 한강수의 근간을 이루는 주요 발원수이다.
13 회양(淮陽) : 강원도 북부 중앙에 위치한 군(북한).

오직 춘천(春川)과 원주(原州)가 조금 낫다.

춘천은 인제(麟蹄)의 서쪽에 있고 수로와 육로 모두 서남쪽으로 한양과의 거리가 200여 리이다. 고을의 북쪽에 청평산(清平山)[14]이 있고, 산에는 고려 처사 이자현(李資玄)[15]의 곡란암(鵠卵菴)[16] 옛터가 있다. 산 남쪽 10여 리 지점은 소양강(昭陽江)[17]에 닿아 있는데, 이곳은 맥국(貊國)[18]의 천년 고도(故都)이다. 이 지역 밖에는 우두촌(牛頭村)[19]이 있는데, 한무제(漢武帝)[20]가 팽오(彭吳)[21]를 시켜 길을 열었다고 전해지는

春川在麟蹄西, 水陸西南距漢陽二百餘里. 邑北有清平山, 山有高麗處士李資玄 鵠卵菴故基. 山南十餘里臨昭陽江, 爲貊國千年故都. 局外有牛頭村, 漢武使彭吳通牛首州卽此地也.

---

14 청평산(清平山): 강원도 춘천시 북산면 청평리와 화천군 간동면 간척리 사이에 위치한 산. 현재의 오봉산(五峰山)이다. 해발 779m.

15 이자현(李資玄): 1061~1125. 고려 중기의 학자. 호는 식암(息庵)·청평거사(清平居士)·희이자(希夷子)이다. 1089년(선종 6) 과거에 급제하여 대악서승(大樂署丞)이 되었으나 관직을 버리고 춘천의 청평산(清平山)에 들어가서 아버지가 세웠던 보현원(普賢院)을 문수원(文殊院, 《대동여지도》에는 "文殊寺"로 표기되어 있다)이라 고치고 선(禪)을 즐겼다. 문수원은 1550년(명종 5) 보우(普雨)가 청평사(清平寺)로 개칭하였다.

16 곡란암(鵠卵菴): 《신증동국여지승람(新增東國輿地勝覽)》에 "고려 이자현이 이 산에 들어가 문수원을 수리하고 살았다. 불교의 학설을 더욱 좋아하여 골짜기 그윽하고 인적이 드문 곳에 식암(息庵, 《동문선(東文選)》 권64 〈기(記)〉 "청평산문수원기(清平山文殊院記)"에는 '선동식암(仙洞息庵)'이라 나온다)을 짓고 살았는데, 암자는 고니알[鵠卵]처럼 둥글고 겨우 좌선하고 앉을 만하였다(高麗李資玄入此山, 葺文殊院以居之. 尤嗜禪說, 於洞中幽絶處, 作息菴, 團圓如鵠卵, 只得盤兩膝.)."라는 기록으로 보아 곡란암은 문수원 근처에 지은 식암의 이칭인 듯하다.(《신증동국여지승람(新增東國輿地勝覽)》 권46 〈강원도(江原道)〉 "춘천도호부(春川都護府)")

17 소양강(昭陽江): 강원도 인제군 서화면의 북쪽 무산(巫山)에서 발원하여 중부 지역을 남서쪽으로 흘러 춘천 북쪽에서 북한강에 합류하는 강. 길이 166.2km.

18 맥국(貊國): 강원도 춘천 지역에 있었던 고대의 소국(小國). 원래 맥(貊)은 예(濊)·한(韓)과 더불어 우리 민족의 주된 구성체로서, 《시경(詩經)》·《서경(書經)》 등을 보면 중국 주대(周代)에 주나라의 동북방에 거주하고 있었다. 그 뒤 북중국의 요동(遼東)·만주 지역으로 이동해 고구려·부여 등이 국명(國名)을 가지기 전까지 예와 맥으로 중국측 기록에 보인다. 이들은 북방정세의 변화 또는 다른 요인에 의해 한반도 내로 이주한 고구려와 계통을 같이하는 맥족(貊族)의 한 집단이었다. 고고학 자료를 분석한 결과 춘천 맥국은 청동기시대 말기와 초기 철기시대를 거치는 500~600년 간 존속했던 부족국가 내지 성읍국가 단계로 파악된다.

19 우두촌(牛頭村): 강원도 춘천시 우두동 일대. 소의 머리처럼 생긴 우두산 아래에 자리를 잡고 있기 때문에 '소머리' 또는 '우두'라 불리기도 했다.

20 한무제(漢武帝): B.C. 156~B.C. 87. 전한(前漢)의 제7대 황제. 경제(景帝)의 11번째 아들로, 시호는 세종(世宗)이다.

21 팽오(彭吳): ?~?. 한무제(漢武帝)의 신하. 《한서(漢書)》 卷24下 〈식화지(食貨志), 하(下)〉에 "팽오는 예맥(濊貊)과 조선(朝鮮)으로 가는 길을 열고 창해군(滄海郡, 요동 지역에 있었음)을 설치했다.(彭吳穿穢貊、朝鮮、置滄海郡.)"는 기록이 보인다.

우수주(牛首州)[22]가 바로 이 곳이다.

산속에 평야가 탁 트여있고 두 강이 춘천 가운데로 흘러간다.[23] 이곳은 기후가 좋고 지세는 맑고 훤하며 토지가 비옥하여 대대로 거주하는 사대부가 많다.

山中闊展平野, 二江灌注於中. 風氣固密, 局勢淸曠, 土地饒沃, 多世居士大夫.

원주는 영월(寧越)[24] 서쪽에 있고 강원도 관찰사의 치소이다. 서쪽으로 한양과의 거리가 250리이다. 동쪽으로는 산봉우리와 골짜기에 잇닿아 있고 서쪽으로는 경기도 지평현(砥平縣)과 접해 있다. 산골짜기 사이사이에 구릉과 들판이 섞여 펼쳐지는데, 밝고 수려하며 지형이 그다지 험하거나 가파르지 않다. 원주는 경기도와 강원도 동쪽의 산봉우리들 사이에 끼어 있어 동해의 생선·소금·인삼, 그리고 관곽(棺槨)이나 건축 목재 등을 운송하므로 강원도의 도회지가 되었다. 산골짜기와 가까워 전란이 있으면 세상을 피하기 쉽고, 서울과 가까워 세상이 평화로우면 벼슬에 나갈 수 있기 때문에 한양 사대부들 중에 이곳에 살기를 좋아하는 이들이 많다.

原州在寧越西, 爲監司治所. 西距漢陽二百五十里. 東連嶺峽, 西接京畿 砥平縣. 山谷間錯開原野, 明秀而不甚險阻. 介在畿、嶺間, 輸東海魚鹽、人蔘、棺槨·宮室之材, 爲一道都會. 近峽有事, 易以避世;近京無事, 可以進取, 故漢陽士大夫多樂居於此.

원주 북쪽에는 횡성현(橫城縣)[25]이 있는데, 골짜기 안이 탁 트여 있어 환하게 밝고 넓으며 물이 푸르고 산이 평평하여, 형용하기 힘든 일종의 맑은 기운이

北有橫城縣, 峽中開拓, 晃然昭曠, 水綠山平, 別有一種難形之淸氣. 境內亦多

---

22 우수주(牛首州):637년(선덕여왕 6) 우수(牛首, 지금의 강원도 춘천시)에 설치한 상급 지방행정구역으로 오늘날의 춘천을 가리키기도 하고 때로는 춘천을 중심 거점으로 한 광역의 지역을 지칭하기도 한다. 우수는 우두(牛頭)·수약(首若)·주양(走壤)·오근내(烏根乃)라고도 불리었다.
23 두 강이……흘러간다:춘천의 분지를 중심으로 북동쪽에서 소양강, 북서쪽에서 북한강이 흘러 분지 안에서 합류하여 남서쪽으로 흐르다가 홍천군과의 경계를 따라 서쪽으로 흐르는 홍천강과 합류한다.
24 영월(寧越):강원도 영월군 일대.
25 횡성현(橫城縣):강원도 횡성군 일대.

특별히 있다. 그래서 이 지역 안에도 대대로 거주하는 사대부가 많다.

世居士大夫.

동북쪽에서 오대산 서쪽 산의 물을 받아들여 서남쪽으로 흐르다가 원주에 이르러 섬강(蟾江)[26]이 되고, 흥원창(興元倉)[27] 마을에 들어갔다가 남쪽에서 충주 지역의 강[28] 하류와 합류한다.

東北受五臺以西水, 西南至原州爲蟾江, 入于興元倉, 南與忠州[6]下流合.

철령(鐵嶺)과 금강산(金剛山)의 물이 남쪽으로 흘러 춘천의 모진(牟津)[29]이 되고, 양근(楊根)의 용진(龍津)[30]에 이르러 한강에 들어간다. 춘천에서 강을 건너면 서쪽에는[31] 양구(楊口)·김화(金化)[32]·금성(金城)[33]·철원(鐵原)[34]·평강(平康)[35]·안협(安峽)[36]·이천(伊川)[37] 등 7개 고을[38]이 있는데, 모두 경기도 북쪽이자 황해도 동쪽에 있다.

鐵嶺、金剛之水南下爲春川牟津, 至楊根 龍津, 入于漢江. 自春川渡江, 而西有楊口、金化、金城、鐵原、平康、安峽、伊川等七邑, 皆在京畿之北、海西之東.

---

26 섬강(蟾江) : 강원도 평창군·횡성군의 태기산(泰岐山)에서 발원하여 서쪽으로 흐르다가 원주시를 지나 남한강에 합류하는 강. 길이 73.02km.

27 흥원창(興元倉) : 고려시대와 조선시대 강원도 원주에 설치되었던 조창(漕倉). 원주에서 남쪽으로 30리쯤 떨어진 섬강 북쪽 언덕에 있었다.

28 충주 지역의 강 : 남한강 중에서 충주(忠州) 구간을 흐르는 강이다.

29 모진(牟津) : 강원도 춘천시에 있던 나루터이자 그 일대를 흐르는 강을 가리킨다. 소양강과 합류하기 전의 북한강 줄기이다. 모진(牟津)은 모진(茅津) 혹은 모진(母津)이라고도 한다.

30 용진(龍津) : 경기도 양평군 양서면 양수리(兩水里) 일대. 용강(龍江)이라고도 하며 북한강과 남한강이 이곳에서 합수한다. 부근에 수종사(水鍾寺)가 있다.

31 서쪽에는 : 이후에 나열한 7개 고을은 모두 춘천의 서쪽이 아니라 북쪽에 있다.

32 김화(金化) : 강원도 철원군 김화읍 일대.

33 금성(金城) : 강원도 김화(金化) 북쪽 일대. 현재는 휴전선 북쪽에 위치.

34 철원(鐵原) : 강원도 북서부에 위치한 군. 광복과 함께 38선 이북지역으로 들어갔다가 1950년 6·25사변을 치르고 1953년 7월 27일 휴전이 성립되면서 이전의 1읍 9면 중 지금의 철원읍·동송읍·갈말읍·신서면(연천군)은 수복되었으나 어운면의 일부는 비무장지대로 들어갔고, 북면·묘장면은 일부가 북한으로, 내문면·인목면·마장면은 일부가 비무장지대에 있고, 대부분은 북한지역이 되었다.

35 평강(平康) : 강원도 서북단에 위치한 지역(북한). 철원(鐵原)의 북쪽에 있다.

36 안협(安峽) : 강원도 이천(伊川) 안협면(북한) 일대.

37 이천(伊川) : 강원도 서북쪽에 위치한 지역(북한). 철원(鐵原)의 서북쪽에 있다.

38 7개 고을 : 여기에 낭천(狼川)이 추가될 수 있다. 낭천은 지금의 화천군에 해당하는 지역으로, 춘천의 북쪽이자 양구의 서쪽에 있다.

[6] 州 : 《擇里志·江原道》에는 "江".

그 중에 철원은 태봉(泰封)을 건국한 궁예(弓裔)[39]의 고도(故都)로, 골짜기 안에 들이 펼쳐지며 서쪽으로는 경기도 연천(漣川)과 접해 있다. 흙이 비록 척박하지만 큰 들판과 작은 산들이 탁 트여 있고 환하다. 이곳은 두 강 사이에 있으면서[40] 또한 골짜기 속에 있는 도회지이다.《팔역가거지》[41]

其中鐵原爲弓裔故都, 峽中開野, 西與京畿 漣川接. 壤土雖瘠, 大野屛山平闊明朗. 在二江內, 亦峽中一都會也.《八域可居誌》

---

39 궁예(弓裔): ?∼918. 후고구려의 건국자·왕. 재위 901∼918.
40 두 강……있으면서: 임진강 지류인 한탄강이 철원군의 동부를 남북으로 흐르며, 역곡천이 군의 서부를 동서로 흐른다. 그러나 좀 더 넓은 형국으로 보자면 본문의 '두 강'은 동쪽의 모진(북한강 상류)과 서쪽의 임진강 상류를 가리킬 수도 있다.
41 《擇里志》〈江原道〉, 12∼14쪽.

6) 황해도[海西]¹

황해도는 경기도와 평안도 사이를 차지하고 있다. 대개 백두산(白頭山)²의 남쪽 맥이 함흥부(咸興府)³ 서북쪽에 이르면 갑자기 낮아져 검문령(劍門嶺)⁴이 된다.

또 남쪽으로 내려가서 노인치(老人峙)⁵가 되는데, 여기에서부터 맥 2개로 나뉜다. 그 중에 하나의 맥이 남쪽으로 가서 삼방치(三房峙)⁶를 거쳐 조금 끊어졌다가 다시 일어나서 철령(鐵嶺)이 된다. 다른 하나의 맥은 서남쪽으로 가서 곡산(谷山)⁷을 거쳐 학령(鶴嶺)⁸이 된다.

학령은 다음과 같이 다시 줄기 3개로 나뉜다. 하나는 토산(兔山)⁹과 금천(金川)¹⁰을 따라 오관산(五冠山)¹¹

海西

海西居京畿、關西之間. 蓋白頭南脈至咸興府西北, 攔爲劍門嶺.

又南下爲老人峙, 自此分二脈, 其一南行, 由三房① 峙, 少斷卽起爲鐵嶺. 其一西南行, 由谷山爲鶴嶺.

鶴嶺又分三枝：一從兔山、金川, 止五冠、松岳, 卽高

---

1 황해도[海西]：황주(黃州)와 해주(海州) 두 지역의 머리글자를 합하여 만든 명칭이다. 해서(海西)는 한양에서 황해도 지역으로 갈 때 예성강 하구의 벽란도진을 반드시 거쳐야 하는데 벽란도진 주변 바다의 서쪽에 위치해 있다는 의미이다.

2 백두산(白頭山)：북한 양강도 삼지연군과 중국 길림성(吉林省)의 경계에 있는 산. 해발 2,744m.

3 함흥부(咸興府)：함경남도 함흥시 일대.

4 검문령(劍門嶺)：검산령(劍山嶺)의 오기로 보인다. 검산령은 평안남도 영원군 대흥면과 함경남도 정평군 고산면 사이에 있는 고개이다. 해발 1,127m 북쪽으로 황봉(黃峰, 1,736m)과 남쪽으로 차일봉(遮日峰, 1,743m) 사이에 있다. 이 고개는 낭림산(狼林山) 줄기의 험준한 지형으로 막힌 평안도와 함경도의 주요 통로이다.《대동여지도》에는 상검산(上劍山)·중검산(中劍山)·하검산(下劍山)이 표기되어 있고 상검산과 중검산 사이에 차일봉이 적혀 있는 점, 함흥과 평안도 희천(熙川)을 넘어가는 고개가 상검산 바로 윗부분에 표기되어 있는 점으로 보아 상검산 바로 윗부분에 해당하는 곳으로 추정된다.

5 노인치(老人峙)：함경남도 안변군에 있는 고개로 강원도에서 함경도로 통하는 주요 길목이다. 해발 975m.

6 삼방치(三房峙)：함경남도 안변군 신고산면(지금의 강원도 세포군) 남단과 강원도 평강군을 넘어가는 고개로 추정된다.

7 곡산(谷山)：황해북도 곡산시 일대.

8 학령(鶴嶺)：설명하는 지명과 부합하는 곳은《대동여지도》에서는 총령(蔥嶺) 일대로 추정되며, 이곳은 지금의 황해북도 곡산시 지역이다.

9 토산(兔山)：황해북도 토산군 일대.

10 금천(金川)：황해북도 금천군 일대.

11 오관산(五冠山)：개성직할시 용흥동과 황해도의 경계에 있는 산. 5개의 봉우리가 갓 모양이다. 고려시대 효자 문충이 오관산 아래에서 어머니를 봉양하다가 어머니가 늙어감을 한탄한《오관산곡(五冠山曲)》이 현재까지 전해진다.

① 房：《擇里志·黃海道》에는 "方".

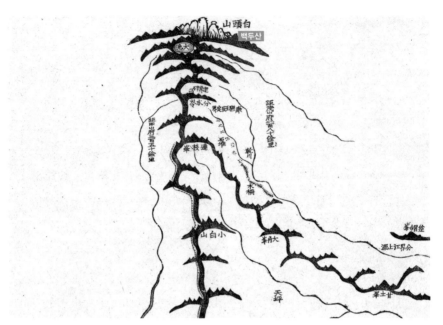

백두산(《대동여지도》)

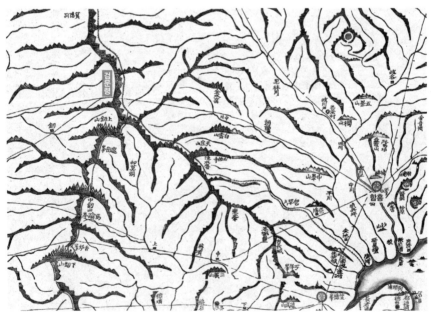

함흥·검문령 일대(《대동여지도》)

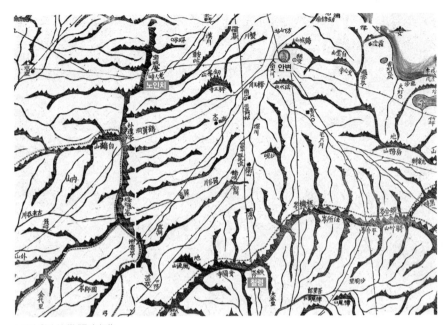

노인치·철령 일대(《대동여지도》)

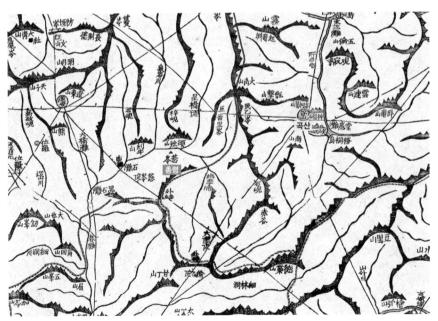

곡산·학령 일대(《대동여지도》)

과 송악산(松岳山)¹²에서 그치는데, 이곳이 곧 고려의 고도(故都)이다.

다른 하나는 신계(新溪)¹³를 따라 평산(平山)¹⁴의 면악산(綿岳山)¹⁵이 되는데, 여기서 황해도의 조산(祖山)¹⁶이 되었다가 서쪽으로 가서는 해주(海州)¹⁷의 창금산(昌金山)¹⁸과 수양산(首陽山)¹⁹ 등의 산이 된다. 또 이 맥이 들판으로 내려와 평탄한 구릉이 되었다가 서북쪽으로 돌면서 신천(信川)²⁰의 추산(錐山)²¹이 되고, 또 이 맥이 북쪽으로 가서 문화(文化)²²의 구월산(九月山)²³에서 그치는데, 이곳이 곧 단군의 고도(故都)이다.

나머지 하나는 곡산과 수안(遂安)²⁴을 따라 큰 산과 험한 고개가 가로로 뻗어 끊어지지 않고 자비령(慈悲嶺)²⁵이 되고 절령(岊嶺)²⁶이 되었다가, 서쪽으로

麗故都.

一從新溪爲平山 綿岳, 茲爲黃海一道之祖, 而西爲海州 昌金, 首陽等山. 又下野爲平岡, 西北轉爲信川 錐山. 又北行止於文化 九月山, 卽檀君故都.

一從谷山、遂安, 太山峻嶺橫亘不絕, 爲慈悲嶺, 爲岊嶺, 西止於黃州 棘城. 黃

---

12 송악산(松岳山): 개성직할시와 황해북도 개풍군의 경계에 있는 산. 해발 490m.
13 신계(新溪): 황해북도 신계군 일대.
14 평산(平山): 황해북도 평산군 일대.
15 면악산(綿岳山): 황해북도 평산군 문무면과 신암면에 걸쳐 있는 산. 해발 816m. 풍수지리에서 역맥(逆脈)이 과하다 하여 멸악산으로 이름이 바뀌었다. 《대동여지도》에는 멸악산(滅惡山)으로 적혀 있다.
16 황해도의 조산(祖山): 황해도를 감싸는 산줄기의 근원이 되는 산을 말한다. 면악산은 이러한 것들 중의 하나이다. 조산(祖山)은 주로 황해도의 북쪽으로 백두산에 연결된 산들을 통칭하는데, 가까운 것을 소조산(小祖山), 백두산과 소조산 사이에 있는 모든 산을 중조산(中祖山), 백두산을 태조산(太祖山)으로 구분할 수 있다.
17 해주(海州): 황해남도 해주시와 벽성군 일대의 옛 지명.
18 창금산(昌金山): 《대동여지도》에는 창금산(唱金山)으로 적혀 있다.
19 수양산(首陽山): 황해남도 해주시와 신원군의 경계에 있는 산. 해발 946m.
20 신천(信川): 황해남도 신천군 일대.
21 추산(錐山): 《대동여지도》에는 송화현 지역에 적혀 있다. 앞의 신천(信川)은 송화의 오기로 보인다.
22 문화(文化): 황해남도 은율군 일대.
23 구월산(九月山): 황해남도 신천군 용진면과 은율군 남부면·일도면에 걸쳐 있는 산. 묘향산·금강산·지리산과 함께 4대 명산으로 불렸다. 해발 945m.
24 수안(遂安): 황해북도 수안군 일대.
25 자비령(慈悲嶺): 황해북도 연탄군과 봉산군 경계에 있는 고개. 해발 489m.
26 절령(岊嶺): 《대동여지도》에는 이 고개를 넘어가는 관문으로, 동선관(洞仙關)이 적혀 있다.

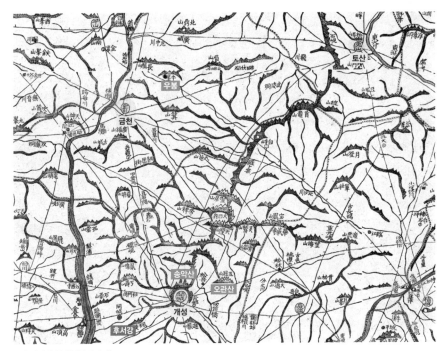

토산·송악산 일대(《대동여지도》)

신계·구월산 일대(《대동여지도》)

뻗어 황주(黃州)27의 극성(棘城)28에서 그친다. 황주는 절령의 북쪽에 있고, 평안도의 중화(中和)29와 경계를 접한다.

황주에서 남쪽으로 절령을 넘어 봉산(鳳山)30·서흥(瑞興)31·평산·금천을 거쳐서 개성(開城)에 도달하는데 이것이 남북직로(南北直路)32이다. 그 동쪽은 수안·곡산·신계·토산 등의 고을이고, 모두 깊은 산속에 있다. 이 지역은 땅이 험하고 백성이 어리석으며 골짜기가 험하고 깊어 도적이 많이 출몰한다. 예로부터 글을 쓰고 학문에 힘쓰거나, 관료로 이름난 사람이 드물었는데, 남북직로가 지나가는 여러 고을 또한 그러하다.

그 중 오직 평산과 금천에만 다른 지역에서 흘러 들어와 사는 사족(士族)이 상당히 많다. 그러나 금천은 강음(江陰)33과 우봉(牛峯)34 두 현을 합하여 군이 된 곳으로, 예전부터 산람장기(山嵐瘴氣)가 있었고 요즘 더욱 심해져 살기에 알맞지 않다. 평산에도 산람장기가 있다.

州在岊嶺之北, 與關西 中和接界.

自黃州南踰岊嶺, 由鳳山、瑞興、平山、金川, 以達開城, 是爲南北直路. 其東遂安、谷山、新溪、兔山等邑, 并在萬山中. 地險民矗, 洞峽險邃, 多萑蒲出沒. 自古鮮文學顯達之士, 直路諸邑亦然.

惟平山、金川, 頗多士族之流寓者. 然金川合江陰、牛峯二縣爲郡, 舊有瘴, 近益甚, 不宜居, 平山亦有瘴.

---

27 황주(黃州): 황해북도 황주군 일대.
28 극성(棘城): 고려시대에 축성된 성(城). 성 주변에 가시나무밭을 만들어 극성이라 했다. 현재는 황해북도 황주군 침촌리의 남쪽 정방산 북쪽 기슭에 성터가 남아 있다.
29 중화(中和): 평양특별시 중화군 일대.
30 봉산(鳳山): 황해북도 봉산군 일대.
31 서흥(瑞興): 황해북도 서흥군 일대.
32 남북직로(南北直路): 조선시대 간선 교통로 중 한양에서 의주까지 연결되는 의주로(義州路)를 말한다. 이 기사에서 언급한 지역은 황해도에서 의주로가 지나가는 곳이다.
33 강음(江陰): 황해남도 봉천군 연흥리 일대.
34 우봉(牛峯): 황해북도 금천군 현내리 일대.

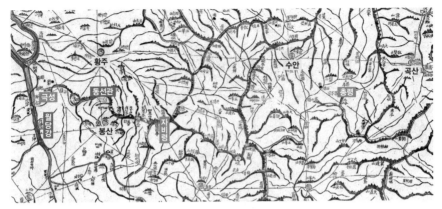

곡산·극성 일대(《대동여지도》)

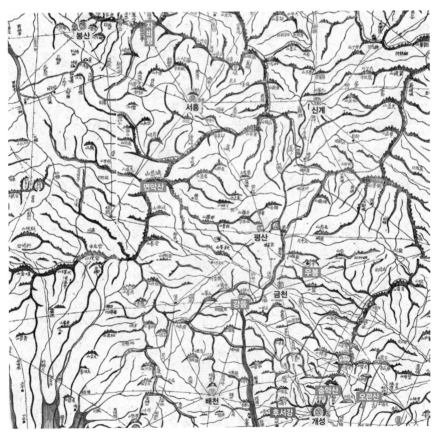

남북직로(《대동여지도》)

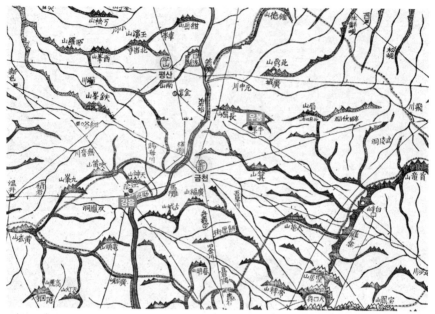

평산·금천 일대(《대동여지도》)

자비령은 옛날 통북대로(通北大路)[35]의 한 구간이 었는데, 고려시대부터 자비령을 거치는 길을 폐쇄하고 절령을 거치는 길을 열어 남북의 큰 관문이 되었다.[36] 그러나 고개의 맥은 절령에서 서쪽으로 10리도 지나지 못하고 곧 끊겨서 평탄한 구릉이 된다. 구릉이 끝나고 평원이 되면 이곳이 극성의 들판이다. 이 들판은 동서로 너비가 10여 리이고 서쪽으로 남오리강(南五里江)[37]에서 그친다.

慈悲嶺舊爲通北大路, 自高麗廢慈悲, 開臣嶺爲南北大關. 然嶺脈過臣不十里, 卽斷爲平岡. 岡盡而平原, 是爲棘城之野, 東西廣十餘里, 西止於南五里江.

---

35 통북대로(通北大路): 한양에서 함경도 두만강변의 경흥 서수라(西水羅)까지 연결되는 큰 길.

36 자비령을……되었다: 자비령은 개성에서 평양을 잇는 행정·군사적 요충지였으며, 원나라 간섭기에 동녕부(東寧府)가 설치된 뒤에는 그 북쪽 지역을 수복할 때까지 원과의 접경지역이 되었다.

37 남오리강(南五里江): 황해남도 신천군의 지남산에서 발원하여 북쪽으로 흐르다 송림시 남쪽에서 대동강과 합류하는 강. 지금의 재령강이다. 극성의 들판과 재령강 사이가 가깝지만 트여 있어 고려 때 원나라와 조선 때 청나라가 이곳으로 침입했다. 이중환은 《택리지》에서 이곳에 긴 성을 쌓으면 천연 방어막이 될 것이라고 했다. 《대동여지도》에는 월당강(月唐江)으로 적혀 있다.

자비령·남오리강 일대(《대동여지도》)

절령과 구월산은 동서로 마주하여 하나의 큰 수구가 되고, 남오리강이 들판 가운데를 가로지르면서 흘러 남쪽에서부터 북쪽으로 패강(浿江, 대동강)에 흘러들어간다. 패강의 동쪽은 황주·봉산·서흥·평산이고, 서쪽은 안악(安岳)[38]·문화·신천·재령(載寧)[39]이다. 이 8개 고을은 모두 면악산과 수양산의 북쪽에 있다.

이 지역은 흙이 매우 비옥해서 오곡·비단·면화 농사에 알맞고, 산에서는 납과 철이 나온다. 남오리강의 동쪽과 서쪽 언덕에는 강물을 끼고 긴 둑을 쌓았고, 안에는 모두 논이 끝없이 펼쳐져 있어 중국 소주(蘇州)[40]나 호주(湖州)[41]와 견줄 만하다.[42] 여기서

岊嶺與九月, 東西對峙, 爲一大水口而南五里江劃處一野之中, 自南北注浿江. 江東則黃州、鳳山、瑞興、平山, 江西則安岳、文化、信川、載寧, 八邑俱在綿岳、首陽之北.

土上腴, 宜五穀、綿絮, 山出鉛、鐵. 江東西岑夾水築長堤, 內皆水田一望無際, 可比中原蘇、湖矣. 粳稻之

---

38 안악(安岳): 황해남도 안악군 일대.

39 재령(載寧): 황해남도 재령군 일대.

40 소주(蘇州): 지금 중국의 강소성(江蘇省) 소주시. 태호(太湖)의 동쪽에 있다. 춘추전국시대부터 오(吳)나라의 수도로 발전했다.

41 호주(湖州): 지금 중국의 절강성 호주시. 태호 남쪽에 있다. 중국 4대 여름 휴양지인 모간산(莫干山)이 있다.

42 중국……만하다: 소주와 호주는 토양이 기름져 강남에서 가장 먼저 개발된 지역으로 예로부터 벼농사와 양잠업이 발달했고, 정치·경제의 중심지였다.

생산되는 멥쌀은 쌀알이 길고 크면서도 차지고 윤기가 돌아 다른 지역에서 나는 쌀은 모두 여기에 미치지 못한다.

수양산과 추산에서부터 구월산까지 이어지는 산맥은 비록 높아졌다 낮아졌다 하지만 실제로는 대간(大幹)의 산줄기이다. 이 산줄기 밖으로 바다에 닿아 있는 고을 중에서 해주는 곧 황해도관찰사의 치소로, 수양산의 남쪽에 있다. 해주에는 바닷물이 두 산 사이로 들어와 해주 치소의 앞산 바깥쪽에서 모여 하나의 큰 호수가 되니, 토박이들은 이곳을 '소동정[小洞庭, 작은 동정호(洞庭湖)43]'이라 한다. 결성(潔城)44이 실로 그 훌륭한 경치를 차지하고 있어 상당히 바라볼 만한 정취가 있다.

해주의 오른쪽은 강령(康翎)45·옹진(甕津)46이고, 서쪽은 장연(長淵)47이다. 장연의 북쪽은 송화(松禾)48·은율(殷栗)49·풍천(豐川)50에서 시작하여 장련(長連)51에서 그치는데, 장련은 평안도 삼화부(三和府)52와 작은 바다를 두고 떨어져 있다.

産於此者, 米粒長大而膩[2]潤, 他産皆不及也.

自首陽、錐山爲九月者, 雖時有高低, 實爲大幹脊, 幹脊外臨海爲邑者, 海州卽監司治所, 在首陽之陽, 而海水闖兩山間, 匯渟於面前山外, 爲一大湖, 土人謂之"小洞庭". 潔城實據其勝, 頗有臨眺之致.

海州之右爲康翎、甕津, 西爲長淵. 長淵之北爲松禾、殷栗、豐川, 止於長連, 與平安 三和府隔一小海.

---

43 동정호(洞庭湖):중국 호남성(湖南省) 북부에 있는 호수로, 중국에서 2번째로 크다. 선박의 왕래가 잦아 호안에 도시가 번성하였는데, 해주 치소의 앞까지 수로를 따라 물산이 운송되는 것을 이 동정호에 비유했다.
44 결성(潔城):황해남도 해주시 결성동 일대. 《대동여지도》에는 결성포(結城浦)라 적혀 있다.
45 강령(康翎):황해남도 강령군 일대.
46 옹진(甕津):황해남도 옹진군과 인천광역시 옹진군 일대.
47 장연(長淵):황해남도 장연군 일대.
48 송화(松禾):황해남도 송화군 일대.
49 은율(殷栗):황해남도 은율군 일대.
50 풍천(豐川):황해남도 연안군 풍천리 일대.
51 장련(長連):황해남도 은율군 장련면 일대.
52 삼화부(三和府):평안남도 용강군 삼화면 일대.
[2] 膩:《擇里志·黃海道》에는 "粘".

추산의 한 맥은 장연의 남서쪽을 따라 장산곶(長山串)53으로 뻗어나가는데, 산봉우리와 골짜기가 줄지어 있어 깊고 험하기 때문에 고려시대부터 소나무를 길러 궁전과 선박의 용도로 대비했다.

이 산줄기의 북쪽에 금사사(金沙寺)54가 있는데, 바닷가가 모두 모래다. 그 색이 황금빛과 같아 햇살이 비추면 반짝거리는 모래밭이 20리에 뻗어 있는 모습이다. 모래사장이 바람을 따라 봉우리를 이루어서 오뚝하게 되기도 하고 깎이기도 하는데, 이 봉우리가 아침저녁으로 옮겨다니고 좌우로 빠르게 변화하니 이리저리 옮겨다니는 모양이 일정하지 않다. 어떤 사람은 이를 두고 "해룡(海龍, 바다에 산다는 용)이 한 짓이다."라 했다. 모래에서는 해삼(海蔘)55이 나는데 모양은 방풍(防風)과 비슷하다.

매년 4~5월에는 고기 잡고 해삼을 채취하기 위해 등주(登州)56와 내주(萊州)57에서 온 배가 매우 많다. 관에서 장졸들을 보내어 그들을 쫓아내지만, 이익이 많아 금할 수 없으니 연해의 백성들에게 끼치는 피해가 상당하다.58

錐山一脈循長淵, 南西走③於長山串, 峯巒洞壑, 邐迤深阻, 自高麗養松以備宮殿、舟船之用.

北有金沙寺, 海汀皆沙, 其色如金, 映日閃爍者二十里. 隨風成峯, 崔嵬戌削, 朝夕遷徙, 倏忽左右, 游動不定. 或曰"海龍所爲也". 沙中産海蔘, 形類防風.

每四五月, 登、萊漁採之船至者甚多, 官發將卒逐之, 利重不能禁, 頗爲沿海民害.

---

③ 走:《擇里志·黃海道》에는 "走止".

53 장산곶(長山串):황해남도 용연군 장산리의 서남쪽에 있는 곶. 심청전의 배경이 된 인당수가 이곳 앞바다이다.

54 금사사(金沙寺):황해남도 장연군에 있는 절.

55 해삼(海蔘):해초류의 일종으로 추정된다.

56 등주(登州):지금의 중국 산동성(山東省) 용구시(龍口市) 일대. 요동·한반도·일본과 통하는 항구였다.

57 내주(萊州):지금의 중국 산동성 내주시(萊州市) 일대.

58 매년……상당하다:《택리지》에는 "모래에서 나온 해삼을 채취하러 오면서 바다에서는 복어(鰒魚)와 흑충(黑蟲)을 채취하고 잡는다고 했다. 복어는 전복이다. 흑충은 뼈가 없고, 다만 오이와 같은 모양의 검은 살한 덩이로 되어 있으며 온몸에 살로 이루어진 가시가 있는 놈이다. 중국인들은 이것으로 검은 비단에 염색한다."라 한 점으로 보아, 흑충이 해삼(海蔘)을 가리키는 것으로 보인다. 실제로 금사사 주변의 해역에는 전복과 해삼이 주요 산물이었다.(《신증동국여지승람》 '장연현' 조) 다만 해삼을 식용이나 약용으로 쓰지 않고염색에 쓰는 점이 우리의 상식과는 다르다. 하지만 중국에서는 해삼에 대한 고문헌의 기록이 없다는 사실에서

이상의 8개 고을은 비록 바다를 끼고 있어 이익이 되지만 흙은 대부분 척박하다. 하지만 그 중에서 오직 풍천·은율만 흙이 매우 비옥하다. 조산(造山)[59] 벌판에는 논에 쌀 1두를 재배하면 더러는 수 백 두를 거두기도 하고, 수확량이 적어도 100두 이하로는 내려가지 않는다. 밭도 논과 같다. 이는 삼남 지방에서도 드문 일이다.

장연(長淵) 북쪽 지역은 남쪽으로 장산곶까지 뻗은 산줄기에 막혀서, 오직 북쪽으로 평안도와 통한다. 그러므로 곡식과 면화가 매우 흔해서 소작농이나 낮은 신분의 사람들 가운데 부유함을 자랑하는 자들이 모두 사족을 자칭한다.

장연(長淵) 남쪽의 큰 바다에는 대청도(大靑島)[60]와 소청도(小靑島)[61] 두 섬이 있으며, 주위가 상당히 넓다. 예전에 원나라 문종(文宗)[62]이 순제(順帝)[63]를 대청도로 귀양 보낸 적이 있어 지금까지도 궁실터가 남아 있다.[64]

八邑雖挾海爲利, 土多塉. 惟豐川、殷栗, 土爲上腴, 有造山一坪, 水田種一斗, 或收數百斗, 少不下百斗, 陸田亦如之, 此又三南所罕也.

長淵以北, 南阻長山串, 惟北通關西, 故穀絮至賤, 佃夫、下族誇富厚者, 皆自稱士族矣.

長淵南大海中, 有大靑、小靑二島, 周圍頗廣, 元文宗竄順帝於大靑島, 至今有宮室遺址.

그 이용법이 우리와는 달랐을 가능성이 있다. 해삼과 전복에 대한 자세한 묘사와 설명은, 정약전·이청 지음, 정명현 옮김, 《우리나라 최초의 해양생물 백과사전 자산어보》, 126, 138~140쪽을 참조 바람.

59 조산(造山): 황해남도 은율군에 있던 조산벌을 말한다. 지금은 조산리가 은율읍에 통폐합되어 은율벌이라 한다. 쌀이 많이 나서 이 지역에서 나는 쌀을 조산황도(造山黃稻)라 불렀다.

60 대청도(大靑島): 인천광역시 옹진군 대청면에 속하는 섬. 본래는 장연군에 소속되어 있었다가 광복 이후 옹진군에 편입되었다.

61 소청도(小靑島): 인천광역시 옹진군 대청면 소청리에 있는 섬. 조선시대 이전까지는 소암도(小岩島)라 했다가 대청도와 가까운 작은 섬이라는 뜻으로 소청도라 개명되었다.

62 문종(文宗): 1304~1332(재위 1328~1332). 이름은 보르지긴 투그테무르[孛兒只斤圖帖睦爾] 원나라의 8대 황제로, 3대 무종(武宗)의 아들이다. 6대 태정제(泰定帝)때 회왕(懷王)에 봉해졌고, 천순제가 즉위한 뒤 황제로 옹립되어 천순제를 폐위시켰다. 형인 명종(明宗)에게 양위하였다가 명종이 독살되자 다시 제위에 올랐다.

63 순제(順帝): 1320~1370(재위 1333~1370). 이름은 토곤테무르[妥懽帖睦爾]. 원나라의 11대 황제로, 9대 명종(明宗)의 장남이다. 파벌싸움으로 고려와 광서(廣西)지역을 전전하다가 즉위했다. 《요사(遼史)》·《금사(金史)》·《송사(宋史)》를 편찬하여 원나라 문화의 최전성기를 이룩하였으나 명(明)나라에게 밀려 대도(大都, 지금의 북경)를 버리고 도망갔다. 순제(順帝)는 명나라에서 준 시호이고, 북원(北元)에서 지은 묘호는 혜종(惠宗)이다.

64 지금까지도……있다: 《세종실록지리지》에는 궁궐터가 남아있다는 기록이 있으나 현재에는 남아있지 않다. 지금의 대청초등학교 자리이다.

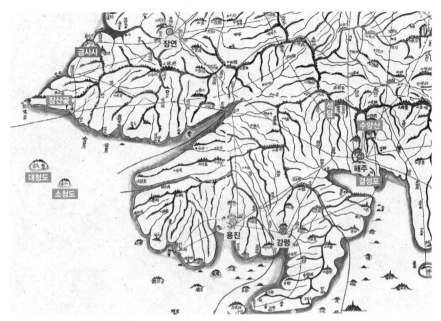

해주 서쪽과 금사사 일대(《대동여지도》)

면악산의 한 줄기가 거꾸로 가면서 동쪽으로 뻗어나가 연안(延安)65과 배천(白川)66이 되는데, 이 두 고을은 해주의 동쪽, 후서강(後西江)67의 서쪽, 보련강(寶輦江)68 하류의 북쪽에 있다. 큰 산과 넓은 하천, 큰 들판과 긴 하천이 이곳에서 모인다. 게다가 밀물과 썰물이 통하여 평평하고 넓으며 밝고 수려하기 때문에 중국의 장강(長江)·회수(淮水)69 사이의 풍기와

綿岳一枝逆而東走, 爲延安、白川, 在海州東、後西江西、寶輦江下流之北. 太山洪河、大野長川萃會於此. 且通潮汐, 平闊明秀, 如中原江、淮間風氣, 最爲可居, 亦有自漢陽流寓之

---

65 연안(延安):황해남도 연안군 일대.

66 배천(白川):황해남도 배천군~봉천군 일대.

67 후서강(後西江):황해북도 수안군 언진산에서 발원하여 황해남도 배천군과 개성시 개풍군 사이에서 강화만에 흘러드는 예성강(禮成江). 후서강은 예성강의 별칭이다.

68 보련강(寶輦江):예성강 하구의 보련곶(寶輦串)에서 교동도(喬桐島) 위쪽을 통과하여 외해로 나가는 물길. 실제로는 바다이다.

69 회수(淮水):중국 동부 화북(華北)지역과 화동(華東)지역의 경계에서 흐르는 강. 중국 하남성(河南省)과 호북성(湖北省)의 경계인 동백(桐栢)산맥에서 발원하여 하남성·안휘성(安徽省)·강소성(江蘇省)을 지나 장강(長江)으로 들어간다.

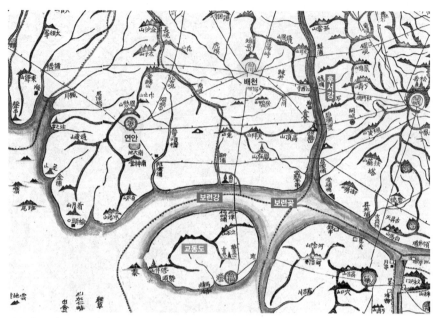

연안·배천 일대(《대동여지도》)

같다. 이곳은 황해도에서 가장 살기에 좋아 또한 한양에서부터 흘러들어와 사는 사족이 많다. 다만 흙이 척박하여 가뭄이 쉽게 들기에 목화 농사에는 알맞지 않다. 그래서 이곳에 거주하는 주민들은 뱃길로 강과 바다에서 생산되는 물품을 판매하는 이익이 있다. 동쪽으로는 한양·개성과 통하고 남쪽으로는 충청도·전라도와 통하니 무역으로 항상 막대한 이익을 얻는다.

　대체로 황해도는 나라의 서북쪽에 위치해 있어서 땅은 평안도·함경도와 인접해 있기 때문에, 풍속으로는 활쏘기와 말타기를 즐기지만 글을 쓰고 학문

士族. 但土埆易旱, 不宜木綿. 居人喜以舟楫通江海之利, 東通二都④, 南通兩湖, 貿遷交易, 常得奇羡.

大抵一道處國西北, 地隣平安, 咸鏡, 俗喜弓馬, 而鮮文學之士. 介在山海間,

<hr>

④ 都:《擇里志·黃海道》에는 "道".

하는 선비는 드물다. 황해도는 산과 바다 사이에 끼어 있고 납과 철, 목화, 벼와 기장, 물고기와 소금으로 인한 이익이 있기 때문에 비록 부유한 사람이 많아도, 사대부 집안은 적다. 그러나 들 가운데 8개 고을은 흙이 비옥하고, 바닷가 10개 고을은 토지가 명산이 많기 때문에 또한 사람이 살기에 좋지 않은 땅은 아니다.

황해도는 지세가 서해로 쑥 들어가 있어서 삼면이 바다로 둘러싸이고 동쪽의 한 가장자리만 남북으로 통하는 큰길이 있다. 그러나 북쪽에는 절령이 있고 남쪽에는 여러 강에 막혀 있다. 안팎으로 산과 하천이 있고 도내에는 험준한 성곽이 많으며, 또한 비옥한 들과 평원이 있으니, 진실로 천혜의 군사적 요충지여서 세상을 피해 은둔할 만한 곳이 아니다. 《팔역가거지》[70]

有鉛鐵、綿絮、稻粱、魚鹽之利, 故雖多富厚者, 亦少士大夫家矣. 然野中八邑, 土旣膏沃, 海上十邑, 地多名山, 亦非不可居之地.

地勢陡入西海, 三面環海, 獨東一邊, 當南北通行之大路. 然北有嵒嶺, 南阻重江, 表裡山河, 內多巖險城郭, 又有沃野膴原, 眞天府用武之國[5], 非避世隱遯之所也.《八域可居誌》

---

70 《擇里志》〈黃海道〉, 9~11쪽.
5 國:《擇里志·黃海道》에는 "地".

7) 평안도[關西]¹

평안도는 압록강(鴨綠江)²의 남쪽·대동강(大同江)³의 북쪽에 있다. 평양(平壤)⁴은 평안도관찰사의 치소로, 대동강 가에 있다. 이곳은 기자조선(箕子朝鮮)⁵의 고도(故都)로, 기자(箕子)⁶가 다스렸기 때문에 구이(九夷)⁷ 가운데 풍기(風氣)가 가장 먼저 개화하였다. 기자조선이 1,000년 동안 이곳에 도읍하였고, 위만조선(衛滿朝鮮)⁸과 고구려가 800년 동안 도읍하였으며, 지금까지 나라의 요충지가 된 지 또한 1,000년이 되었다.

이 지역에는 아직도 기자정전(箕子井田)⁹의 유지(遺址)가 남아 있다. 평양성(平壤城)¹⁰은 대동강 가의 석벽

關西

關西在鴨綠南、浿水北. 平壤爲監司治所, 在浿江上. 實爲箕子故都. 以箕子之故, 於九夷中, 風氣先開. 箕氏都千年, 衛氏及高句麗都八百年, 至今爲一國重鎭者, 又千年矣.

地尚有箕子井田遺址. 城在江上石壁, 上有練光亭、

---

1 평안도[關西]: 평양(平壤)과 안주(安州) 두 지역의 머리글자를 합하여 만든 명칭이다. 관서(關西)는 철령(鐵嶺)을 기준으로 서쪽에 있다는 의미이다.

2 압록강(鴨綠江): 우리나라와 중국 동북 지방과의 국경을 이루는 하천. 백두산 천지 부근에서 발원하여 황해로 흘러든다. 물빛이 오리의 머리 색깔과 같은 푸른 색깔을 하고 있다고 하여 압록(鴨綠)이라 불리며, 그 밖에도 청수(靑水)·염난수(鹽難水) 등으로도 불린다.

3 대동강(大同江): 낭림산맥의 서쪽에서 발원하여 남포에서 황해로 흘러드는 하천. 패강(浿江)은 대동강의 옛 이름이다.

4 평양(平壤): 평양직할시 일대.

5 기자조선(箕子朝鮮): 중국 은(殷)나라 말기에 기자(箕子)가 조선에 와서 건국했다고 전해지는 나라. 《사기(史記)》·《한서(漢書)》 등에 언급되고, 고려·조선시대에는 실체가 있다고 믿었으나 현대에는 부정되고 있다.

6 기자(箕子): ?~?. 중국 은나라 때 사람으로 주왕(紂王)의 서형(庶兄)이다. 주왕의 폭정을 간하였으나 주왕이 듣지 않자 거짓으로 미친 척하여 감옥에 갇힌다. 주나라 무왕(武王)이 석방시킨 뒤 동쪽의 고조선으로 들어와 중국의 문물과 예악을 가르쳤다고 전해진다.

7 구이(九夷): 고대 중국에서 동이(東夷)를 지칭하던 표현으로, 아홉 개의 대표적 이족(夷族)인 견이(畎夷)·우이(于夷)·방이(方夷)·황이(黃夷)·백이(白夷)·적이(赤夷)·현이(玄夷)·풍이(風夷)·양이(陽夷)를 말한다.

8 위만조선(衛滿朝鮮): 위만(衛滿)이 집권한 이후 멸망할 때까지의 고조선을 말한다. 일정 부분 국가적 체제를 갖추었으며, 우세한 군사력을 바탕으로 주변 지역을 정복하였다.

9 기자정전(箕子井田): 은나라가 멸망한 뒤 기자가 평양에 설치했다는 정전(井田)으로, 기전(箕田)이라고도 한다. 주나라의 정전법과는 달리 전(田) 자 모양의 할지법(割地法)에 의해 구획된 토지로, 평양 외성의 남쪽에서 대동강변에 이르는 지역에 설치되었다. 이 토지제도에 관해서는 《본리지》 권1〈토지제도〉 "토지의 종류" '기자의 정전'에서 매우 상세하게 설명했다.

10 평양성(平壤城): 평양직할시 일대에 설치되었던 고구려 시대의 도성. 대동강의 북쪽에 있었으며, 고려와 조선 시대를 거치면서 지속적으로 개축이 이루어졌다. 평양성 내부에는 내성, 중성, 외성, 북성의 4개 부분 성으로 나누어져 있다. 현재 국가지정문화재 국보급 제1호로 지정되었다.

(石壁)에 있는데, 이 석벽 위에는 연광정(練光亭)[11]·부벽루(浮碧樓)[12] 등 여러 명승지가 있다. 저수지와 계곡이 적어 밭농사만 지으며, 대동강 하류의 벽지도(碧只島)[13]에만 논이 있어 벼를 심지만 역시 많지 않다.

浮碧樓諸勝地. 少陂堤溪澗, 只事田種, 惟下流碧只島有水田種稻, 然亦不多也.

평양성((조선향토대백과))

연광정 전경((조선향토대백과))

《연광정연회도(練光亭宴會圖)》 김홍도(국립중앙박물관)

모란봉 부벽루((조선향토대백과))

---

11 연광정(練光亭) : 평양직할시 중구역 대동문동에 있는 정자. 고구려가 평양성을 건설할 때 함께 세웠다. 고려시대에는 산수정(山水亭)이라 불렀고, 조선시대 이후에는 연광정이라 불렀다. 명나라 때 주지번(朱之蕃)이 사신으로 왔다가 연광정에 올라 "천하제일강산(天下第一江山)"이라고 적어 현판을 걸었다. 관서팔경의 하나이며, 현재 국가지정문화재 국보급 제16호로 지정되었다.

12 부벽루(浮碧樓) : 평양직할시 중구역 대동강가의 청류벽(淸流壁) 위에 있는 누각. 고구려 광개토왕 3년(393년)에 지어졌다. 영명사(永明寺)의 누각으로 지어져 영명루(永明樓)로 불렸는데, 고려 시대에 들어서 부벽루(浮碧樓)로 개칭되었다. 평양팔경의 하나이며, 현재 국가지정문화재 국보급 제17호로 지정되었다.

13 벽지도(碧只島) : 평양직할시 낙랑구역 대동강 하류에 퇴적물이 쌓여 만들어진 섬이다. 강의 수량이 줄어들면 물에 잠겨 있던 땅이 드러나는데, 그곳에 논을 만들어 곡식을 수확하였다.

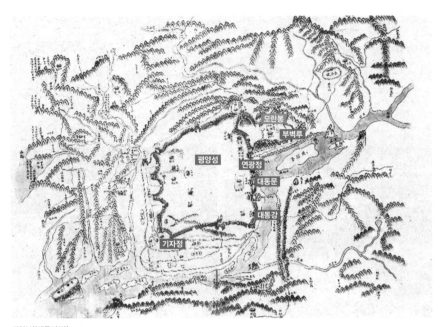

평양부(《해동지도》)

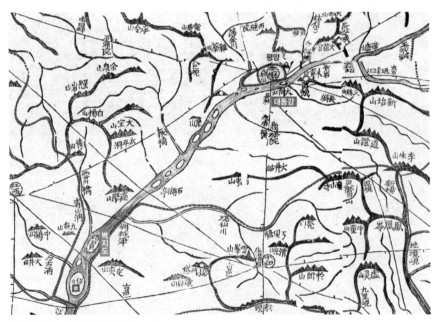

평양·대동강·벽지도 일대(《대동여지도》)

대동강은 백두산(白頭山)[14] 서남쪽에서 발원하여 300리를 흘러 영원군(寧遠郡)[15]에 이르러 물길이 커져 강이 되고, 강동현(江東縣)[16]에 이르러 양덕군(陽德郡)[17]과 맹산군(孟山郡)[18]의 물이 합류했다가, 부벽루 앞에 이르러 대동강이 된다.

평양의 동쪽은 성천부(成川府)[19]인데, 바로 송양왕국(松壤王國)[20]으로, 주몽(朱蒙)[21]에게 병합된 곳이다. 성천부의 치소는 비류강(沸流江)[22] 가에 있다. 비류강 가에는 강선루(降仙樓)[23]가 있으며, 이는 팔도(八道)[24]에서 경관이 좋은 누각 가운데 으뜸으로, 앞으로는 흘골산(紇骨山)[25] 12봉을 마주하고 있다. 그러나 돌의 색이 아취가 있지 않고 강의 수심이 얕으면서 유속이 빠르며, 들판도 비좁아서 평양과 견주어보면 훨씬 못 미친다.

江出白頭山西南, 行三百里, 至寧遠郡, 大而爲江, 至江東縣, 與陽德, 孟山之水合, 至浮碧樓前, 爲大同江.

平壤東爲成川府, 卽松讓王國, 爲朱蒙所倂. 邑治在沸流江上. 有降仙樓, 爲八道樓觀之首, 前對紇骨山十二峯. 然石色不雅, 江旣淺駛, 野又狹猥, 視平壤迴不及矣.

---

14 백두산(白頭山) : 함경도와 중국 동북지방의 길림성이 접하는 국경에 걸쳐 있는 우리나라에서 최고 높은 산. 해발 2,744m.

15 영원군(寧遠郡) : 평안남노 영원군 일대.

16 강동현(江東縣) : 평안남도 강동군 일대.

17 양덕군(陽德郡) : 평안남도 양덕군 일대.

18 맹산군(孟山郡) : 평안남도 맹산군 일대.

19 성천부(成川府) : 평안남도 성천군 일대.

20 송양왕국(松壤王國) : 본래 이름은 비류국(沸流國)으로, 국왕 송양(松壤)의 이름을 빌려 송양왕국이라 하였다. 비류강 근방에 있던 작은 나라이다.

21 주몽(朱蒙) : B.C. 58~B.C. 19.(재위 B.C. 37~B.C. 18) 고구려의 시조왕. 《삼국사기》에 따르면 동부여의 금와왕이 데려온 하백(河伯)의 딸 유화(柳花)가 낳은 알에서 나왔다고 한다. 활을 잘 쏘고 영특하여 왕자들이 시기해 죽이려 하자 이를 피해 졸본부여로 남하하여 고구려를 세웠다.

22 비류강(沸流江) : 평안남도 동부의 중앙을 서류하여 대동강으로 흘러드는 강으로, 성천부를 관통하고 있다.

23 강선루(降仙樓) : 평안남도 성천군 성천면 상부리에 있는 고려 시대의 누각. 중국 사신을 맞이하기 위해 세운 동명관(東明館)의 부속 건물로 지어졌다. 규모가 매우 컸던 것으로 알려졌으며, 현재는 소실되었다. 국가지정문화재 국보급 제32호로 지정되었다.

24 팔도(八道) : 조선의 지방행정구역. 즉, 경기·충청·전라·경상·강원·황해·평안·함경도.

25 흘골산(紇骨山) : 평안남도 성천군 비류강 기슭에 있는 산. 《대동여지도》에는 십이봉(十二峰)으로 적혀 있다. 흘골산성터(《대동여지도》에는 흘골성(紇骨城)으로 적혀 있다.)가 있다.

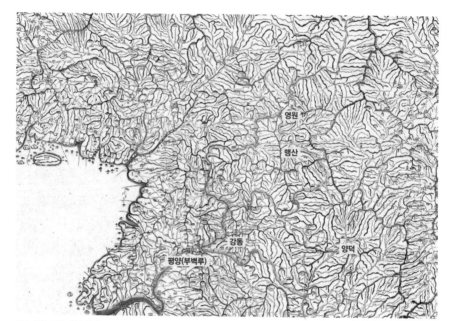

영원·맹산·강동·양덕 일대를 흐르는 대동강 지류(《대동여지도》)

평양 성천부 일대(《대동여지도》)

평양에서 서쪽으로 100여 리를 가면 안주성(安州城)[26]인데, 청천강(淸川江)[27]에 닿아 있어 백상루(百祥樓)[28]의 경치가 빼어나다. 안주(安州)[29]의 동북쪽은 영변부(寧邊府)[30]인데, 산을 따라 성을 쌓아서 깎아지른 듯 높아 지세가 험하고 성이 견고하다. 북쪽에는 검산령(劍山嶺)[31]이 있다. 이는 바로 고구려 환도성(丸都城)[32]이 있던 곳으로, 그 유지가 아직도 남아 있다.[33]

영변부에서 2개의 큰 고개[34]를 넘으면 강계부(江界府)[35]이다. 강계부의 동쪽에서 백두산까지는 500리로, 그 사이는 폐사군(廢四郡)[36]이 있는 지역이다. 이곳은 수목이 하늘을 찌를 듯이 울창하여 깊은 협곡을 이루었기 때문에, 인삼이 많이 생산된다. 봄가을

平壤西百餘里爲安州城, 臨淸川江, 有百祥樓之勝. 安州東北爲寧邊府, 因山 爲城, 峻絶巇固. 北有劍山 嶺, 卽高句麗 丸都城, 遺 址尙在.

自此踰二大嶺, 爲江界府. 府東至白頭山爲五百里, 其 間爲廢四郡地. 樹木參天 爲絶峽, 多産人蔘. 每春秋 許民入採, 輸官充貢賦, 故

---

26 안주성(安州城) : 평안남도 안주군에 있는 고려 시대의 성곽. 군사적·교통적 요충지로 조선시대에 들어서도 여러 번 개보수를 거쳤다.

27 청천강(淸川江) : 평안북도 희천군 석립산에서 발원하여 평안북도의 남부를 남서로 흘러 황해로 흘러드는 강.

28 백상루(百祥樓) : 고려 시대에 지어진 누각. 평안남도 안주군 안주읍 청천강 기슭에 있다. 관서팔경의 하나이며, 현재 국가지정문화재 국보급 제31호로 지정되었다.

29 안주(安州) : 평안남도 안주군 일대.

30 영변부(寧邊府) : 평안북도 영변군 일대.

31 검산령(劍山嶺) : 평안남도 남포시 검산리 농쪽 통전리와의 경계에 있는 산. 해발 163m. 검처럼 생겨 검산이라고 했다고 하기도 하고, 숲이 우거져 검게 보인다 하여 검산이라고 했다는 설도 있다. 남쪽에는 월봉산(月峯山, 해발 1,032m)이 있다. 《대동여지도》에는 "검산(劍山)"으로 적혀 있다.

32 환도성(丸都城) : 고구려시대의 성. 위치에 대해서는 이설이 있다. 유리왕 22년(3년)에 지어졌다. 본래 명칭은 위나암성(尉那巖城)으로, 산상왕 2년(198) 임시 왕도가 되었을 때 명칭이 환도성으로 바뀌었다.

33 북쪽에는……있다 : 이중환은 환도성의 위치를 영변부 검산령 일대에 있다고 했고, 서유구도 이 주장에 이견을 달지 않았다. 또한 이수광(李睟光, 1563~1628)의 《지봉유설(芝峯類說)》에도 "영변부(寧邊府)의 검산(劍山)이 곧 옛날의 환도이다."라 했는데, 이에 대해 안정복(安鼎福, 1712~1791)은 《동사강목(東史綱目)》〈환도고(丸都考)〉에서 《고구려기(高句麗紀)》와 《당서(唐書)》 지리지를 인용하여 환도와 국내성(國內城)이 서로 접하여 있으며, 방언에 칼을 환도(環刀)라 칭하기 때문에 이수광의 설은 억측해서 잘못 말한 것이라고 하였다.

34 2개의 큰 고개 : 《대동여지도》를 살펴보면, 2개의 큰 고개 중 하나는 '적유령(狄踰嶺)', 다른 하나는 '거문빙애(巨門氷厓)'로 추정된다. 거문빙애는 평안남도 개천시 삼포동 하참 앞에 있는 산코숭이다.

35 강계부(江界府) : 평안북도 강계군 일대.

36 폐사군(廢四郡) : 사군(四郡)은 조선시대 세종 때 개척하여 여진족을 막기 위해 설치한 행정구역으로, 여연(閭延)·우예(虞芮)·무창(茂昌)·자성(慈城)을 가리킨다. 이후 단종 3년(1455)에 여연·우예·무창을, 세조 5년(1459)에 자성을 폐한 뒤 이 지역을 폐사군이라 불렀다.

안주성과 영변부 일대(《대동여지도》)

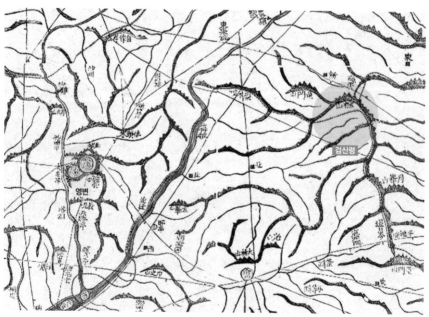

영변부 북쪽에 위치한 검산령(《대동여지도》)

마다 백성들이 이곳에 들어가 인삼을 채취할 수 있도록 허가하고, 일부를 관아에 바쳐 공납(貢納)과 부세(賦稅)로 충당했기 때문에 강계부는 나라의 인삼 생산지로 불린다.

강계부 서쪽은 위원군(渭原郡)[37] 등 7개 고을[38]로, 그 가운데 의주(義州)[39]는 압록강 가에 있어 교통의 요충지이자, 북경으로 통하는 길목이 된다.

대체로 청천강 남쪽 지역을 '청남(淸南)'이라 하는데, 이곳은 지형이 동서로 협소하다. 이에 비해 북쪽 지역을 '청북(淸北)'이라 하는데, 이곳은 지형이 동서로 뻗어나간 넓이가 매우 넓다.

평안도는 동쪽으로 백두대간의 산줄기가 가까워 산이 많고 평지가 적다. 게다가 논에 물을 댈 만한 하천과 못이 부족하기 때문에 논이 매우 적고 밭에는 모두 기장이나 조를 심는다. 기씨(箕氏, 기자조선)와 고씨(高氏, 고구려)가 번성하였을 때, 땅은 좁은데 백성은 많아서 완만한 산을 깎아 개간한 곳이 많다.

그러나 여러 차례 중국 한나라 군대의 침입을 받아 쫓겨나서 황폐해진 땅이 많다. 게다가 왕씨(王氏, 왕건)[40]가 남북국을 통일한 후 백성들 가운데 삼남(三南)[41]으로 이주한 사람이 많아서 지금은 들판은 넓지만

江界號爲國中産蔘之地.

府西爲渭原等七邑, 而義州在鴨綠江上, 縮轂通燕[1]之路.

大率淸川江以南, 謂之"淸南", 地形東西狹；以北, 謂之"淸北", 東西延袤甚廣.

一道東近嶺脊, 山多而平地少. 且乏川澤可灌漑, 故水田絕少, 野皆黍粟. 箕氏、高氏之盛, 地狹民多, 多夷山開墾.

及屢爲漢兵所徙, 地多荒廢, 王氏混一之後, 民多流下三南, 至今野曠人稀, 少山耕矣. 近海諸邑多障湖

---

37 위원군(渭原郡) : 평안북도 위원군 일대.
38 7개 고을 : 《대동여지도》를 살펴보면 위치상으로 위원(渭源)·초산(楚山)·창성(昌城)·벽동(碧潼)·의주(義州)·구성(龜城)·삭주(朔州) 등 7개 고을을 말하는 듯하다.
39 의주(義州) : 평안북도 의주군 일대.
40 왕씨(王氏, 왕건) : 877~943. 고려의 건국자. 재위 기간은 918~943. 고려 태조의 휘(諱)로, 자는 약천(若天)이다. 세조(世祖) 왕륭(王隆, ?~897)의 맏아들이고, 어머니는 위숙왕후(威肅王后) 한씨(韓氏)이다.
41 삼남(三南) : 남쪽의 세 도(道), 곧 충청도·전라도·경상도를 말한다.
[1] 燕 : 《擇里志·平安道》에는 "藩".

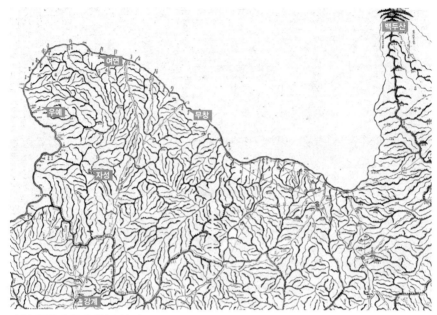

강계부·백두산·폐사군 일대(《대동여지도》)

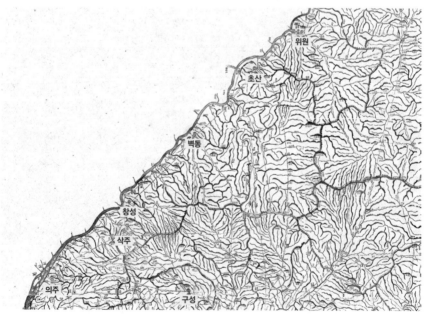

위원군 등 7개 고을. 초산·벽동·창성·삭주·구성·의주 일대(《대동여지도》)

사람이 적고, 드물게나마 산을 일구기도 한다. 바닷가 주변의 여러 고을은 대부분 호수를 막고 간척을 하여 논을 만들었지만 밭에 비해서는 면적이 적기 때문에 쌀값이 삼남 지방보다 항상 비싸다.

민간에서는 뽕나무와 삼 농사를 해서 비단과 베를 짠다. 생선과 소금이 아주 귀해서, 바닷가에 있는 고을이라도 소금을 끓여서 석출하는 곳은 많지 않다. 땅에서는 대나무·감나무·모시·닥나무가 나지 않는다.

청북은 지대가 더욱 높아서 춥고 국경과 가까우며, 또한 꽃과 과실이 없고 물산이 매우 적어 백성들은 대부분 조그만 움집에서 구차하게 산다. 오직 평양·안주[42]·의주[43]만이 평안도의 큰 도회지로 시장에는 중국의 물산이 풍부하다. 상인들 중에 사신을 따라 중국을 왕래하는 이들은 매번 많은 이익을 얻어 부유한 사람이 많다.

청남은 중심 지역과 가까워 풍속이 글을 쓰고 학문하는 일을 숭상하고, 청북은 풍속이 꾸밈이 없고 순수하며 무예를 숭상한다. 오직 정주(定州)[44]에 명경과(明經科)[45]로 급제한 사람이 많다. 《팔역가거지》[46]

爲水田, 然視陸田則少, 故稉秔之價常翔貴於三南.

俗事桑、麻織作. 魚鹽絶貴, 雖濱海邑, 煮鹽處不多. 地不産竹、柹、苧、楮.

淸北地尤高寒近塞, 亦無花菓, 物産稀少, 民多些窊偸生. 惟平壤、安州、義州[2]爲大都會, 市裕燕貨. 商賈隨使臣往來者, 每獲奇羨, 多富厚者.

淸南近內地, 俗尙文學, 淸北俗椎朴尙武. 惟定州多以明經登科者.《八域可居誌》

---

42 평양·안주: 이 두 고을은 청북이 아니라 청남에 해당한다.
43 의주: 《택리지》에는 없는 지명으로, 이 책의 앞부분에서 의주를 국경의 첫 고을로서 심양으로 통하는 길목이라 소개한 바 있다. 하지만 큰 도회지라는 설명은 없다. 여기에 의주가 포함된 데에는 서유구가 1802(순조 2)~1804(순조 4)년에 의주 부윤으로 활동했던 경험을 저자 자신이 반영했을 가능성도 있다.
44 정주(定州): 평안북도 정주군 일대. 이 고을은 청북에 해당한다.
45 명경과(明經科): 조선 시대 문과(文科)의 하나. 유교 경전으로 시험을 치렀다.
46 《擇里志》〈平安道〉, 3~6쪽.
[2] 義州: 《擇里志·平安道》에는 없음.

8) 함경도[關北]¹

백두대맥(白頭大脈)²이 남쪽으로 내려오다가 하늘을 가를 듯이 뻗어 영(嶺, 고개)이 되는데, 영(嶺)의 동쪽이 곧 함경도로 옛날에는 옥저(沃沮)³의 땅이었다. 함경도 북쪽은 3번 주인이 바뀌었다가,⁴ 마지막으로 여진(女眞)이 근거지로 삼았던 곳이다.

함흥(咸興)⁵ 북쪽은 산천이 거칠고 험해서 풍속이 거칠고 사나우며, 땅이 차갑고 흙은 척박하며, 곡식으로는 조와 보리만 생산될 뿐, 메벼·면화는 생산되지 않는다. 토박이들은 개가죽으로 옷을 만들어 입으면서 추위를 막고 천성이 배고픔과 추위를 잘 견디니, 여전히 여진의 풍속이 남아 있다.

산에는 검은 담비⁶와 인삼이 풍부해서 백성들은 이것들로 남쪽 상인들의 면포와 교환한다. 그러나 부유한 사람이 아니면 그렇게 할 수 없다. 바다에 닿아 있어 생선과 소금이 풍부하다. 그러나 바닷물이 맑으면서도 거세고, 바닥에 암석이 많아서 생선과

關北

白頭大脈南下截天爲嶺,嶺之東卽關北, 古爲沃沮地. 其北三爲女眞所據.

咸興以北, 山川巋險, 風俗勁悍, 地寒土瘠①, 穀惟粟麥, 無粳稻·綿絮②. 土人衣狗皮禦寒③, 性耐飢寒, 尙有女眞之俗矣.

山饒貂·蔘, 民以貂·蔘換南商之綿布. 然非富厚者, 不能得也. 臨海饒魚鹽, 然海水清而悍, 下多巖石, 魚鹽之味不如西海之醲厚.

---

1 함경도[關北] : 함흥(咸州)과 경성(鏡城) 두 지역의 머리글자를 합하여 만든 명칭이다. 관북(關北)은 철령(鐵嶺)을 기준으로 북쪽에 있다는 의미이다.
2 백두대맥(白頭大脈) : 백두산에서 지리산까지 이어지는 한반도의 가장 크고 긴 산줄기.
3 옥저(沃沮) : 함경남도 해안지대에서 두만강 유역 일대에 걸쳐 존재했던 고대의 나라.
4 3번……바뀌었다가 : 원문의 '三'을 옮긴 것으로, 《택리지》〈함경도〉에 "옛날에는 숙신(肅愼)에 속했고, 한(漢)나라 때에는 현도(玄菟)에 속했으며, 후에 주씨(朱氏, 고구려의 주몽)의 근거지가 되었다가 고구려가 망하고서는 여진이 근거지로 삼았던 곳이다(舊屬肅愼, 至漢屬玄菟, 後爲朱氏所據, 及亡爲女眞所據)."라는 내용에 근거했다.
5 함흥(咸興) : 함경남도 중남부에 있는 함흥시 일대.
6 담비 : 식육목 족제비과 담비속의 포유류. 백두산 일대에서 많이 잡혔는데, 주로 갖옷·모자 등을 만들었으며 담비 종류에 따라 자서피·청서피라고 부르기도 했다.
① 地寒土瘠 : 《擇里誌·咸鏡道》에는 "土寒地瘠".
② 無粳稻綿絮 : 《擇里誌·咸鏡道》에는 "少秔稻無綿絮".
③ 寒 : 《擇里誌·咸鏡道》에는 "冬".

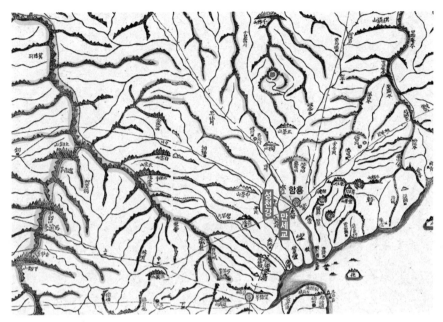

함흥 일대(《대동여지도》)

소금의 맛이 서해에서 나는 그것들의 깊은 맛만 못
하다.

　함흥은 함경도관찰사의 치소로, 함흥성(咸興城)이
군자하(君子河)[7]에 닿아 있어 만세교(萬歲橋)[8]와 낙민
루(樂民樓)[9]의 경치가 빼어나다. 이곳은 평양(平壤)의
연광정(練光亭)과 서로 우위를 다투지만 들판이 넓게

咸興爲監司治所，城臨君
子河，有萬歲橋・樂民樓之
勝，與平壤練光亭相甲乙，
而野廣邈接海，風氣雄壯

7　군자하(君子河)：함경남도 함흥을 지나 흥남시에서 동해로 유입하는 강. 《대동여지도》에는 "성천강(城川
　　江)"이라고 적혀 있다.
8　만세교(萬歲橋)：함경남도 함흥시 서쪽에서 함흥평야를 관류하는 성천강을 가로질러 함흥읍성으로 통하도
　　록 낙민루 바로 앞에 가설된 교량. 《택리지》에는 다리 길이가 5리나 된다고 했다. 1905년 러·일전쟁 당시
　　러시아군의 방화로 소실되었다가 1908년 준공하였는데, 1928년 대홍수로 다시 유실되었다. 현재 남아 있
　　는 만세교는 1930년 함흥시에서 철근콘크리트로 재건설한 교량이다.
9　낙민루(樂民樓)：함경남도 함흥시 군자하(君子河, 성천강)의 만세교 앞에 설치된 함흥읍성의 위에 설치된
　　누각. 고을 전체를 조망할 수 있는 곳이라고 《택리지》에 소개되어 있다. 원래 낙민정(樂民亭)이 있었는데,
　　임진왜란 당시 불타 없어져서 선조 때 낙서(洛西) 장만(張晩, 1566~1629)이 다시 세우고 낙민루라고 편액
　　하였다.

펼쳐지기만 하고 바다와 접하며, 풍기(風氣)가 웅장하면서도 몹시 사나워 평양의 아름답고 고운 풍광에는 미치지 못한다. 들판에는 태조(太祖)께서 왕위에 오르기 전에 사시던 옛 사저가 있으니, 본조(本朝, 지금의 조정) 풍패(豐沛)의 느릅나무[枌榆]가 있던 고향이다.[10]

안변부(安邊府)[11]는 철령(鐵嶺) 북쪽에 있다. 안변부 서북쪽은 덕원(德原)[12] 경계로, 바닷가에는 원산촌(元山村)[13]이 있다. 이곳 포구의 백성들이 모여 살면서 고기잡이와 해산물 채취를 생업으로 삼고 있으며, 바닷길 동북쪽으로는 육진(六鎭)[14]과 통하며, 육진과 바닷가 여러 고을의 상선이 모두 여기에 정박한다. 일반적으로 생선·소금·해초·세마포[15]·가벼운 다리[髢][16]·담비·인삼 등과 관곽(棺槨)에 쓰이는 목재가 모두 이곳에서 거래되기 때문에 상인들이 무리지어 모여들고 상품이 쌓여 큰 도회지가 되니, 백성들 중에 부유한 사람이 많다.

鷙悍, 不及平壤之秀嫩明麗. 野中有太祖潛龍舊第, 爲本朝豐沛枌榆之鄕.

安邊府在鐵嶺之北. 安邊西北德原境, 海上有元山村. 浦民聚居, 以漁採爲業, 而海道東北通六鎭, 六鎭及沿海諸邑商船皆維泊於此. 凡魚鹽、海菜、細布、輕髢、貂、蔘、棺槨之材, 皆於此地出貰, 故商賈坌集, 物貨委積, 爲大都會, 民多富厚.

---

10 풍패의……고향이다 : 풍패(豐沛)의 풍(豐)은 중국의 현(縣) 이름이고 패(沛)는 중국의 군(郡) 이름으로, 한(漢)나라의 건국 시조 유방이 패군(沛郡) 풍현(豐縣) 출신이었기 때문에 제왕의 고향을 지칭하게 되었다. 분유(枌榆)는 유방이 자신의 고향 땅인 풍현에서 느릅나무 두 그루를 심어 토지의 신으로 삼은 데서 온 말이다.

11 안변부(安邊府) : 강원도 안변군 일대.

12 덕원(德原) : 황해북도 금천군 원명리 일대.

13 원산촌(元山村) : 강원도 안변군 배화리 소재지의 동북쪽에 있는 마을. 《대동여지도》에는 덕원(德原) 지역에 "원산포(元山浦)"라고 적혀 있다. 본문에서는 원산촌이 안변에 소속되는 마을로 설명했으나, 지도상으로나 지리서에서 덕원 조에서 원산을 설명하고 있는 점에서 볼 때 원산촌은 덕원에 소속된 마을이다.

14 육진(六鎭) : 조선 세종 때 두만강 하류 남안에 설치한 국방상의 요충지. 종성(鐘城)·온성(穩城)·회령(會寧)·경원(慶源)·경흥(慶興)·부령(富寧) 등 6개 지역의 진(鎭)을 말한다.

15 세마포 : 삼 껍질에서 뽑아낸 가는 실로 곱게 짠 베.

16 다리[髢] : 여자의 머리숱이 많아 보이게 하기 위하여 땋아서 덧넣는 머리.

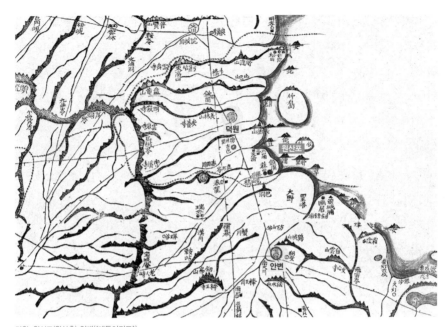

덕원·원산포(원산촌) 일대(《대동여지도》)

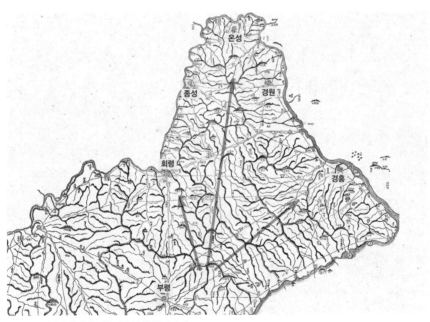

육진. 부령·회령·종성·온성·경원·경흥 일대(《대동여지도》)

대체로 평안도와 함경도는 조선 초기부터 이름난 관료가 없었다. 간혹 과거에 급제한 사람이 있었지만 관직이 현령(縣令)[17]에 지나지 않았고, 간간이 대각(臺閣)[18]에 출입한 사람도 있기는 했지만 역시 매우 드물었다. 게다가 나라의 풍속이 문벌(門閥)[19]을 중요시하기 때문에 사대부들은 서북(西北, 평안도와 함경도) 사람들과 혼인하지 않고, 서북 사람들도 함부로 사대부들과 동등하게 교제할 수 없어 서북 지역에 결국 사대부가 없어지게 되었다. 그러므로 평안도와 함경도는 살기에 좋지 않다. 《팔역가거지》[20]

大抵平安、咸鏡兩道, 自國初無顯官. 或有登第者, 官不過縣令, 間有出入臺閣者, 然亦罕少. 且國俗重門閥, 士大夫不與西北人婚娶, 西北人亦不敢與士大夫抗禮, 西北遂無士大夫. 故關西、北二道, 不可居. 《八域可居誌》

---

17 현령(縣令): 조선시대 문관 종5품 외관직으로, 현에 둔 지방장관.
18 대각(臺閣): 조선시대 사헌부(司憲府)와 사간원(司諫院)을 아울러 이르는 말.
19 문벌(門閥): 대대로 이어 내려오는 집안의 사회적 신분이나 지위.
20 《擇里誌》〈咸鏡道〉, 6~7쪽.

2. 전국의 명당들

名基條開

1) 경기도

누원촌(樓院村)[1]

[명오지(名塢志)[2]][3] 양주(楊州)에 있으며 수락산(水落山)[4] 아래이다. 샘물과 바위의 경치가 빼어나다. 서울의 동쪽 요충지를 차지하여 가게와 객사가 줄지어 있다. 게다가 도성과 가까워 그곳에서 나오는 똥거름을 공급받을 수 있으므로 흙이 비록 척박하지만 농사를 지을 만하다. 동봉(東峯) 김시습(金時習)[5]이 이곳에 살았고, 나중에 서계(西溪) 박세당(朴世堂)[6]이 소유하게 되어 지금은 박씨 가문의 재산이다.

망해촌(望海村)[7]

[명오지][8] 양주 남쪽으로 35리 떨어진 곳에 있으며,

京畿

樓院村

[名塢志] 在楊州, 水落山下. 有泉石之勝. 地據京東之衝要, 店舍布列. 且近京城, 資其糞壤, 土雖埆, 可以耕稼. 東峯 金時習居之, 後爲西溪 朴世堂所有, 今爲朴氏物.

望海村

[又] 在楊州南①三十五里,

---

1 누원촌(樓院村): 경기도 의정부시 장암동 일대에 있던 마을. 다락원이라고도 한다. 서울에서 동북방면으로 서수라(西水羅)까지 가는 길의 첫 번째 경유지로(《예규지》 권5 〈전국거리표〉 "동북쪽으로 경흥·서수라까지(제2)" 참조), 동북쪽의 어물이 들어오는 요지이며 시장이 발달하였다.

2 명오지(名塢志): 성해응(成海應, 1760~1839)이 주로 근기지역의 명당을 모아서 집필한 지리서.

3 《研經齋全集》 卷64 〈雜記類〉 "名塢志" '京畿'(《韓國文集叢刊》 278, 178쪽).

4 수락산(水落山): 서울특별시 노원구, 경기도 의정부시, 남양주시 별내면에 걸쳐 있는 산. 해발 638m.

5 김시습(金時習): 1435~1493. 호가 동봉(東峯)이다. 세조의 왕위찬탈에 반발하여 평생 벼슬을 멀리하며 유랑하였다. 수락산에 10여 년간 은거하였고 동봉이라는 호는 수락산 만장봉을 일컫는다.

6 박세당(朴世堂): 1629~1703. 호가 서계(西溪)이다. 수락산에 머물렀던 동봉 김시습에 대한 흠모의 정을 담아 대를 이뤄 자호(自號)한 것이다. 지금도 수락산 아래 경기도 의정부시 장암동 일대에 서계 박세당 고택과 묘역이 있다.

7 망해촌(望海村): 도봉산 아래에 있던 지명. 서울특별시 도봉구 도봉동 일대. 도봉동 340번지 일대에 있던

도봉산(道峯山)[9] 아래이다. 바위와 골짜기가 그윽하면서 고요하고, 샘물과 바위가 맑아서 진실로 아름다운 경치이다. 도성 성곽에 가깝기 때문에 유명한 정원이 많지만 망해촌의 경관이 더 낫다. 재상 이은(李溵)[10]이 또 누정(樓亭)을 짓고 수목을 많이 심어 주변 계곡과 산의 정취와 어우러지게 했다.

道峯山下. 巖壑窈窕, 泉石淸澈, 洵佳境也. 近郭故多名園, 而海村爲勝. 李相國溵又起樓亭, 多樹林木, 稱其溪山之趣.

청룡동(青龍洞)[11]

[금화경독기][12] 양주에 있으며, 도봉산 동쪽 기슭이다. 계곡과 바위의 경치가 상당히 빼어나다. 그러나 산 아래에는 땅이 좁고 서남쪽에 높은 바위산이 연이어 있기 때문에 평탄하고 탁 트인 정취가 적어 좋은 터라고 할 수 없다.

青龍洞

[金華耕讀記] 在楊州, 道峯山東麓. 頗有溪石之勝, 然地偪山下, 西南石峯嶕嶫, 少平穩開暢之意, 未可謂佳基.

송산(松山)[13]

[금화경독기][14] 양주에 있으며, 수락산 동쪽이다. 넓이가 매우 넓고 곳곳에 산기슭이 빙 둘러싸서 터를 형성한다. 벼와 땔나무가 풍부하고, 서울과도 가까워 살 만한 곳이다.

松山

[又] 在楊州, 水落山東. 延袤頗廣, 處處山麓, 廻拱作基. 饒稻秔、柴薪, 亦近京, 可居處也.

덕해원(德海院)이 이 망해촌에 있었다고 한다.(《신증동국여지승람》 권11 〈경기〉 "양주목" '역원' 참조)

8 《研經齋全集》, 위와 같은 곳.

9 도봉산(道峯山): 서울특별시 도봉구와 경기도 의정부시·양주시에 걸쳐 있는 산. 해발 740m.

10 이은(李溵): 1722~1781. 조선 후기의 문신이다. 정조가 왕세손으로 있던 1775년에 왕세손에게 국정을 대행시키는 문제로 논란이 일어났을 때 서명선(徐命善)을 도왔으며 좌의정을 역임했다.

11 청룡동(青龍洞): 경기도 의정부시 호원동 일대에 있던 마을이며, 도봉산 만장봉(萬丈峯) 동쪽 기슭이다.

12 출전 확인 안 됨.

13 송산(松山): 경기도 의정부시 송산동 일대. 《대동여지도》에도 송산(松山)으로 적혀 있다.

14 출전 확인 안 됨.

1 楊州南: 《研經齋全集·雜記類·名塢志》에는 "州西".

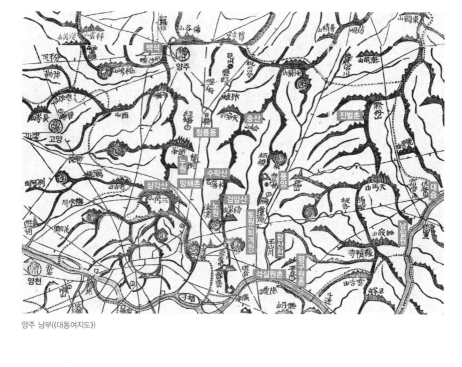

양주 남부(《대동여지도》)

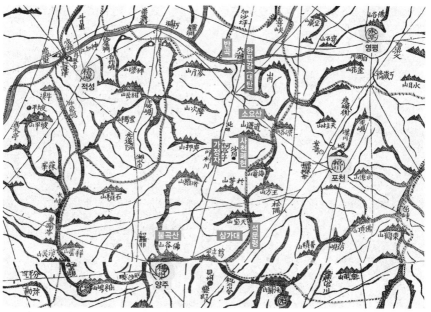

양주 북부(《대동여지도》)

사천폐현(沙川廢縣)[15]

[명오지][16] 양주 북쪽으로 30리 떨어진 곳에 있다. 본래 고구려 내을매현(內乙買縣)[17]이었고, 신라 때 사천으로 지명이 바뀌었다가 또 견성군(堅城郡)[18]으로 바뀌었다. 고려 때 폐지하여 양주에 속하게 하였다. 산수가 둥글게 둘러싸고 있어 살 만하고, 뽕과 삼의 생산으로 생기는 이익이 풍부하다.

沙川廢縣

[名塢志] 在楊州北三十里. 本高句麗 內乙買縣, 新羅改沙川, 又改堅城郡, 高麗時廢屬楊州. 山水環抱, 可居, 饒桑麻之利.

삼가대(三佳臺)[19]

[명오지][20] 양주 동쪽에 있으며, 석문령(石門嶺)[21] 아래이다. 땅이 비옥하여 올벼가 알맞다. 송씨가 대대로 소유하였다. 배나무·밤나무·뽕나무·옻나무를 많이 심는다. 서울 근교의 살기 좋은 명당이기도 하며, 그 중 삼가대가 가장 아름답다. 지금은 위항인(委巷人)[22]의 묘전(墓田)[23]이 되었다.

三佳臺

[又] 在楊州東, 石門嶺下. 地肥宜早稻. 宋氏世有之. 多植梨、栗、桑、漆. 亦近畿之名基也, 其中臺最佳. 今爲委巷人墓田.

---

15 사천폐현(沙川廢縣): 경기도 동두천시 일대에 있던 양주 도호부의 속현. 본문의 설명으로는 동두천을 남북으로 흐르는 신천[新川, 《대동여지도》와 《청구도》에서는 초촌천[哨村川]], 동서로 흐르는 동두천천[東頭川川, 《청구도》에서는 사천(沙川)] 일대이다. 《대동여지도》에는 사천(沙川) 서쪽에 가정자(柯亭子)라고 적혀있는데, 이는 이 기사 다음 다음에 나오는 가정자이다. 사천폐현은 양주 치소에서 30리 떨어져 있고, 가정자는 40리 떨어져 있다는 설명에서도 《대동여지도》의 '사천' 표기 위치는 가정자라고 적혀있는 곳의 남쪽의, 천(동두천천) 아래쪽으로 와야 한다.

16 《研經齋全集》, 위와 같은 곳.

17 내을매현(內乙買縣): 경기도 동두천시 일대에 있던 고구려의 행정구역.

18 견성군(堅城郡): 경기도 포천 지역에 있던 통일 신라 시대의 지방 행정 구역. 사천을 영현으로 포함하였다.

19 삼가대(三佳臺): 경기도 양주시 삼숭동(三崇洞) 20번지 일대에 있던 마을. 《구한국지방행정구역명칭일람(舊韓國地方行政區域名稱一覽)》(조선총독부에서 1912년 1월 1일의 한국 도부군면(道府郡面) 및 동리의 지명을 조사하여 수록한 책. 일제의 1914년 군면동리 통폐합 정책 이전의 전통 지명을 보여주는 중요한 자료이다.)에 따르면 삼숭동(三崇洞)은 광숭리(光崇里)와 삼가대리(三佳垈里)를 병합한 것이라고 한다. 삼숭동을 포함하여 그 북쪽의 옥정동·율정동 일대도 본문의 설명을 충족시키는 마을로 볼 수 있다.

20 《研經齋全集》, 위와 같은 곳.

21 석문령(石門嶺): 경기도 포천시 소흘읍 송우리 용상골과 양주시 율정동 사이의 천보산 소재 고개. 현재 세종포천고속도로 중 구리·포천 구간의 석문령 터널 위.

22 위항인(委巷人): 서울에 거주하는 역관이나 서리 같은 중인 이하의 계층 또는 일반인.

23 묘전(墓田): 묘사(墓祀)의 비용을 마련하기 위하여 경작하던 밭. 묘위전(墓位田).

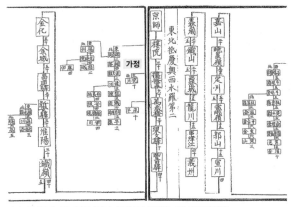

가정자(《예규지》 권5 〈전국거리표〉 "동북쪽으로 경흥·서수라까지(제2)")

가정자(柯亭子)[24]

[금화경독기][25] 양주 고을 치소에서 북쪽으로 40리 떨어진 곳에 있으며, 소요산(逍遙山)[26] 아래이다. 산기슭이 짧아 들판과 떨어져 있고 앞뜰은 광활하다. 통북대로(通北大路)[27] 곁에 있어서 가게와 객사들이 줄지어 서있고 동북 해안 지방의 해산물을 수송한다. 오직 양주 사람들이 불곡산(佛谷山)[28] 이북의 좋은 명당을 헤아릴 때는 가정자를 제일 먼저 꼽는다. 지금은 사인(士人)[29] 고씨(高氏)들이 산다.

柯亭子

[金華耕讀記] 在楊州邑北四十里, 逍遙山下. 短麓距野, 前坪曠闊. 處通北大路之傍, 店舍羅列, 輸東北海錯. 維楊人數佛谷以北佳基, 指輒先屈焉. 今爲士人高姓所居.

---

24 가정자(柯亭子):경기도 동두천시 동두천동 일대. 영조 때의 문신 이중경(李重庚, 1680~1757)의 묘가 동두천 가정자리[柯亭子里,지금의 평화로 2741(동두천동 289-2), 동양대 북서울 캠퍼스]에 있으며, 그가 가정자라는 정자를 짓고 살아서 지명으로 사용되었다는 설이 있다.

25 출전 확인 안 됨.

26 소요산(逍遙山):경기도 동두천시 소요동·걸산동과 포천시 청산면에 걸쳐 있는 산. 해발 586m.

27 통북대로(通北大路):서울 수유리(강북구 수유동)에서 출발해 누원(樓院)→축석령(祝石嶺)→만세교(萬歲橋)→영평의 양문역(梁文驛)→풍전역(豊田驛)→원산(元山)을 거쳐 함경도 경흥(慶興)까지 이르게 된다.(《예규지》 권5 〈전국거리표〉 "동북쪽으로 경흥·서수라까지(제2)" 참조) 동북대로(東北大路)·북관대로(北關大路)로도 불렸다.

28 불곡산(佛谷山):경기도 양주시 유양동과 백석읍에 걸쳐 있는 산. 해발 465m. 양주의 진산이다.

29 사인(士人):학식이 있지만 벼슬하지 않은 선비.

반곡(盤谷)[30]

[금화경독기][31] 양주 서북쪽으로 60리 떨어진 곳에 있으며, 한탄강[大灘江] 가이다. 넓은 들이 가운데에서 갑자기 움푹 들어가서 석벽이 사방을 둘러서 있고 직경은 5리나 된다. 안쪽의 들은 숫돌처럼 평평하고 넓으며, 천[32]이 관통하는 서쪽은 남쪽으로 흘러 한탄강으로 흘러간다. 어떤 사람은 이곳이 옛 장주(漳州)[33] 고을의 치소라고 하는데 지금도 흙속에서 옛 기와가 나온다.[34]

풍양(豐壤)[35]

[명오지][36] 양주 남쪽으로 70리 떨어진 곳에 있다. 예전에 읍치였고, 지금도 백성의 주거지가 조밀하다. 그 동쪽에 옛 행궁터가 있는데 태조대왕께서 잠시 머무르셨던 곳이다.[37]

[금화경독기][38] 풍양은 골짜기와 들판 사이에 위치하고, 앞에는 왕산천(王山川)[39]에 닿아 있어 농사 및 나

盤谷

[又] 在楊州西北六十里, 大灘江上. 曠野中忽窪陷, 石壁四周, 徑可五里. 內坪平闊如砥, 有川貫之西, 入于大灘江. 或云此古漳州邑基, 至今得古瓦于土中.

豐壤

[名塢志] 在楊州南七十里, 故爲邑治, 至今民居稠密. 其東有行宮故基, 太祖大王所嘗御也.

[金華耕讀記] 豐壤處峽野之間, 前臨王山川, 有耕

---

30 반곡(盤谷) : 경기도 연천군 전곡읍 은대리·전곡리·통현리 일대의 마을로 서쪽의 차탄천과 남쪽의 한탄강에 둘러, 특히 은대리는 읍터[隱垈]로도 불리며 은대리 성지(城址) 북쪽, 우묵한 지형 안에 있다. 《대동여지도》에는 가사평(加沙坪)으로 적혀있고, 지금도 그 이름이 남아있다.

31 출전 확인 안 됨.

32 천 : 차탄천이다.

33 장주(漳州) : 경기도 연천현(漣川縣)의 고려 때 이름.

34 어떤……나온다 : 이 중 전곡리는 선사시대 유적지로 유명하다.

35 풍양(豐壤) : 경기도 남양주시 진접읍 내각리·연평리 일대에 있던 양주 도호부의 속현. 풍양 조씨의 관향이다.

36 《研經齋全集》 卷64 〈雜記類〉 "名塢志" '京畿'(《韓國文集叢刊》 278, 178쪽).

37 그……곳이다 : 경기도 남양주시 진접읍 내각리(內閣里) 723-9번지에 풍양행궁(豐壤行宮)이 있었다. 1398년(태조 7) 8월 이방원(李芳遠)의 주도로 왕위 계승을 둘러싼 1차 왕자의 난이 일어나자, 태조가 도성을 몰래 빠져나와 풍양에 있는 김인귀(金仁貴)의 집에 숨어 지냈다.

38 출전 확인 안 됨.

39 왕산천(王山川) : 경기도 포천시·남양주시·구리시를 흐르는 왕숙천(王宿川). 길이 37.34km.

무하기와 동시에 고기잡이와 낚시의 즐거움이 있다. 서울과의 거리가 1유순(由旬)[40]에 불과하여, 근교에서 가장 살기 좋은 땅이다. 오직 양주 사람들이 경내의 비옥한 땅을 꼽을 때는 "첫째가 풍양이요, 둘째가 백석(白石)[41]이다."라 하는데, 여기서도 역시 그 흙이 가장 비옥하다는 것을 확인할 수 있다.

樵、漁釣之樂. 距京不過一由旬, 儘近郊可居之地也. 維楊人數境內腴壤曰"一豐壤, 二白石", 亦可驗土爲上腴也.

토원(兔院)[42]

[명오지][43] 풍양 남쪽으로 15리 떨어진 곳에 있으며, 옛 이름은 도제원(道濟院)이다. 서울과 가깝고 흙이 비옥하여 농사지을 만하므로, 판서나 정승의 집안들이 이곳에 농장을 많이 두고 있다. 하지만 토원 마을은 그보다 더 비옥하다.

兔院

[名塢志] 在豐壤南十五里, 舊名道濟院. 近京都而土肥可耕, 卿相家多置庄于此, 而院村尤沃.

석실원촌(石室院村)[44]

[명오지][45] 양주 남쪽에 있으며, 큰 강(한강)이 넓게 흘러 마을 앞을 지나고 촌락은 가려 숨겨져 있다. 그 배후에 있는 평구(平邱)[46]의 교외는 넓고 한적하여

石室院村

[又] 在楊州南, 大江演迤而過其前, 村落掩翳. 其背平邱之郊曠閑可耕, 但嫌

---

40 유순(由旬) : 제왕이 하룻동안 행군하는 거리.

41 백석(白石) : 경기도 양주시 백석읍 일대와 광적면 광적리·가납리 일대.

42 토원(兔院) : 퇴계원(退溪院). 경기도 남양주시 퇴계원면 일대에 있던 조선시대의 원(院). 퇴계원(退啓院)·퇴조원(退朝院)으로도 불렸다. 퇴계원리에는 도제원초등학교가 있어 명칭이 아직도 유효함을 알 수 있다.

43 《研經齋全集外集》卷64〈雜記類〉"名塢志"'京畿'(《韓國文集叢刊》278, 178쪽).

44 석실원촌(石室院村) : 경기도 남양주시 수석동에 있던 석실서원(石室書院) 일대의 마을. 석실서원은 조선 효종(孝宗) 때 경기도 양주(楊州)에 건립한 서원으로, 1663년(현종 4)에 사액되었으며, 김상용(金尙容)·김상헌(金尙憲)·김수항(金壽恒)·민정중(閔鼎重)·이단상(李端相)·김창협(金昌協) 등을 배향했다. 김원행(金元行, 1702~1772)이 이곳에서 활동하며 이재(頤齋) 황윤석(黃胤錫, 1729~1791), 담헌(湛軒) 홍대용(洪大容, 1731~1783) 등의 제자를 배출했다.

45 《研經齋全集外集》, 위와 같은 곳.

46 평구(平邱) : 경기도 남양주시 삼패동 평구마을 일대로, 왕숙천 동쪽 한강 북쪽에 위치하여 경관이 뛰어나다. 평구의 교외는 삼패동의 북쪽인 일패동·이패동 일대이다.

농사지을 만하지만 단지 촌락의 거주지가 좁은 점이 아쉽다.

村居窄狹.

평구역촌(平邱驛村)[47]

[금화경독기][48] 양주 고을 남쪽으로 60리 떨어진 곳에 있다. 부드러운 산기슭이 굽이굽이 빙 둘러싸고 있다. 한강이 그 앞을 지나서 농사도 짓고 고기잡이도 할 만하다. 서울과 가깝고 동쪽으로는 동협(東峽)[49]과도 통하여 진실로 살 만한 명당[佳基]이다. 단지 서울 사는 부귀한 사람들의 묘사(墓舍)[50]가 많아서 골짜기 하나를 독차지하기가 쉽지 않다.

平邱驛村

[金華耕讀記] 在楊州邑南六十里. 嫩麓曲曲廻拱. 漢水經其前, 可耕可漁. 近京而左通東峽, 洵爲可居佳基. 但多京貴墓舍, 未易獨擅一壑也.

노원(蘆原)[51]

[금화경독기][52] 양주 고을 남쪽으로 39리 떨어진 곳에 있으며, 불암산(佛巖山)[53] 아래이다. 재상 오음(梧陰) 윤두수(尹斗壽)[54]가 어려서 꿈에 서울 동쪽 교외에서 명당 하나를 보았다. 나중에 벼슬에 나아가 유명

蘆原

[又] 在楊州邑南三十九里, 佛巖山下. 梧陰 尹相國早年夢得一佳基於東郊. 旣貴顯偶過此, 見洞壑、溪

---

47 평구역촌(平邱驛村):경기도 남양주시 삼패동에 있었던 평구역(平邱驛)을 중심으로 형성된 역마을. 평구역은 서울에서 경상북도 평해까지 이어지는 관동로(關東路)에 있던 역이다.(《예규지》 권5 〈전국거리표〉 "동쪽으로 평해까지(제3)" 참조)

48 출전 확인 안 됨.

49 동협(東峽):넓게는 경기도 동쪽과 강원도 지역을 일컬으며, 좁게는 자기가 위치한 곳의 동쪽에 위치한 산골 마을을 일컫는다. 여기서는 전자의 의미로 보아야 할 것이다. 한양에서 남쪽을 향해 바라보면 왼쪽에 위치하고 있기 때문에 '왼쪽으로 동협과 통한다[左通東峽]'고 표현한 것이다.

50 묘사(墓舍):무덤이나 사당 옆에 시묘나 제사를 지내기 위하여 지은 집.

51 노원(蘆原):서울특별시 노원구 중계동 불암산 서쪽의 노원고개 일대.

52 출전 확인 안 됨.

53 불암산(佛巖山):서울특별시 노원구와 경기도 남양주시 별내면에 걸쳐 있는 산. 해발 510m.《대동여지도》에는 검암산(儉巖山)으로 적혀있다.

54 윤두수(尹斗壽):1533~1601. 호는 오음(梧陰). 벼슬이 좌의정에 이름. 선조를 도와 임진왜란과 정유재란을 극복하기 위해서 적극적으로 대처하였다. 노원구 중계동에 있는 학도암 밑의 납대울에 살았다고 전해진다.

해지고 나서 우연히 이곳을 지나다가 골짜기와 시냇가 마을을 보니 하나하나 모두 꿈속에서 본 곳이었다. 마침내 이곳에 별장을 두었고, 지금까지 자손이 대대로 지키고 있다.

塢, 歷歷皆夢中所見. 遂置別業于此, 至今子孫世守之.

진벌촌(榛伐村)[55]

[금화경독기][56] 양주 치소 동남쪽으로 50리 떨어진 곳에 있다. 고개와 계곡이 높고 깊어 골짜기의 백성들이 서로 모여 살며, 계곡과 바위의 경치가 상당히 빼어나다.

榛伐村

[又] 在楊州邑東南五十里. 高嶺深谷, 峽民保聚, 頗有溪石之勝.

남일원(南一原)[57]

[금화경독기][58] 양주의 마안산(馬鞍山)[59]과 양근(楊根)의 아미산(峩嵋山)[60]은 강을 끼고 마주해서 솟아 있는데, 남일원은 마안산 아래에 있다. 이곳에 사는 사람들은 산에서 땔나무를 해놓았다가 강에 띄우고 운송하여 이익을 많이 본다. 여기서부터 위쪽인 북쪽에는 대승(大承)[61]과 굴운(屈雲)[62] 등 여러 곳이 있는데,

南一原

[又] 楊州之馬鞍山, 楊根之峩嵋山, 挾江對峙, 南一原在馬鞍山下. 居民樵山浮江, 多獲奇羨. 自此而上, 有大承、屈雲諸處, 皆業樵爲生, 大率後山峭屬, 前坪

---

55 진벌촌(榛伐村) : 경기도 남양주시 진접읍(榛接邑) 진벌리 일대. 진접읍은 진벌면(榛伐面)과 접동면(接洞面)이 합쳐진 것이다.

56 출전 확인 안 됨.

57 남일원(南一原) : 경기도 남양주시 화도읍 금남리 남일원 일대.

58 출전 확인 안 됨.

59 마안산(馬鞍山) : 경기도 남양주시 화도읍 월산리와 금남리에 걸쳐 있는 금남산(琴南山)으로 추정된다. 해발 412m. 이보다 조금 남쪽에 위치한 금남리의 문안산(文案山, 해발 536m)을 가리킬 가능성도 있다.

60 아미산(峩嵋山) : 경기도 양평군 서종면 수입리와 가평군 청평면 삼회리에 걸쳐 있는 고동산(해발 591m)으로 추정된다.

61 대승(大承) : 경기도 가평군 청평면 대성리(大城里) 일대에 있던 마을. 대성(大城)은 대승(大升) 또는 대성(大成)으로도 쓴다. 대성리 국민관광유원지 주변이다.

62 굴운(屈雲) : 경기도 남양주시 화도읍 구암리 일대. 이곳에 구곡(仇谷)역이 있었다. 구곡역이 그림에는 굴운천 북쪽에 있으나, 실제로는 남쪽에 있었다.《대동여지도》에는 굴운천(窟雲川)이 적혀있다.

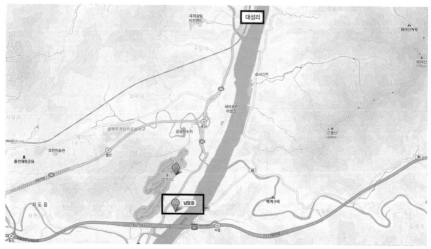

남일원과 대성리국민관광유원지(다음지도)

이곳에서는 모두 땔나무 채취를 생업으로 삼고 있 다. 대체로 뒷산은 험준하고 앞의 들이 넓게 펼쳐지 지 않아 농사의 이익이 없으니 낙토(樂土)는 아니다.

不展, 無耕稼之利, 非樂土 也.

화산(花山)[63]

[명오지][64] 포천현(抱川縣) 남쪽으로 20리 떨어진 곳 에 있으며, 주엽산(注葉山)[65] 기슭에 있다. 굽이굽이 살 만하다. 예전에 백사(白沙) 이항복(李恒福)[66]이 살던

花山

[名塢志] 在抱川縣南二十 里, 注葉山之麓. 曲曲可 居. 故白沙 李文忠公之所

---

63 화산(花山):경기도 포천시 가산면 방축리에 위치한 화봉산(花峯山). 해발 182m. 기슭에 이항복을 배향한 화산서원(花山書院)이 방축리 산16-1번지에 있다. 죽엽산의 줄기가 북쪽으로 뻗어 화봉산까지 이어진다. 여기서는 화산 주변인 가산면 방축리·가산리·금현리 일대의 마을을 가리킨다.

64 《研經齋全集外集》 卷64〈雜記類〉 "名塢志" ‘京畿'(《韓國文集叢刊》 278, 178쪽).

65 주엽산(注葉山):경기도 포천시 소홀읍과 내촌면에 걸쳐 있는 죽엽산(竹葉山). 해발 616m.

66 이항복(李恒福):1556~1618. 조선 중기의 문신이자 학자. 자는 자상(子常), 호가 백사(白沙), 시호는 문충 (文忠). 이덕형과의 돈독한 우정으로 오성과 한음의 일화가 오랫동안 전해 오고 있다. 좌의정, 영의정을 지 냈고, 오성부원군에 진봉되었다. 임진왜란과 정유재란 당시 선조의 신임을 받고 병조판서를 맡아 전란을 극복하는 데 크게 기여했으며, 전후에는 수습책에 힘썼고 영의정으로 폐모론에 적극 반대하며 대북파(大 北派)와 대립하였다. 묘는 화산서원의 남쪽인 포천시 가산면 금현리 산4-2번지에 있다.

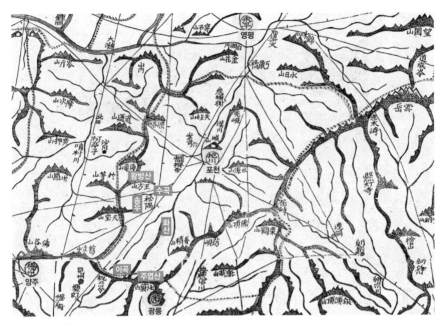

포천(《대동여지도》)

곳이다. 민간에서는 이곳을 오이넝쿨모양이라 했으며 화봉산(花峯山) 아래가 가장 감춰져 드러나지 않아 살 만한 명당이 많다. 땅도 비옥하여 밀이나 보리 농사에 알맞다.

이곡(梨谷)[67]

[명오지][68] 포천현 남쪽의 노고현(老姑峴)[69] 남쪽에 있다. 그윽하고 궁벽하며 배나무가 많아 이곳에 사는 사람들은 배농사를 생업으로 삼고 있다. 산에 있는

宅也. 俗稱"瓜藤形"而花峯之下最韞藉, 多佳基. 地又肥沃宜麰麥.

梨谷

[又] 在抱川縣南老姑峴之陽, 幽奧深僻, 多梨, 居民賴以爲業. 山田宜稼, 山泉

---

67 이곡(梨谷) : 경기도 포천시 소흘읍 이곡리 일대. 배골.
68 《研經齋全集外集》, 위와 같은 곳.
69 노고현(老姑峴) : 경기도 포천시 소흘읍 고모리와 이곡리에 걸쳐 있는 산. 해발 386m. 노고산(老姑山) 또는 고모산(古毛山)이라 불린다. 고모리에는 노고산성, 노고바위 등이 있어 노고현 명칭이 아직도 남아 있다.

광릉(2002년 촬영. 조인철 제공)

밭은 농사에 알맞고 산의 샘물도 농지에 물대주기에 편리하다. 정조대왕께서 일찍이 광릉(光陵)[70]에 행차하실 때[71] 마을 곁을 지나다가, 살 만한 곳이라고 말씀하셨다.

又利灌漑. 正宗大王嘗幸光陵過村傍, 敎以可居.

수곡(樹谷)[72]

[명오지][73] 포천현 남쪽 왕방산(王方山)[74] 아래에 있다.

樹谷

[又] 在抱川縣南王方山下.

---

70 광릉(光陵): 조선 제7대 왕 세조와 그의 부인인 정희왕후(貞熹王后) 윤씨의 무덤. 경기도 남양주시 진접읍 부평리 산 99-2번지에 있다. 국립수목원이 그 옆에 자리잡고 있다. 이곡리의 동남쪽에 있다.

71 정조대왕께서……때: 정조는 1792년 9월 10일 도성을 출발하여 11일 광릉을 참배한 뒤 그날 양주목에서 묵고 12일 양주를 떠났다. 광릉 능행과 관련해서 정조가 이곡 인근의 축석령(祝石嶺)에서 쉬면서 승지 서영보(徐榮輔, 1759~1816)에게 전한 축석령 찬(讚), 양주목사 이민채(李敏采, 1740~?)가 정조가 활을 쏜 것을 기념하여 세운 어사대(御射臺) 비석, 경기감사 서정수(徐鼎修, 1749~1804)가 정조가 양주와 포천의 백성들에게 내린 효유문을 쓴 현판이 전한다.

72 수곡(樹谷): 경기도 포천시 동교동·설운동·선단동 일대. 나무골. 《대동여지도》에 송우(松隅, 포천시 소흘읍 송우리)로 적혀 있는 곳의 상류쪽이다. 이곳 중 설운동(산1-14번지)에는 서성(徐渻, 1558~1631)의 묘가 있다. 서성은 서유구의 7대조이자 대구 서씨 도위공파(都尉公派)의 시조이기도 하다.

73 《研經齋全集外集》, 위와 같은 곳.

74 왕방산(王方山): 경기도 포천시 설운동·선단동과 동두천시 탑동동에 걸쳐 있는 해룡산(海龍山). 해발 661m. 《대동여지도》에는 왕방산으로 적혀 있다. 지금의 왕방산은 해룡산의 동북쪽에 있으며 경기도 포천시 포천동·신북면과 동두천시에 걸쳐 있는 산이다. 해발 737m. 《대동여지도》에는 이 두 산명이 지금의 명칭과 반대로 바뀌어 있다.

그윽하고 고요하여 은거의 정취가 풍부하며, 이곳에 사는 사람들은 장수하는 경우가 많다.

금수정(金水亭)[75]

[명오지][76] 영평현(永平縣) 서남쪽에 있다. 서울 근교에서 계곡 근처 거주지로는 최고이다. 고을 치소에서 바라보면 숲과 산기슭이 수려하고 은은하여 특이한 정취가 있다. 들판을 따라 가로질러 가다가 시내를 끼고 가야 도착한다. 이미 정자에 올라 사방을 둘러보면 시내가 흐르는 형세는 굽이쳐 돌다가 정자에서 막힌다. 여기서 다시 남으로 꺾여 흘러가는데, 이것이 '백운계(白雲溪)'[77]이다. 들판의 형세는 평평하고 넓으며, 녹음이 우거져 끝없이 펼쳐지고 현문(縣門)[78] 밖의 숲과 나무는 푸릇푸릇하고 그윽하다. 예전에 양사언(楊士彦)[79]의 별장이었다가, 지금은 김씨(金氏)의 소유가 되었다. 금수정 앞에는 소고산(小姑山)[80]이 마주하고 있는데, 그림처럼 예쁘다. 이 산 아래도 살기에 알맞다.

金水亭

[又] 在永平縣西南, 近畿溪居之最也. 由邑治而望, 林麓秀麗, 隱隱有異. 從野中行, 挾川而至. 旣登亭而顧覽, 川勢彎廻而至抵亭, 復南折而去, 是謂"白雲溪". 野勢平曠, 綠蕪無際, 縣門外林木, 蔥靑窈窕. 故楊蓬萊別業也, 今爲金氏物. 前對小姑山, 姸妙如畫, 山下亦宜居.

---

75 금수정(金水亭) : 경기도 포천시 창수면 오가리 546번지 영평천 가에 있는 정자. 포천시 향토유적 제17호. 서명응의 《보만재집(保晩齋集)》〈동유산수기(東遊山水記)〉에도 본문에 소개된 금수정·창옥병·백로주 3항목이 실려 있다.

76 《硏經齋全集外集》卷64〈雜記類〉"名塢志" '京畿'(《韓國文集叢刊》278, 179쪽).

77 백운계(白雲溪) : 백운산에서 흘러오는 영평천의 물이 금수정 아래 주위에서 이룬 계곡. 허목의 《기언(記言)》〈백운계기(白雲溪記)〉·〈백로주기(白鷺洲記)〉에도 그 정보가 구체적이다.

78 현문(縣門) : 관아의 문 또는 고을의 어귀.

79 양사언(楊士彦) : 1517~1584. 조선 전기의 문신이자 서예가. 자는 응빙(應聘), 호는 봉래(蓬萊). 시조 "태산이 높다 하되 하늘 아래 뫼이로다. 오르고 또 오르면 못 오를 리 없건마는. 사람이 제 아니 오르고 뫼만 높다 하더라."의 저자이며, 해서(楷書)와 초서(草書)에 뛰어나 안평대군(安平大君)·김구(金絿)·한호(韓濩)와 함께 조선 4대 서예가로 일컬어진다. 《봉래집(蓬萊集)》을 남겼다. 금수정 주변에 양사언의 것으로 전해지는 석벽 글씨들이 있다.

80 소고산(小姑山) : 경기도 포천시 창수면 주원리에 있는, 외북천과 추동천 사이의 산으로 추정되나 산의 공식 명칭은 알려져 있지 않다.

수곡(나무골)(다음 지도)

금수정(한국향토문화전자대전 디지털포천문화대전, 한국학중앙연구원)

《한임강명승도권(漢臨江名勝圖卷)》 중 금수정 전경(국립중앙박물관)

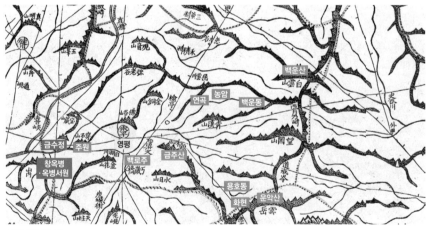

영평(《대동여지도》)

《한임강명승도권(漢臨江名勝圖卷)》 중 왼쪽의 창옥병과 오른쪽의 금수정(국립중앙박물관)

창옥병(蒼玉屛)[81]

[명오지][82] 금수정 아래로 5~6리쯤 떨어진 곳에 있
다. 청령담(淸泠潭)[83]에 닿아 있으며, 깎아지른 듯한
암벽 수백 장(丈)이 청령담 뒤를 받치고 있다. 동은(峒
隱) 이의건(李義健)[84]이 쇠 통소를 불던 곳이다. 사암(思
菴) 박순(朴淳)[85]이 사직하고 이곳에 물러나 쉬었는데,
'배견와(拜鵑窩)'[86]라는 곳은 곧 박순의 옛집이다. 지금

蒼玉屛

[又] 在金水亭下可五六里.
臨淸泠潭, 有削壁數百丈,
障其後. 峒隱 李公吹鐵簫
處也. 朴思菴退休于此, 曰
"拜鵑窩[2]"者, 卽思菴故
宅. 今爲書院, 享思菴、峒

---

81 창옥병(蒼玉屛): 경기도 포천시 창수면 주원리 687-1번지에 있는 절벽. 영평천 가에 있으며, 암각문(巖刻
文)이 새겨져 있다.

82 《硏經齋全集外集》, 위와 같은 곳.

83 청령담(淸泠潭): 백운산에서 발원한 백운계가 형성한 못으로, 창옥병 앞의 영평천을 이른다. 박순(朴淳)의
《사암집(思菴集)》〈이양정기(二養亭記)〉 참고.

84 이의건(李義健): 1533~1621. 조선 중기의 문신. 자는 의중(宜中), 호는 동은(峒隱). 광주(廣州) 수곡서원
(秀谷書院)과 영평의 옥병서원(玉屛書院)에 제향되었다. 저서로는《동은유고(峒隱遺稿)》가 있다.

85 박순(朴淳): 1523~1589. 자는 화숙(和叔), 호는 사암(思菴), 시호는 문충(文忠). 서인(西人)의 영수로, 영
평의 옥병서원(玉屛書院)에 제향되었다. 저서로는《사암집(思菴集)》이 있다. 이이(李珥)·성혼(成渾)과 깊
이 교유하였는데, 이이가 탄핵되자 그를 적극 옹호하다가 스스로 관직을 버리고 영평 백운산(白雲山)에 암
자를 짓고 은거하였다.

86 배견와(拜鵑窩): 박순이 1568년 영평에 와서 살 때 지은 집으로, 현재 경기도 포천시 창수면 주원리 689번
지 옥병서원(玉屛書院) 터에 있었다. '배견(拜鵑)'은 두견새에게 절한다는 의미로, 임금을 그리워하는 마음
을 뜻한다. 이곳은 창옥병을 기반으로 자리잡고 있다.

② 窩: 저본에는 "亭". 일반적인 용례에 근거하여 수정.

이곳은 옥병서원(玉屏書院)이 되어 박순과 이의건 및 김수항(金壽恒)[87]을 배향한다.

隱及金文谷.

주원(周原)[88]

[금화경독기][89] 영평현 금수정의 남쪽에 있다. 작은 산기슭을 돌면 큰 시내[90]가 있는데, 그 오른쪽을 지나면 금수정 아래의 백운계로 들어간다. 집 뒤의 소고산에 오르면 금수정의 빼어난 경치를 한꺼번에 볼 수 있다. 흙이 비옥하고 샘물이 달며, 뽕나무와 삼이 우거져 있다. 김씨(金氏)들이 모여 산다.

周原

[金華耕讀記] 在永平 金水亭之南. 小麓週遭有大川, 經其右入金水亭下白雲溪. 登舍後小姑山, 可全攬金水亭之勝. 土腴泉甘, 桑麻翳如. 金氏聚族而居.

백로주(白鷺洲)[91]

[남유용(南有容)[92] 〈유동음기(游洞陰記)〉[93]][94] 영평현 현문에서 10리 떨어진 곳에 있다. 지세가 상당히 광활하여 산수가 이곳에 이르면 흩어져 느려지고 평평하게 펴진다. 물속에 큰 바위가 많아 여러 물줄기가 부딪쳐 쏟아지면서 뒤엉키고 꺾여 흐른다. 고색창연

白鷺洲

[南雷淵 游洞陰記] 在永平縣門十里. 地勢頗廣豁, 山水至此, 散緩平鋪. 水中多穹石, 衆流激射, 縈折而行, 蒼巖蜿蜒入水心特起,

---

87 김수항(金壽恒):1629~1689. 조선 후기의 문신. 자는 구지(久之), 호는 문곡(文谷), 시호는 문충(文忠). 노론(老論)의 영수로 영평의 옥병서원(玉屏書院)·양주의 석실서원(石室書院) 등에 배향되었다. 저서로는 《문곡집(文谷集)》이 있다.

88 주원(周原):경기도 포천시 창수면 주원리·추동리 일대.

89 출전 확인 안 됨.

90 큰 시내:왕방산(경기도 포천시 포천동·신북면과 동두천시에 걸쳐 있는 산)에서 발원하여 신북면을 지나 창수면 주원리에서 영평천에 합류하는 외북천을 가리키는 듯하다.

91 백로주(白鷺洲):경기도 포천시 영중면 거사리·금주리 일대 포천천 일대에 형성된 모래톱 및 그 주변의 마을. 지금은 모래톱이 보이지 않는다.

92 남유용(南有容):1698~1773. 조선 후기의 문신. 자는 덕재(德哉), 호는 뇌연(雷淵), 시호는 문청(文淸). 서유구와 가까웠던 남공철(南公轍, 1760~1840)의 부친이자, 정조의 세손시절 사부이기도 하다.

93 유동음기(游洞陰記):남유용이 영평 동음(洞陰)의 화악(華嶽)을 유람하고 지은 〈유동음화악기(游洞陰華嶽記)〉를 말한다.

94 《雷淵集》 卷14 〈記〉 "遊洞陰華嶽記"《韓國文集叢刊》 217, 306~307쪽).

한 바위가 구불구불 이어져서 수면 가운데 들어가 우뚝 솟아 있으니, 물이 여기에 부딪쳐서 마침내 두 줄기로 나뉘어 좌우로 흐른다. 백로주라는 이름은 대개 이백(李白)의 시 "두 물줄기 백로주를 가운데로 나눠지네."[95]라는 말에서 취한 것이다.

水觸之, 遂分二派, 左右而流. 洲名蓋取李太白詩"二水中分"之語也.

백운동(白雲洞)[96]

[동국문헌비고·여지고][97] 영평현 백운산(白雲山)[98] 아래에 있다. 산양천(山羊遷)[99]으로부터 시냇물을 따라 들어가다가 계곡 입구에서 비로소 넓게 평야가 있다. 속칭 '주루평(注婁坪)'[100]이라 한다. 들판 가운데 봉우리 하나가 우뚝 서 있는데, 지나가는 매[鷹隼]가 이곳에 멈춰 쉰다고 해서 '응봉(鷹峯)'[101]이라 이름한다.

白雲洞

[文獻備考·輿地考] 在永平 白雲山下. 自山羊遷, 緣溪而入, 峽口始曠然, 有平野, 俗稱"注婁坪". 中有孤峯突立, 鷹隼過者止息, 故名"鷹峯".

농암(農巖)[102]

[명오지][103] 영평현에 있으며 백운산 기슭이다. 현문과의 거리는 60리이다. 샘물과 바위가 빼어나고 깨

農巖

[名塢志] 在永平, 白雲山之麓, 距縣門六十里. 泉石

---

95 두······나눠지네 : 이백(李白)이 중국 금릉(金陵)의 봉황대(鳳凰臺)에 올라서 지은 시에, "두 물은 백로주(白鷺洲)를 가운데 두고 나뉘었다[二水中分白鷺洲].'는 구절이 있다. 《李太白集注》卷21〈古近體詩共三十六首〉"登金陵鳳凰臺".

96 백운동(白雲洞) : 백운산에서 내려오는 물이 경기도 포천시 이동면 도평리 일대에 형성한 계곡.

97 《東國文獻備考》卷13〈輿地考 8〉"山川 2" '京畿', 10쪽.

98 백운산(白雲山) : 경기도 포천시 이동면과 가평군 사내면에 걸쳐 있는 산. 해발 904m.

99 산양천(山羊遷) : 경기도 포천시 영중면·일동면·이동면 일대를 흐르는 영평천 주변의 지명으로 보이나, 미상.

100 주루평(注婁坪) : 경기도 포천시 이동면 도평리 도평초등학교 주변의 들판을 가리키는 듯하다.

101 응봉(鷹峯) : 경기도 포천시 이동면 장암2리 마을회관 인근에 위치한 매바위.

102 농암(農巖) : 경기도 포천시 이동면 장암리 농암(籠巖)이었으나 김창협(金昌協)이 1692년 이곳에 농암서실(農巖書室)을 짓고 농암(農巖)으로 자호(自號)하자 지명으로 굳어졌다.

103 《研經齋全集外集》卷64〈雜記類〉"名塢志" '京畿'(《韓國文集叢刊》278, 179쪽).

끗하다. 이곳의 농사암(農事巖)[104] · 완의대(玩漪臺)[105] · 명월석(明月石)[106]과 같은 것은 모두 농암(農巖) 김창협(金昌協)[107]이 지은 이름이다. 산의 밭은 조 농사에 알맞은 데다 산골길로 통하므로 백성 중에 목재 채취를 생업으로 삼는 사람들이 많아 산속 사람들 가운데 부자들이 많다.

秀潔, 如農事巖、玩漪臺、明月石, 皆農巖 金文簡所名也. 山田宜粟, 且通峽路, 民多採木爲業, 山中人多富饒.

연곡(燕谷)[108]

[명오지][109] 농암의 남쪽에 있다. 사방이 산으로 둘러싸였는데, 유독 남쪽으로는 트였다. 시내의 경치가 빼어나고 민가도 조밀하다. 무인(武人) 김씨(金氏) 집안이 대대로 거주하고 있다.

燕谷

[又] 在農巖之南. 四山環繞, 獨缺其南. 有溪澗之勝, 民戶亦稠. 武人金氏世居之.

화현(花峴)[110]

[금화경독기][111] 영평현에 있으며, 백운산 남쪽, 금수산(錦繡山)[112] 동쪽, 현등산(縣燈山)[113] 서쪽이다. 골

花峴

[金華耕讀記] 在永平縣, 白雲山之南、錦繡山之東、

---

104 농사암(農事巖) : 경기도 포천시 이동면 장암리에 있던 바위로 보이나, 미상.

105 완의대(玩漪臺) : 경기도 포천시 이동면 장암리에 있던 바위로 보이나, 미상.

106 명월석(明月石) : 경기도 포천시 이동면 장암리에 있던 바위로 보이나, 미상.

107 김창협(金昌協) : 1651~1708. 조선 후기의 문신이자 학자. 자는 중화(仲和), 호는 농암(農巖), 시호는 문간(文簡). 청풍부사로 있을 때 1689년 기사환국(己巳換局)으로 아버지 김수항(金壽恒)이 진도에서 사사되자, 사직하고 영평현에 은거하였다. 양주의 석실서원(石室書院) 등에 제향되었다. 저서로는 《농암집(農巖集)》이 있다.

108 연곡(燕谷) : 경기도 포천시 이동면 연곡리·노곡리, 일동면 사직리 일대.

109 《研經齋全集外集》, 위와 같은 곳.

110 화현(花峴) : 경기도 포천시 화현면 일대.

111 출전 확인 안 됨.

112 금수산(錦繡山) : 경기도 포천시 영중면 금주리와 일동면 길명리에 걸쳐 있는 금주산(金珠山). 해발 568m. 《대동여지도》에는 금주산(金珠山)으로 적혀 있다.

113 현등산(縣燈山) : 경기도 포천시 화현면과 가평군 조종면에 걸쳐 있는 운악산(雲岳山). 해발 936m. 《대동여지도》에는 운악(雲岳)으로 적혀 있다.

짜기 안에 들판이 열려 있고, 흙이 비옥하고 물이 깊다. 이곳에 사는 사람들은 부유하여 이름난 마을이라 알려졌다. 영평·가평·포천 3개 고을이 교차하는 지역을 차지한다. 둘레가 수십 리가 되는데 김씨(金氏) 소유의 연곡도 그 중 하나를 차지한다.

縣燈山之西. 峽中開野, 土厚水深. 居民殷富, 號稱名塢. 居永平、加平、抱川三邑之交, 周圍爲數十里, 而金氏燕谷亦占其一.

용호동(龍虎洞)[114]

[명오지][115] 영평현 동쪽에 있다. 골짜기 안의 들판에는 소나무와 측백나무가 울창하여 목재로 삼을 만하다. 유씨(俞氏)가 은거하는 곳이다.

龍虎洞

[名塢志] 在永平縣東. 峽野中松柏繁密, 可以爲材, 爲俞氏隱居之所.

조종(朝宗)[116]

[명오지][117] 가평군(加平郡) 서쪽으로 45리 떨어진 곳에 있으며, 고구려의 심천현(深川縣)[118]이다. 가평은 경기도 동쪽의 궁벽한 산골이지만 유독 조종만 넓게 트인 데다 논이 풍부하고 또한 경치가 맑고 고와서 살기에 좋다. 월사(月沙) 이정구(李廷龜)[119]의 후손이 주인이다.

朝宗

[又] 在加平郡西四十五里, 高句③麗 深川縣也. 加平卽畿東之窮峽, 而獨朝宗開曠, 饒水田, 地又明麗可居. 月沙 李文忠後孫爲之主.

---

114 용호동(龍虎洞): 경기도 포천시 일동면 유동리 용호동 마을 일대.
115 《研經齋全集外集》 卷64〈雜記類〉 "名塢志" '京畿'(《韓國文集叢刊》 278, 179쪽).
116 조종(朝宗): 경기도 가평군 조종면 현리·신하리·신상리, 상면 연하리 일대.
117 《研經齋全集外集》, 위와 같은 곳.
118 심천현(深川縣): 경기도 가평군 조종면과 상면 일대에 있던 고구려 현.
119 이정구(李廷龜): 1564~1635. 조선 중기의 문신이자 문인. 자는 성징(聖徵), 호는 월사(月沙), 시호는 문충(文忠). 중국어에 능통하고 문장에 능하여 임진왜란 때 대명외교 실무에 큰 활약을 하였다. 경기도 가평군 상면 태봉리 산115-1에 묘소가 있다.
③ 句: 저본에는 없음. 《研經齋全集外集·雜記類·名塢志》에 근거하여 수정.

청평천(淸平川)[120]

[명오지][121] 가평군 남쪽으로 30리 떨어진 곳에 있다. 땅은 산골과 한강 교통의 요충지에 자리잡아 서울로 가는 땔나무가 대부분 이 길을 지난다. 토박이들은 이것을 밑천으로 하여 이익을 얻는다. 민가가 조밀하여 서울 강가의 분위기가 있다.

만취대(晩翠臺)[122]

[김창협 〈만취대기(晩翠臺記)〉[123]][124] 가평현 서남쪽 운하천(雲霞川)[125]에 있으며 양주와 접경이다. 그 지역은 사방이 산으로 둘러싸여 있지만 산이 가깝지는 않으며, 물이 북쪽에서 흘러와 만취대 아래에 이르러 연못이 된다.[126] 연못의 맑기는 모래와 자갈을 헤아릴 수 있을 정도. 만취대는 합해서 3층이며 위아래 모두 아름다운 나무가 덮고 있다. 옛날에 노씨(盧氏)의 정자가 있었는데 지금은 허물어졌다. 만취대 아래에 바위절벽이 병풍처럼 서 있는데 그 빛깔이 창백하고 갈라진 모습이 도끼로 찍어낸 것 같아 가장 볼 만한 곳이다. 그러나 만취대 위에 앉아있으면 이 바위절벽이 있는지 알 수 없고, 반드시 내려가

淸平川

[又] 在加平郡南三十里, 地據峽江之縮戢, 京都之薪多從此路, 土人資以爲利. 民戶稠密, 有京都江上風.

晩翠臺

[金農巖 晩翠臺記] 在加平縣西南雲霞川, 與楊州接境. 其地環四山而不迫, 水從北來, 抵臺下爲潭, 其淸可數沙礫. 臺凡三成, 高下皆有嘉樹被之. 舊有盧氏亭, 今廢. 臺下石崖屏立, 其色蒼白, 其皴如斧劈, 最爲可觀. 然坐臺上不知有此, 須下從潭西對此, 盡得其狀. 有欲置屋者, 當於此而不當於臺上也.

---

120 청평천(淸平川): 경기도 가평군 청평면 청평리 일대를 흐르는 조종천 또는 그 주변 마을. 이곳에서 북한강에 합류한다.

121 《研經齋全集外集》, 위와 같은 곳.

122 만취대(晩翠臺): 경기도 남양주시 수동면 입석리 수동중학교와 수동초등학교 사이에 있는 암석. 지금은 민가에 있는 평범한 언덕으로 보인다.

123 만취대기(晩翠臺記): 김창협이 52세 때인 1702년(숙종 28) 만취대를 유람하고 쓴 기문이다.

124 《農巖集》 卷24〈記〉"游晩翠臺記"(《韓國文集叢刊》 162, 194쪽).

125 운하천(雲霞川): 경기도 남양주시 수동면과 화도읍 구암리 일대를 흐르는 구운천 유역에서 천마산과 축령산 사이인 수동면 일대의 유역을 가리키는 옛 이름. 《대동여지도》에는 굴운천(窟雲川)으로 적혀 있다.

126 물이……된다: 지금은 이런 모습이 사라져서 평이하게 흐르는 하천의 일부이다.

가평((대동여지도))

연못 서쪽에서 이곳과 마주서야 그 모습을 모두 볼
수 있다. 따라서 집을 짓고자 하는 경우 이곳에 지
어야지 만취대 위에 지어서는 안 된다.

경반(鏡盤)[127]

[금화경독기][128] 가평 치소 북쪽으로 3리 떨어진 곳
에 있으며, 옥녀봉(玉女峯)[129] 아래이다. 산을 등지고
시내에 닿아 있어 고기잡이와 땔나무의 이익이 있
다. 옛날에는 묵혀 둔 농지였는데 토박이 한씨(韓氏)
가 최근에 처음으로 살기 시작했다. 밤나무 만 그루,

鏡盤

[金華耕讀記] 在加平邑北
三里, 玉女峯下. 背山臨
川, 有漁樵之利. 舊爲陳荒
田, 土人韓氏近始卜居, 種
栗萬株, 梨·棗·來禽·桃·

---

127 경반(鏡盤) : 경기도 가평군 가평읍 경반리·승안리 일대.
128 출전 확인 안 됨.
129 옥녀봉(玉女峯) : 경기도 가평읍 승안리와 마장리에 걸쳐 있는 산. 해발 710m.

배나무·대추나무·능금나무[來禽]·복숭아나무·살
구나무 등은 무려 수백 그루를 심었다. 매년 여름과
가을에 과일이 익으면 사방의 장사치들이 모여 마침
내 근기 지역의 이름난 마을로 불리게 되었다.

杏之屬, 無慮累百千. 每夏
秋果熟, 四方之賈集焉, 遂
號近畿名塢.

비금산(秘琴山)130

[금화경독기]131 가평과 양주의 교차 지역에 있다. 상
비금(上秘琴)과 하비금(下秘琴)132이 있는데, 모두 산 위
에 터를 잡은 것이다. 하비금은 사방이 산기슭으로
둘러싸였으며 국세(局勢)가 비좁다. 신씨(申氏)가 살고
있다. 상비금은 산의 꼭대기에 있으며 서북쪽은 산에
의지하고 동남쪽은 내려가서 큰 들판에 닿아 있다.
굽이굽이 샘물이 솟아 논밭에 물댈 밑천이 될 만하지
만 지금까지 땅을 개척하여 사는 자가 없다고 한다.

秘琴山

[又] 在加平、楊州之交. 有
上秘琴、下秘琴, 俱於山上
作基. 下秘琴四麓周遭, 局
勢狹隘, 申氏居焉. 上秘琴
在山之絶頂, 西北靠山, 東
南俯臨大野. 曲曲泉源, 可
資灌漑, 至今未有攘拓卜居
者云.

능우촌(陵隅村)133

[금화경독기]134 가평읍 □□(동북)쪽으로 10리 떨어

陵隅村

[又] 在加平邑□□十里,

---

130 비금산(秘琴山):경기도 포천시 내촌면, 가평군 상면, 남양주시 수동면에 걸쳐 있는 주금산. 해발 815m.
131 출전 확인 안 됨.
132 상비금(上秘琴)과 하비금(下秘琴):경기도 남양주시 수동면 내방리 비금계곡 일대의 비금리를 말한다. 상
   비금과 하비금의 구분은 어렵고 지금 남아 있는 '중간말', '아랫말'이 혹 그 구분은 아닌가 생각된다. 하비금
   은 내방리 아래쪽의 외방리·수산리까지를 지칭할 수도 있다.
133 능우촌(陵隅村):경기도 가평군 가평읍 개곡리 일대. 개곡리 남쪽의 가평읍 마장리와 북쪽의 북면 이곡리
   에도 비교적 넓은 들판이 있어 이 지역까지 포함된 마을일 수 있다. 능우(陵隅)는 지금 '능머루'라는 명칭으
   로 남아있으며, 개곡리에 있다. 원문에서 네 글자가 결락이어서 위치를 확정할 수는 없지만, 개곡리가 춘천
   으로 가는 길목에 있었다는 점, 이곳에 개곡장(開谷場)이 열렸다는 점(《1871지방도 가평》), 능머리가 주변
   이 넓은 들판인 점, 이곳에 가평천이 개곡천과 만나며 가로지르고 있다는 점 등에서 개곡리 일대가 능우촌
   일 것으로 판단된다. 이를 근거로 한다면 원문에 결락된 앞 두 글자는 동북(東北)으로 추측할 수 있지만, 뒤
   두 글자는 추측이 어렵다. 《여지도서》의 경기도 《가평군지(加平郡地志)》에는 개곡리가 "치소의 북쪽으로
   10리 떨어진 곳에 있다."고 했다. 다만 개곡리의 개곡천 상류에 동쪽으로 계관산(해발 736m)이 있고 능머루
   남쪽에 월두봉(月頭峰, 해발 453m)이 있다. 원문의 결락된 두 글자 뒤에 봉(峰)이 있는 점으로 미루어 본다
   면 월두(月頭)라는 글자가 빠졌을 수도 있으나 지명의 변화를 정확하게 알지 못하므로 확정할 수는 없다.
134 출전 확인 안 됨.

진 곳에 있으며 □□[월두(月頭)?]봉 아래이다. 골짜기 안이 탁 트여 있고 큰 냇물이 가로지르고 있어 토지가 비옥하고 샘물이 달며, 이곳에 사는 사람들은 부유하다. 역시 동협에서 살 만한 곳이다.

감호(鑑湖)[135]

[금화경독기][136] 양근(楊根)의 한강포(漢江浦)[137]에서 남쪽으로 5리 떨어진 곳에 있으며 □□산[138] 아래이다. 권씨(權氏)가 대대로 살았으며, 상류의 살기 좋은 명당으로 알려졌다. 그 후손이 사학(邪學, 서학)의 옥사에 죽자 터도 마침내 폐허가 되었다.[139]

귀래정(歸來亭)[140]

[금화경독기][141] 양근 옛 읍에 있다. 앞으로 한강에

□□峯下. 峽中開拓, 大[4] 川橫貫. 土腴泉甘, 居民殷富, 亦東峽可居處也.

鑑湖

[又] 在楊根 漢江浦南五里, □□山下. 權氏世居, 號爲上流名基. 其後孫死於邪學之獄, 基遂墟焉.

歸來亭

[又] 在楊根古邑. 前臨漢

---

135 감호(鑑湖):경기도 양평군 강상면 대석리 대감마을 일대. 혹은 현재의 양평읍사무소 쪽이라는 설도 있으나, 가능성이 낮다. 만약 양평읍사무소 근처라면 《상택지》의 서술 양식을 기준으로 볼 때 원문에서 치소[邑]에서 떨어진 거리로 표현했어야 하기 때문이다. 정약용이 지은 권철신 묘지명에도 권철신(權哲身, 1736~1801)이 살던 곳에 감호라는 이름을 붙인 것으로 나온다.(《與猶堂全書》 第一集 〈詩文集第十五卷〉 "文集_墓誌銘"鹿菴權哲身墓誌銘《韓國文集叢刊》281, 334쪽).

136 출전 확인 안 됨.

137 한강포(漢江浦):경기도 양평군 강상면 대석리 대감(大監)마을을 한강개 또는 한감개로 불렀다고 한다. 하지만 여기서는 감호 앞에 흐르는 용담천이 북쪽으로 흘러 합류하는 남한강 일대로 보아야 한다. 이곳은 양평군 강상면 세월리와 여주시 금사면 전북리의 경계가 되는 지점이다.

138 □□산:원문에 결락된 두 글자는 양자(楊子 또는 養子)로 보인다. 양자산은 경기도 양평군 강상면·강하면과 여주시 산북면에 걸쳐 있는 산으로, 해발 713m이다.

139 권씨가……되었다:권일신(權日身, 1742~1791)·권철신(權哲身) 형제의 증조부인 권흠(權欽, 1644~1695)이 1694년 벼슬을 잃고 양근으로 낙향한 이후 줄곧 거주하였다. 권일신은 1791년 신해박해(辛亥迫害)로 순교했고, 권철신은 1801년 신유박해(辛酉迫害) 때 순교했으며, 권일신의 2남이며, 권철신의 양자인 권상문(權相問, 1768~1802)은 1802년 순교했다.

140 귀래정(歸來亭):경기도 양평군 옥천면 옥천리·신복리·용천리 중 어느 곳에 있던 정자 또는 그 일대의 마을로 추정된다. 이 일대가 양근의 고읍이었다. 《대동여지도》에는 이 남쪽의 건지산(乾止山) 아래에 고읍(古邑)이라고 적혀 있으나, 실제로는 건지산 북쪽이 고읍터다. 이곳에는 사탄천이 신복천과 합류하여 남쪽에서 남한강으로 들어간다. 사탄천은 《대동여지도》에 신교천(新橋川)으로 적혀 있다.

141 출전 확인 안 됨.

[4] 大:저본에는 "山". 오사카본에 근거하여 수정.

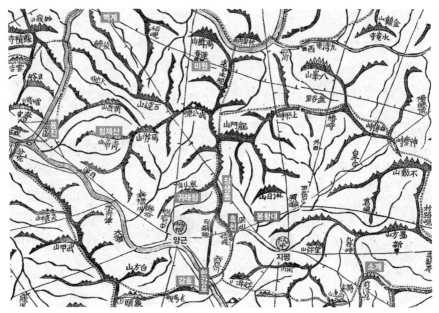

양근·지평(《대동여지도》)

닿아 있어 농사와 고기잡이의 즐거움을 모두 갖추
고 있다. 예전에 상서(尚書) 이호민(李好閔)[142]의 별장이
었는데 지금은 주인이 바뀌었다.

水, 具耕漁之樂. 舊爲李尚
書別業, 今易主.

벽계(蘗溪)[143]

[금화경독기][144] 양근에 있으며 청제산(靑霽山)[145] 아
래이다. 처사 삼연(三淵) 김창흡(金昌翕)[146]은 그 시내와

蘗溪

[又] 在楊根, 靑霽山下. 三
淵 金處士愛其溪石之勝,

---

142 이호민(李好閔) : 1553~1634. 조선 중기의 문신. 자는 효언(孝彦), 호는 오봉(五峯), 시호는 문희(文僖). 임
진왜란 때에 이조좌랑으로 의주까지 선조임금을 호종했고, 요양(遼陽)에 가서 명나라 원군을 요청하는 데
에 큰 공을 세웠다. 묘소는 경기도 양평군 옥천면 신복리에 있다.

143 벽계(蘗溪) : 경기도 양평군 서종면을 흐르는 벽계천의 노문리 일대 벽계마을.

144 출전 확인 안 됨.

145 청제산(靑霽山) : 경기도 양평군 양서면 청계리와 서종면 서후리 사이에 위치한 청계산(淸溪山). 해발
656m. 《대동여지도》에는 청제산(靑帝山)으로 적혀있다.

146 김창흡(金昌翕) : 1653~1722. 자는 자익(子益), 호는 삼연(三淵), 시호는 문강(文康)이다. 1693년 41세에
벽계로 이거한 후 계속해서 들락날락하며 살았다.

바위의 빼어난 경치를 아껴서 벽계 가에 초가집을 지었다. 시내를 따라 큰 바위가 물길에 갈리고 닦여 물이 여기에 세차게 부딪히면 물을 뿜어내어[噴] 물보라를 만들어내기 때문에 '분설담(噴雪潭)[147]'이라 불렀다.

誅茅其上. 沿溪有巨石礎砑, 水至此激射, 噴爲飛沫, 故名"噴雪潭"也.

용진(龍津)[148]

[금화경독기][149] 양근의 남한강과 북한강이 교차하는 곳에 있다. 산을 등지고 강에 닿아 있어 한강 상류의 명승으로 알려졌다. 토박이들이 경내에서 살기 좋은 명당을 꼽을 때 첫째를 용진, 둘째를 옛 읍[古邑][150], 셋째를 미원(迷原, 다음 항목 참조)으로 친다고 한다.

龍津

[又] 在楊根 南、北江之交. 背山臨水, 號爲上流名勝. 土人數境內名基, 曰一龍津, 二古邑, 三迷原云.

[명오지][151] 양근군 서쪽으로 44리 떨어진 곳에 있다. 땅이 비옥하여 농사를 지을 만하다. 토박이들은 땔나무 채취를 생업으로 삼으며 농사를 경시하고 땔나무 채취를 중시한다. 강을 따라 고관대작의 정자가 많다.

[名塢志] 在郡西四十四里. 地肥饒可耕, 土人以柴爲業, 輕農而重樵, 緣江多公卿亭臺.

미원(迷原)[152]

[명오지][153] 양근군 북쪽으로 41리 떨어진 곳에 있

迷原

[又] 在楊根郡北四十一里,

---

147 분설담(噴雪潭) : 화서(華西) 이항로(李恒老, 1792~1868)가 쓴 〈양평분설담암각문(楊平噴雪潭岩刻文)〉이 경기도 양평군 서종면 노문리 518번지 벽계마을의 계곡물 가운데 있는 바위에 새겨져 있다.

148 용진(龍津) : 경기도 양평군 양서면 양수리에 있던 나루 혹은 그 일대.

149 출전 확인 안 됨.

150 옛 읍[古邑] : 경기도 양평군 옥천면 옥천리 일대. 앞에서 소개한 귀래정이 있는 곳이다.

151 《硏經齋全集外集》 卷64〈雜記類〉 "名塢志" '京畿'(《韓國文集叢刊》 278, 180쪽).

152 미원(迷原) : 경기도 가평군 설악면 신천리·선촌리·이천리 일대. 선촌리 산70번지에 조광조·남언경 등을 배향한 미원서원이 있으며 신천리에 미원성당과 미원초등학교 등이 있어 설악면으로 개칭한 뒤에도 옛 지명이 남아있다.

153 《硏經齋全集外集》, 위와 같은 곳.

으며, 용문산(龍門山)[154] 북쪽이다. 옛날에는 현이었다. 정암(靜菴) 조광조(趙光祖)[155] 선생이 이곳의 산수를 아껴서 살려고 한 곳이다. 그러나 땅이 매우 험하고 기후도 싸늘하여 농사는 흉년이 들기 쉽다. 다만 수목이 풍부해 토박이들이 이것에 의지해 살아가므로 땔나무 상인이 많다. 잠시 동강(東岡) 남언경(南彦經)[156]이 살았던 곳으로, 그 후손이 대대로 이곳을 지키고 있다.

龍門山北, 故時縣也. 靜菴 趙先生愛其山水, 欲卜居. 然地旣深阻, 氣亦凄寒, 稼穡易歉. 但饒樹木, 土人賴之, 故多柴商. 間爲南東岡彦經所居, 後孫世守之.

[팔역가거지][157] 미원은 깊은 산골짜기 안에 있어 비록 조금 탁 트인 넓은 곳이 있기는 하지만 사방의 산이 아름답지 않고 앞 시내가 크게 목메인 듯한 소리를 내니, 낙토가 아니다.

[八域可居誌] 迷原處絕峽之中, 縱少恢拓, 四山不雅, 前溪大咽, 非樂土也.

봉황대(鳳凰臺)[158]

[금화경독기][159] 지평에 있으며 중원산(中元山)[160] 아래이다. 고만고만한 산들이 구불구불 이어지고 들판과 떨어져 터를 잡고 있다. 봉황대 앞에는 큰 내

鳳凰臺

[金華耕讀記] 在砥平, 中元山下. 殘山蜿蜒, 距野作基. 前有大川, 匯爲深潭.

---

154 용문산(龍門山) : 경기도 양평군 용문면·옥천면에 걸쳐 있는 산. 해발 1,157m.
155 조광조(趙光祖) : 1482~1519. 조선 중기의 문신이자 학자. 자는 효직(孝直), 호는 정암(靜庵), 시호는 문정(文正). 김굉필(金宏弼, 1454~1504)에게 수학하여《소학》·《근사록》을 토대로 학문을 확립하고 젊은 나이에 사림파(士林派)의 영수가 되었다. 중종의 신임을 바탕으로 도학정치를 이끌다가 무오사화(戊午士禍)에 화를 당했다.
156 남언경(南彦經) : 1528?~1594?. 조선 전기의 문신이자 학자. 자는 시보(時甫), 호는 동강(東岡). 서경덕(徐敬德, 1489~1546)의 제자이며, 조선 최초의 양명학자이다. 말년에 양근의 영천동(靈川洞), 설악면 이천리 영천마을)에 물러나 살았으며, 그 아들 남격(南格), 손자 남호학(南好學), 남노성(南老星) 등이 대대로 영천에 살았다.
157 출전 확인 안 됨.
158 봉황대(鳳凰臺) : 경기도 양평군 용문면 광탄리 봉황정(산239-1번지)이 자리잡은 절벽 및 그 일대의 마을.
159 출전 확인 안 됨.
160 중원산(中元山) : 경기도 양평군 용문면과 단월면에 걸쳐 있는 산. 해발 815m.

161가 있고 물길이 한번 돌아서 깊은 연못을 만들어 낸다. 양씨(梁氏)가 대대로 살고 교목이 울창하다. 양씨는 눌재(訥齋) 양성지(梁誠之)162의 후손이다.

梁氏世居, 喬木翳然, 梁卽 <u>訥齋 梁誠之</u>之後也.

소계(巢溪)163

[금화경독기]164 지평에 있으며 상동(上洞)165이다. 외재(畏齋) 이단하(李端夏)166의 옛 집터이다. 지금은 주인이 바뀌었다.

巢溪

[又] 在砥平, 上洞. <u>李畏齋 端夏</u>舊基也. 今易主.

장생동(長生洞)167

[동국문헌비고·여지고]168 지평에 있으며 용문산 백운봉(白雲峯)169 아래이다. 동네 입구가 아주 좁지만 안쪽은 평평하고 넓어 살 만하다.

長生洞

[文獻備考·輿地考] 在砥平, 龍門山 白雲峯下. 洞口甚窄, 而中則平廣, 可居.

---

161 큰 내 : 경기도 양평군 동쪽 청운면의 성지봉(聖地峰)에서 발원하여 양평군 남서부를 흐르다가 개군면 양덕리에서 남한강에 합류하는 흑천을 가리킨다. 《대동여지도》에 광탄(廣灘)으로 적힌 곳이 봉황대가 있는 곳이다. 이보다 하류에 흑천(黑川)이 적혀 있다.

162 양성지(梁誠之) : 1415~1482. 조선 전기의 문신이자 학자. 자는 순부(純夫), 호는 눌재(訥齋), 시호는 문양(文襄). 《해동성씨록(海東姓氏錄)》·《동국도경(東國圖經)》·《농잠서(農蠶書)》·《목축서(牧蓄書)》 등의 집필에서 보이듯이 우리 역사와 현실에 주목한 현실적인 경륜가이다. 1460년 대제학으로 있을 때 지평(砥平)에 봉황정을 처음 건립했다.

163 소계(巢溪) : 경기도 양평군 양동면 삼산리의 도소리 마을과 쌍학리 일대. 소계는 도소계(道巢溪) 또는 도소리(道巢里)로 불렸다. 마을 주소가 '도소리길'로 바뀌었다.

164 출전 확인 안 됨.

165 상동(上洞) : 《여지도서》에는 상동면(上東面)으로 적혀 있다.

166 이단하(李端夏) : 1625~1689. 조선 후기의 문신이자 학자. 자는 계주(季周), 호는 외재(畏齋), 시호는 문충(文忠). 송시열의 문하에서 수학한 조선 후기의 대표적인 경학자. 경기도 양평군 양동면 쌍학리 314번지에 택풍당(澤風堂)을 짓고 산 택당(澤堂) 이식(李植, 1584~1647)의 삼남으로 1649년 25세에 지평의 도소계(道巢溪, 《해동지도》에는 도소리)에 연재(戀齋)라는 서실을 지었다.

167 장생동(長生洞) : 경기도 양평군 용문면 연수리(延壽里) 장수골.

168 《東國文獻備考》 卷13 〈輿地考 8〉 "山川 2" '京畿', 7쪽.

169 백운봉(白雲峯) : 경기도 양평군 옥천면과 용문면 연수리에 걸쳐 있는 산. 해발 940m.

행주(幸州)[170]

[명오지][171] 옛 왕봉(王逢)[172] 폐현이다. 한강이 휘돌아가는 곳에 닿아 있다. 서울 사대부들이 정자를 많이 세워두었다. 민가가 즐비하여 삼강(三江)[173]에 버금간다. 해마다 웅어[葦魚][174]가 대거 몰려오면 주원(廚院)[175]에서 임금께 올리기 위해 이곳에서 웅어를 잡는다. 도원수(都元帥) 권율(權慄)[176]이 일찍이 이곳에서 왜병을 물리쳤다.[177]

삼성당(三聖堂)[178]

[금화경독기][179] 행주 아래에 있고 앞으로 한강에 닿아 있다. 행주와 함께 한강 하류의 살기 좋은 명당으로 알려졌다. 그러나 지금 사는 사람들은 보잘 것

幸州

[名塢志] 古王逢廢縣也, 臨漢江之匯. 京都士大夫多置亭榭. 民戶如櫛, 亞於三江. 每歲葦魚大上, 廚院爲 御供而捕之. 權元帥 慄嘗破倭于此.

三聖堂

[金華耕讀記] 在幸州之下, 前臨漢水, 與幸州并稱下流名基. 然至今居者, 但蝘

---

170 행주(幸州) : 경기도 고양시 행주동 일대. 삼국시대와 남북국시대를 거치며 개백현(皆伯縣), 왕봉(王逢), 우왕현(遇王縣)으로 불렸고, 행주나루를 통해서 한강 건너 부평과 통했다.

171 《研經齋全集外集》卷64〈雜記類〉 "名塢志" '京畿'(《韓國文集叢刊》278, 179쪽).

172 왕봉(王逢) : 경기도 고양시 행주동 일대의 옛 지명. 《삼국사기(三國史記)》 권37〈잡지(雜志)〉 "지리(地理)"에 따르면 "한씨(漢氏) 미녀가 안장왕(安臧王)을 맞이한 곳이기 때문에 왕봉이라 한다.(漢氏美女迎安臧王之地, 故名王逢.)"라 했다.

173 삼강(三江) : 한강이 도성 남쪽을 흐르는 구간으로, 남산(南山) 남쪽 일대 노량(鷺梁)까지의 한강(漢江), 그 서쪽 마포(麻浦)까지의 용산강(龍山江), 그 서쪽 양화도(楊花渡)까지의 서강(西江)을 합하여 부르는 말.

174 웅어[葦魚] : 청어목 멸치과의 바닷물고기. 갈대 사이에 알을 낳는 습성이 있어 위어(葦魚)라고도 한다. 《전어지(佃漁志)》 권4〈물고기 이름 고찰[魚名攷]〉에서는 "민물고기[江魚]"에는 "웅어는 좁고 길고 납작하고 얇으며, 비늘이 가늘고 색깔이 희어서 흡사 새로 숫돌에 갈아낸 뾰족한 칼과 같다."라 했다. 《전어지》에서는 웅어를 민물고기로 소개하고 있지만, 강물과 바닷물이 통하는 곳에서 산다.

175 주원(廚院) : 조선 시대 사옹원(司饔院)을 말한다. 사옹원은 임금에게 올리는 음식과 궐 안의 각 전궁(殿宮)에 물품을 공급하는 일을 관장했다.

176 권율(權慄) : 1537~1599. 조선 중기의 문신이자 명장. 자는 언신(彦愼), 호는 만취당(晚翠堂), 시호는 충장(忠莊). 1593년 임진왜란의 행주대첩을 승리로 이끌어 그 공으로 도원수로 승진했고 임란 내내 중책을 맡았다.

177 도원수(都元帥)……물리쳤다 : 1593년 임진왜란 중 권율이 행주산성에서 왜군을 크게 무찌른 행주대첩(幸州大捷)을 말한다. 진주대첩·한산도대첩과 함께 임진왜란 3대 대첩으로 꼽힌다.

178 삼성당(三聖堂) : 경기도 고양시 덕양구 토당동 삼성당 마을 일대. 행주와 붙어 있으며 한강 하류로 조금 더 내려간다.

179 출전 확인 안 됨.

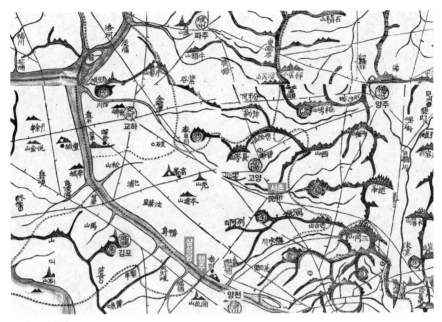

고양(《대동여지도》)

없는 집뿐이며, 누정의 경관은 행주의 성대함만 못
하다.

戸蝸舍, 樓榭粧點, 不如幸
州之盛也.

서촌(嶼村)[180]

[금화경독기][181] 고양(高陽) 치소에서 남쪽으로 15리
떨어진 곳에 있다. 작은 산기슭이 들판 가운데 높게
솟아 있고 앞에 큰 시내에 닿아 있어서 논밭에 물을
대는 밑천이 된다. 역시 서울 근교에 있는 살 만한
곳이다.

嶼村

[又] 在高陽邑南十五里.
小麓突兀野中, 前臨大川,
資其灌漑. 亦近郊可居之
地.

---

180 서촌(嶼村):정확한 위치는 알기 어려우나 본문의 설명에 근거할 때 경기도 고양시 행신동·강매동·도내동
일대로 추측된다. 강매동과 도내동에는 봉대산·봉태산·온굴안산·봉재산 등의 낮은 산들이 있고, 창릉천
과 성사천이 흐르고 있다.
181 출전 확인 안 됨.

파주·장단·적성(《대동여지도》)

마산역촌(馬山驛村)[182]

[명오지][183] 파주 서쪽으로 4리 떨어진 곳에 있으며, 하천이 구불구불 이어지고 농토가 비옥하여 살기 좋은 명당으로 알려졌다. 윤씨(尹氏)가 이곳에 많이 산다.

화석정(花石亭)[184]

[명오지][185] 파주 북쪽으로 15리 떨어진 곳에 있으며 임진(臨津)의 상류에 기대 있다. 조선 초에 강평공

馬山驛村

[名塢志] 在坡州西四里, 川原透迤, 田土衍沃, 以名基稱. 尹氏多居于此.

花石亭

[又] 在坡州北十五里, 枕臨津之上流. 國初康平公

---

182 마산역촌(馬山驛村) : 경기도 파주시 파주읍 파주리·백석리 마산마을 일대. 조선시대 영서도찰방에 딸린 마산역이 있던 역마을이다.

183 《研經齋全集外集》 卷64 〈雜記類〉 "名塢志" '京畿'(《韓國文集叢刊》 278, 179쪽).

184 화석정(花石亭) : 경기도 파주시 파평면 율곡리 산100-1 임진강변에 위치한 조선시대 정자.

185 《研經齋全集外集》, 위와 같은 곳.

화석정과 화석정에서 바라본 임진강(2004, 2009년 촬영, 조인철 제공)

(康平公) 이명신(李明晨)[186]이 살던 곳이다. 이명신의 5세손은 문성공(文成公) 이이(李珥)[187] 선생이다. 강평공 이후 대대로 살았다. 옛날에는 기이한 꽃과 풀, 진귀한 소나무와 괴석이 많았지만 지금은 이미 잡초가 무성하고 황폐해졌다. 골짜기의 이름 율곡(栗谷)은 곧 문성공(文成公)이 자신에게 호를 붙인 것이다.

李明晨故居也. 明晨五世孫, 卽文成先生也. 康平以後世居之, 素多奇花異草、珍松怪石, 今已蕪廢. 谷名栗谷, 卽文成之所自號也.

우계(牛溪)[188]

[명오지][189] 파주 북쪽으로 30리 떨어진 곳에 있다. 청송(聽松) 성수침(成守琛)[190] 선생부터 살았고[191] 교목

牛溪

[又] 在坡州北三十里. 自聽松 成先生居之, 喬木翳

---

186 이명신(李明晨) : 1392~1459. 조선 전기의 문신. 자는 백부(伯扶), 시호는 강평(康平). 사온서부직장(司醞署副直長), 지돈녕부사, 공주와 홍주 목사를 역임했다.

187 이이(李珥) : 1536~1584. 조선 중기의 학자, 문신. 자는 숙헌(叔獻), 호는 율곡(栗谷), 시호는 문성(文成). 호조좌랑, 예조좌랑, 이조좌랑, 이조판서 등을 역임했다. 저서로는 《격몽요결》·《성학집요》·《율곡집》 등이 있다. 경기도 파주시 법원읍 동문리에 있는 자운서원(紫雲書院)에서 이이를 배향하고 있으며, 그와 어머니 신사임당의 묘소가 자운서원 역내에 있다.

188 우계(牛溪) : 경기도 파주시 파평면 눌노리 우계마을 일대.

189 《研經齋全集外集》, 위와 같은 곳.

190 성수침(成守琛) : 1493~1564. 조선 중기의 학자. 자는 중옥(仲玉), 호는 청송(聽松), 시호는 문정(文貞). 내자시주부, 예산과 토산 현감을 역임했다. 1541년 49세에 어머니를 모시고 처향인 우계(牛溪)에 은거하였고 우계에서 졸하였다.

191 청송……살았고 : 성수침의 후손으로 이곳에 살았던 대표적인 유학자가 성혼(成渾, 1535~1598)이다. 그는 조선 중기의 학자로, 파주 우계에 거주하며 이이(李珥)와 교우하였다. 저서로는 《주문지결(朱門旨訣)》·《위학지방(爲學之方)》 등이 있다.

이 울창하다. 큰 시내 한 줄기가 그 가운데를 가로질러 흘러가면서 마을이 잇닿아 있다. 임원이 그윽하고 후미져 참으로 아름다운 곳이다.

[금화경독기][192] 우계는 옛날부터 서울 근교의 살기 좋은 명당으로 일컬어진다. 그러나 앞으로 파평산(坡平山)[193]과 마주하고 샘물이 좋지 않으니, 이것이 단점이다.

내소정(來蘇亭)[194]
[금화경독기][195] 파주 치소 북쪽으로 15리 떨어진 곳에 있으며 화석정 아래이다. 오른쪽에 단수(湍水)[196]를 끼고 있어 높은 곳에서 조망할 수 있는 경치가 빼어난데, 빼어남이 화석정과 앞뒤를 다툰다.

용산(龍山)[197]
[금화경독기][198] 장단(長湍) 치소 동남쪽으로 20리 떨어진 곳에 있으며 임진강의 물이 좌우를 감싼다. 산

然. 大川一道, 橫流其中, 閭里聯比[5]. 林園幽僻, 洵佳境也.

[金華耕讀記] 牛溪素號近畿名基. 然前對坡平山, 水泉不佳, 此其所短也.

來蘇亭
[又] 在坡州邑北十五里, 花石亭之下. 右挾湍水, 有臨眺之勝, 與花石亭伯仲.

龍山
[又] 在長湍邑東南二十里, 臨津之水繞其左右, 麓有

---

192 출전 확인 안 됨.
193 파평산(坡平山): 경기도 파주시 파평면 눌노리·마산리에 걸쳐 있는 산. 해발 496m. 우계 마을 남향에 언덕[坡]이 평지[平]처럼 펼쳐진 형세를 띤다.
194 내소정(來蘇亭): 경기도 파주시 문산읍 장산리 임진강변에 있던 정자. 화석정보다는 하류에 있으며, 오른쪽에 단수(임진강)를 끼고 있으면서 높은 곳에서 조망할 수 있다는 설명으로 보아 장산리 산21-3번지에 있는 장산전망대 주변으로 추정된다. 《대동여지도》에 장산(長山)으로 적혀 있는 곳이다. 영의정을 지냈으며 연산군의 장인이었던 거창부원군 신승선(愼承善, 1436~1502)이 건립하였으나 지금은 남아 있지 않다.
195 출전 확인 안 됨.
196 단수(湍水): 장단 지역을 흐르는 임진강.
197 용산(龍山): 경기도 파주시 진동면 용산리(龍山里) 일대.
198 출전 확인 안 됨.
[5] 比: 저본에는 "此". 오사카본에 근거하여 수정.

기슭에는 육선정(六仙亭)[199] 옛터가 언덕을 마주하고 있고, 석벽(石壁)[200]이 둘러싸고 있다. 지금은 정씨(鄭氏)의 별장이다.

六仙亭故基對岸, 石壁環拱. 今爲鄭氏別業.

고랑포(高浪浦)[201]

[금화경독기][202] 장단에 있으며 임진의 상류이다. 강을 에워싼 석벽이 마치 좌우 날개를 편 것 같다. 이곳에 사는 사람들은 번성하고, 선박들이 무더기로 모여든다. 강을 따라 북쪽으로 몇 리를 올라가면 목은(牧隱) 이색(李穡)[203] 선생의 옛 집터가 있다.

高浪浦

[又] 在長湍, 臨津上流. 繞江石壁, 如舒左右翼. 居民殷盛, 舟楫坌集. 沿江而北數里, 有牧隱 李先生舊基.

정자포(亭子浦)[204]

[금화경독기][205] 장단 치소 남쪽으로 5리 떨어진 곳에 있으며 임진의 물이 그 앞을 지난다. 일찍이 백하(白下) 윤순(尹淳)[206]이 어떤 사람에게 보낸 편지에 "최근 정자포(亭子浦)에 좋은 집터 하나를 얻었다. 큰집

亭子浦

[又] 在長湍邑南五里, 臨津之水經其前. 嘗見白下 尹公淳, 與人書云: "近得一佳基於亭子浦. 劣容大家

---

199 육선정(六仙亭): 확인 안 됨. 지금은 남아 있지 않다.

200 석벽(石壁): 경기도 연천군 장남면 일대의 임진강 석벽을 장단석벽(長湍石壁)이라고 하지만, 넓은 의미로는 그 상류와 하류 쪽도 지칭하므로 용산리 일대의 석벽도 장단석벽의 일부이다.

201 고랑포(高浪浦): 경기도 연천군 장남면 고랑포리 일대. 경순왕릉이 이곳에 있다.

202 출전 확인 안 됨.

203 이색(李穡): 1328~1396. 고려 후기의 문신이자 학자, 문인. 자는 영숙(穎叔), 호는 목은(牧隱), 시호는 문정(文靖). 원나라 국자감(國子監)에 유학하여 성리학을 연구했고, 그에게 성리학을 배운 제자들이 조선조 개창에 많이 참여했으나, 본인은 조선왕조에 출사를 거부하였다. 고려의 대사성, 문하시중을 역임하며 대학자와 대정치가의 면모를 보였다. 1389년 장단(長湍)으로 유배된 적이 있고, 장단의 임강서원(臨江書院)에 배향되었다.

204 정자포(亭子浦): 경기도 파주시 군내면 정자리 일대.

205 출전 확인 안 됨.

206 윤순(尹淳): 1680~1741. 자는 중화(仲和), 호는 백하(白下). 조선 후기의 문신이자 서화가. 1712년 진사시에 장원 급제하고, 경기도와 평안도 관찰사, 대제학, 공조판서, 예조판서를 역임했다. 양명학자 정제두(鄭齊斗)의 문인이며, 조선 후기의 대표적인 서화가로, 문하에서 이광사(李匡師) 등이 나왔다. 장단 사람으로, 그가 종증조부 윤순지(尹順之)의 묘에 쓴 비갈(碑碣)〈참찬윤순지표(參贊尹順之表)〉가 장단에 있다.

3~4채를 겨우 수용할 수 있다. 땅은 삼남(三南) 지방처럼 비옥하다. 동남쪽으로 삼각산(三角山)이 바라다보이고 험준하고 우뚝 솟은 것이 높다란 홀과 같다."라 했다. 그러나 윤순은 말로 그치고 집을 짓지는 못했다. 내가 그 땅을 찾아보니 정말 집을 짓고 싶은 곳이었으나 형편이 어려운데 일을 벌이는 격이라 하지 못했다.

三四, 土沃如三南, 東南望三角山, 峭屹如卓笏."然尹公言之而已, 未及經始. 余訪得其地, 甚欲縛屋, 而時屈擧贏, 未之能也.

기일촌(基一村)[207]

[금화경독기][208] 장단 치소 북쪽으로 70리 떨어진 곳에 있다. 골짜기 안이 활짝 펼쳐져 있고 국세가 평온하다. 토박이들이 경내에서 살기 좋은 명당을 꼽을 때 "남쪽엔 광명(廣明)[209], 북쪽엔 기일(基一)"이라 했다. 그러나 기일촌은 샘물에 장기가 있어 살기에 좋지 않다.

基一村

[又] 在長湍邑北七十里. 峽中展拓, 局勢平穩. 土人數境內名基云:"南廣明, 北基一."然基一水泉有瘴, 不可居也.

영통동(靈通洞)[210]

[동국문헌비고·여지고][211] 오관산(五冠山)[212]은 장단 서쪽으로 60리 떨어진 곳에 있으며 그곳에 영통동

靈通洞

[文獻備考·輿地考] 五冠山在長湍西六十里, 有靈

---

207 기일촌(基一村):확인 안 됨. 《해동지도》에 기곡(基谷)이 있어 그곳이 기일촌으로 추정된다. 이곳은 황해북도 장풍군 가곡리·기곡동 일대이다.

208 출전 확인 안 됨.

209 광명(廣明):장단 서쪽으로 10리 떨어진 곳.《명고전집(明皐全集)》권8〈명고기(明皐記)〉참조).

210 영통동(靈通洞):개성특급시 용흥동 오관산 기슭에 있는 마을.《고려사·고려세계(高麗世系)》에 따르면 고려 태조 왕건의 조상 강충(康忠)이 오관산 마아갑(摩訶岬, 영통동)에 살았다고 한다. 고려왕실과 인연이 깊어, 영통사(靈通寺)에는 태조의 아버지인 세조와 태조, 인종, 명종 등의 영정을 모셨다.

211 《東國文獻備考》卷13〈輿地考 8〉"山川 2"'京畿', 12쪽.

212 오관산(五冠山):개성특급시 용흥동과 장풍군 월고리 사이에 위치한 산.

강세황의 《송도기행첩》 영통동입구(국립중앙박물관)

이 있다. 화담(花潭)²¹³에서 올라가 산길을 돌고 시내를 따라 여러 번 건너면 이곳에 이른다. 이 골짜기 안은 평평하고 넓으며, 형승으로는 장단 북쪽에서 제일이다. 화담은 영통동 입구에 있다. 화담 왼쪽에 비취색 석벽(石壁)이 있는데 병풍을 다 펼쳐 놓은 듯이 깎아질러 서 있고, 화담의 오른쪽에는 작은 바위가 있는데 사면이 깎아낸 듯하다.

通洞. 自花潭而上, 山回路轉, 沿⑥溪屢渡, 至其洞. 洞中平衍, 形勝爲灊北第一. 花潭在靈通洞口, 潭左有翠壁, 削立如展畫屏;潭右有小巖, 四面如削.

상수촌(湘水村)²¹⁴

[명오지]²¹⁵ 적성현(積城縣) 남쪽으로 27리 떨어진 곳에 있다. 적성은 곧 신라의 칠중성(七重城)²¹⁶이다. 포

湘水村

[名塢志] 在積城縣南二十七里. 積城, 卽新羅

---

213 화담(花潭):개성특급시 용흥동 오관산 화곡(花谷)을 한참 오르다 보면 거대한 바위가 움푹 패어 이루어진 연못이 화담(花潭)이다. 바로 화담 서경덕(徐敬德, 1489~1546)이 은거하던 곳이다.

214 상수촌(湘水村):경기도 양주시 남면 상수리 역마을 일대. 《세종실록지리지》에는 상수(橡樹)로 되어 있고 상수(相水)로도 부른다고 했다.

215 《研經齋全集外集》 卷64〈雜記類〉 "名塢志" '京畿'(《韓國文集叢刊》 278, 179쪽).

216 칠중성(七重城):경기도 파주시 적성면 구읍리 산148번지 일대에 있는 신라의 산성. 일곱 겹의 성이라는 뜻에서 적성(積城)이라는 지명이 나왔다.

⑥ 沿:저본에는 "公". 오사카본에 근거하여 수정.

로하(匏盧河)[217]와 감악산(紺岳山)[218]이 적성을 서로 비추며 끼고 있어 맑고 수려한 기운이 상수(湘水) 역마을에 모이기 때문에 유명한 묘소와 좋은 터가 많다. 지금은 홍씨(洪氏)의 소유가 되었다.[219]

七重城也. 匏盧河、紺岳山 互相暎帶, 而淸秀之氣蘊 于湘水驛村, 故多名墓佳 基, 而今爲洪氏之有.

매화곡(梅花谷)[220]

[금화경독기][221] 적성에 있으며, 감악산의 남쪽이다. 서쪽 산은 높게 막혀 있고, 남북 양쪽으로 부드러운 산자락인데, 이 산자락이 동쪽으로 달려 안쪽을 감싸 안는다. 들판은 숫돌처럼 평평하며, 동남쪽으로는 도봉산(道峯山)이 우뚝 솟아 하늘에 꽂힌 모습이 바라다 보인다. 샘물이 달고 땅이 비옥하며, 탁 트여 환하기 때문에 즐길 만하다. 단지 앞뒤로 물고기 잡이를 할 만한 하천이나 못이 없을 뿐이다.

梅花谷

[金華耕讀記] 在積城, 紺 岳山之陽. 西山高障, 南 北兩嫩麓, 東馳而環拱內. 坪平如砥, 東南望道峯山 嵯峨揷空. 泉甘土肥, 昭朗 可喜. 但前後無川澤可漁 釣耳.

징파도(澄波渡)[222]

[명오지][223] 마전군(麻田郡) 동쪽으로 20리 떨어진 곳에 있다. 상선들이 모여들어 이곳에 사는 사람들은 재화를 유통할 수 있다. 땅 또한 넓고 비옥하여

澄波渡

[名塢志] 在麻田郡東二十 里. 商船集焉, 居民得以通 貨. 地且衍沃可農.

---

217 포로하(匏盧河): 경기도 연천군 장남면 원당리 일대를 흐르는 임진강. 임진강의 북쪽에서 발원한 사미천이 임진강에 합류하는 지역이며 원당리에는 삼국시대의 호로고루성지가 남아 있어 지명의 흔적을 엿볼 수 있다. 포로하(匏盧河)·호로탄(瓠蘆灘)·호로하(瓠蘆河)로도 쓰며 일명 이포진(梨浦津)이다. 《대동지지(大東地志)》에서 포로하는 수탄(戍灘)이라고도 했으며 《대동여지도》에 사미천과 임진강 합류지점에 수탄을 명기했다.

218 감악산(紺岳山): 경기도 파주시 파평면, 양주시 남면, 연천군 전곡읍에 걸쳐 있는 산. 해발 675m.

219 지금은……되었다: 상수촌에는 남양 홍씨 상수리 집성촌이 형성되어 있고, 입향조인 홍지(洪智)의 묘가 상수리 산55-1번지에 있다.

220 매화곡(梅花谷): 경기도 양주시 남면 매곡리 일대. 맹골 또는 매골로도 불린다.

221 출전 확인 안 됨.

222 징파도(澄波渡): 경기도 연천군 왕징면 북삼리 일대. 《대동여지도》에는 징파강(澄波江)으로 적혀 있다.

223 《研經齋全集外集》卷64〈雜記類〉"名塢志"京畿(《韓國文集叢刊》278, 180쪽).

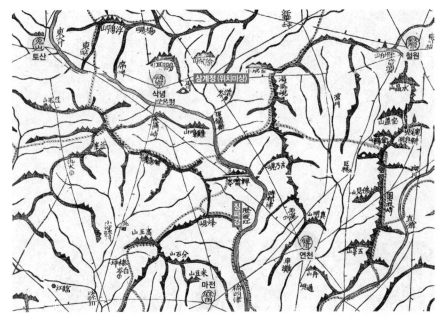

마전·삭녕(《대동여지도》)

농사를 지을 만하다.

삭녕읍촌(朔寧邑村)[224]

[명오지][225] 산골짜기와 강의 상류를 끼고 있다.[226]
산골의 밭은 대부분 척박하지만 유독 삭녕군 치소
의 가운데만은 상당히 기름지고, 강에 닿아 있어 유
람할 수 있기 때문에 서울 근교에서 산골짜기 주거
로는 최고이다.

朔寧邑村

[又] 據峽[7]江之上流. 峽
田多瘠, 獨郡中頗善, 臨江
可遊觀, 爲近畿峽居之最.

---

224 삭녕읍촌(朔寧邑村):경기도 연천군 북면 삭령리 일대의 삭녕군 치소가 있던 마을. 현재 북면 지역은 휴전
선 이북에 위치하고 있다.
225 《研經齋全集外集》, 위와 같은 곳.
226 산골짜기와……있다:삭녕군 치소는 북쪽의 붕이산(鵬耳山)과 남쪽의 우화강[羽化江, 우화정(羽化亭) 앞
을 흐르는 임진강 상류]에 둘러싸여 있다.
[7] 峽:저본에는 "挾". 오사카본에 근거하여 수정.

삼계정(三溪亭)[227]

[금화경독기][228] 삭녕 치소에서 서북쪽으로 □0리 떨어진 곳에 있다. 골짜기 안이 탁 트여 있어 3곳의 시냇물이 가운데서 합류하며, 작은 정자가 시내에 닿아 있다. 이곳에 사는 사람들은 꿩사냥과 물고기 잡이를 생업으로 삼고 있어 집집마다 매를 기르고 굽이굽이 그물을 볕에 말린다. 역시 북협(北峽)[229]에서 살기를 고려할 만한 곳이다.

三溪亭

[金華耕讀記] 在朔寧邑西北□十里. 峽中開拓, 三溪合流于中, 有小亭臨溪. 居人以獵雉、釣魚爲事, 家家養鷹, 曲曲曬網, 亦北峽可意處也.

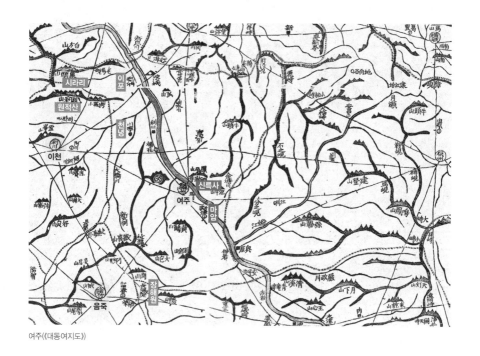

여주(《대동여지도》)

---

[227] 삼계정(三溪亭) : 경기도 연천군 중면 도연리에 있던 정자. 덕은동(德隱洞, 등골)·덕현동(德峴洞, 덕고개)·정자말[亭子村]에서 내려오는 3개의 개울이 정자 앞에서 뒷내[後川 또는 北川]강에 합류한다 하여 붙인 이름. 대동여지도와 1872년 지방지도에 의하면 삼계정은 치소에서 동쪽이나 동북쪽에 있어야 한다.

[228] 출전 확인 안 됨.

[229] 북협(北峽) : 한양 북쪽에 위치한 산골짜기. 평구역촌(平邱驛村) 항목의 동협(東峽) 주석 참조.

여주읍촌(驪州邑村)[230]

[명오지][231] 옛 황려현(黃驪縣)[232]이다. 목은 이색이 여러 번 여주 치소의 청심루(淸心樓)[233]를 유람하였다. 이색의 시[234]에서 "물을 막아 그 공이 높기로는 마암(馬巖)[235]의 바위요, 하늘에 떠 그 세력이 크기로는 용문산이네!"라 했다. 청심루에서 동쪽을 바라보면 단실(丹室)[236]은 오른쪽에 있고 신륵사(神勒寺)[237]는 왼쪽에 있다. 매일 아침저녁으로 종과 경쇠의 소리는 강을 건너온다. 한강[大江]은 서쪽으로 흘러 마암에 부딪치고 꺾여서 서쪽으로 가 질펀하게 퍼지고 넓게 젖으니, 이 바위가 없었으면 읍치는 물에 잠겼을 것이다. 서쪽으로 용문산을 바라보면 운무가 일어나는 듯 하늘에 솟아있다. 이색의 시는 대개 실제 기록이다. 강을 따라 오르내리면 누대가 가려주고

驪州邑村

[名塢志] 故黃驪縣也. 牧隱 李公屢遊邑之淸心樓. 有詩曰: "捍水功高馬巖石, 浮天勢大龍門山." 由樓而東望, 丹室在右, 神勒在左. 每晨夕, 鐘磬之音渡江而至. 大江西流擊馬巖, 折而西, 布漫浸廣, 無是石則淪邑治矣. 西望龍門, 揷天如雲霧之興. 牧隱詩, 蓋實錄也. 緣江上下, 樓臺掩翳交暎. 士大夫多居之上流, 江上[8]無敵此者.

---

230 여주읍촌(驪州邑村): 경기도 여주시 상동·하동 일대 여주 치소에 있던 마을.

231 《硏經齋全集外集》卷64〈雜記類〉"名塢志" 京畿(《韓國文集叢刊》 278, 180쪽).

232 황려현(黃驪縣): 940년(고려 태조 23)에 붙여진 여주의 옛지명.

233 청심루(淸心樓): 경기도 여주시 상동 여주초등학교 자리에 있던 고려시대 정자. 1945년 해방 직후 소실되어 현재 남아 있지 않으며, 성종·숙종·영조·정조 등의 임금과 수많은 시인묵객들이 다녀간 흔적이 기록으로 남아 있다. 여주시청 바로 서쪽이다.

234 이색의 시: 《牧隱詩藁》卷34〈詩〉"驪興淸心樓題次韻"(《韓國文集叢刊》 4, 494~496쪽)에 있다.

235 마암(馬巖): 경기도 여주시 상동의 영월루(迎月樓) 아래 커다란 괴암 절벽에 있는 바위. 여주 관아의 동쪽으로 약 1km 정도 떨어진 곳에 있으며, 남한강이 이곳에서 방향을 틀고 있다. 바위 위에 '마암(馬巖)'이라는 글씨가 새겨져 있다. 이곳에서 황마(黃馬, 누런 말)와 여마(驪馬, 검은 말)가 나왔다 하여 '마암'이라고 부르게 되었으며, 이 때문에 여주를 황려(黃驪)라고도 한다.

236 단실(丹室): 경기도 여주시 단현동(丹峴洞) 부라우 나루 인근에 단암(丹巖) 민진원(閔鎭遠, 1664~1736)이 살던 집. 단암이라는 호는 이곳에 있던 바위의 이름에서 유래했다. 남한강 일대에서 활약하며 여주의 민씨 집안 사람들과도 교유한 방랑 문인 정종한(鄭宗翰, 1764 ~?)의 《곡구집(谷口集)》 권4〈기(記)〉에 "단암기(丹巖記)"와 "단실중건기(丹室重建記)"가 수록되어 있어 단암과 단실이 밀접한 연관이 있음을 알 수 있다. 여주를 흐르는 남한강을 여강(驪江)이라 하듯, 이곳을 흐르는 남한강은 단강(丹江)이라 한다.

237 신륵사(神勒寺): 경기도 여주시 천송동 봉미산에 있는 절이다. 여주읍촌의 북동쪽으로, 남한강 건너이다. 고려 후기의 왕사 나옹(懶翁)이 1376년(우왕 2) 이곳에서 입적하며 많은 이적을 행하여 융성해졌고, 조선 전기에 영릉(英陵, 세종의 능)의 원찰(願刹)이 되어 성종 대에 대규모 중창불사가 있었다. 이색(李穡)의 아버지인 이곡(李穀)이 발원하고 이색이 그 뜻을 계승하여 나옹의 제자들과 함께 대장경을 간행하기도 해서 이색과 인연이 깊다. 이곳과 양주 회암사에 있는 나옹의 비와 부도에 새긴 글은 이색이 지었다.

서로 비춰준다. 사대부들이 상류에 많이 살며, 강가 거주지로는 이곳에 필적할 만한 곳이 없다.

《한임강명승도권(漢臨江名勝圖卷)》 중 여주읍내에 위치한 청심루 전경 (국립중앙박물관)

마암(2005년 촬영, 조인철 제공)

영월루(2003년 촬영, 조인철 제공)

영월루에서 바라본 남한강(2004년 촬영, 조인철 제공)

신륵사(2017년 촬영, 조인철 제공)

《한임강명승도권(漢臨江名勝圖卷)》 중 신륵사 전경(국립중앙박물관)

---

⑧ 上 : 저본에는 "山". 오사카본·《研經齋全集·雜記類·名塢志》에 근거하여 수정.

이호(梨湖)[238]

[명오지][239] 여주 치소에서 20리 떨어진 곳에 있다. 긴 강이 손(巽)방향(동남방)에서 간(艮)방향(동북방)으로 들어가다 횡으로 앞에서 두른다. 동남쪽 들판은 매우 넓고 아득하며, 마을사람들은 오로지 선박을 통한 장사를 우러러 농사를 대신하는데 그 이윤이 경작보다 낫다. 처음에는 한씨(韓氏)의 소유였다가 지금은 홍씨(洪氏)의 물건이다.

[팔역가거지][240] 일명 '백애촌(白涯村)'인데, 이곳이 강가의 제일가는 이름난 터다. 수구가 꽉 막혀 있어 강이 어디로 나가는지 알 수 없다.

천녕(川寧)[241]

[명오지][242] 여주 치소에서 서쪽으로 25리 떨어진 곳에 있다. 본래 고구려 술천현(述川縣)인데, 신라 때 기천(沂川)으로 지명이 바뀌고, 고려에서 지금의 이름으로 바뀌었다. 평평하고 넓은 들판과 짧은 기슭에 평평한 숲이 진실로 만족할 만하다. 국초[243]에 척약재(惕若齋) 김구용(金九容)[244]이 여강(驪江)에서 귀양 살

梨湖

[又] 距驪州邑治二十里. 長江自巽入艮, 橫帶于前. 東南之野甚曠遠, 村人專仰舟楫商販以代農, 其嬴優於耕作. 始爲韓氏所有, 今爲洪氏物.

[八域可居誌] 一名"白涯村", 是爲江上第一名墟. 水口關鎖, 不知江出.

川寧

[名塢志] 在驪州邑西二十五里. 本高句麗 述川縣, 新羅改沂川, 高麗改今名. 平原鉅野, 短麓平林, 洵足怡悅. 國初金惕齋 九容謫居驪江, 搆六友堂于此, 牧

---

238 이호(梨湖) : 경기도 여주시 금사면 이포리 일대. 강천면 이호리가 이호라는 지명을 쓰고 있어 오해의 소지가 있으나 백애촌은 여주 치소의 서쪽 금사면에 있는 것이 확실하다.

239 《研經齋全集外集》, 위와 같은 곳.

240 《擇里志》〈京畿〉, 33~42쪽.

241 천녕(川寧) : 경기도 여주시 흥천면 효지리·하다리·다대리·귀백리 일대의 마을로 추정된다.

242 《研經齋全集外集》卷64〈雜記類〉"名塢志"'京畿'(《韓國文集叢刊》278, 180쪽).

243 국초 : 원문의 '國初'는 조선 초기를 의미하지만 김구용은 고려 후기의 문신으로, 조선이 건국된 1392년 이전인 1384년에 사망하였다. 착오에 의한 오류로 보인다.

244 김구용(金九容) : 1338~1384. 고려 후기의 문신. 자는 경지(敬之), 호는 척약재(惕若齋), 육우당(六友堂),

때 이곳에 육우당(六友堂)을 지었고, 목은 이색이 여기에 기문(記文)을 지었다.[245]

隱 李公爲之記.

시라리(蒔蘿里)[246]

[금화경독기][247] 여주에 있으며, 원적산(元積山)[248] 아래이다. 강을 거슬러 형국이 열리는데, 땅은 기름지고 농사짓기에 알맞다.

蒔蘿里

[金華耕讀記] 在驪州, 元積山下. 逆江開局, 土肥腴, 宜耕稼.

장해원(長海院)[249]

[명오지][250] 음죽현(陰竹縣) 동쪽으로 13리 떨어진 곳에 있으며, 충주의 경계에 대천의 중류와 연접해 있어 대천 동쪽은 충주에 속한다.[251] 땅이 남로(南路)[252]의 요충에 위치하여 상인들이 모여들며 가게를 하는 주민들은 장사로 생업을 삼고 있다. 대천 좌우는 땅이 비옥하여 농사지을 만하다.

長海院

[名塢志] 在陰竹縣東十三里, 其忠州境接大川中流, 川東屬忠州. 地處南路之衝, 商賈輻輳, 店民以爲業. 川左右土肥可耕.

시호는 문온(文溫). 중건한 성균관에서 정몽주(鄭夢周)·이숭인(李崇仁) 등과 성리학을 일으키는 데 힘썼고, 성균관대사성을 역임했다. 1375년(우왕 1) 삼사좌윤(三司左尹)으로 있을 때는 북원(北元)이 보낸 사절을 맞으려는 권신들에 반대하다가 여주에 귀양가서 육우당을 짓고 강호에 노닐었다. 《주관육익(周官六翼)》의 저자로도 거론되며, 《척약재집》이 전한다.

245 목은……지었다: 《東文選》 卷73〈記〉 "六友堂記"에 있다.

246 시라리(蒔蘿里): 경기도 여주시 산북면 상품리·후리 일대로 추정된다. 이곳은 원적산의 북쪽으로, 남한강으로 흘러 들어가는 용담천이 흐르며 이 천의 상류로 올라가면서 넓은 곳이 나온다.

247 출전 확인 안 됨.

248 원적산(元積山): 경기도 여주시 금사면·산북면과 이천시 백사면에 걸쳐 있는 산. 해발 564m. 《대동여지도》에는 '원적산(圓寂山)'으로 적혀 있다.

249 장해원(長海院): 경기도 이천시 장호원읍 장호원리에 있던 역원 및 그 일대의 마을. 이후 이곳 지명으로 굳어져 장호원읍(長湖院邑)으로 굳어졌다.

250 《研經齋全集外集》 卷64〈雜記類〉 "名塢志" '京畿'(《韓國文集叢刊》 278, 180쪽).

251 충주의……속한다: 여기서 대천은 천민천[天民川, 현재의 청미천(淸渼川)]을 말한다. 이 당시 행정구역은 천민천을 사이에 두고 음죽현과 충주목이 인접해 있었다.

252 남로(南路): 한성에서 동래까지 이어지며 장해원을 통과하는 조선시대 간선도로. 삼국시대부터 이용되었고, 영남대로(嶺南大路), 영남로(嶺南路), 동래로(東萊路)로도 불린다.

안성읍촌(安城邑村)[253]

[명오지][254] 경기와 호서의 바다와 산골 사이에 있다. 화물이 수송되고 장인과 상인이 모여들어서 한강 이남의 도회가 되었다. 생계를 꾸려가는 사람들이 많이 사는데, 사대부들도 이곳에 농장을 두고 의지해 산다.

금령촌(金嶺村)[255]

[명오지][256] 용인현(龍仁縣) 동쪽[257]으로 30리 떨어진 곳에 있다. 시내를 따라 땅이 비옥하여 농사에 알맞다. 나그네가 모여들어 시장이 서니 재화를 의지할 만하다.

비파호(琵琶湖)[258]

[금화경독기][259] 용인과 광주의 교차지점에 있다. 대천[260]과 거리를 두고 형국을 이루고 있는데, 남씨(南氏)가 대대로 살고 있다. 시내를 막고 호수를 만들어서 물을 대주는 밭이 헤아릴 수 없다. 마침내 서울

安城邑村

[又] 居畿、湖海峽之間. 貨物委輸, 工商湊集, 爲漢南都會. 營生者多居之, 士大夫亦置庄而資之.

金嶺村

[又] 在龍仁縣東三十里. 緣溪地沃, 宜耕稼. 賓旅輻湊有場市, 可資財貨.

琵琶湖

[金華耕讀記] 在龍仁、廣州之交. 距大川作局, 南氏世居. 障川爲湖, 漑田無數, 遂爲近畿上腴之地.

---

253 안성읍촌(安城邑村) : 경기도 안성시 낙원동 일대에 있던 안성의 읍치 마을. 박지원의《열하일기(熱河日記)》〈옥갑야화(玉匣夜話)〉에 나오는 허생(許生)이 제사에 필수품인 과수의 사재기법을 쓴 시장이 바로 이 안성이다.

254《研經齋全集外集》卷64〈雜記類〉“名塢志”‘京畿’(《韓國文集叢刊》278, 181쪽).

255 금령촌(金嶺村) : 경기도 용인시 처인구 역북동 일대. 현재 처인구청 앞을 동서로 횡단하는 금령로는 금령역을 중심으로 형성된 금령촌에서 유래했으며 금학천이 중앙을 흐른다.

256《研經齋全集外集》, 위와 같은 곳.

257 동쪽 : 실제로는 동남쪽이다.

258 비파호(琵琶湖) : 경기도 용인시 처인구 모현읍 갈담리 경안천에 형성된 호수 또는 그 주변 마을 일대. 비파라는 이름은 약천(藥泉) 남구만(南九萬, 1629~1711)이 벼슬에서 물러나 은거할 때 비파를 켜며 풍류를 즐긴 데서 연유한다. 약천의 묘소는 갈담리와 붙어 있는 둔봉산 자락(초부리 90-7번지)에 있으며 이 일대에 의령 남씨가 세거했다.《대동여지도》에는 비파담(琵琶潭)으로 되어 있고 현재 갈담리에 파담마을이 있다.

259 출전 확인 안 됨.

260 대천 : 지금의 경안천이다.

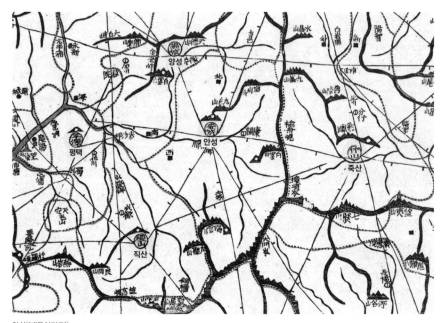

안성(《대동여지도》)

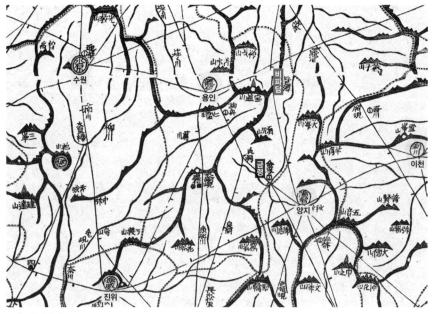

용인(《대동여지도》)

근교에서 가장 비옥한 땅이 되었다.

판교촌(板橋村)[261]

[명오지][262] 광주 남쪽으로 45리 떨어진 곳에 있다. 사방이 산으로 둘러싸여 있고, 대천[263]이 마을 앞을 가로질러 흐른다. 교목이 울창하고 토지가 비옥하며, 또 남로(南路)의 재화가 통하기 때문에 가게집이 줄지어 있어 이곳에 사는 사람들은 부유하다.

두현(斗峴)[264]

[금화경독기][265] 광주에 있으며 도미진(渡迷津)[266] 근처이다. 또한 '마점(麻岾)'이라고도 한다. 고기잡이와 땔나무의 이익을 갖추고 있다. 서울 사대부 집안의 누정이 많다. 그 번성함은 한강 하류의 행주(幸州)와 같다.

석림(石林)[267]

[금화경독기][268] 광주 북쪽으로 27리 떨어진 곳에

板橋村

[名塢志] 在廣州南四十五里. 四山環繞, 大川橫流村前. 喬木蓊蔚, 土地膏沃, 又通南路之財貨, 店舍布列, 居民富饒.

斗峴

[金華耕讀記] 在廣州, 渡迷津上, 亦云"麻岾". 具漁樵之利. 多京都士夫家亭榭, 與下流幸州相埒.

石林

[又] 在廣州北二十七里,

---

261 판교촌(板橋村):경기도 성남시 분당구 판교동·백현동 일대. 이곳에 있던 탄천을 가로지르는 널다리[板橋]에서 유래한 지명이다.

262 《研經齋全集外集》 卷64 〈雜記類〉 "名塢志" '京畿'(《韓國文集叢刊》 278, 181쪽).

263 대천 : 지금의 탄천이다.

264 두현(斗峴):마재. 경기도 남양주시 조안면 능내리 마현(馬峴) 마을. 《대동여지도》에는 마점(麻岾)으로 적혀 있다. 정약용(丁若鏞, 1762~1836)·정약전(丁若銓, 1758~1816) 형제의 거처가 이곳에 있었다. 서유구 또한 말년 몇 년을 살다가 숨을 거둔 곳이기도 하다. 두릉(斗陵)이라고도 한다.

265 출전 확인 안 됨.

266 도미진(渡迷津):경기도 하남시 배알미동에 있던 나루로, 광나루에 버금가는 한강의 대표적인 나루이다. 《대동여지도》에는 두미(斗迷)로 적혀 있다.

267 석림(石林):경기도 광주시 남종면 이석리 석림마을. 1914년 행정구역 개편 때 석호동(石湖洞)과 석림동(石林洞)을 합해서 이석리(二石里)라 부르게 되었다. 마을에 용인 이씨 이하악(李河岳, 1610~1677)과 형조 참판을 지낸 그 아들 이세재(李世載, 1648~1706)의 묘소가 있다. 지금은 팔당호에 수몰되어 마을이 얼마 남지 않았다.

268 출전 확인 안 됨.

있으며, 우천(牛川)²⁶⁹이 그 앞을 지난다. 고기잡이와 땔나무, 농사의 이익을 갖추고 있다. 지금은 이씨(李氏)의 소유이다. 집들이 즐비하여 한강 상류의 좋은 터로 불린다.

牛川經其前. 具⑨漁樵、耕稼之利. 今爲李氏所有. 屋廬櫛比, 號爲上流佳基.

남자곡(藍子谷)²⁷⁰

[금화경독기]²⁷¹ 광주 북쪽으로 20리 떨어진 곳에 있다. 두현(斗峴)과 강을 사이에 두고 마주보고 있다.

藍子谷

[又] 在廣州北二十里. 與斗峴隔江相望. 舊爲尹尙

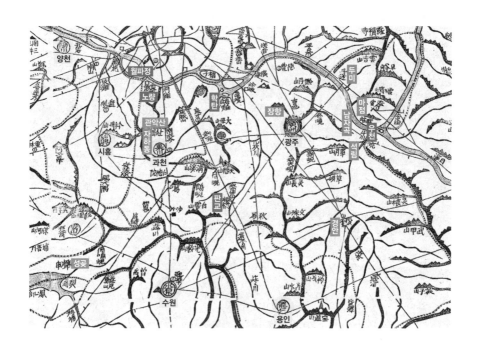

---

²⁶⁹ 우천(牛川): 경기도 용인시 용해곡에서 발원하여 용인시와 광주시를 지나 한강 본류 팔당호로 흘러들어가는 경안천(慶安川).

²⁷⁰ 남자곡(藍子谷): 정약용의 《여유당전서(與猶堂全書)》에 남자주(藍子洲)라는 섬이 여러 번 등장하나, 이 섬은 주로 족자도로 알려져 있으므로 남자곡과 연결하기에는 무리가 있다. 오히려 본문에서 사방의 산이 너무 높아 사는 사람이 드물다고 했으므로 하남시 배알미동의 검단산 자락의 어느 골짜기 마을이면서 마재를 마주보는 곳으로 추정된다.

²⁷¹ 출전 확인 안 됨.

⑨ 具 : 오사카본에는 "有".

옛날 상서(尙書) 윤헌주(尹憲柱)[272]의 별장이었다가 지금은 주인이 바뀌었다. 사방의 산이 너무 높고 이곳에 사는 사람들이 많지 않아 좋은 터라고 말할 수 없다.

장항(獐項)[273]

[금화경독기][274] 광주에 있으며, 천마산(天摩山)[275] 아래이다. 골짜기 안이 탁 트여 있고 남쪽을 향해 형국을 이루고 있다. 흙은 청결하고 샘물은 달다. 이곳에 사는 사람들이 번성하여 제법 살 만하다.

학탄(鶴灘)[276]

[금화경독기][277] 광주에 있으며, 송파진(松坡津)[278]의 남쪽이다. 물을 등지고 산을 앞에 두고 있다.[279] 옛날 상서 이정보(李鼎輔)[280]의 별장이다. 서울 근교의

書 憲柱別業, 今易主. 四山太高, 居民尠少, 未可謂佳基也.

獐項

[又] 在廣州, 天摩山下. 峽中開拓, 向南作局. 土潔泉甘, 居民殷盛, 頗可居.

鶴灘

[又] 在廣州, 松坡津之南. 背水面山. 舊爲李尙書 鼎輔別業, 號爲近京佳基. 然

---

272 윤헌주(尹憲柱) : 1661~1729. 조선 후기의 문신. 자는 길보(吉甫), 호는 이지당(二知堂), 시호는 익헌(翼獻). 여러 차례 탄핵과 파직을 겪으면서도 참판과 판서를 두루 거쳤으며, 함경도관찰사, 평안도관찰사 등을 넉넉하였고 영의정을 추증받았다.

273 장항(獐項) : 확인 안 됨.

274 출전 확인 안 됨.

275 천마산(天摩山) : 옛 광주의 경계 안에는 경기도 하남시 감이동과 서울특별시 송파구 마천동 사이에 천마산(해발 145m)이 있고, 인접한 경기도 남양주시 화도읍에도 천마산(해발 812m)이 있다. 두 산 어디에도 그 남쪽에서 장항은 확인되지 않는다.

276 학탄(鶴灘) : 서울특별시 강남구 개포동·일원동 일대 탄천과 양재천이 합류하는 학여울 또는 그 주변 마을.

277 출전 확인 안 됨.

278 송파진(松坡津) : 서울특별시 송파구 신천동 석촌호수 부근에 있던 나루터. 서쪽의 삼전도(三田渡)와 동쪽의 광진(廣津) 사이에 있으며, 남한산성과 가까워 수어청에서 관리하고 장시가 개설되면서 삼전도보다 번성하였다.

279 물을……있다 : 탄천과 양재천을 등지고 남쪽의 대모산(大母山, 해발 293m)을 마주한다.

280 이정보(李鼎輔) : 1693~1766. 조선 후기의 문신. 자는 사수(士受), 호는 삼주(三洲), 시호는 문간(文簡). 탕평책을 반대하다 사직과 좌천을 당했고 함경도 관찰사로 변경을 안정시켰다. 여러 판서를 거쳤으며 이조판서로 있을 때 수어사를 겸했고 세손의 사부였다. 만년에 은퇴한 후 학탄 가에 정자를 짓고 시를 지었다. 사륙문에 뛰어나서 《해동가요(海東歌謠)》에 시조 78수를 남겼다.

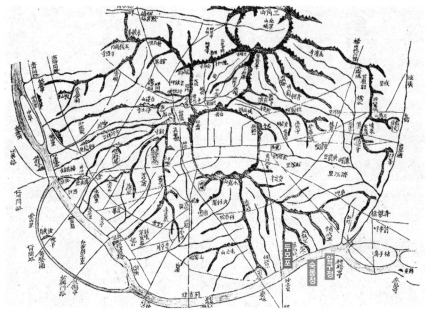

경조오부 일대(《대동여지도》)

좋은 터로 불린다. 그러나 앞산이 너무 높고 논밭에 대줄 물이 부족하여 낙토는 아니다.

前山太高, 田乏灌漑, 非樂土也.

압구정(狎鷗亭)[281]

[명오지][282] 두모포(豆毛浦)[283]에 있으며, 남쪽 연안이다. 강물 빛이 흰색 비단 같으니, 두 갈래로 나뉘어 섬이 된다.[284] 맑은 모래와 초록 풀로 인해 넓고 탁 트여 평평하고 넓으니, 한강에서 가장 경치가 좋은

狎鷗亭

[名塢志] 在豆毛浦, 南岸. 江光如練, 分歧爲嶼, 明沙綠蕪, 閑曠平遠, 乃漢江之最勝處. 上黨府院君 韓

---

281 압구정(狎鷗亭) : 서울특별시 강남구 압구정동 455번지 압구정 유지에 있던 정자. 또는 그 일대 지역.

282 《硏經齋全集外集》 卷64 〈雜記類〉 "名塢志" '京畿'(《韓國文集叢刊》 278, 181쪽).

283 두모포(豆毛浦) : 서울특별시 성동구 옥수동 동호대교 북단의 한강 가. 중랑천과 한강이 만나므로 두물개·두멧개·두뭇개로 불리다가 두모포로 표기된 것이다.

284 두……된다 : 압구정에서 바라본 강 건너 중랑천과 동호 사이에 뚝섬 일대가 끼어 있는 모습에 대한 묘사이다.

곳이다. 상당부원군(上黨府院君) 한명회(韓明澮)[285]가 이 곳에 정자를 지었다. 한림학사(翰林學士) 예겸(倪謙)[286] 에게 이름을 부탁하여 마침내 중국에도 알려졌다.

明澮搆亭於此. 請名於翰 林學士 倪謙, 遂聞於中國.

숙몽정(夙夢亭)[287]

[금화경독기][288] 두모포에 있으며, 남쪽 연안이다. 압구정과 마주하고 있으면서 이들 모두 서울 근교의 유명한 정자로 불린다.

夙夢亭

[金華耕讀記] 在豆毛浦, 南岸. 與狎鷗對峙, 俱號近 京名榭.

자하동(紫霞洞)[289]

[금화경독기][290] 과천(果川) 관악산(冠岳山) 안에 있다. 관악산은 과천현 서쪽으로 5리 떨어진 곳에 있다. 골짜기가 깊숙하고 아늑하여 산의 남북이 모두 살 만한데, 남쪽 자하동이 더욱 좋다. 다만 논밭이 아 주 척박하여 가끔 샘물에 의지할 때가 있고, 관개할 때마다 물이 부족할까 염려된다. 그러나 샘과 바위 가 절경이라 서울 안에 사는 경상(卿相, 삼정승과 육판 서)의 집이 많다.

紫霞洞

[又] 在果川 冠岳山中. 冠 岳在縣西五里. 洞府深邃, 山之陰陽并可居而南紫霞 洞益佳. 但田地甚瘠, 往 往資泉水, 灌漑輒患其弱. 然泉石絶勝, 多都下卿相 室廬.

---

285 한명회(韓明澮) : 1415~1487. 조선 전기의 문신. 자는 자준(子濬), 호는 압구정(狎鷗亭)·사우당(四友堂), 시호는 충성(忠成). 1461년 상당부원군(上黨府院君)에 진봉되었다. 수양대군을 도와 계유정난을 성사시 키는 등의 공으로 총 4번에 걸쳐 1등공신에 책봉되었다. 세조, 예종, 성종을 거치면서 이조판서, 병조판서, 삼정승을 두루 역임하며 공신으로 누릴 수 있는 실권, 부귀와 영화를 모두 누렸다. 만년에 동호 남쪽에 압구정이라는 정자를 지어 유유자적하고자 했다.

286 예겸(倪謙) : 1415~1479. 명나라 관리. 1450년(세종 32) 경태제(景泰帝, 재위 1449~1457)의 등극을 반포 하는 조사(詔使)로 조선에 다녀갔으며, 후에 한림학사(翰林學士), 예부우시랑(禮部右侍郞), 남경예부상서 (南京禮部尙書) 등을 역임했다. 저서로는 《예문희집(倪文僖集)》·《조선기사(朝鮮紀事)》 등이 있다.

287 숙몽정(夙夢亭) : 서울특별시 강남구 압구정동에 있던 정자. 압구정의 동쪽에 숙종 때 문신 홍석보(洪錫 輔, 1672~1729)가 세웠다.

288 출전 확인 안 됨.

289 자하동(紫霞洞) : 경기도 과천시 중앙동에서 관악산 연주대 쪽으로 오르는 계곡 일대. 정조·순조·헌종 3대 에 걸쳐 시서화(詩書畵) 삼절(三絶)로 이름이 높은 자하(紫霞) 신위(申緯, 1769~1845)가 살았다.

290 출전 확인 안 됨.

월파정(月波亭)[291]

[금화경독기][292] 과천에 있으며 사충사(四忠祠)[293]의 서쪽이다. 강 건너 멀리 도성을 바라보면 오강(五江)[294]의 지붕골이 비늘처럼 죽 늘어졌다. 강 연안에 있는 명승지 가운데 최고로 알려져 있다. 상류의 압구정과 앞뒤를 다툰다.

장항(獐項)[295]

[명오지][296] 안산군(安山郡) 서쪽으로 30리 떨어진 곳에 있다. 안산은 땅이 비옥하고 생선과 게가 풍부하다. 정조(正祖)대왕의 어제시(御製詩)에 "살아생전 살기에는 안산이 좋은 곳이다."라 한 곳이 이곳이다. 바다 입구의 여러 산들이 그림 같이 둘러싸고, 산등성이와 산기슭은 넓고 아득하다. 아마도 옛날의 읍치였을 것이다.

月波亭

[又] 在果川, 四忠祠之西. 隔江望都城, 五江屋甍鱗比. 號爲沿江名勝之最, 與上流狎鷗亭伯仲.

獐項

[名塢志] 在安山郡西三十里. 安山地肥饒魚蟹. 正宗大王御製詩曰："生居最說安山好"是也. 海口群山環繞如畫, 岡麓曠遠. 蓋古時邑治也.

---

291 월파정(月波亭) : 서울특별시 동작구 노량진동 15번지(노량진 수산시장 뒤쪽) 일대에 있던 정자 또는 그 일대의 마을. 정자는 해방 후 장택상(張澤相, 1893~1969)의 별장으로 사용되었으며 현재 별장식당이라는 횟집이 자리잡고 있다. 다산 정약용은 노량진(鷺梁津) 서편에 있던 정자라 했으며, 이 아래에 배를 띄우고 달빛이 비치는 물결을 바라본 적이 있다고 한다.

292 출전 확인 안 됨.

293 사충사(四忠祠) : 신임옥사(辛壬士禍)에 연루되어 죽임을 당한 노론 4대신 김창집(金昌集)·이이명(李頤命)·이건명(李健命)·조태채(趙泰采)를 제향하기 위하여 영조의 명으로 1725년(영조 1) 설립한 서원. 사충서원(四忠書院). 원래 노량진역 자리에 있었으나 이전을 거듭하여 현재는 경기도 하남시 상산곡동 100-2번지에 있다.

294 오강(五江) : 한양 도성 아래로 흐르는 한강의 별칭. 뚝섬 일대의 동호(東湖), 한남동 일대 한강(漢江), 용산 일대 용호(龍湖) 또는 용산강(龍山江), 마포 일대 마포강, 서강 일대 서강(西江) 이상 다섯 강의 통칭이다.

295 장항(獐項) : 경기도 안산시 단원구 신길동·원곡동·초지동 등 일대. 안산은 고구려가 장항구현(獐項口縣), 통일신라가 장구군(獐口郡)을 설치했던 지역이다. '장항구'나 '장구'는 지세가 '노루의 입'을 닮아서 붙인 지명이다. 현재 이곳에는 반월국가산업단지가 자리잡고 있다.

296 《硏經齋全集外集》卷64〈雜記類〉"名塢志"'京畿'(《韓國文集叢刊》278, 180~181쪽).

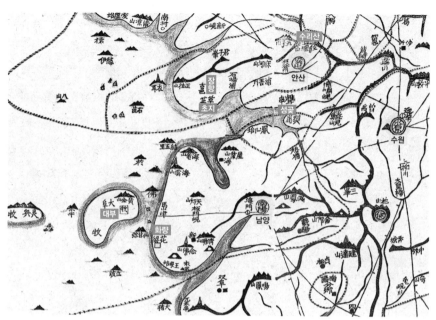

안산·남양 일대(《대동여지도》)

성곶리(聲串里)[297]

[팔역가거지][298] 광주와 안산의 교차지역에 있다. 수리산(修理山) 남쪽 산맥이 이곳에서 그친다. 앞에는 큰 포구에 닿아 있어 근해의 상선이 상당히 모인다. 이곳에 사는 사람들은 생선을 팔아서 생업으로 삼고 있어서 부유한 자를 많이 두었다. 하지만 생선 비린내가 마을에 가득하여 청량한 뜻이 적다.

聲串[10]里

[八域可居誌] 在廣州、安山之交. 修理山南脈止於此. 前臨大浦, 頗集近海商船, 居民販魚爲業, 多置富厚者. 魚腥滿村, 少淸涼之意.

---

297 성곶리(聲串里) : 경기도 안산시 상록구 성포동 일대에 있던 마을. 이곳에 일가인 성호(星湖) 이익(李瀷, 1681~1763)과 청담(靑潭) 이중환(李重煥, 1690~1752)이 거주했으며, 현재 상록구 일동 555번지에 이익의 묘가 있다. 지금은 시화호 주변의 간척과 도시 개발로 옛 정취를 전혀 느낄 수 없다.
298 《擇里志》〈京畿〉, 33~42쪽.
[10] 串 : 저본에는 "皐".《擇里志·京畿》에 근거하여 수정.

대부도(大阜島)[299]

[명오지][300] 남양부(南陽府) 서쪽으로 13리 떨어진 곳에 있으며, 바다 가운데이다. 화량진(花梁鎭)[301]으로부터 석맥(石脈)이 바다로 들어갔다가 구불구불 얽히기 때문에 바위 능선을 거쳐 걸어서 섬에 다다를 수 있다. 옛날 학을 따라 걸어서 그 길을 알게 된 사람이 있었지만 다른 섬사람들은 이를 알지 못했다. 세상에 전해지는 말에 숭정(崇禎, 1627~1644) 연간에 발발한 병자호란(1636~1637) 때 섬사람들이 적을 피해 바위 능선을 따라 섬으로 갔는데 적이 말을 타고 쫓다가 모두 물에 빠졌다고 한다. 섬 안은 넓고 비옥하여 농사지을 만한 데다가 생선과 소금이 풍족하여 이곳에 사는 사람들은 대부분 부유하다.

신곡(薪谷)[302]

[금화경독기][303] 김포(金浦)에 있으며 소강(蘇江)[304]의 남쪽이다. 옛날 상서 김취로(金取魯)[305]의 별장이었다. 수중 정자, 소나무 정원, 연꽃 못의 경치가 빼어났으나 지금은 없어졌다.

大阜島

[名塢志] 在南陽府西十三里, 海中. 自花梁鎭石脈入海, 屈曲縈紆, 由脊而步可抵島. 昔有人從鶴步去得其路, 他島人不之知. 世傳崇禎丙子之難, 島人避敵, 由石脊行, 敵騎逐之, 皆淖云[11]. 島中衍沃可耕, 且饒魚鹽, 居人多富厚.

薪谷

[金華耕讀記] 在金浦, 蘇江之南. 舊爲金尙書 取[12]魯別業, 有水榭、松園、蓮池之勝, 今廢.

---

299 대부도(大阜島) : 경기도 안산시 단원구 대부동에 위치한 서해상에 돌출된 남양반도 서쪽의 섬.

300 《硏經齋全集外集》 卷64〈雜記類〉 "名塢志" '京畿'(《韓國文集叢刊》 278, 180쪽).

301 화량진(花梁鎭) : 경기도 화성시 송산면 지화리 일대에 있던 진.

302 신곡(薪谷) : 경기도 김포시 고촌읍 신곡리 김포대교 남단 일대. 섶골 또는 섶굴. 임진왜란 때 행주대첩에서 강 건너 행주산성으로 다가오는 왜선을 향해 불을 붙인 섶나무와 돌을 던져서 왜선을 불태운 사실에서 유래한 지명이라고 한다.

303 출전 확인 안 됨.

304 소강(蘇江) : 경기도 김포시 고촌읍 신곡리 일대를 흐르는 한강을 가리키는 듯하다.

305 김취로(金取魯) : 1682~1740. 조선 후기의 문신. 자는 취사(取斯), 시호는 충헌(忠獻).

[11] 云 : 저본에는 "去". 오사카본에 근거하여 수정.

[12] 取 : 저본에는 "就". 일반적인 용례에 근거하여 수정.

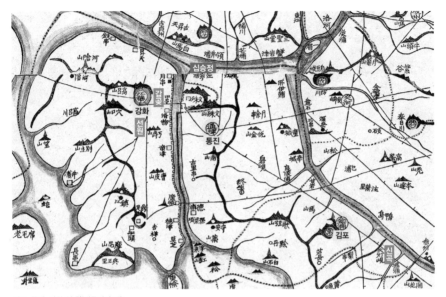

김포·통진·강화 일대(《대동여지도》)

십승정(十勝亭)306

[금화경독기]307 통진의 서쪽에 있으며, 강화도 갑곶
진(甲串津)308의 북쪽이다. 성씨(成氏)가 대대로 살고
있다. 물가에 누정을 세워 오른쪽으로 바다 입구를
내려다볼 수 있다. 한강 하류의 명승으로 알려졌다.

선원(仙源)309

[명오지]310 강화부(江華府) 남쪽으로 8리 떨어진 곳에

十勝亭

[又] 在通津之西, 沁都 甲
串津之北. 成氏世居之. 臨
水起樓, 右瞰海口, 號爲下
流名勝.

仙源

[名塢志] 在江華府南八里.

---

306 십승정(十勝亭) : 경기도 김포시 월곶면 성동리의 문수산성 북쪽 일대나 보구곶리에 있던 정자 또는 그 마
　을 일대로 추정된다.
307 출전 확인 안 됨.
308 갑곶진(甲串津) : 인천시 강화군 강화읍 갑곶리 일대.
309 선원(仙源) : 인천시 강화군 선원면 냉정리, 불은면 삼성리 일대. 고려 시대의 절 선원사(禪源寺)에서 유래
　한 지명이다. 선원면 선행리에 충렬사가 있는데, 김상용의 집터에 지은 사당이다.
310 《研經齋全集外集》 卷64 〈雜記類〉 "名塢志" '京畿'(《韓國文集叢刊》 278, 179쪽).

있다. 강화부는 비옥한 곳으로 알려진 데다가 해산 府中以肥沃稱, 且饒海産.
물이 풍부하다. 문충공(文忠公) 김상용(金尙容)311과 金文忠、洪忠正皆居之. 仙
충정공(忠正公) 홍익한(洪翼漢)312이 모두 이곳에 살았 源者, 文忠所以號也.
다. 선원은 김상용이 호로 삼은 곳이다.

---

311 김상용(金尙容) : 1561~1637. 조선 중기의 문신. 자는 경택(景擇), 호는 선원(仙源), 시호는 문충(文忠). 임
   진왜란 때 선원으로 피난했다가 왜군 토벌과 명군 접대의 공을 세웠다. 인조반정 후에 고위관직을 두루 거
   쳤으며 병자호란 때 빈궁과 원손을 수행해 강화도에 피난했다가 섬이 함락되자 남문루에서 폭사했다.
312 홍익한(洪翼漢) : 1586~1637. 조선 중기의 문신. 자는 백승(伯升), 호는 화포(花浦), 시호는 충정(忠正). 오
   달제(吳達濟)·윤집(尹集)과 함께 3학사(三學士)의 한 사람으로, 병자호란 후에 청나라로 잡혀가 죽었다.
   강화군 화도면 흥왕리 산30-2번지에 집터가 남아있다.

2) 충청도

청라동(靑蘿洞)[1]

[명오지][2] 보령현 동쪽에 있다. 내포(內浦) 일대는 샘물과 바위의 정취가 부족하나 이 마을에는 그 정취가 있다. 큰 하천으로 논밭에 물을 댈 수 있고 흙도 매우 비옥하다. 게다가 바다로 통행할 수 있는 이로움이 있어 서울 안에 사는 사대부 중 많은 이가 농장을 설치하여 그 재화를 수로 수송에 의지한다. 바닷가 구석에 있어 위치는 후미진 곳이지만 이곳에 사는 사람 중에 부유한 이가 많다. 이곳의 과일로는 감과 대추가 난다.

가야동(伽倻洞)[3]

[명오지][4] 덕산현 서쪽 가야산(伽倻山) 아래에 있다. 골짜기가 깊숙하고 아늑한 곳에 있고 샘물과 바위가 빼어나며 깨끗하다. 병계(屛溪) 윤봉구(尹鳳九)[5]가 이곳에 살아서 결국 그의 가문이 대대로 소유하였다. 집들은 번화하고 마을이 조밀해서 명승지로 알려졌다.

湖西

靑蘿洞

[名塢志] 在保寧縣東. 內浦一帶, 乏泉石之趣, 而此洞有之. 大川可以灌漑, 土極膏沃. 且通海利, 都下士大夫多置庄而賴其轉輸. 海隅地僻, 居民多富厚. 其果柿、棗.

伽倻洞

[又] 在德山縣西伽倻山下. 洞府深邃, 泉石秀潔. 屛溪尹尙書居之, 遂爲世有. 室廬繁華, 閭里稠密, 稱其勝也.

---

1 청라동(靑蘿洞):충청남도 보령시 청라면 나원리 일대에 있던 마을.
2 《研經齋全集外集》卷64〈雜記類〉"名塢志"'湖西'(《韓國文集叢刊》278, 180쪽).
3 가야동(伽倻洞):충청남도 예산군 덕산면 상가리 일대 가야산 안에 있는 마을. 가얏골 혹은 갯골이라고도 한다.
4 《研經齋全集外集》卷64〈雜記類〉"名塢志"'湖西'(《韓國文集叢刊》278, 182쪽).
5 윤봉구(尹鳳九):1681~1767. 조선 후기의 문인. 자는 서응(瑞膺), 호는 병계(屛溪). 글씨에 뛰어나 윤상서체(尹尙書體)로 유명하다. 1714년 진사시에 합격하여 벼슬이 이조판서에 이르렀다. 한원진(韓元震, 1682~1751)과 함께 호론(湖論)을 주장하였고, 권상하(權尙夏, 1641~1721)의 문하에서 배운 다른 7명과 함께 강문팔학사(江門八學士)라 불린다. 저서로는 《병계집(屛溪集)》이 있다. 윤봉길(尹奉吉, 1908~1932) 의사도 여기 덕산의 이웃 마을(덕산면 시량리)에서 활동했으며, 윤봉구와 일가이다.

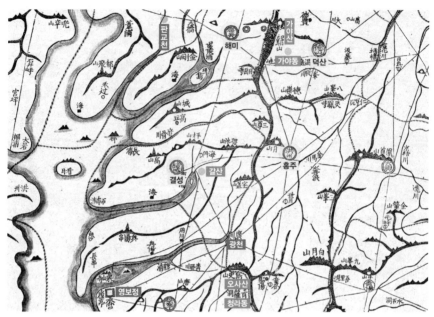

청라동·가야동·판교천 일대(《대동여지도》)

판교천(板橋川)⁶

[명오지]⁷ 서산군 남쪽으로 6리 떨어진 곳에 있다. 성왕산(聖旺山)⁸에서 발원하여 남쪽으로 흘러 바다로 들어간다. 판교천 부근은 이름난 마을로 알려졌으니, 시냇물을 따라 위아래로 저택이 줄지어 있다. 김씨(金氏)가 이곳에 살면서 서로 호화로움을 뽐낸다.

板橋川

[又] 在瑞山郡南六里. 源出聖旺山, 南流入海. 板橋之上, 以名塢稱, 緣溪上下, 第宅相連. 金氏居之, 以豪華相尙.

6　판교천(板橋川) : 충청남도 서산시 음암면 부산리에 있는 성왕산에서 발원하여 남서쪽으로 흘러 석남동 일대를 지나 서해로 들어가는 하천.

7　《研經齋全集外集》, 위와 같은 곳.

8　성왕산(聖旺山) : 충청남도 서산시 음암면 부산리와 성연면 갈현리에 걸쳐 있는 산. 성국산(聖國山)이라고도 한다. 해발 252m.

성연부곡(聖淵部曲)[9]

[명오지][10] 서산군 북쪽으로 15리 떨어진 곳에 있다. 역시 이름난 마을이다. 한씨(韓氏)가 이곳에 살면서 대대로 부유하다고 알려졌으며 친인척이 매우 번성해 그들의 집들이 즐비하다. 물가의 나루는 모두 조수와 통하기 때문에 상인들이 상품을 쌓아두는 장소로 쓴다. 마을에 젓갈과 굴이 좋다.

무릉동(武陵洞)[11]

[명오지][12] 서산군 동쪽 가야산 안에 있다. 물과 바위가 매우 아름답고 마을과 별장이 함께 어우러져 있어 살기에 좋다. 그 곁에는 수렴동(水簾洞)[13]의 경치가 빼어나서, 바위와 폭포가 매우 기이하니 가장 살기 좋은 명당이다.

합덕제(合德堤)[14]

[명오지][15] 홍주 북쪽으로 30리 떨어진 곳에 있다. 옛날 고려의 합덕현(合德縣)[16]이다. 큰 못이 있어 들에 물을 댈 수 있고, 못에는 연밥이 풍부해서 홍주 사람들

聖淵部曲

[又] 在瑞山郡北十五里. 亦名塢也. 韓氏居之, 世以富厚稱而族黨甚盛, 室廬櫛比. 溪港①皆通潮, 故爲商賈居積之所. 村中善醢、石花.

武陵洞

[又] 在瑞山郡東伽倻山中. 水石甚佳而村墅映帶, 可居. 其傍有水簾洞之勝, 巖瀑甚奇, 儘名基也.

合德堤

[又] 在洪州北三十里, 故高麗 合德縣也. 有大池灌其野, 池饒蓮子, 州人歲以

---

9 성연부곡(聖淵部曲): 충청남도 서산시 성연면 왕정리 일대에 있던 마을.

10 《研經齋全集外集》, 위와 같은 곳.

11 무릉동(武陵洞): 충청남도 서산시 운산면 고풍리 일대 가야산 안에 있던 마을.

12 《研經齋全集外集》, 위와 같은 곳.

13 수렴동(水簾洞): 충청남도 서산시 운산면 용현리 일대에 있던 마을로 추정된다.

14 합덕제(合德堤): 충청남도 당진시 합덕읍에 있던 저수지. 현재는 농경지로 쓰이고 있으며 길다란 제방만 남아 있다. 《대동여지도》에는 합덕지(合德池)로 적혀 있다.

15 《研經齋全集外集》, 위와 같은 곳.

16 합덕현(合德縣): 충청남도 당진시 합덕읍 일대. 고려 충렬왕 때 합덕현으로 되었다가, 조선 세조 때 홍주목(洪州牧)의 속현이 되었다.

① 港: 저본에는 "塱". 《研經齋全集外集·雜記類·名塢志》에 근거하여 수정.

은 해마다 연밭으로 나라의 공물을 충당한다. 제방 아래 사는 사람들은 해마다 흉년을 잊고 산다.

充邦貢. 堤下居民忘歲之
儉.

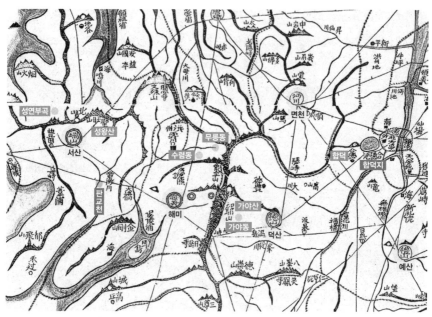

성연부곡·무릉동·합덕제 일대(《대동여지도》)

합덕제(문화재청)

화성(化城)[17]

[명오지][18] 홍주 남쪽으로 50리 떨어진 곳에 있다. 지금은 금정역(金井驛)[19]이다. 마을 앞에 있는 큰 하천을 막아 제방을 쌓았다. 배후에는 골짜기가 있으며 발원하는 물이 매우 충분하게 솟아나서 비록 큰 가뭄이 들어도 마른 적이 없다. 교목 사이로 샘물 소리가 들리고, 평야는 매우 비옥하여, 그윽하니 살기에 좋다.

광천(廣川)[20]

[명오지][21] 홍주 남쪽에 있으며, 결성(結城)이 오서산(烏棲山)의 서쪽 줄기와 교차하는 지역에 있다. 바닷물이 큰 하천을 통해 들어와서 항구가 되었기에 사방의 상인들이 이곳으로 모여든다. 물산이 매우 풍부하여 강경에 버금간다.

갈산(葛山)[22]

[명오지][23] 홍주 서쪽 바닷가에 있다. 흙이 비옥해서

化城

[又] 在洪州南五十里, 今爲金井驛. 村前有大川, 防以爲堤. 背有洞壑, 水源甚湧, 雖大旱, 未之竭也. 喬木鳴泉, 平野甚沃, 翳然可居.

廣川

[又] 在洪州南, 結城之交烏棲山之西[2]枝. 海水通大川而爲港, 四方之商賈集焉. 物貨甚富, 亞於江景.

葛山

[又] 在洪州西海上. 土肥

---

17 화성(化城): 충청남도 청양군 화성면 일대. 고려시대에 있던 화성부곡(化城部曲)의 명칭을 따라 '화성'이라 하였다. 조선시대에는 홍주군에 속하였으나, 1914년 행정구역 개편으로 홍주군 화성면과 흥구향면이 통합되어 청양군 화성면에 편입되었다.

18 《研經齋全集外集》, 위와 같은 곳.

19 금정역(金井驛): 충청남도 청양군 남양면 금정리 일대에 있던 역. 마을에 좋은 샘물이 있어 '금정(金井)'이라 하였다. 조선시대에는 홍주군 화성에 속하였으나, 1914년 행정구역 개편으로 청양군 사양면에 편입되었고, 1987년 사양면은 남양면으로 개칭하였다.

20 광천(廣川): 충청남도 홍성군 광천읍 광천리 일대. 조선시대에는 물고기와 소금이 집산되던 옹암포구와 광천장(廣川場)이 있어 유통이 활발하였다.

21 《研經齋全集外集》 卷64 〈雜記類〉 "名塢志" '湖西'(《韓國文集叢刊》 278, 182~183쪽).

22 갈산(葛山): 충청남도 홍성군 갈산면 가곡리·신안리·동산리 일대. 고을 뒤에 삼준산(三俊山, 해발 490m)이 있고, 그 계곡에 가곡(嘉谷) 저수지가 있다.

23 《研經齋全集外集》 卷64 〈雜記類〉 "名塢志" '湖西'(《韓國文集叢刊》 278, 182쪽).

[2] 西: 저본에는 없음. 《研經齋全集外集·雜記類·名塢志》에 근거하여 보충.

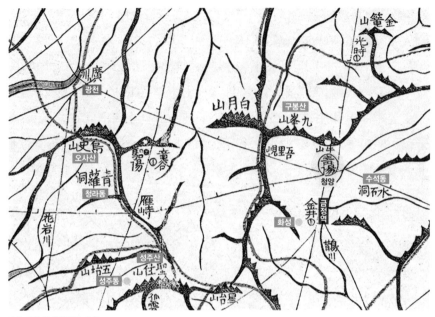

화성·광천 일대(《대동여지도》)

농사지을 만하다. 김상용(金尙容)²⁴의 후손이 대대로 살고 있으며, 저택들이 서로 마주보고 있고, 저수지와 전원(田園)이 매우 아름답다.

可耕. <u>仙源後孫世居之</u>, 第宅相望, 陂池、田園甚佳.

화계(花溪)²⁵

[명오지]²⁶ 남포현(藍浦縣)에 있다. 예로부터 복지(福地)로 알려졌고 흙이 비옥하다. 서쪽으로 큰 바다에 닿아 있어 생선과 소금 및 메벼를 판매하는 이익이 있다.

花溪

[又] 在藍浦縣. 自古稱福地, 土膏沃. 西臨大海, 有魚鹽、稉稻之利.

---

24 김상용(金尙容) : 1561~1637. 조선 중기의 문신. 호는 선원(仙源). 선조 때 문과에 급제하여 벼슬이 우의정에 이르렀다. 병자호란 때 강화도가 함락되자 문루에 화약을 쌓고 불을 붙여 자폭하였다.

25 화계(花溪) : 충청남도 보령시 대천1~4동의 대천천이 흐르는 일대로 추정된다. 지금은 주포면에 있던 보령시청이 옮겨졌지만, 이곳은 본래 남포현이었다. 《대동여지도》의 남포 읍치 남쪽의 하천 일대.

26 《研經齋全集外集》 卷64〈雜記類〉 "名塢志" 湖西(《韓國文集叢刊》 278, 181쪽).

성주동(聖住洞)[27]

[명오지][28] 남포현 북쪽으로 25리 떨어진 곳에 있으며, 성주산(聖住山) 아래이다. 남북에 있는 두 산이 합쳐서 골짜기를 이루어 산속은 평평하면서 넓고, 계곡과 산은 밝고 수려하다. 산 외곽에서는 검은 옥(玉)이 나며, 이것으로 만든 벼루는 매우 진귀하고 보기 좋다.[29]

유성(儒城)[30]

[명오지][31] 공주 동쪽에 있다. 금강(錦江)의 남쪽 강둑을 따라가다가 계룡산(鷄龍山)의 배후에서 고개[32]를 하나 넘으면 유성 들판이다. 갑천(甲川)이 그 가운데를 흐르고 산등성이와 산기슭은 구불구불하게 이어지며, 흙이 극히 비옥하다. 토박이들은 충청도 안에서 이름난 마을을 말할 때, 첫째는 유성, 둘째는 경천, 셋째는 이인(利仁)[33], 넷째는 유구(維鳩)[34]를 꼽는다.

경천촌(敬天村)[35]

[명오지][36] 공주 남쪽에 있다. 계룡산 사련봉(四連峯)

聖住洞

[又] 在藍浦縣北二十五里, 聖住山下. 南北二山, 合爲洞壑, 山中夷曠, 溪山明麗. 山外産玄玉, 作研甚珍玩.

儒城

[又] 在公州之東. 循錦江南岸, 鷄龍山之背, 踰一嶺, 爲儒城之野. 甲川流其中, 岡麓逶迤, 土極肥沃. 土人稱湖中名塢, 曰:一儒城, 二敬天, 三利仁, 四維鳩.

敬天村

[又] 在公州之南. 鷄龍山

---

27 성주동(聖住洞):충청남도 보령시 성주면 성주리 일대.

28 《研經齋全集外集》, 위와 같은 곳.

29 산……좋다:예로부터 유명했던 남포벼루의 원석의 원산지가 여기다.

30 유성(儒城):대전광역시 유성구 일대. 구성동·어은동·궁동·봉명동·원신흥동·상대동·구암동 등 옛 유성면 지역이 1935년 행정구역 개편으로 충청남도 대덕구에 편입되었고, 1983년에는 대전시에 편입되었다.

31 《研經齋全集外集》卷64〈雜記類〉"名塢志" '湖西'(《韓國文集叢刊》278, 182쪽).

32 고개:《택리지》에서는 이 고개를 중령(重嶺)이라 했다. 앞의 '충청도 총론' 참조.

33 이인(利仁):충청남도 공주시 이인면 일대.

34 유구(維鳩):충청남도 공주시 유구읍 일대.

35 경천촌(敬天村):충청남도 공주시 계룡면 경천리에 있던 마을. 경천리 주변으로 넓은 농지가 형성되어 있다.

36 《研經齋全集外集》卷64〈雜記類〉"名塢志" '湖西'(《韓國文集叢刊》278, 181쪽).

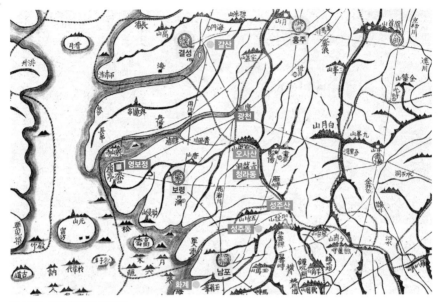

갈산·화계·성주동 일대(《대동여지도》)

유성 일대(《팔도지도(八道地圖)》)

경천역 일대(《조선지도(朝鮮地圖)》)

이인역 일대(《청구도(靑丘圖)》)

유구역 일대(《팔도군현지도(八道郡縣地圖)》)

의 줄기가 서쪽으로 뻗어나가 경천이 되었다. 산의 기상이 웅장하고 막힘이 없으며 백성이 많고 물산이 풍부하다. 그 동쪽의 대장촌(大莊村)37도 이름난 마을이다. 바다의 조수가 강경을 따라 올라와 들 안의 여러 시내까지 가득 채우므로 모두 뱃길의 편리함이 있다.

四③連峯之枝, 西走爲敬天. 山氣雄渾, 民物繁殖. 其東大莊村, 亦名塢也. 海潮從江景而上, 瀰漫野中諸川, 皆通舟楫之利.

이인역촌(利仁驛村)38

[명오지]39 공주 서쪽에 있다. 산은 평평하고 들은 넓으며, 논은 극히 비옥하다.

利仁驛村

[又] 在公州之西. 山平野曠, 水田極肥.

유구촌(維鳩村)40

[명오지]41 공주 서북쪽에 있으며, 무성산(茂盛山)42 아래이다. 골짜기가 그윽하고 깊어 계곡물과 샘이 많고 논도 많다. 게다가 목화·기장·조 농사에 알맞아서 이곳에 사는 사람들은 부유하다. 서쪽으로 고개 하나를 넘으면 내포다. 내포는 목화 농사에 알맞지 않아 생선과 소금을 유구에서 목화와 교역하므로 유구촌은 또한 바다로 통행하여 생기는 이익을 관장할 수 있다.

維鳩村

[又] 在公州西北, 茂盛山之下. 洞壑幽邃, 多澗泉, 饒水田, 且宜木綿、黍粟, 居民富厚. 西踰一峴卽內浦也. 內浦不宜木綿, 以魚鹽貿綿於維鳩, 故又能縋海利.

---

37 대장촌(大莊村): 충청남도 논산시 상월면 상도리·석종리·지경리·대명리 일대로 추정된다. 이곳은 경천리 일대의 동남쪽으로 들판이 매우 넓다.

38 이인역촌(利仁驛村): 충청남도 공주시 이인면 이인리·구암리·용성리·초봉리 일대에 있던 이인역 주변 마을. 이인역은 교통의 요지 중 하나였다.

39 《研經齋全集外集》, 위와 같은 곳.

40 유구촌(維鳩村): 충청남도 공주시 유구읍 유구리 일대에 있던 마을. 유구천을 사이에 두고 넓은 들판이 형성되어 있다.

41 《研經齋全集外集》, 위와 같은 곳.

42 무성산(茂盛山): 충청남도 공주시 우성면·사곡면·정안면에 걸쳐 있는 산. 해발 614m. 《대동여지도》에는 무성산(茂城山)으로 적혀 있다.

③ 四: 저본에는 없음. 《研經齋全集外集·雜記類·名塢志》에 근거하여 보충.

마곡과 마곡사(2002년 촬영, 조인철 제공)

[팔역가거지]43 유구의 지형은 산 위에 맺어진 형국이다. 그러나 산등성이와 언덕이 낮게 둘러싸여 있어 험준하거나 뾰족하게 하늘을 찌를 듯한 형상은 없으며, 산허리 위쪽은 돌무더기가 없고 살기(殺氣)가 적다. 그러므로 남사고(南師古)44의 《십승기(十勝記)45》에서는 유구와 마곡(麻谷)46을 흐르는 두 물 사이를 복지(福地)라 했다. 그러나 지형이 산 위에 있기 때문에 조산(朝山)47이 보이지 않아 청명하면서 기운을 거두고 떨치는 자태는 적다. 이 점 때문에 유성에 미치지 못한다.

[八域可居誌] 維鳩地爲山上結局, 然岡壠低回, 無峭厲尖觸之狀, 山腰以上, 無片石, 少殺氣, 故南師古《十勝記》, 以維、麻兩水間爲福地. 然地在山上, 不見朝山, 少淸明收拔之意, 此其不及儒城也.

---

43 《擇里志》〈忠淸道〉, 26~27쪽.

44 남사고(南師古) : ?~?. 조선 중기의 학자. 역학(易學)·풍수(風水)·복서(卜筮) 등에 도통했고 예언이 잘 맞아 명종(明宗)때 임진왜란이 일어날 것을 알았다 한다. 저서로는 《격암일고(格庵逸稿)》가 있다.

45 십승기(十勝記) : 남사고가 지은 도참서로, 우리나라에서 살기 좋은 10곳의 특징을 기록하였다. 《남격암십승지론(南格庵十勝地論)》또는 《남격암산수십승보길지지(南格庵山水十勝保吉之地)》라고도 한다.

46 마곡(麻谷) : 충청남도 공주시 사곡면 운암리 태화산 자락에 있는 골짜기. 이곳에 마곡사가 있다.

47 조산(朝山) : 혈의 앞쪽에 위치하고 있는 산. 혈에서 먼 산은 조산, 혈에서 가까운 산은 안산(案山)이라 하는데, 안산을 조산에 포함시키는 경우도 있다. 풍수지리에서는 혈자리를 구성하는 요건으로서 조산이 반드시 필요하며, 조산의 모양과 크기에 따라 길흉화복이 다르다고 본다.

사송정(四松亭)[48]

[명오지][49] 금강가에 닿아 있고 흙이 비옥하여 농사
짓기에 좋다. 예전에 이씨(李氏)의 소유였다. 그 옆에
는 금벽정(錦壁亭)[50]이 있는데, 조씨(趙氏)의 농장(農莊)
이고, 독락정(獨樂亭)[51]은 임씨(林氏)의 농장으로 모두
강호(江湖)의 정취가 있다.

四松亭

[名塢志] 臨錦江之上, 土
肥可耕. 故李氏所有也. 傍
有錦壁亭爲趙氏莊, 獨樂
亭爲林氏莊, 皆有江湖之
趣.

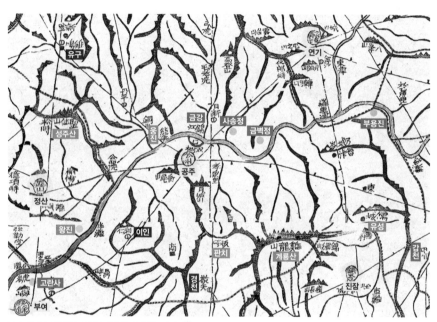

유성·경천촌·이인역촌·유구촌·사송정 일대(《대동여지도》)

---

48 사송정(四松亭): 충청남도 공주시 월송동 사송정 마을 또는 그 마을에 있는 정자. 공주시 향토문화유적 유
　형 제3호.
49 《研經齋全集外集》卷64〈雜記類〉 "名塢志" '湖西'(《韓國文集叢刊》278, 181쪽).
50 금벽정(錦壁亭): 충청남도 공주시 장기면 금암리 금강가의 절벽 건너편에 있던 정자. 지금은 공주시에서 세
　종특별자치시로 통하는 도로 공사로 헐렸다.
51 독락정(獨樂亭): 세종특별자치시 나성동에 있는 정자. 문화재자료 제264호.

독락정(문화재청)

강경산(《해동지도》)

강경포(江景浦)[52]

[명오지][53] 은진현(恩津縣) 서쪽으로 26리 떨어진 강
경산(江景山)[54] 아래로, 금강 남쪽에 있는 하나의 도
회지이다. 평야 가운데 있는 산은 강에 닿아 있으
면서 쑥 솟았다.[55] 2개의 큰 하천[56]이 그 배후를 가
로질러 흐르고, 이 강은 바다의 조수와 통한다. 마
을에 우물이 없어 땅에 항아리를 묻어 놓았다가 강
물을 길어 와서 물을 저장해 둔다. 오래 저장할수록
물이 더욱 서늘해져 장질(瘴疾, 산람장기로 인한 질병)을
그치게 할 수 있다.

땅이 이미 비옥해서 메벼 농사에 알맞다. 또 상
인들이 사방의 물산을 유통해서 인가가 즐비하고,
부유한 집이 많으며, 시장은 번화하여 마치 서울과

江景浦

[又] 在恩津縣西二十六里
江景山下, 爲錦江南一都
會. 山於野中, 臨江斗起,
二大川橫其背, 江通海潮.
村無井, 埋甕於地, 汲江水
貯之, 久而愈冽, 可已瘴
疾.

地旣膏沃宜秔稻. 又商賈
通四方之貨, 人民櫛比, 多
富饒家, 市肆繁華, 有京都

---

52 강경포(江景浦):충청남도 논산시 강경읍 서장리에 있던 포구 또는 그 주변 마을. 조선시대 수운을 이용하
여 곡물 등의 조세와 재화를 실어 나르던 금강의 주요 포구 중 하나였다.

53 《研經齋全集外集》卷64〈雜記類〉"名塢志"'湖西'(《韓國文集叢刊》278, 182쪽).

54 강경산(江景山):충청남도 논산시 강경읍 북옥리에 있는 산. 현재는 옥녀봉(玉女峰)이라 한다. 해발 44m.
《대동여지도》에는 강경대(江景坮)로 적혀 있다.

55 평야……솟았다:논산시 강경읍 채산리에 있는 채운산(해발 57m)을 가리킨다. '충청도 총론' 참고.

56 2개의……하천:논산천과 강경천이 합류하는 하천이다. 금강의 제1지류인 논산천은 강경읍에서 금강의 제2
지류인 강경천과 합류한 다음 금강으로 흘러간다.

같은 풍경이 있다. 매년 봄과 여름에는 물고기를 잡고 해산물을 채취해서 물고기 비린내가 마을에 가득 찬다.

之風. 每春夏漁探, 魚腥盈村.

시진포(市津浦)[57]

[명오지][58] 은진현에서 거리가 서쪽으로 10리이다. 옛 시진현(市津縣)[59]이다. 상선들이 모여드는 곳이라 돛대와 돛대가 붙어서 연결될 정도로 많고, 사람과 물산이 많아 북적거리며 시장을 이루고 있으므로 '시진(市津)'이라 했다.

市津浦

[又] 距恩津縣西十里. 故市津縣也. 商船所集, 連檣接柂, 人物雜沓爲互市, 故名"市津".

진포(鎭浦)[60]

[명오지][61] 서천군 남쪽으로 26리 떨어진 곳에 있으며, 곧 바다 포구이다. 임천의 고다진(古多津)[62]에서 서천포(舒川浦)[63]까지 통틀어서 '진포'라고 하며, 모두 살기에 좋다. 강가에는 모시 농사가 알맞아 이 지역에서 생산된 모시의 이로움이 온 나라에 퍼져 있다. 땅이 강과 바다 사이를 차지하고 있어 뱃길의 편리함이 한강과 같다.

鎭浦

[又] 在舒川郡南二十六里, 卽海浦也. 自林川 古多津至舒川浦, 通謂之"鎭浦", 皆可居. 江上宜苧, 苧利被一國. 地據於江海間, 舟楫之利可埒漢陽之江.

---

57 시진포(市津浦) : 충청남도 논산시 등화동에 있던 포구 또는 그 주변 마을.《대동여지도》에는 시진(市津)으로 적혀 있다.
58 《研經齋全集外集》, 위와 같은 곳.
59 시진현(市津縣) : 충청남도 논산시 은진면과 논산시 등화동 일대. 고려 초기에 시진현은 덕은현(德恩縣)과 합해져 공주(公州)에 편입되었고, 조선 초기에 은진현(恩津縣)으로 개명되었다.
60 진포(鎭浦) : 충청남도 서천군 남쪽 바다에 있던 포구 또는 그 주변 마을. 하나의 특정 지역에 한정된 지명이 아니라 임천(林川)에서 서천(舒川)에 이르는 금강 하류 일대의 포구를 통칭한다.
61 《研經齋全集外集》, 위와 같은 곳.
62 고다진(古多津) : 충청남도 부여군 세도면 반조원리 금강 하류 일대에 있던 나루.
63 서천포(舒川浦) : 충청남도 서천군 장항읍 장암리 금강 하류와 서해가 만나는 곳에 있던 포구.

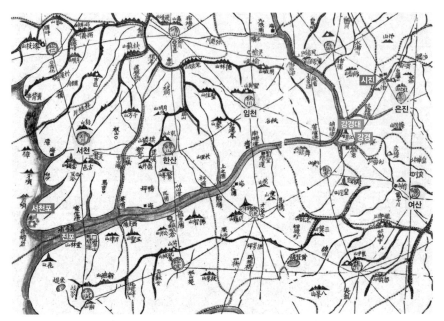

강경포·시진포·진포 일대(《대동여지도》)

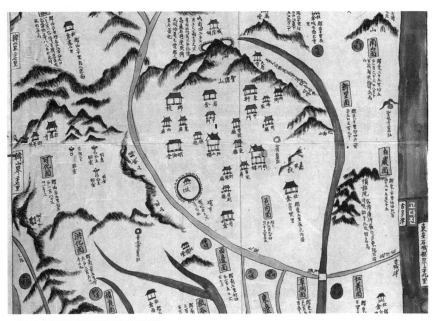

고다진 일대(《1872년 지방지도(1872年地方地圖)》)

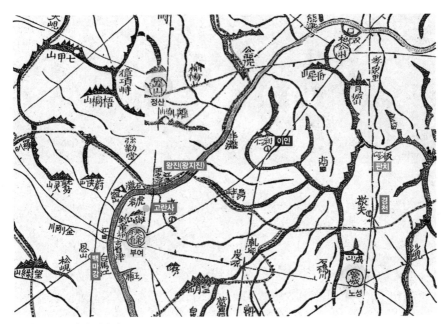

부여읍촌·왕진 일대(《대동여지도》)

부여읍촌(扶餘邑村)[64]

[명오지][65] 곧 백제의 고도(故都)이다. 백마강(白馬江)이 그 배후로 지나가며, 고란사(皐蘭寺)[66]와 자온대(自溫臺)[67]의 경치가 빼어난데, 강물에 닿아 있는 비취색 절벽에 나무가 우거져 있어 경치가 밝고 수려하다. 흙도 극히 비옥하지만 단지 논밭에 물을 댈 만한 샘이 적다.

扶餘邑村

[又] 卽百濟故都也. 白馬江經其背, 有皇蘭寺、自溫臺之勝, 臨江翠壁, 蒼蔚明秀. 土且極沃, 而但少灌漑之泉.

---

64 부여읍촌(扶餘邑村):충청남도 부여군 부여읍 일대에 있던 마을.

65 《研經齋全集外集》, 위와 같은 곳.

66 고란사(皐蘭寺):충청남도 부여군 부여읍 쌍북리 부소산 북쪽 백마강변에 있는 절. 백제 말기에 창건되었다. 충청남도 문화재자료 제98호.

67 자온대(自溫臺):충청남도 부여군 부여읍 구교리에 있는 큰 바위.

고란사(문화재청)

공세창 일대(《광여도》)

왕진(王津)[68]

[명오지][69] 정산현(定山縣) 남쪽으로 26리 떨어진 곳에 있으며, 곧 금강 하류이다. 뱃길이 편리하여 부유한 백성들이 많고, 또 강가 거주지의 정취가 풍부하다.

공세창촌(貢稅倉村)[70]

[명오지][71] 아산현 서쪽으로 10리에 있으며 영인산 (靈仁山) 아래이다. 이 지역은 생선과 소금이 이미 풍부한 데다 또 조창(漕倉)이 있기 때문에 사람이 조밀하게 많고 상인들이 몰려들어 부유한 집들이 많다. 영인산의 앞뒤로 이름난 마을이 많다.

온양읍촌(溫陽邑村)[72]

[명오지][73] 연산(燕山)[74] 아래에 있다. 바다와 가깝고

王津

[又] 在定山縣南二十六里, 卽錦江下流也. 通舟楫之利, 多富厚之民, 又饒江居之趣.

貢稅倉村

[又] 在牙山縣西十里, 靈仁山之下. 地旣饒魚鹽, 又以漕倉之故, 人民稠而商賈至, 多富厚之家. 山之腹背多名村.

溫陽邑村

[又] 在燕山之下. 近海而

---

68 왕진(王津):충청남도 청양군 정산면 금강 하류에 있던 나루. 《대동여지도》에는 왕지진(王之津)으로 적혀 있다.
69 《研經齋全集外集》, 위와 같은 곳.
70 공세창촌(貢稅倉村):충청남도 아산시 인주면 공세리에 있던 마을. 조선 초기부터 이곳에 공세창(貢稅倉)을 설치해 충청도 여러 고을의 세곡을 거두어 들여서 뱃길로 서울까지 운송하였다. 《대동여지도》에 공진(貢津)으로 적혀 있는 곳이다.
71 《研經齋全集外集》 卷64〈雜記類〉 "名塢志" '湖西'(《韓國文集叢刊》 278, 183쪽).
72 온양읍촌(溫陽邑村):충청남도 아산시 읍내동·온양6동 일대에 있던 마을.

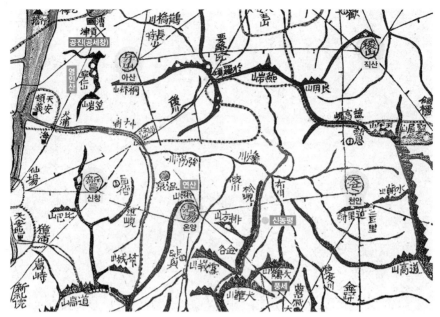

공세창촌·온양읍촌·풍세촌 일대(《대동여지도》)

땅이 비옥하며, 메벼·생선·게를 판매하는 이익이 있고, 감이 나는데 조홍시(早紅柿)[75]가 특히 좋다.

地腴, 有稉稻、魚蟹之利, 産柿而早紅尤佳.

풍세촌(豐歲村)[76]

[금화경독기][77] 천안에 있으며, 온양의 신농평(神農坪, 신농벌판)[78]과 서로 접하는 곳에 있다. 논두렁이 수를

豐歲村

[金華耕讀記] 在天安, 與 溫陽 神農坪相接. 稻畦繡

---

73 《研經齋全集外集》, 위와 같은 곳.

74 연산(燕山) : 충청남도 아산시 읍내동·온양6동 일대에 있는 산. 연산은 온양의 진산(鎭山)이다. 해발 100m 내외.

75 조홍시(早紅柿) : 다른 감보다 먼저 익는 홍시.

76 풍세촌(豐歲村) : 충청남도 천안시 동남구 풍세면 풍서리·보성리·가송리·용정리 등 곡교천과 풍서천 주위에 형성되어 있던 마을. 《대동여지도》에 풍세(豐歲)로 적혀 있는 곳이 풍서장이 서던 곳이고, 대화천(大華川)으로 적혀 있는 곳이 풍서천, 양안천(良安川)으로 적혀있는 곳이 곡교천으로 보인다.

77 출전 확인 안 됨.

78 신농평(神農坪) : 충청남도 아산시 배방읍 세교리 일대를 흐르는 곡교천 주변의 범람원에 형성된 충적평야. 현재는 '신농씨들'이라 부른다.

놓은 듯이 어우러져 있고, 그 앞에는 장터가 있어 사람과 물산이 모이므로[79] 또한 살기에 좋은 땅이다. 조씨(趙氏)의 세거지가 있으며, 그곳에는 산등성이와 산기슭이 둘러 감싸고 있다. 암석 위에는 "서사가구기[徐四佳舊基, 서거정(徐居正)[80]의 옛 집터이다]"라 새겨져 있다. 하지만 문충공(文忠公)께서 언제 이곳에 집을 지었는지는 알 수 없다.

錯, 前有墟市, 人衆貨集, 亦可居之地也. 有趙氏之居, 岡麓回拱. 巖石上刻, 云: "徐四佳舊基." 未知文忠何時卜築於此也.

구로동(九老洞)[81]

[동국문헌비고·여지고][82] 청주 동쪽으로 50리 떨어진 곳에 있으며 샘물과 바위의 경치가 빼어나다. 옛날에 9명의 노인[九老]이 이곳에 살았기 때문에 구로동이라 이름을 지었다.

九老洞

[文獻備考·輿地考] 在淸州東五十里, 有泉石之勝. 古有九老居于此, 故名.

작천(鵲川)[83]

[명오지][84] 청주 서쪽에 있다. 작천은 진천 7정(七亭)의 동남쪽에서 발원하여 작천의 큰 들판을 지나서 금강 상류인 부용진(芙蓉津)으로 들어간다. 여러 산이 작천 앞에 여기저기 이어져 있으면서 굽이굽이

鵲川

[名塢志] 在淸州之西. 川源發於鎭川七亭之東南, 經鵲川之大野, 入錦江上流芙蓉津. 群山點綴于前,

---

79 그……모이므로 : 이곳에서 열리는 장은 풍서장으로 4일과 9일이 든 날에 선다. 《예규지》 권4 〈재산증식(하)〉 "전국의 시장" '충청도·천안' 참조.

80 서거정(徐居正) : 1420~1488. 조선 전기의 문신. 호는 사가정(四佳亭), 시호는 문충(文忠)이다. 1444년 식년문과에 급제한 이후로 세종에서 성종까지 45년간 6명의 왕에게 신임을 받고 중요 관직을 맡았다. 《경국대전(經國大典)》·《동국통감(東國通鑑)》·《동국여지승람(東國與地勝覽)》 등의 관찬 서적 편찬에 참여했다. 서유구 방계 선조이다.

81 구로동(九老洞) : 충청북도 청주시 상당구 미원면 운암리에 있던 마을.

82 《東國文獻備考》 卷13 〈輿地考〉 8 "山川" 2 '忠淸道', 20쪽.

83 작천(鵲川) : 충청북도 괴산군 청안면과 진천군 이월면 대문령 일대에서 발원하여 목천·청주·문의 등을 지나서 금강과 합류하는 하천.

84 《研經齋全集外集》 卷64 〈雜記類〉 "名塢志" '湖西'(《韓國文集叢刊》 278, 183쪽).

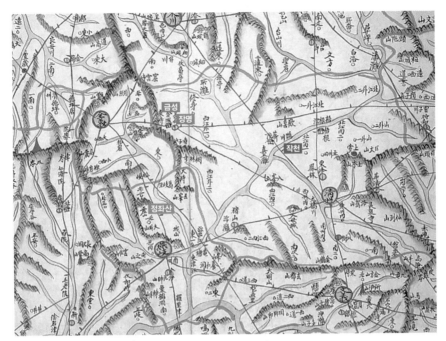

작천·장명·금성·정좌산 일대(《동여도》)

빼어나고 아름다우며 들판의 형세는 계속해서 거듭 넓게 펼쳐져 있다. 땅이 매우 비옥하여 오곡과 목화 농사에 알맞다. 작천의 서쪽에 있는 장명(長命)[85]·금성(金城)[86]·자적(紫的)[87]·정좌(鼎坐)[88] 등의 여러 마을

紆餘秀婉, 野勢重複. 地甚肥沃, 宜五穀, 木綿. 其西長命, 金城, 紫的, 鼎坐等諸村竝饒水田, 居者多

---

85 장명(長命): 충청남도 천안시 동남구 수신면 장산리에 있던 마을. 조선시대 청주목에 속하였고, 이곳에 장명역이 있었다.

86 금성(金城): 충청남도 천안시 수신면 속창리·해정리·발산리 일대에 있던 마을. 《동여도》와 《대동여지도》에는 '장명역(長命驛)' 왼쪽에 '금성창(金城倉)'이 있다.

87 자적(紫的): 논이 많다는 언급으로 보아 조천(鳥川)이 흐르는 세종특별자치시 진동면·조치원읍 일대의 들판에 있던 마을로 추정된다. 작천 주변은 이미 앞에서 설명했기 때문에 작천에서 서쪽으로 깊이 들어간 곳으로 보았다.

88 정좌(鼎坐): 세종특별자치시 연서면 월하리와 쌍전리에 걸쳐 있는 정좌산(正坐山) 일대로 추정된다. 특히 정좌산 남서쪽에 걸쳐 있는 성제리·굴촌리·쌍전리의 들판이 넓다. 《대동여지도》에는 연기 북쪽, 청주 서쪽에 '正左山'이 있다. 《東岡先生文集附錄》 卷1〈行狀〉(《韓國文集叢刊》 50, 469쪽)에는 "淸州 鼎坐山", 《선조실록》 선조 28년 기사(11월 9일) 등의 기록에는 "淸州 正坐山"으로 두 명칭이 혼용해서 쓰였다.

은 모두 논이 많아 이곳에 사는 사람들 중에 부유한 富厚.
사람이 많다.

산동(山東)[89]

[명오지][90] 청주의 산동은 지역의 넓이가 매우 넓다. 청주 동쪽 상당산성(上黨山城)으로부터 또 그 동쪽에 청천창(青川倉)[91]이 있다. 청천창의 서쪽에는 신씨(申氏)가 살고 있다. 남쪽으로 작은 고개를 넘으면 인풍정(引風亭)[92]과 옥류대(玉流臺)[93]로, 변씨(卞氏)가 살고 있다. 또 동쪽으로 시내를 건너면 귀만(龜灣)[94]으로, 계곡과 산의 정취가 있다. 이 모두를 통틀어 '산동'이라 한다. 속리산 자락이 그 뒤를 가로막고 있어서 마을이 모두 아름답다. 그러나 조금은 춥고 서늘하다. 땅에서 철이 생산되고, 또한 관곽과 건축에 쓸 재목이 풍부하다.

山東

[又] 清州之山東, 幅員甚闊, 自州東上黨山城, 又東爲青川倉, 倉西申氏居之. 南踰小嶺, 爲引風亭, 玉流臺, 卞氏居之. 又東渡溪爲龜灣, 有溪山之趣, 通謂之"山東". 俗離之麓障其後, 村塢皆佳. 然少寒涼, 地産鐵, 且饒棺槨, 室廬之材.

송면촌(松面村)[95]

[명오지][96] 산동 북쪽으로 수십 리 떨어진 곳에 있다.

松面村

[又] 在山東北數十里. 據

---

89 산동(山東) : 충청북도 청주시 상당구와 괴산군 청천면, 청원군 미원면 일대로, 상당산성의 동쪽 지역에 해당한다.

90 《研經齋全集外集》, 위와 같은 곳.

91 청천창(青川倉) : 충청북도 괴산군 청천면 청천리에 있던 조세 창고.

92 인풍정(引風亭) : 충청북도 청주시 상당구 미원면 운암리 옥화구경(玉華九景, 운암리와 옥화리 일대에 있는 9곳의 명승지) 중 제8곡에 인풍정이 있었다. 현재 정자는 없어졌으나 '인풍정 마을'이라는 이름은 남아 있다. 달천 주위로 들판이 넓으며 그 안쪽에는 제1경인 청석굴이 있다.

93 옥류대(玉流臺) : 충청북도 청주시 상당구 미원면 옥화리를 지나는 달천 가에 있던 언덕. 그 위에 만경정(萬景亭)과 추월정(秋月亭)이라는 정자가 있다.

94 귀만(龜灣) : 충청북도 괴산군 청천면 귀만리·강평리·후평리 일대.

95 송면촌(松面村) : 충청북도 괴산군 청천면 송면리·이평리·삼송리에 있던 마을. 《대동여지도》에는 송면리(松面里)로 적혀 있다.

96 《研經齋全集外集》, 위와 같은 곳.

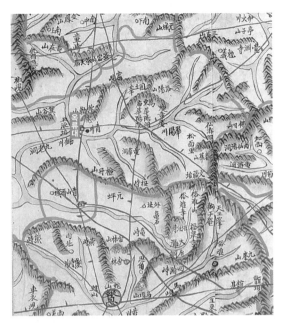

옥류대(《동여도》)

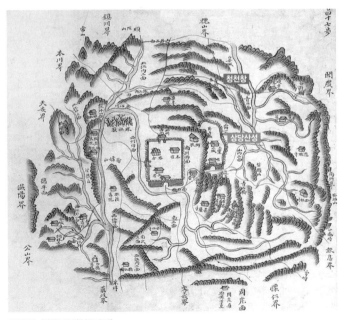

상당산성·청천창 일대(《해동지도》)

문경·괴산·청주 3고을이 만나는 지역에 자리잡고 있어서 계곡과 산이 그윽하고 조용하다. 선유동(仙遊洞)[97]이 그 뒤에 있는데, 암반과 폭포가 맑고 시원하며 봉우리와 골짜기는 깊숙하면서 그윽하다. 선유동 밖에는 이씨(李氏)가 바위 위에 몇 칸짜리 정자를 지었는데, 이씨란 재상을 역임한 동고(東皐) 이준경(李浚慶)[98]의 후손이다. 마을은 영남로(嶺南路)[99]와 통해 있다. 옛날 명나라 제독 이여송(李如松)[100]이 이곳을 경유했다가 조령을 넘은 후에 일본군을 습격했기 때문에 국가에서 지금은 이 길을 방비하고 있고, 절도사가 항상 몸소 가서 이곳을 막는다.

聞慶、槐山、清州三邑之交, 溪山幽靜. 仙游洞在其後, 盤瀑清爽, 峯壑窈窕. 洞外李氏搆數間亭子於巖上, 李卽東皐相國之後也. 村通嶺南路, 昔天朝提督李如松由此, 出鳥嶺後襲倭, 故國家今防此路, 節度使常自往禁之.

이원진(利遠津)[101]

[명오지][102] 회덕현(懷德縣) 북쪽으로 29리 떨어진 곳에 있다. 민간에서는 '형각진(荊角津)'이라 부른다. 이원진은 무주의 덕유산(德裕山)에서 발원하여 공주에 들어와 금강이 된다. 강 주변으로는 땅이 비옥해서 목화 농사에 알맞기 때문에 토박이들이 이를 생업으로 삼고 있다.

利遠津

[又] 在懷德縣北二十九里. 俗號"荊角津". 源出茂朱之德裕山, 入公州爲錦江. 緣江地肥宜綿, 土人以爲業.

---

97 선유동(仙遊洞):충청북도 괴산군 청천면 송면리·삼송리·관평리에 걸쳐 있는 계곡. 관평천이 흐른다.
98 이준경(李浚慶):1499~1572. 조선 중기의 문신. 호는 동고(東皐). 1531년 식년문과에 을과로 급제한 이후로 홍문관 직제학(直提學)과 부제학(副提學)을 거쳐 승정원 승지(承旨)가 되었다. 1550년 대사헌이 되었으나, 정적의 모함을 받아 충청도 보은으로 유배되었다가 이듬해 풀려나 중추부지사(中樞府知事)가 되었다. 이후 우의정과 좌의정을 거쳐 영의정에 올랐다. 저서로는 《동고유고(東皐遺稿)》·《조선풍속(朝鮮風俗)》이 있다.
99 영남로(嶺南路):조선시대 간선 교통로 중 한양에서 동래까지 연결되는 도로이다. 영남대로(嶺南大路)·동래로(東萊路) 등의 명칭으로도 불린다.
100 이여송(李如松):1549~1598. 중국 명(明)의 장수(將帥)로서 임진왜란(壬辰倭亂) 당시 2차 원병(援兵)을 이끌고 참전하였다. 중국으로 돌아간 뒤에 이여송은 태자(太子)·태보(太保) 등을 역임하고 요동총병(遼東總兵)이 되었다. 이후 타타르[韃靼]와의 전투에서 복병을 만나 전사하였다.
101 이원진(利遠津):대전광역시 대덕구 신탄진동 일대 형강(荊江)에 있던 나루 또는 그 일대의 강.
102 《研經齋全集外集》, 위와 같은 곳.

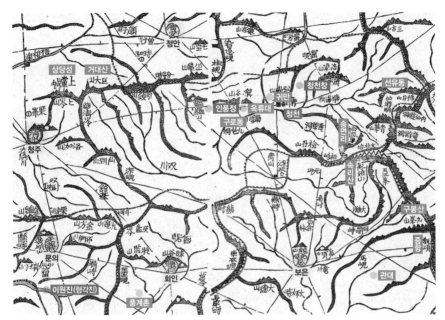

구로동·작천·산동·송면촌·이원진 일대《대동여지도》

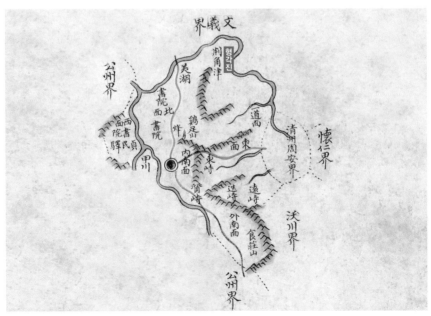

형각진 일대《팔도군현지도》

황산(黃山)[103]

[명오지][104] 연산현(連山縣) 동쪽으로 5리 떨어진 곳에 있다. 일명 '천호(天護)[105]'라 한다. 백제의 계백(階伯)[106]이 신라 김유신(金庾信)[107]의 군대를 방어하기 위해 3개의 진영을 세우고 싸웠으나 병력이 부족하여 힘에 굴복하고서 죽었다. 견훤(甄萱)은 고려 태조를 따라 자신의 아들 신검(神劍)[108]을 토벌하다가 근심과 번민으로 종기가 나서 절에서 죽었다. 계백이 싸우다 죽은 곳이다. 바다와 산에서 생기는 이익을 관장할 수 있어 생업이 매우 풍요롭다.

안평계(安平溪)[109] · 금계(錦溪)[110] · 용화계(龍華溪)[111]

[명오지][112] 영동의 안평계 · 금계 · 용화계는 상주와 황간이 만나는 지역에 있다. 산봉우리와 골짜기가 밝고 수려하며 깊숙하면서 그윽하다. 계곡의 시냇물이 맑아 굽이굽이 살기에 좋다. 샘물은 논밭에 물을

黃山

[又] 在連山縣東五里. 一云"天護". 百濟 階伯禦新羅 金庾信, 設三營而戰, 兵寡力屈而死. 甄萱從高麗 太祖, 討其子神劍, 憂懣發疽, 死於佛舍, 卽此地也. 縮海山之利, 生業甚饒.

安平溪、錦溪、龍華溪

[又] 永同之安平溪、錦溪、龍華溪在尙州、黃澗之交. 峯巒厓壑明秀窈窕, 溪磵澄澈, 曲曲可居. 泉水可

---

103 황산(黃山) : 충청남도 논산시 연산면 고양리와 관동리에 걸쳐 있는 산. 해발 268m. 《대동여지도》에는 황산령(黃山嶺)으로 적혀 있다. 이곳에 황산성 터가 있다. 황산의 서쪽에 넓은 들판이 형성되어 있는데, 황산벌 전투가 이곳에서 벌어졌다고 한다.

104 《硏經齋全集外集》 卷64 〈雜記類〉 "名塢志" '湖西'(《韓國文集叢刊》 278, 183~184쪽).

105 천호(天護) : 고려 태조가 백제에 승리한 뒤에 붙였다고 전한다(《여지도서》 '연산' 조). 그러나 지금의 천호산은 황산의 동쪽에 있는 연산천 건너편에 있고, 이 두 산은 줄기가 이어져 있다.

106 계백(階伯) : ?~660. 백제 말기의 장군. 660년 김유신과 소정방(蘇定方)의 나당연합군이 백제를 침입하자 결사대 5,000명을 뽑아 황산벌에 나가 싸웠으나 결국 패하여 전사하였다.

107 김유신(金庾信) : 595~673. 신라의 장군. 태종무열왕(太宗武烈王) 김춘추(金春秋)를 도와 삼국을 통일하는 데 앞장섰다.

108 신검(神劍) : ?~?. 후백제 제2대 왕(재위 935~936). 견훤의 장자였으나 넷째 아들인 금강에게 왕위를 물려주려고 했던 견훤을 유폐시키고 즉위하였다. 고려 태조 왕건에게 패배해서 즉위 1년 만에 멸망하였다.

109 안평계(安平溪) : 경상북도 상주시 모동면 덕곡리 안평(安坪) 마을 일대. 모동면은 충청북도 영동군 황간면 금계리와 접해 있다.

110 금계(錦溪) : 충청북도 영동군 황간면 금계리 일대.

111 용화계(龍華溪) : 미상. 영동군 용산면에 있었을 것으로 추정된다.

112 《硏經齋全集外集》 卷64 〈雜記類〉 "名塢志" '湖西'(《韓國文集叢刊》 278, 184쪽).

댈 만하기 때문에 논이 매우 비옥하며 밭은 목화 농사에 알맞다. 충청도와 경상도 사이에 끼어 있어서 상인들이 모여드니, 주민들 가운데 부유한 사람이 많다.

灌, 水田甚沃, 旱田宜木綿. 介居湖·嶺間, 商賈湊集, 居民多富厚者.

이화촌(梨花村)[113]

[금화경독기][114] 영동 마이산(馬耳山)[115] 아래에 있다. '대초지(大草池)'라고도 한다. 마을 앞은 큰 하천에 닿아 있는데, 이 하천을 '적등강(赤登江)'이라 한다. 논밭이 비옥하여 벼 1두를 심으면 80두를 수확할 수 있으니, 이곳에 사는 사람들은 부유하여 영동 내에서 가장 살기 좋은 땅이라고 한다.

梨花村

[金華耕讀記] 在永同 馬耳山下. 亦名"大草池". 前臨大川, 曰"赤登江". 土田膏沃, 種稻一斗, 可收八十斗, 居民殷富, 最號邑中可居之地.

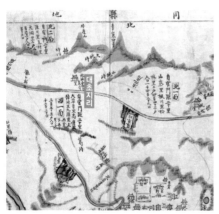

대초지리 일대(《1872년 지방지도》)

마니산 일대(《조선지도》)

---

113 이화촌(梨花村) : 충청북도 영동군 심천면 초강리·약목리·용당리 일대에 있던 마을. 현재 초강리에 대초지리(大草旨里)라는 마을이 남아 있다.

114 출전 확인 안 됨.

115 마이산(馬耳山) : 마이산은 전라북도 진안에 있으므로 여기서의 '마이산'은 마니산(摩尼山)의 이칭이나 오기로 보인다. 마니산은 충청북도 영동군 양산면·심천면과 옥천군 이원면에 걸쳐 있는 산이다. 해발 640m. 《대동여지도》와 《조선지도-영동》에는 '마니산(摩尼山)'으로 적혀 있다.

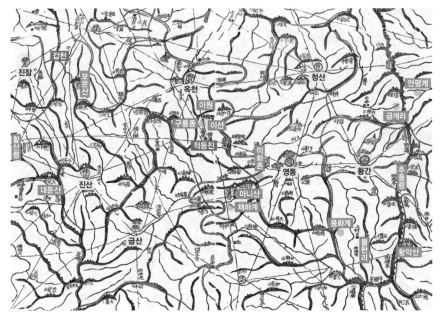

황산·안평계·이화촌·물한리·이원·채하계 일대(《대동여지도》)

물한리(物閑里)[116]

[동국문헌비고·여지고][117] 황악산(黃嶽山)은 황간 남쪽으로 30리 떨어진 곳에 있고, 산 아래에 물한리가 있다. 겹쳐진 산봉우리는 에워싼 듯하고, 골짜기는 매우 깊다.

이원(梨院)[118]

[동국문헌비고·여지고][119] 옥천과 영동의 사이에 있다. 산들이 둘러싸고 들판이 펼쳐져 있어서 이곳에

物閑里

[文獻備考·輿地考] 黃嶽山在黃澗南三十里, 山下有物閑里, 疊嶂如圍, 洞壑深邃.

梨院

[又] 在沃川、永同之間. 山拱野拓, 居民殷富. 中有九

---

116 물한리(物閑里):충청북도 영동군 상촌면 물한리 일대. 물한계곡으로 유명하다. 《대동여지도》에는 '물한리(勿閑里)'로 적혀 있다.
117 《東國文獻備考》 卷13 〈輿地考〉 8 "山川" 2 '忠淸道', 23쪽.
118 이원(梨院):충청북도 옥천군 이원면 일대.
119 출전 확인 안 됨.

옥천 송시열 유허비(문화재청)

관기·증항 일대(《동여도》)

사는 사람들은 부유하다. 가운데에 구룡동(九龍洞)[120] 이 있는데 곧 문정공(文正公) 우암(尤菴) 송시열(宋時烈)[121]이 탄생한 곳이다.

龍洞, 卽尤菴 宋文正嶽降之所也.

관대(館垈)[122]

[팔역가거지][123] 보은은 흙이 척박하다. 오직 관대만이 속리산 남쪽과 증항(甑項)[124] 서쪽에 있으면서 들판이 넓고 흙이 비옥하여 살기에 가장 좋은 곳이다.

館垈

[八域可居誌] 報恩土瘠, 惟館垈在俗離南、甑項西, 野闊土沃, 最爲可居.

120 구룡동(九龍洞) : 충청북도 옥천군 이원면 용방리에 있던 마을. 용방리 일대의 옛 지명은 구룡리(九龍里)였다. 송시열을 추모하기 위해 1777년(정조 2)에 세운 유허비(遺墟碑)가 남아 있다.

121 송시열(宋時烈) : 1607~1689. 조선 중기의 문신. 호는 우암(尤菴), 시호는 문정(文正)이다. 1633년(인조 11) 생원시(生員試)에 장원급제하였고, 봉림대군(鳳林大君) 즉 효종의 사부(師傅)가 되었다. 이조판서로 임명된 후 효종의 명을 받아 북벌계획을 담당하였다. 다만 명목상 북벌을 추진하였을 뿐 실질적인 북벌정책에는 반대했다. 저서로는 《송자대전(宋子大全)》·《우암집(尤庵集)》·《송서습유(宋書拾遺)》 등이 있다.

122 관대(館垈) : 충청북도 보은군 마로면 관기리(官基里) 일대를 지칭한 것으로 보인다. 옛 지명은 관터[館基]이며, 1914년 '官基里'로 개칭하였다. 《동여도》에는 관기(館基)로 적혀 있다. 하지만 보은군 남쪽인 삼승면과 탄부면에 매우 넓은 들판이 형성되어 있다. 탄부면과 동쪽에서 접하고 있는 마로면은 관기리 일대 외에는 논밭이 적다. 이로 볼 때 관대는 삼승면과 탄부면의 들판을 포함한 일대를 가리킬 수도 있다.

123 《擇里志》〈忠淸道〉, 28쪽.

124 증항(甑項) : 충청북도 보은군 마로면과 경상북도 상주시 화남면을 잇는, 구병산(해발 877m)과 천택산(해발 683m) 사이에 있는 고개로 추정된다. 《대동여지도》에는 구봉산(九峯山, 지금의 구병산) 아래에 적혀 있다.

풍계촌(楓溪村)[125]

[명오지][126] 회인은 아주 깊은 산속에 있으나 강물이 그 속으로 흘러서[127] 뱃길로 통행할 수 있다. 풍계촌은 더욱 그윽하고 깊어서 살기에 좋다.

용호(龍湖)[128]

[송명흠(宋明欽)[129] 용호기(龍湖記)[130]][131] 옥천 북쪽으로 10리 정도 떨어진 곳에 있다. 산이 물을 비집고 나온 듯 섬처럼 쑥 들어와 있다. 물길은 동남쪽에서 와서 서북쪽으로 뻗어나가 언덕 주위로 한번 둘러 흐르고서야 넘실넘실 서쪽을 향해 흘러간다. 강에 닿아 있는 곳의, 교목으로 이루어진 숲 안에는 이곳에 사는 사람들의 50여 집이 있는데, 모든 집이 소나무 대문에 초가 지붕이다. 바로 이곳이 용호이다.

뒷산은 험준하지만 앞산은 수려하고, 서남쪽의 여러 봉우리는 더욱 아름답다. 멀리서 바라보았을 때 날개를 펼친 듯한 곳을 '서대(西臺)'라 한다. 물의 서쪽에는 밝은 모래와 하얀 바위가 있다. 그 동쪽에는 바위봉우리가 5~6개가 있는데, 그 중 물가에

楓溪村

[名塢志] 懷仁在萬山中, 而江流其中, 可通舟楫. 楓溪村尤幽邃可居.

龍湖

[宋櫟泉龍湖記] 沃川北十許里, 有山冒水, 斗入如島. 水從東南來西北走, 繞岸一帀, 乃溶溶向西流. 臨江喬木修林之中, 民居五十餘家, 皆松扉草屋, 是爲龍湖.

後山嶄峻, 前山秀麗, 西南諸峯尤美. 望之翼然, 曰"西臺". 水之西有明沙白石, 其東有石峯五六, 枕流削立曰"仙人峯"; 峯之下,

---

125 풍계촌(楓溪村): 충청북도 보은군 회인면에 있던 마을로 추정되나 정확한 위치는 확정하기 어렵다.

126 《研經齋全集外集》卷64〈雜記類〉"名塢志"'湖西'(《韓國文集叢刊》278, 184쪽).

127 강물이……흘러서: 보은군 회남면 신곡리에서 금강에 합류하는 회인천이 흐른다는 말이다.

128 용호(龍湖): 충청북도 옥천군 군북면 용호리 일대. 이곳은 대청호에 수몰된 마을이 많아 여기서 설명하는 풍광을 다 확인하기 어렵다.

129 송명흠(宋明欽): 1705~1768. 조선 후기의 문신. 호는 역천(櫟泉). 사화를 피하여 낙향하는 부친 송요좌(宋堯佐)를 따라 옥천(沃川)과 송촌(宋村) 등지로 거처를 옮겨 다니며 살았다. 높은 학문과 덕행으로 추천받아 여러 번 벼슬이 제수되었으나 나아가지 않았다. 저서로는 《역천집(櫟泉集)》이 있다.

130 용호기(龍湖記): 송명흠의 저술. 충청북도 옥천군 군북면 용호 일대의 경치를 기술하였다. 원래 명칭은〈용호산수기(龍湖山水記)〉이다.

131 《櫟泉集》卷13〈記〉"龍湖山水記"(《韓國文集叢刊》221, 275~276쪽).

채하계·구룡계 일대(《동여도》)

가파르게 서있는 봉우리는 '선인봉(仙人峯)'이라 하며, 봉우리 아래 물이 모여 깊은 연못을 이루는 곳은 '장호(長湖)'라 한다. 그 꼬리부분에 물이 콸콸 흘러 바위 머리로 뻗어나가는 곳은 '석탄(石灘)'이라 한다. 그 상류에는 물살이 세차게 샘솟아 웅덩이를 만든다. 사람들은 그 속에 용이 서려 있어서 비를 내려달라거나 그치게 해주기를 빌면 하늘이 응하지 않은 적이 없다고 말한다.

水涵瀦爲深潭曰"長湖". 其尾決決巖頭走曰"石灘". 其上流蕩瀁而爲湫, 人言有龍蟠其中, 禱雨暘無不應.

채하계(彩霞溪)[132] · 구룡계(九龍溪)[133]

[명오지][134] 옥천 양산(陽山)[135]의 채하계와 이산(利山)[136]의 구룡계는 금강의 발원지인 적등강 상류에

彩霞溪、九龍溪

[名塢志] 沃川之陽山 彩霞溪、利山 九龍溪在錦江之

---

132 채하계(彩霞溪) : 충청북도 영동군 양산면 호탄리에 있던 마을로 추정된다. 양산면은 원래 옥천군에 속하였으나 1906년 행정구역 개편으로 영동군에 편입되었다.

133 구룡계(九龍溪) : 충청북도 옥천군 이원면 용방리에 있던 마을. 앞의 '이원'의 구룡동 주석 참조.

134 《硏經齋全集外集》 卷64 〈雜記類〉 "名塢志" '湖西'(《韓國文集叢刊》 278, 184쪽).

135 양산(陽山) : 충청북도 영동군 양산면 일대. 행정구역 개편 전에는 옥천군에 속했다.

136 이산(利山) : 충청북도 옥천군 이원면 일대. 신라 시대에는 소리산현(所利山縣)이었다.

있다. 계곡을 따라서 겹겹이 쌓인 바위가 많다. 서북쪽은 험준하고, 동남쪽은 탁 트여 있으면서 깊숙하고 그윽하며, 맑고 넓어서 마치 한양의 동쪽 교외와 같다. 다만 흙이 척박하여 논이 적다. 이곳에 사는 사람들은 오로지 무명 짜는 일을 생업으로 삼고 있으나 메벼 농사에서 생기는 이익과도 맞먹을 정도로 이익이 많다.

源赤登之上. 沿溪多疊巖, 西北險阻, 東南敵谿, 窈窕淸曠, 如漢陽之東郊, 但土瘠少水田. 居民專治綿爲業, 亦抵粳稻之利.

형강(荊江)

[명오지][137] 문의의 형강은 비취색 절벽에 닿아 있어 명승지가 많다. 사대부의 정자들이 서로 마주보고 교목이 울창하여 마을에 대대로 사는 가문이 많다.

荊江

[又] 文義之荊江臨岸翠壁, 多勝地. 士大夫亭樹相望, 喬木蓊然, 多世居之塢.

고산정(孤山亭)[138]

[명오지][139] 괴산의 고산정은 옛 서경(西坰)유근(柳根)[140]의 별장이다. '괴산탄(槐山灘)'이라고도 부르는, 달천의 상류에 있다. 명나라 사신 주지번(朱之蕃)[141]이

孤山亭

[又] 槐山之孤山亭, 故西坰 柳根之別業也, 在達川上流, 名"槐山灘". 皇朝詔

---

137 《硏經齋全集外集》, 위와 같은 곳.

138 고산정(孤山亭) : 충청북도 괴산군 괴산읍 제월리 산16-2번지 달천 상류에 있는 정자. 1596년(선조 29) 충청도관찰사로 있던 유근(柳根)이 만송정(萬松亭)이라는 정자를 지었다가 광해군 때 낙향한 이후 말년에 고산정이라 개칭하였다. 충청북도기념물 제24호.

139 《硏經齋全集外集》, 위와 같은 곳.

140 유근(柳根) : 1549~1627. 조선 중기의 문신. 호는 서경(西坰). 1572년(선조 5) 별시 문과에 장원한 이후로 요직을 거쳤다. 1591년 좌승지 시절 정철(鄭澈) 일파로 몰려 탄핵을 받았으나, 문재(文才)를 아끼는 선조의 두둔으로 화를 면하였다. 이듬해 임진왜란이 일어나자 선조를 모시고 의주까지 피난길에 오른 이후 예조참의를 거쳐 예조참판에 제수되었다. 1606년(선조 39) 주지번이 왔을 때 원접사로 활약했다. 광해군 때 괴산으로 낙향하였고, 1623년 인조반정으로 다시 기용되었으나 다시 벼슬하지 않았다.

141 주지번(朱之蕃) : 1546~1624. 중국 명나라의 문신. 호는 난우(蘭嵎). 1595년(만력 23) 장원급제한 이후 이부시랑(吏部侍郞)에 올랐다. 서화(書畵)에 뛰어났으며, 조선에 사신으로 왔을 때 일체의 뇌물이나 증여를 거절했다. 조선 사람들이 선물을 들고 와서 서화를 요청하는 일이 많았다고 한다. 고서 및 명화나 골동품 매매를 배척했으면서도 최고 수준의 소장품을 지니고 있었다. 저서로는 《봉사고(奉使稿)》가 있다.

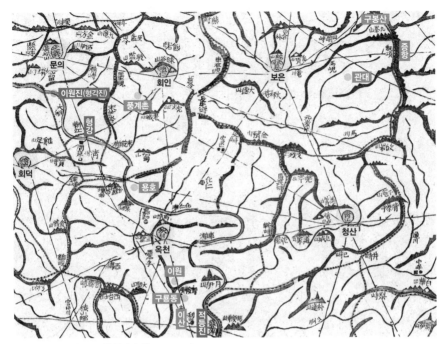

관대·풍계촌·용호·형강 일대(《대동여지도》)

우리나라에 왔을 때 화공을 보내서 이곳을 모사해 오게 한 뒤에 그림을 보고는 '은병(隱屛)'[142] 두 글자를 써주면서 절벽에 새기도록 하였다. 그 북쪽에 백곡 (柏谷) 김득신(金得臣)[143] 의 집터가 있는데 안개 낀 나무가 줄지어 서 있는 광경이 볼 만하다. 논밭이 조금 척박하여 목화 농사에 가장 알맞다.

使朱之蕃東來時, 遣畫工移摹以看, 寫"隱屛"二字刻諸厓. 其北金柏谷 得臣之墟, 煙樹點綴可觀. 田地少瘠, 木綿最宜.

---

142 은병(隱屛): 주지번이 고산정 인근의 정취가 마치 중국의 명승지이며 주희가 학문을 닦던 무이산(武夷山)의 은병봉과 유사하다 하여 은병암이라 부르고는 그 글씨를 절벽에 새기도록 하였다는 고사가 전해진다.

143 김득신(金得臣): 1604~1684. 조선 중기의 문인. 호는 백곡(柏谷). 오언절구 등의 시에 능했으며, 《종남총지(終南叢志)》를 편찬하여 역대 및 당대 문사들의 시를 뽑고 거기에 자신의 비평을 덧붙였다. 술과 부채를 의인화한 가전소설 《환백장군전(歡伯將軍傳)》·《청풍선생전(淸風先生傳)》을 쓰기도 했다. 저술이 병자호란 때 많이 타 없어졌으나, 《백곡집(柏谷集)》에 글이 남아 있다.

진천읍촌(鎭川邑村)[144]

[명오지][145] 큰 하천에 닿아 있고 들판은 매우 평평하고 넓어 메벼 농사에 알맞으니, 흉년을 잊을 만하다. 토박이들은 "살아서는 진천에 살고, 죽어서는 용인에 장사지낸다."라 하는데, 진천에는 비옥한 흙이 많고 용인에는 아름다운 산기슭이 많기 때문이라 한다.

초평(草坪)[146]

[금화경독기][147] 초평은 진천 함박산(含樸山)[148]의 서쪽으로 20리 떨어진 곳에 있고, 동쪽으로는 두탁산(頭卓山)[149]의 산기슭과 마주하고 있다. 두 산이 둘러싼 안쪽에는 5리나 되는 평평한 땅이 펼쳐져 있다.[150] 큰 하천[151]이 동쪽에서 서쪽으로 흘러가는데 하천가의 석벽은 길이가 3리 정도 된다. 동북쪽 산기슭으로 물이 닿아 있는 곳에 정자가 있는데, 이를 '쌍호정(雙湖亭)'[152]이라 한다. 이곳은 벽오재(碧梧齋) 이시발(李時發)[153]의 별장이다. 그의 자손이 대대로

鎭川邑村

[又] 臨大川, 野甚平衍, 宜粳稻, 可以忘歉荒. 土人謂"生居鎭川, 死葬龍仁", 鎭川多肥土, 龍仁多佳麓故云.

草坪

[金華耕讀記] 草坪在鎭川含樸山之西二十里, 東對頭卓山餘麓. 兩山周遭內, 開五里之坪. 大川自東下西, 濱川石壁可三里許. 東北麓臨水有亭, 曰"雙湖", 碧梧齋 李尙書別業也. 子孫世居, 居民三百餘戶.

---

144 진천읍촌(鎭川邑村) : 충청북도 진천군 진천읍에 있던 마을.

145 《研經齋全集外集》卷64〈雜記類〉"名塢志"'湖西'(《韓國文集叢刊》278, 185쪽).

146 초평(草坪) : 충청북도 진천군 초평면 일대.

147 출전 확인 안 됨.

148 함박산(含樸山) : 충청북도 진천군 덕산면과 음성군 맹동면에 걸쳐 있는 산. 해발 339m.

149 두탁산(頭卓山) : 충청북도 진천군 초평면과 괴산군 도안면, 증평군 증평읍에 걸쳐 있는 산으로, 마치 부처가 누워있는 형상을 하고 있다. 해발 598m. 지금의 두타산(頭陀山)이다. 《대동여지도》에는 '두타산(頭拖山)'으로 적혀 있다.

150 두……있다 : 초평면은 크게 두 구역으로 농지가 펼쳐져 있다. 금곡리에 있는 초평초등학교 뒷산이 이 두 농지를 갈라 놓는다. 초평초등학교를 중심으로 동북쪽의 농지와 서남쪽의 농지가 그것이다. 이 문장에서 설명하는 5리나 되는 땅은 이 중에서 초평초 동북쪽의 금곡리 일대 농지를 묘사하고 있다고 판단된다.

151 큰 하천 : 초평천이다. 《대동여지도》에는 주천(注川)으로 적혀 있다.

152 쌍호정(雙湖亭) : 충청북도 진천군 초평면 금곡리에 있었을 것으로 추정되는 정자.

153 이시발(李時發) : 1569~1626. 조선 중기의 문신. 호는 벽오(碧梧). 1589년(선조 22) 문과에 급제해 승문원에

살고 있는데, 이곳에 사는 사람들은 300여 호이다.

쌍호정의 동북쪽 산기슭 너머에 또 5리의 평평한 땅이 있는데, 이곳은 '용정(龍亭)[154]'이라 한다.[155] 역시 이씨(李氏)가 대대로 사는 땅이다. 명곡(明谷) 최석정(崔錫鼎)[156]이 일찍이 이곳에 기거했으며, 지금은 서원이 있다.

대개 2곳의 평평한 땅은 모두 사방의 산이 가파른 바위이고 북쪽으로 긴 골짜기가 트여 있어 겨우 사람과 말이 지나갈 만하다. 밖에서 이곳으로 지나가는 사람들은 안에 사람이 사는지 모르니 가장 살기 좋은 명당이다. 이시발의 옛집에는 장서가 만 권이 있으니 우리나라에서 장서로 이름난 곳이다.[157]

越雙湖亭之東北麓, 又有五里之坪, 曰"龍亭", 亦爲李氏世居之地. 崔明谷 錫鼎 曾寄居于此, 今有書院.

大抵兩坪, 皆四山嶄巖, 北坼長谷, 董容人馬. 自外過者, 不知內有人居, 儘名基也. 碧梧舊宅, 藏書萬卷, 我東藏書之有稱者也.

등용되었고 임진왜란이 일어나자 도체찰사(都體察使) 유성룡(柳成龍)의 종사관으로 활약하였다. 1596년 이몽학(李夢鶴)이 부여에서 일으킨 반란을 토벌할 때 공을 세웠다. 1602년 경상도관찰사로 임명되어 선정을 펼쳤으며, 1604년 형조참판을 지냈고 이후 예조와 병조의 참판을 역임하였다. 저서로는 《주변록(籌邊錄)》·《벽오유고(碧梧遺稿)》가 있다.

154 용정(龍亭): 충청북도 진천군 초평면 금곡리에 있던 정자. 행정구역으로는 금곡리에 있었지만, 그 앞에 펼쳐진 5리의 넓은 농지는 용정리 일대일 것으로 보인다. 이곳에 있던 용정과 지산서원(芝山書院)은 현재 사라지고 없으며 서원이 있던 마을이라 '서원말'이라 부른다. 이는 현재 용정리로 구획된 지역을 살핀 결과의 추정이다.

155 쌍호정의……한다: 이 문장에서 설명되는 5리의 땅은 초평초 서남쪽의 용정리 일대 농지를 묘사하고 있다고 판단된다.

156 최석정(崔錫鼎): 1646~1715. 조선 후기 문신이자 수학자. 호는 명곡(明谷). 어려서 신동으로 인정받았고, 1666년(현종 7) 진사시에 장원으로 급제하여 사관과 홍문관을 거치면서 활약하다가 정적들의 비난으로 관직을 박탈당하였다. 이후 복귀하여 병조정랑과 승정원동부승지를 거쳐 성균관대사성, 홍문관제학, 영의정 등을 역임하였다. 저서로는 《예기유편(禮記遺編)》·《명곡집(明谷集)》이 있다. 지산서원에 최석정의 위패를 모셨다고 한다.

157 이시발의……곳이다: 이시발(李時發, 1569~1626)이 임진왜란 때 원병으로 온 명(明)나라의 낙상지(駱尙志)와 의형제를 맺었는데, 그가 중국책 수천 권을 실어다가 이시발에게 선물했다고 한다. 여기에 이시발의 증손자 이하곤(李夏坤, 1677~1724)이 관직에 뜻을 두지 않고 낙향하여 완위각(宛委閣)을 경영하였는데, 만 권의 장서를 소장했다고 해서 만권루(萬卷樓)라고도 했다. 현재는 터만 남아 있다.

석실·구리천 일대(《1872년 지방지도》)

석실(石室)[158]

[금화경독기][159] 진천 치소에서 동쪽으로 20리 떨어진 곳에 있다. 넓은 들 가운데 아름다운 산기슭이 둘러싸고 논두렁과 밭두둑이 수를 놓은 듯 어우러져 있으며 구리천(九里川)[160]이 그 뒤를 지나간다. 유씨(俞氏)가 대대로 살았는데 지금은 상당히 쇠락하였다.

후선정(候仙亭)[161]

[팔역가거지][162] 제천 의림지(義林池)[163] 서쪽에 있다.

石室

[又] 在鎭川邑東二十里. 曠野中嫩麓環拱, 畦塍繡錯, 九里川經其後. 俞氏世居, 今頗衰蹇.

候仙④亭

[八域可居誌] 在堤川 義林

---

158 석실(石室) : 충청북도 진천군 덕산면 두촌리 일대. 두촌리에 '석실장암(石室帳嵓)'이라는 지명이 전해져 오고, 《1872년지방도−진천현》에서도 음성과의 경계 지점에 석실(石室)이라는 지명이 있다. 지금은 이곳에 충북혁신도시가 들어서서 마을의 모습은 거의 사라졌다.

159 출전 확인 안 됨.

160 구리천(九里川) : 충청북도 진천군 덕산면과 문백면 일대를 흐르는 미호천이다. 《대동여지도》와 《1872년지방도−진천현》에는 '加里川'으로 적혀 있다.

161 후선정(候仙亭) : 충청북도 제천시 모산동 의림지 서쪽에 있던 정자.

162 《擇里志》〈忠淸道〉, 32~33쪽.

163 의림지(義林池) : 충청북도 제천시 모산동에 있는 저수지. 신라 시대 축조한 것으로 알려져 있으며, 우리나라에서 가장 오래된 저수지 중 하나이다.

④ 仙 : 저본에는 "山". 《擇里志·湖西》에 근거하여 수정.

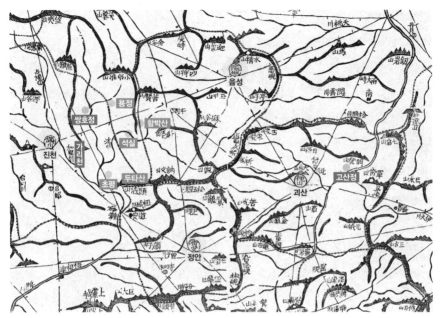

고산정·진천읍촌·초평·석실 일대(《대동여지도》)

의림지는 신라 시대에 팠고, 지금까지 고을 전체의 논밭에 물을 댄다. 비록 영동(嶺東) 지역의 여러 호수에는 미치지 못하지만 배를 띄워 놀기에도 충분하다. 정자는 김씨(金氏)의 소유이다.

池西. 義林 羅時鑿, 至今 灌漑一邑之稻田. 雖不及 嶺東諸湖, 亦足浮航以游. 亭爲金氏物.

안 의림지는 본조 세종대왕 때 충청도관찰사 정인지(鄭麟趾)164에게 명하여 다시 파도록 한 곳이다.165

案 義林池, 乃本朝莊憲朝, 命道臣鄭麟趾鑿之者也.

---

164 정인지(鄭麟趾) : 1396~1478. 조선 초기의 문신. 호는 학역재(學易齋). 1414년(태종 14) 식년문과에 장원으로 급제하였고, 세종 즉위 후에는 세종의 신임 하에 이조정랑을 역임한 다음 집현전관(集賢殿官)에 뽑히면서 응교에 제수되었다. 1431년 정초(鄭招)와 함께 대통력(大統曆)을 개정하고 《칠정산내편(七政算內篇)》을 저술하여 역법을 정비하였다. 이후 예문관제학과 충청도관찰사를 거친 뒤 1439년에는 집현전제학이 되었다. 1446년 세종의 뜻을 받들어 훈민정음 창제에 참여하였다. 전고(典故)에 밝은 조선 초기 대표적 유학자의 한 사람으로 평가된다. 저서로는 《학역재집(學易齋集)》이 있다.
165 의림지는……곳이다 : 이와 관련한 기사가 《임하필기(林下筆記)》 권13 〈문헌지장편(文獻指掌編)〉 "호서사군(湖西四郡)"에 보인다.

황강(黃江)166

[명오지]167 청풍의 황강은 골짜기물168과 황강이 만나는 곳에 자리잡고 있다. 양쪽에 있는 산은 매우 좁고 푸른 강이 그 사이를 흐르는데, 그윽하고 고요하며 맑고 상쾌하다. 여기에 권상하(權尙夏)169의 서원170이 있고, 그 아래에는 권씨(權氏)의 주거지가 많다. 그 서남쪽 신당(新堂)171의 들판은 땅이 비옥하여 목화 농사에 알맞다.

도화동(桃花洞)172

[명오지]173 청풍부와 거리가 10리이다. 그 옆은 능강동(綾江洞)174이다. 강가를 버려두고 시내를 따라 들어가면 맑은 못과 경사가 완만한 폭포가 깊숙하면서 그윽하다. 마을의 집들이 조용하고 한가하여 좋아할 만하다.

黃江

[名塢志] 淸風之黃江據峽江之衝. 兩山甚狹, 綠江流其間, 幽靜蕭洒⑤. 有權文純書院, 其下多權氏之居. 其西南新堂之野地沃, 宜木綿.

桃花洞

[又] 距淸風府十里. 其傍綾江洞也. 捨江緣溪而入, 澄潭臥瀑, 幽靜窈窕, 村家蕭散可喜.

---

166 황강(黃江) : 충청북도 제천시 청풍면과 한수면 일대를 지나는 남한강의 지류. 여기서는 한수면 황강리·한천리·역리 일대에 있던 마을을 가리킨다. 조선시대에 이곳에 황강역이 있었다. 지금은 충주호에 수몰되어 그 자취를 볼 수 없다.

167 《研經齋全集外集》 卷64〈雜記類〉 "名塢志" '湖西'(《韓國文集叢刊》 278, 184쪽).

168 골짜기물 : 제천시 한수면 월악산(해발, 1,097m)에서 흘러오는 동달천과 광천이 만나 흘러오는 천을 말한다. 《대동여지도》에는 월천(月川)으로 적혀 있다.

169 권상하(權尙夏) : 1641~1721. 조선 중기의 문인. 호는 수암(遂菴), 시호는 문순(文純)이다. 이이와 송시열로 이어지는 기호학파의 계승자이며, 인물성동이논쟁(人物性同異論爭)이 일어나게 되는 계기를 마련하였다. 저서로는 《한수재집(寒水齋集)》·《삼서집의(三書輯疑)》가 있다. 후대에 황강에 권상하를 추모하는 황강서원(黃江書院)이 세워졌다.

170 서원 : 한수면 황강리에 있었던 것으로 보이는 황강서원(黃江書院)을 말한다. 충주호 건설로 수몰되면서 1982년에 한수면 송계리로 옮겨 복원했다.

171 신당(新堂) : 충청북도 충주시 살미면 신당리에 있던 마을. 지금은 충주호에 수몰되어 그 들판을 볼 수 없다. 《대동여지도》에는 신당리(新堂里)로 적혀 있다.

172 도화동(桃花洞) : 충청북도 제천시 청풍면 도화리에 있던 마을. 현재는 마을 일부가 청풍호 건설로 수몰되었다.

173 《研經齋全集外集》, 위와 같은 곳.

174 능강동(綾江洞) : 충청북도 제천시 수산면 능강리 일대에 있던 마을. 이곳의 능강계곡은 여름에도 냉기가 나오는 얼음골로 유명하다.

⑤ 洒 : 《研經齋全集外集·雜記類·名塢志》에는 散.

황강 일대(《1872년 지방지도》)

도화동·능강동 일대(《해동지도》)

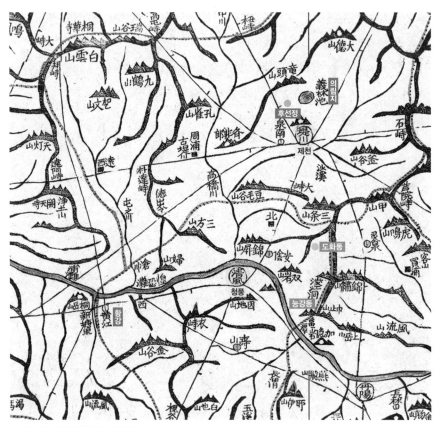
후선정·황강·도화동 일대(《대동여지도》)

사인암(舍人巖)[175]

[명오지][176] 단양군(丹陽郡) 뒤에 있는 장림역(長林驛)[177]을 거쳐 남쪽으로 가면 사인암에 이른다. 사인암은 계곡에 닿아 우뚝 서 있어서 높이가 수십 장이다. 바위의 붉고 푸른 색이 있는 사인암은 밝게 빛이 나고, 날카로운 모서리는 가파르면서 깨끗하다. 또 사인암에는 나무와 꽃이 무성하다. 그 위에서 사인암을 지나 아래로 내려오면[178] 시냇물이 맑고 푸르러서 그 깊이가 1장 남짓 되는데, 이를 '옥류담(玉流潭)[179]'이라 한다. 이 못가의 바위들은 평평하고 깨끗해서 앉을 만한데, 이를 '사선암(四仙巖)[180]'이라 한다. 사선암을 지나 물을 건너면 정자가 있으니, 이를 '개황정(開荒亭)[181]'이라 하며 예전에 이 고을 서당이었다. 장림(長林)은 비옥한 땅으로 알려져 있어서 사인암 아래로 있는 논도 메벼농사에 알맞다.

舍人巖

[又] 由丹陽郡後長林驛, 南行至舍人巖, 臨溪特立, 高數十丈, 丹碧炫燿, 廉稜峻潔, 復有樹花蓊蔚. 其上由巖而下, 川水瀅碧可丈餘, 曰"玉流潭"; 潭上石平淨可坐, 曰"四仙巖", 由巖而渡有亭, 曰"開荒", 舊鄕塾也. 長林以肥沃稱, 而巖下水田亦宜稉稻.

---

175 사인암(舍人巖):충청북도 단양군 대강면 사인암리 산27번지에 있는 높이 70m의 기암절벽으로, 단양팔경에 속한다. 명승 제47호. 고려의 유학자인 역동(易東) 우탁(禹倬, 1263~1342)이 정4품 '사인(舍人)' 관직을 지낸 이후 고향인 단양으로 낙향하여 이 부근에 머물렀기 때문에 훗날 조선 성종 때 단양군수가 사인암이라 명명했다고 한다.

176 《研經齋全集外集》, 위와 같은 곳.

177 장림역(長林驛):충청북도 단양군 대강면 장림리에 있던 역.

178 아래로 내려오면:하류로 내려간다는 의미가 아니라 사선암에서 내려온다는 뜻이다. 사선암은 사인암의 상류에 있다.

179 옥류담(玉流潭):충청북도 단양군 대강면 황정리와 사인암리 일대를 흐르는 남조천에 있던 깊은 못으로 추정된다. 사인암이 남조천 물가에 있으므로 그 주변으로 보이나 그 위치는 확정하기 어렵다. 남조천의 옛 이름은 운계천(雲溪川)이며, 곳곳에 깊은 못이 있고 주변에 큰 바위와 기암괴석이 많아 풍광이 수려하다.

180 사선암(四仙巖):충청북도 단양군 대강면 사인암리 남조천 물가에 있는 바위. 사선대(四仙臺) 또는 불암(佛岩)이라고도 한다. 예전에는 사선암의 냇물을 건너기 위해 설치한 사선다리(사신다리라고도 하였음)가 있었으나 현재는 사라지고 그 흔적만 남아 있다.

181 개황정(開荒亭):충청북도 단양군 대강면 사인암리 사인암 동쪽 절벽에 있었던 정자. 영조 때 병조참판을 지낸 오대익(吳大益, 1729~1803)이 개황정이라 명명하고 고을 서당으로 사용했다고 한다.

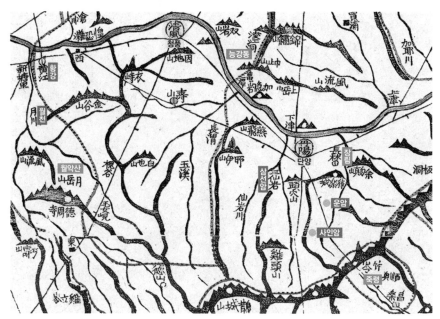

단양 사인암·운암 일대(《대동여지도》)

운암(雲巖)182

[팔역가거지]183 단양 치소 동남쪽에 운암이 있다. 자그마한 하나의 산기슭이 산에서 들로 내려가다가 갑자기 솟아오르고, 그 아래에 석벽이 있다. 동남쪽 산골짜기 물이 커져 시내가 되어서 석벽 아래를 빙 돌아 흐른다. 옛날 유성룡(柳成龍)184이 임금에게 하사

雲巖

[八域可居誌] 丹陽邑東南有雲巖. 一小麓自山下野, 而突兀隆起, 下有石壁. 東南山峽之水, 大而爲溪, 旋繞於石壁下. 昔柳西崖以

---

182 운암(雲巖): 충청북도 단양군 대강면 황정리와 사인암리 일대에 있는 계곡. 운암구곡(雲巖九曲) 또는 운선구곡(雲仙九谷)이라 한다. 선조 때 유성룡이 이곳의 각 지명을 명명하였고, 운암을 자신의 호로 삼았으며 수운정(水雲亭)이라는 낡은 정자를 매입해서 증축하여 머무르곤 했다. 그 정자는 현재는 사라지고 터만 황정리 남조천의 석벽에 남아 있는데 운암의 하류에 있는 사인암과는 약 700~800여 미터쯤 떨어진 곳이다.

183 《擇里志》〈卜居總論〉 "山水", 72쪽.

184 유성룡(柳成龍): 1542~1607. 조선 중기의 문신. 호는 서애(西厓)·운암(雲巖), 시호는 문충(文忠)이다. 임진왜란 때 도체찰사로 군무를 총괄하였고, 영의정으로 선조를 보좌하여 국난극복에 애썼다. 이황의 문인이며 도학과 문장 및 서예로 이름을 떨쳤고, 많은 유생의 추앙을 받았다. 저서로 《서애집(西厓集)》·《징비록(懲毖錄)》·《운암잡기(雲巖雜記)》 등이 있다.

받은 표범가죽으로 이 터를 사서 몇 개의 기둥이 있는 정자를 지었다. 그 후에 남이공(南以恭)[185]에게 이 정자를 미오(郿塢)[186]와 견줄 만하다는 구실로 탄핵을 받았다.[187] 유성룡이 어떤 이에게 보낸 편지에서 "붉은 벼랑과 비취색의 석벽도 탄핵의 글에 들어갔다."[188]라고 썼는데, 붉은 벼랑과 비취색 석벽이 바로 이곳이다. 정자는 지금 없어졌다. 대개 이곳은 땅이 외지고 험해서 살기에 좋지 않다.

御賜豹皮買基, 搆數楹屋, 後被南以恭彈劾比之郿塢. 西崖與人書云"丹崖翠壁, 亦入彈墨之中"卽此地也. 亭今廢. 蓋地僻險阻, 不可居也.

금천(金遷)[189]

[팔역가거지][190] 충주 치소 서쪽에서 달천을 건너면 속리산의 한 줄기가 음성현 서쪽에 있어서 우뚝 일어나 가섭산(迦葉山)이 되고, 부용산(芙蓉山)이 된다. 그 중 한 줄기는 금천에서 그치고, 또 한 줄기는 가흥(嘉

金遷

[又] 自忠州邑治西渡達川, 則俗離山一枝在陰城縣西, 特起爲迦葉山, 爲芙蓉山. 一止於金遷, 一止於

185 남이공(南以恭):1565~1640. 조선 중기의 문신. 호는 설사(雪蓑). 1590년(선조 23) 증광 문과에 장원급제한 뒤 사간원정언과 홍문관교리 등을 역임했다. 1597년 정유재란 때 체찰사(體察使) 이원익(李元翼)의 종사관이 되었으며, 이어서 이조정랑을 거쳤다. 1598년 영의정 유성룡이 일본과 화의를 주장했다고 상소하는 등 정인홍(鄭仁弘)의 무리와 함께 유성룡을 탄핵하는 데 앞장섰다.
186 미오(郿塢):중국 후한(後漢)의 동탁(董卓)이 섬서성(陜西省) 미현(郿縣)에 세운 창고. 만세오(萬歲塢)라 부르는 이 창고에 동탁은 30년 이상 먹을 곡식을 저장하였다.
187 유성룡이……받았다:《선조수정실록》선조 28년(12월 1일) 기사에는 유성룡이 이와 같은 이유로 탄핵을 받았다는 내용이 보인다.
188 붉은……들어갔다:《서애집(西厓集)》〈연보(年譜)〉卷2 "57세" '2월' 기사에 보인다.
189 금천(金遷):충청북도 충주시 중앙탑면 창동리 일대. 행정구역 개편 전에는 가금면이었고, 또 그 이전에는 충청북도 청주시 용두동, 대소원면 검단리 일대로 요도천과 달천이 합류하는 주변이다. 요도천 상류 쪽으로 대소원면과 주덕읍 일대에 매우 넓은 벌판이 형성되어 있다. 《대동여지도》에서는 금천(金迁)으로 적혀 있다. 그런데 적혀 있는 자리를 보면 달천과 남한강이 합류하는 충주시 중앙탑면 창동리 일대로 표기되었으나 이곳이 산지라서 농지가 없다. 따라서 요도천과 달천이 합류하고 1.5km. 북쪽으로 흘러 남한강과 합류하기 때문에 《대동여지도》에 달천(達川)이라고 적힌 지점에 금천을 적어야 했을 것으로 판단된다. 요도천은 《대동여지도》에 요도천(夭桃川)으로 적혀 있다. 현재의 중앙탑면은 그 이전에 가금면이었다. 가흥과 금천의 첫 글자를 딴 명명이다. 또 가금면 이전에는 금천면이었다. 이런 지명의 유래로 볼 때 금천이 중앙탑면에 있었을 가능성도 있다. 하지만 본문의 설명에 따르면 금천은 남한강과 합류하기 바로 전의 달천과 인접하고 있으면서 비옥한 농지가 있어야 한다. 중앙탑면은 남쪽 끝의 창동리만 달천과 남한강에 동시에 닿아 있고, 나머지 지역은 모두 남한강변에 있다. 이런 점에서 금천이 중앙탑면에 있었을 가능성이 낮다고 판단했다.
190 《擇里志》〈忠淸道〉, 31쪽.

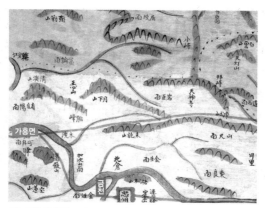
가흥·금천 일대(《청구도》)

興)에서 그치고, 나머지 산기슭은 달천의 서쪽을 감싸고 돈다. 흙은 극히 비옥하여 오곡과 면화 농사에 알맞다. 산골짜기 사이에 마을이 섞여 있으며 이곳에 사는 사람들은 부유한 경우가 많다. 그 중에 금천과 가흥이 가장 번성하였다. 금천은 두 강물이 마을 앞에서 합류했다가 돌아서 마을 북쪽으로 나간다. 동쪽으로는 경상도의 재화가 들어오고 서북쪽으로는 한강의 생선과 소금이 유통된다. 살림집이 즐비하고 배들이 꼬리에 꼬리를 물고 있어서 상류에 하나의 큰 도회지가 되었기 때문에 사대부가 많이 산다.

가흥(嘉興)191

[팔역가거지]192 금천 서쪽으로 10여 리 떨어진 곳에

嘉興, 餘麓盤回⑥於達川之西. 土極饒沃, 宜五穀、木綿. 山谷間村塢錯, 居多富厚者. 其中金遷、嘉興最爲繁盛. 金遷二江合於前而繞出村北. 東輸嶺南之貨財, 西北通漢江之魚鹽. 閭閻櫛比, 舳艫聯絡, 爲上流一大都會, 士大夫多居之.

嘉興

[又] 在金遷西十餘里. 江

---

191 가흥(嘉興) : 충청북도 충주시 중앙탑면 가흥리·장천리 일대. 《대동여지도》를 비롯하여 대부분의 지리서에 가흥(可興)으로 표기되어 있다.

192 《擇里志》〈忠淸道〉, 31~32쪽.

⑥ 回 : 저본에는 "互". 《擇里志·湖西》에 근거하여 수정.

탄금대 탄금정 일대(한국향토문화전자대전 디지털충주문화대전, 한국학중앙연구원)

있다. 강이 동남쪽에서 서북쪽으로 흐르고 마을은 남쪽 강둑 장미산(薔薇山)[193] 아래에 있다. 국가에서 이곳에 조세창을 설치하여, 상류의 여러 고을의 조세를 거두어 배로 서울까지 실어나른다. 이곳에 사는 사람들은 적당한 때를 타기 때문에 대부분 이익을 노리다가 기이할 정도로 크게 부유해진다.

自東南趨西北, 而村在南岸薔薇山之下. 國家設倉於此, 收上流諸邑田賦, 漕至京師. 居民乘時, 多射利致奇羨.

북창(北倉)[194]

[팔역가거지][195] 충주 치소 북쪽으로 20리 떨어진 곳에 있다. 월락탄(月落灘)[196] 가의 탄금대(彈琴臺)[197]를 지나 강을 건너 북쪽으로 가면 이곳이 북창이다. 강

北倉

[又] 在忠州邑北二十里. 由月落灘上彈琴臺, 渡江而北, 是爲北倉. 有臨江巖

---

193 장미산(薔薇山) : 충청북도 충주시 중앙탑면 가흥리와 장천리에 걸쳐 있는 산. 해발 337m.
194 북창(北倉) : 충청북도 충주시 금가면 유송리 북창나루터에 있던 마을. 조선시대에는 이곳에 북창이 설치되어 세곡을 거두었다. 유송리와 인접한 북쪽의 오석리에는 농지가 넓게 형성되어 있다.
195 《擇里志》〈忠淸道〉, 32쪽.
196 월락탄(月落灘) : 충청북도 충주시 칠금동 일대를 지나는 달천.
197 탄금대(彈琴臺) : 충청북도 충주시 칠금동 산1-1번지에 있는 명승지로, 달천이 남한강에 합류하는 합수 지점에 솟은 기암절벽이다. 명승 제42호. 신라 때의 악성(樂聖) 우륵(于勒, ?~?)이 가야금[琴]을 타던[彈] 곳이라 탄금대라 부른다. 임진왜란 때는 신립(申砬, 1546~1592)이 이곳에서 왜군을 맞아 큰 전투를 벌였다.

에 닿아 있는 암석의 경치가 빼어나니, 곧 탄수(灘叟) 이연경(李延慶)[198]이 살던 곳이다. 자손이 10대에 이르도록 과거 급제자가 이어져서 사람들이 상류의 살기 좋은 명당이라 한다. 강을 따라 서쪽으로 가면 월탄(月灘)[199]이니, 곧 홍씨(洪氏)가 사는 곳이다. 또 서쪽으로는 하담(荷潭)[200]이니, 곧 상서(尙書) 김시양(金時讓)[201]의 옛 집터이다.

목계(木溪)[202]

[팔역가거지][203] 충주 남쪽[204]으로 20리 떨어진 곳에 있다. 금천의 하류에 닿아 있어 한강 하류에서 올라오는 생선배와 소금배가 모두 여기에 정박한다. 또한 동해의 생선과 경상도 산골의 재화가 모두 여기에 모인다. 이곳에 사는 사람들은 재화를 판매하여 많은 이익을 남긴다.

石之勝, 卽灘叟 李延慶之所居, 子孫至十世, 科甲相繼, 人謂上流名基. 沿江而西爲月灘, 卽洪氏所居. 又西爲荷潭, 卽金尙書 時讓舊基.

木溪

[又] 在忠州南二十里. 臨金遷下流, 下江魚鹽船皆泊此, 東海之魚及嶺峽貨財皆湊焉. 居民以販賣致厚利.

---

198 이연경(李延慶): 1484~1548. 조선 중기의 문신. 호는 탄수(灘叟). 1507년(중종 2) 생원시에 합격했으니 학문에만 전념할 뿐 관직에는 관심이 없었다. 이후 사헌부지평을 거쳐 홍문관교리로 승진하였다. 교리로서 경연에 참석했을 때 재상의 선출이 논의되자 조광조(趙光祖)를 천거하였다. 조광조와의 친분 때문에 1519년 기묘사화에 연루되어 축출될 위기에 몰리기도 하였다. 관직을 버리고 충주 인근에 거주하면서 산수를 주유하며 낚시를 즐기고, 관직에 제수되어도 나가지 않았다.

199 월탄(月灘): 충청북도 충주시 소태면과 금가면 일대를 흐르는 남한강과 그 주변 마을. 금가면 월상리에는 월탄저수지(월탄소류지)가 있다.

200 하담(荷潭): 충청북도 충주시 금가면 하담리 일대를 흐르는 남한강과 그 주변 마을.《대동여지도》에는 하연(荷淵)으로 적혀 있다.

201 김시양(金時讓): 1581~1643. 조선 중기의 문신. 호는 하담(荷潭). 1605년(선조 38) 정시 문과에 병과로 급제하여 승문원정자(承文院正字)가 되었고, 1610년 서장관(書狀官)으로 명나라에 다녀왔다. 이듬해에 전라도도사(全羅道都事)가 되었는데, 향시에 출제한 시제가 광해군의 실정(失政)을 비유했다 하여 유배되었다. 1623년 인조반정으로 풀려나 예조정랑과 병조판서 등을 역임하였다. 저서로는《하담집(荷潭集)》·《부계기문(涪溪記聞)》이 있다.

202 목계(木溪): 충청북도 충주시 엄정면 목계리 일대. 목계나루가 있던 자취가 아직 남아 있다.

203《擇里志》, 위와 같은 곳.

204 남쪽: 실제로는 북쪽에 해당한다.

내창(內倉)[205]

[팔역가거지][206] 목계(木溪) 북쪽으로 10리 떨어진 곳에 있다. 이곳은 천년명촌(千年名村, 천 년에 걸쳐 이름난 마을)이다. 산속에 들이 펼쳐져 있고, 풍기(風氣)가 막혀 있으며, 토지가 매우 넓어 대대로 거주하는 사대부가 많다.

[명오지][207] 예로부터 이름난 마을로 알려져 있다. 땅이 넓고 비옥해서 오곡과 목화 농사에 알맞다

말마리(秣馬里)[208]

[팔역가거지][209] 충주 치소 서쪽에 있으며 팔성산(八聖山)[210] 아래에 있다. 이곳은 곧 십청(十淸) 김세필(金世弼)[211]이 물러나 쉬던 곳이며 그의 자손이 지금까지 대대로 살고 있다. 살림집이 수백 호이며 모두 물산이 풍요롭게 공급되어 자족하며 살아간다. 마을 앞에는

內倉

[又] 在木溪北十里. 是千年名村. 山中開野, 風氣關鎖, 土地甚廣, 多世居士大夫.

[名塢志] 自古稱名塢, 地廣而沃, 宜五穀與木綿.

秣馬里

[八域可居誌] 在忠州邑西, 八聖山之下. 卽十淸 金世弼退休之地, 子孫至今世居. 閭閻數百戶, 皆饒給自足. 前有大川, 漑田甚沃,

---

205 내창(內倉) : 충청북도 충주시 엄정면 미내리·용산리·신만리 일대. 조선시대에 세곡을 거두는 내창이 설치되었고, 미내리에는 현재 내창장(內倉場)이라는 이름의 장시가 남아 있다. 《대동여지도》에는 내(內)로 적혀 있고, 창고 표시가 되어 있다.

206 《擇里志》, 위와 같은 곳.

207 《硏經齋全集外集》卷64〈雜記類〉"名塢志" '湖西'(《韓國文集叢刊》278, 185쪽).

208 말마리(秣馬里) : 충청북도 음성군 생극면 팔성리·신양리·차평리 일대에 있던 마을. 현재도 주민들은 차평리의 농지 일대를 말마리로 부른다. 본래 충주군에 속해 있었으나 1906년 행정구역 개편으로 음성군에 편입되었다. 《대동여지도》에는 팔성산이 음죽(陰竹)에 소속되어 있다고 표기되어 있다. 말마리는 실제로 팔성산으로 표기된 오른쪽의 임오치(林烏峙)의 동쪽 하천 주위에 넓게 형성되어 있다. 임오치는 지금의 임오산(해발 339m.)으로, 팔성산의 북쪽에 위치하고 있다.

209 《擇里志》, 위와 같은 곳.

210 팔성산(八聖山) : 충청북도 음성군 생극면 팔성리와 경기도 이천시 율면 산성리 일대에 있는 산. 해발 378m.

211 김세필(金世弼) : 1473~1533. 조선 중기의 문신. 호는 십청헌(十淸軒). 1495년(연산군 1) 사마시에 합격하여 홍문관정자를 거치고 사헌부지평에 올랐다. 1504년 갑자사화에 연루되어 거제도에 유배되었다. 1506년 중종반정으로 풀려난 이후 형조참판과 부제학을 지내고 전라도관찰사와 이조참판 등을 역임하였다. 1519년 기묘사화가 일어나자 고향 말마리로 내려가서 십청헌을 짓고 후진을 교육하였다.

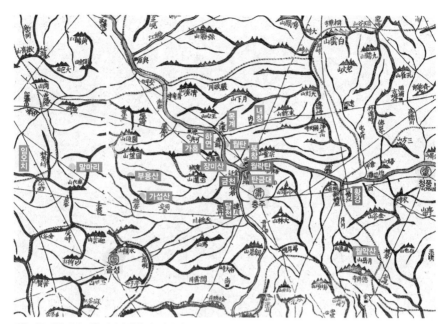

금천·가흥·북창·목계·내창·말마리 일대(《대동여지도》)

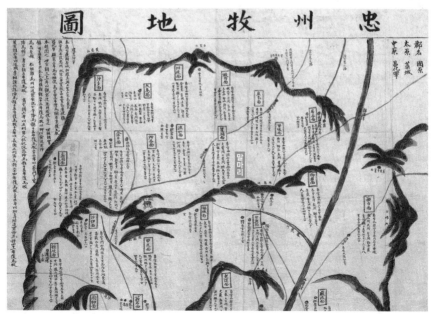

말마리 일대(《1872년 지방지도》)

큰 하천이 있어 논밭에 물을 대고, 매우 비옥하여 예로부터 흉년의 근심이 적었다. 한양과 거리가 200여 리 정도인 데다 한강의 수로와 통하므로 진실로 살기에 좋은 곳이다. 토박이들은 금천·가흥·내창·말마리를 충주사대촌(忠州四大村, 충주에 있는 큰 마을 4곳)이라 한다.

自古少歉荒之患. 距漢陽二百餘里, 且通漢江水路, 實可居處也. 土人以金遷、嘉興、內倉、秣馬里爲忠州四大村.

대흥향교촌(大興鄕校村)[212]

[명오지][213] 대흥현(大興縣) 북쪽으로 3리 떨어진 곳에 있으며, 옛 백제 임존성(任存城)이다. 흑치상지(黑齒常之)[214]가 임존성을 근거지로 삼고 당나라에 항거했으나, 소열(蘇烈)[215]이 공격하자 이기지 못했으니, 그가

大興鄕校村

[名塢志] 在縣北三里, 故百濟 任存城也. 黑齒常之據任存城拒唐, 蘇定方攻之不克, 卽此地也. 背鳳

대흥향교(문화재청)

대흥향교 및 임존성((해동지도))

212 대흥향교촌(大興鄕校村) : 충청남도 예산군 대흥면 교촌리·동서리·상중리에 있던 마을. 이 중 교촌리에는 대흥향교(충청남도기념물 제136호)가 남아 있다.
213 《研經齋全集外集》 卷64 〈雜記類〉 "名塢志" '湖西'(《韓國文集叢刊》 278, 183쪽).
214 흑치상지(黑齒常之) : ?~?. 백제 말기의 장군. 백제 부흥운동을 주도하였으나, 백제 부흥운동의 중심지였던 임존성과 주류성(周留城)이 함락된 후에 당나라에 항복하였다.
215 소열(蘇烈) : 592~667. 당나라의 무장. 자는 정방(定方). 나당연합군의 총사령관으로 신라와 함께 백제를 협공하여 멸망시켰다.

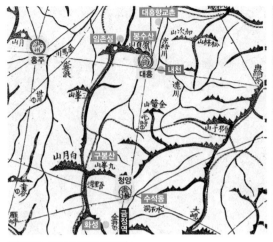

대흥향교촌·수석동 일대(《대동여지도》)   수석동 일대(《팔도군현지도》)

전투한 곳이 곧 이곳이다. 봉수산(鳳首山)[216]을 등지고 내천(奈川)[217]이 그 앞을 흐르며, 들이 평평하고 넓게 펼쳐져 있어 살기에 좋다.

首[7]山而奈川經其前, 平遠 可居.

수석동(水石洞)[218]

[동국문헌비고·여지고][219] 청양 치소 동쪽으로 7리 떨어진 곳에 있다. 샘물과 바위가 매우 아름답다.

水石洞

[文獻備考·興地考] 在青 陽邑東七里. 泉石絕佳.

---

216 봉수산(鳳首山): 충청남도 예산군 대흥면과 홍성군 금마면에 걸쳐 있는 산. 해발 483m.

217 내천(奈川): 충청남도 예산군 대흥면을 흐르는 무한천. 이곳을 흐르는 무한천은 예당저수지가 되어서 수몰이 되었기 때문에 넓게 펼쳐진 들은 확인하기 어렵다.

218 수석동(水石洞): 충청남도 청양군 대치면 수석리 일대.

219 《東國文獻備考》 卷13 〈興地考 8〉 "山川 2" '忠淸道', 30쪽.

[7] 鳳首: 저본에는 "□首".《研經齋全集外集·雜記類·名塢志》에 근거하여 보충.

3) 전라도

율담(栗潭)[1]

[명오지][2] 전주의 율담은 주줄산(珠崒山) 서쪽 여러 계곡의 물을 받아들여 논밭에 물을 대기 이롭고, 땅이 매우 비옥하여 메벼·생선·소금·생강·토란·대나무·감을 판매하는 이익이 있다. 양전포(良田浦)와 오백주(五百洲)는 모두 생업이 풍족하다.

대개 건지산(乾止山)은 전주의 진산으로, 그 한 맥이 뻗어 나와 서쪽으로 내려가 덕진지(德眞池)가 되는데, 이 못은 매우 깊고 넓다. 전주부의 지세(地勢)는 본디 건유(乾維, 북서쪽 방위)가 텅 비어 기맥(氣脈)이 새어나가는 형국이기 때문에 큰 제방을 축조하여 이를 막았다.[3] 산등성이와 산기슭이 이 못을 품고

湖南

栗潭

[名塢志] 全州之栗潭受珠崒山以西諸谷之水, 利於灌漑, 地爲上腴, 有粳稻、魚鹽、薑芋、竹柹之利. 良田浦、五百洲皆饒生業.

蓋乾止山爲全州之鎭而抽其一脈, 西去下有德眞池, 極深闊. 府之地勢, 乾維空缺, 氣脈泄焉, 故築大堤以止之. 岡麓抱池, 盤紆于大野, 逆受萬馬洞之

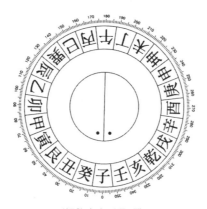

24산주천도(二十四山周天圖)

---

1 율담(栗潭) : 전라북도 완주군 고산면 화정리 일대를 흐르는 하천.

2 《研經齋全集外集》卷64〈雜記類〉 "名塢志"'湖南'(《韓國文集叢刊》278, 187쪽).

3 전주부의……막았다 : 건유(乾維)는 곧 건방(乾方)이다. 자방(子方)이 북쪽을 향해 있는 아래의 '24산주천도(二十四山周天圖)'를 참조하면, 건유의 방위가 북서쪽에 해당하는 것을 확인할 수 있다. 실제로 전주의 지형을 살펴보면 북서쪽 방면이 평평한 들로 트여 있다.

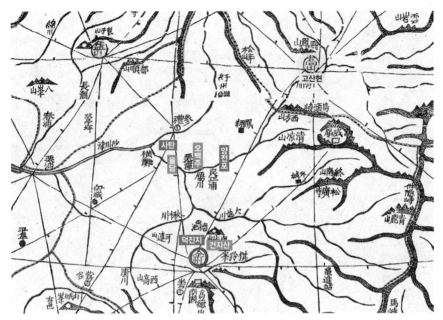

율담(《대동여지도》)

큰 들판을 두른 채로 만마동(萬馬洞)의 물을 거꾸로 받아들이니, 참으로 좋은 터이다.

水, 誠佳基也.

봉상촌(鳳翔村)[4]

[명오지][5] 전주 북쪽으로 30리 떨어진 곳에 있으며, 봉실산(封實山)[6] 아래이다. 산봉우리는 맑고 수려하며 산과 시내가 그 앞을 가로지른다. 흙이 비옥하고 샘물이 달며, 여기에는 상·중·하로 3개의 큰 마을이 있다.

鳳翔村

[又] 在全州北三十里封實山下. 峯巒淸秀, 山川經其前. 土腴泉甘, 有上中下三大村.

---

4 봉상촌(鳳翔村) : 전라북도 완주군 비봉면 봉산리 일대의 마을.
5 출전 확인 안 됨.
6 봉실산(封實山) : 전라북도 완주군 봉동읍과 비봉면 일대에 걸쳐 있는 산. 해발 374m. 현재는 봉실산(鳳實山)으로 지명이 전해지며, 산의 9부 능선에는 백제의 산성인 봉실산성(鳳實山城)이 남아있다.

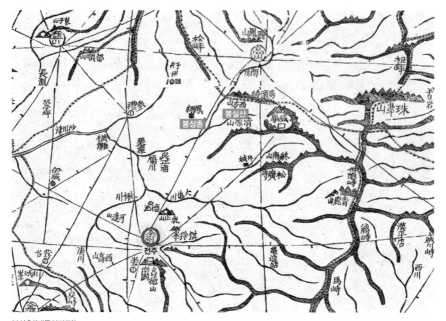

봉상촌(《대동여지도》)

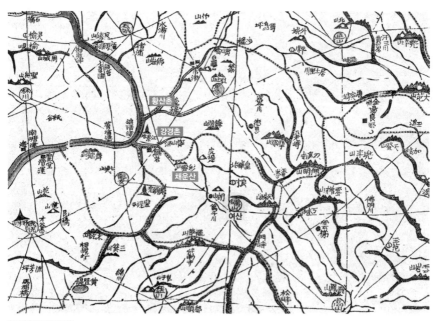

황산촌(《대동여지도》)

황산촌(黄山村)[7]

[명오지][8] 여산(礪山) 채운산(彩雲山)[9]의 줄기에 있으며, 석산(石山)이 강에 닿고 높이 솟아올라 은진의 강경촌(江景村)과 작은 포구 하나를 사이에 두고 있다. 뱃길로 통행할 수 있어 강가의 이름난 마을이 되었다.

黄山村

[又] 在礪山 彩雲山之枝, 石山臨江陟起, 與恩津 江景村隔一小浦. 通舟楫, 爲江上名塢.

서지포(西枝浦)[10]

[명오지][11] 임피(臨陂)의 오성산(五城山)[12] 기슭에 있으며, 산의 모양이 수려하고 기이하다. 진강(鎭江, 금강)의 물을 거스르는 곳에 큰 마을이 그 가운데 펼쳐져 있다. 배가 정박하는 곳이 된 강경촌·황산촌과 함께 나란히 강가의 이름난 마을로 알려졌다.

西枝浦

[又] 在臨陂 五城山之麓, 山形秀異. 逆鎭江之水而大村布置其中, 爲舟楫停泊之所, 與江景村、黄山村, 竝稱江上名塢.

경양호(景陽湖)[13]

[금화경독기][14] 광주 북쪽으로 5리 떨어진 곳에 있으며, 경양역(景陽驛)[15] 옆이다. 호수가 깊어 거룻배도

景陽湖

[金華耕讀記] 在光州北五里, 景陽驛之傍. 湖深容

---

7 황산촌(黄山村) : 전라북도 익산시 여산면 일대에 있던 마을.

8 《研經齋全集外集》卷64〈雜記類〉"名塢志" '湖南'(《韓國文集叢刊》278, 187쪽).

9 채운산(彩雲山) : 충청남도 논산시 강경읍 채산리 일대에 있는 산. 해발 57m.

10 서지포(西枝浦) : 전라북도 군산시 나포면 서포리 일대에 있던 포구. 《대동여지도》에는 '서지포(西支浦)'로 적혀있다.

11 《研經齋全集外集》, 위와 같은 곳.

12 오성산(五城山) : 전라북도 군산시의 성산면 여방리·둔덕리 일대에 있는 산. 해발 228m. 《대동여지도》에는 오성산(五聖山)으로 적혀 있다.

13 경양호(景陽湖) : 광주광역시 동구 계림동 일대에 있던 호수. 도시가 팽창하고 인구가 늘어나면서 1930년대 후반에는 호수의 일부분만을 남겨두고 부분 매립하여 택지로 조성하였고, 1967년에는 작은 배를 띄우는 보트장으로 남아 있던 부분마저 매립하여 더 이상 호수의 흔적을 찾을 수 없게 되었다.

14 출전 확인 안 됨.

15 경양역(景陽驛) : 광주광역시 북구 중흥동 일대에 있던 전통적인 방식의 역참(驛站). 1884년 우정총국이 설치되면서 조선에도 근대식 우편제도가 도입되자, 1895년 지방제도 개혁에 따라 1896에 폐지되었다.

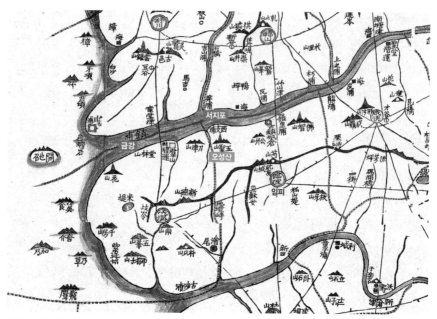

서지포(《대동여지도》)

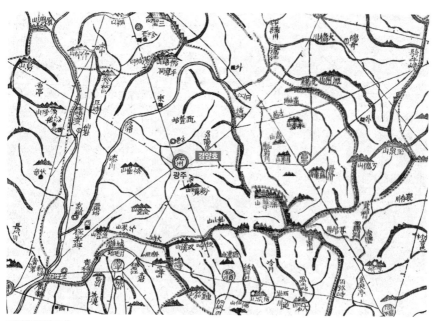

경양호(《대동여지도》)

띄울 수 있고 연꽃이 가득 심어져 있으며, 그 밑으로는 논두렁이 끝없이 펼쳐진다. 호숫가에 터를 살펴 집을 지으면 10리까지 퍼지는 연꽃향을 내 것으로 만들 수 있다.

刀, 盛植芙蕖, 其下稻畦一望無際. 臨湖卜築, 可管領十里荷香.

복흥촌(復興村)[16]

[금화경독기][17] 순창군 북쪽으로 70리 떨어진 곳에 있다. 양쪽에 강을 낀 채로 들판이 펼쳐져 마을을 크게 이루고 있고 시냇물이 동쪽으로 흐르며, 흙이 비옥하고 샘물이 달아 가장 살기 좋은 명당이다. 다만 전라도의 한가운데에 자리잡아 성읍을 설치할 만하기 때문에 숙종(肅宗)[18] 때 병마절도사(兵馬節度使)[19]가 다스리는 군영을 이곳으로 옮기는 방안에 대해 논의했지만 실행되지는 않았다. 전라도를 방어하는 요충지가 되어야하므로, 유인(幽人, 숨어 사는 사람)이나 일사(逸士, 재야의 선비)가 은둔하여 즐길 만한 곳은 아니다.

復興村

[又] 在淳昌郡北七十里. 挾兩江開野, 大作洞府, 溪水東流, 土腴泉甘, 儘名基也. 但據一道中央, 可置城邑, 肅廟朝議移兵馬使營于此而未果. 要當爲關防重鎭, 非幽人, 逸士之所考槃也.

---

16 복흥촌(復興村) : 전라북도 순창군 복흥면 일대에 있는 마을. 특히 농암리와 복흥면사무소가 있는 정암리 일대를 설명하고 있는 것으로 추정된다. 이곳에는 전라남도와 전라북도의 경계인 추월산(秋月山, 731m)에서 발원하는 추령천(秋嶺川)이 흘러 예로부터 살기 좋은 곳으로 이름이 알려졌다.《대동여지도》에는 복흥면 일대에 위치한 산이 복흥산(福興山)으로 적혀 있다.

17 출전 확인 안 됨.

18 숙종(肅宗) : 1661~1720. 조선의 제19대 왕(재위 : 1674~1720). 이름은 순(焞). 자는 명보(明普). 조선 후기 당쟁이 격화되는 가운데, 왕권 강화를 위해 3차례의 환국을 일으켰다. 한편으로는 대동법을 확대하여 실시하고, 백두산에 정계비를 세워 국경을 확대하는 등의 업적을 남겼다.

19 병마절도사(兵馬節度使) : 조선시대 각도의 육군을 지휘하는 책임을 맡은 종2품 무관직.

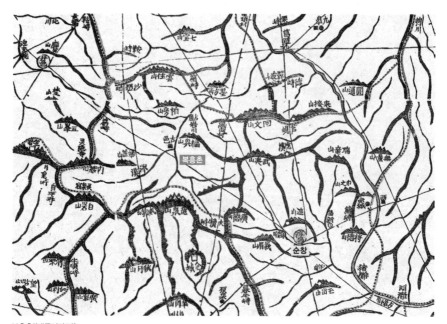

복흥촌(《대동여지도》)

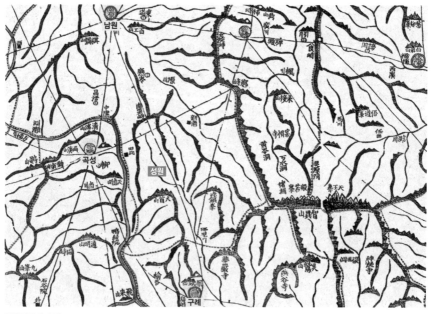

성원(《대동여지도》)

구례 화엄사(문화재청)

성원(星園)[20]

[팔역가거지][21] 남원부(南原府) 동남쪽에 있다. 최씨 (崔氏)가 대대로 살아온 곳으로, 계곡과 산, 그리고 대숲의 경치가 빼어나다. 남쪽으로 큰 들판이 펼쳐 져 곧장 구례의 들판과 통하며, 1묘(畝)에 1종(鍾)[22] 을 거둘 만큼 비옥한 논이 많다.

구만촌(九灣村)[23]

[팔역가거지][24] 구례 서쪽에는 봉동(鳳洞)[25]의 샘물과 바위가 기이하고, 동쪽에는 화엄사(華嚴寺)[26]와 연곡

星園

[八域可居誌] 在南原府東 南. 崔氏世居, 有溪山、竹 林之勝. 南拓大野, 直通求 禮野, 多畝鍾水田.

九灣村

[又] 求禮西有鳳洞泉石之 奇, 東有華嚴、燕谷之勝,

---

20 성원(星園) : 지금의 전라남도 구례군 산동면 계천리 일대. 이곳은 1906년 이전까지는 남원현에 속했다가 행정구역이 개편되면서 구례군으로 편입되었다. 화순 최씨(崔氏)의 집성촌으로, 산동면 계천리에 있는 현 천마을에는 아직도 본관이 화순 최씨인 주민이 많이 거주하고 있다.

21 《擇里志》〈全羅道〉, 22~23쪽.

22 1종(鍾) : 부피의 단위로, 1종은 6.4석 또는 8석, 또는 10석이라는 설이 있다.

23 구만촌(九灣村) : 지금의 전라남도 순천시 황전면 선변리 일대에 있던 마을. 현재 구례구역(求禮口驛) 인근 의 섬진강이 휘돌아 흘러가는 곳으로 추정된다.

24 《擇里志》〈全羅道〉, 23쪽.

25 봉동(鳳洞) : 전라남도 구례군 구례읍 봉동리 일대.

26 화엄사(華嚴寺) : 전라남도 구례군 마산면 황전리 지리산 노고단 남서쪽에 있는 사찰. 각황전이 중심을 이루 어 비로자나불(毘盧遮那佛)을 주불(主佛)로 공양한다. 주요 문화재로는 국보 제12호인 석등, 국보 제35호 인 사사자삼층석탑, 국보 제67호인 각황전이 있다

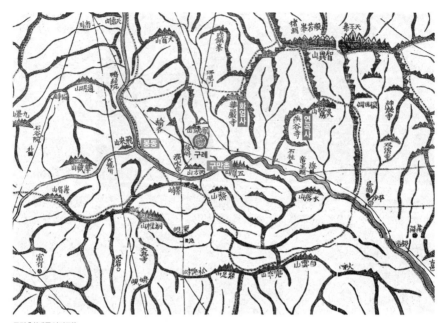

구만촌(《대동여지도》)

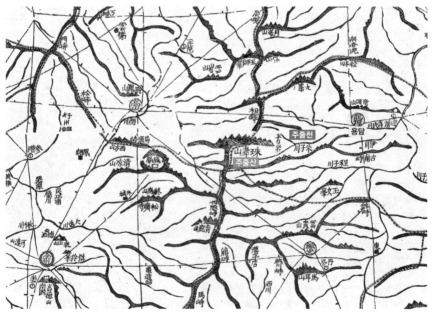

주줄천(《대동여지도》)

사(燕谷寺)[27]의 경치가 빼어나며, 남쪽에는 구만촌이 있다. 임실에서 구례에 이르기까지 강의 위아래를 따라 이름난 명승지가 많은데, 오직 구만촌이 앞에 큰 시내와 닿아 있다. 토지가 비옥한 데다 뱃놀이와 고기잡이를 즐길 수 있으니, 가장 살기 좋은 곳이다.

주줄천(珠崒川)[28]

[명오지][29] 용담현(龍潭縣)[30] 서쪽으로 30리 떨어진 곳에 있으며, 주줄산 아래이다. 계곡과 산이 매우 아름답고, 토지가 아주 비옥하여 벼농사에 알맞다.

제원천(濟原川)[31]

[명오지][32] 금산군(錦山郡)[33] 동쪽에 있으며, 계곡과 산의 흥취가 빼어나다. 논밭은 제원천의 물을 받을 수 있어서 이곳 사람들은 가뭄으로 인한 흉년을 모른다.

南爲九灣村. 自任實至求禮, 沿江上下, 多名區勝槪, 惟九灣前臨大溪. 土地饒沃, 且有刀①艓、漁釣②之樂③, 最爲可居處.

珠崒川

[名塢志] 在龍潭縣西三十里, 珠崒山下. 溪山絕佳, 土地甚腴, 宜粳稻.

濟原川

[又] 在錦山郡東, 有溪山之趣. 田野被灌漑, 不知歉荒.

---

27 연곡사(燕谷寺) : 전라남도 구례군 토지면 내동리 지리산에 있는 사찰. 남북국시대에 신라의 연기조사(緣起祖師)가 창건하였으며, 신라 말기부터 고려 초기까지는 수선도량(修禪道場)으로 이름이 높았던 사찰이었다.
28 주줄천(珠崒川) : 전라북도 진안군 주천면 일대를 흐르는 시내. 《대동여지도》에는 주자천(朱子川)으로 적혀 있다.
29 《硏經齋全集外集》 卷64〈雜記類〉 "名塢志" 湖南 (《韓國文集叢刊》 278, 187쪽).
30 용담현(龍潭縣) : 전라북도 진안군 동향면·안천면·용담면·정천면, 상전면 구룡리·용평리, 주천면 대불리·무릉리·신양리·용덕리·운봉리·주양리 일대.
31 제원천(濟原川) : 충청남도 금산군 제원면 일대를 흐르는 시내. 지금의 봉황천이다. 여기서는 봉황천이 금강과 합류하는 제원리 명암리 일대를 설명한 듯하다. 《대동여지도》에 제원(濟原)이라 적힌 역 일대로 추정된다. 전라도와 충청도를 잇는 길목에 있는 금산군은 1963년 1월 1일 서울특별시, 도, 군, 구의 관할구역 변경에 관한 법률(법률 제1172호)에 의한 행정구역 개편에 따라 전라북도에서 충청남도로 편입되어 현재에 이르고 있다.
32 《硏經齋全集外集》, 위와 같은 곳.
33 금산군(錦山郡) : 충청남도 금산군 금산읍·금성면·군북면·남이면·남일면·부리면·제원면, 전라북도 무주군 부남면 일대.
① 刀 : 《擇里志·全羅道》에는 "舠".
② 釣 : 《擇里志·全羅道》에는 "鹽".
③ 樂 : 《擇里志·全羅道》에는 "利".

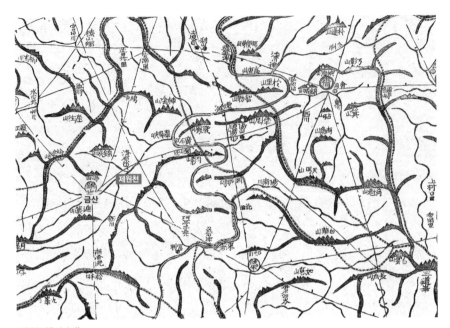

제원천(《대동여지도》)

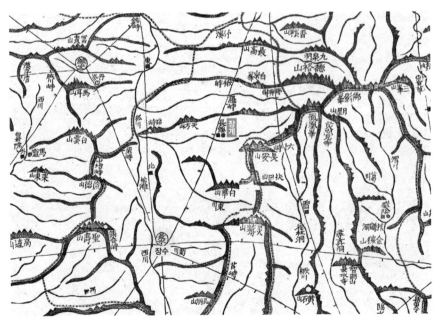

장계(《대동여지도》)

장계(長溪)[34]

[명오지][35] 장수현(長水縣) 북쪽으로 30리 떨어진 곳에 있다. 옛 백제의 백해군(伯海郡)인데, 신라 때 벽계(壁谿)로 지명을 바꿨으며, 다른 말로 '장세(長世)'라 부른다. 토지가 비옥하여 살기에 좋다.

주계(朱溪)[36]

[명오지][37] 무주(茂朱)의 대덕산(大德山)[38]에서 나와 객관(客館)[39]을 지나 금산군으로 들어간다. 마을이 넓고 탁 트였으며, 논밭이 비옥하여 주계가 흐르는 곳을 따라 있는 마을이 모두 이름난 마을이다.

변산(邊山)[40]

[명오지][41] 부안현(扶安縣) 서쪽으로 25리 떨어진 곳에 있다. 일명 '능가산(楞伽山)', 또는 '영주산(瀛洲山)'이다. 혹자는 "변산(卞山)은 변한(卞韓)에서 유래한 이름이다."라 했다. 산봉우리가 100여 리에 걸쳐 구불구불 이어져서 궁실과 배를 만들 재목은 고려 시기부터 모두 여기에서 조달했다. 토지가 비옥한 데다 호수와 산의 경치가 빼어나다. 옛 처사(處士)[42] 유형

長溪

[又] 在長水縣北三十里. 故百濟 伯海郡, 新羅改壁溪, 一號"長世". 地沃可居.

朱溪

[又] 出茂朱之大德山, 經客館, 入于錦山郡. 洞府寬豁, 田地膏沃, 沿溪皆名塢.

邊山

[又] 在扶安縣西二十五里. 一名"楞伽山", 一名"瀛洲山". 或云:"卞山, 卞韓之所由名也." 峯巒盤回百餘里, 宮室·舟楫之材, 自高麗時, 皆取於是. 地旣肥沃, 又有湖山之景. 故處士

---

34 장계(長溪) : 전라북도 장수군 장계면 장계리 일대로, 장계천과 유천이 만나는 곳 주변으로 보인다.

35 《研經齋全集外集》卷64〈雜記類〉"名塢志"'湖南'(《韓國文集叢刊》278, 187~188쪽).

36 주계(朱溪) : 전라북도 무주군 무풍면·설천면·무주읍 일대를 지나는 하천. 지금의 무주 남대천(南大川)이다.

37 《研經齋全集外集》卷64〈雜記類〉"名塢志"'湖南'(《韓國文集叢刊》278, 188쪽).

38 대덕산(大德山) : 전라북도 무주군 무풍면과 경상북도 김천시 대덕면 일대에 걸쳐 있는 산. 해발 1,290m. 《대동여지도》에는 덕대산(德大山)으로 적혀 있다.

39 객관(客館) : 각 고을에 외국의 사신이나, 중앙과 지방의 관리들이 왕래할 때 대접하고 묵게 했던 숙소.

40 변산(邊山) : 전라북도 부안군 변산면에 있는 산. 해발 510m.

41 《研經齋全集外集》卷64〈雜記類〉"名塢志"'湖南'(《韓國文集叢刊》278, 187쪽).

42 처사(處士) : 벼슬을 하지 않고 초야에서 은둔한 선비들을 일컫는 말.

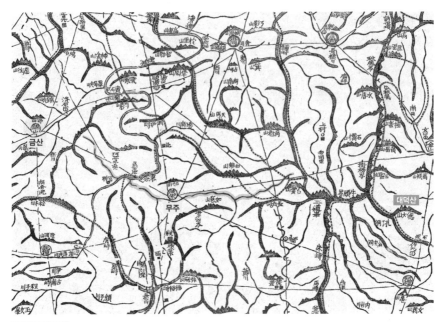

주계(《대동여지도》)

변산(《대동여지도》)

원(柳馨遠)43의 고향이다.

柳馨遠之鄉也.

법성포(法聖浦)44

法聖浦

[팔역가거지]45 영광 치소 북쪽으로 30리 떨어진 곳에 있다. 바닷물이 이 포구 앞에 차 있고, 호수와 산이 아름답고 넓게 펼쳐져 있으며 살림집들이 조밀하게 들어서 있다. 그래서 사람들은 '소서호(小西湖)'46라 한다. 바다 인근의 여러 고을들은 모두 이곳에 창고를 두어 세미(稅米, 조세로 납부하는 쌀)를 쌓아 놓았다가 한양으로 운송한다.

[八域可居誌] 在靈光邑北三十④里. 海潮亭潴于前, 湖山婉峉, 閭閻稠密⑤. 人謂"小西湖". 近海列邑皆置倉于此, 貯稅米, 轉漕京師.

법성포(《한국민족문화대백과사전》)

---

43 유형원(柳馨遠) : 1622~1673. 조선 후기의 학자. 호는 반계(磻溪). 학행(學行)으로 천거되었으나 벼슬을 그만두고 변산으로 낙향하여 조선 사회의 폐단을 바로잡고자 노력했다. 저서로는 《반계수록(磻溪隨錄)》이 있다. 이 책을 서유구가 《본리지》 (토지제도)와 《섬용지》 (도량형 통일 문제) 등에서 비중 있게 인용했다.

44 법성포(法聖浦) : 전라남도 영광군 법성면 해안에 있는 포구. 예로부터 들이 넓고 바다가 가까워 물산이 풍부한 고장이라 하여 '옥당(玉堂)고을'로 불렸다. 특히 조기가 많이 잡혀 영광굴비의 본고장으로 유명하다.

45 《擇里志》 〈全羅道〉, 21~22쪽.

46 소서호(小西湖) : 서호(西湖)는 중국 절강성(浙江省) 항주(杭州)에 위치한 호수로, 호수 주변의 3면이 산으로 둘러싸여 빼어난 절경을 자랑하고 있다. 여기서는 법성포 인근의 빼어난 경치를 서호에 비유하여 한 말이다.

④ 北三十 : 저본에는 없음. 《新增東國輿地勝覽·全羅道·靈光郡》에 근거하여 추가.

⑤ 稠密 : 《擇里志·全羅道》에는 "櫛比".

법성포(《대동여지도》)

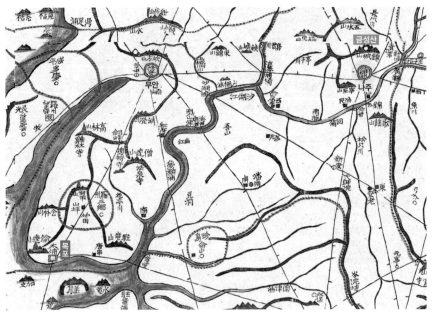

영산강(《대동여지도》)

월출산(2005년 촬영, 조인철 제공)

영산강(靈山江)⁴⁷

[팔역가거지]⁴⁸ 나주 금성산(錦城山)⁴⁹의 남쪽에 있으며, 서쪽으로 흘러 무안과 목포에 이른다. 강을 따라 명승지와 이름난 마을이 많다.

靈山江

[又] 在羅州 錦城山⑥南, 西流爲務安、木浦. 緣江多名勝、村塢.

월남촌(月南村)⁵⁰과 구림촌(鳩林村)⁵¹

[팔역가거지]⁵² 영암 월출산(月出山)⁵³은 매우 맑고 수려하다. 풍수가는 이를 두고 '화성조천(火星朝天, 화성(火星)⁵⁴이 하늘을 찌를 듯이 위로 향하는 형세)'이라 했다.

月南村、鳩林村

[又] 靈巖 月出山極淸秀. 堪輿家謂之"火星朝天". 山南爲月南村, 山西爲鳩林

---

47 영산강(靈山江):전라남도 담양군 용추봉에서 발원하여 전라남도 중서부 지역을 지나 서해로 흘러드는 하천. 여기서는 나주 일대를 지나는 곳부터 목포까지를 말한다.
48 《擇里志》〈全羅道〉, 22쪽.
49 금성산(錦城山):전라남도 나주시 경현동 및 대호동에 걸쳐 있는 산. 해발 451m.
50 월남촌(月南村):전라남도 강진군 성전면 월남리 일대에 있는 마을.
51 구림촌(鳩林村):전라남도 영암군 군서면 구림리 일대에 있는 마을.
52 《擇里志》, 위와 같은 곳.
53 월출산(月出山):전라남도 영암군 영암읍과 강진군 성전면에 걸쳐 있는 산. 해발 809m. 월출산은 최고봉인 천황봉을 비롯하여 구정봉·사자봉·도갑봉·주거봉 등 깎아지른 듯한 기암절벽이 많다.《신증동국여지승람》 권35〈전라도〉에 따르면 "신라 때에는 월나악(月奈岳), 고려 때에는 월생산(月生山)이라 불렀다.(新羅稱月奈岳, 高麗稱月生山)"라 한다.
54 화성(火星):풍수학에서 산이 불꽃처럼 뾰족한 모습으로 솟은 형세를 뜻하는 말.
⑥ 在……山:《擇里志·全羅道》에는 없음.

월출산의 남쪽은 월남촌이고, 서쪽은 구림촌으로, 모두 신라 시대의 이름난 마을이다.

김창협(金昌協)[55]의 〈증이생서(贈李生序)[56]〉에 "낭주(朗州)[57]의 서남쪽으로 10 몇 리 떨어진 곳에 구림촌이 있다. 좌우의 호수와 산은 대나무로 빙 둘러 있고, 이곳에 사는 수백 여 가구의 사람들은 모두 쌀밥과 생선국을 먹으니, 생계에 대한 근심이 없다."[58]라 했다.

村, 竝新羅時名村也.

金農巖《贈李生序》: "朗州西南十數里有鳩林村. 左右湖山環以竹樹, 居民數百餘家皆飯稻羹魚, 無衣食之患."

송정(松亭)[59]

[금화경독기][60] 해남(海南) 두륜산(頭輪山)[61] 북쪽에 있으며, 산등성이와 산기슭이 주위를 둘러싸고 서쪽을 향해 형국을 이루고 있다. 어성포(漁城浦)[62]의 물이 그 앞을 지나고 바다 조류가 마당 아래까지 들어왔다가 빠진다. 논두렁이 수를 놓은 듯이 어우러져 있고, 교목(喬木)[63]이 울창하다. 청련(靑連) 이후백(李後

松亭

[金華耕讀記] 在海南 頭輪山之北, 岡麓環拱, 向西作局. 漁城浦經其前, 海潮往來於庭除之下. 稻畦繡錯, 喬木翳然. 李靑連後白舊基也, 至今子孫世居, 以富

---

55 김창협(金昌協): 1651~1708. 조선 후기의 학자·문신. 호는 농암(農巖). 숙종 때 대사성 등의 관직을 지냈으나, 1689년 남인(南人)이 희빈(禧嬪) 장씨(張氏)의 소생인 원자 정호(定號)·세자 책봉 문제로 서인(西人)을 몰아내고 재집권한 기사환국(己巳換局)으로 아버지 김수항(金壽恒, 1629~1689)이 사사(賜死)된 뒤에는 벼슬을 하지 않고 은거했다. 문학가로서 이름이 높았으며, 저서로는 《농암집(農巖集)》·《농암잡지(農巖雜識)》·《주자대전차의문목(朱子大全箚疑問目)》 등이 있다.

56 증이생서(贈李生序): 김창협이 이홍명(李弘命)에게 보낸 서문으로, 《농암집(農巖集)》에는 〈증이생홍명서(贈李生弘命序)〉란 제목으로 실려 있다.

57 낭주(朗州): 전라남도 영암군의 옛 지명.

58 낭주(朗州)의……없다: 《農巖集》 卷21 〈序〉 "贈李生弘命序".

59 송정(松亭): 전라남도 해남군 삼산면 송정리 일대에 있던 정자. 소나무로 만든 정자가 이 지역에 있었던 것에서 지명이 유래되었다.

60 출전 확인 안 됨.

61 두륜산(頭輪山): 전라남도 해남군 삼산면 남쪽 일대에 있는 산. 해발 703m. 1979년 12월 도립공원으로 지정되었으며, 주봉인 가련봉을 비롯하여, 두륜봉·고계봉·노승봉·도솔봉·혈망봉·향로봉·연화봉 등 8개의 봉우리가 능선을 이룬다.

62 어성포(漁城浦): 전라남도 해남군 삼산면 봉학리·송정리에 있던 옛 포구. 또는 이곳을 흐르는 천(삼산천)을 말하기도 한다. 지금 봉학리의 어성교와 어성교가 있는 주변으로 추정된다. 어성포는 주로 추자도에서 들어오는 멸치배를 취급하는 항로로, 추자도에서 나온 멸치가 이곳과 영산포를 통해 육지로 보급되었다고 한다.

63 교목(喬木): 줄기가 곧고 굵으며, 높이 자라는 나무. 일반적으로 길이가 8m가 넘는 나무를 말한다.

白)의 옛 집터로, 지금까지 그의 자손이 대대로 거주　　厚名於湖南.
하고 있는데, 부유함으로 전라도에서 유명하다.

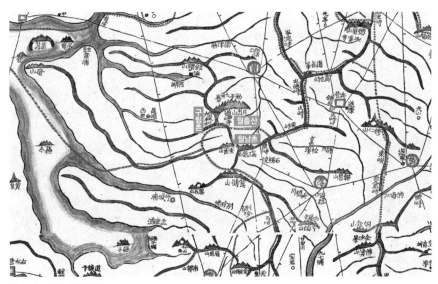

월남촌과 구림촌(《대동여지도》)

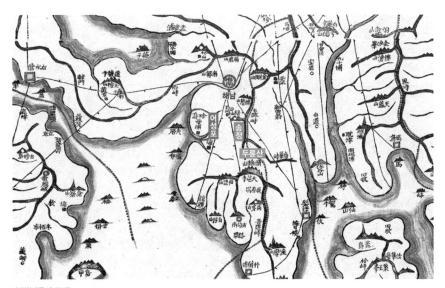

송정(《대동여지도》)

4) 경상도

귀래정(歸來亭)[1]

[명오지][2] 안동부 동쪽으로 3리 떨어진 곳에 있으며, 와부탄(瓦釜灘)[3]가이다. 옛 유수(留守)[4] 이굉(李浤)[5]이 세운 정자이다. 동쪽에는 임청각(臨淸閣)[6]이 있으며, 이씨(李氏)가 살고 있다. 영호루(映湖樓)와 더불어 안동부의 명승지이다.

삼귀정(三龜亭)[7]

[명오지][8] 삼귀정이 있는 곳은 풍산현(豐山縣)[9] 서쪽으로 6리 떨어진 곳에 있다. 풍산현은 안동부의 속현이다. 삼귀정은 금산촌(金山村)[10] 동오봉(東吳峯)[11] 산봉우리에 자리 잡고 있고, 정자 동·서·남쪽은 모두 넓은 들판이라 조망이 탁 트여 끝이 안 보일 정도

嶺南

歸來亭

[名塢志] 在安東府東三里, 瓦釜灘上. 故留守李浤① 所建也. 東有臨淸閣, 李氏居之, 與映湖樓爲府中名勝.

三龜亭

[又] 三龜亭之址在豐山縣西六里. 豐山, 安東屬縣也. 亭據金山村 東吳峯之嶺, 東西南皆鉅野, 眺望無際. 亭南大川曰"曲江", 卽

---

1 귀래정(歸來亭) : 경상북도 안동시 정상동 낙동강 본류와 반변천이 합류하는 지점에 있는 정자. 낙포(洛蒲) 이굉(李浤)이 벼슬에서 물러나 경상북도 안동으로 낙향하여 부성(府城) 건너편 낙동강이 합수되는 경승지에 건립하였다.

2 《硏經齋全集外集》卷64〈雜記類〉"名塢志"'嶺南'(《韓國文集叢刊》278, 185쪽).

3 와부탄(瓦釜灘) : 경상북도 안동시 임동면·길안면·임하면 일대를 흐르는 하천. 지금의 반변천(半邊川)이다.

4 유수(留守) : 조선시대 지방관으로 수도 이외의 옛 도읍지나 국왕의 행궁이 있던 곳 및 군사적인 요지에 두었던 유수부의 관직.

5 이굉(李浤) : 1440~1516. 조선 중기의 문신. 예빈시정·상주목사·충청도병마절도사·개성부유수 등을 역임하였으며 말년에 고향인 안동에 내려가 귀래정을 지었다.

6 임청각(臨淸閣) : 경상북도 안동시 법흥동에 있는 주택. 1515년 이명(李洺)이 건립하였다. 안채·중채·사랑채·사당·행랑채·별채는 물론 아담한 별당(군자정)과 정원까지 조성된 조선시대의 전형적인 상류주택이다. 임청각 내에는 상해 임시정부 초대 국무령을 지낸 석주 이상룡 선생의 생가가 있다.

7 삼귀정(三龜亭) : 경상북도 안동시 풍산읍 소산리에 있는 정자. 김영전(金永銓)이 동생 김영추(金永錘)·김영수(金永銖)와 함께 건립하였다. 삼귀정이란 이름은 십장생(十長生) 중 하나인 거북이와 같이 생긴 3개의 바위가 정자를 등에 진 것 같은 모습으로 정자 뜰에 있어서 붙여진 이름이다.

8 《硏經齋全集外集》, 위와 같은 곳.

9 풍산현(豐山縣) : 경상북도 안동시 풍산읍 일대.

10 금산촌(金山村) : 경상북도 안동시 풍산읍 소산리 일대에 있던 마을.

11 동오봉(東吳峯) : 경상북도 안동시 풍산읍에 있는 소요산(素耀山) 기슭의 작은 구릉을 말한다.

① 浤 : 저본에는 "磇". 일반적인 용례에 근거하여 수정.

귀래정 전경(문화재청)

임청각(한국향토문화전자대전 디지털안동문화대전, 한국학중앙연구원)

삼귀정(문화재청)

삼귀정의 바위(2003년 촬영, 조인철 제공)

이다. 삼귀정 남쪽의 큰 하천을 '곡강(曲江)'이라 하는데, 곧 낙동강이다. 이곳에는 마담(馬潭)[12]이라는 못이 있는데, 못 주변에 절벽이 힘차게 솟아 높이가 만장(丈)이나 되고, 강가에 길게 이어진 숲은 10리에 걸쳐 뻗어 있다.

　삼귀정 북쪽에는 학가산(鶴駕山)[13]이란 산이 있고,

洛東江水[2]也. 潭曰"馬潭", 潭上絕壁屃屭, 高可萬丈, 江上長林連亘十里.

亭北有山曰"鶴駕", 有雙溪

12　마담(馬潭): 경상북도 안동시 풍산읍 마애리에 있던 못, 즉 지금의 마애솔숲공원 앞을 흐르는 강물로 추정된다. 《여지도서》에는 '망라담(網羅潭)'으로 적혀 있다.

13　학가산(鶴駕山): 경상북도 예천군 보문면과 안동시 북후면·서후면의 경계에 걸쳐 있는 산. 해발 870m. 《대동여지도》에는 '하가산(下柯山)'으로 적혀 있다.

[2]　江水: 《研經齋全集外集·雜記類·名塢志》에는 "水口".

부용대에서 바라본 하회마을(2008년 촬영. 조인철 제공)   가일마을(2015년 촬영. 조인철 제공)

2개의 냇물[雙溪][14]이 산속에서 나와 낙동강으로 들어가는데, 합류하는 곳을 '병담(屛潭)', 또는 '화천(花川)[15]'이라 한다. 쌍계 북쪽의 기이한 모양의 바위를 '붕암(鵬巖)[16]'이라 하는데, 붕암 양쪽은 밤나무 농사에 알맞다. 삼귀정 아래 논두렁과 보리밭은 여름에서 가을로 넘어가는 즈음에 그 경치가 더욱 아름답다.

하회(河洄)[17]

[명오지][18] 서애(西崖) 유성룡(柳成龍)이 살던 곳이다. 황지(낙동강)의 물이 마을 앞을 지나며, 학가산 기슭이 그 주위를 감싸고 있다. 논밭이 넓고 비옥하여 경작하기에 좋다. 하회의 위아래로 또한 소동(瀟洞)[19]·

出自山中入于洛, 其合處爲
"屛潭", 或稱"花川". 雙溪
北奇巖曰"鵬巖", 兩傍宜
栗. 亭下稻塍麥壠, 夏秋
之交, 景物尤佳.

河洄

[又] 西崖 柳成龍之所宅
也. 潢池之水經其前, 鶴
駕之麓環其上, 田疇衍沃
可耕. 河洄上下又有瀟洞、

---

14 2개의 냇물[雙溪]: 경상북도 안동시 풍산읍 신양리에서 발원하여 안교리 낙동강으로 합류하는 하천인 신역천과 경상북도 안동시 서후면과 풍산읍 일대를 흐르는 풍산천을 말하는 것으로 추정된다.

15 화천(花川): 본문에서는 2개의 냇물이 낙동강과 만나는 지점을 말한다고 하였으나 《대동여지도》에서는 조골산(照骨山, 현재 조운산) 기슭에서부터 학가산을 지나 낙동강으로 흘러 들어가는 하천이 화천이라고 적혀 있다.

16 붕암(鵬巖): 현재 붕암은 확인되지 않지만 삼귀정 북쪽으로 봉암서원(鳳巖書院)과 봉황산(鳳凰山)이 있는 것으로 보아 그 주변으로 추정된다.

17 하회(河洄): 경상북도 안동시 풍천면 하회리 일대.

18 《研經齋全集外集》, 위와 같은 곳.

19 소동(瀟洞): 수동(壽洞, 경상북도 안동시 풍산읍 수곡리) 일대로 추정된다.

학봉 김성일 종택(한국향토문화전자대전 디지털안동문화대전, 한국   내앞마을 전경(2011년 촬영, 조인철 제공)
학중앙연구원)

구담(九潭)20·가일(佳逸)21 등의 마을이 있는데, 모두
강물에 닿아 있어 마을에 그윽한 정취가 있다.

九潭、佳逸等村、皆臨水翳
然.

임하(臨河)22

[명오지]23 안동부 동쪽으로 33리 떨어진 곳에 있
다. 본래 고구려 굴화군(屈火郡)이었는데 신라 때 곡
성군(曲城郡)으로 지명을 바꿨으며, 고려 때 안동부
의 속현이 되었다. 청송(靑松) 고을 시내의 하류는 황
지수와 만나 금소천(琴召川)24이 된다. 하천가에는 학
봉(鶴峯) 김성일(金誠一)25이 살던 집이 있고26, 지금까
지 그곳에서 그의 후손들이 번성하여 살고 있다. 그

臨河

[又] 在安東府東三十三里.
本高句麗 屈火郡, 新羅改
曲城郡, 高麗時爲安東屬
縣. 靑松邑溪之下流, 與潢
池水會而爲琴召川. 川上鶴
峯 金誠一舊居, 至今後孫
蕃衍. 傍有夢仙閣、陶淵、

---

20 구담(九潭) : 경상북도 안동시 풍천면 구담리 일대.

21 가일(佳逸) : 경상북도 안동시 풍천면 가곡리 일대. '가일'이라는 마을 이름이 남아 있다.

22 임하(臨河) : 경상북도 안동시 임하면 일대.

23 《硏經齋全集外集》, 위와 같은 곳.

24 금소천(琴召川) : 경상북도 안동시 길안면·임하면 일대를 흐르는 하천.

25 김성일(金誠一) : 1538~1593. 조선 중기의 문신이자 학자. 1590년 통신부사로 일본에 파견되었다가 돌아와
일본이 조선을 침입하지 않을 것이라고 보고하였다. 이 보고 때문에 임진왜란을 불러온 장본인으로 각인되
었고, 임진왜란이 발발하자 파직되었다. 그러나 곧 유성룡의 변호로 경상우도 초유사(招諭使)·경상도 관
찰사·순찰사 등을 역임하며 관군과 의병을 조화시켜 전투력을 강화하는 데 노력했다. 당시 의병장 곽재우
(郭再祐)를 돕는 한편, 진주목사 김시민(金時敏)으로 하여금 의병들과 협력하여 진주성을 보전하게 했다.

26 김성일(金誠一)이……있고 : 경상북도 안동시 임하면 천전리(내앞마을)에 김성일 종택이 있다.

주변으로는 몽선각(夢仙閣)[27]·도연폭포(陶淵瀑布)[28]·　　　仙刹之勝.
선찰(仙刹)[29]의 경치가 빼어나다.

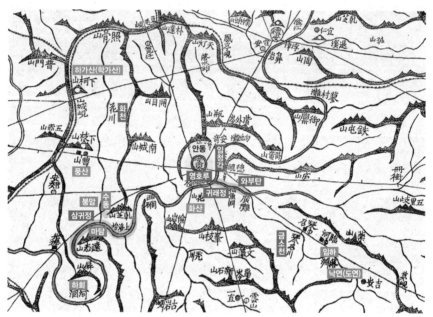

귀래정·삼귀정·하회·임하·수동 일대(《대동여지도》)

내성(奈城)[30]　　　　　　　　　　　　　　　　　奈城

[명오지][31] 내성고현은 안동부 북쪽으로 90리 떨어　[又] 奈城故縣在安東府北
진 곳에 있다. 본래 고려의 퇴곶부곡(退串部曲)이었다.　九十里. 本高麗 退串部曲

---

27 몽선각(夢仙閣) : 경상북도 안동시 임하면 망천리에 있던 정자. 김창석(金昌錫)이 건립하였다. 임하댐 건설
　로 인해 임하면 망천리에서 임동면 천전리 지금의 자리로 옮겼다.
28 도연폭포(陶淵瀑布) : 경상북도 안동시 길안면 용계리에 있던 폭포. 지금은 임하댐 건설로 수몰되었다. 《대
　동여지도》에는 낙연(落淵)으로 적혀 있다.
29 선찰(仙刹) : 경상북도 안동시 길안면 용계리에 있던 사찰. 신라시대에 창건된 사찰로 《영가지(永嘉誌)》의 기록
　에 따르면 선찰이 있던 자리는 약산(藥山) 동쪽, 물길이 휘돌아 흐르고 왼쪽은 절벽으로 막혀 있으며 앞으로
　는 독산이 마주한 절경이었다고 한다. 임하댐 건설로 인해 용계리에서 길안면 천지리 지금의 자리로 옮겼다.
30 내성(奈城) : 경상북도 봉화군 봉화읍 내성리·유곡리 일대. 현재 닭실마을이 있다.
31 《研經齋全集外集》, 위와 같은 곳.

닭실마을(2014년 촬영, 조인철 제공)

청암정(2014년 촬영, 조인철 제공)

이곳에는 충정공(忠定公) 권벌(權橃)[32]이 살았으며, 그가 조성한 청암정(靑巖亭)[33]이 있는데, 정자가 연못 안의 큰 바위 위에 있어 마치 섬과 같으니, 상당히 정취가 있다.

也. 權忠定 橃居之, 有靑巖亭, 亭在池中大石上, 如島嶼, 頗有趣.

춘양촌(春陽村)[34]

[명오지][35] 안동부 북쪽으로 112리 떨어진 곳에 있다. 본래 고려의 가야향(加也鄕)이었다. 정언(正言)[36] 권두기(權斗紀)[37]가 예전에 소유했던 지역이다. 재산고현(才山故縣)[38]은 안동부 동쪽으로 75리 떨어진 곳에

春陽村

[又] 在安東府北一百十二里. 本高麗 加也鄕. 正言 權斗紀之舊物也. 才山故縣在府東七十五里. 本高麗

---

32 권벌(權橃) : 1478~1548. 조선 중기의 문신이자 학자. 시호는 충정공(忠定公). 조광조(趙光祖)·김정국(金正國) 등 기호사림파가 중심이 되어 추진한 개혁 정치에 안동 사림파의 한 사람으로 참여하였으며, 사림의 도학정치를 주장하였다. 1519년 기묘사화(중종 14년) 때 파직 당하여 물러나와 1521년 파평(坡平) 윤씨(尹氏)의 터전이었던 내성(柰城) 유곡에 입향하여 세거지를 형성하였다.

33 청암정(靑巖亭) : 경상북도 봉화군 봉화읍 유곡리 닭실마을에 있는 정자. 권벌이 파직당하고 유곡에 자리잡아 은거할 당시 큰아들 권동보와 함께 건립하였다.

34 춘양촌(春陽村) : 경상북도 봉화군 춘양면 의양리 일대.

35 《研經齋全集外集》 卷64〈雜記類〉 "名塢志" '嶺南'(《韓國文集叢刊》 278, 185~186쪽).

36 정언(正言) : 조선시대 사간원(司諫院)의 정6품 관직. 조지(詔旨, 임금의 명령) 내용이 합당하지 못할 경우, 이를 봉함(封緘)하여 되돌려 보내 반박 의견을 전하는 봉박(封駁)과 국왕의 과오나 비행을 비판하는 간쟁(諫諍)을 맡았다.

37 권두기(權斗紀) : 1659~1722. 조선 후기의 문신. 권벌의 5대손으로 예조좌랑·해운판관(海運判官)·정언 등을 역임하였다.

38 재산고현(才山故縣) : 경상북도 봉화군 재산면 현동리 일대.

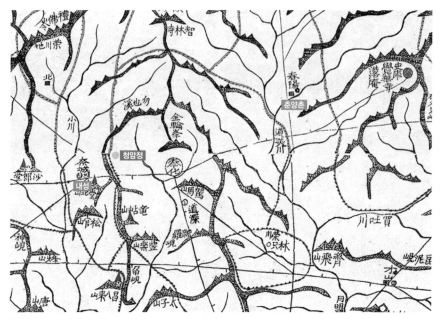

내성·춘양촌 일대(《대동여지도》)

있다. 본래 고려의 덕산부곡(德山部曲)이었다. 소천(小川)[39]은 재산고현 북쪽으로 25리 떨어진 곳에 있는데, 이곳 또한 고려 때 부곡이었다. 춘양촌·재산고현·소천 모두 태백산 기슭에 붙어있어 깊은 두메산골이며, 이주민들이 이 지역에 모여 살며 영동에서 생산된 생선과 소금을 유통한다.

德山部曲. 小川在才山北 ③二十五里, 亦高麗時部曲也, 皆附太白之麓, 深邃幽僻, 峽氓保聚, 以通嶺東魚鹽之利.

수동(壽洞)[40]
[남구만(南九萬)[41] 영남잡록(嶺南雜錄)[42]][43] 안동의 수동

壽洞
[南藥泉嶺南雜錄] 安東壽

---

③ 北 : 저본에는 "□". 실제 지리적인 위치에 근거하여 보충.
39 소천(小川) : 경상북도 봉화군 소천면 현동리 일대.
40 수동(壽洞) : 경상북도 안동시 풍산읍 수곡리 일대로 추정된다.
41 남구만(南九萬) : 1629~1711. 조선 후기의 문신. 호는 약천(藥泉)이다. 송준길(宋浚吉)의 문하에서 수학하

은 산세가 마을을 두루 감싸고 있고 큰 하천이 앞에서 휘감아 돌고 있어 매우 이름난 마을이다. 토박이들이 전해온 말에 따르면, "임진년과 정유년에 명나라 장수가 이곳에 이르러 이 땅은 천하에 이름을 떨칠 사람이 나올 곳이라고 했다."라 한다.

洞, 山勢周遭, 大川前廻, 極是名村. 土人相傳"壬、丁年間, 天將到此, 以爲此地當出天下名人"云.

옥산(玉山)[44]

[명오지][45] 경주 안강고현(安康故縣)[46] 서쪽으로 13리 떨어진 곳에 있으며, 회재 이언적의 별장이다. 이곳은 계곡과 산의 경치가 빼어나고 땅도 비옥하다. 그래서 이언적이 그의 서자 이전인(李全仁)[47]에게 맡겨서 이곳을 대로 지키게 했다. 탁영대(濯纓臺)·징심대(澄心臺)·관어대(觀魚臺)·세심대(洗心臺)[48] 등은 모두 이언적이 이름을 붙인 곳이다.

玉山

[名塢志] 在慶州之安康故縣西十三里, 晦齋 李文元之別墅. 有溪山之勝, 地又肥. 文元托其庶子全仁世守之. 其濯纓、澄心、觀魚、洗心等臺, 皆晦齋所名也.

여 1651년(효종 2) 진사시에 합격하고, 1656년 별시 문과에 을과로 급제해 가주서·전적·사서·문학을 거쳐 이듬해 정언이 되었다. 1701년 희빈 장씨(禧嬪張氏)의 처벌에 대해 중형을 주장하는 김춘택(金春澤)·한중혁(韓重爀) 등 노론의 주장에 맞서 경형(輕刑)을 주징하나가 숙종이 희빈 장씨의 사사를 결정하자 사직, 낙향했다. 저서로는 《약천집(藥泉集)》·《주역참동계주(周易參同契註)》가 있다.

42 영남잡록(嶺南雜錄): 조선 후기의 문신 남구만(南九萬)이 지은 기행문. 1662년 경상도 암행어사 당시 지역 인재를 찾아 방문하라는 명을 받고 만난 인물과의 일화와 안동·영천·의성 등의 지리와 유적 등에 대해 기록하였다.

43 《藥泉集》 卷29 〈雜著〉 "嶺南雜錄"《韓國文集叢刊》132, 490쪽).

44 옥산(玉山): 경상북도 경주시 안강읍 옥산리 일대.

45 《研經齋全集外集》 卷64 〈雜記類〉 "名塢志" '嶺南'《韓國文集叢刊》278, 186쪽).

46 안강고현(安康故縣): 경상북도 경주시 안강읍 일대. 삼국시대 때 비화현(比火縣)이었으며, 이후 통일신라와 고려 때 안강현(安康縣)이 되었다가 조선시대에 경주군(慶州郡)에 귀속되었다.

47 이전인(李全仁): 1516~1568. 이언적과 석비(石非) 사이에서 태어난 아들. 이언적이 양재역벽서(良才驛壁書) 사건으로 강계로 유배되자, 직접 유배지로 내려가 봉양했다. 이언적이 타계한 후에는 시신을 고향으로 옮겨 장사지냈다. 또 이언적이 유배지에서 성군이 되기 위한 8가지 치국요점을 적은 '진수팔규(進修八規)'를 상소문과 함께 올려 중종이 이언적을 복권시키는 데 결정적인 역할을 하였다.

48 탁영대(濯纓臺)……세심대(洗心臺): 이언적이 옥산으로 내려가 독락당(獨樂堂)을 짓고, 그 주변의 바위에 붙인 이름이다.

양좌동(良佐洞)[49]

[명오지][50] 옥산 동쪽으로 15리 떨어진 곳에 있으며, 설창산(雪倉山)[51]의 줄기이다. 이언적이 살던 곳으로, 경상도의 살기 좋은 명당으로 알려졌다. 흙이 기름지고 샘물이 달며, 산등성이와 산기슭이 구불구불 이어지고 대나무가 울창하다.

도산(陶山)[52]

[명오지][53] 예안의 도산은 퇴계 이황의 고향이다. 황지의 물이 골짜기 입구 바깥쪽으로 지나가고 안쪽으로는 교목이 울창하다. 이황이 살았던 암서헌(巖栖軒)[54]의 두 기둥이 아직도 있으며, 여기에는 이황의 초상화와 벼룻집·지팡이·서궤(書几)·종이로 만든 선기옥형(璿璣玉衡)[55]등이 남아 있다.[56]

청송읍촌(靑松邑村)[57]

[명오지][58] 2개의 큰 하천이 마을 앞에서 합류하고

良佐洞

[又] 在玉山之東十五里, 雪倉山之枝. 晦齋所居也, 以嶺南名基稱. 土肥而泉甘, 岡麓逶迤, 竹樹翳然.

陶山

[又] 禮安之陶山, 退溪 李文純之鄉. 潢水經谷口外, 洞中喬木翳④然. 退溪所居巖栖軒二楹尚在, 有遺像及硯匣、杖几、紙本璿璣玉衡之屬.

靑松邑村

[又] 有二大川合流于前,

---

49 양좌동(良佐洞) : 경상북도 경주시 강동면 양동리 일대. 현재의 양동마을이다.

50 《研經齋全集外集》, 위와 같은 곳.

51 설창산(雪倉山) : 경상북도 경주시 강동면 양동리와 안계리에 걸쳐 있는 산. 해발 163m.

52 도산(陶山) : 경상북도 안동시 도산면 토계리 일대.

53 《研經齋全集外集》, 위와 같은 곳.

54 암서헌(巖栖軒) : 3칸으로 구성된 도산서당(陶山書堂)의 대청마루를 말한다.

55 선기옥형(璿璣玉衡) : 옥으로 만든 천체 관측기. 혼천의(渾天儀)라고도 한다. 《상서(尚書)》 〈우서(虞書)〉 "순전(舜典)"에 나오는 기구로 "선기옥형으로 살펴 칠정(七政)을 고르게 하셨다.(在璿璣玉衡, 以齊七政.)" 라 했다. 선기옥형은 천문관측을 통해 기상 변동을 예측하는 기능 이외에도 경학(經學)에 대한 탐구의 일환으로 인식되었으며 국가 통치 이념과 밀접하게 관련되어 중요시되었다.

56 여기에는……있다 : 이황의 초상화를 제외한 유물들은 현재 도산서원 유물전시관인 옥진각(玉振閣)에 전시되어 있다.

57 청송읍촌(靑松邑村) : 경상북도 청송군 청송읍 월막리 일대.

58 《研經齋全集外集》, 위와 같은 곳.

④ 翳 : 《研經齋全集外集·雜記類·名塢志》에는 "蒼".

교외가 탁 트여 있어서 흰 모래와 푸른 물결이 벼와 기장을 심은 논밭 사이에서 함께 어우러진다.

而郊坰暢豁, 白沙碧流, 映帶於禾黍田疇之間.

독락당(문화재청)

세심대(2013년 촬영, 조인철 제공)

양동마을(양동마을 제공)

암서헌(2013년 촬영, 조인철 제공)

정면의 도산서당과 도산서원 전경(안동축제관광재단)

영릉기념관 선기옥형 모형(2003년 촬영, 조인철 제공)

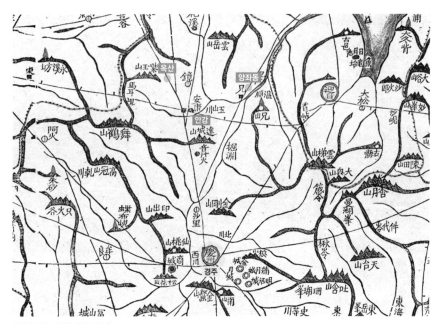

옥산·양좌동 일대(《대동여지도》)

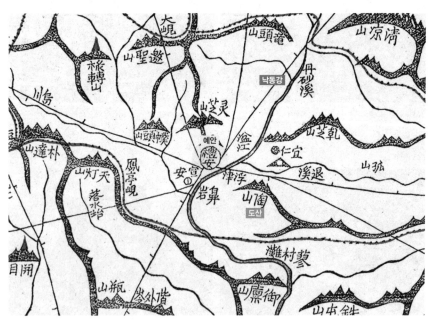

도산 일대(《대동여지도》)

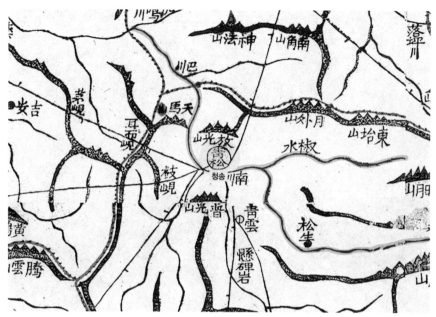

청송 일대(《대동여지도》)

죽계(竹溪)[59]

[명오지][60] 순흥의 죽계는 소백산에서 발원한다. 들판이 넓고 산이 낮으며, 물과 바위가 맑다. 마을 위쪽에는 백운동서원(白雲洞書院)[61]이 있는데, 이곳은 문성공(文成公) 안향(安珦)[62]을 배향한다. 명종(明宗)[63]

竹溪

[又] 順興之竹溪源出小白山. 野闊山低, 水石昭朗. 上有白雲洞書院, 祀安文成. 明廟時, 副提學周世鵬

---

59 죽계(竹溪): 경상북도 영주시 순흥면 덕현리에서 발원하여 창진동 서천으로 합류하는 하천. 죽계천이라고도 한다. 여기서는 경상북도 영주시 순흥면 읍내리·내죽리 일대에 흐르는 죽계 주변의 마을을 가리킨다.

60 《研經齋全集外集》, 위와 같은 곳.

61 백운동서원(白雲洞書院): 경상북도 영주시 순흥면 내죽리에 위치한 서원. 소수서원(紹修書院)이라고도 한다. 1542년 풍기군수 주세붕(周世鵬)이 고려 말 성리학을 전래한 안향(安珦)을 배향하기 위해 만들었으며, 최초의 사액서원이다.

62 안향(安珦): 1243~1306. 고려의 문신이자 학자. 호는 회헌(晦軒), 시호는 문성(文成). 초명은 안유(安裕)였으나, 훗날 안향(安珦)으로 개명했다. 주희의 성리학을 고려에 전하였으며, 좌부승지·판밀직사사·도첨의 중찬 등을 역임했다.

63 명종(明宗): 1534~1567(재위 1545~1567). 조선 제 13대 왕.

때 부제학 주세붕(周世鵬)[64]이 풍기군을 다스릴 당시 창건한 서원이다. 서원 앞에는 누대가 있는데, 고을 전체의 빼어난 경치를 조망할 수 있다. 이곳 계곡과 산의 빼어난 경치, 토지의 비옥함, 풍요로운 삶을 위한 생활여건이 안동의 여러 이름난 마을들과 서로 우열을 다툰다.

爲豊基郡時所刱也. 院前有樓, 攬一邑之勝. 其溪山之勝、土地之沃、厚生之具, 與安東諸名村相上下.

죽계(2014년 촬영, 조인철 제공)

백운동 서원(2013년 촬영, 조인철 제공)

백운동 서원 현판(2013년 촬영, 조인철 제공)

안향 초상(문화재청)

주세붕 초상(국립중앙박물관)

---

64 주세붕(周世鵬) : 1495~1554. 조선 중기의 문신이자 학자. 성리학을 전래한 안향(安珦)을 배향하고 후학을 양성하기 위하여 백운동서원을 세웠다.

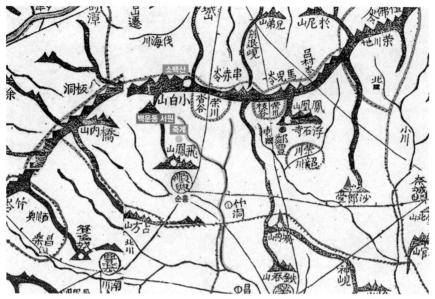

죽계 일대《대동여지도》)

병천(瓶川)[65]

[명오지][66] 문경의 병천 주위에는 가은(加恩)[67]·봉생
(鳳笙)[68]·청화산(靑華山)[69]·용유(龍遊)[70]의 경치가 빼
어나며, 북쪽으로 선유동(仙遊洞)[71] 계곡과 접해 있어

瓶川

[又] 聞慶之瓶川, 有加恩、
鳳笙、靑華、龍遊之勝, 而
北接仙遊洞溪壑, 泉石奇

65　병천(瓶川) : 경상북도 상주시 화북면 용유리에서 발원하여 동북쪽으로 흘러 경상북도 문경시 농암면 종곡
　　리에서 영강(穎江)으로 합류하는 농암천(籠巖川). 여기서는 경상북도 문경시 농암면 일대에 흐르는 농암천
　　주변의 마을을 가리킨다.

66　《硏經齋全集外集》, 위와 같은 곳.

67　가은(加恩) : 경상북도 문경시 가은읍 왕능리 일대.

68　봉생(鳳笙) : 경상북도 문경시 마성면 신현리 일대.

69　청화산(靑華山) : 충청북도 괴산군 청천면 삼송리, 경상북도 상주시 화북면, 문경시 농암면 경계에 걸쳐 있
　　는 산. 해발 984m.

70　용유(龍遊) : 경상북도 상주시 화북면 용유리 일대. 《대동여지도》에는 '용유동(龍遊洞)'으로 적혀 있다.

71　선유동(仙遊洞) : 《대동여지도》에는 희양산에서 청화산으로 뻗어가는 산줄기를 가운데 두고 왼쪽에 '선유동',
　　오른쪽에 '내선유동(內仙遊洞)'이라고 적혀 있다. 선유동은 현재 괴산의 선유동 계곡을, 내선유동은 현재 문경
　　의 선유동 계곡을 말한다. 원문에서 말한 '선유동'은 문경의 선유동 계곡을 말한다. 문경의 선유동 계곡은 경상북
　　도 문경시 가은읍 완장리에 있으며, 거대한 암석과 어우러지는 계곡의 경치가 뛰어난 명승지이다. 도암(陶庵) 이재
　　(李縡, 1680~1746)를 추모하기 위해 세운 학천정(鶴泉亭)이 있다. 또한 계곡 곳곳에 석각 글씨가 새겨져 있는데,
　　그 중에서 선유구곡 중 옥석대(玉鳥臺) 건너편 바위에 최치원의 친필로 새겼다는 선유동 석각 글씨가 유명하다.

문경 선유동 계곡(문경시청 관광진흥과)　　　　　하동 쌍계사(문화재청)

샘과 바위가 기이한 절경을 이룬다. 논이 비옥하고, 이곳의 과일은 감과 밤이 풍부하다. 마을의 둘레가 100리 정도 되지만 너무 외진 곳에 위치한 점이 흠이다.

絕. 水田肥沃, 其果饒柹、栗. 周遭可百里, 但嫌太僻.

화개동(花開洞)[72]

[명오지][73] 진주의 화개동은 지리산 남쪽에 있다. 지리적으로는 남해와 가깝고 기후가 온난해서 대나무·감·밤이 풍부하다. 마을 서쪽에는 화엄사(華嚴寺)·연곡사(燕谷寺)가 있고, 북쪽에는 신응사(神凝寺)[74]와 쌍계사(雙溪寺)[75]가 있다. 쌍계사에는 최치원(崔致

花開洞

[又] 晉州之花開洞在智異山之陽. 地近南海, 氣候溫煖, 饒竹樹、柹、栗. 其西有華嚴、燕谷寺, 北[5]有神凝、雙溪寺. 寺有崔孤雲

---

72 화개동(花開洞) : 경상남도 하동군 화개면 탑리 일대. 본문에서 '진주의 화개동'이라고 한 이유는 고려시대에 화개가 진주목(晉州牧)에 속해 있었기 때문이다. 이후 1702년(숙종(肅宗) 28년)에 하동(河東)에 속하게 되어 지금에 이르고 있다.

73 《研經齋全集外集》, 위와 같은 곳.

74 신응사(神凝寺) : 경상남도 하동군 화개면 범왕리에 있던 사찰. 현재는 사찰터에 부도(浮屠) 1기만 남아 있다.

75 쌍계사(雙溪寺) : 경상남도 하동군 화개면 운수리에 있는 사찰. 723년(성덕왕 23)에 의상(義湘)의 제자인 삼법(三法)이 창건하였다. 주요 문화재로는 국보 제47호인 진감국사대공탑비(眞鑑國師大空塔碑), 보물 제380호인 부도(浮屠), 보물 제925호인 팔상전영산회상도가 있다. 특히 진감국사대공탑비는 고운(孤雲) 최치원(崔致遠, 857~?)이 비문을 지었으며 그의 친필을 새긴 비석으로 유명하다. 최치원의 영정 중 가장 오래된 〈운암영당 고운선생 영정〉이 1793년 하동 쌍계사에서 제작된 것으로 확인되었으며, 현재 국립진주박물관에 보관되어 있다.

[5] 北 : 저본·《研經齋全集外集·雜記類·名塢志》에는 "南". 실제 지리적인 위치에 근거하여 수정.

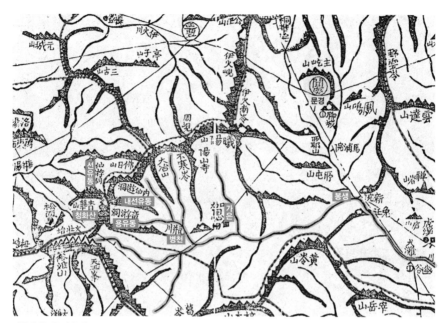

병천 일대(《대동여지도》)

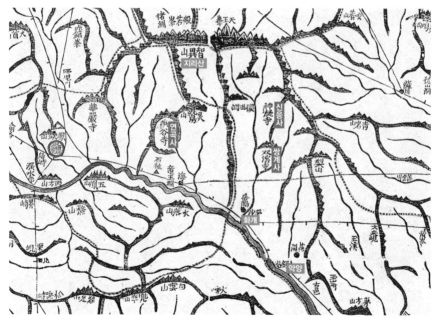

화개동·악양동 일대(《대동여지도》)

遠)의 초상화가 있다. 계곡을 따라 이어진 푸른 절벽에는 최치원의 글씨를 크게 새겨놓은 곳이 많다.

像, 沿溪蒼壁, 多刻孤雲大字.

악양동(岳陽洞)[76]

[명오지][77] 화개동 옆에 있으며, 산수가 매우 아름답다. 고려 때 한유한(韓惟漢)[78]이 최충헌(崔忠獻)[79]의 횡포가 심한 것을 보고 화가 일어날 것을 미리 알아채고, 관직을 버린 뒤 처자를 이끌고 악양동에서 은거하였다. 조정에서 그를 부르자 한유한은 결국 도망가서 세상에 나타나지 않았으니, 어디에서 죽었는지 아는 사람이 없다. 더러는 그가 신선이 되었다고 한다.

岳陽洞

[又] 在花開洞之傍, 山水甚佳. 高麗時, 韓惟漢見崔忠獻橫甚, 知禍將作, 棄官挈妻子, 隱是洞. 朝廷召之, 惟漢遂逃, 不見於世, 不知所終, 或稱爲神仙云.

금호(琴湖)[80]

[명오지][81] 대구부 서북쪽으로 11리 떨어진 곳에 있다. 사방이 산으로 둘러싸여 있고, 그 가운데 큰 들판이 펼쳐져 있다. 금호강은 동쪽에서 서쪽으로 흘러 낙동강의 하류에서 합류한다. 금호강 연안은 땅이 비옥해서 농사짓기에 알맞다.

琴湖

[又] 在大邱府西北十一里. 四山環圍, 中開大野. 湖自東而西, 合于洛東之下流. 沿湖地沃宜耕.

---

76 악양동(岳陽洞) : 경상남도 하동군 악양면 신흥리·신성리·정서리 일대.

77 《研經齋全集外集》, 위와 같은 곳.

78 한유한(韓惟漢) : ?~?. 고려시대 은자.

79 최충헌(崔忠獻) : 1149~1219. 고려의 무신. 이의민을 제거하고 집권한 5번째 무인 집권자로, 무신 세습 정권을 구축하였다.

80 금호(琴湖) : 대구광역시 서구 비산동·평리동 일대를 흐르는 금호강. 《대동여지도》에는 그 주변의 들판을 '금호평(琴湖坪)'으로 적고 있다. 이곳은 《대동여지도》의 달성(達城) 서쪽 지역이다. 달성은 이 책의 저자 서유구의 본관이기도 하다.

81 《研經齋全集外集》, 위와 같은 곳.

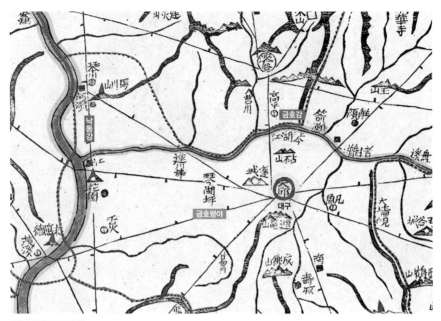

금호 일대(《대동여지도》)

밀양읍촌(密陽邑村)[82]

[명오지][83] 응천(凝川)[84]가에 있다. 울창한 숲에 대나무가 높게 뻗어 있고, 봉우리가 연이어 겹쳐 있으며, 들판의 형세가 평탄하게 멀리까지 트여 있다. 큰 강(응천)이 가로질러 흐르고, 그 곁에는 영남루(嶺南樓)[85]가 있는데, 웅장하고 화려함으로 알려졌다. 지리적으로 바다와 가까워서 생선과 소금이 풍부하니, 가장 살기 좋은 곳이다.

密陽邑村

[又] 在凝川之上. 茂林脩竹, 連峯疊嶂, 野勢平遠. 大江橫流, 傍有嶺南樓, 以壯麗稱. 地近海, 饒魚鹽, 儘可居處也.

---

82 밀양읍촌(密陽邑村): 경상남도 밀양시 내일동 일대.

83 《研經齋全集外集》, 위와 같은 곳.

84 응천(凝川): 경상남도 밀양시를 관통하는 밀양강(密陽江)의 옛 이름.

85 영남루(嶺南樓): 경상남도 밀양시 내일동에 있는 누각. 고려시대에 지어진 누각이었으나 화재로 소실되고, 19세기 중반에 지금의 모습으로 다시 지어졌다.

밀양 영남루(밀양시청 문화관광과)

해평촌(海平村)[86]

[금화경독기][87] 선산(善山) 고을 서북쪽으로 20리 떨어진 곳에 있으며, 낙동강가이다. 산수가 맑고 아름다우며, 흙이 기름져서 백성들이 번성하였으며, 최씨(崔氏)가 대대로 살고 있다. 마을의 빼어난 경치는 경상도에서 최고라고 하지만 낙동강의 수로로 이어지는 큰 길이 오히려 흠이 될 만하다.

감천(甘川)[88]

[명오지][89] 선산의 감천은 지례현에서 발원하여 선산부 남쪽으로 4리 떨어진 곳을 지나 보천탄(寶泉灘)[90]으로 들어간다. 감천을 따라 논밭에 물을 댈 수 있으니, 땅이 모두 비옥하여 사람들 가운데 그 부를

海平村

[金華耕讀記] 在善山邑西北二十里, 洛東江上. 山明水麗, 土饒民殷, 崔姓世居. 宅里之勝爲嶠南之最, 而孔路可欠.

甘川

[名塢志] 善山 甘川源出於知禮縣, 經府南四里, 入于寶泉灘. 沿溪灌漑, 地皆膏沃, 人多世其富者, 風俗

86　해평촌(海平村) : 경상북도 구미시 해평면 월호리·낙성리·해평리 일대. 《대동여지도》에는 선산 남동쪽에서 확인된다.

87　출전 확인 안 됨.

88　감천(甘川) : 경상북도 김천시 대덕면에서 발원하여 김천시 일대를 흐르며 구미시 선산읍·고아읍에서 낙동강으로 합류하는 하천. 여기에서는 선산읍·고아읍을 지나는 감천 일대 지역을 말한다.

89　《研經齋全集外集》卷64〈雜記類〉"名塢志"'嶺南'(《韓國文集叢刊》278, 186~187쪽).

90　보천탄(寶泉灘) : 경상북도 구미시 해평면 일대를 흐르는 낙동강의 다른 이름.

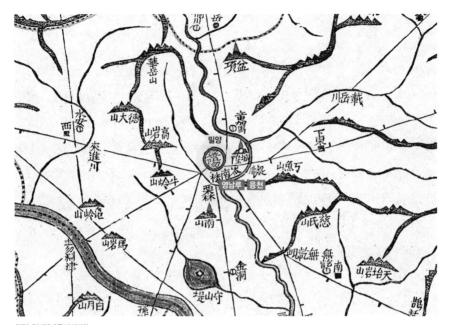

밀양 일대(《대동여지도》)

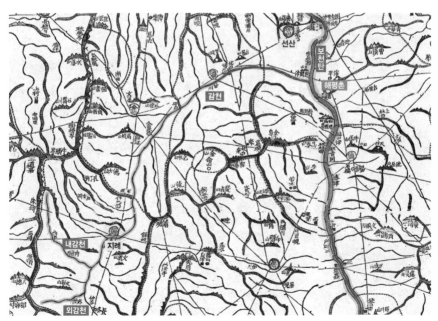

해평촌·감천 일대(《대동여지도》)

대대로 누리는 경우가 많으며 풍속이 매우 순박하다. 甚淳.

가천(伽川)[91]

[명오지][92] 성주의 가천은 가야산에서 발원하여 성주 서남쪽으로 47리 떨어진 곳을 지나간다. 땅이 극히 비옥하여 벼 1두를 재배하면[93] 120~130두를 거둘 수 있고, 면화 농사에도 가장 알맞다. 신라 때부터 마을이 있었으며 지금까지도 부유한 마을이다.

봉계(鳳溪)[94]

[명오지][95] 김산의 봉계는 땅이 극히 비옥해서 논으로는 경상도에서 최고이니, 파종을 적게 해도 많이 거둔다. 그러므로 토박이들이 모두 부유하며 흉년에도 몹시 가난한 사람이 없다.

이안부곡(利安部曲)[96]

[금화경독기][97] 함창현 서쪽으로 5리 떨어진 곳에 있다. 민간에서는 경상도에 8개의 살기 좋은 명당이

伽川

[又] 星州 伽川源出伽倻山, 經州西南四十七里. 地極肥, 種稻一斗, 能收一百二三十斗, 又木綿最宜. 村居自新羅時, 至今富饒.

鳳溪

[又] 金山之鳳溪, 地極沃, 水田爲嶺南之最, 少種而多收, 故土著竝富厚, 凶歲無顚連者.

利安部曲

[金華耕讀記] 在咸昌縣西五里. 俗稱嶺南有八名基,

---

91 가천(伽川) : 경상북도 성주군 가천면·대가면·수륜면을 관통하는 대가천(大加川). 여기서는 대가천 주변 마을 일대를 말한다. 《대동여지도》에는 가야산 남쪽으로 흐르는 '소가천(小加川, 지금의 가야천)'과 구분하기 위해 '대가천'으로 적혀 있다.

92 《研經齋全集外集》 卷64 〈雜記類〉 "名塢志" '嶺南'(《韓國文集叢刊》 278, 187쪽).

93 벼……재배하면 : 논 1마지기에 재배한다는 뜻이다.

94 봉계(鳳溪) : 경상북도 김천시 김천시청 서쪽의 교동·삼락동·백옥동·다수동 일대와 봉산면 신리·덕천리, 대항면 대룡리 일대. 이곳에는 직지사천(直指寺川)이 흐르면서 아주 넓은 벌판이 형성되어 있다. 《신증동국여지승람(新增東國輿地勝覽)》 제29권 〈경상도〉 '김산군' '고적'에 파매처(巴買處)를 설명하면서 "군의 서쪽으로 7리 떨어진 곳에 있다. 민간에서는 '봉계리(鳳溪里)'라고 한다(在郡西七里. 俗稱鳳溪里)."라 했다.

95 《研經齋全集外集》, 위와 같은 곳.

96 이안부곡(利安部曲) : 경상북도 상주시 이안면 이안리·가장리 일대. 《대동여지도》에는 '이안천(利安川)'이 적혀 있다. 경북 상주시 이안면을 흐르는 지산천과 이안천 일대에 있었을 것으로 추정된다.

97 출전 확인 안 됨.

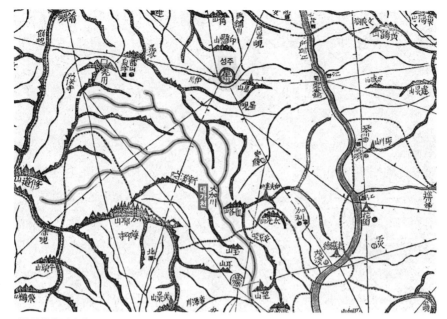

가천 일대《대동여지도》

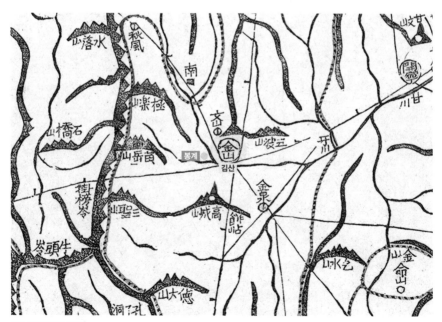

봉계 일대《대동여지도》

있다고 하는데, 이안은 그 중 첫 번째를 차지하는 곳으로, 유명한 사람과 관료로 이름난 사람이 많이 나왔다. 옛날에 채수(蔡壽)[98]의 별장 쾌재정(快哉亭)[99]이 있었는데, 지금은 없어졌다.

利安居其一, 多出名人顯官. 舊有蔡壽別墅快哉亭, 今無.

가정구기(稼亭舊基)[100]

[금화경독기][101] 고려 문효공(文孝公) 이곡(李穀)[102]이 젊었을 때 이곳에서 처가살이를 했는데, 그가 사는 집을 '가정(稼亭)[103]'이라 했다. 함창현 서쪽으로 20리 떨어진 곳의 서촌(西村) 감암(監巖)[104]에 있다. 계곡이 매우 깊고 숲 속의 나무가 무성하며 아름답다. 후에 원나라 제과(制科)[105]에 합격하여 우집(虞集)[106]·게혜사(揭傒斯)[107] 등 여러 명사들과 교유하면서 이곡의 이름이 마침내 세상에 널리 알려졌다.

稼亭舊基

[又] 高麗 李文孝公穀, 少時贅寓于此, 名其居曰"稼亭", 在咸昌縣西二十里西村監巖. 溪壑深邃, 林樾茂美. 後中元制科, 與虞、揭諸公遊, 稼亭之名遂遍天下.

---

98 채수(蔡壽) : 1449~1515. 조선 중기의 문신. 한성부좌윤·호조참판을 지냈으며, 《세조실록》·《예종실록》 편찬에도 참여하였다.
99 쾌재정(快哉亭) : 경상북도 상주시 이안면 가장리에 있는 정자. 임진왜란 때 불타 버리고 180여 년 후 후손들에 의해 복원되었으며, 몇 차례 중수를 거듭하여 현재에 이르고 있다.
100 가정구기(稼亭舊基) : 경상북도 상주시 이안면 아천리 가정(稼亭)이 있었던 옛터.
101 출전 확인 안 됨.
102 이곡(李穀) : 1298~1351. 고려 말기 학자. 시호는 문효(文孝). 호는 가정(稼亭). 이색(李穡)의 아버지로, 백이정(白頤正)·우탁(禹倬)·정몽주(鄭夢周) 등과 함께 경학(經學)의 대가로 꼽힌다. 저서로는 《가정집(稼亭集)》이 있다.
103 가정(稼亭) : 경상북도 상주시 이안면 아천리에 있던 주거지. 현재 남아 있지 않다.
104 감암(監巖) : 경상북도 상주시 이안면 아천리에 있는 바위. 감바우라고도 한다.
105 제과(制科) : 원나라에서 외국인을 대상으로 실시한 과거.
106 우집(虞集) : 1272~1348. 중국 원나라 중기 문신이자 시인. 양재(楊載)·범곽(范椁)·게혜사(揭傒斯)와 함께 원시(元詩) 4대가(四大家)라 불린다.
107 게혜사(揭傒斯) : 1274~1344. 중국 원나라 중기 문신이자 시인. 우집(虞集)과 함께 원시 4대가라 불린다.

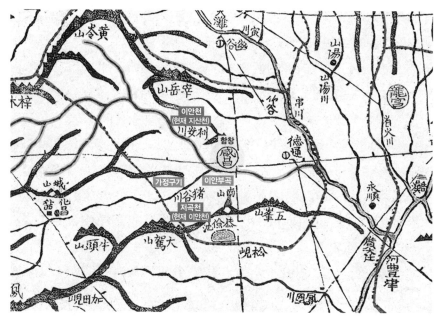

이안부곡·가정구기 일대《대동여지도》

월성촌(月城村)[108]

[송명흠(宋明欽)[109] 월성기사(月城記事)[110]][111] 덕유산 동
남쪽은 안음현(安陰縣)[112]의 3동(三洞)으로, 서쪽은

月城村

[宋櫟泉[6] 月城記事] 德裕
山之東南爲安陰三洞, 其西

---

108 월성촌(月城村) : 경상남도 거창군 북상면 월성리 일대. 본문에서는 월성촌이 원학동 계곡의 발원지에 있다
고 하였고,《동춘당집(同春堂集)》에도 송준길(宋浚吉)이 병자호란(丙子胡亂) 당시 노계촌(蘆溪村)·영승
촌(迎勝村)에서 잠시 거주하다가 원학동(猿鶴洞)으로 옮겼는데 인조(仁祖)가 남한산성에서 내려와 항복하
였다는 소식을 듣고 원학동에 초가를 짓고 살기로 정하였다는 내용이 나온다.《1872년 지방지도》에는 월
성촌이 금원산(金猿山)에서 동쪽 강 건너편 북상동(北上洞)에 있다고 적혀 있다.

109 송명흠(宋明欽) : 1705~1768. 조선 후기의 문신. 호는 역천(櫟泉). 동춘당(同春堂) 송준길(宋浚吉)의 현손
(玄孫)이다. 1764년 찬선(贊善) 때 경연관(經筵官)이 되어 정치 문제를 논하다가 영조의 비위에 거슬리는
발언을 하여 파직당했다. 죽은 뒤에 이조판서로 추증되었다. 저서로는《역천집(櫟泉集)》이 있다.

110 월성기사(月城記事) : 송명흠이 1759년 여름 성천서원(星川書院)과 월성촌(月城村)을 방문하여 지은 기문
(記文).

111 《櫟泉集》卷13〈記〉 "記月城故事"《韓國文集叢刊》221, 279쪽).

112 안음현(安陰縣) : 경상남도 거창군 마리면·북상면·위천면, 남상면 진목리·춘전리, 주상면 완대리, 함양군
서상면·서하면·안의면 일대.《대동여지도》에는 '안의(安義)'로 적혀 있다.

6 泉 : 저본에는 "川". 일반적인 용례에 근거하여 수정.

'화림동(華林洞)113', 가운데는 '심진동(尋眞洞)114', 동쪽은 '원학동(猿鶴洞)115'이라 하니, 모두 큰 마을이 넓게 펼쳐져 있다. 이곳의 물과 바위는 맑으면서도 장엄하고, 암벽이 험준하면서 웅장하며, 산이 높고 계곡이 깊은 가운데 밭두둑이 비단 무늬처럼 아름답게 어우러져 있다. 원학동 계곡의 발원지에 마을이 있는데, '월성(月城)'이라 한다. 안음현 북쪽으로 50리 떨어진 곳에 있으며 가장 경치가 아름답다. 그 위로 몇 리 떨어진 곳이 송계(松溪)116이다. 이곳은 바위

日"華林", 中日"尋眞", 東日 "猿鶴", 皆大洞府大鋪敍, 水石淸壯, 巖壁峻偉, 山 高谷深, 田疇綺錯. 猿鶴之 源有村, 日"月城", 在縣北 五十里, 最爲深絕. 其上數 里爲松溪, 石色尤瑩潔如 玉雪, 潭瀑蓄黛, 丹壁映 帶, 玲瓏灑落, 殆非人境.

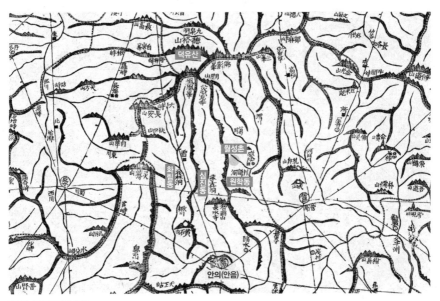

월성촌 일대(《대동여지도》)

---

113 화림동(華林洞) : 경상남도 함양군 서상면 옥산리·도천리·금당리 일대. 《대동여지도》에는 화림동(花林洞)으로 적혀 있다. 현재 화림동계곡 유원지가 안의면 월림리에 있으나, 이곳은 화림동보다 9~10km 떨어진 하류이다.

114 심진동(尋眞洞) : 경상남도 함양군 안의면 신안리·하원리 일대.

115 원학동(猿鶴洞) : 경상남도 거창군 위천면 일대.

116 송계(松溪) : 경상남도 거창군 북상면 소정리·갈계리 일대를 흐르는 하천. 현재의 소정천이다.

빛깔이 백옥빛의 흰 눈처럼 매우 맑고 깨끗하며, 못과 폭포는 깊고 검푸르며 붉은 절벽이 함께 어우러져 있으니 영롱하고 상쾌하여 거의 인간 세상의 경치가 아니다. 1636년(인조 14년) 병자호란 때 송준길(宋浚吉)[117] 선생이 병화를 피해 화림동의 노계(蘆溪)[118]에 잠시 거주했다가 얼마 후 월성촌으로 들어가 작은 집을 짓고 살았다.

崇禎丙子, 同春先生避兵, 寓華林之蘆溪, 尋移入月城, 結廬居焉.

우담(雩潭)[119]

[강한집(江漢集)[120]][121] 상주 낙동강가에 있으며, 옥주봉(玉柱峯)[122] 아래이다. 강·산·암석의 경치가 빼어나서 이곳에 징사(徵士)[123] 채득기(蔡得沂)[124]가 무우정(舞雩亭)[125]을 짓고 살았다. 효종(孝宗)[126]이 잠저(潛邸)[127] 시절에 화사(畫史)[128]를 보내 그가 살던 곳을 그려서 바치게 하였다.

雩潭

[江漢集] 在尙州 洛江之上, 玉柱峯下. 有江、山、巖石之勝, 徵士蔡得沂治亭以居之. 孝廟在潛邸, 送畫史圖進其所居.

---

117 송준길(宋浚吉) : 1606~1672. 조선 후기의 문신이자 학자. 호는 동춘당(同春堂). 송시열 등과 함께 북벌 계획에 참여하였으며 서인에 속해 분열된 서인 세력을 규합하는 데 힘썼다. 학문적으로는 송시열과 같은 경향의 성리학자로서 특히 예학에 밝고 이이의 학설을 지지하였으며, 문장과 글씨에도 뛰어났다.

118 노계(蘆溪) : 경상남도 함양군 시상년에 있는 계곡으로 추정된다.

119 우담(雩潭) : 경상북도 상주시 사벌면 삼덕리 옥주봉 일대.

120 강한집(江漢集) : 조선 후기의 문신인 황경원(黃景源, 1709~1787)의 문집.

121 《江漢集》卷15 〈墓誌銘〉 "徵士故朝散大夫氷庫別坐蔡公墓誌銘"(《韓國文集叢刊》 224, 323쪽).

122 옥주봉(玉柱峯) : 경상북도 상주시 사벌면 삼덕리에 있는 산. 해발 163m.

123 징사(徵士) : 학문과 덕행이 높아 천거되었으나 벼슬을 하지 않은 은사(隱士).

124 채득기(蔡得沂) : 1605~1646. 조선 후기의 학자. 본관은 인천(仁川). 호는 우담(雩潭). 병자호란 뒤 심양(瀋陽)에 볼모로 가는 소현세자와 봉림대군을 호종하라는 명을 받았으나, 병을 핑계로 왕명을 받들지 않아 3년간 유배생활을 하였다. 1639년 유배에서 풀려나 그해 겨울 심양에 가서 소현세자와 봉림대군을 호종하였다. 귀국 후에는 벼슬을 사양하고 무우정(舞雩亭)을 짓고 살았다.

125 무우정(舞雩亭) : 경상북도 상주시 사벌면 삼덕리에 있는 정자.

126 효종(孝宗) : 1619~1659(재위 1649~1659). 조선 제17대 왕.

127 잠저(潛邸) : 여러 가지 사정으로 세자가 왕위에 오르지 못하고 종실 인물 중에서 왕이 된 경우, 왕이 왕위에 오르기 전에 살던 집, 또는 살던 기간.

128 화사(畫史) : 조선시대 도화서(圖畫署)에 소속된 화가로, 종8품(從八品)의 관직에 해당한다.

안 최명길(崔鳴吉)[129]의 《무우정기》에서 "낙동강을 따라 올라가다가 상주 치소에서 곧장 북쪽으로 20리 떨어진 곳에 깊숙히 숨겨진 명당[奧區]이 있다. 이곳은 산과 강이 감싸고 있는 형국으로, 안쪽은 깊숙하고 바깥쪽은 넓게 트여 있다. 샘물과 바위의 빼어남으로 치자면 나라 안에서도 부러움을 사는 곳이다. 옛날 사벌왕(沙伐王)[130]의 왕궁이 있던 곳으로, 옛일을 잘 아는 노인들이 대대로 이곳을 '우담(雩潭)'이라 전했다. 소성(邵城)[131] 채득기가 보고 기뻐하여 이곳에 자리 잡을 계획을 세웠다."[132]라 하였으니, 곧 이 터를 가리키는 것이다.

案 崔遲川《舞雩亭記》云 "沿洛東江而上, 直尙州治之北二十里有奧區. 山擁水回, 內邃外曠, 泉石之賞, 艶稱一邦, 古沙伐王所宮, 故老相傳謂之'雩潭'. 邵城蔡侯見而悅之, 定爲專壑之計", 卽指此基.

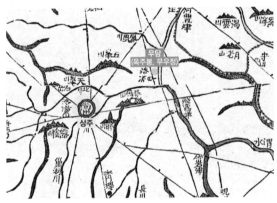

우담 일대《대동여지도》

---

129 최명길(崔鳴吉) : 1586~1647. 조선 후기의 문신. 호는 지천(遲川). 인조반정에 가담, 정사공신(靖社功臣) 1등이 되어 완성부원군(完城府院君)에 봉해졌다. 그 뒤 이조참판·홍문관부제학·대사헌 등을 역임했다. 정묘호란과 병자호란 당시 주화론(主和論)을 주장하였다.

130 사벌왕(沙伐王) : 신라 제45대 경명왕(景明王)의 왕자 8명 중 다섯째 아들인 언창(彦昌). 언창을 917년 사벌주(沙伐州, 상주의 옛 이름)의 사벌대군(沙伐大君)으로 책봉하고 견훤을 격퇴하도록 하였다. 그러나 언창은 견훤의 공격으로 왕경(王京, 지금의 경주)이 고립상태에 빠지자, 사벌국이라 칭하고 왕이 되어 11년간 통치하다가 견훤의 침공을 받아 929년에 패망했다. 사벌왕릉으로 전해지는 전사벌왕릉(傳沙伐王陵)이 옥주봉의 기슭인 사벌면 화달리에 있다.

131 소성(邵城) : 인천의 옛 지명.

132 낙동강을……세웠다 : 《遲川先生集》 卷17 〈雜著〉 "舞雩亭記"《韓國文集叢刊》89, 527쪽).

5) 강원도

임계역촌(臨溪驛村)[1]

[명오지][2] 강릉 우계현(羽溪縣)[3] 서쪽으로 40리 떨어진 곳에 있다. 곧 고려 이승휴(李承休)[4]가 은거하던 곳이다. 본조의 참봉 이축(李蓄)[5]도 세상을 피해서 그곳에 집을 짓고 살았다. 마을이 평평하고 넓으며 논이 많다. 계곡의 암석은 매우 아름답고, 농사와 고기잡이에 알맞다.

關東

臨溪驛村

[名塢志] 在江陵 羽溪縣西四十里. 卽高麗 李承休隱居之地, 本朝參奉李蓄亦辟世築室其中. 洞府寬敞, 多水田. 溪澗巖石甚佳, 宜耕宜漁.

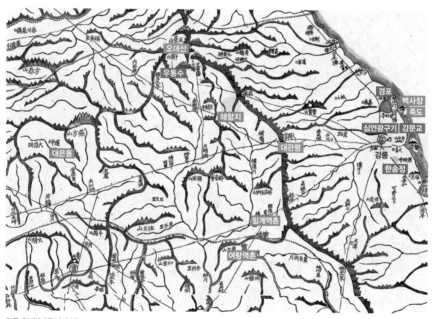

강릉 일대《대동여지도》

1　임계역촌(臨溪驛村) : 강원도 정선군 임계면 송계리 일대.

2　《研經齋全集外集》 卷64〈雜記類〉 "名塢志" '關東'(《韓國文集叢刊》 278, 188쪽).

3　우계현(羽溪縣) : 강원도 강릉시 옥계면 현내리 일대.

4　이승휴(李承休) : 1224~1300. 자는 휴휴(休休). 호는 동안거사(動安居士). 고려시대의 문신. 가리이씨(加利李氏)의 시조. 신진관료로서 개혁적 삶을 살았다. 《제왕운기(帝王韻紀)》, 《내전록(內典錄)》 등을 저술했다.

5　이축(李蓄) : 1402~1473. 조선 전기의 문신. 본관은 한산(韓山). 자는 윤보(潤甫). 호조좌랑, 호조정랑, 황해도관찰사 등을 역임했다.

경포(2011년 촬영, 조인철 제공)

심언광구기(2015년 촬영, 조인철 제공)

경포(鏡浦)6

[명오지]7 강릉부 동북쪽으로 15리 떨어진 곳에 있다. 물이 거울처럼 맑고 깊이는 사람의 배를 넘지 않으며 둘레는 20리다. 동쪽에 강문교(江門橋)8가 있고 다리 건너 죽도(竹島)가 있다. 죽도 밖에는 5리나 되는 백사장이 둘러싸고 있으며 백사장 너머엔 푸른 바다가 하늘과 닿아 있다. 경포 호수 남쪽 기슭에는 중종(中宗) 때 판서 심언광(沈彦光)9의 옛 집터10가 있다.

[팔역가거지]11 심언광이 벼슬살이하면서 서울에 있을 때, 자리 구석에 경포호를 그려놓고, "나에게 이런

鏡浦

[又] 在江陵府東北十五里. 水淨如鏡, 深不過人腹, 周圍二十里. 東有江門橋, 橋外竹島, 島外白沙, 環可五里, 沙外碧海連天. 湖之南岸, 有故判書沈彦光舊基.

[八域可居誌] 沈彦光仕宦在京, 畫鏡湖於座隅, 曰:

6　경포(鏡浦) : 강원도 강릉시 저동 일대에 위치한 석호. 시가지에서 북동쪽으로 약 6km 지점에 있으며, 호수 둘레 5.21km, 준설 후의 평균 수심은 약 0.96m이다.

7　《研經齋全集外集》 卷64 〈雜記類〉 "名塢志" '關東'(《韓國文集叢刊》 278, 188쪽).

8　강문교(江門橋) : 강원도 강릉시 강문동에 있는 소규모의 교량. 송강 정철의 〈관동별곡〉에 의하면 원래 강문교는 나무로 만든 다리로 강릉부의 북쪽에서 10리 되는 곳에 있었으며 경포호수물이 빠져나가는 출구였다고 한다.

9　심언광(沈彦光) : 1487~1540. 조선 중종 때 문신으로 자는 사형(士炯), 호는 어촌(漁村), 시호는 문공(文恭)이다. 1513년(중종 8) 문과에 급제한 후 이조판서와 공조판서를 지냈다.

10　심언광의 옛 집터 : 경포호 바로 남쪽에는 1530년(중종 25)에 심언광이 강원도 관찰사로 있을때 지었다고 전해지는 해운정(海雲亭)이 남아 있으며 보물로 지정되었다. 《대동여지도》에는 '해송정(海松亭)'으로 적혀 있다. 강릉시 운정동 256번지.

11　《擇里志》 〈卜居總論〉 "山水", 69쪽.

호수와 산이 있으니, 자손들이 결코 출세할 수 없을 것이다."라 했다. 호수 남쪽으로 몇 리 정도 떨어진 곳에는 한송정(寒松亭)[12]이 있고, 돌솥과 돌절구 따위가 있다. 대대로 전해지기를 네 국선(國仙)[13]이 노닐던 곳이라 한다.

"吾有如此湖山, 子孫必不能振發." 湖南數里許有寒松亭, 有石鼎、石臼之屬. 世傳卽四仙所遊處.

대은동(大隱洞)[14]
[동국문헌비고·여지고][15] 강릉읍 서쪽으로 180리 떨어진 곳에 있다. 골짜기 안은 넓게 탁 트였고 흙이 비옥하여 개간할 만하다. 길은 험하고 막혔으나 드문드문 인가가 있다.

大隱洞
[文獻備考·輿地考] 在江陵邑西一百八十里[1]. 洞中曠闊, 土沃可墾, 道路阻絕, 往往有人居.

해함지(海鹹池)[16]
[금화경독기][17] 강릉부 오대산 아래에 있다. 산기슭을 지나고 계곡을 건너 인기척이 전혀 없는 곳으로 며칠을 들어가면, 비로소 산으로 둘러싸여 있으면서 펼쳐진 들판을 보게 되는데 둘레가 70리 정도이다. 동남쪽으로 탁 트였고 산 기운이 밝으며 봄빛이 다른 지역에 비해 가장 민저 들어온다. 들판 가운데 큰 연못이 있는데, 물이 매우 짜서 이 물을 끓이면

海鹹池
[金華耕讀記] 在江陵 五臺山之下. 由山麓, 踰越溪[2]谷, 入無人之境數日程, 始見山迴野拓, 周可七十里. 東南展闊, 山氣昭朗, 春光較他地最先入. 中有大澤, 水極鹹, 煮之可爲鹽, 故名

---

12 한송정(寒松亭): 강원도 강릉시 강동면 하시동리에 있었던 정자. 조선 말기에는 때로 송정(松亭)·녹정(菉亭)·두정(荳亭)·녹두정(綠荳亭)으로 불리기도 하였다. 《대동여지도》에는 '한송사(寒松寺)'가 보이는데 그 근처로 추정된다.
13 네 국선(國仙): 신라시대 영랑(永郞)·술랑(述郞)·남랑(南郞)·안상(安詳) 등 네 명의 화랑을 말한다.
14 대은동(大隱洞): 강원도 평창군 봉평면 흥정계곡 일대로 추정된다.
15 《東國文獻備考》卷14〈輿地考 9〉"山水 3" '江原道', 34쪽.
16 해함지(海鹹池): 강원도 평창군 대관령면 횡계리 일대. 《평창군지명지》에는 "해염지(海鹽池)"로 적혀 있다.
17 출전 확인 안 됨.
① 一百八十里: 저본에는 "八十里". 《東國文獻備考·輿地考·山水》에 근거하여 수정.
② 溪: 저본에는 "蹊". 일반적인 용법에 근거하여 수정.

소금을 만들 만하기 때문에 해함지라고 부른다. 연못 둘레 몇 리에 걸쳐 있는 습지에는 부용과 연꽃이 가득하여 모두 저절로 피었다가 진다. 근처에 승려 한 사람이 들어와 살고 있는데, 나무에 기대 집을 짓고 풀을 엮어 옷을 만들고 상수리를 주워다 식량으로 삼는다. 강릉에서 산삼을 캐러 온 사람이 가끔 그 승려를 봤다고 하는데 생김새가 원숭이와 비슷하다고 한다.

대야평(大野坪)[18]

[금화경독기][19] 영월 치소의 뒤쪽 산에 있다. 첩첩이 쌓인 산봉우리가 남쪽을 향해 뻗으면서 남으로 갈수록 점점 낮아진다. 아름다운 산기슭과 나지막한 언덕이 큰 하천과 거리를 두고 빙 돌고 둘러싸서 마을 하나를 만들어낸다. 이 마을 밖이 곧 대야평이다. 논이 끝없이 펼쳐져 있고 뒷산 기슭에는 소나무와 전나무가 울창하다. 매년 봄과 여름 사이에는 들꽃이 산을 덮기 때문에 주민들은 양봉을 생업으로 삼고 있다. 남쪽으로 곧장 몇 리 안 되는 곳에 강이 있는데, 이 강이 곧 한강 상류의 발원지이다.

海鹹池. 環池數里沮洳之地, 皆芙藻也, 自生自落. 近有一僧入居, 因樹爲屋, 結艸爲衣, 拾橡果以食. 江陵採蔘人, 時或見之, 形類猴獼云.

大野坪

[又] 在寧越地後山. 由重巒疊巇, 望南而迤, 漸南漸低. 嫩麓矮岸, 距大川而廻拱, 作一洞府, 洞府之外卽大野坪. 水田無際, 後麓松、檜蒙蔚. 每當春夏之交, 野花被山, 居人養蜂蜜爲業. 直南未數里有江, 卽漢江上流之源也.

---

18 대야평(大野坪): 강원도 영월군 북면 문곡리 일대로 추정된다. 김삿갓면에 대야리(大野里)가 있으나 영월 치소의 남쪽에 있으며 농지가 넓지 않다.

19 출전 확인 안 됨.

여량역촌(餘糧驛村)[20]

[명오지][21] 정선군(旌善郡)[22] 동쪽으로 42리 떨어진 곳에 있다. 오대산 우통수가 북쪽에서 마을을 감싸고 흘러간다. 양쪽 언덕이 상당히 탁 트여 있고 언덕 위의 장송(長松)과 흰 바위가 맑은 물에 그늘을 드리우니 진실로 은자가 거처할 만한 곳이다. 비록 논은 적지만 마을사람들 모두 농사를 지어 자급자족하며 부유한 사람이 많다.

주천고현(酒泉古縣)[23]

[명오지][24] 일명 '학성(鶴城)'으로 원주 동쪽으로 90리 떨어진 곳에 있다. 본래 고구려의 주연현(酒淵縣)이었다. 현(縣) 남쪽 길 옆에 깨진 구유처럼 생긴 돌이 있다. 대대로 전해지기를 "돌구유가 예전에는 시내 서쪽에 있었으며, 거기로 가서 돌구유에 채워진 물을 마시는 데 부족함이 없었다. 그런데 고을 아전들이 거기까지 가는 것을 귀찮게 여겨 구유를 현의 치소 안으로 옮겼다. 그러자 갑자기 우레가 크게 치면서 돌구유가 셋으로 쪼개졌다. 하나는 연못에 가라앉았고, 하나는 어디 있는지 모르며, 나머지 하나가 바로 이 바위다."라고 한다. 땅이 후미지고 골짜기가 깊어 은둔하려는 사람에게 좋다.

餘糧驛村

[名塢志] 在旌善郡東四十二里. 五臺山 于筒之水自北繞村而去. 兩岸頗敞豁, 岸上長松、白石掩映清流, 眞隱者所居. 雖少水田, 村民皆耕作自給, 多富厚者.

酒泉古縣

[又] 一名"鶴城", 在原州東九十里. 本高句麗之酒淵縣也. 縣南道傍有石如破槽. 世傳:"石槽舊在川西, 就而飲者無不足. 邑吏憚其往, 移之縣中. 忽大雷震, 石碎爲三, 一沈于淵, 一不知所在, 一卽此石"云. 地僻而洞邃, 宜隱遯者.

---

20 여량역촌(餘糧驛村):강원도 정선군 여량면 여량리 일대.
21 《研經齋全集外集》卷64〈雜記類〉"名塢志"'關東'(《韓國文集叢刊》278, 188쪽).
22 정선군(旌善郡):현재 강원도 정선군 일대.
23 주천고현(酒泉古縣):강원도 영월군 주천면 주천리 일대.
24 《研經齋全集外集》卷64〈雜記類〉"名塢志"'關東'(《韓國文集叢刊》278, 188쪽).

원주 일대(《대동여지도》)

치악산(雉岳山)[25]

[명오지][26] 원주 동쪽으로 30리 떨어진 곳에 있다.
마을을 이룰 만한 넓은 터가 깊으면서도 탁 트였으
며 샘과 바위가 맑고 빼어나서 여기저기에 이름난
마을이 많다.

雉岳

[又] 在原州東三十里. 洞
府深敞, 泉石淸絕, 東西多
名塢.

사자산(獅子山)[27]

[명오지][28] 원주 적악산(赤岳山)[29] 동북쪽에 있다. 수

獅子山

[又] 在原州 赤岳東北. 水

---

25 치악산(雉岳山) : 강원도 원주시 소초면과 영월군 수주면의 경계에 있는 산. 해발 1,288m.

26 《硏經齋全集外集》 卷64 〈雜記類〉 "名塢志" '關東'(《韓國文集叢刊》 278, 189쪽).

27 사자산(獅子山) : 강원도 영월군 수주면과 평창군 방림면 및 횡성군 안흥면 일대에 걸쳐 있는 산. 해발
    1,167m. 법흥사를 처음 건축할 때 어느 도승이 사자를 타고 이 산으로 왔다고 하여 사자산이라 하였다. 사
    자산에 있는 산삼, 옻나무, 흰 진흙, 물 등이 4가지 재물로 여겨져 사재산(四財山)이라고도 불린다.

28 《硏經齋全集外集》 卷64 〈雜記類〉 "名塢志" '關東'(《韓國文集叢刊》 278, 188쪽).

29 적악산(赤岳山) : 원주의 진산(鎭山)인 치악산(雉岳山)의 옛 이름. 뱀에게 먹히려던 꿩을 구해준 나그네가
    그 꿩의 보은으로 위기에서 목숨을 건졌다는 전설에 따라 치악산으로 바뀌었다고 한다.

석이 30리에 걸쳐 있으며, 주천강(酒泉江)30이 여기서 발원한다. 남쪽에 도화동(桃花洞)31과 두릉동(杜陵洞)32이 있는데, 모두 샘과 바위가 빼어나서 이곳도 복지(福地)로 알려졌다.

홍원창(興原倉)33

[명오지]34 원주 남쪽으로 30리 떨어진 곳에 있다. 오대산 서쪽의 물이 원주에 이르러 섬강(蟾江)이 되었다가, 남쪽으로 흘러 충주 금천(金遷)35 지역의 강하류와 홍원창 마을 앞에서 합류하여 치악산의 맥을 그치게 한다. 강의 유역은 넓고 멀어서 양쪽 언덕에서는 거의 사람을 분간할 수 없으며, 지리의 측면에서 가장 좋아서 강원도로 가는 주요한 길이다. 세곡(稅穀)을 조운(漕運)하는 도회지로서 홍원창 주변의 백성들은 조운을 생업으로 삼으면서 부유해진 사람이 많다. 옛날 백사(白沙) 이항복(李恒福)이 일찍이 광해군(光海君)36을 불안하게 여겨 재야로 물러나

石連亘三十里, 酒泉江發源於是. 南有桃花洞③、杜陵洞, 竝泉石絶勝, 又稱福地.

興原倉

[又] 在原州南三十里. 五臺以西之水至原州爲蟾江, 南流與忠州 金遷之下流合于村前, 以結雉岳④之山脈. 江路闊遠, 兩岸幾不辨人, 於地理最佳, 爲關東一路. 漕稅之都會, 倉底民業舟楫, 多致富饒. 昔白沙 李文忠嘗不安於昏朝, 欲退居於野, 使鄭錦南擇地上流, 錦南圖興原而歸, 白

---

30 주천강(酒泉江) : 강원도 평창군·횡성군의 태기산에서 발원하여 영월군 무릉도원면·주천면·한반도면에 걸쳐 흐르는 강. 한반도면에서 평창강과 만나서 서강이 된다. 길이 95.4km.

31 도화동(桃花洞) : 강원도 영월군 무릉도원면 법흥리에 있는 법흥사의 북동쪽, 사자산과 백덕산 사이 지역이다.

32 두릉동(杜陵洞) : 강원도 영월군 무릉도원면 법흥리 법흥사 일대.

33 홍원창(興原倉) : 고려시대 강원도 원주에 설치되었던 조창(漕倉). 고려시대의 홍원창(興元倉)을 계승하여 운영하였다. 원주에서 남쪽으로 30리쯤 떨어진 섬강 북쪽 언덕에 있었다. 충주 방면에서 서북으로 흐르는 한강의 본류와 원주를 지나 서남으로 흐르는 섬강이 합류되는 부근으로서, 현재의 원주시 부론면과 여주시 강천면이 접하는 강변으로 추정된다.

34 《研經齋全集外集》卷64〈雜記類〉"名塢志" 關東《韓國文集叢刊》278, 188쪽).

35 금천(金遷) : 충주 창동에서 남한강 일대의 탄금대 건너편 물가를 지칭하는 것으로 추측 된다.

36 광해군(光海君) : 1575~1641. 조선의 제15대 왕(재위 1608~1623)으로 이름은 이혼(李琿), 선조(宣祖)의 둘째 아들. 인조반정으로 폐위되었다.

③ 洞 :《研經齋全集外集·雜記類·名塢志》에는 "江".

④ 雉岳 :《研經齋全集外集·雜記類·名塢志》에는 "赤岳".

살고자 정충신(鄭忠信)[37]에게 한강 상류에 땅을 물색하게 했다. 이때 정충신이 흥원창 마을을 그림으로 그려서 돌아오자 이를 본 이항복이 거기에 살고자 했으나 얼마 후 북청(北靑)[38]으로 유배되어 뜻을 이루지 못했다.

沙欲居之, 尋北竄未果.

《한임강명승도권(漢臨江名勝圖卷)》 중 흥원창 전경(국립중앙박물관)

법천(法泉)[39]

[명오지][40] 흥원(興原)[41] 위에 있으며 강기슭에 닿아 있어 강의 수면 풍광이 더욱 넓고 아득하게 펼쳐진다. 남쪽으로 충주의 칠암(漆巖)[42]이 바라다 보이고 우거진 수목들로 그윽하면서 고요하며, 마을은 더욱

法泉

[又] 在興原之上, 臨江岸而江光益浩渺. 南望忠州之漆巖, 煙樹窈窕, 洞府益深而幽窈且豁. 有溪澗

---

37 정충신(鄭忠信) : 1576~1636. 조선 중기의 무신. 임진왜란 때 권율 휘하에 종군했고 만포첨사로 국경을 수비했다. 이항복의 집에 머물면서 학업을 익혔고 그해 무과에 병과(丙科)로 급제하였다. 이괄의 난 때 황주, 서울 안현에서 싸워 이김으로써 진무공신(振武功臣) 1등에 책록되어 금남군(錦南君)에 봉해지고, 이어 평안도병마절도사 겸 영변대도호부사(寧邊大都護府使)가 되었다.

38 북청(北靑) : 원문의 '북(北)'은 북청을 가리킨다. 이항복은 1617년(광해군 9) 이이첨(李爾瞻) 등 강경 대북파가 주도한 폐모론(廢母論)에 적극 반대하다가 1618년 삭탈관직되었고 북청으로 유배되었다가 그곳에서 죽었다.

39 법천(法泉) : 강원도 원주시 부론면 법천리 일대. 법천천(法泉川)이 흐른다.

40 《研經齋全集外集》 卷64〈雜記類〉 "名塢志" '關東'(《韓國文集叢刊》 278, 188쪽).

41 흥원(興原) : 강원도 원주시 부론면 흥호리 일대. 섬강(蟾江)이 남한강과 합류하는 지점으로, 흥원창(興原倉)이 있던 곳이다.

42 칠암(漆巖) : 법천과 복탄(濮灘, 충주시 소태면 복탄리 일대) 사이에 칠암진(漆巖津)이 있었던 것으로 보아 이 근처로 추정된다.

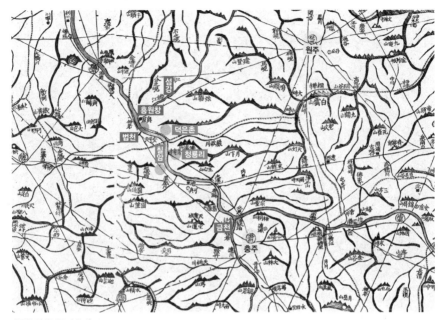

흥원창 일대《대동여지도》

깊이 자리 잡아서 안온하면서도 탁 트여 있다. 시내
와 계곡의 경치가 빼어나니 진실로 강가의 경치 좋
은 구역이다.

之勝, 洵江上之勝區也.

덕은촌(德隱村)43

[명오지]44 흥원에서 동남쪽으로 산등성이와 산기슭
을 넘어 마을에 이른다. 동쪽은 충주의 청룡리(靑龍
里)45와 닿아 있다. 골짜기 사이에 논이 많으며 샘과
바위가 맑고 수려해서 은거할 만하다.

德隱村

[又] 由興原而東南, 踰岡
麓而至村. 東與忠州 靑龍
里接. 山谷間多水田, 泉石
清秀, 可以隱居.

---

43 덕은촌(德隱村) : 충청북도 충주시 소태면 덕은리 일대.
44 《研經齋全集外集》 卷64〈雜記類〉 "名塢志" '關東'(《韓國文集叢刊》 278, 188쪽).
45 청룡리(靑龍里) : 충청북도 충주시 소태면 복탄리 일대. 근처에 청계산(淸溪山)과 청룡사지가 있으며 《대동
여지도》에는 청계산 아래 청룡진(靑龍津)이 보인다.

오상곡(五相谷)[46]

[금화경독기][47] 원주읍 서쪽으로 60리 떨어진 곳에 있다. 높고 가파른 산이 밖에서 주위를 둘러싸고 있으며 안쪽으로 관목 숲이 둘러 안아 마을을 이루었다. 마을 밖에 큰 시내가 있으며 그 깊이는 거룻배가 뜰 만하다. 흙이 비옥하고 샘물은 달며, 이곳에 사는 사람들은 부유하다. 옛날에는 남한산성(南漢山城)[48]의 둔전(屯田)[49]에 귀속되어 백성들이 과중한 세금으로 고초를 겪었으나 흙이 비옥하기 때문에 일찍이 뿔뿔이 흩어지는 가구가 없었다고 한다.

옥산(玉山)[50]

[금화경독기][51] 원주 북쪽으로 23리 떨어진 곳에 있다. 작은 봉우리가 넓은 들에 우뚝 솟아 있으며 섬강(蟾江)이 그 앞을 둘러싸고 흐르니 강과 산의 정취가 매우 넉넉하다. 예전에 정종영(鄭宗榮)[52]이 살던 곳인데 후에 횡성으로 이주하여 옥산은 지금 주인이 없다.

五相谷

[金華耕讀記] 在原州邑西六十里. 高山峻阪環拱於外, 內有嫩麓, 廻抱結作洞府. 洞外有大川, 深可容刀. 土沃泉甘, 居民富饒. 舊屬南漢屯田, 民苦稅重, 而土沃之, 故曾無流散之戶云.

玉山

[又] 在原州北二十三里. 小峰突兀曠野, 蟾江繞其前, 頗饒江山之趣. 舊爲八溪君 鄭氏所占, 後移橫城, 而玉山至今無主.

---

46 오상곡(五相谷): 강원도 횡성군 서원면 유현리 오상골 일대로 추정된다.

47 출전 확인 안 됨.

48 남한산성(南漢山城): 경기도 광주시 남한산성면 산성리 남한산(南漢山)에 있는 조선시대의 산성. 사적 제 57호로 지정되었으며, 유네스코 세계문화유산에도 등재되었다.

49 둔전(屯田): 변경이나 군사요지에 설치해 군량에 충당한 토지.

50 옥산(玉山): 강원도 원주시 호저면 옥산리 일대.

51 출전 확인 안 됨.

52 정종영(鄭宗榮): 1513~1589. 조선중기의 문신. 자는 인길(仁吉), 호는 항재(恒齋). 강원도·평안도·경상도· 전라도 관찰사를 지냈고 팔계군(八溪君)에 봉해졌으며, 원주 칠봉서원(七峯書院)에 배향되었다. 저서로는 《항재집(恒齋集)》이 있다.

귀석정(龜石亭)[53]

[금화경독기][54] 원주 동쪽으로 몇 리 떨어진 곳에 있다. 봉천(鳳川)[55]이 그 앞을 지나고 계곡과 바위가 빼어나다. 신씨(申氏)가 대대로 살았는데, 지금은 김씨(金氏)의 소유이다.

도천(桃川)[56]

[금화경독기][57] 치악산 동북쪽에 있고 원주와 거리가 100리이다. 물이 삼면을 감싸고 흘러서 출입은 반드시 거룻배를 이용해야 한다.

옥계(玉溪)[58]

[금화경독기][59] 원주 서북쪽으로 30리 떨어진 곳에 있으며, 섬강 상류이다. 지금은 서씨(徐氏)의 별장이다.

월뢰(月瀨)[60]

[금화경독기][61] 옥계 아래로 5리 떨어진 곳에 있다. 강에 닿아 있는 형국으로, 지금은 이씨(李氏)의 별장이다.

龜石亭

[又] 在原州東數里, 鳳川經其前, 有溪石之勝. 申氏世居, 今爲金氏物.

桃川

[又] 在雉岳東北, 距原州百里. 水周三面, 出入必須舠艓.

玉溪

[又] 在原州西北三十里, 蟾江上流, 今爲徐氏別業.

月瀨

[又] 在玉溪下五里, 臨江作局, 今爲李氏別業.

---

53 귀석정(龜石亭) : 강원도 원주시 봉산동(鳳山洞) 봉산(해발 232m)의 남쪽 기슭과 원주천 사이에 있었던 것으로 추정되는 정자.

54 출전 확인 안 됨.

55 봉천(鳳川) : 원주천(原州川). 동쪽에 봉산(鳳山)이 있다.

56 도천(桃川) : 강원도 횡성군 강림면 강림리 일대로 추정된다.

57 출전 확인 안 됨.

58 옥계(玉溪) : 강원도 횡성군 서원면 옥계리 대산마을 일대로 추정된다.

59 출전 확인 안 됨.

60 월뢰(月瀨) : 강원도 원주시 지정면 일대에 있던 월뢰탄(月瀨灘) 지역. 섬강과 이리천이 합류하는 남쪽(옥계대교 남담)의 마을 일대로 추정된다. 《대동여지도》에 월뢰(月瀨)로 적혀 있다.

61 출전 확인 안 됨.

산현(山峴)[62]

[금화경독기][63] 원주 북쪽으로 30리 떨어진 곳에 있으며, 섬강 상류이다. 배산임수(背山臨水) 지형이다. 흙은 매우 비옥하고 관개수가 풍족하다. 원씨(元氏)가 대대로 살았으나 지금은 모두 쇠락하여 흩어졌다고 한다.

山峴

[又] 在原州北三十里, 蟾江上流, 背山臨水. 土爲上腴, 灌漑豐足. 元氏世居, 今皆衰散云.

단구(丹邱)[64]

[금화경독기][65] 원주 남쪽으로 5리 떨어진 곳에 있으며, 보안도(保安道)의 중심역이 이곳에 있다.[66] 홍씨(洪氏)와 한씨(韓氏)가 대대로 살고 있어 살림집들이 즐비하여 '동협명기(東峽名基, 한양을 중심으로 동쪽 골짜기의 살기 좋은 명당)'라고 불린다. 다만 흙과 샘이 나쁘고 산람장기(山嵐瘴氣)가 있는 것이 흠이다.

丹邱

[又] 在原州南五里, 保安驛在其地. 洪氏、韓氏世居, 閭閻櫛比, 號爲"東峽名基". 但欠土泉瘴惡.

교항(橋項)[67]

[금화경독기][68] 횡성(橫城) 읍치 남쪽으로 5리 떨어진 곳에 있으며, 사직단(社稷壇)[69]의 남쪽이다. 흙이 비옥하고 샘물이 달다. 지금은 정씨(鄭氏)의 소유이다.

橋項

[又] 在橫城邑南五里, 社稷壇之南, 土沃泉甘. 今爲鄭氏物.

---

62 산현(山峴): 강원도 원주시 호저면 산현리에서 섬강과 일리천이 합류하는 산현초등학교 주변 일대로 추정된다.

63 출전 확인 안 됨.

64 단구(丹邱): 강원도 원주시 단구동 일대. 이곳에 단구역이 있었다.

65 출전 확인 안 됨.

66 보안도(保安道)의……있다: 조선시대 강원도 역도(驛道)인 보안도(保安道)의 중심역이 처음엔 춘천의 보안역(保安驛)이었으나 후에 이곳 단구역(丹邱驛)으로 옮겨졌다.

67 교항(橋項): 강원도 횡성군 횡성읍 교항리 일대.

68 출전 확인 안 됨.

69 사직단(社稷壇): 사직은 토지를 관장하는 사신(社神)과 곡식을 주관하는 직신(稷神)을 가리킨다. 두 신을 제사지내는 단을 만들어 모신 곳이 사직단(社稷壇)이다.

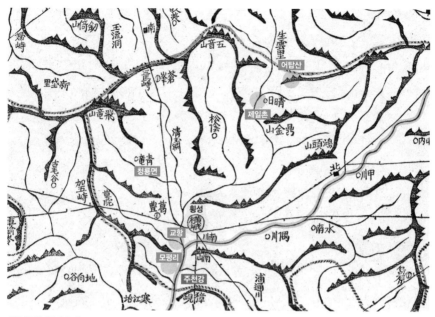

횡성 일대(《대동여지도》)

제일촌(霽日村)[70]

[금화경독기][71] 횡성 읍치 북쪽으로 30리 떨어진 곳
에 있으며, 어탑산(御榻山)[72] 아래이다. 남쪽을 향
해 열린 형국이며 둘레가 40리이다. 흙이 비옥하고
샘물이 달며 샘과 바위의 빼어난 경치가 더욱 여유
롭다.

霽日村

[又] 在橫城邑北三十里,
御榻山下. 向南開局, 周圍
四十里. 上腴泉甘, 尤饒泉
石之勝.

---

70 제일촌(霽日村): 강원도 횡성군 갑천면을 관통하는 계천의 주변 일대로 추정된다. 지금은 횡성호가 조성되
  어 일부 마을이 수몰되었다.

71 출전 확인 안 됨.

72 어탑산(御榻山): 어답산(御踏山)의 별칭. 강원도 횡성군 갑천면에 있는 산. 해발 789m. 진한(辰韓)의 태기
  왕(泰岐王)을 쫓던 박혁거세(朴赫居世)가 이 산에 들렀다 하여, 혹은 태기왕 자신이 이 산을 밟았다고 해
  서 어답산이라 부르게 되었다고 한다. 또한, 태기왕이 이곳에 와서 평상(어탑)을 놓고 앉았다 하여, 어탑산
  (御榻山)이라고 부르기도 한다.

모평리(茅坪里)[73]

[금화경독기][74] 횡성 청룡면(靑龍面)[75]에 있으며 치소와의 거리는 10리이고, 원주와의 거리는 30리이다. 동쪽을 향해 형국을 이루고 큰 시내가 그 앞을 지나며, 한여름에 수량이 풍부하여 뱃길로 통행할 수 있다. 고기잡이·땔감·농산물을 판매하는 이익이 풍부하여 '협중명기(峽中名基, 골짜기 중의 살기 좋은 명당)'로 불리며 허씨(許氏)와 박씨(朴氏)가 대대로 살고 있다.

횡성읍촌(橫城邑村)[76]

[명오지][77] 골짜기 안이 탁 트여 있고, 산이 완만하고 물은 깊으며, 맑고 수려한 기운이 좌우로 온축되어 있어서 사대부들이 많이 살고 있다.

분곡(粉谷)[78]

[금화경독기][79] 홍천(洪川)[80]의 깊은 산속에 있는데, 바위 비탈과 좁은 길을 지나면서 잡초를 움켜쥐며 50~60리를 나아가야만 비로소 도착한다. 산 위가 넓게 펼쳐져 있으며 시냇물이 달고 흙은 비옥하다. 이곳에 사는 사람들이 수십 가구인데, 옷과 음식을 외지에 의지하지 않는다고 한다.

茅坪里

[又] 在橫城 靑龍面, 距邑十里, 距原州三十里. 向東作局, 大川經其前, 深夏水大, 可通舟楫. 饒漁樵、耕稼之利, 號爲"峽中名基", 許、朴兩姓世居.

橫城邑村

[名塢志] 峽裏開拓, 山平水深, 淸秀之氣, 左右蘊結, 士大夫多居之.

粉谷

[金華耕讀記] 在洪川深山中, 由石磴鳥道, 捫蘿而進五六十里, 始達焉. 山上展拓, 川甘土肥. 居民數十家, 衣食不藉於外地云.

---

73 모평리(茅坪里) : 강원도 횡성군 횡성읍 모평리 일대.
74 출전 확인 안 됨.
75 청룡면(靑龍面) : 강원도 횡성군 횡성읍과 우천면 일대.
76 횡성읍촌(橫城邑村) : 강원도 횡성군 남서부에 있는 횡성읍 일대.
77 《研經齋全集外集》卷64〈雜記類〉"名塢志" '關東'(《韓國文集叢刊》278, 188쪽).
78 분곡(粉谷) : 강원도 홍천군 서면 반곡리 일대로 추정된다.
79 출전 확인 안 됨.
80 홍천(洪川) : 강원도 중서부에 있는 홍천군 일대.

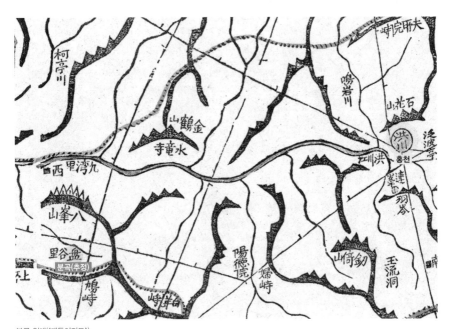

분곡 일대(《대동여지도》)

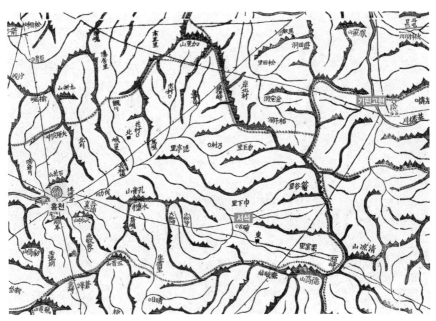

서석·기린고현 일대(《대동여지도》)

서석(瑞石)⁸¹

[금화경독기]⁸² 홍천 치소 동북쪽으로 80리 떨어진 곳에 있다. 폭포를 끼고 벼랑을 기어 올라가면 산 위가 탁 트여 있고 관목 숲이 빙 두르고 있다. 굽이 굽이 시냇물이 흘러 관개할 수 있고 고기잡이도 할 수 있다. 동북쪽에서 강릉의 생선과 소금이 운송된다. 완전히 세상을 피해 은둔할 만한 별천지이다.

호명리(虎鳴里)⁸³

[금화경독기]⁸⁴ 춘천 소양강 하류에 있다. 산등성이와 산기슭이 빙 둘러싸고 있으며 강을 끼고 마을이 형성되어 있다. 흙이 비옥하고 샘물이 달며, 집들이 조밀하고 번화하다. 유씨(柳氏)가 대대로 살고 있다.

천전(泉田)⁸⁵

[금화경독기]⁸⁶ 춘천 소양강 하류에 있다. 경기도와 강원도 깊은 산골짜기 사이를 차지하고 있으며, 앞에 장터가 있어 재화가 모이므로 역시 북한강에서 살기 좋은 곳이다. 지금은 이씨(李氏)의 소유이다.

瑞石

[又] 在洪川邑東北八十里. 緣瀑攀厓而上, 山上開拓, 嫩麓周遭. 曲曲泉流, 可漑可漁, 東北輸江陵魚鹽. 儘遯世之別一洞天也.

虎鳴里

[又] 在春川 昭陽江下流. 岡麓環拱, 據江作洞府. 土肥泉甘, 人戶稠盛. 柳氏世居之.

泉田

[又] 在春川 昭陽江下流. 居巒峽之間, 前有墟市, 貨財湊集, 亦北江可居處也. 今爲李氏之有.

---

81 서석(瑞石) : 강원도 홍천군 서석면 풍암리 일대.

82 출전 확인 안 됨.

83 호명리(虎鳴里) : 미상. 경기도 가평군 청평면에 호명리(虎鳴里)가 있으나 소양강 하류가 아니라 북한강에 접해 있으며, 강원도 춘천시 남면(南面)에는 의병장 유인석(柳麟錫) 장군이 태어난 유씨 집성촌 가정리(柯亭里)가 있으나 "호명리"나 "범우리"로 불린 적이 없다.

84 출전 확인 안 됨.

85 천전(泉田) : 강원도 춘천시 신북읍 천전리 일대.

86 출전 확인 안 됨.

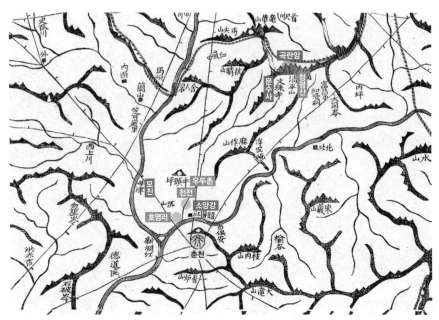

춘천 일대《대동여지도》

우두촌(牛頭村)

[명오지][87] 춘천부 북쪽 소양강가에 있다. 춘천은 맥
국의 고도(故都)이다. 한무제가 팽오를 시켜 우두주
와 통하게 했다고 하는데, 우두주가 곧 이 지역이
다. 산 속에 평야가 널찍하게 펼쳐져 있는데, 강이
경계를 나누면서 허리띠를 두르듯 평야 가운데를 흐
르고 있다. 강산이 맑고 넓으며 토지가 비옥하다.
또한 뱃길이 편리하여 이곳에 사는 사람들은 상업
으로 부를 이루니, 맥국부터 지금까지 인가가 줄지
않았다고 한다.

牛頭村

[名塢志] 在春川府北昭陽
江上. 春川, 卽貊國故都.
漢武帝使彭吳通牛頭州,
卽是地也. 山中闊展平野,
江流分界, 襟帶於中. 江山
淸曠, 土地肥沃. 又有舟楫
之利, 居人以商販致富厚,
自貊國至今, 人煙不衰云.

---

87 《研經齋全集外集》卷64〈雜記類〉"名塢志" '關東'(《韓國文集叢刊》278, 188쪽).

기린고현(麒麟故縣)[88]

[명오지][89] 춘천부 동쪽으로 140리 떨어진 곳에 있다. 본래 고구려 기지군(基知郡)이었다. 내[90]가 있는데 인제에서 흘러오는 강[91]과 합류하여 소양강의 근원이 된다. 첩첩산중이어서 이곳에 사는 사람들은 화전(火田)[92]을 생업으로 삼으며, 풍속이 순박하고 아름답다.

麒麟故縣

[又] 在春川府東一百四十里. 本高句麗 基知郡. 有川焉, 與麟蹄之水合爲昭陽之源. 山峽重疊, 居人燒畬爲業, 風俗淳美.

금곡(琴谷)[93]

[금화경독기][94] 금성(金城)[95] 읍치 남쪽으로 10리 떨어진 곳에 있다. 산기슭이 빙 둘러싸고 큰 시내가 그 앞을 지난다. 시내 건너 나지막한 산기슭에 오엽송(五鬣松, 잣나무) 숲이 비취빛으로 우거져 있다. 흙이 깨끗하고 샘물이 달아 역시 동협(東峽)의 살기 좋은 곳 중 하나이다.

琴谷

[金華耕讀記] 在金城邑南十里. 山麓環拱, 大溪經其前, 渡溪短麓, 五鬣松森蔚蔥翠. 土潔泉甘, 亦一東峽可居之地也.

송정(松亭)[96]

[금화경독기][97] 김화 읍치 남쪽으로 5리 떨어진 곳에

松亭

[又] 在金化邑南五里. 小

---

88 기린고현(麒麟故縣):기린현(麒麟縣)이 있었던 강원도 인제군 기린면 현리 일대.
89 《研經齋全集外集》卷64〈雜記類〉"名塢志" '關東'(《韓國文集叢刊》278, 188쪽).
90 내:인제군 서화면(瑞和面) 무산(巫山)에서 발원하며, 설악산 계곡의 물과 오대산 고원에서 흐르는 내린천 물이 인제군 인제읍 합강리(合江里)에서 인북천과 합류하는 소양강 본류이다.
91 인제에서……강:강원도 인제군에 흐르는 인북천(麟北川)으로, 인제군 서화면(瑞和面) 가전리 휴전선 부근 가득봉에서 발원하여 인제군 인제읍 합강리에서 소양강으로 흘러든다.
92 화전(火田):임야를 불태우고 곡식을 재배하는 농경법.
93 금곡(琴谷):강원도 김화군 룡현리 일대로 추정된다(북한).
94 출전 확인 안 됨.
95 금성(金城):강원도 김화군 김화읍 일대(북한).
96 송정(松亭):강원도 철원군 김화읍 청양리 일대 중 남대천 남쪽에 자리한 철원김화농공단지 일대로 추정된다.
97 출전 확인 안 됨.

있다. 작은 마을이 넓은 들 가운데서 낮은 언덕에 형성되어 있고, 뒤에는 큰 시내가 휘감아 돌아서 풍수가들은 이를 '낙안형(落雁形, 기러기가 내려앉는 모양)'[98]

塢微墳于曠野中, 背有大川廻環, 形家謂之"落雁形". 土頗衍沃, 居民多富

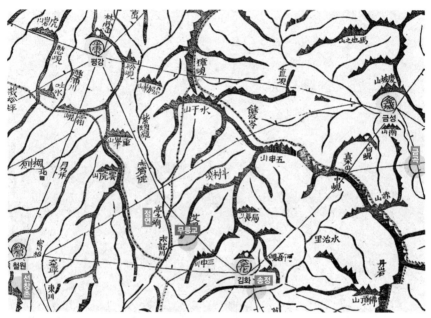

김화 일대(《대동여지도》)

平沙落雁形　　寒雁北飛形　　平沙下雁形

풍수 물형론(物形論) 중 낙안형의 종류(김두규 저, 《풍수학사전》, 731쪽)

---

[98] 낙안형(落雁形): 풍수용어로, 새들의 볏과 불꽃을 유추한 것과 새들의 비상과 불꽃이 하늘로 날아오르는 모습을 유추한 것이다. '갈대를 물고 날아가는 기러기모습[飛雁含蘆形]', '모래밭에 내려앉는 기러기모습 [平沙落雁形]', '냇가의 기러기가 갈대를 물고 있는 모습[川雁含蘆形]' 등 여러 가지가 있다.

이라 한다. 흙은 상당히 넓고 비옥하여 이곳에 사는 사람들 중에는 부유한 경우가 많다.

厚者.

하북점리(下北占里)[99]

[금화경독기][100] 회양부(淮陽府)[101] 남쪽으로 10리 떨어진 곳에 있으며, 금강산 남쪽 기슭 아래이다. 사방이 산으로 둘러싸여 있고 만폭동(萬瀑洞)[102]의 물이 그 앞개울을 지나는데, 산의 경치는 동협(東峽)에서 최고이다. 유씨(劉氏)가 대대로 살고 있다.

下北占里

[又] 在淮陽府南十里, 金剛山南麓之下. 四山環拱, 萬瀑洞之水, 經其前溪, 山之勝甲於東峽. 劉氏世居.

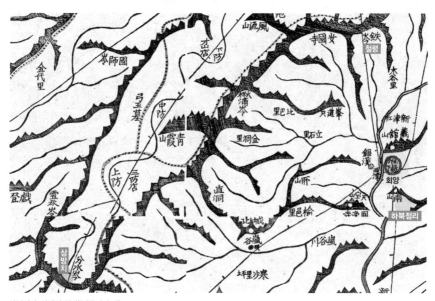

하북점리·삼방치 일대《대동여지도》

---

99 하북점리(下北占里) : 강원도 금강군 북점리 일대(북한).

100 출전 확인 안 됨.

101 회양부(淮陽府) : 강원도 회양군 일대(북한).

102 만폭동(萬瀑洞) : 강원도 금강군 내금강리(북한)에 위치한 폭포와 소(沼) 등으로 이루어진 명승지로, 내금강리에서 북쪽으로 4.6km 떨어진 곳에 있으며, 금강문으로부터 화룡담에 이르는 1.2km 구간을 포괄적으로 가리킨다.

선창촌(仙倉村)[103]

[금화경독기][104] 철원부 남쪽으로 10리 떨어진 곳에 있다. 관목 숲이 큰 들판을 빙 둘러싸고 있으며, 그 남쪽에 논두렁이 수를 놓은 듯이 어우러져 있는데, 땅은 기름지고 샘물은 달다. 북협(北峽, 한양을 중심으로 북쪽의 골짜기)의 가장 이름난 마을이다.

거성(擧城)[105]

[금화경독기][106] 안협현(安峽縣)[107] 남쪽으로 3리 떨어진 곳에 있다. 이웃한 산이 없이 작은 산기슭이 들판 가운데서 불룩 솟아올랐다. 사방 둘레가 험준하지만 동쪽만 약간 트여 있어서 오솔길이 성문처럼 나 있다. 비로정(飛鷺亭)은 서쪽 기슭 위에 있는데, 맑은 강이 그 아래에서 가로로 흐르며, 평평한 밭들은 녹음이 가득하고 기상은 맑고 밝다. 세상에서는 '남에는 달성(達城)[108] 북에는 거성(擧城)'이라 알려졌다. 대개 천혜의 요새와 같은 형상이라는 말인데, 두 곳이 마찬가지다.

仙倉村

[又] 在鐵原府南十里. 嫩麓廻拱于大野, 其南稻畦繡錯, 地腴泉甘. 最爲北峽名塢.

擧城

[又] 在安峽縣南三里. 小麓無從, 突起野中, 四周峭絕, 獨東坼小, 蹊如城門然. 飛鷺亭在西麓之上, 澄江橫其下, 平疇綠蕪, 氣像淸曠. 世稱"南達城, 北擧城". 蓋謂天作城池之形, 兩處同也.

---

103 선창촌(仙倉村) : 강원도 철원군 철원읍 오지리 일대로 추정된다.
104 출전 확인 안 됨.
105 거성(擧城) : 강원도 철원군 철원읍 서남쪽에 있는 옛 성터로 '철원읍성'으로도 불린다. 배모양으로 쌓은 석성으로 길이 640m이다. 현재 그 일부 구간과 남문터가 남아 있으며, 909년에 궁예가 축성한 것으로 전해지고 있다. 거성리(擧城里)는 본래 강원도 안협군 군내면의 지역으로서 1952년 철원군 읍내리에 편입되면서 폐지되었다.
106 출전 확인 안 됨.
107 안협현(安峽縣) : 강원도 이천군 안협면(북한) 일대.
108 달성(達城) : 대구광역시 남서부에 있는 군. 낙동강과 비슬산을 끼고 있으며 대구시 전체 면적의 48%를 차지하고 있다.

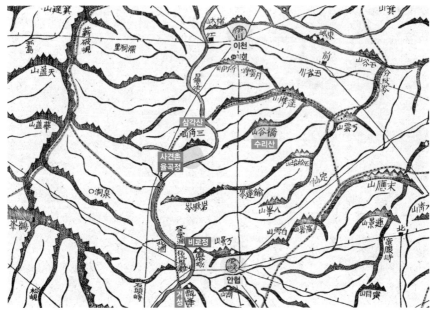

이천·안협 일대(《대동여지도》)

사견촌(四堅村)[109]

[금화경독기][110] 안협현(安峽縣) 서북쪽으로 40리 떨어진 곳에 있으며, 삼각산(三角山)[111]의 남쪽이다. 관목 숲이 산자락을 덮고 있고 비취빛 같은 기이한 소나무들이 이어져 둘러싸고 있으며, 대개 나무들이 뒤섞여 빽빽이 우거져 있다. 앞 들판은 숫돌처럼 평평하면서 멀리 펼쳐져 있으며, 밭두렁은 수를 놓은 듯 섞여 있다. 강이 삼각산 뒤에서 흘러나와 구불구불 이어지다가 동쪽 산기슭 왼쪽을 따라가면서 감싸고 흐

四堅村

[又] 在安峽縣西北四十里, 三角山之陽. 嫩麓遮山脚, 迤拱奇松如翠, 蓋錯落森翳. 前坪平遠如砥, 田疇繡錯. 江從三角山之背透迤, 循東麓之左環繞, 至前坪之西, 復折而東, 作之字形. 有川從西北山谷

---

109 사견촌(四堅村) : 강원도 이천군 사견동(북한) 일대. 북한지역정보넷의 이천군 지도에는 우미리(友味里) 위에 사견동이 보인다.
110 출전 확인 안 됨.
111 삼각산(三角山) : 강원도 이천군 우미리 동북쪽 용정리와의 경계에 있는 산. 해발 529m.

른 뒤, 앞 들판의 서쪽에 이르러 다시 꺾여 동쪽으로 '지(之)'자 모양을 이룬다. 서북쪽 계곡에서 흘러나오는 시내는 동남쪽으로 흐르면서 앞 들판의 한복판을 관통하여 강으로 들어가며, 수리산(愁離山)[112] · 구룡산(九龍山)[113] 등 여러 산은 멀리 강 밖에서 둘러싸고 있다. 북협(北峽)의 이름난 마을을 차례대로 꼽아볼 때 이곳과 상대할 만한 곳은 없다. 산 왼쪽 푸른 절벽은 높고 가파르게 강에 접해 있으며, 늙은 회화나무가 그 위에서 자잘하게 자라고 있다. 옛날에는 정자가 있었으나 지금은 없어졌다. 토박이들은 이곳을 '율곡정(栗谷亭)[114]'이라고 부르며 율곡선생의 자취가 이르렀던 적이 있는 곳이라는 뜻이다. 하지만 선생이 언제 이곳을 지나갔는지는 알지 못한다.

광복동(廣福洞)[115]

[위사(緯史)[116]][117] 양음산(陽陰山)[118]은 이천부(伊川府) 북쪽으로 100리 떨어진 곳에 있으며, 그 산 아래에 광복동이 있다. 산봉우리가 사방을 둘러싸고 있어

中, 東南流貫前坪之中, 入于江, 愁離、九龍諸山, 遠拱於江外. 歷數北峽名塢, 無與此敵. 山左蒼壁臨江陡絕, 老槐蔽芾其上. 舊有亭今廢. 土人呼爲"栗谷亭", 謂是栗谷先生杖屨之所曾到, 未知先生何時過此也.

廣福洞

[緯史] 陽陰山在伊川府北百里, 山下有廣福洞. 峯巒周遭四圍, 自作城堞, 周

---

112 수리산(愁離山): 《1872년 지방지도》〈강원도〉 "안협현지도"의 수리동리(愁離洞里) 뒤에 있는 산으로 추정된다.

113 구룡산(九龍山): 미상.

114 율곡정(栗谷亭): 《1872년 지방지도》〈강원도〉 "안협현지도"를 보면 삼각산 아래 우미리와 율곡정이 있다.

115 광복동(廣福洞): 황해남도 신천군 우룡리(북한) 일대. 예전에 광복사란 절이 있던 마을이라 하여 광복동이라 했다.

116 위사(緯史): 서명응(徐命膺, 1716~1787)이 지은 방대한 분량의 세계지리지. 12권 7책. 1785년(정조 9)에 완성한 《보만재총서(保晚齋叢書)》에 수록되어 있다.

117 《緯史》卷3〈北州人位二之二〉"北極出地三十九度"'方國外東'(《保晚齋叢書》 3, 187쪽).

118 양음산(陽陰山): 《해동지도》〈강원도〉 "이천부"에 청포면(廳浦面)과 고미탄면(古味呑面) 사이에 양음산이 보이며, 《대동여지도》에는 '음양산(陰陽山)'으로 나온다.

저절로 성가퀴[119]를 이루고 있으며 둘레가 15~16리이다. 오직 마을 입구 한 모퉁이만 트여 있는데, 흰 바위가 첩첩이 쌓였고 그 사이로 은빛 폭포가 다투듯이 흐른다. 마을에 들어서면 한눈으로 바라볼 때 모두 평평하고 넓으며 사람들이 사는 곳은 맑고 탈속한 자태이다. 논이 많지만 비록 가뭄이 들더라도 재해를 입지 않는다.

[명오지][120] 광복동의 흙은 매우 비옥하다. 안변(安邊)과 영풍(永豐)[121]의 물이 마을 앞에 이르러 깊어져서 관개로 사용할 만하다. 흰 바위와 깨끗한 모래사장이 맑고 시원하게 펼쳐져 있다. 북쪽으로는 고미탄(古美灘)[122]과 험한 바위산에 막혀 있다. 그렇지만 이곳은 너무 궁벽한 곳에 자리잡고 있어서 사는 사람은 부유한 이주민뿐이다.

가려주(佳麗洲)[123]

[금화경독기][124] 이천 치소 북쪽으로 90리 떨어진 곳에 있다. 야트막한 산들이 빙 둘러서서 형국을 이루었는데, 북쪽으로 고미탄을 등졌다가 고미탄 하류에서는 앞쪽에 30리에 걸친 큰 들판과 닿아 있다.

十五六里. 惟缺洞口一隅, 白石嶙峋, 銀瀑爭流. 及入洞中, 一望平曠, 民居蕭灑. 多水田, 雖旱不災.

[名塢志] 廣福土極膏沃. 安邊、永豐之水, 至村前泓深, 可資灌漑. 白石、明沙昭朗爽塏. 北有古美灘、劍山之阻. 但處地太僻, 居者只富氓.

佳麗洲

[金華耕讀記] 在伊川邑北九十里. 殘山週遭作局, 北負古美灘, 下流前臨三十里大野. 土沃泉甘. 申氏世

---

119 성가퀴:성 위에 낮게 쌓은 담. 여기에 몸을 숨기고 적을 감시하거나 공격하거나 한다.
120 《研經齋全集外集》卷64〈雜記類〉 "名塢志" '關東'(《韓國文集叢刊》 278, 189쪽).
121 영풍(永豐):강원도 법동군(북한) 일대.
122 고미탄(古美灘):강원도 이천군 웅탄면(북한)에서 발원하여 임진강으로 흐르드는 하천. 《대동여지도》에는 "고미탄천(古未呑川)"으로 적혀 있다.
123 가려주(佳麗洲):강원도 이천군 방장면 가려주리(佳麗洲里)(북한) 일대.
124 출전 확인 안 됨.

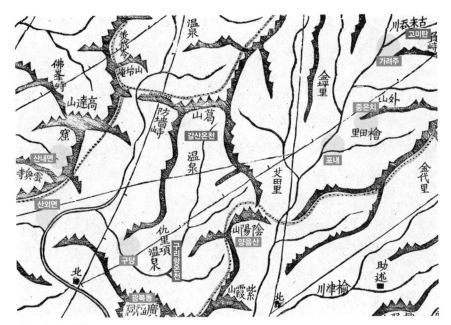

광복동 일대(《대동여지도》)

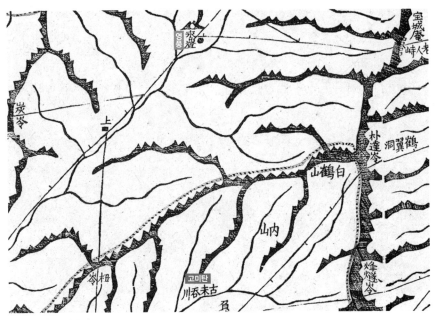

영풍·고미탄(《대동여지도》)

흙이 비옥하고 샘물이 달다. 신씨(申氏)가 대대로 이
곳에 살고 있다.

居焉.

포내(浦內)[125]

[금화경독기][126] 이천(伊川) 산외면(山外面)[127] 중은치(仲隱峙)[128] 아래에 있다. 골짜기 안이 탁 트여 있고, 산수가 맑고 수려하며, 흙이 비옥하고 시냇물이 달다. 신씨(申氏) 일가가 모여 사는데, 전부 300여 호이며 모두 부유하고 자손들이 번창하니 경내에서 살기 좋은 곳으로 최고이다.

浦內

[又] 在伊川 山外面 仲隱峙下. 峽中開拓, 山明水麗, 土沃川甘. 申氏聚族而居, 總三百餘戶, 皆富厚蕃衍, 甲於境內.

구당(龜塘)[129]

[금화경독기][130] 역시 이천 산외면에 있다. 이곳에 사는 백성들은 부유하며 김씨(金氏) 일가가 모여 산다. 골짜기 안의 살기 좋은 명당으로는 최고라고 알려졌다.

龜塘

[又] 亦在伊川 山外面. 居民富厚, 金氏聚族而居. 最號峽中名基.

고밀운(古密雲)[131]

[어우야담][132] 이천의 북쪽에 있다. 산이 깊고 지역이 궁벽하여 찾는 이가 드물다. 깊은 계곡 안에 마을이

古密雲

[於于野談] 在伊川之北. 山深境僻, 人跡罕到. 有村

---

125 포내(浦內):강원도 판교군 지하리(북한) 소재지 북동쪽에 있는 삼포동의 다른 이름. 본래 이천군 낙양면에 소속된 리였는데, 1952년 군면리 통폐합에 따라 리가 폐지되면서 마을이름으로 이용되고 있다.

126 출전 확인 안 됨.

127 산외면(山外面):《해동지도》〈강원도〉 "이천부" 서북쪽에 산외면이 보인다.

128 중은치(仲隱峙):미상.

129 구당(龜塘):강원도 판교군 구당리(북한) 일대. 구당리에 있는 갈산온천은 예로부터 유명하며, 세종대왕이 행궁을 지어 이용하였다고도 전한다. 지금은 갈산요양소가 있다.

130 출전 확인 안 됨.

131 고밀운(古密雲):북한지역정보넷 이천군 지도 동북쪽에 "무릉리"와 "원무릉"이 보이나 고밀운과 관련된 내용은 알 수 없다.

132 《於于野談》〈社會篇〉(《於于野譚》, 244쪽).

있는데 마치 무릉도원과 같다. 1555년(명종 10) 왜구가 전라도를 노략질했을 때 수사(水使) 원적(元績)[133]이 진도(珍島)[134]에 진을 치고 있다가 패하여 죽었는데, 적과 싸우는 군대 속에서 그 시신을 잃었다. 후에 고밀운 사람들의 말을 들으니, 원적이 패하고서는 형벌을 피해서 이곳에 은둔해 살았다고 한다. 이 지역 사람들의 풍속이 매우 순박하여 도망자인 줄 알면서도 받아들였다.

在深谷中如桃源. 嘉靖乙卯, 倭寇全羅道, 水使元績軍珍島敗死, 亂軍中失其屍. 後聞古密雲人言, 元績敗軍逃刑, 棲遁于此云. 其地民俗甚淳, 知其爲逋客而容接之.

정연(亭淵)[135]

[명오지][136] 평강(平康)[137]의 정연은 강원도와 황해도의 접경지역에 있으며, 철원의 북쪽이다. 황씨(黃氏)가 대대로 살고 있다. 산등성이와 산기슭이 둘러싸고 있으며 들판 한복판을 흐르는 큰 시내는 안변의 삼방치(三方峙)[138]에서 서남쪽으로 흐르다가 마을 앞에 이르러 더욱 깊어져서 배를 띄울 정도가 된다. 강언덕의 석벽은 마치 병풍과 같고 정자와 누대가 수목과 어우러진 경치도 훌륭하다. '무릉교(武陵橋)'라는 다리가 있는데 김화로 통하는 길이다.

亭淵

[名塢志] 平康之亭淵, 在關東、海西之交, 鐵原之北, 黃氏世居之. 岡麓紆回, 野中大川, 自安邊 三方峙西南流, 至村前益深, 可容舟. 江岸石壁如屏, 有亭臺、樹木之致. 有橋曰"武陵", 通金化路.

---

133 원적(元績): ?~1555. 조선 중기의 무신. 1519년(중종 14) 무과에 장원급제하였다. 영흥부사·경상우도수사를 거쳐, 전라도병마절도사로 있을 때인 1555년 을묘왜변이 일어났다. 왜선 70여척이 달량포(達梁浦)에 침입하여 성을 포위하자, 이에 항전하였다.

134 진도(珍島): 전라남도 신안군 흑산면 만재도리, 영암군 시종면 내동리·만수리·월송리·월악리·태간리, 진도군 고군면·군내면·의신면·임회면·조도면·지산면·진도읍, 해남군 삼산면 봉학리·송정리·신흥리·원진리·창리 일대.

135 정연(亭淵): 강원도 평강군 남면 정연리 일대. 《대동여지도》에는 "정자연(亭子淵)"으로 적혀 있다.

136 《研經齋全集外集》 卷64 〈雜記類〉 "名塢志" '關東'(《韓國文集叢刊》 278, 189쪽).

137 평강(平康): 강원도 평강군(북한) 일대.

138 삼방치(三方峙): 《대동여지도》 이천(伊川)과 회양(淮陽) 중간쯤에 있는 "분수령(分水嶺)"으로 추정된다. 조금 위쪽에 삼방점(三防店)이 보인다.

6) 황해도

석담(石潭)¹

[명오지]² 해주(海州) 수양산(首陽山) 속에 있다. 율곡 (栗谷) 이이(李珥)³ 선생이 황해도관찰사를 그만 둔 다음 집을 짓고 학문을 강론한 곳이다. 사방의 선비들이 많이 그를 좇아 배워 나중에 사우(祠宇)를 짓고 제사를 지냈다. 계곡은 모두 구곡(九曲, 아홉 굽이)인데 모두 멋이 있으며, 땅도 비옥하고 생선과 소금이 넉넉히 난다.

수회촌(水回村)⁴

[명오지]⁵ 송화현(松禾縣) 동쪽으로 20리 떨어진 곳에 있으며, 수회천(水回川)⁶가이다. 계곡과 산이 상당히 정취가 있고, 흙도 비옥하다.

채촌(采村)⁷

[금화경독기]⁸ 신계현(新溪縣) 북쪽으로 70리 떨어진 곳에 있으며, 산으로 둘러싸여 있고 하천이 두르고 있으며, 논이 끝없이 펼쳐져 있어 이곳에 사는 사람들이 매우 번성했다. 고려 행궁(行宮)⁹의 옛터가 있다.

海西

石潭

[名塢志] 在海州 首陽山中. 栗谷 李文成先生罷監司, 仍築室講學. 四方之士, 多從之遊, 後建祀俎豆之. 溪凡九曲, 皆有趣, 地且膏沃, 饒魚鹽.

水回村

[又] 在松禾縣東二十里, 水回川之上. 頗有溪山之趣, 土亦肥沃.

采村

[金華耕讀記] 在新溪縣北七十里. 山周川拱, 水田無際, 居民殷盛. 有高麗行宮舊基.

---

1 석담(石潭):황해남도 벽성군 석담리 서북쪽 일대. 현재 석담구곡 휴양소가 있다.

2 《研經齋全集外集》卷64〈雜記類〉"名塢志"'海西'(《韓國文集叢刊》278, 189쪽).

3 이이(李珥):1536~1584. 조선 중기의 문신 및 학자로, 조선 성리학의 발전에 큰 영향을 끼쳤다. 뒷날 서인의 종장으로 추앙받았으며 문묘에 배향되었다. 시호는 문성공(文成公)이다. 문집으로 《율곡전서(栗谷全書)》가 전해진다.

4 수회촌(水回村):미상.

5 《研經齋全集外集》卷64〈雜記類〉"名塢志"'海西'(《韓國文集叢刊》278, 189쪽).

6 수회천(水回川):현재의 남대천 가운데 상류 구간을 부르던 이름으로, 강이 구불구불 돌아 흐른다 하여 수회천이라 불렸다.

7 채촌(采村):미상.

8 출전 확인 안 됨.

9 행궁(行宮):왕이 궁 밖에서 임시로 머무르던 별궁으로, 이궁(離宮)이라고도 한다.

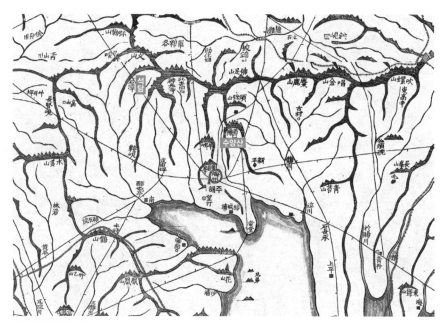

석담 일대(《대동여지도》)

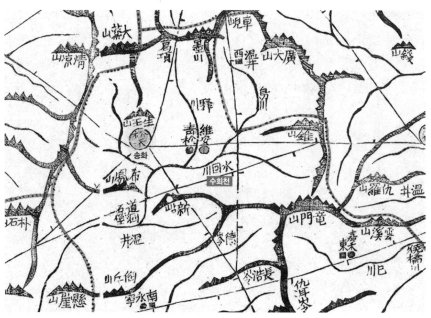

수회천 일대(《대동여지도》)

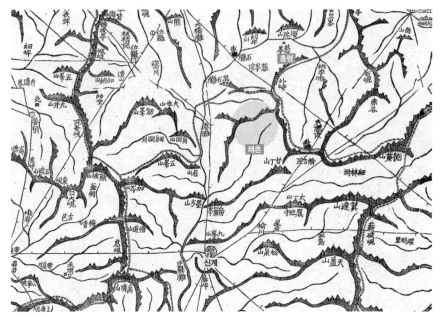

채촌 추정지 일대(《대동여지도》)

화천동(花川洞)[10]

[팔역가거지][11] 평산(平山)의 면악산(綿岳山) 동쪽 기슭
에 있다. 들과 골짜기가 상당히 탁 트여 있다. 토지가
넉넉하고 비옥하여 부유하고 번성한 마을이 많다.

주구(舟邱)[12]

[금화경독기][13] 토산(兔山)과 안협(安峽)[14]의 교차 지역
에 있다. 골짜기 안이 탁 트여 있고, 흙이 비옥하여

花川洞

[八域可居誌] 在平山 綿岳
之東麓. 頗開野暢谿, 土地
饒沃, 多富盛之塢.

舟邱

[金華耕讀記] 在兔山、安
峽之交. 峽中開拓, 土沃人

---

10 화천동(花川洞) : 황해북도 평산군 청수리 청수천 상류 일대. 현재는 꽃내마을이라 한다.
11 출전 확인 안 됨.
12 주구(舟邱) : 미상.
13 출전 확인 안 됨.
14 안협(安峽) : 현재는 강원도 철원군 철원읍(북한 행정구역) 일대.

사람들이 많다. 앞에는 장터가 있어 온갖 재화가 모인다. 북협(北峽) 중에서도 살기에 좋은 곳이다.

衆. 前有墟市, 百貨湊集. 亦北峽可居處也.

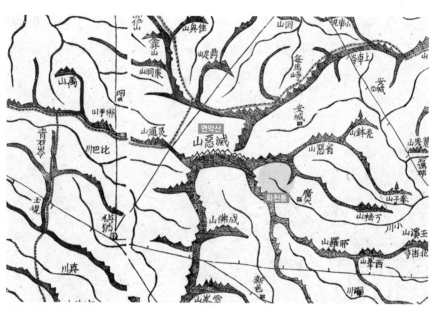

화천동 추정지 일대(《대동여지도》)

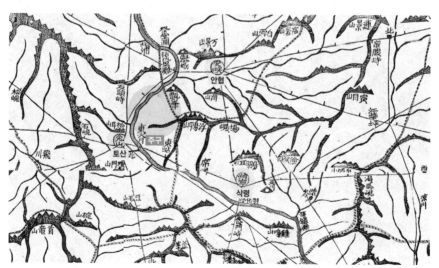

주구 추정지 일대(《대동여지도》)

7) 평안도

회산(檜山)[1]

[동국문헌비고·여지고][2] 성천(成川) 북쪽으로 70리 떨어진 곳에 있다. 석벽의 둘레는 30리이고, 산 가운데에는 붉은 토양이 평평하고 넓게 펼쳐져 있으며, 큰 내[3]가 가로질러 흐른다. 민간에서는 '천작지성(天作之城, 하늘이 지은 성)'이라 부른다.

關西

檜山

[文獻備考·輿地考] 在成川北七十里. 石壁周三十里, 中有赤墳平衍, 巨川橫流. 諺稱"天作之城".

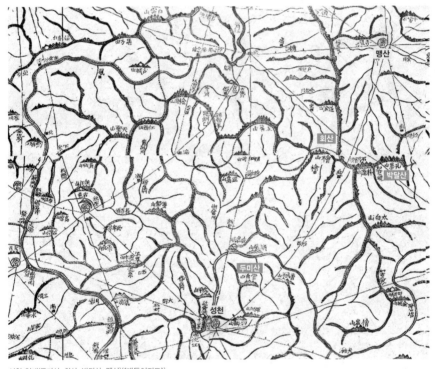

성천 일대(두미산·회산·박달산·맹산)(《대동여지도》)

---

1 회산(檜山):평안남도 성천군 북쪽 회전리·계석리와 신양군의 경계에 있는 산. 석회석(石灰石)으로 이루어진 절벽 위에 전나무[檜]가 있다는 데서 유래된 지명이다.
2 출전 확인 안 됨.
3 큰 내:비류강(沸流江)의 지류를 말한다.

고향산(古香山)⁴

[어우야담]⁵ 영변(寧邊)에 있으며, 묘향산(妙香山)⁶의 북쪽이다. 노숙하면서 8일을 가 비로소 도달할 수 있다. 삼나무와 전나무가 무성한데, 이곳에 사는 사람들은 이 나무껍질을 벗겨 저절로 고목이 되게 했다가 여기저기 시든 나무 사이에다 땅을 파내고 조를 재배한다. 도랑과 이랑의 구분은 없지만 조의 줄기 굵기는 사람의 팔뚝만 하고, 이삭은 말총만 하다.

암반에 걸치고 골짜기를 절개해서 큰 절⁷을 세웠는데, 절에는 금빛과 푸른빛이 환하게 비친다. 승려 100여 명이 그곳에 살고 있다. 이곳 사람들은 바깥 마을 사람들과 왕래하지는 않는다. 다만 1,000리 밖에서 소금을 사야 하기 때문에, 띠풀을 묶어 산중에 난 길을 표시하였을 뿐이다. 날씨는 몹시 추워 이중창과 이중벽이 아니면 살 수 없다. 쌓아둔 조는 창고에 겹겹이 둘러싸여 있고, 사람들은 모두 100세까지 장수하니, 진실로 이른바 "별유천지비인간(別有天地非人間, 별천지이지, 인간 세상 아니라네.)"⁸이다.

古香山

[於于野談] 在寧邊, 妙香山之北. 露宿八日程, 始可達焉. 杉、檜薈蔚, 居者剝樹皮, 使自枯, 劚土種粟於亂木間, 無溝澮、畎畝, 而粟稈如人臂, 穗如馬尾.

跨巖截谷, 起大刹, 金碧照爛. 有僧百餘人居之. 不與內地人相通, 只因貿鹽於千里外, 束茅表行徑而已. 風氣苦寒, 非複窓重閣, 不可居. 積粟陳陳, 人皆壽百歲, 眞所謂"別有天地非人間"也.

---

4 고향산(古香山): 묘향산(妙香山) 중의 한 산이다. 희천을 중심으로 한 묘향산[고향산(古香山)·구향산(舊香山, 현재 자강도 희천시 부흥리)]과 보현사를 중심으로 한 신향산(新香山)으로 나뉜다. 《조광》 48호 〈探勝案內記 묘향산편(1939.10.)〉에 "신향산 쪽에서 산에 올라 비로봉을 넘어 구향산 쪽으로 길을 잡아서 법왕대·금선대와 원명사를 거쳐 희천으로 내려와 만포선(滿浦線)으로 돌아갔다."라 했다. 다만, 《대동여지도》·《해동지도》·《여지도》 세 지도에는 '고향산(古香山)'이라는 지명은 보이지 않는다. 徐信惠, 〈法宗의 『續香山錄』과 古香山의 의미〉 《도교문화연구》 한국도교문화학회, 2006, 14쪽 참조.
5 《於于野談》〈萬物篇〉, 285~286쪽.
6 묘향산(妙香山): 평안북도 영변군·희천군 및 평안남도 덕천군에 걸쳐 있는 산. 해발 1,909m. 태백산(太白山) 또는 향산(香山)이라고도 하며, 고향산(구향산)과 신향산으로 나뉜다. 경관이 수려하면서도 웅장하여 예부터 명산으로 이름이 났다.
7 큰 절: 원명사(圓明寺) 또는 보현사(普賢寺)를 가리키는 것으로 추정된다.
8 별유천지비인간(別有天地非人間, 별천지이지 인간 세상 아니라네.): 이백(李白, 701~762)의 7언절구 시인 〈산중문답(山中問答)〉의 마지막 구절. 도연명(陶淵明, 365~427)의 〈도화원기(桃花源記)〉에서 소재를 취했다. 한국고전번역원 고전종합DB의 번역을 참고했으며, 시의 전문은 다음과 같다. 問余何事棲碧山, 나에게

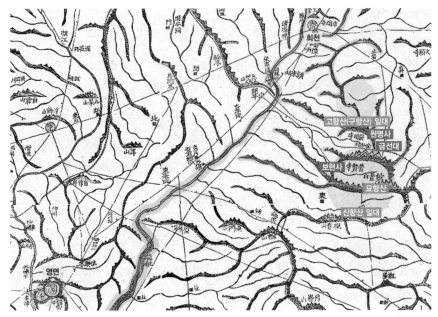
영변·희천·묘향산 일대(《대동여지도》)

당촌(唐村)⁹

[금화경독기]¹⁰ 중화(中和)¹¹ 읍치 서쪽으로 20리 떨어
진 곳에 있다. 큰 평야 가운데에 비록 계곡과 산의
빼어난 경치는 없지만, 낮은 언덕이 둘러싸고 있으
며 토지가 비옥하다. 서쪽으로 대동강 하류와 거리
가 10리 정도로, 생선과 소금이 매우 풍부하다. 이
곳에 사는 100여 가구는 모두 부유하며, 그 중에서
도 이씨(李氏)들이 대대로 살고 있다.

唐村

[金華耕讀記] 在中和邑西
二十里. 大野中雖無溪山
之勝, 而邱隴環抱, 土地膏
沃. 西距大同江下流十里
許, 魚鹽甚饒. 百餘民戶皆
殷富, 而李姓世居.

무슨 일로 푸른 산에 사느냐 묻기에, 笑而不答心自閑. 웃기만 하고 답하지 않으니, 마음 절로 한가롭네. 桃花
流水杳然去, 복사꽃 띄운 물 아득히 흘러가니, 別有天地非人間. 별천지이지, 인간 세상 아니라네.

9　당촌(唐村): 평양직할시 강남군 장교리 일대. 1914년 행정구역 개편에 따라 마정면과 당촌면이 당정면(唐井
面)으로 통합·개편되었다가, 1952년에 군면리 통합에 따라 중화군의 5개 면을 분리하여 평양직할시 강남
군을 신설하였는데, 이때 당정면은 평양직할시 강남군으로 편입되었다.

10　출전 확인 안 됨.

11　중화(中和): 평양직할시 강남군 일대.

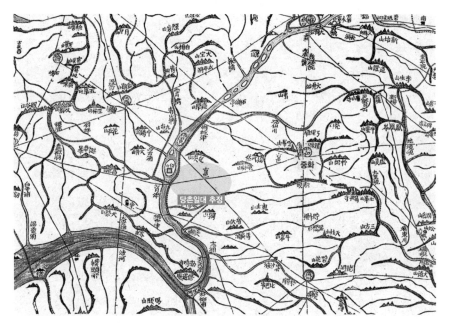

중화 당촌 일대 추정(《대동여지도》)

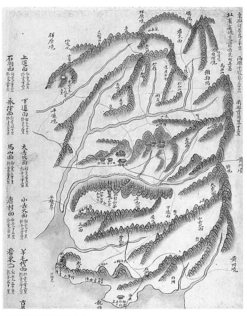

중화부(당촌면)(《여지도》)

8) 함경도[關北]

금수촌(錦水村)[1]

[어우야담][2] 고원(高原)[3]에 있다. 산수가 맑고 외져서 진실로 은자(隱者)가 은거할 만한 곳이다.

광포(廣浦)[4]

[남구만(南九萬)][5] 《함흥십경도기(咸興十景圖記)》][6] "고려(高麗) 문종(文宗)[7] 9년(1055)에 처음으로 선덕진(宣德鎭)[8]을 구축하였다. 그곳은 함흥부(咸興府)와 거리가 50리이며, 그 가운데에 광포가 있다. 광포는 포구의 너비는 10리, 길이는 30여 리이다. 광포 중앙에는 용암(龍巖)[9]이 있고 남쪽 언덕에는 영귀정(詠歸亭)[10]이

關北

錦水村

[於于野談] 在高原. 山水淸僻, 眞隱者棲遯之地.

廣浦

[南藥泉 《咸興①十景圖記》] 高麗 文宗九年, 始築宣德鎭. 其地距咸興府五十里, 中有廣浦, 浦廣十里, 長可三十餘里. 浦心有龍巖, 南岸有詠歸亭, 卽五

---

1 금수촌(錦水村): 함경남도 고원군(高原郡) 다천리(多泉里)에 있었던 옛 지명이다. 1952년 함경남도 함흥시 흥남구역 지명을 통합할 때에, 군내면 천동리·다삼포리와 고원면의 금수리 일부를 병합하여 다천리로 개편했다. 현재 다천리 위치를 통해 금수촌의 위치를 추정할 수 있다.
2 《於于野談》〈學藝篇〉, 194~195쪽.
3 고원(高原): 함경남도 남부에 있는 고원군 일대. 서쪽은 낭림산맥에 의하여 평안남도 양덕군과 경계를 이루고, 남쪽은 문천군, 북쪽은 영흥군과 접하고 있다.
4 광포(廣浦): 함경남도 정평군과 함주군 사이에 있는 석호(潟湖). 해안의 융기와 퇴적작용으로 만들어진 석호인데, 동해안의 석호 중 최대 규모이다. 둘레 31km, 길이 10km, 너비 0.9km이다. 깊고 맑으며 푸른빛이 어린 물이 빙 둘러 엉겨서 돌아나가지 않는다고 한다. 《대동여지도》에는 함흥(咸興) 지역에 "광하(廣河)"라고 적혀 있다. 북한 천연기념물 제268호로, 현재 지도에는 광포호(廣浦湖)라고 적혀 있다.
5 남구만(南九萬): 1629~1711. 조선 후기의 문신. 호는 약천(藥泉)이다. 송준길(宋浚吉)의 문하에서 수학, 1651년(효종 2) 진사시에 합격하고, 1656년 별시 문과에 을과로 급제해 가주서·전적·사서·문학을 거쳐 이듬해 정언이 되었다. 1701년 희빈 장씨(禧嬪張氏)의 처벌에 대해 중형을 주장하는 김춘택(金春澤)·한중혁(韓重爀) 등 노론의 주장에 맞서 경형(輕刑)을 주장하다가 숙종이 희빈 장씨의 사사를 결정하자 사직, 낙향했다. 저서로는 《약천집(藥泉集)》·《주역참동계주(周易參同契註)》가 있다.
6 《藥泉集》卷28〈咸興十景圖記〉, 5~6쪽.
7 고려(高麗) 문종(文宗): 1019~1083(재위 1046~1083). 고려 제11대 왕. 이름은 휘(徽), 초명은 서(緖), 자는 촉유(燭幽). 능은 경릉(景陵), 시호는 인효(仁孝)이다.
8 선덕진(宣德鎭): 함경남도 정평군 일대의 옛 지명. 고려 시대 창신리 일대에 설치하였던 지방군사행정단위이며, 선덕은 덕을 베푼다는 뜻에서 유래되었다.
9 용암(龍巖): 광포(廣浦) 가운데에 있는 바위.
10 영귀정(詠歸亭): 미상.
① 咸興: 저본에는 "關北". 《藥泉集·記·咸興十景圖記》에 근거하여 수정.

금수촌 추정

고원 금수촌 일대 추정(《대동여지도》)

〈광포도(廣浦圖)〉(문화재청, 동아대박물관 소장)

있는데, 이곳이 곧 오현서원(五賢書院)의 옛터이다. 광포 아래 끊어진 언덕이 있는데, 이를 '대두산(大頭山)[11]'이라 한다. 구불구불 이어지는 포구의 입구가 바다로 통하는 문을 가리고, 영귀정에 올라 북쪽을 바라보면 푸른 바다는 한없이 넓고 아득하며 고기잡이배들이 노를 삐걱거리며 오고가는 모양이 끊임없이 이어진다.[12]

광포의 북쪽 언덕에는 촌락이 연달아 이어진다. 광포 밖으로는 큰 들판이 끝없이 펼쳐지고 들판 밖으로는 여러 산들이 사방을 둘러싸고 있는데, 모두 날렵하게 솟아 구름 속에 빠져 있다. 그 산들이 광활

賢書院舊基. 浦下斷阜, 曰 '大[2]頭山'. 透迤浦口, 掩遮海門, 登亭而北望, 碧海浩淼, 漁釣之船, 鳴櫓而往來者相續."

浦之北岸, 村居接連. 浦外大野無際, 而野外諸山四圍, 皆奮迅而沒雲. 其平遠悠揚之勝, 比之登山臨海,

---

11 대두산(大頭山):백두대간이 낭림산에서 갈라져 그 줄기가 함흥군과 정평군 사이의 광포를 타고 내려와 나루입구에서 방향을 틀어 장자포(長者浦)를 지나 바다까지 이어진다. 이 산의 이름을 '대두산'이라 하였으나, 《대동여지도》에는 산명이 적혀 있지 않다.

12 고려(高麗)……이어진다:《藥泉集》第28〈記〉"咸興十景圖記"(《韓國文集叢刊》278, 5~6쪽).

[2] 大:《藥泉集·咸興十景圖記》에는 "犬".

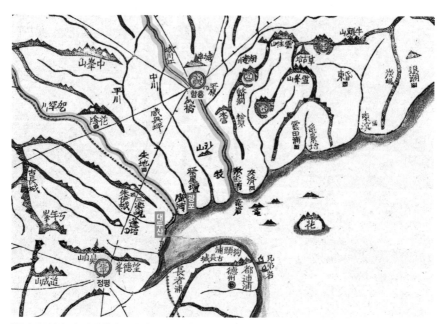

함흥의 광포(광하)·대두산 일대(《대동여지도》)

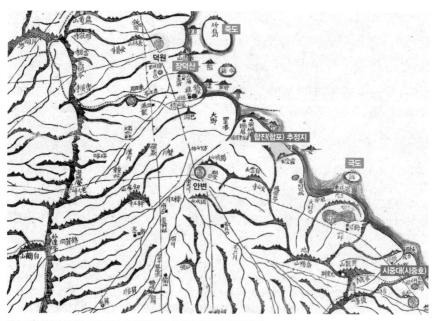

안변·덕원 일대의 장덕산·죽도·극도·시중대(시중호)·합진(합포) 추정(《대동여지도》)

하게 멀리까지 그리고 여유롭게 이어져 있는 빼어난 경치는 산에 올라 바다를 마주할 때와 견주면 또 그 자체로 특별하다. 영귀정에서 포구를 따라 남쪽으로 돌면 해월헌(海月軒)13의 옛터가 있는데, 고(故) 좌랑(佐郎) 문덕교(文德敎)14의 별장이다. 해월헌 아래 둥그런 호수가 있고, 둥그런 호수 너머에는 평평한 백사장이 있으며, 그 평평한 백사장 밖이 바다이다. 빼어난 경치로 영귀정과 서로 우위를 다툰다.

又自別矣. 自亭緣浦南轉, 有海月軒遺址, 故佐郎文德敎別業. 軒下圓湖, 湖外平沙, 沙外是海. 景物之勝, 與亭相甲乙.

합포(蛤浦)15

[금화경독기]16 안변(安邊) 장덕산(長德山)17 아래에 있다. 산이 둘러서 있고 물이 휘돌아 흐르며 샘물이 달고 흙이 비옥하니, 함경도의 살기 좋은 명당이다. 시중대(侍中臺)18가 그 뒤쪽 언덕에 있고, 국도(國島)19가 그 앞쪽 10리 떨어진 곳에 있다. 동쪽으로 바다 입구와의 거리가 불과 10리라서 생선과 소금을 판매하는 이익이 풍부하다.

蛤浦

[金華耕讀記] 在安邊長德山下. 山回水抱, 泉甘土肥, 爲關北名基. 侍中臺在其後岡之背, 國島在其前十里之地. 東距海口, 不過十里, 饒魚鹽之利.

---

13 해월헌(海月軒) : 미상.

14 문덕교(文德敎) : 1551~1611년. 조선 중기의 문신. 1585년(선조 18) 식년 문과에 을과로 급제하여 성균관전적·형조좌랑을 거쳐 흥덕현감(興德縣監)을 역임하였다. 임진왜란이 일어나기 전에 관직에서 물러나 함흥에서 인근의 자제에게 학문을 가르쳤다. 저서로는《동호유고(東湖遺稿)》가 있다.

15 합포(蛤浦) :《대동여지도》에서 장덕산(長德山)이 위치한 곳은 덕원(德原) 지역이다. 덕원 지역에서 바다쪽으로 장덕산이 내려오고, 그 아래 원산촌(원산포)이 위치한다. 표제어 '합포'는《대동여지도》에 보이지 않는다. 단, 안변 지역 해안가에 "합진(蛤津)"이라는 지명이 보이는데, '포(浦)'와 '진(津)'을 비슷한 개념으로 본다면, 이 지역일 가능성이 높다.

16 출전 확인 안 됨.

17 장덕산(長德山) : 강원도 원산시 장덕동과 송흥동의 경계에 있는 산. 해발 115m. 장덕산은 바닷가에 독립적으로 솟아 있는 산으로서 바다기슭까지 산발이 뻗어 있으며 경치가 아름답다.《대동여지도》에는 안변(安邊)이 아닌 덕원(德原) 지역에 장덕산이 적혀 있다.

18 시중대(侍中臺) : 강원도 통천군 자산리에 있는 호수에 있었던 돈대로 추정된다.《대동여지도》에는 호수 이름 "시중대(侍中臺)"가 적혀 있고, 그 옆에 "화관대(花觀坮)"라는 명칭으로 적혀 있다.

19 국도(國島) : 강원도 통천군 자산리 바다에 있는 섬. 너비 0.1km, 둘레 1.3km.

3. 살기 좋은 명당 품평

名基品第

1) 강 근처 거주지

강 근처 거주지로는 당연히 평양(平壤) 외성(外城)을 팔도(八道) 중에서 첫째로 손꼽아야 할 것이다. 대개 평양은 앞뒤로 100리에 넓은 들판이 시원하게 탁 트여서 환하기 때문에 기상이 넓고 크며 산의 경치가 빼어나고 아름답다. 강물이 급히 쏟아지지 않고 천천히 흘러 외성 앞에서 넘실거리며, 산과 들판이 잘 어우러지고 들판과 강물이 잘 어우러져서 지면이 평탄하고 경치가 수려하다. 강물이 한없이 드넓어서 크고 작은 상선이 물결 사이로 왕래하고, 아름다운 돌과 층층이 쌓인 암석이 강 언덕에 비스듬히 이어져 있다. 평양 서북쪽은 좋은 밭의 평평한 이랑이 끝없이 펼쳐지니, 이곳은 하나의 별천지이다.

옛날부터 "외성은 본래 위만조선(衛滿朝鮮)과 주몽(朱蒙) 때에 축조한 것이다."라 전해진다. 지금은 비록 허물어졌으나 여전히 성터의 윤곽이 남아 있으며, 도처에 살림집이 가득하다. 남쪽으로 큰 강에 닿아 있어서 봄과 여름마다 아낙네들의 빨래하는 모습이 10리까지 선명하고, 빨랫방망이 두드리는 소리에 갈매기와 물오리가 놀라서 날아간다. 집이 빗살처럼 빽빽하고, 시장이 번화하다. 기자조선

論江居

江居, 當以平壤外城爲八道第一. 蓋平壤前後百里開野, 豁然明朗, 故氣像恢宏, 而山色秀嫩. 江不急瀉徐緩, 演漾於前, 山與野稱, 野與水稱, 平坦秀麗. 浩浩洋洋, 商船賈帆出沒波中, 秀石層巖邐迤江岸. 西北則良田平疇一望無際, 是一別乾坤也.

世傳"外城本衛滿、朱蒙時所築". 今雖殘夷, 尙有形址, 撲地閭閻. 南臨大江, 每春夏浣女泙澼, 十里粲然, 擊漂之聲, 鷗鳧驚飛. 室廬櫛比, 市廛繁華. 自箕子時, 至今無盛衰, 可想地理之佳矣. 然諺傳"平壤地

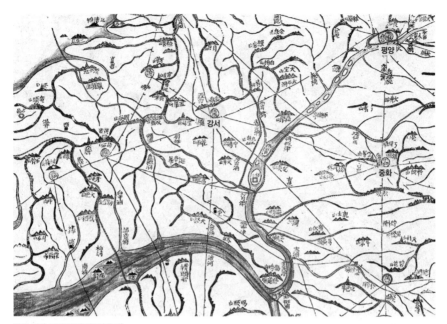

평양·강서·중화 일대(《대동여지도》)

(箕子朝鮮) 때부터 지금까지 부침이 없었으니, 지리의 아름다움을 짐작할 수 있을 것이다. 그러나 민간에 전해지기로는 "평양의 지리는 물길을 헤치고 나아가는 배 모양[行舟形]이기 때문에 우물 파기를 꺼린다." 라 하여, 온 고을 사람들이 모두 강물을 길어 마신다. 게다가 땔나무를 채취하는 길이 멀어서 땔나무와 꼴이 매우 귀하니, 이것이 평양 외성의 단점이다.

　다음은 춘천(春川)의 우두촌(牛頭村)으로, 소양강(昭陽江) 상류의 두 갈래 물이 옷깃처럼 합쳐지는 안쪽에 있다. 물에 닿아 있어서 바위가 있고, 바위 아래에 강이 있으며, 강 너머에는 들판이 있고, 들판 너머로는 산이 있다. 골짜기 안은 탁 트여 있고, 또 강의 상·하류로 뱃길을 통하여 생선과 소금을 판매

理爲行舟形, 忌鑿井", 一邑皆汲江水. 且樵採路遠, 薪蒭極貴, 此其所欠也.

次則春川 牛頭村, 在昭陽江上二水合衿之內. 臨水有石, 石下有江, 江外有野, 野外有山. 峽中開拓, 敞闊爽朗, 又通上下江舟楫, 魚鹽之利, 居人多以商

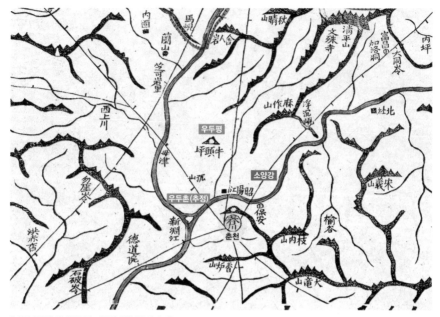

춘천의 우두촌 일대(우두평·소양강 등)(《대동여지도》)

하는 이익이 있어서, 거주민들이 대부분 장사로 부유해졌다. 맥국(貊國) 때부터 사람들이 모여 살아 마을이 쇠락하지 않았다.

다음은 여주(驪州)의 치소로, 한강(漢江)[1] 상류 남쪽 언덕에 있다. 언덕 남쪽의 들판은 40여 리를 통하기 때문에 기상이 맑고 심원하다. 강은 웅장하지도 않고 급하지도 않게 동쪽에서 서북쪽으로 흘러가다가 마암(馬巖)이라는 바위 지대가 그 물살을 감쇄(減殺)시킨다. 이곳은 물을 마주하고 있고 지형이 평탄하기 때문에 치소가 된 지 수천 년이다.

販致富. 自貊國時人煙不衰.

次則驪州邑治, 在漢水上流南岸. 岸南之野直通四十餘里, 故氣像清遠. 江不雄迫, 自東趨西北, 而馬巖[1]之石殺其水勢. 面水[2]平夷, 故爲邑治者, 數千年.

---

1 한강(漢江):한국의 중부, 강원도·충청북도·경기도·서울특별시를 거쳐 서해로 유입하는 강.

[1] 馬巖:《擇里誌·卜居總論·山水》에는 "馬巖甓寺".

[2] 面水:《擇里誌·卜居總論·山水》에는 "西北".

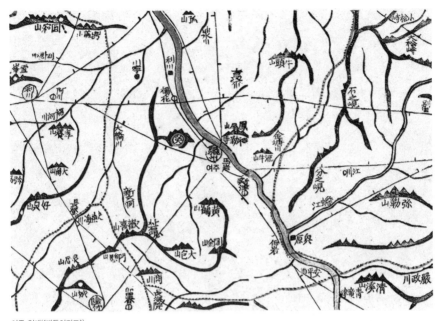

여주 일대(《대동여지도》)

일반적으로 강마을은 산수가 아름다운 만큼 농사로 생기는 이익까지 겸하는 경우가 드물다. 어떤 경우는 두 개 산 사이에 있으면서 앞이 강물로 막혀 있어서 모래사장에는 경작할 만한 밭이 없다. 비록 농지가 있더라도 어떤 곳은 너무 멀리 떨어졌기 때문에 경작하여 거둬들일 수 없거나, 어떤 곳은 지세가 낮기 때문에 물에 잠겨 농사를 망치게 된다. 강물은 물이 깊고 많아서 논밭에 물 댈 수 없기 때문에 가뭄이든 홍수든 모두 폐해가 된다. 그러므로 강 근처 거주지에는 한갓 강산의 좋은 정취만 있을 뿐, 의복과 음식으로 생기는 이익이 적다. 하지만 오직 이 세 곳의 경치가 가장 빼어나니, 들판이 펼쳐져 있기 때문이다.

凡江村罕兼農利. 或在兩山間, 前阻江水, 沙磧無田可耕, 雖有之, 或遠不可耕收, 或地勢低下, 水澇敗稼. 水深大, 不可灌漑, 旱澇俱病. 故江居徒有江山之趣耳, 少衣食之利. 惟此三處最勝, 以開野故也.

풍덕의 승천포(昇天浦)와 개성(開城)의 후서강(後西江)에 이르러서는 모두 조수가 혼탁해서 산람장기를 띤다. 한양(漢陽)의 여러 강마을은 앞산이 너무 가깝다. 충주는 금천(金遷)과 목계(木溪) 외 나머지 강마을은 모두 적막하고 외딴 마을이다. 공주는 금강(錦江)의 절벽이 매우 빼어나지만 좁고 굽이진 궁벽한 마을이다. 상주(尙州)의 낙동강은 양쪽 언덕이 거친 골짜기다. 나주(羅州)의 목포(木浦), 광양(光陽)의 섬진(蟾津), 진주(晉州)의 형강(瀅江)은 위치한 곳이 거주지와 너무 멀다.

오직 부여 이하에서는 남쪽으로 은진에 이르고, 서쪽으로 임피에 이르러서야 물에 의지하여 터를 잡고 살 만한 곳이 많다. 이런 곳들은 삼남(三南)의 가운데 지점이면서 서울과의 거리도 멀지 않다. 게다가 들판이 가깝고 흙도 상당히 기름지며 메벼, 모시 및 삼, 생선과 게를 판매하는 이익이 있으니, 생산품을 남쪽과 북쪽으로 운반해주기를 위탁받아 배들이 이곳으로 모여든다. 한강 이외에는 오직 이곳만이 살기에 좋다. 압록강(鴨綠江)·두만강(頭滿江)은 논하지 않는다. 《팔역가거지》[2]

至於豐德 昇天浦、開城 後西江, 并濁潮[3]帶瘴. 漢陽諸江村, 前山太近. 忠州則金遷、木溪外餘, 皆寂寞孤村. 公州惟錦壁絕勝, 但狹隘[4]僻巷. 尙州 洛東則兩岸荒谷. 羅州 木浦、光陽 蟾津、晉州 瀅江, 所處太遠.

惟扶餘以下, 南至恩津, 西至[5]臨陂, 多據水爲基處, 三南之中, 距京不遠. 且野近而土頗饒有粳稻、苧麻、魚蟹之利, 受南北委輸, 舟楫湊集. 漢水以外, 惟此可居. 鴨綠、頭滿不論.《八域可居誌》

---

2 《擇里誌》〈卜居總論〉"山水", 72~73쪽.

[3] 潮 : 저본에는 "湖".《擇里誌·卜居總論·山水》에 근거하여 수정.

[4] 隘 : 저본에는 "猥".《擇里誌·卜居總論·山水》에 근거하여 수정.

[5] 西至 : 저본에는 없음.《擇里誌·卜居總論·山水》에 근거하여 보충.

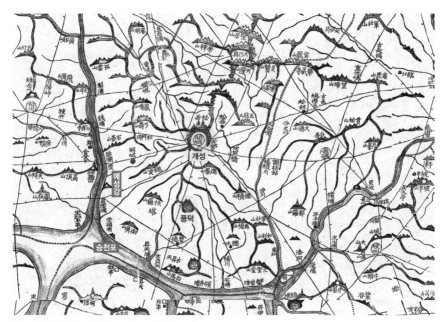

풍덕의 승천포와 개성의 예성강(후서강) 일대《대동여지도》)

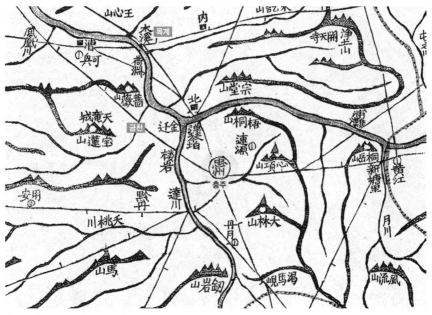

충주의 금천과 목계 일대《대동여지도》)

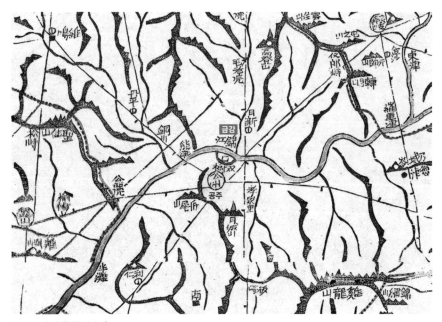

공주의 금강 일대(《대동여지도》)

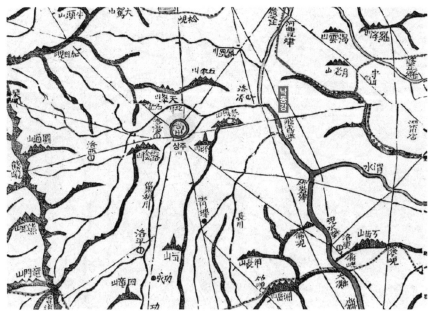

상주의 낙동강 일대(《대동여지도》)

나주의 목포 일대(《대동여지도》)

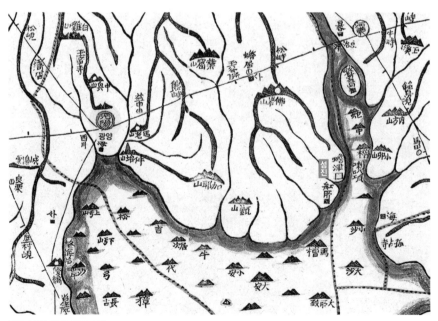

광양의 섬진 일대(《대동여지도》)

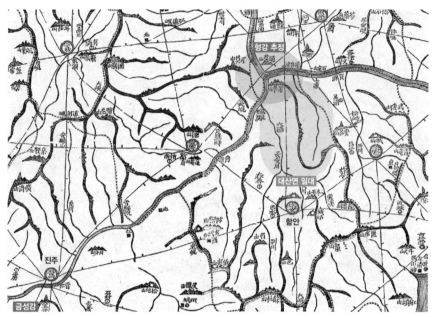

진주의 형강 일대 추정(《대동여지도》)

2) 계곡 근처 거주지

일반적으로 계곡 근처에서 살 때는 반드시 고개로부터 멀리 떨어지지 않은 곳에 자리잡은 뒤에야 평화로운 때나 혼란할 때에 모두 머물러 살 수 있다. 이 점에서 마땅히 예안의 도산과 안동의 하회가 제일이다.

도산은 두 산이 합쳐져 긴 골짜기[1]를 이루면서도 산이 너무 높지 않다. 황지(潢池)의 물은 이곳에 이르러서야 비로소 수량이 많아져 골짜기 밖에 이르면 2개의 계곡으로 나뉘어 배를 띄울 만큼 깊어진다. 두

論溪居

凡溪居必離嶺不遠, 然後平亂皆可奠①居, 當以禮安 陶山、安東 河洄爲第一.

陶山則兩山合爲長谷, 而山不甚高. 潢池之水, 至此始大, 到谷外爲兩溪, 深可容刀. 兩山之足皆有石壁, 據

---

1 골짜기 : 퇴계(退溪)를 말한다. 지금의 토계천이다.
① 奠 : 《擇里志·卜居總論·山水》에는 "久".

퇴계 종택과 토계천(2011년 촬영. 조인철 제공)　　　　충효당 사랑 내부의 모습(문화재청)

산자락에는 모두 석벽이 있는데, 물가에 자리잡아 경치가 빼어나다. 마을 안에는 노수(老樹, 늙은 나무)가 울창하며, 맑고 깨끗하면서 그으윽하고 고요하다. 산 뒤편의 계곡 남쪽으로는 모두 비옥한 논밭이 평평하게 두렁을 이루고 있다.

하회는 평탄한 언덕 하나가 황강 남쪽에서 이어져 서북쪽으로 향한 곳으로, 유성룡의 고택(古宅)[2]이 이 곳에 있다. 황강이 하회 주위를 빙 두르고, 마을 앞에서 출렁이며 흐른다. 황강 북쪽의 산[3]은 학가산에서 나뉘어 내려오다가 강가에서 구불구불 도는데, 산 전체가 모두 석벽으로 이루어졌지만 기품있고 수려하며, 험준한 형상은 전혀 없다. 하회 위쪽으로 옥연정(玉淵亭)[4]과 작은 암자[5]가 암석 사이로 뜨문뜨문

水爲勝. 洞中老樹蒼鬱, 瀟洒幽靜. 山後溪南皆良田平疇.

河洄則一平坡, 自潢南迤[2]向西北, 而西厓故宅在焉. 潢水周廻, 演洋於前. 水北之山, 自鶴駕山分來, 紆廻於江上, 而全身皆石壁, 雍容秀麗, 絶無嶮屬之狀. 上有玉淵亭、小僧菴, 點綴於巖石間, 而蒙以松、檜、眞

2　유성룡의 고택(古宅): 경상북도 안동시 풍천면 하회리에 있는 서애(西厓) 유성룡(柳成龍)의 생가. 사랑채 대청에는 미수(眉叟) 허목(1595~1682)이 '충효당(忠孝堂)'이라 쓴 현판이 걸려있다. 1964년 11월 14일 보물 제414호로 지정되었다.

3　황강……산: 병산(屛山)을 말한다.

4　옥연정(玉淵亭): 경상북도 안동시 풍천면 광덕리에 있는 옥연정사(玉淵精舍)에 있던 정자. 지금은 옥연정 사만이 남아 있고, 정자는 찾아볼 수 없다. 옥연정사는 유성룡이《징비록(懲毖錄)》을 저술했던 장소로, 1587년에 건축했으며, 중요민속자료 제88호로 지정되어 있다.

5　옥연정사와 작은 암자: 하회마을의 강 건너편에 있다.

황강과 병산(2011년 촬영, 조인철 제공)　　　　　하회마을 옥연정사(玉淵精舍)(문화재청)

이어져 소나무와 전나무로 덮여 있는 광경은 참으로 절경이다.

絶境也.

도산 하류에 있는 분강(汾江)[6]은 곧 농암(聾菴) 이현보(李賢輔)[7]가 살던 곳이고, 분강 남쪽은 곧 좨주(祭酒)[8] 우탁(禹倬)[9]이 살던 곳으로, 모두 그윽하면서도 빼어난 정취가 있다.

陶山下流有汾江, 卽李聾菴賢輔故居, 水南卽禹祭酒倬故居, 皆有幽勝之致.

하회마을의 위아래에는 또 삼구정·수동(繡洞)·구담(九潭)·가일(佳逸) 등의 마을이 있는데, 이는 모두 강에 닿아 있는 이름난 마을이다.[10] 하류에는

河洞上下又有三龜亭、繡洞、九潭、佳逸等村, 皆臨江名村. 下流多灘, 不通洛東舟

---

6 분강(汾江) : 경상북도 안동시 도산면 분천리 일대를 흐르는 낙동강. 안동호의 상류에 있으며,《대동여지도》에는 '분강(溢江)'으로 적혀 있다.

7 이현보(李賢輔) : 1467~1555. 조선 중기의 문인. 호는 농암(聾菴). 중종 때 성주목사로 재직하면서 선정(善政)을 베풀어 중종(中宗)에게 표리(表裏, 옷감 한 벌)를 하사받았다. 호조참판·자헌대부에 올랐고, 1554년 중추부지사가 되었다. 어부가를 5장으로 고쳐 지은 작품이《청구영언(靑丘永言)》에 전한다. 저서로는《농암집(聾菴集)》이 있다. 경상북도 안동시 도산면 분천리에 있던 이현보의 고택(古宅)은 1976년 안동댐 건설로 마을 전체가 수몰되면서 경상북도 안동시 도산면 가송리 일대로 이전했다.

8 좨주(祭酒) : 고려와 조선 초기에 걸쳐 국자감(國子監)과 성균관(成均館)에 두었던 종3품의 관직명.

9 우탁(禹倬) : 1262~1342. 고려 말기의 문신. 호는 역동(易東). 1308년(충선왕 즉위년) 감찰규정(監察糾正)때 충선왕이 숙창원비(淑昌院妃)와 밀통한 것을 알고 이를 극간한 뒤 벼슬을 내놓았다. 충숙왕이 그 충의를 가상히 여기고 누차 불렀으나, 사퇴하고 학문에 정진했다. 훗날 성균좨주(成均祭酒)를 지냈고, 당시 원나라를 통해 들어온 정주학(程朱學) 서적을 처음으로 후진들에게 강학했으며, 경사(經史)와 역학(易學)에 통달했다. 1696년(숙종 22년)에 우탁을 제향하는 역동서원(易東書院)이 지금은 수몰된 경상북도 안동시 월곡면 미질동에 창건되었으며 묘소는 경상북도 안동시 예안면 정산리에 있다.

10 하회마을의……마을이다 : 여기서 소개한 곳들은 앞의 "2. 전국의 명당들" '경상도'에서 소개했다.

2 進 :《擇里志·卜居總論·山水》에는 없음.

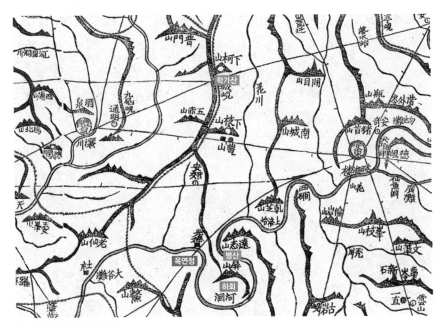

학가산과 하회 일대(《대동여지도》)

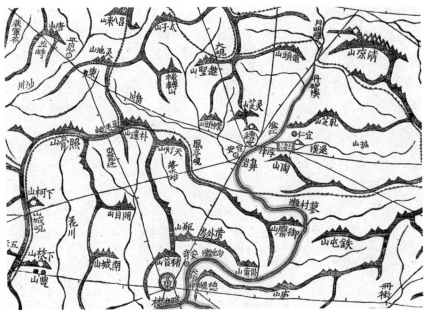

도산 하류 분강 일대(《대동여지도》)

여울이 많아 낙동강의 뱃길과 통하지 못하지만, 마을 앞에는 거룻배를 띄울 수 있다. 밭이 마을에서 멀지 않아 농작물을 경작할 수 있고, 소백산이 아주 가까워서 세상을 피해 은둔할 수 있다.[11] 그러므로 계곡 근처의 거주지로는 오직 이 두 곳이 진실로 나라의 제일이다. 이곳은 그저 명사들 때문에 귀하게 여겨지는 것이 아니다.

이 밖에 안동 동남쪽에는 임하(臨河)가 있는데, 바로 청송고을 시내의 하류가 황강과 만나는 곳이다. 임하천 곁에는 학봉 김성일이 살던 집이 있으며, 지금까지 그의 자손이 번성하여 이름난 마을을 이루고 있다. 그 옆에는 몽선각·도연·선찰의 경치가 빼어나다.

안동부의 북쪽에는 내성(奈城)마을이 있는데, 이곳은 바로 옛날 이상(貳相)[12] 권벌이 살던 곳으로, 이곳에는 청암정(靑巖亭)이 있다. 이 정자는 마치 섬처럼 연못 가운데의 큰 바위 위에 있어 사면이 흐르는 시내로 둘러싸여 있기 때문에 상당히 그윽한 정취가 있다. 또 내성 북쪽은 춘양촌으로, 곧 태백산의 남쪽이며, 이곳에는 정언(正言) 권두기(權斗紀)로부터 대대로 전해지는 한수정(寒水亭)[13]이 있다. 이 정자 또한 시내에 닿아 있어 세속에서 벗어난 듯한 그윽한 경치가 있다.

楫, 而面前可容舠䑳. 田地不遠, 可以耕耘, 小白最邇, 可以隱遯. 故溪居, 惟此二處, 實爲國中第一. 不特地以人重也.

此外安東東南有臨河, 卽靑松邑溪下流之會潢水者也. 臨川有鶴峯 金誠一故居, 至今子孫蕃衍爲名村. 傍有夢仙閣、陶淵、仙刹之勝. 州北有奈城村, 卽故權貳相 橃故居, 有靑岩亭, 亭在池中大石上如島嶼, 而四面環以川流, 頗有幽趣. 又北爲春陽村, 卽太白之陽, 有正言 權斗紀世傳寒水亭, 亦臨溪翛然, 有幽窅之致.

---

11 임하천……있다: 금소천은 경상북도 안동시 임하면 금소리 일대를 흐르는 강이다. 반면에 김성일의 고택은 경상북도 안동시 서후면 금계리에 있어, 지리적으로 거리가 떨어져 있다.

12 이상(貳相): 삼정승(三政丞)에 버금가는 벼슬이란 뜻으로, 좌찬성(左贊成)·우찬성(右贊成)을 함께 이르는 말. 권벌은 우찬성을 역임한 바 있다.

13 한수정(寒水亭): 경상북도 봉화군 춘양면 의양리에 있는 정자. 조선 중기의 학자인 권벌(權橃, 1478~1548)을 기리기 위해 그의 손자인 권래(權來, 1562~1617)가 건립하였으며, 1741년(영조 17)에 중수했다는 기록이 남아 있다. 경상북도 유형문화재 제147호로 지정되어 있다.

한수정(문화재청)

임하 상류는 청송부로, 이곳에는 큰 하천 2줄기[14]가 고을 앞에서 합해져 상당히 넓게 교외로 펼쳐진다. 이곳에는 흰 모래사장과 푸른 물결이 벼와 기장이 심어진 논밭사이를 띠처럼 길게 비추고, 사방의 산이 모두 잣나무로 우거져 사계절 내내 푸르고, 맑고 깨끗하며 그윽하면서 고요하니, 거의 세속의 풍기가 아니다.

영천 서북쪽은 순흥부(順興府)의 치소로, 이곳에는 죽계(竹溪)[15]가 있다. 죽계는 소백산(小白山)의 욱금동(郁錦洞)[16]에서 흘러나온다.[17] 죽계 주변의 들은 넓고 산은 낮으며, 물과 바위가 맑고 밝다. 죽계 상류에는 백운동서원이 있다. 이곳은 문성공(文成公)

臨河上流爲靑松府, 有二大川會合於邑前, 而頗開郊坰. 白沙, 碧流, 映帶於禾黍田疇之間, 四山皆海松子薈蔚蔭翳, 四時長靑, 瀟洒窈窕, 殆非塵世間風氣.

榮川西北爲順興府治, 有竹溪, 溪自小白山 郁錦洞流出. 野闊 山低, 水石清明. 上有白雲洞書院, 祀安文成公 裕, 卽明廟朝副提

---

14 큰……2줄기: 경상북도 청송군 청송읍 월막리에 서쾌천이 용전천에 합류하여 안동시 임동면의 임하호로 흘러가 반변천이 된다.

15 죽계(竹溪): 경상북도 영주군 순흥면 배점리 일대에서 발원하여 순흥면을 흘러가는 죽계천.

16 욱금동(郁錦洞): 경상북도 영주시 풍기읍 욱금리 일대를 가리킨 듯하나, 욱금리에서 발원한 하천은 죽계천의 남쪽에 있는 금계천이다. 죽계천의 발원지는 순흥면 배점리이다. 금계천은 남쪽으로 흘러 풍기읍 동부리에서 남원천과 합류하여 서천이 되었다가 영주시 가흥동에서 죽계천과 합류한다.

17 죽계는……흘러나온다: 죽계는 소백산에서 순흥면 배점리 일대를 경유하며 흘러나온다.

안향(安珦)을 배향하는데, 곧 명종(明宗, 재위 1545~1567) 때 부제학(副提學)을 지낸 주세붕(周世鵬)이 풍기 군수로 있을 때 창건한 곳이니, 그리하여 우리나라 서원의 시초가 되었다. 서원 앞에 있는 누각은 시내에 자리잡고 앞이 환하면서 넓게 트여 있어 온 고을의 빼어난 경치를 전부 바라볼 수 있다. 따라서 이 두 고을[18]은 계곡과 산 사이를 차지하고 있어 지리와 생업 조건이 안동의 여러 이름난 마을들과 서로 우열을 다툰다. 그러므로 "태백산·소백산과 황강 사이는 참으로 사대부가 살기에 좋은 곳이다."라 하는 것이다.

學周世鵬倅豐基時所創, 兹爲我國書院之始. 院前有樓, 據溪而晃朗昭曠, 全攬一邑之勝. 兹二邑居溪山之間, 土地, 生利, 與安東諸名村相上下, 故曰:"二白之下, 潢水之上, 實爲士大夫可居之地也."

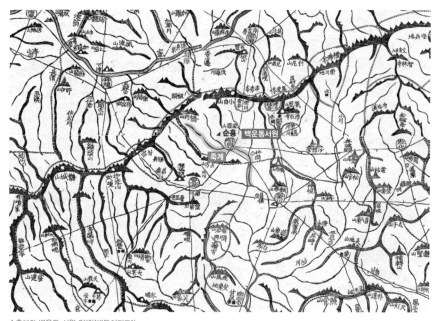

순흥부와 백운동 서원 일대(《대동여지도》)

---

18 두 고을:태백산 남쪽의 춘양촌과 죽계 일대의 고을을 말한다.

그 다음으로는 적등강(赤登江) 남쪽 지역으로, 용담에는 주줄천(珠崒川)이 있고, 금산에는 제원천(濟原川)이 있고, 장수에는 장계(長溪)가 있고, 무주에는 주계(朱溪)가 있다. 이 네 지역은 계곡과 산이 아주 빼어나면서 흙도 매우 비옥하여 목화와 벼농사에 알맞다. 들판에는 논밭에 물을 댈 수도 있어서 풍년과 흉년을 알지 못하니[19], 그렇다면 이 지역 또한 태백산·소백산과 황강 사이의 일대와 견줄 바가 아닐 것이다.

이 4개 고을[20] 사이에는 또 전도(前島)·후도(後島)[21]·죽도(竹島)의 경치가 빼어나다. 그러나 비록 계곡과 산의 경치가 빼어나지만, 농지가 조금 멀리 떨어진 점이 유감스럽다. 이곳의 시냇물은 북쪽으로 흘러가다가 다시 방향을 꺾고 동쪽으로 흘러 옥천 지역으로 들어간 뒤, 양산(陽山)의 채하계(彩霞溪)와 이산(利山)의 구룡계(九龍溪)가 된다. 비록 지역에 따라 시내의 이름이 달라졌지만 실제는 한 물줄기로, 모두 적등강의 상류를 차지한다.

시내를 따라가면 층층 바위와 수려한 절벽이 많은데, 서북쪽은 높이 막혀 있고 동남쪽은 탁 트여, 맑으면서도 그윽하고 조용하면서도 넓다. 산이 비록

其次則赤登之南, 龍潭有珠崒[3]川, 錦山有濟原川, 長水有長溪, 茂朱有朱溪. 四處溪山絕勝而土爲上腴, 宜綿宜稻. 野賴灌漑, 不知年歲豐凶, 玆則又非二白、潢水之比矣.

四邑中間, 又有前島、後島、竹島之勝. 雖有溪山之勝槪, 但恨農場[4]少遠. 遵是而北下, 溪折而東入沃川地, 爲陽山 彩霞溪、利山 九龍溪. 雖隨地異名, 其實一水也. 竝居赤登之上.

沿溪多層巖秀壁, 西北高障, 東南敞豁, 淸而幽, 窈而曠. 山雖高, 而無巉險

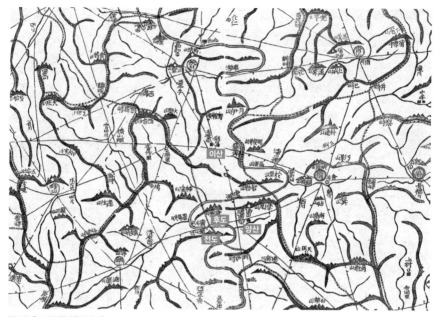
전도와 후도 일대(《대동여지도》)

높긴 하지만 거칠고 험한 형세가 없고, 물이 비록 하류의 뱃길과 통하지 않지만 물이 종종 휘돌아 깊게 고여서 거룻배를 띄울 만하니, 도산·하회와 그 아름다움을 충분히 견줄 만하다. 다만 논이 적기 때문에 이곳에 사는 사람들은 오로지 목화 재배를 생업으로 삼는다. 목화를 판매한 이익이 비옥한 논에서 거둬들이는 이익에 충분히 맞먹기 때문에 생업 조건 또한 뒤떨어지지 않는다. 위의 4개 고을은 게다가 동쪽으로 황악산·덕유산과 가까워 세상의 환난을 피할 수도 있다.

之形, 水雖不通下流之船, 而往往匯深淳瀦[5], 可容舠艓, 足可比美於陶山、河洄. 但水田少, 故居民專種木綿爲業, 而貿遷之利, 足敵膏腴水田, 故生理亦不減. 上四邑且東近黃岳、德裕, 可以避世.

또 그 다음으로는 화령(火嶺)과 추풍령(秋風嶺)의 양쪽 사이에 안평계(安平溪)·금계(錦溪)·용화계(龍華溪)가 있다. 이 시내 3곳은 모두 상주와 황간이 교차하는 지점에 있는데, 계곡과 산이 몹시 빼어나면서도 물을 대주는 이익으로 인해 논이 아주 비옥한 데다 목화 농사에도 알맞다. 충청도와 경상도 사이를 차지하고 있으므로, 상인들이 많이 모여들어 있는 물건과 없는 물건을 서로 거래하니, 이 지역의 생업 조건은 여러 곳과 비교하여 제일이다. 다만 들판이 탁 트여 있지 않기 때문에 청명한 기상이 황강(潢江)의 북쪽이나 양산(陽山)·이산(利山)에는 미치지 못할 것이다. 그러나 북쪽으로 속리산과 접하여 증항(甑項)과 도장산(道莊山)²²이 있고, 남쪽으로 황악산(黃岳山)과 인접하여 위아래로 상궁곡(上弓谷)과 하궁곡(下弓谷)²³이 있으므로, 모두 세상의 환난을 피할 수 있으니, 진정한 복지(福地)이다.

또 그 다음으로는 문경의 병천(瓶川)²⁴으로, 그 주위에는 가은(加恩)·봉생(鳳笙)·청화(靑華)·용유(龍遊)의 경치가 빼어나고, 병천의 북쪽으로는 선유동계곡과 접하여 계곡과 산, 샘물과 바위가 기이한 절경을 이룬다. 논은 비옥하고 흙은 감나무와 밤나무 농사에 알맞다. 주위 100리가 모두 세상을 피할 만한

又其次則火嶺、秋風嶺兩間有安平溪、錦溪、龍華溪. 三溪皆在尙州、黃澗之交, 溪山絶勝, 而灌漑之利, 水田爲上腴, 且宜木綿. 介居湖、嶺間, 商賈輻湊, 貿遷有無, 生理比諸處爲第一. 但野不開拓, 故淸明氣像不及潢北及陽、利山矣. 然北接俗離, 有甑項、道莊, 南鄰黃岳, 有上、下弓谷, 皆可以避世, 眞福地也.

又其次則聞慶 瓶川, 有加恩、鳳笙、靑華、龍遊之勝, 而北接仙遊洞壑, 溪山、泉石奇絶, 水田饒沃, 土宜柿、栗. 週廻百里, 皆是避世福地, 眞隱者之所居. 但

---

22 도장산(道莊山): 경상북도 문경시 농암면 내서리 일대에 있는 산. 도장산(道藏山)이라고도 한다. 해발 828m.
23 상궁곡(上弓谷)과 하궁곡(下弓谷): 충청북도 영동군 상촌면 궁촌리 일대의 마을. 각각 상궁촌·하궁촌이라 한다. 이곳의 지명은 1914년 행정 구역의 통폐합에 따라 상궁촌리·하궁촌리·가경리(佳景里)가 병합되어 영동군 상촌면에 편입되었다.
24 병천(瓶川): 경상북도 문경시 농암면 내서리 일대를 관통하며 흐르는 계곡.

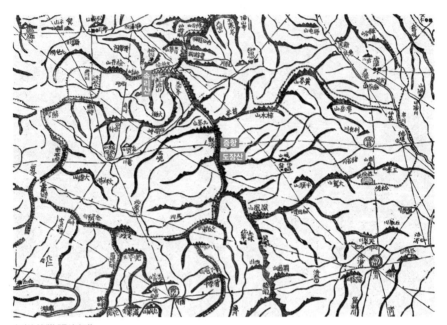

속리산 일대(《대동여지도》)

황악산 일대(《대동여지도》)

복지(福地)로, 참으로 은자가 살 만한 곳이다. 다만 위치가 이미 외진 데다 산도 살기(殺氣)에서 벗어나지 못했으니, 그저 잠시 동안 세상을 피해 거처하기에는 좋지만, 오래도록 머물러 살 만한 곳은 아니다.

또 그 다음으로는 속리산 북쪽의 달천 상류로, 괴산의 괴탄(槐灘)이다. 괴탄 가에는 고산정(孤山亭)이 있으며, 이곳은 바로 판서를 지낸 유근(柳根)의 별장이다. 비록 골짜기에 있어 터가 비좁지만 계곡과 산이 밝고 맑은 데다 논밭에서 농사짓는 즐거움을 누릴 수 있고, 동쪽으로 희양산(曦陽山)[25]이 있어 세상의 환난을 피할 수도 있다.

시내를 따라 올라가 남쪽에는 청천(靑川)·귀담(龜潭)·용화(龍華)·송면(松面) 등의 마을이 있으니, 이곳들은 속리산의 북쪽에 있다. 여기에서 남쪽으로 율치(栗峙)를 넘으면 문경의 병천(甁川)이다. 율치의 북쪽은 지세가 가장 높고 여러 마을[26]이 모두 배산임수의 지형이며, 들판이 푸릇푸릇하고 깨끗하며 풀과 나무가 향기로우니, 이 또한 하나의 별천지이다. 비록 첩첩 산중에 있더라도 거칠고 험한 봉우리가 없으니, 참으로 은자가 살 만한 곳이다. 다만 밭은 많아도 논이 적으며 흙이 척박하여 수확량이 적어서, 살기 좋기로는 병천과 괴탄에 미치지 못한다.

또 그 다음으로는 원주의 주천(酒泉)이다. 주천은 몹시 깊은 골짜기 안에 있지만, 들판이 상당히 넓게

所處旣僻, 山不脫殺, 止宜暫時棲遲, 而非永遠奠居之地也.

又其次則俗離北, 達川上流爲槐山 槐灘. 上有孤山亭, 卽故判書柳根別業也. 雖峽中窄隘, 溪山明淨, 又有田地耕稼之樂, 東有曦陽山, 可以避世.

沿溪以南有靑川[6]、龜潭、龍華、松面等村, 在俗離之北. 南踰栗峙, 則爲聞慶甁川, 而栗峙以北, 地勢最高, 諸村皆背山臨流, 而原野綠淨, 草樹馨香, 是亦別一乾坤. 雖在萬山中, 亦無麤險之峯, 眞隱者之所居. 但陸田多而水田少, 土瘠少收, 不及甁川、槐灘矣.

又其次則原州 酒泉, 絕峽中, 頗開野, 山不甚高而水

---

25 희양산(曦陽山): 충청북도 괴산군 연풍면과 경상북도 문경시 가은읍 일대에 걸쳐 있는 산. 해발 999m.
26 여러 마을: 청천·귀담·용화·송면 등의 마을이다.
[6] 川: 저본에는 "龍". 《擇里志·卜居總論·山水》에 근거하여 수정.

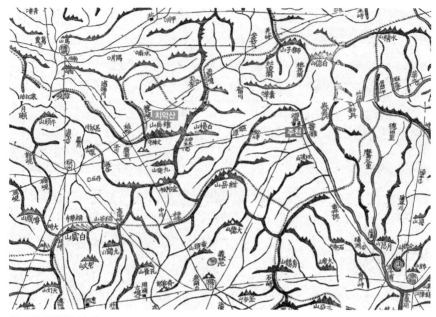

원주 주천 일대(《대동여지도》)

트였고 산이 너무 높지 않으면서도 물이 극히 맑고 푸르다. 다만 논이 없는 점이 아쉽지만, 이곳에 사는 사람들은 기장과 조 농사를 생업으로 삼을 뿐이다. 주천의 서쪽으로는 치악산이 하늘을 찌를 듯이 높게 솟아 있어 지리상으로 서쪽 지역과 단절되었으니, 그저 세상의 환난을 피해 살기에 좋을 뿐, 청주나 병천에 비해 형편이 더욱 가난하다.

큰 산들과는 떨어져서 들판으로 내려온 곳에 자리 잡은 시냇가 주변의 마을은 손으로 이루 다 꼽을

極淸綠. 但恨無水田, 居民只以黍粟爲生. 雉[7]嶽揷[8]天, 隔斷西方, 只以辟世, 而比靑州、甁川, 尤貧儉矣.

至於離嶺而下野溪村, 則指不勝屈, 當以公州 甲川

[7] 雉:《擇里志·卜居總論·山水》에는 "赤".
[8] 揷:《擇里志·卜居總論·山水》에는 "糸".

수가 없을 정도로 많다. 하지만 그 중에서도 공주의 갑천(甲川)이 제일이고, 전주의 율담(栗潭)이 두 번째이고, 청주의 작천(鵲川)이 세 번째이고, 선산의 감천(甘川)이 네 번째이고, 구례의 구만(九彎)이 다섯 번째이다.

爲第一, 全州 栗潭爲第二, 淸州 鵲川爲第三, 善山 甘川爲第四, 求禮 九彎爲第五.

갑천은 들판이 극히 넓고, 사방의 산이 맑고 수려하다. 큰 하천 3줄기[27]가 합쳐져 들판 한가운데로 흘러와 먼 곳까지 물을 대기에 편리하다. 이곳의 흙은 모두 1묘(畝)에서 1종(種)이나 수확하고 또 목화 농사에도 알맞으며, 강경(江景)과의 거리도 멀지 않아 앞에는 큰 시장[28]이 있고 바닷길과 통하는 이익이 있으니, 영원히 대를 이어 살 만한 곳이다.

甲川則原野極廣, 四山淸麗, 三大川合注於中, 而灌漑利博. 土皆畝種, 又宜木綿, 江景不遠, 而前有大市, 通海峽之利, 可作永遠世居之地.

율담은 동쪽으로 높은 산을 끼고 있고, 서쪽으로 비옥한 밭과 인접해 있으며, 남쪽으로 큰 하천[29]에 닿아 있다. 논에는 모두 1묘(畝)에서 1종(種)이나 수확하고, 고기를 잡는 즐거움과 농사지어 얻는 이익이 갑천에 뒤떨어지지 않는다. 게다가 전주와도 아주 가까워 이용후생(利用厚生)[30]이 모두 겸비되어 있다.

栗潭則東挾高山, 西鄰良田, 南臨大川, 水田皆畝種, 釣漁之樂, 耕稼之利不下甲川 密邇全州, 利用厚生兼備.

---

27 큰……3줄기: 대전광역시 복판을 지나는 갑천·유등천과 대전광역시 대덕구 문평동 일대에서 합류하는 금강을 가리킨 듯하다.

28 큰 시장: 공주목(公州牧)의 관할 지역이었던 지금의 대전광역시 유성구 장대동에서 열렸던 유성장(儒城場)으로 추정된다.

29 큰 하천: 전라북도 완주에서 발원하여 호남평야를 서쪽으로 가로지르는 만경강을 말한다.

30 이용후생(利用厚生): 《서경(書經)》 〈대우모(大禹謨)〉에서 우(禹)임금이 왕위를 선양(禪讓) 받기 전에 순(舜)임금에게 "덕은 선정을 베푸는 것에 있고, 정치는 백성을 기르는 데에 있습니다. 물·불·쇠·나무·흙·곡식을 잘 가꾸시고, 정덕과 이용과 후생을 조화롭게 성취하십시오.(德惟善政, 政在養民, 水火金木土穀, 惟修;正德利用厚生, 惟和.)"라 했으니, 이용은 백성의 생활을 편리하게 하는 것을 뜻하고, 후생은 백성들의 삶을 풍요롭게 하는 것을 뜻한다.

작천은 하천 서쪽으로 장명(長命)·금성(金城)·금적
(金的)³¹·정좌(鼎坐) 등의 마을이 있다. 이곳에는 하
천과 계곡이 많아 모든 토지에 물을 대기 편리하여
예로부터 부유한 집안이 많았다.

감천은 황악산에서 발원하는데, 시내를 따라 매
우 비옥한 논에 모두 물을 댈 수 있으니, 이곳 사람
들은 풍년과 흉년을 알지 못하고 부유함이 대대로
이어져 풍속이 몹시 순후하다.

구만의 경우, 지리산에는 동쪽 경상도로 뻗은 산
줄기는 있지만 서쪽 전라도로 뻗은 산줄기는 없는
데, 그 중에서 오직 산맥 하나가 서쪽으로 뽑아져
나오다가 이곳에서 산맥이 크게 끊어진다. 그리고
잔수(潺水)가 굽어 돌면서 마을을 감싸 안았다. 강
건너에는 구례 오봉산(五峰山)³²이 남쪽에서 바라보
고 있다.

구만촌은 전라도와 경상도 사이에 끼어 있어서
재화가 유통되고 흙이 모두 매우 비옥하다. 여러 시
냇가 주변의 마을에 비해 생업 조건은 더욱 넉넉하
지만 남해와 가까워 물과 흙이 좋지 않으니, 이것이
이곳의 단점이다.

이 밖에 충청도에는 보령의 청라동(靑蘿洞), 홍주
의 광천(廣川), 해미의 무릉동(武陵洞), 남포의 화계(花

鵲川則川西有長命、金城、
金的、鼎坐等村. 川谷衆
多, 竝得灌漑之利, 自古多
富厚之家.

甘川則發源於黃嶽, 而沿
溪皆灌漑上腴之水田, 人
不知豐凶, 富厚傳世, 風俗
甚淳.

九彎則智異山有東枝無西
枝, 獨一脈西抽, 大盡於
此, 而潺水曲抱, 水外五峯
南朝.

介在湖、嶺間, 貨物委輸,
土皆上腴. 比諸溪村, 生理
尤厚, 而但近南海, 水土不
佳, 此其所短也.

此外湖西則保寧 靑蘿洞、
洪州 廣川、海美 武陵洞、

---

31 금적(金的) : 《상택지》 권2 〈전국의 명당들〉 "충청도" '작천'에는 "자적(紫的)"으로 적혀 있다. 이곳의 지명이
'금적'인지, '자적'인지 정확하지 않으나, 조천(鳥川)이 흐르는 세종특별자치시 진동면·조치원읍 일대의 들
판에 있던 마을로 추정된다.
32 오봉산(五峰山) : 전라남도 구례군 문척면 금정리 일대에 있는 산. 해발 531m. 《대동여지도》에는 오봉산(五
鳳山)으로 적혀 있다.

溪)에 모두 대를 이어 사는 부유한 사람들이 많다. 게다가 바닷길이 가깝고 편리하기 때문에 서울의 사대부들이 모두 재화 운송의 이익에 의지한다. 비록 깊은 산이나 큰 계곡은 없지만 땅이 외져 바다 끝에 있으므로, 전쟁의 영향을 받지 않아 최고의 복지(福地)로 알려졌다.

藍浦 花溪, 俱多世居富厚者. 且海道便近, 故京都士大夫, 皆仰其轉輪之利. 雖無深山巨谷, 而地僻海隅, 兵戈不入, 最稱福地.

전라도에는 남원의 요천(蓼川), 흥덕의 장연(長淵)[33], 장성의 봉연(鳳淵)[34]이 모두 땅이 비옥하기로 이름난 마을로, 대를 이어 사는 토호(土豪)들이 많다.

湖南則南原 蓼川、興德 長淵、長城 鳳淵, 皆腴壤名村, 多世居土豪.

경상도에는 대구의 금호(琴湖), 성주의 가천(伽川), 김산의 봉계(鳳溪)가 모두 밭이 크고 땅이 비옥하여 신라 때부터 지금까지 인가가 줄어들지 않았으니, 지리와 생업 조건이 모두 대를 이어 살 땅으로 삼을 만하다.

嶺南則大邱 琴湖、星州 伽川、金山 鳳溪, 竝甫田腴壤, 自新羅人煙不衰, 地理、生利皆可作世居之地.

강원도에는 원주의 안창계(安昌溪)[35] 일대와 횡성(橫城) 치소에 흐르는 시내의 좌우에 계곡과 산이 모두 몹시 빼어나다. 다만 흙이 척박하여 삼남(三南, 충청도·전라도·경상도) 지역에는 훨씬 미치지 못한다.

關東則原州 安昌溪一帶、橫城邑川左右, 竝溪山絕勝. 但土瘠, 甚遠不及三南.

황해도는 오직 해주의 죽천(竹川)[36], 송화의 수회

海西則惟海州 竹川、松禾

---

33 장연(長淵): 전라북도 고창군 아산면 대동리·상갑리·하갑리 일대. 이곳에는 고창군 무장면에서 흘러오는 주진천이 고창군 고창읍에서 흘러오는 고창천과 합류하는 곳으로, 매우 넓은 들판을 형성하고 있다.

34 봉연(鳳淵): 전라남도 장성군 서삼면 금계리·장성읍 장안리·안평리 일대. 이곳에는 장성군 북이면에서 흘러오는 개천이 장성군 북하면에서 흘러오는 황룡강과 합류하는 곳으로 매우 넓은 들판을 형성하고 있다. 금계리에는 봉연마을이 있다.《대동여지도》에는 봉덕연(鳳德淵)으로 적혀 있다.

35 안창계(安昌溪): 강원도 원주시 지정면 안창리 일대를 흐르는 섬강. 이곳에서는 원주시 지정면 간현리에서 삼산천이 합류하고 하류에서는 서곡천이 합류한다. 안창역이 있던 곳이어서《대동여지도》에는 안창(安昌)으로 적혀 있다.

36 죽천(竹川): 황해남도 벽성군 죽천리를 흘러가는 하천 및 그 일대의 마을. 이곳에는 죽동천·광탄천·임동천·포동천 등의 하천이 흐르는데, 이 중 특히 광탄천 연안에 비교적 넓은 들판을 형성하고 있다.《대동여지도》에 죽천평(竹川坪)으로 적혀 있어서 죽천은 아마도 광탄천 연안으로 추정된다.

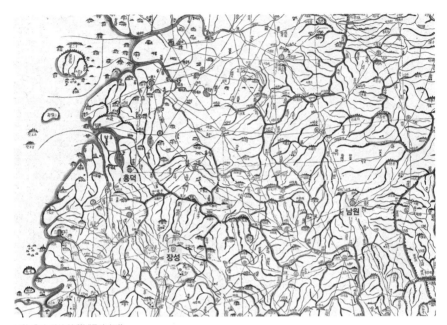

남원·흥덕·장성 일대(《대동여지도》)

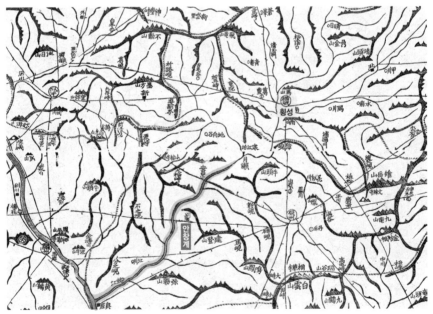

안창계·횡성 일대(《대동여지도》)

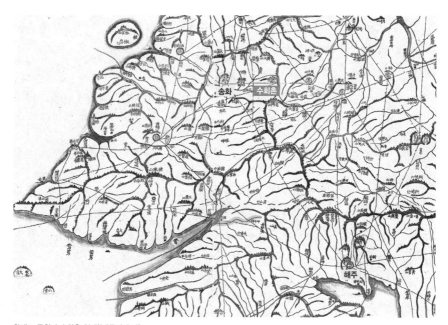

황해도 죽천과 수회촌 일대(《대동여지도》)

경기도의 어비천과 청미천 일대(《대동여지도》)

촌(水回村)만이 경치가 상당히 빼어나고 흙도 척박하지 않다. 또 서쪽에는 물고기와 소금을 판매하는 이익이 있어 참으로 살 만한 땅이다.

경기도는 용인의 어비천(魚肥川)[37], 음죽의 청미천(淸美川)[38]이 삼남 지역처럼 흙이 비옥하여 살기에 좋다. 《팔역가거지》[39]

水回村, 頗有勝槩而土亦不薄. 西有海汀魚鹽之利, 實爲可居之地.

京畿則龍仁 魚肥川、陰竹 淸美川, 土沃如三南而可居.《八域可居誌》

---

37 어비천(魚肥川) : 경기도 용인시 처인구 이동읍 송전리·시미리·어비리 일대를 지나 오산시 진위면 일대를 흘러 진위천에 합류하는 송전천. 송전천 주변의 송전리·시미리에 농지가 형성되었다. 하지만 송전천이 진위천에 합류한 뒤, 완장천과 봉무천이 다시 합류하는 용인시 처인구 남사면 방아리·전궁리·봉명리·진목리 일대에 광범위한 들판이 형성되어 있다. 따라서 여기서 말하는 어비천 마을은 남사면에서 이들 마을로 흐르는 진위천이 포함되었을 것으로 보인다.

38 청미천(淸美川) : 경기도 이천시 장호원읍과 안성시 일죽면 일대를 흐르는 하천. 청미천은 음죽현이었던 장호원읍을 남쪽 지역에서 서쪽에서 동쪽으로 흐르다 장호원읍을 끼고서 다시 북쪽으로 흐르는데, 이 하천 주변에 넓은 들판이 형성되어 있다.《대동여지도》에는 천민천(天民川)으로 적혀 있다.

39 《擇里志》〈卜居總論〉"山水", 82~85쪽.

3) 산골 거주지

백두산(白頭山) 뒤쪽 기슭이 구불구불 이어지면서 동쪽으로 달려 철령(鐵嶺)에 이르고, 다시 남쪽으로 수천 리를 뻗어간다. 철령 아래에서는 추지령(楸池嶺)[1]이 되고, 금강산(金剛山)이 되고, 연수령(延壽嶺)[2]이 되고, 오색령(五色嶺)[3]이 되고, 설악산(雪嶽山)이 되고, 한계산(寒溪山)[4]이 되고, 오대산(五臺山)이 되고, 대관령(大關嶺)이 되고, 백봉령(白鳳嶺)[5]이 되고, 태백산(太白山)이 되고, 소백산(小白山)이 된다. 소백산부터는 산맥이 여러 번 끊겼다가 다시 일어나 죽령(竹嶺)이 되고, 조령(鳥嶺)이 되고, 속리산(俗離山)이 되고, 추풍령(秋風嶺)이 되고, 덕유산(德裕山)이 되고, 지리

論山居

白頭山後麓蜿蜒, 東馳至鐵嶺, 復南亘數千里, 鐵嶺之下, 爲楸池嶺, 爲金剛山, 爲延壽嶺, 爲五色嶺, 爲雪嶽、寒溪山, 爲五臺山, 爲大關嶺, 爲白鳳嶺, 爲太白山、小白山. 自小白屢斷屢起, 爲竹嶺, 爲鳥嶺, 爲俗離山, 爲秋風嶺, 爲德裕山, 爲智異山, 止於南海. 金剛、雪嶽、五臺、太

미시령(《한국민족문화대백과사전》)

한계령(《한국민족문화대백과사전》)

---

1 추지령(楸池嶺) : 강원도 통천군 중천리와 금강군 화천리와의 경계에 있는 고개. 해발 645m.
2 연수령(延壽嶺) : 강원도 인제군 북면 용대리와 고성군 토성면 원암리 사이에 있는 고개로, 지금의 미시령(彌矢嶺)이다. 해발 826m. 《대동여지도》에는 연수파령(連水波嶺)이라 적혀 있다.
3 오색령(五色嶺) : 강원도 양양군 서면 오색리 일대의 고개로, 현재는 한계령에 포함되어 있고 오색온천 등이 있다. 해발 940m.
4 한계산(寒溪山) : 강원도 인제군 북면에 있는 산으로, 마의태자 일행이 살을 에는 추위에 지금의 한계리에 도착한 데서 유래했다. 해발 1,004m.
5 백봉령(白鳳嶺) : 강원도 동해시 신흥동과 정선군 임계면 사이에 있는 고개로, 지금의 백복령(白茯嶺)이다. 해발 750m. 《대동여지도》에는 백복령(白福嶺)으로 적혀 있다.

오대산 사고(《한국민족문화대백과사전》)

산(智異山)이 된 뒤에 남해(南海)에서 그친다. 금강산·설악산·오대산·태백산·소백산·속리산·덕유산·지리산 이 8개의 산은 곧 우리나라 명산 가운데 가장 유명한 산이다.

금강산과 설악산은 모두 돌산과 돌샘이라서 농사로 생기는 이익이 없고, 다만 불당과 명승지가 있을 뿐이다. 오대산은 천 개의 바위와 만 개의 골짜기가 겹겹이 있어 깊게 막혀 있으니, 전쟁의 영향을 받지 않아 대대로 복지(福地)로 알려졌으며, 오대산 사고(史庫)[6]에는 조선왕조의 《실록》을 보관하고 있다. 이로부터 백두대간이 조금 평평해져서 대관령이 된다. 대관령의 아래에는 구산동(邱山洞)[7]이 있고 샘물과 바위가 절경이다.

白、小白、俗離、德裕、智異兹八山，卽我東名山之最著者也

金剛、雪嶽，皆石山石泉，無耕稼之利，但有佛宇、擅勝. 五臺山，千巖萬壑，重疊深阻，兵戈不入，世稱福地，有史庫藏列朝《實錄》. 自此嶺脊稍夷，爲大關嶺. 嶺下有邱山洞，泉石絶勝.

---

6 오대산 사고(史庫) : 조선왕조의 《실록》·《선원보략(璿源譜略)》을 보관하기 위해 지었던 사고이다. 1606년 (선조 36)에 지어졌으며 이곳에 보관되었던 《실록》은 일본으로 유출되었다. 유출된 《실록》은 대부분 화재로 소실되었다.

7 구산동(邱山洞) : 강원도 강릉시 성산면 구산리 일대. 남대천이 지나가며 인근에 오봉산·칠봉산이 있다.

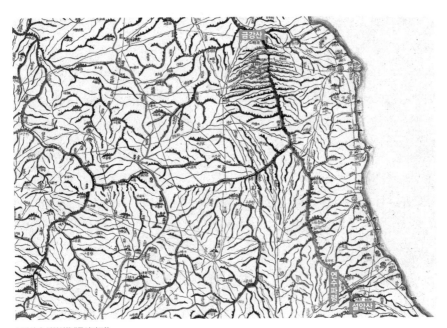

금강산과 설악산(《대동여지도》)

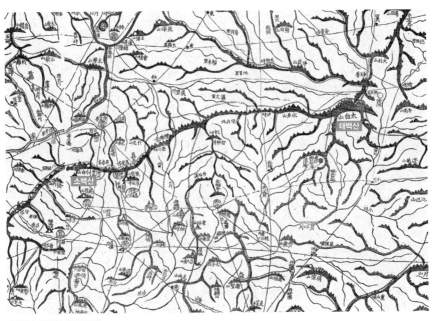

태백산과 소백산(《대동여지도》)

태백산과 소백산은 모두 흙산이다. 태백산에는 황지(黃池)의 경치가 빼어나고, 소백산에는 욱금동(郁錦洞)이 있어 샘물과 바위가 수십 리 이어진다. 태백산과 소백산의 샘물과 바위는 모두 골짜기의 낮고 평평한 곳에 있고, 산허리 이상에는 바위가 없다. 그러므로 산이 비록 웅대하지만 살기가 없고, 멀리 바라볼 수 있는 산봉우리가 우뚝 솟아있지 않고 구불구불하여 떠다니는 구름이나 흘러가는 물 같으니, 세상에서는 '삼재(三災)[8]가 들어오지 않는다.'라 알려졌다. 옛날의 도사 남사고(南師古)[9]가 이곳을 지날 때마다 말에서 내려 절하며 "이 산은 사람을 살리는 산이다."라 했다.

속리산은 풍수가들이 '석화성(石火星)[10]'이라 했다. 산봉우리가 모두 돌이며, 연꽃이 처음 필 때처럼 뾰족하고 날카로운 암석이 떼지어 모인 모양이고, 또 횃불을 멀리 늘여놓은 것 같다. 산 아래에는 모두 바위로 골짜기가 구불구불 만들어져서 돌고 매우 깊어 8곡(曲)9요(遙)라 알려졌다. 물색이 검푸르러서 사랑스럽다. 둘러싼 산의 전후좌우에 특별한 계곡과 골짜기가 많고, 그윽한 샘과 기이한 바위가 정교하고 형형색색의 고운 자태가 금강산에 버금간다.

太白、小白皆土山也. 太白有黃池之勝, 小白有郁錦洞, 泉石數十里. 大、小白泉石皆在洞府低平處, 山腰以上無石, 故山雖雄大而無殺氣, 遠望之峯巒, 不起鬱紆, 如行雲流水, 世稱"三災不入". 昔有方士南師古, 每過此輒不馬, 拜曰: "此活人山也."

俗離山, 堪輿家謂之"石火星". 峯巒皆石, 尖銳叢聚形如初發芙蓉, 又如遠列炬火. 山下皆石作洞府, 紆廻深邃, 有八曲九遙之稱, 水色紺碧可愛, 環山左右前後, 多異洞別墅, 幽泉奇巖微窅窈窕之狀, 亞於金剛.

---

8 삼재(三災) : 인간에게 9년 주기로 돌아온다는 3가지 재난으로, 전쟁·전염병·기근이 있다. 삼재는 3년 동안 머무르고 첫해가 가장 흉하며 둘째·셋째 해는 흉한 정도가 점차 약해진다고 여겼다.

9 남사고(南師古) : ?~?. 조선 중기의 학자로, 역학(易學)·풍수(風水)·복서(卜筮) 등에 통달했고 예언이 잘 맞아 명종(明宗)때 임진왜란이 일어날 것을 알았다 한다. 문집으로《격암일고(格庵逸稿)》가 전해진다.

10 석화성(石火星) : 돌로 된 산이 화성(火星) 모양인 산. 산의 형태가 불꽃처럼 뾰족한 모양 여러 개로 이루어진 것을 화성(火星)이라 한다.

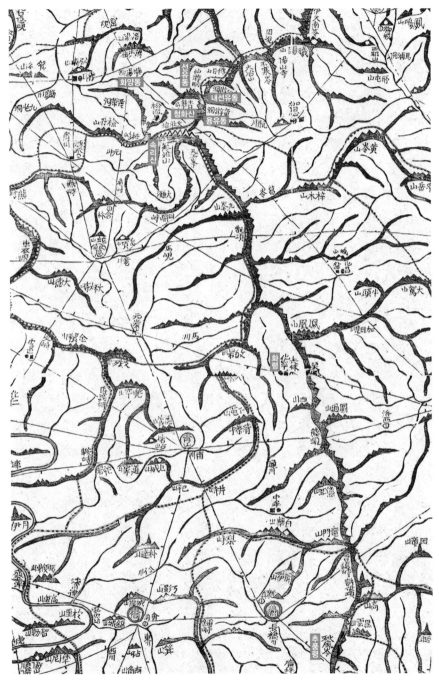

속리산·추풍령 일대(《대동여지도》)

속리산의 남쪽에는 환적대(幻寂臺)¹¹가 있으며, 이곳은 천 개의 봉우리와 만 개의 골짜기가 가파르고 깊어서 사람들이 그곳을 지나다니는 길을 알지 못한다. 이 계곡의 물이 합쳐져 작은 내가 되고, 작은 둑을 건너 청화산(淸華山) 남쪽으로 따라가다가 동쪽으로 용추(龍湫)¹²에 들어가니, 이 하천이 병천(瓶川)이다. 남쪽에는 도장산(道藏山)¹³이 있는데, 또한 속리산의 한 줄기가 와서 모인 산으로 청화산 바로 곁에 있어 마주보고 있다.

용추 위로는 '용유동(龍游洞)¹⁴'이라 통칭하는데, 계곡 안의 평지는 모두 반석이다. 큰 하천이 서쪽에서 북쪽으로 흘러가면서 바위 위에서 넓고 평평하게 펼쳐지고, 바위가 모나고 험한 곳을 만나면 작은 폭포가 되고, 바위가 뾰족하거나 패인 곳을 만나면 작은 시내가 되고, 평평하고 넓은 곳을 만나면 물이 진주를 꿰어 늘어뜨린 발처럼 되고, 돌아 흐르는 곳을 만나면 물이 향이나 연기처럼 흐르고, 괴상한 바위가 뒤섞인 곳은 구유 같기도 하고, 솥 같기도 하고, 가마솥 같기도 하고, 절구 같기도 하고, 양이나 호랑이나 닭이나 개 같기도 하니, 형형색색이어서 모양을 다 이름 지을 수 없다. 계곡 양 언덕 위의 나무는 바람에 흔들리고, 골짜기 바람은 서늘하니 천하의 장관일 것이다. 그 안에는 송씨(宋氏)의 정자가 있다.

俗離之南有幻寂臺, 千峯萬壑巉巖幽邃, 人不知其逕路. 是谷之水合爲小川, 渡小堈循靑華山南, 而東注龍湫, 是爲瓶川. 南有道藏山, 亦俗離一枝之來會者也, 與靑華偪側相對兩山之間.

龍湫以上, 通稱"龍游洞", 洞中平地皆盤石. 大川自西至北, 闊展平鋪於石上, 遇石之稜嶒處, 則爲小瀑;遇石之尖凹處, 則爲小澗;遇平夷處, 水如眞珠簾;遇洄洑處, 水如香煙篆;怪石錯落, 如槽, 如鼎, 如釜, 如臼, 如羊虎, 如雞犬, 形形色色, 不可名狀. 兩崖樹木蕭瑟, 谷風凄冽, 殆天下奇觀也. 當中有宋氏亭榭.

11 환적대(幻寂臺):충청북도 괴산군 청천면 관평리에 있는 갈모봉. 해발 582m.
12 용추(龍湫):경상북도 문경시 가은읍 완장리 대야산 자락의 폭포.
13 도장산(道藏山):경상북도 문경시 농암면 내서리와 상주시 화북면 용유리 사이에 있는 산. 해발 828m.
14 용유동(龍游洞):경상북도 문경시 화북면 용유리 일대에 있는 계곡. 지금은 속리산 시비공원이 있다.

선유동 계곡(문경시청 관광진흥과)　　　　　　파곶(괴산군청)

청화산 동북쪽은 내선유동(內仙遊洞)[15]이다. 산 위에 정기가 맺힌 형국이고 꼭대기는 평탄하다. 산 위에 칠성대(七星臺)[16]와 호소굴(虎巢窟)[17]이 있으니, 옛날의 진인(眞人)[18] 최도(崔鴻)[19]와 도사 남궁두(南宮斗)[20]가 이곳에서 수련했다.

청화산 서북쪽은 외선유동(外仙遊洞)[21]이고, 파곶(葩串)[22]과 화양동(華陽洞)이다. 골짜기가 매우 깊고 큰 냇물이 밤낮으로 석굴과 낭떠러지 사이로 쏟아지니 천 번 만 번 돌아가고 구부러지는 모양을 이루 다 표현할 수 없다. 금강산 만폭동(萬瀑洞)에 비해 웅장함은 조금 못하지만 수려함은 만폭동보다 낫다. 대개

靑華山東北爲內仙遊洞, 爲山上結局, 絶頂夷坦. 上有七星臺、虎巢窟. 昔有崔眞人鴻、南宮道士斗修鍊於此.

靑華西北爲外仙游洞, 爲葩串、華陽洞, 洞府深邃, 而大溪日夜瀉下於石洞、石崖之間, 千廻萬轉, 不可殫述. 比金剛山 萬瀑洞, 雄壯少遜, 而奇巧過之. 蓋金

---

15 내선유동(內仙遊洞) : 경상북도 문경시 가은읍 완장리 대야산 자락의 계곡.

16 칠성대(七星臺) : 미상.

17 호소굴(虎巢窟) : 미상.

18 진인(眞人) : 도교의 진의(眞義)를 닦은 사람.

19 최도(崔鴻) : 미상.

20 남궁두(南宮斗) : 1526~1620. 조선 중기의 단학파(丹學派)로, 진사과에 급제하였으나 애첩과 당질이 간통하여 둘을 죽이고 은거했다. 도교의 방술에 뛰어난 노승에게 신선술을 배웠기 때문에 90살이 되어도 늙지 않았다고 전해졌다.

21 외선유동(外仙遊洞) : 충청북도 괴산군 청천면 지경리에 있는 계곡. 《대동여지도》에는 선유동(仙遊洞)으로 적혀 있다.

22 파곶(葩串) : 화양구곡(華陽九曲)의 아홉 번째 굽이.

구천동 인월담(《한국민족문화대백과사전》)

적상산성(한국향토문화전자대전 디지털무주문화대전, 한국학중앙연구원)

금강산 아래쪽에는 이런 물과 바위가 없으니, 삼남에서 제일이다.

청화산에서 내선유동과 외선유동을 등에 지면 앞으로는 용유동에 닿아 있는데, 이곳은 산 앞뒤 물과 바위의 기이함이 속리산보다 뛰어난 듯하다. 산의 높이와 크기는 비록 속리산에 미치지 못하지만 속리산처럼 험한 절경은 없다. 흙 봉우리에 두른 돌이 밝고 빼어나니 살기가 적고, 산세가 단정하고 순수하며 평탄하고 살기가 좋다. 수려한 기운이 잘 드러나니 복지(福地)일 것이다.

속리산에서 남쪽으로 내려가면 화령(火嶺)·추풍령(秋風嶺)이 된다. 이곳은 제법 산수가 아름답고, 지세가 낮고 평평하여 모두 마을을 이루고 살기에 알맞다.

덕유산은 흙산이다. 산 위쪽에는 구천동(九天洞)[23]이 있으며 산수가 그윽하고 깊다. 산 아래쪽에는 적상산성(赤裳山城)[24]이 있어 사관이 기록한 조선왕조의

剛以後, 無此水石, 當爲三南第一矣.

靑華旣背負內、外仙遊, 前臨龍游, 前後水石之奇殆勝俗離, 高大雖不及俗離, 而無俗離之險絕. 土峯帶石明穎而少殺氣, 端正平善, 秀氣迸露, 殆福地也.

自俗離南下, 爲火嶺、秋風嶺, 頗有溪山之趣, 地勢低平, 皆宜村居.

德裕土山也. 上有九天洞, 泉石幽邃, 下有赤裳山城, 藏史記《實錄》. 東則安陰、

---

23 구천동(九天洞) : 전라북도 무주군 설천면 장덕리에 있는 계곡. 《대동여지도》에는 구천동(九泉洞)으로 적혀 있다.
24 적상산성(赤裳山城) : 전라북도 무주군 적상면 북창리에 있는 고려 말기의 산성. 사적 제146호이고 북문·서문·사고(史庫)의 터가 남아 있다.

《실록》을 보관해 두었다. 동쪽에는 안음(安陰)과 지례(知禮)가 있고, 북쪽에는 설천(雪川)과 무풍(舞豐)이 있다. 무풍은 남사고가 복지(福地)라 했으며, 골짜기 밖은 농지가 비옥하여 부유한 마을이 많다. 이러한 점은 또한 속리산 위쪽 마을과 비할 것이 아니다.

지리산은 남해(南海)[25] 위쪽에 있다. 이 산은 백두산이 크게 다하여 이어진 맥이므로 또한 '두류산(頭流山)[26]'이라 한다. 골짜기는 암반이 길게 이어지고 깊고 크지만, 토지가 비옥한 지역이 덕유산에 비해 더욱 넓고 커서 사람들의 형편이 부유하다. 산 전체가 모두 사람이 살기에 알맞으며 안쪽으로 100리나 되는 긴 계곡이 많다. 밖이 좁고 안은 넓어 종종 사람들이 알지 못하는 곳이 있다. 지역이 남해와 가까워 기후가 온난하기 때문에 대나무·감나무·밤나무가 풍부하고, 기장·조를 높은 산간 지대에 뿌려도 싹이 무성하게 자라지 않는 지역이 없다. 마을 사람들과 승려들이 섞여 살고, 풍년과 흉년을 알지 못하여 부유한 사람들이 많기 때문에 민간에서는 '부 산(富山)'이라 한다.

산의 남쪽에는 화개동(花開洞)[27]이 있다. 화개동 골짜기 밖에는 모두 사람이 살며 산수가 매우 아름답다. 옛날부터 전해지는 말로는 골짜기 안에 만수

知禮, 北有雪川、舞豐. 舞豐, 南師古謂之福地, 洞府之外, 田土饒沃, 多富厚村塢. 此則又非俗離以上之比矣.

智異山在南海上. 是爲白頭之大盡脈, 故亦名"頭流山". 洞壑盤亘[1]深鉅, 土地膏腴, 比德裕尤博大而富厚, 一山皆宜人居, 而內多百里長谷, 外狹內廣, 往往有人所不知處. 地近南海, 氣候溫暖, 饒竹木、柿、栗, 撒黍、粟於高峯之上, 無不茁茂. 村民與僧寺錯居, 不知年歲豐凶, 多富厚者, 故俗號"富山".

山之陽有花開洞, 洞外皆人居而山水甚佳. 舊傳有萬壽洞、靑鶴洞, 萬壽卽今

---

25 남해(南海):경상남도 남해군 고현면·남면·남해읍·삼동면·상주면·서면·설천면·이동면·미조면·창선면 일대.

26 두류산(頭流山):백두산의 맥이 흘러왔다는 의미에서 유래한 이름.

27 화개동(花開洞):경상남도 하동군 화개면 일대.

[1] 亘: 저본에는 "互".《擇里志·卜居總論·山水》에 근거하여 수정.

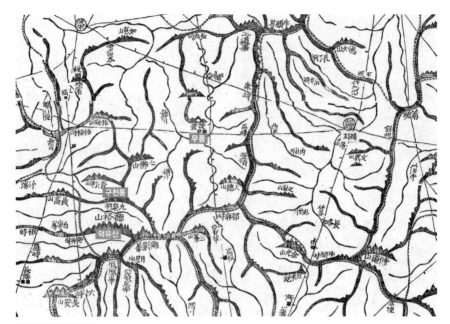

덕유산 일대(《대동여지도》)

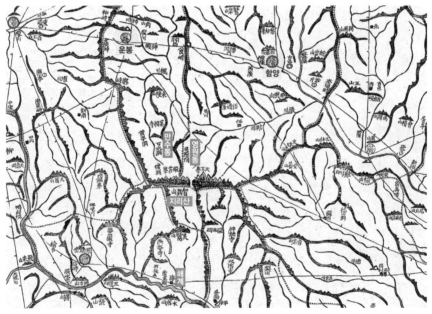

지리산 일대(《대동여지도》)

청학동(《한국민족문화대백과사전》)

청학동 삼성궁(2005년 촬영. 조인철 제공)

동(萬壽洞)[28]과 청학동(靑鶴洞)[29]이 있었다 하는데, 만수동은 곧 지금의 구품대(九品臺)이고 청학동은 곧 지금의 매계(梅溪)이다. 근래에 비로소 사람들이 조금씩 다니기 시작했다.

산의 북쪽에는 영원동(靈源洞)[30]이 있고, 벽소운동(碧霄雲洞)[31]이 있고, 추성(楸城)[32]이 있다. 이곳을 남사고가 복지(福地)라 했으며, 곧 운봉(雲峯)과 함양(咸陽)[33]의 경계이다. 다만 지역이 매우 깊고 막혀 있어 마을에는 죄를 짓고 달아난 부류들이 많고, 또한 때때로 도적들의 강도사건이나 절도사건이 있다. 또한 삿된 신에게 지내는 제사가 많아 무당과 박수가 구름처럼 모여 있고, 간혹 남녀가 한데에서 섞여 살며,

九品臺, 靑鶴卽今梅[2]溪也. 近始稍通人跡.

山北有靈源洞, 有碧霄雲洞, 有楸城. 南師古以爲福地, 卽雲峯·咸陽界也. 但地太深阻, 村多亡命逋逃之類, 亦時有盜賊竊發. 又多淫祀巫覡雲集, 或男女露處相混, 酒肉臭穢狼藉, 最爲不潔. 且山脈西南

---

28 만수동(萬壽洞) : 경상남도 하동군 악양면 일대.

29 청학동(靑鶴洞) : 경상남도 하동군 청암면 묵계리 일대의 마을.

30 영원동(靈源洞) : 경상남도 함양군 마천면 삼정리·덕전리 일대. 영원사(靈源寺)가 있다.

31 벽소운동(碧霄雲洞) : 경상남도 함양군 마천면 삼정리와 화개면 대성리를 잇는 벽소령(碧霄嶺, 해발 1,350m) 아래의 마을로 보이나, 지금 지명으로 보면 그 마을이 영원동과 동일하기 때문에 마천면 강정리 일대로 추정된다.

32 추성(楸城) : 경상남도 함양군 마천면 추성리 일대. 이상의 세 곳(영원동·벽소운동·추성)은 모두 천왕봉(해발 1,915m)의 바로 북쪽에 있다.

33 함양(咸陽) : 경상남도 함양군 일대.

[2] 梅 : 저본에는 "海".《擇里志·卜居總論·山水》에 근거하여 수정.

술과 고기의 나쁜 냄새가 여기저기 퍼져 어지러우니, 가장 불결한 곳이다. 게다가 산맥의 서쪽과 남쪽 지역은 섬진 상류에 가까운 형국이어서 샘물에 산람장기가 많고 산 전체에 맑은 기운이 적기 때문에 이것이 그 지역의 단점이다. 오직 이상 8개의 산이 백두대간의 최고 명산이다.

만약 백두대간에서 떨어진 곳에서 명산이라 하면 함경도 전체는 산이 크고 골짜기가 황량하여 명산이라 불릴 만한 산이 없다. 오직 명천(明川)[34] 칠보산(七寶山)[35]이 동해에 의지하여 형세를 이루었으니, 골짜기로 들어가면 바위의 형세가 깎아지른 모양으로 아로새긴 듯하고, 깊은 골짜기의 기이하고 교묘한 모양은 거의 귀신이 새긴 듯하다.

그 다음은 평안도 영변(寧邊) 묘향산(妙香山)이다. 겉은 모두 흙이고 산봉우리 또한 모두 토성(土星)[36]이다. 산허리부터 아래로는 모두 기이한 암석과 수려한 바위이다. 산 안쪽은 평지가 많아 평탄하고 넓으며 큰 냇물이 넓게 펼쳐져 있다. 그 가운데는 산줄기가 겹겹이 돌고 골짜기가 겹쳐져 있어 성곽의 모양 같으니, 다른 곳에는 지나가는 길이 없고 오직 물길을 따라서만 들어갈 수 있어 겨우 한 사람만 걸어갈 수 있다. 옛날에는 이 산을 '태백산(太白山)'이라

局於蟾津上流, 水泉多帶嵐瘴, 通一山少淸氣, 此其所欠也. 惟此八山爲嶺脊之最.

若其離嶺脊而爲名山者, 咸鏡一道皆太山荒谷, 無可以名山稱者. 惟明川 七寶山據東海結作, 而入洞府, 石勢巉削雕鏤, 嵌空奇巧之狀, 殆如鬼剜神刻.

其次平安道 寧邊 妙香山, 外皆土, 山巓頭亦皆土星③. 自腰以下, 皆奇巖秀石. 內多平地坦夷, 大川闊布. 其中山枝廻複, 洞府重疊, 如城郭之狀, 而他無蹊徑, 惟從水口以入, 劣容一人步行. 舊號"太白山", 上有檀君化生之石窟.

---

34 명천(明川): 함경북도 명천군 일대.
35 칠보산(七寶山): 함경북도 명천군 상고면에 있는 산. 해발 906m. 산 7개가 하늘을 찌를 듯이 가지런히 솟아있다 하여 칠보산이라 했으나 6개는 내려앉고 이 산만 남았다는 전설이 있다. 함북 8경의 하나로 꼽힌다.
36 토성(土星): 풍수지리 용어로, 산 꼭대기 부분이 완만하고 둥근 모양.
③ 星: 저본에는 "成".《擇里志·卜居總論·山水》에 근거하여 수정.

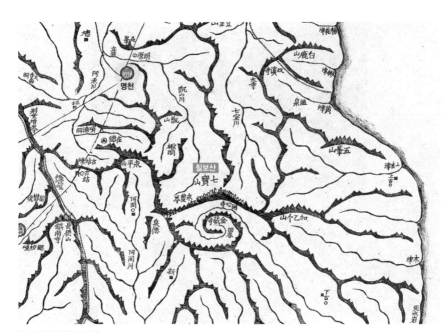

칠보산 일대(《대동여지도》)

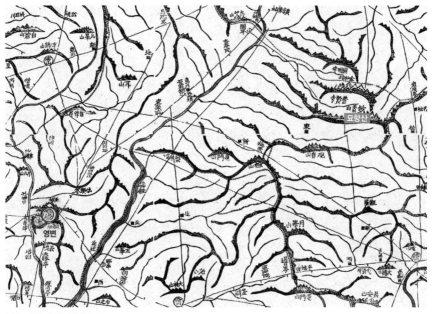

영변·묘향산 일대(《대동여지도》)

홍류동((한국민족문화대백과사전))

했는데, 산 위에는 단군이 화생했다는 굴[37]이 있다.

경상도에는 석화성(石火星)이 없으나 오직 합천(陝川) 가야산(伽倻山)만 뾰족한 바위가 잇따라 둘러서서 불꽃처럼 공중에 죽 늘어서 있으니 매우 높으면서도 수려하다. 골짜기 입구에는 홍류동(紅流洞)[38]과 무릉교(武陵橋)[39]가 있는데, 폭포와 반석이 수십 리 이어진다. 세상에서는 최치원(崔致遠)[40]이 이곳에 신발을 남겨두고는 어디로 갔는지 모른다고 전해진다. 바위 위에는 최치원이 큰 글자들을 새겨 놓았는데, 지금까지도 새로 쓴 듯하다.

慶尙一道無石火星, 而惟陝川 伽倻山, 石尖連紆如火炎[4]離立空中, 極高且秀. 洞口有紅流洞、武陵橋, 飛泉、盤石數十里. 世傳崔孤雲遺履於此, 不知所之. 石上刻孤雲大字, 至今如新.

---

37 단군이……굴 : 평안북도 향산군 향암리의 동굴 유적인 단군굴(檀君窟)로 추정된다. 묘향산 향로봉의 중턱에 있다. 높이 4m, 너비 16m, 길이 12m.

38 홍류동(紅流洞) : 경상남도 합천군 가야면 구원리에 있는 계곡.

39 무릉교(武陵橋) : 경상남도 합천군 가야면 구원리에 있던 다리. 지금은 남아 있지 않다.

40 최치원(崔致遠) : 857~?. 신라 말기의 정치가 및 학자. 호는 고운(孤雲). 당(唐)나라로 유학하여 벼슬을 하였고 문장으로 이름을 떨쳤다. 885년(헌강왕 11) 당 희종(稀種)의 조서를 가지고 귀국하여 외교문서를 작성하였고, 진성왕(眞聖王) 때는 시무책(時務策)을 제시하였으나 실현되지 못하였다. 《신당서(新唐書)》〈예문지(藝文志)〉에 저서가 언급되어 있고, 《계원필경(桂苑筆耕)》이 전해진다.

4 炎 : 저본에는 "雲".《擇里志·卜居總論·山水》에 근거하여 수정.

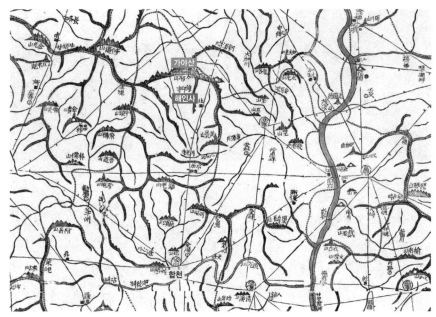

가야산 일대(《대동여지도》)

최치원의 시에	孤雲詩曰
"빠르고 세찬 물 바위에 부딪히며 첩첩산중에서 울부짖으니,	"奔流觸石⑤吼重巒,
사람 말소리 코앞에서도 분산하기 어렵네.	人語難分咫尺間,
세상의 시비하는 소리 귀에 들릴까 항상 꺼려했기에,	常恐是非聲到耳,
흐르는 물소리 온 산을 뒤덮게 했구나."[41]라 했는데, 곧 이곳이다.	故敎流水盡籠山", 卽此地也.
임진왜란 때 금강산·지리산·덕유산·속리산은 모두 일본군의 침입을 면하지 못했는데, 유독 오대산·	壬辰之亂金剛、智異、德裕、俗離皆不免倭入, 獨五臺、

---

41 빠르고……했구나: 《孤雲集》卷1〈詩〉 "題伽耶山讀書堂";《東文選》卷19〈七言律詩〉 "題伽耶山讀書堂".
⑤ 奔流觸石: 《擇里志·卜居總論·山水》·《孤雲集·詩·題伽耶山讀書堂》·《東文選·七言律詩·題伽耶山讀書堂》에는 "狂奔疊石".

대장경판(문화재청)   해인사(문화재청)

소백산과 이 산에는 일본군이 오지 않았기 때문에 옛 날부터 "삼재(三災)가 들어오지 않는다."라 알려졌다.

가야산 안쪽에는 해인사(海印寺)[42]가 있어서 《재조 대장경(再造大藏經)》[43] 경판을 보관하고 있다. 골짜기 밖에는 가야천(伽耶川)[44]이 있어서, 인근의 논이 매우 비옥하기 때문에 한 마지기 논에서 백 수십 두를 거 둔다. 게다가 면화 농사에 알맞아서, 의식(衣食)의 고 장 가운데 최고로 알려졌다. 산의 동북쪽에는 만수 동(萬壽洞)[45]이 있는데, 또한 계곡이 깊고 그윽하고 길어서 본래부터 복지(福地)로 알려졌으니, 은둔할 만하다.

小白及此山不至, 故自古稱 "三災不入".

內有海印寺, 藏《大藏經》 板, 洞外有伽[6]郞川, 水 田極沃, 種一斗收百數十 斗, 且宜木綿, 最稱衣食之 鄕. 山東北有萬壽洞, 亦深 奧長谷, 素稱福地, 可以棲 遯.

---

42 해인사(海印寺): 경상남도 합천군 가야면에 있는 사찰. 신라(新羅) 애장왕(哀莊王) 때 지어졌으며, 대한불 교 조계종 제12교구 본사로, 2009년 12월 21일 사적 제504호로 지정되었다. 국보 제32호 《재조대장경》 경 판·제52호 대장경판고(大藏經板庫)·보물 제128호 반야사(般若寺) 원경왕사비(元景王師碑)·제264호 석 조여래입상·제518호 원당암 다층석탑 및 석등이 있다.

43 재조대장경(再造大藏經): 고려(高麗) 고종(高宗) 때 몽골군을 물리쳐 달라는 염원에서 만든 목판 대장경이 다. 거란·여진·일본의 불경을 모아 정리했기 때문에 현지에서는 소실된 내용도 수록되어 있으며, 현존하 는 가장 오래된 대장경판으로, 판수가 8만 여 장이므로 8만대장경이라고도 한다. 해인사 장경판전은 현재 유네스코 세계문화유산으로 지정되어 있다.

44 가야천(伽耶川): 경상남도 합천군 가야면 치인리에서 발원하여 야로면 정대리 안림천으로 합류하는 하천. 낙동강의 제3지류이다. 《대동여지도》에는 대가천(大加川)이라 적혀 있다.

45 만수동(萬壽洞): 경상북도 성주군 가천면 마수리 일대.

[6] 伽: 저본에는 없음. 《擇里志·卜居總論·山水》에 근거하여 보충.

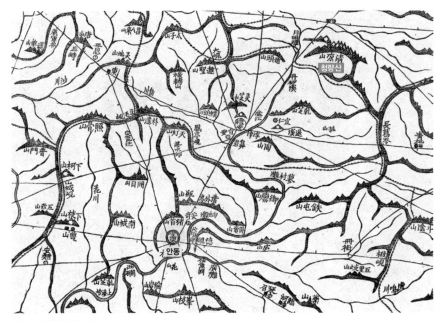

청량산 일대 《대동여지도》

안동(安東) 청량산(清凉山)[46]은 태백산 줄기가 들로 내려왔다가 예안의 강가에서 맺혀 우뚝 솟아난 곳이다. 밖에서 산을 바라보면 흙봉우리가 몇 개 늘어져 있을 뿐이다. 하지만 물을 건너 골짜기로 들어가면 사방의 석벽이 만 장(丈) 높이로 둘러싸고 있으며, 바위가 높으면서 기이하고 험하여 형상을 말로 표현할 수 없다. 안쪽 난가대(爛柯臺)[47]는 곧 최치원이 바둑을 두던 곳인데, 눈금선을 그린 듯한 돌이 있다. 그 옆에는 할머니의 상 하나가 석굴 안에 안치되어 있는데, 최치원이 산에 있을 때 밥을 해주던

安東 淸凉山自太白山下野, 而結峙於禮安江上. 自外望之, 只土巒數朶, 渡水入洞, 四面石壁周回萬丈, 尊嚴奇嶮, 不可名狀. 內有爛柯臺, 卽崔孤雲奕棋處, 有石如方罫, 傍有一老嫗像, 安於石窟中, 相傳是孤雲棲山時, 奉爨婢也.

---

46 청량산(清凉山): 경상북도 봉화군 재산면 남면리, 명호면 북곡리와 안동시 예안면 경계에 있는 산. 해발 870m. 경상북도 도립공원이며 산세가 아름다워 소금강(小金剛)이라 한다.

47 난가대(爛柯臺): 청량산 중턱의 바위로, 최치원과 김생이 바둑을 두었던 곳이라 전해진다.

청량산(《한국민족문화대백과사전》)

여종이라 전해진다.

이상의 산 4개는 백두대간의 산 8개와 함께 나라 안의 대 명산으로, 많은 절이나 불당이 자리잡은 곳이 많다. 그러나 정말로 집안일을 정리하여 끊어버리고 상장(向長)[48]이 세상일을 그만두고 구용(句容)[49]에 있던 것처럼 할 수 있으면 비록 금강산과 설악산의 꼭대기에 살더라도 살기에 좋지 않은 지역은 아니다.《팔역가거지》[50]

들로 내려온 산에도 서술할 만한 기이한 명승지가 많다. 원주(原州) 치악산(雉嶽山)은 비록 흙산이지만 안에 좋은 골짜기와 좋은 샘물과 바위가 많고 동서로도 이름난 마을이 많다. 게다가 산에는 영묘(靈妙)한 감응(感應)이 많아 사냥꾼이 이곳에서 감히 짐승을 잡지 못한다.

右四山, 與嶺脊八山爲國中大名山, 多爲梵宮、佛宇之所占. 然苟能勅斷家事, 如向子平放絕世務, 如許句容, 則雖金剛、雪嶽之巓, 亦未始不可居也.《八域可居誌》

下野之山亦多奇勝之可述. 原州 雉岳山雖土山, 內多洞府泉石, 東西又多名村塢. 且山多靈應, 獵者不敢捕獸於此.

48 상장(向長):?~?. 후한(後漢)의 가인(歌人)으로, 자평(子平)은 자(字)이다.《노자》와《주역》에 정통했다. 은거하여 벼슬을 하지 않았고 자식들을 출가시킨 뒤에는 5악의 명산을 유람했다.《후한서》에 그의 열전이 있다.
49 구용(句容):지금의 중국의 강소성(江蘇省) 구용시(句容市) 일대.
50 《擇里志》〈卜居總論〉"山水", 55~62쪽.

사자산(獅子山)은 치악산의 동북쪽으로 30리 떨어진 곳에 있고, 주천강(酒泉江)이 이곳에서 발원한다. 남쪽에는 도화동(桃花洞)과 두릉동(杜陵洞)이 있는데, 모두 계곡과 샘물이 절경이라 또한 복지(福地)로 알려졌으니, 정말로 세상을 피해 은둔할 만한 지역이다.

공주 무성산(茂盛山)과 천안 광덕산(廣德山)은 서로 이어져 있고, 모두 흙산이다. 그러나 두 산의 남쪽과 북쪽에는 긴 골짜기가 매우 많아 불당과 암자가 그의 좋은 자리를 차지할 뿐만 아니라, 골짜기마다 마을과 논밭이 섞여 있어서 긴 숲과 함께 흐르는 물 위에 은은하게 비치니, 완연한 하나의 도원도(桃源圖)[51]이다.

해미 가야산(伽倻山)의 동남쪽은 흙산이고 서북쪽은 돌산이다. 동쪽에는 가야사(伽倻寺)[52]와 큰 골짜기가 있는데, 곧 상고 시대 상왕(象王)[53]의 궁궐터이다. 서쪽에는 수렴동(水簾洞)[54]이 있는데 바위와 폭포가 매우 기이하다. 북쪽에는 강당동(講堂洞)[55]과 무릉동(武陵洞)[56]이 있는데, 물과 바위가 또한 아름답고 마을과 가까워 실기에 좋은 곳이다. 이 가야산은 비록 합천의 가야산만 못하지만 또한 바닷가의 명승지를 마음껏 즐기기에는 충분한 곳이다.

獅子山在雉岳東北三十里, 而酒泉江發源於此. 南有桃花洞、杜陵洞, 并溪泉絶勝, 又稱福地, 眞避世之地.

公州 茂盛山與天安 廣德山相連, 皆土山也. 然兩山南北長谷甚多, 不但佛宇、僧寮擅勝于中, 谷谷村閭、田疇錯互, 隱映於長林流水之上, 宛一桃源圖也.

海美 伽倻山東南則土山, 西北則石山. 東有伽倻寺洞壑, 卽上古象王宮闕基址. 西有水簾洞, 巖瀑絶奇. 北有講堂洞、武陵洞, 水石亦佳, 昵近村野, 可以居止. 雖不及陜川伽倻, 亦足擅勝海上.

---

51 도원도(桃源圖) : 산수화의 주제 가운데 하나로, 동진(東晉)시기 무릉(武陵)에서 한 어부가 복숭아 꽃이 핀 신선세계에 들어가 환대를 받은 모습을 그린 그림이다.

52 가야사(伽倻寺) : 충청남도 예산군 덕산면 상가리에 있던 절. 1846년(헌종 10) 흥선대원군(興宣大院君)이 이 절을 불태우고 남연군(南延君)의 묘를 만들었다. 고종이 왕이 된 뒤 이곳에 다시 절을 짓고 보덕사(報德寺)라 했다. 6.25전쟁 때 파괴되었으나 1951년 다시 지었고 1962년 증축되어 지금까지 이른다.

53 상왕(象王) : 《열반경(涅槃經)》에서 부처를 비유하는 말.

54 수렴동(水簾洞) : 충청남도 서산시 운산면 용현리 일대에 있던 마을로 추정된다.

55 강당동(講堂洞) : 충청남도 공주시 우성면 죽당리 일대로 추정된다.

56 무릉동(武陵洞) : 충청남도 서산시 운산면 고풍리 일대 가야산 안에 있던 마을.

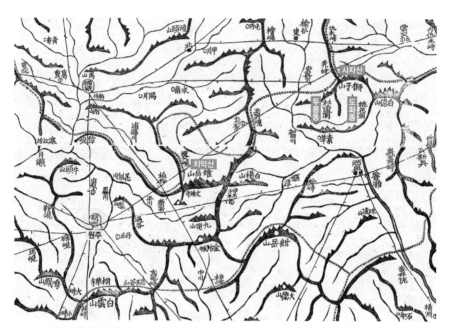

치악산·사자산 일대(《대동여지도》)

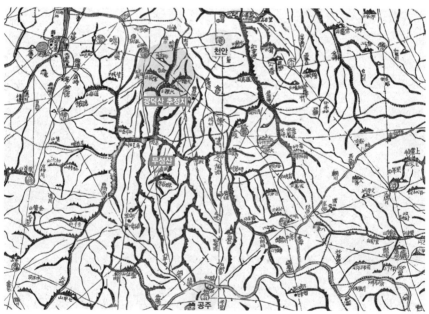

무성산·광덕산 일대(《대동여지도》)

보덕사 극락전(문화재청)　　　　　　　　무량사(문화재청)

남포의 성주산(聖住山)은 남북의 두 산이 합쳐져 큰 골짜기를 이룬다. 산속은 상당히 평탄하고 계곡과 산이 밝고 깨끗하며 물과 바위가 맑고 깨끗하다. 매월당(梅月堂) 김시습(金時習)이 홍산 무량사(無量寺)[57]에서 앉은 채로 죽었다 했는데, 그곳이 곧 이 산이다. 계곡 사이에는 살기 좋은 곳이 많다.

노령(蘆嶺)의 한 줄기가 북쪽으로 가다가 부안(扶安)에 이르러 서해 쪽으로 쑥 들어가 있다. 서쪽·남쪽·북쪽이 모두 큰 바다이고 그 안은 수많은 산봉우리와 골짜기인데, 이곳이 변산이다. 높은 봉우리·깎아지른 산마루·평지·비스듬한 언덕에 관계없이 모두 긴 가지들이 축축 늘어진 큰 소나무가 하늘을 찌를 듯하여 해를 가린다. 산속에는 비옥한 논밭이 많고 골짜기 밖은 모두 소금을 굽거나 물고기를 잡는 사람들이다. 이곳에 사는 사람들은 산에 오르면

藍浦 聖住山南北二山合爲大洞. 中頗坦夷, 而溪山明淨, 水石瀟洒. 梅月堂 金時習坐[7]化於鴻山 無量寺, 卽此山也. 溪洞之間, 多可居處.

蘆嶺一枝北至扶安, 斗入西海中. 西南北皆大海, 其內千峯萬壑, 是爲卞山. 毋論高峯、絕巓、平地、坂仄, 皆落落長松, 參天翳日. 山中多良田沃疇, 洞外皆鹽戶漁父. 居民上山採蔬菜, 下山就魚鹽, 薪炭、贏蛤不待價而足, 但恨水泉帶瘴.

---

57 무량사(無量寺): 충청남도 부여군 외산면 만수리에 있는 절. 성주산 남쪽의 만수산(해발 575m) 아래에 있으나 이 산들은 봉우리가 연결된다. 신라시대에 창건하였으며 극락전은 보물 제356호이다.

[7] 坐: 《擇里志·卜居總論·山水》에는 "聖".

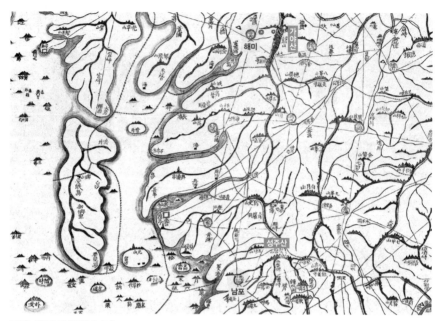

가야산·성주산 일대(《대동여지도》)

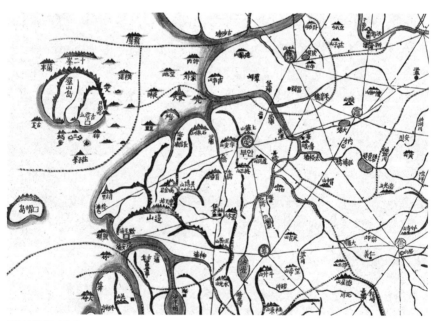

부안 일대(《대동여지도》)

나물을 캐고 산에서 내려오면 고기를 잡거나 소금을
굽기 때문에 땔나무·숯·소라·조개는 사지 않아도
충분하지만, 샘물의 산람장기가 한스럽다.

이상의 여러 산은 비록 백두대간의 8대 명산이
크게 펼쳐진 것만 못하지만 또한 뜻이 큰 숨어 사는
선비들이 은둔하여 살 곳이 될 만하다.

사람이 가서 살기에 좋지 않지만 이름난 명승지
로 알려진 산은 다음과 같다.

영평(永平) 백운산(白雲山)에는 기이하고 장엄한 삼
부연폭포(三釜淵瀑布)[58]가 있다.

以上諸山, 雖不如嶺脊八
名山之大鋪敍, 而亦可爲高
人逸士棲遯之地.

至於人不可居, 而山以名勝
稱者:

永平 白雲山有三釜淵瀑布
之奇壯.

영평 백운산 일대《대동여지도》

---

58 삼부연폭포(三釜淵瀑布): 강원도 철원군 갈말읍 신철원리에 있는 폭포. 높이 20m. 철원 8경 가운데 하나
로, 폭포수가 절벽에서 3번 꺾여 떨어지고, 3군데의 가마솥[釜] 같은 모양의 용소가 있어 삼부연이라 했다.
3개의 용소는 각각 노귀탕·솥탕·가마탕이라 한다.

삼부연(《한국민족문화대백과사전》)　　　　천관산(《한국민족문화대백과사전》)

영암(靈巖) 월출산(月出山)은 도봉산(道峯山)과 삼각산(三角山)처럼 바위가 뾰족하여 날아 움직이는 듯하지만, 바다에서 매우 가까운 데다 마을이 적다.

장흥(長興)[59] 천관산(天冠山)[60]은 바위의 형세가 기묘하게 빼어나고, 항상 자백색(紫白色) 구름이 산 위에 있다.

홍양(興陽)[61] 팔영산(八靈山)[62]은 섬처럼 바다에 들어가 있어서, 남사고가 복지(福地)라 했다. 임진왜란 때 일본군의 배가 주변에 출몰했지만 끝내 산에 들어오지 못했다.

靈巖 月出山, 石尖飛動如道峯、三角, 而但太逼於海, 且少洞府.

長興 天冠山, 石勢奇勝, 恒有紫白雲在上.

興陽 八靈山入海如島, 南師古謂之福地. 壬辰倭船出沒左右, 而終不入.

---

59 장흥(長興) : 전라남도 고흥군 도양읍 득량리, 장흥군 관산읍·대덕읍·부산면·안량면·용산면·유치면·장동면·장평면·장흥읍·회진면, 보성군 웅치면·회천면, 완도군 금당면·금일읍·생일면, 영암군 금정면 일대.

60 천관산(天冠山) : 전라남도 장흥군 관산읍과 대덕읍 경계에 있는 산. 해발 723m. 전라남도 도립공원이다.

61 홍양(興陽) : 전라남도 고흥군 고흥읍·금산면·남양면·대서면·도덕면·도화면·동강면·동일면·두원면·봉래면·영남면·점암면·포두면·풍양면, 과역면 과역리·노일리·도천리·석봉리·신곡리·연등리·호덕리, 도양읍 관리·봉암리·소록리·용정리·장계리, 여수시 삼산면, 화정면 일대.

62 팔영산(八靈山) : 전라남도 고흥군 점암면 흥기리에 있는 산. 해발 608m. 전라남도 도립공원이었다가 2011년 다도해해상국립공원 팔영산지구로 승격되었다.

팔영산(《한국민족문화대백과사전》)   송광사(2011년 촬영, 조인철 제공)

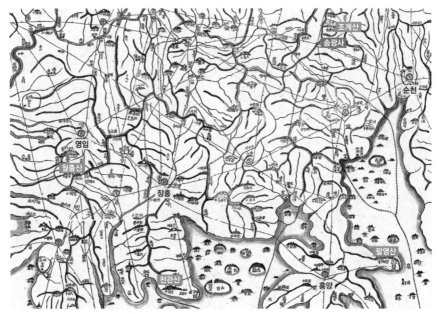

월출산·천관산·팔영산·조계산 일대(《대동여지도》)

광양(光陽) 백운산(白雲山)[63]은 도선(道詵)[64]이 수도   光陽[8] 白雲山爲道詵修道
하던 곳으로, 샘물과 바위도 아름답다.   之所, 泉石亦佳.

---

63 백운산(白雲山): 전라남도 광양시 옥룡면에 있는 산. 해발 1,218m.
64 도선(道詵): 827~898. 신라 말기의 승려로 풍수설의 대가였다. 고려 태조 왕건의 출생을 예언하였다 한다.
⑧ 陽:《擇里志·卜居總論·山水》에는 "州".

운문산(한국향토문화전자대전 디지털청도문화대전, 한국학중앙연구원)

천성산(한국향토문화전자대전 디지털양산문화대전, 한국학중앙연구원)

순천(順天)[65] 조계산(曹溪山)[66]은 송광사(松廣寺)[67] 계곡의 경치가 빼어나다.

대구(大邱) 팔공산(八公山)은 또한 바위 봉우리가 산의 동남쪽으로 길게 뻗어 있고, 아름다운 물과 바위가 많다. 다만 산의 서쪽에 산성을 쌓아 관문을 방어하는 요충지로 삼았기 때문에, 이것이 아름답지 않다.

대구 비파산(琵琶山)[68]에는 기이한 용천(湧泉, 솟아오르는 샘물), 샘물과 바위가 있다.

청도(淸道)[69] 운문산(雲門山)[70]과 울산(蔚山)[71] 원적산(圓寂山)[72]은 모두 봉우리가 연이어 겹쳐 있어 골짜

順天 曹溪山有松廣溪洞之勝.

大邱 八公山亦石峯長亘山之東南, 多佳水石. 但山西築山城爲關防重鎭, 此爲不雅耳.

大邱 琵琶山有湧泉、泉石之奇.

淸道 雲門山、蔚山 圓寂山并連峯疊嶂, 洞天深邃. 僧

---

65 순천(順天) : 전라남도 순천시 시내·상사면·서면·송광면·승주읍·월등면·주암면·해룡면·황전면, 별량면 대곡리·덕정리·동송리·마산리·무풍리·봉림리·송학리·쌍림리·우산리·운천리·학산리, 여수시 시내·남면·돌산읍·소라면·율촌면·화양면·화정면 일대.

66 조계산(曹溪山) : 전라남도 순천시 송광면에 있는 산. 해발 887m. 전라남도 도립공원이다.

67 송광사(松廣寺) : 전라남도 순천시 송광면 신평리 12번지에 있는 절. 대한불교 조계종 소속이며 사적 제 506호이다. 해인사·통도사와 함께 우리나라 3보사찰의 하나로, 유서 깊은 절이다.

68 비파산(琵琶山) : 대구광역시 남구 대명동에 있는 산. 해발 500m.

69 청도(淸道) : 경상북도 청도군 일대.

70 운문산(雲門山) : 경상북도 청도군 운문면과 경상남도 밀양시 산내면 경계에 있는 산. 해발 1,188m. 영남 7산 가운데 하나이다.

71 울산(蔚山) : 언양읍을 제외한 울산광역시 일대와 경상남도 양산시 상북면·소주동·서창동 일부를 포함한 지역.

72 원적산(圓寂山) : 경상남도 양산시 웅상읍과 상북면·하북면 경계에 있는 산. 해발 922m. 지금의 천성산(千聖山)이다.

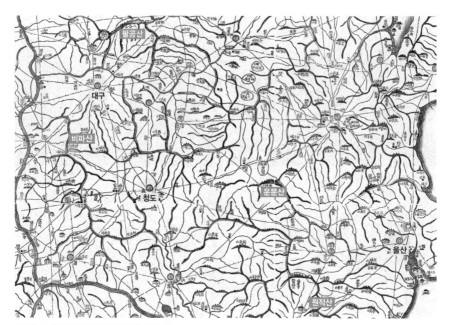

팔공산·비파산·운문산·원적산 일대(《대동여지도》)

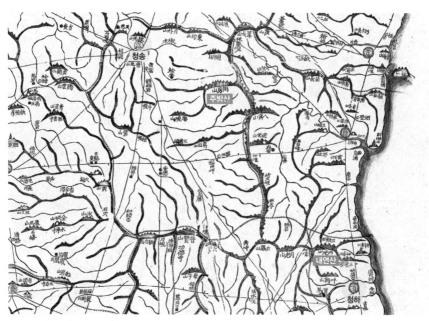

내연산·주방산 일대(《대동여지도》)

주왕산(왼쪽《한국민족문화대백과사전》, 오른쪽 문화재청)

기가 매우 깊다. 승려들은 이곳들을 천 명의 성인이 나올 곳이라 하고 또한 세상을 피해 은둔할 복지(福地)라 한다.

청하(清河)[73] 내연산(內延山)[74]은 바위와 폭포의 경치가 기묘하면서 그윽하고 조용하다.

청송(青松) 주방산(周房山)[75]에는 바위가 골짜기를 이루고 돌로 되어 있어 마음과 눈을 놀라게 하고, 샘과 폭포도 기이한 절경을 이룬다.

곡산(谷山) 고달산(高達山)[76]은 매우 깊고 또 험하며 바위에 뚫린 기이한 동굴이 있다.

이상의 여러 산은 단지 선가(仙家)나 불가의 사람들이 터를 잡아 살기에만 알맞을 뿐이라, 한 때 유람해 볼 만은 하지만 집을 두고 오래도록 거주할 지역은 아니다.《팔역가거지》[77]

家稱千聖出世之處, 亦稱避世福地.

清河 內延山, 巖瀑之勝奇妙幽閑.

青松 周房山, 石作洞府, 驚心駭矚, 泉瀑亦奇絕.

谷山 高達山極深且阻, 有巖竇洞穴之奇.

以上諸山, 只宜仙釋棲止, 可一時游觀, 非置家永居之地. 同上

---

73 청하(清河):경상북도 포항시 청하면·송라면 일대.
74 내연산(內延山):경상북도 포항시 송라면·죽장면 및 영덕군 남정면 경계에 있는 산. 해발 710m.
75 주방산(周房山):경상북도 청송군 부동면과 영덕군 지품면에 걸쳐 있는 산. 지금의 주왕산(周王山)이다. 해발 721m.
76 고달산(高達山):황해북도 곡산군과 강원도 판교군의 경계에 있는 산.
77 《擇里志》〈卜居總論〉“山水”, 66~67쪽.

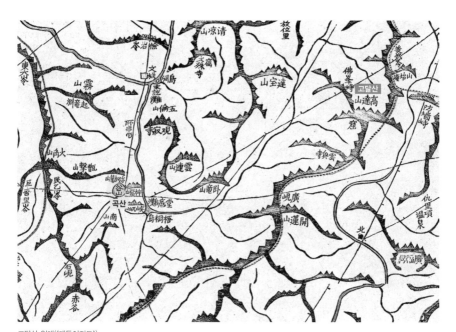

고달산 일대(《대동여지도》)

4) 호수 근처 거주지

우리나라에는 호수가 없는데, 오직 영동(嶺東)에
만 호수가 6개 있다. 고성(高城)[1]의 삼일포(三日浦)[2]는
맑고 아름답고 기묘하면서도 화려하고, 그윽하고 고
요하면서도 탁 트여 환하여 마치 숙녀가 단장한 듯
하니, 사랑스럽고 공경할 만하다.

강릉(江陵)[3]의 경포대(鏡浦臺)[4]는 마치 한 고조(漢高
祖)[5]의 기상과 같아서 시원스럽게 탁 트였으면서도
웅혼하고, 멀리까지 펼쳐졌으면서도 조용하고 편안
하다.

흡곡(歙谷)[6]의 시중대(侍中臺)[7]는 탁 트여 환하면서
도 엄숙하고, 평평하고 드넓으면서도 깊고 그윽하니,
마치 이름난 재상이 관아에 있을 때에 가까이 할 수
있어도 무리하게 너무 친할 수 없는 것과 같다. 이 3
개 호수가 마땅히 제일가는 아름다운 경치이다.

論湖居

我國無湖, 惟嶺東有六湖.
高城 三日浦, 淸妙中穠麗,
幽閑中開朗, 如淑女靚粧,
可愛可敬.

江陵 鏡浦臺, 如漢 高祖氣
像, 豁達中雄渾, 窅遠中安
穩.

歙谷 侍中臺, 昭朗中森巖,
平易中深邃, 如名相據府,
可親而不可狎. 此三湖當爲
第一勝槪.

---

1 고성(高城) : 강원도(북한) 고성군 일대.
2 삼일포(三日浦) : 강원도(북한) 고성군 삼일포리에 있는 호수. 둘레 5.8km, 길이 1.8km. 맑은 수면에 기괴한
  암석과 36봉이 비치어 절경을 이룬다. 신라의 사선이 3일 동안 이곳에서 노닐었다는 데서 그 이름이 비롯
  되었다. 고성에 있으므로, 고성 삼일포라고도 한다. 현재 천연기념물 제218호로 지정되었다.
3 강릉(江陵) : 강원도 강릉시 일대.
4 경포대(鏡浦臺) : 강원도 강릉시 저동 경포호에 있는 누각. 《대동여지도》에는 "경포대(鏡浦坮)"라 적혀 있
  고, 그 주위에 백사정(白沙汀)·강문교(江門橋)·해송정(海松亭)이 있다.
5 한고조(漢高祖) : B.C. 247(?)~B.C. 195.(재위 B.C. 202~B.C. 195.) 전한의 초대 황제. 이름은 유방(劉邦),
  자는 계(季)고, 패(沛) 사람이다.
6 흡곡(歙谷) : 강원도(북한) 통천군 흡곡면 일대.
7 시중대(侍中臺) : 강원도(북한) 통천군 흡곡면 시중호에 있는 누각. 《대동여지도》에는 적혀 있지 않다. 단,
  '시중호(侍中湖)'라 적혀 있고, 그 주위에 화관대(花觀坮)가 보인다. 시중호는 현재 천연기념물 제212호로
  지정되었다.

경포대(문화재청)

경포호와 설악산 전경(문화재청)

《금강산도권, 삼일포》신익성(申翊聖, 1588~1644)(국립중앙박물관)

《신묘년 풍악도첩, 시중대》정선(鄭敾, 1676~
1759)(국립중앙박물관)

그 다음은 간성(杆城)[8]의 화담(花潭)[9]이니, 마치 달
이 맑은 시내에 떨어진 듯하다. 영랑호(永郎湖)[10]는 마
치 구슬이 큰 연못에 감춰진 듯하다. 양양(襄陽)[11]의

其次杆城 花潭, 如月墮淸
川. 永郎湖, 如珠藏大澤.
襄陽 靑草湖, 如鏡開畫

8　간성(杆城) : 강원도 고성군 일대.

9　화담(花潭) : 강원도 고성군 거진읍 화포리에 있는 화진포(花津浦). 꽃피는 나룻가 호수라는 데서 비롯된 지
　명이다. 강원 지방기념물 제10호로 지정되었다. 《대동여지도》에는 "화담(花潭)"이라 적혀 있고, 그 주위에
　송지포(松池浦)가 있다. 《해동지도》에는 "화진포(花津浦)"라 적혀 있으며, 옛날에는 "열산호(烈山湖)"라고
　도 불렀다.

10　영랑호(永郎湖) : 강원도 속초시 북쪽 영랑동·장사동·금호동·동명동 일대에 있는 석호. 신라의 화랑 영랑
　(永郎)이 이 호수를 발견했다는 데서 비롯된 지명이다.

11　양양(襄陽) : 강원도 양양군 일대.

청초호(靑草湖)[12]는 마치 열어놓은 꽃무늬 경대(鏡臺)[13]
의 거울과 같다. 이 3개 호수의 기이한 경치는 위 3
개 호수에 버금간다. 《팔역가거지》[14]

奩. 此三湖奇勝, 亞於上三
湖. 《八域可居誌》

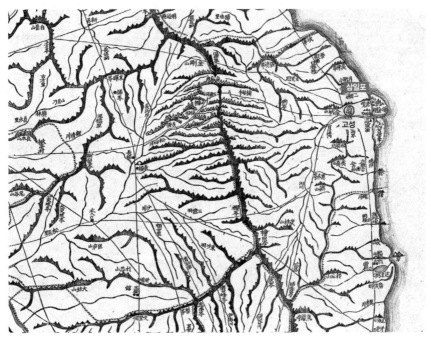

고성의 삼일포 일대(《대동여지도》)

---

12 청초호(靑草湖) : 당시에는 강원도 양양군에 속했으나, 현재 강원도 속초시에 편입되었다. 속초시 청학동·
    교동·조양동·청호동에 걸쳐 있는 석호. 인근의 영랑호·강릉의 경포호와 함께 동해안의 대표적인 호수로
    꼽힌다.
13 경대(鏡臺) : 화장을 하거나 머리를 빗을 때 사용하는 가구로, 거울을 세우는 대.
14 《擇里誌》〈卜居總論〉"山水", 68~69쪽.

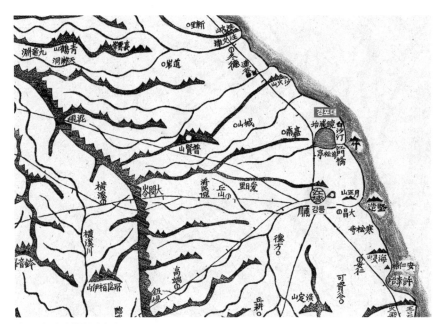

강릉의 경포대 일대(《대동여지도》)

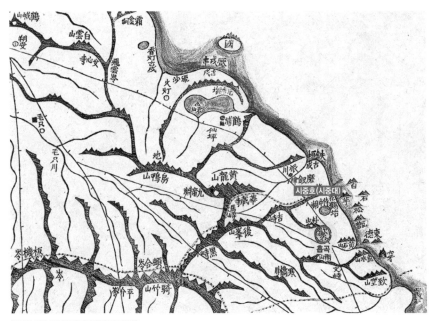

흡곡의 시중호(시중대) 일대(《대동여지도》)

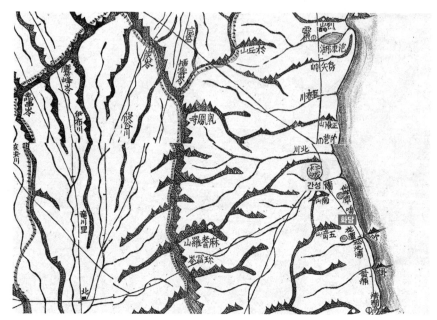

간성의 화담 일대(《대동여지도》)

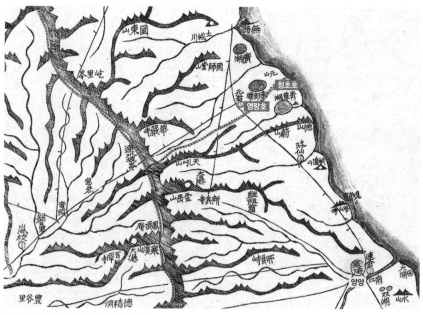

속초의 영랑호·양양의 청초호 일대(《대동여지도》)

철령(鐵嶺) 한 줄기가 동쪽 바닷가로 뻗어 나가 층층이 늘어서 있으니, 마치 높고 낮은 병풍을 펼쳐놓은 듯하다. 이 중에서 좌우의 두 줄기가 바다의 입구를 빙 두르고 있으니, 마치 사람이 소매를 마주잡고 있는 형상과 같다. 이곳의 비어 있는 곳에는 작은 암벽이 쭉 벌여 있어서 마치 만 개의 아궁이가 들판에 있는 것 같이 뿔뿔이 흩어져 있으면서 서로 가려 바다의 경치를 보지 못한다.

그 안쪽이 학포(鶴浦)[15]인데, 둘레는 30여 리이다. 수심이 깊어 물에 비친 달 그림자가 맑고 깨끗하며, 사면이 모두 흰모래 언덕이므로 모래 속에서 해당화가 활짝 피어 흐드러지게 핀 모양이 구름비단과 같다. 뒤에는 수려한 봉우리와 고운 산등성이가 그윽하면서 고요하고 아름다우며, 앞에는 푸른 파도와 잔잔한 물결이 출렁이며 가득 고여 있다. 중국 사람들은 서호(西湖)[16]를 곱게 단장한 미인에 비하는데, 우리나라의 호수를 끼고 있는 산 중에서 서호와 아름다움을 견줄 만한 호수는 오직 이 학포이니, 영동의 6개 호수와 비할 바가 아니다.

학포는 옛날에 강원도(북한) 흡곡에 속하였다가 뒤에 안변에 이속되어 함경도에 편입되었기 때문에 그곳까지 가서 거주하려는 사대부가 없었다. 이로

鐵嶺一枝, 東走海上, 層層展開, 如張[1]高下屛障. 左右兩枝廻環於海門, 如人拱袖之狀. 其空缺處則小小巖壁羅列, 如萬竈在野, 離離互遮, 不見海色.

其內爲鶴浦, 周回三十餘里. 水深而空明淸澈, 四面皆白沙岸而沙中海裳透開, 爛如雲錦. 後則秀峯嫩巒, 窈窕婉媚;前則淸波細浪, 激灘渟滀. 中國人以西湖比之明粧美人, 我國湖山可以媲美西湖者, 惟此湖, 非嶺東六湖之比也.

舊屬歙谷, 後移屬安邊, 以其淪入於北道, 士大夫無往居者, 絕勝名區委棄於

---

15 학포(鶴浦):강원도(북한) 통천군 화통리 서쪽 일대에 있던 호수. 학호(鶴湖)라고도 부른다. 지금은 북쪽에 있는 호수를 동정호, 남쪽에 있는 호수를 천아포라 부르지만, 학포는 이 두 호수를 통칭한 듯하다. 《대동여지도》에는 호수 가운데 '산군(山君)'이라는 지명의 작은 섬(지금의 밤섬)이 있으며, 호수의 경치를 감상할 수 있는, 작은 봉우리인 원수대(元帥臺)가 함께 적혀 있다.

16 서호(西湖):중국 항주시 서쪽에 위치한 호수.

[1] 張:저본에는 "障". 《擇里誌·卜居總論·山水》에 근거하여 수정.

인해 빼어난 경치와 이름난 지역이 육지에서 멀리 떨어져 있는 바다 구석에 버려져 있다. 땅에도 이와 같이 가치를 알아주는 사람을 만남과 못 만남의 차이가 있다.《팔역가거지》[17]

絶海之隅, 地亦有遇不遇如此也. 同上

학포 일대(《대동여지도》)

영동의 6개 호수는 비록 산을 끼고 있는 호수의 아름다운 경치가 있지만 위치가 외지고 바다와 가깝다. 게다가 경작지가 부족하여 한번 노닐며 구경할 수 있을 뿐, 대대로 정착하여 살 곳은 아니다.

嶺東六湖, 雖有湖山勝概, 地僻逼海. 且乏耕稼之賜, 只可一時遊賞, 非傳家奠居之地.

---

17 《擇里誌》〈卜居總論〉“山水”, 70~71쪽.

충청도에서 홍주(洪州)[18]에 합덕지(合德池)[19], 제천(堤川)[20]에 의림지(義林池)[21]가 있고, 전라도에는 익산(益山)[22]에 황등제(黃登堤)[23], 김제(金堤)[24]에 벽골제(碧骨堤)[25], 고부(古阜)[26]에 눌제(訥堤)[27], 광주(光州)[28]에 경양호(景陽湖)[29]가 있다. 경상도에서 용궁(龍宮)[30]에 공검지(恭檢池)[31]가 있고, 황해도에는 연안(延安)[32]에 와룡지(臥龍池)[33]【민간에서는 '남대지(南大池)'라 부른다.】가 있다.

크게는 둘레가 30~40리이고, 작게는 10여 리 이하로 내려가지 않는다. 만일 호수 근방에 살 만한

湖西之洪州有合德池, 堤川有義林池, 湖南之益山有黃登堤湖, 金堤有碧骨堤湖, 古阜有訥堤湖, 光州有景陽湖. 嶺南之龍宮有恭檢池, 海西之延安有臥龍池【俗名"南大池".】.

大則周三四十里, 小不下十餘里. 苟能擇傍近可居

---

18 홍주(洪州):충청남도 홍성군 홍성읍 오관리 일대.
19 합덕지(合德池):당시에는 충청남도 홍성군에 속했으나, 현재 충청남도 당진군에 편입되었다. 당진군 합덕읍 성동리에 있는 저수지이다. 1964년 예당지(禮唐池)가 준공되면서 관개용수량이 충분해지자 폐지되었고, 현재는 농경지로 개답하였다.
20 제천(堤川):충청북도 제천시 일대.
21 의림지(義林池):충청북도 제천시 모산동에 있는 저수지. 우리나라에서 오랜 역사를 가진 저수지이며, 김제의 벽골제, 밀양의 수산제와 함께 삼한(三韓) 시대 3대 수리 시설이다.
22 익산(益山):전라북도 익산시 일대.
23 황등제(黃登堤):백제시대에 전라북도 익산시의 황등산과 도치산 사이를 막았던 제방. 길이 약 1,300m.
24 김제(金堤):전라북도 김제시 일대.
25 벽골제(碧骨堤):백제시내에 선라북노 김제시 부량면 포교리에서 월승리 일대를 막은 제방. 우리나라에서 가장 오래되고 규모가 큰 저수지로 알려져 있다.
26 고부(古阜):정읍시 고부면 일대.
27 눌제(訥堤):백제시대에 전라북도 정읍시 고부면 관청리와 부안군 줄포면 신흥리 사이를 막은 제방. 익산의 황등제·김제의 벽골제와 더불어 호남 삼호의 하나로, 지금은 지방도로로 이용되고 있다.
28 광주(光州):전라남도 광주시 일대.
29 경양호(景陽湖):전라남도 광주 북쪽으로 30리에 있던 호수. 경호(鏡湖), 연지(蓮池), 영지(影池), 금교제(金橋堤), 서방지(瑞坊池)라고도 한다. 지금의 광주광역시 동구 대인동 및 계림동 일대에 자리하고 있었으나, 1967년에 매립되어 지금은 남아있지 않다.
30 용궁(龍宮):경상북도 예천군 용궁면 일대.
31 공검지(恭檢池):당시에는 경상북도 예천군에 속했으나, 현재 경상북도 상주군에 편입되었다. 상주군 공검면 양정리에 있던 저수지. 이 저수지를 만들 때 '공갈'이라는 아이를 묻고 둑을 쌓았다는 전설이 전하여 "공갈못"이라고도 부른다.
32 연안(延安):황해남도 연백군 일대.
33 와룡지(臥龍池):황해남도 연백군 연안읍에 있던 저수지. 용이 누워있는 모양이라는 데서 비롯된 지명이다. 대호(大湖)라고도 한다.

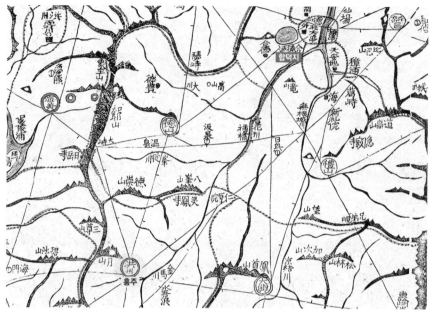

홍주 합덕지 일대(《대동여지도》)

땅을 잘 택하여 정자를 짓고 뽕나무와 과실수를 심
는다면, 논밭에 관개할 때 가져다 쓰거나 마음을 씻
어 낼 만 하다.《금화경독기》[34]

之地, 起樓榭種桑果, 亦
可以資灌漑滌襟胸矣.《金
華耕讀記》

---

34 출전 확인 안 됨.

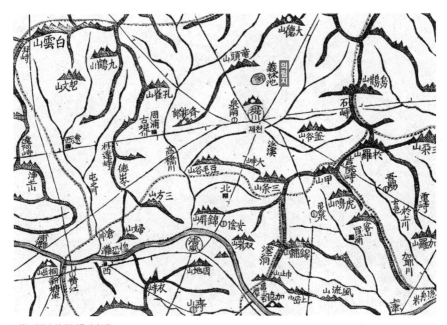

제천 의림지 일대(《대동여지도》)

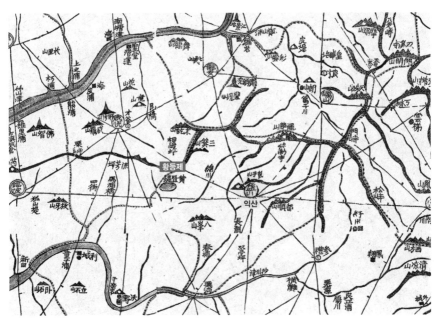

익산 황등제 일대(《대동여지도》)

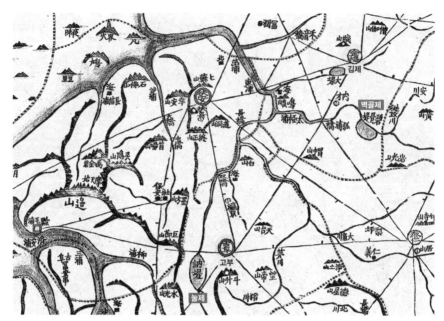

김제 벽골제·고부 눌제 일대(《대동여지도》)

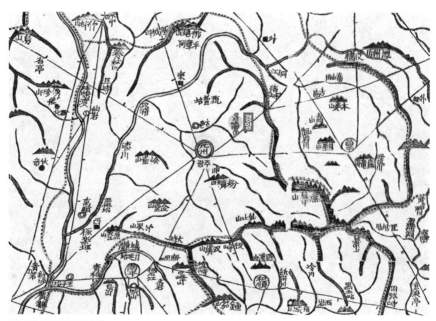

광주 경양호 일대(《대동여지도》)

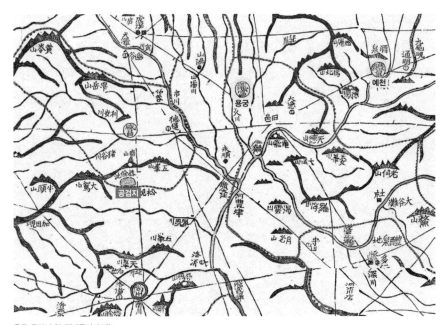

용궁 공검지 일대(《대동여지도》)

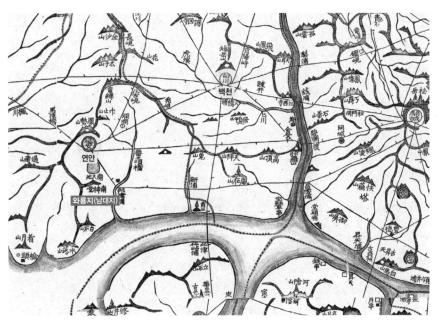

연안 와룡지(남대지) 일대(《대동여지도》)

5) 섬 거주지

우리나라는 삼면이 바다로 둘러싸여 있는데, 경흥(慶興)[1]의 조산(造山)[2]에서 동래(東萊)의 해운대(海雲臺)[3]까지가 동해이고, 동래의 남내포(南乃浦)[4]에서 해남(海南)까지가 남해이며, 해남의 명양(鳴洋)[5] 서쪽에서 통진의 조강(祖江)[6] 남쪽까지와 풍덕의 조강 북쪽에서 의주(義州)[7]의 미라산(彌羅山)[8] 남쪽까지가 서해이다.

이 주위에는 크고 작은 섬들이 별과 바둑알처럼 수없이 펼쳐져 있다. 작은 섬은 둘레가 10~20리이고, 큰 섬은 둘레가 120~130리이다. 흙은 비옥하고 사람은 많아서, 세상을 피해 거처할 만한 곳이 종종 있다. 다만 경상도와 전라도 연해의 섬들은 모두 산람장기와 벌레·독사 등으로 인하여 괴로움을 겪고, 게다가 왜구와 가까워 살기에 좋지 않다.

論海居

我國三面環海. 自慶興之造山至東萊之海雲臺, 爲東海;自東萊之南乃浦至海南, 爲南海;自海南 鳴洋之西至通津 祖江之南、自豐德 祖江之北至義州 彌羅山之南, 爲西海.

大小島嶼, 星羅棊布. 小或周一二十里, 大或周百里二三百里. 往往有土腴人衆可以棲遲之處. 但嶺、湖南沿海島嶼, 率皆苦瘴癘蟲蛇, 且近倭, 不可居.

---

1 경흥(慶興):함경북도 선봉군 일대.
2 조산(造山):함경북도 선봉군 조산리 일대. 두만강 하류가 동해로 들어가는 지점이자 러시아와 국경을 접하는 곳이다.
3 해운대(海雲臺):부산광역시 동래구 해운대구에 있는 경승지. 신라 말 최치원(崔致遠, 857~?)이 새긴 '해운(海雲)'과 해안가에 형성된 높은 지대를 일컫는 '대(臺)'가 합성된 지명으로, 지형적·역사적 특성이 결합된 명칭이다.
4 남내포(南乃浦):부산광역시 동래구 남내포 일대.
5 명양(鳴洋):전라남도 해남군 문내면에 위치한 해협. 큰 물결이 좁은 협곡과 만나 물살이 거세고 큰 소리를 낸다. 명량(鳴梁)이라고도 한다. 《대동여지도》에는 '명량항(鳴梁項)'으로 적혀 있다.
6 조강(祖江):한강과 임진강이 만나는 한강 하류의 물줄기. 경기도 개풍군 덕수 남쪽과 경기도 김포시 월곶면 조강리 앞에서 만난다.
7 의주(義州):평안북도 용천군 일대.
8 미라산(彌羅山):평안북도 용천군 덕승리에 있는 산. 해발 98m.

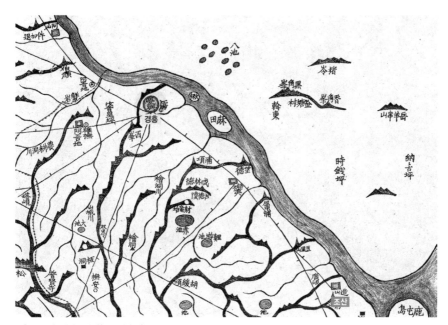

경흥의 조산(동해의 시작점)(《대동여지도》)

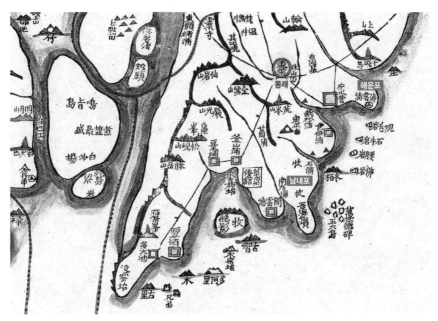

동래의 해운포(동해의 끝)·남내포(남해의 시작점) 일대(《대동여지도》)

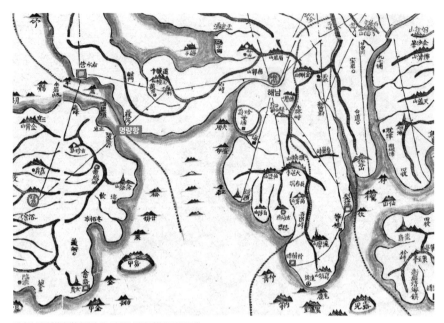

해남의 명량항(명양)(남해의 끝·서해의 시작점)(《대동여지도》)

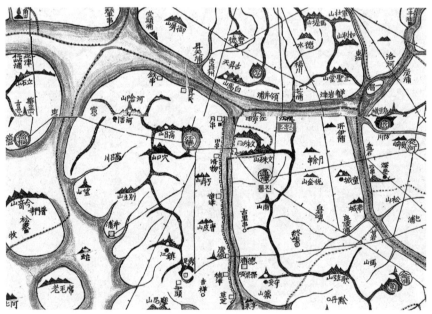

통진의 조강(서해의 끝) 일대(《대동여지도》)

의주의 미라산 일대(《대동여지도》)

서해는 또한 중국 등주(登州)와 내주(萊州)에서 물고기 잡고 특산물을 채취하려는 어선이 수시로 모여드는 근심이 있어 또한 살기에 좋지 않다. 강원도와 함경도 연해는 바람이 거세고 물결이 사나워 왜구의 어선이 예부터 이른 적이 드물다. 그러나 동해에는 섬이 많지 않고, 게다가 물결이 사나운 까닭에 육지와 왕래하기가 서해와 남해만큼 쉽지 않다.

오직 강화도(江華島)만이 서해에서 남쪽과 북쪽으로 통하는 길목을 차지하여 한양과 개성에 가까우니, 상인들이 모여든다. 남양(南陽)의 대부도(大阜島)는 흙이 비옥하고 생선과 소금이 풍부하여 이곳에 사는 사람들은 부유하다. 이 두 곳은 바다 근처 거주지 가운데 가장 좋다. 그러나 강화도는 나라의 요충지에

西海又患登、萊漁採船之無時湊泊, 亦不可居. 關東、北沿海, 風高水悍, 倭船從古罕至, 然東海島嶼不多, 且以其水悍之故, 通涉陸地, 不如西、南海之易.

惟江華居西海南北之交衝, 密邇兩京, 商旅湊集. 南陽大阜島, 土肥饒魚鹽, 居民富厚. 此二處爲海居之最. 然江華爲國重鎭, 大阜島蜑戶雜處, 俱非遯世棲隱

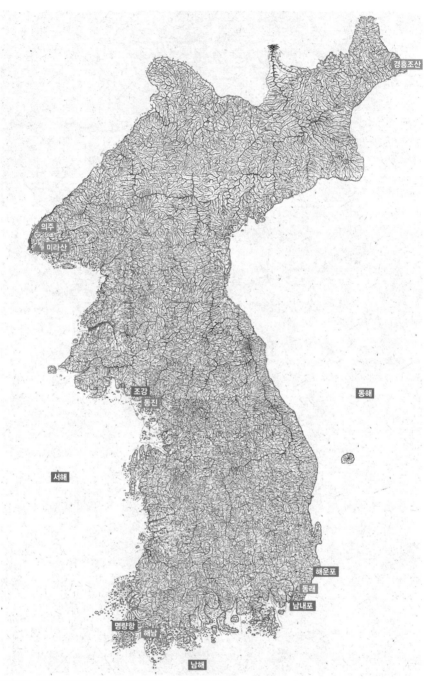

동해(조산~해운포)·남해(남내포~해남)·서해(명랑항~조강과 미라산 일대)의 규정(《대동여지도》)

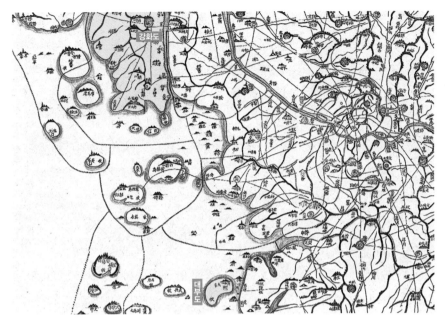

강화도·남양의 대부도 일대(《대동여지도》)

설치한 군진(軍鎭)이고, 대부도는 구불구불하게 늘어
진 집들에 여러 부류의 사람들이 섞여 살기 때문에
모두 세상을 피해 은거할 곳은 아니다. 《금화경독기》[9]

之所也. 《金華耕讀記》

　남해현(南海縣)은 경상남도 고성(固城)[10] 앞바다에
있고, 육지와의 거리는 10리이다. 안에는 금산동천
(錦山洞天)[11]이 있는데, 바로 최치원(崔致遠)이 노닐던
곳으로 최치원이 쓴 큰 글자가 아직도 석벽에 남아
있다.

南海縣在嶺南　固城海中,
距陸十里. 內有錦山洞天,
卽崔孤雲所遊處, 孤雲所
書大字尙留石壁.

9　출전 확인 안 됨.
10　고성(固城) : 경상남도 고성군 일대. 남부 연안 중앙부 최남단에 위치하였다. 서쪽으로 사천시, 북쪽으로 진
　　주시, 남쪽으로 통영시와 인접해 있다.
11　금산동천(錦山洞天) : 남해군 삼동면 금산 일대. 최치원(崔致遠, 857~?)이 전국을 방랑하면서 남긴 글씨가
　　이곳에 석각으로 남아 있었다고 한다. 지금은 존재하지 않는다.

완도(莞島)[12]는 전라도 강진(康津) 앞바다에 있고, 육지와의 거리는 10리이다. 이곳은 바로 신라 때 청해진(淸海鎭)[13]으로 장보고(張保皐)[14]가 웅거하던 곳이다. 섬 안에는 뛰어난 샘물과 바위가 많이 있다. 지금은 첨사진(僉使鎭)[15]을 설치하였다.

군산도(群山島)[16]는 전라도의 만경(萬頃) 앞바다에 있다. 지금은 첨사진을 설치하였다. 섬 전체가 바위산이며, 여러 봉우리가 뒤편을 가린 채 섬의 좌우를 둘러싸고 있다. 섬 중앙의 갈라진 부분은 차항(汊港)[17]이어서, 배를 정박할 수 있으며 그 앞에는 어량(魚梁)[18]이 있다. 매년 봄과 여름에 물고기를 잡고 해산물을 채취하려는 상선들이 구름처럼 모여드니, 이곳에 사는 사람들은 어업으로 부를 쌓고 집과 복식을 앞다투어 치장하니, 그 사치가 육지 사람보다 심하다.

莞島在湖南 康津海中, 距陸十里. 卽新羅 淸海鎭, 張保皐所據也. 內多好泉石. 今置僉使鎭.

群山島在湖南 萬頃海中. 今置僉使鎭. 全島皆石山也, 群峯障後, 左右環擁. 中坼爲汊港, 可藏船舶, 前爲魚梁. 每春夏漁採商船雲集, 居民以此致富, 競治室廬、服餙, 其豪侈甚於陸民.

---

12 완도(莞島) : 전라남도 완도군 일대.

13 청해진(淸海鎭) : 전라남도 강진 완도에 있었던 군사 기지로, 신라 흥덕왕 3년(828년)에 장보고(張保皐)의 청에 따라 설치되었다.

14 장보고(張保皐) : ?~846. 신라의 무장으로 원래 이름은 궁복(弓福)이다. 일찍이 당나라로 건너가 무령군(武寧軍) 소장(小將)을 지냈으며, 신라로 돌아와 청해진을 설치하고 대사(大使)로서 신라 서남부 해안의 해상권을 장악하였다.

15 첨사진(僉使鎭) : 조선시대 진영 편제 가운데 하나로, 첨절제사(僉節制使)가 지휘하는 수군 진영을 말한다.

16 군산도(群山島) : 전라북도 군산시 고군산군도(古群山群島) 일대에 있는 선유도·신시도·무녀도 등의 섬으로 보인다. 보통은 선유도를 군산도라고 하지만 《대동여지도》에 표기된 군산도에는 동쪽에 월영대(月影坮)가 표기되어 있다. 월영대는 신시도에 있는 월영산(해발 197m)이다. 그렇다고 군산도를 신시도로 보기에는 무리가 있는 듯하다. 본문에서의 설명 중 특히 "섬 중앙의 갈라진 부분은 차항이어서 배를 정박할 수 있"다는 대목은 이 세 섬이 모인 중앙 가운데 트여 있는 북쪽을 가리키는 듯하다. 물이 빠지면 세 섬이 거의 한 섬처럼 이어진다.

17 차항(汊港) : 갯물이 들어가는 하구(河口)를 말한다.

18 어량(魚梁) : 물이 한 군데로만 흐르도록 물살을 막고 통발을 설치하여 고기를 잡도록 만든 곳.

덕적도(德積島)[19]는 충청도의 서산 북쪽 바다에 있는데, 바로 당나라 소열(蘇烈, 소정방)이 백제를 정벌할 때 병사를 주둔시킨 곳이다. 삼석봉(三石峰)[20]이 섬의 뒤편에서 하늘을 찌를 듯이 솟아있으며, 거기서 뻗어 나온 산맥이 섬을 둘러싸고 있다. 섬 안쪽에는 차항이어서 배를 정박할 수 있다. 폭포가 높은 곳에서 쏟아져 내려 저지대의 평야로 굽이치며 흘러가는데, 층을 이룬 바위와 반석이 굽이굽이마다 맑고 그윽하다. 매년 봄과 여름에 철쭉이 온 산에 만발하여 비단을 펼쳐놓은 듯 눈부시고, 바닷가 백사장에는 해당화가 흐드러지게 피니 진실로 선경(仙境)이다. 이곳에 사는 사람들 가운데 고기잡이와 해산물 채취를 통해 부유하게 된 경우가 많다. 그러나 여러 섬들은 모두 산람장기가 있고, 샘물이 좋지 않다. 오직 덕적도와 군산도만 이런 단점이 없다. 《팔역가거지》[21]

【안 덕적도와 군산도는 이미 군사상 방벽을 설치하여 지키는 지역인 데다 경작할 땅이 부족하므로 살기에 좋지 않다.】

德積島在湖西 瑞山北海中, 卽唐 蘇定方伐百濟時駐兵之所. 三石峯在後挿天, 而支麓環拱. 內爲汊港, 可泊舟船. 飛泉自高瀉下, 迤逶平川, 層巖盤石曲曲淸幽. 每春夏躑躅滿山, 燦若錦繡, 海汀白沙, 海棠爛開, 眞仙境也. 居民賴漁採多富厚者. 然諸島皆瘴惡, 水泉不佳, 獨德積、群山無之. 《八域可居志》

【案 德積、群山, 旣系乘障鎭戍之地, 且乏耕稼之暘, 不可居.】

---

19 덕적도(德積島): 인천광역시 옹진군 덕적면에 위치한 섬.
20 삼석봉(三石峰): 인천광역시 옹진군 덕적면 북리와 서포리 사이에 있는 국수봉(國壽峰, 해발 314m).《대동여지도》에는 덕적도 서북쪽에 있다.
21 《擇里志》〈卜居總論〉"山水", 74~75쪽.

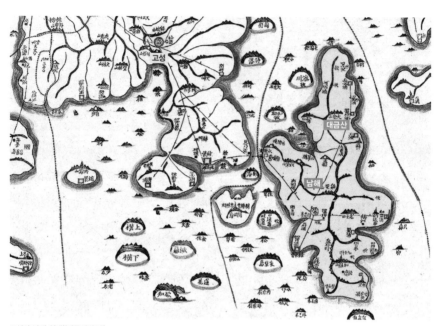

고성의 남해 일대(《대동여지도》)

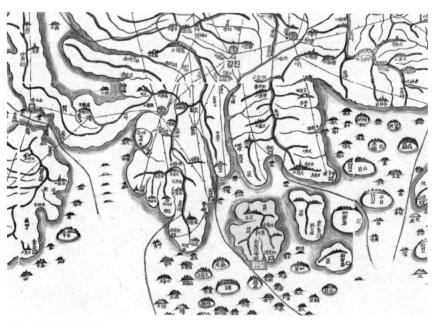

강진의 완도 일대(《대동여지도》)

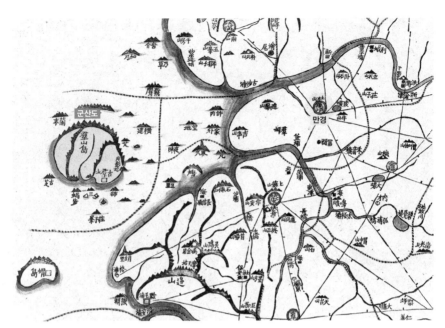

만경의 군산도 일대(《대동여지도》)

서산의 덕적도 일대(《대동여지도》)

해안가 지역은 섬 거주지와 같다. 동해가 가장 경치가 좋은데, 예를 들어 양양(襄陽)의 낙산사(洛山寺)[22]·간성(杆城)의 청간정(淸澗亭)[23]·울진(蔚珍)[24]의 망양정(望洋亭)[25]·평해(平海)[26]의 월송정(越松亭)[27]과 같은 경우에는 모두 드넓은 바다에 바로 닿아 있다. 바다는 하늘과 함께 끝없이 펼쳐져 있고, 해안의 기암괴석은 여기저기에 서서 파도치는 물결 사이에 은은하게 비친다. 눈처럼 하얀 백사장에 해당화는 점점이 수놓아져 있고, 소나무 숲은 긴 가지들이 축축 늘어지고 하늘을 찌를 듯하다. 이 지역들을 노니는 사람들은 황홀한 나머지 구름을 헤치고 올라가 하늘을 걸

濱海之地, 猶之海居也. 東海最勝, 如襄陽之洛山寺、杆城之淸澗亭、蔚珍之望洋亭、平海之越松亭, 皆壓臨滄海. 海水與天無際, 海岸異石奇巖錯立, 隱暎於滄波之間. 白沙如雪, 海棠點繡, 松林落落參天. 遊其地者怳然有凌雲步虛之意. 儘名區勝境, 而所乏者沃壤腴疇耳.

낙산사 보타전과 낙산사 전경(양양군청 기획감사실 홍보계)

---

22 낙산사(洛山寺) : 강원도 양양군 강현면 전진리 오봉산(五峯山)에 있는 사찰로, 관동팔경(關東八景) 가운데 하나이다. 신라 문무왕 11년(671년)에 의상(義湘)이 세웠다.

23 청간정(淸澗亭) : 강원도 고성군 토성면 청간리에 있던 정자로, 관동팔경 가운데 하나이다.

24 울진(蔚珍) : 경상북도 울진군 일대.

25 망양정(望洋亭) : 경상북도 울진군 근남면 산포리에 있는 정자로, 관동팔경 가운데 하나이다. 경치가 아름다워 매월당 김시습(金時習, 1435~1493)·송강 정철(鄭澈, 1536~1593)·아계 이산해(李山海, 1539~1609) 등 여러 문인들의 묵적이 남아 있다.

26 평해(平海) : 경상북도 울진군 평해읍 일대.

27 월송정(越松亭) : 경상북도 울진군 평해읍에 있는 정자로, 관동팔경 가운데 하나이다. 신라시대 화랑들이 이곳에서 달을 즐기며 선유(仙遊)하였다는 이야기가 있으며, 이후에도 여러 시인묵객들이 방문하였다.

청간정(고성군청 관광문화체육과)

망양정(울진군청 홍보팀)

월송정(울진군청 홍보팀)

을 듯이 속세를 떠나 초연해지고자 하는 마음을 갖
게 된다. 모두 명승지로서 뛰어난 경관을 가지고 있
지만 부족한 점은 비옥한 논밭일 뿐이다.

　남해의 해안 지역에는 모두 산람장기가 있어 살
기에 좋지 않다. 서해안 또한 살기에 좋은 곳이 드물
지만, 오직 통진의 십승정(十勝亭)은 생업 조건과 경
관이 모두 자리를 잡고 살 만하다. 충청도 내포(內浦)
의 여러 고을[28]과 황해도의 연안(延安)[29]·배천(白川)[30]
등지에는 이따금씩 바닷가에 터를 잡고 사는 사람
들이 있는데, 쌀과 게가 풍부하여 살기에 좋다.《금
화경독기》[31]

南海緣邊之地皆有瘴, 不
可居. 西海之濱亦尟可居
處, 惟通津之十勝亭, 生理
與勝槪, 俱可奠居. 湖西
內浦諸邑、海西 延安·白
川等地, 往往有臨海作基,
饒稻、蟹可居處.《金華耕
讀記》

---

28 충청도 내포(內浦)의 여러 고을 : 내포(內浦)는 바다나 호수가 육지 안으로 휘어들어간 부분을 말한다. 앞의
　"전국 총론" '충청도'에서 가야산 앞뒤에 있는 보령(保寧)·결성(潔城)·해미(海美)·태안(泰安)·서산(瑞山)·면
　천(沔川)·당진(唐津)·홍주(洪州)·덕산(德山)·예산(禮山)·신창(新昌)·대흥(大興)·청양(靑陽)을 가리킨다고
　보았다.
29 연안(延安) : 황해도 연백군 서부 일대.
30 배천(白川) : 황해도 연백군 동부 일대.
31 출전 확인 안 됨.

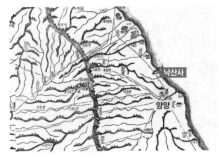

양양 낙산사 일대(《대동여지도》)

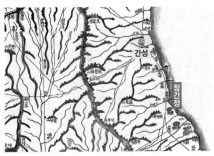

간성 청간정 일대(《대동여지도》)

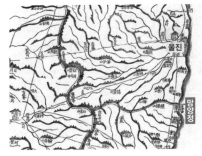

울진 망양정 일대(《대동여지도》)

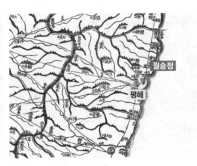

평해 월송정 일대(《대동여지도》)

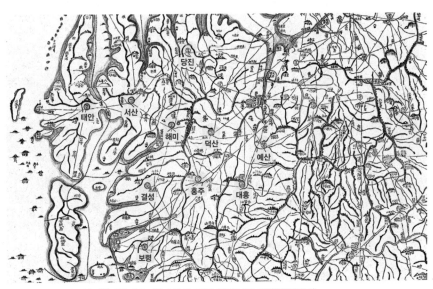

태안·서산·당진·해미·덕산·예산·결성·홍주·대흥·보령 등 충청도 내포의 여러 고을(《대동여지도》)

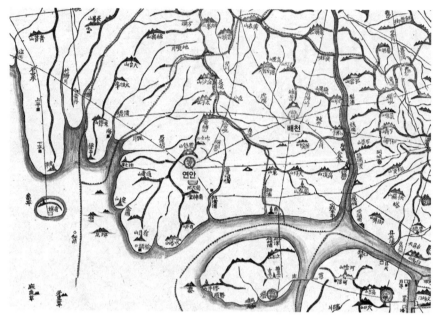

황해도 연안·배천 일대(《대동여지도》)

6) 계곡·강·바다 근처의 거주지

논자(論者)들은 "계곡 근처 거주지는 강 근처 거주지만 못하고, 강 근처 거주지는 바다 근처 거주지만 못하다."라 한다. 이는 재화를 유통하고 생선과 소금을 취하기 편리한 점만 가지고 말한 것일 뿐이다. 그러나 실제로 바닷가는 바람이 많아 얼굴이 쉽게 검어지고, 또 각기병[1]·수종(水腫)[2]·산람장기와 같은 질병이 많다. 샘물은 소금기가 있어 마시기에 나쁘고, 토지는 척박하고 무르며, 밀물과 썰물은 혼탁하여

合論溪、江、海居

論者謂"溪居不如江居, 江居不如海居."此以通貨財取魚鹽而言耳. 其實海上多風, 人面易黑, 又多脚氣、水腫、瘴癘之疾. 水泉鹵惡, 土地瘠脆, 潮汐渾濁, 清韻絶少. 故海居不如江居.

---

1 각기병 : 수습(水濕)으로 인해 생기는 병이다. 다리가 붓는 것을 습각기(濕脚氣)라 하고, 붓지 않으면 건각기(乾脚氣)라고 한다. 완풍(緩風)·궐(厥)이라고도 한다. 《인제지》 권6 〈외인(外因)〉 "각기(脚氣)"에 있다.
2 수종(水腫) : 부종(浮腫). 몸 안에 체액이 머물러 있어 얼굴·팔다리·가슴과 배 등이 붓는 병증이다.

맑은 운치가 아주 적다. 그러므로 바다 근처 거주지
는 강 근처 거주지만 못하다.

우리나라의 지세는 동쪽이 높고 서쪽이 낮아 강
이 골짜기에서 흘러나오면 아득히 멀고 평온한 기운
은 적고, 거꾸로 말려서 급히 쏟아지는 기세가 있다.
일반적으로 강 근처에 정자나 집을 지으면 지리적으
로 어그러진 부분이 많아 물살의 기세가 일정하지
않다. 오직 계곡 근처 거주지에만 그윽하면서 고요하
고 깨끗한 정취가 있고, 또한 논밭에 물을 대주면서
농사짓는 즐거움도 겸할 수 있다. 그러므로 강 근처
거주지는 계곡 근처 거주지만 못하다. 《팔역가거지》[3]

상택지 권제2 끝

我國地勢, 東高西低, 江自
峽出, 少悠遠平穩之意, 有
倒捲急瀉之勢. 凡臨江搆
亭屋者, 地理多舛, 興歇
無常. 惟溪居有窈窕瀟灑
之趣, 亦兼灌漑耕耘之樂.
故江居不如溪居.《八域可
居志》

相宅志卷第二

---

3 《擇里志》〈卜居總論〉"山水", 80쪽.

《상택지》 참고문헌 서목

참고문헌 개요

《상택지》 원문과 인용문헌을 대조하고 교감하는 과정에는 일차적으로 《擇里志》(국립중앙도서관 古041-1-27)·《農書》(아세아문화사 1981)·한국고전종합DB·바이두(baidu)·구글(Google) 사이트 등을 활용하였다. 먼저 해당 문구를 검색한 뒤, 전거문헌의 편명과 세목을 확인하고 각 문헌의 교주본과 통행본을 대조하였다. 교주본이나 통행본을 구하기 어려운 중국 문헌의 경우에는 전자판 원문으로 교감하였다. 《상택지》에 가장 많은 분량이 인용된 《택리지》는 200여 종의 이본 중 23종의 선본을 교감한 《완역 정본 택리지》(안대회·이승용 외 옮김, 2018, 휴머니스트)의 성과는 《상택지》 원고가 마감된 뒤에 출간되었기 때문에 반영하지 못했다.

경서류는 《십삼경주소 정리본》을, 사서류는 주로 중화서국의 《24사》를, 조선의 농서는 아세아문화사의 《농서》시리즈를 1차적인 전거로 삼았다. 그 외로 위의 자료에서 검색이 안 되는 서적은 서울대 규장각한국학연구원과 국립중앙도서관 자료를 주로 활용했다. 여기에 명기한 서적 이외로도 참조한 문헌들이 상당수 있으나 주석에 밝힌 문헌 위주로 실었다.

일차 공구서적으로는 《교학대한한사전》·《대한화사전》·《한어대사전》을 주로 참고하였다.

중국의 인물과 전고를 확인하는 데는 《중국역대인명대사전》·《중국역사대사전》·《사고전서총목제요》를 활용하였다. 한국의 인물들과 서적에 대한 정보는 《한국민족문화대백과사전》을 주로 활용하였다.

이상이 이 책의 번역과 교열, 교감, 각주에 등에 참조한 각종 참고서적이다.

이 지면에서나마 참고문헌 저자 및 편집자들에게 감사를 표한다.

일러두기

– 《상택지》에 수록된 책의 명칭을 기준으로 하고, 이칭은 병기하였다.
– 해당서가 일부만 전하거나, 단행본이 없는 경우 실제 참고서적을 병기하였다.
– 총서에 속하는 책은 총서시리즈명을 출판사 앞에 표기하였다.
– 일실된 책이나 해당 판본 확보가 불가능한 경우 그 현황을 표기하였다.
– 《四庫全書》는 文淵閣 四庫全書 電子版 (迪志文化出版有限公司, 1999)을 활용하였다.

상택지 필사본 소장현황

《임원경제지》 고려대 도서관본
《임원경제지》 서울대 규장각본
《임원경제지》 오사카 나카노시마 부립도서관본

경서류

《論語》,《論語注疏》, 何晏 注, 邢昺 疏 (十三經注疏 整理本 23, 北京大學出版社, 2000)

, 《論語集註》, 朱熹 撰 (經書, 丁酉內閣本, 대동문화연구원, 1996)

《孟子》,《孟子注疏》, 趙岐 注, 孫奭 疏 (十三經注疏 整理本 25, 北京大學出版社, 2000)

, 《孟子正義》, 焦循 撰, 沈文倬 點校 (中華書局, 1987)

《詩經》,《毛詩正義》, 毛亨 傳, 鄭玄 箋, 孔穎達 疏 (十三經注疏 整理本 4-6, 北京大學出版社, 2000)

《禮記正義》, 鄭玄 注, 孔穎達 疏 (十三經注疏 整理本 12-15, 北京大學出版社, 2000)

《周禮注疏》, 鄭玄 注, 賈公彦 疏 (十三經注疏 整理本 7-9, 北京大學出版社, 2000)

《周易正義》, 王弼 注, 孔穎達 疏 (十三經注疏 整理本 1, 北京大學出版社, 2000)

《懸吐完譯 周易傳義 上》, 成百曉 譯註 (東洋古典譯註叢書9, 傳統文化研究會, 1998)

《懸吐完譯 書經集傳 下》, 成百曉 譯註 (東洋古典譯註叢書7, 傳統文化研究會, 1998)

《春秋公羊傳注疏》, 公羊壽 傳 (十三經注疏 整理本 20-21, 北京大學出版社, 2000)

사서류

《史記》, 漢 司馬遷 撰 (二十四史, 中華書局, 1997)

《漢書》, 漢 班固 撰 (二十四史, 中華書局, 1997)

《國語全譯》, 黃永堂 譯注 (中國歷代名著全譯叢書, 貴州人民出版社, 1995)

《晉書》, 唐 房喬等 撰 (二十四史, 中華書局, 1997)

《隋書 天文志》, 唐 李淳風等 撰, 許嘉璐 主編 (二十四史全譯, 漢語大詞典出版社, 2004)

《漢書 律曆志》, 漢 班固 撰, 許嘉璐 主編 (二十四史全譯, 漢語大詞典出版社, 2004)

《箕子外紀》, 徐命膺 撰 (서울대 규장각한국학연구원 DB)

제자류

《莊子》,《莊子集釋》, 郭慶藩 撰, 王孝魚 點校 (中華書局, 1961)

　　,《莊子集解》, 王先謙 著 (諸子集成, 中華書局, 1954)

《管子》, 管仲 (文淵閣 四庫全書 電子版)

《朱子語類》, 朱熹 (《朱熹全書》14, 上海古籍出版社·安徽教育出版社, 2002)

《孫子兵法》, 孫武 (文淵閣 四庫全書 電子版)

정감류

《東國文獻備考》, 洪鳳漢 等奉教編 (서울대 규장각한국학연구원 DB)

농서 및 기술서

《北學議》, 朴齊家 著 (《農書》6, 아세아문화사, 1981)

《山林經濟》, 洪萬選 著 (한국고전번역원 한국고전종합 DB)

《山林經濟》, 洪萬選 著 (《農書》2, 아세아문화사, 1981)

《王禎農書》, 王禎 撰, 王毓瑚 校 (農業出版社, 1981)

《傳家寶》, 石成金 編撰, 喻嶽衡 校訂 (嶽麓書社, 2002)

《齊民要術》, 《齊民要術校釋》 繆啓愉 校釋 (中國農業出版社, 1998)

      , 《齊民要術譯注》 繆啓愉·繆桂龍 撰 (上海古籍出版社, 2006)

《增補山林經濟》, 柳重臨 (《農書》3, 아세아문화사, 1981)

지도 및 지리서

《湖西地圖》, 작자미상 (서울대 규장각한국학연구원)

《朝鮮八道地圖》, 작자미상 (서울대 규장각한국학연구원)

《大東輿地圖》, 김정호 (조선일보사, 2004)

《新增東國輿地勝覽》, 이행, 홍언필 (민족문화추진회, 1969)

자전과 운서류

《康熙字典》, 張玉書 等撰 (國學基本叢書, 臺灣商務印書館, 1968)

      , 《康熙字典 節本》, 張玉書 等 編纂, 張元濟 節選 (商務印書館, 2001)

《說文解字》, 許愼 撰 (文淵閣 四庫全書 電子版)

      , 《說文解字注》, 段玉裁 注 (上海古籍出版社, 1981)

문집류

《五洲衍文長箋散稿》, 李圭景 (한국고전번역원 한국고전종합 DB)

《靑莊館全書》, 李德懋 (《韓國文集叢刊》257~259)

《擇里志》, 李重煥 (朝鮮光文會, 1912)

《擇里志》, 李重煥 (국립중앙도서관 古041-1-27)

《保晚齋叢書》, 徐命膺 著 (서울大學校奎章閣韓國學硏究院, 2007)

《硏經齋全集外集》, 成海應 著 (《韓國文集叢刊》278, 한국고전번역원 DB)

《楓石全集》, 徐有榘 (《韓國文集叢刊》288)

《昨非庵日纂》, 鄭瑄 (續修四庫全書 1193)

《俛宇集》, 郭鍾錫 著 (한국고전번역원 한국고전종합 DB)

《朱子全書》, 朱熹 (서울대학교 규장각, 2004)

《朱子全書》, 朱熹 (上海古籍出版社, 安徽教育出版社, 2001)

《山谷集》, 黃庭堅 撰 (文淵閣 四庫全書 電子版)

《東坡全集》, 蘇軾 (文淵閣 四庫全書 電子版)

《二程遺書》, 程顥·程頤 (文淵閣 四庫全書 電子版)

《圓嶠集》, 李匡師 (韓國文集叢刊221, 민족문화추진회, 1990)

《淮海集》, 秦觀 撰 (文淵閣 四庫全書 電子版)

그외 원전

《居家必用事類全集》, 작자 미상 《續修四庫書, 上海古籍出版社, 1995》

《本草綱目》, 李時珍 著 (人民衛生出版社, 1991)

《煮泉小品》, 田藝衡 (中國茶書全集校證, 中州古籍出版社, 2014)

《水品》, 徐獻忠 (中國茶書全集校證, 中州古籍出版社, 2014)

《睽車志》, 郭彖 (中國哲學書電子化計劃 電子版)

번역서

《논어한글역주》, 도올 김용옥 역주 (통나무, 2008)

《맹자집주》, 성백효 역주 (전통문화연구회, 1992)

《북학의》, 박제가 저, 안대회 옮김 (돌베개, 2013)

《북학의》, 박제가 저, 박정주 옮김 (서해문집, 2003)

《산림경제》, 유중림 저, 민족문화추진회 편역 (솔, 1997)

《사기》, 정범진 외 옮김 (까치, 1994)

《임원경제지 본리지》, 서유구 지음, 정명현·김정기 역주 (소와당, 2008~2009)

《제민요술》, 구자옥·홍기용·김영진 역주 (농촌진흥청, 2006)

《증보산림경제 I ~ Ⅲ》, 노재준·윤태순·홍기용 옮김 (고농서국역총서4~6,
　　농촌진흥청, 2003)

《택리지》, 이중환 지음, 허경진 옮김 (서해문집, 2007)

《택리지》, 이중환 지음, 이익성 옮김 (을유문화사, 2006)

《우리시대의 풍수》, 조인철 (민속원, 2008)

《산수간에 집을 짓고》, 안대회 (돌베개, 2005)

사전과 유서·도감류

《조선후기한자어휘검색사전-물명고·광재물보-》, 정양완·홍윤표·심경
호·김건곤 편 (한국정신문화연구원, 1997)

《人漢和辭典》, 諸橋轍次 著 (大修館書店, 1984)

《三才圖會》, 王圻 著, 王思義 編集 (上海古籍出版社, 1988)

《漢語大詞典》, 羅竹風 主編, 漢語大詞典編輯委員會, 漢語大詞典編纂
處 編纂 (上海, 漢語大詞典出版社, 1990-93)

《漢語大字典(縮印本)》, 漢語大字典編輯委員會 編纂 (四川辭書出版社·湖北
辭書出版社, 1992)

《漢語大字典》, 漢語大字典編輯委員會 編纂 (四川辭書出版社·湖北辭書出版
　　社, 1986-1990)

《和漢三才圖會》, 《倭漢三才圖會》 (국학자료원, 2002)

　　　　, 寺島良安 著, 島田勇雄 等 訳注 (平凡社, 1985~91)

《海東地圖》, 작자 미상 (서울대 규장각한국학연구원 DB)

《東輿圖》, 金正浩 (서울대 규장각한국학연구원 DB)

《風水學辭典》, 김두규 (비봉출판사, 2006)

《遵生八牋校注》, 趙立勛 (인민위생출판사, 1983)

《한국민족문화대백과사전》, 한국정신문화연구원편찬부 (한국정신문화연구원)

《고지도를 통해 본 서울지명연구》, 이기봉 (국립중앙도서관, 2010)

《고지도를 통해 본 경기지명연구》, 이기봉 (국립중앙도서관, 2011)

《고지도를 통해 본 충청지명연구1·2》, 이기봉 (국립중앙도서관, 2012~2014)

《고지도를 통해 본 전라지명연구1·2》, 이기봉 (국립중앙도서관, 2015~2016)

《고지도를 통해 본 경상지명연구1·2》, 이기봉 (국립중앙도서관, 2017~2018)

연구논저

《임원경제지 : 조선 최대의 실용백과사전》, 정명현·민철기·정정기·전종
욱 외 옮기고 씀 (씨앗을 뿌리는 사람, 2012)

《어우야담(於於野譚)》, 유몽인 지음, 신익철·이형대·조융희·노영미 옮김
(돌베개, 2006)

〈澹軒 李夏坤의 生涯와 著述에 관한 研究〉, 박문열 《서지학연구》 25호
(서지학회, 2003)

《韓國 類書의 書誌學的 研究》, 남태우 (중앙대학교 박사학위 논문, 2003)

기타 및 인터넷 한적 및 관련자료 검색사이트

Daum(다음) http://www.daum.net

NAVER(네이버) http://www.naver.com

Google(구글) http://www.google.com

국립중앙도서관 http://www.nl.go.kr/

국사편찬위원회 조선왕조실록 sillok.history.go.kr

규장각한국학연구원(서울대학교) http://kyujanggak.snu.ac.kr/

박물관 포털 e뮤지엄 http://www.emuseum.go.kr/main

百度(바이두) http://www.baidu.com

서울대학교 중앙도서관 http://library.snu.ac.kr/

역사정보통합시스템 http://www.koreanhistory.or.kr/

異體字字典(中華民國教育部) http://dict.variants.moe.edu.tw/

한국고전번역원 http://www.itkc.or.kr

25史 全文檢索 http://202.114.65.40/net25/

고려대학교 중앙도서관 http://library.korea.ac.kr/

한국학중앙연구원 장서각 http://www.aks.ac.kr

색인

376, 576
도산(陶山) 468
도연폭포(陶淵瀑布) 464
도장산(道莊山) 543
도장산(道藏山) 543, 558
도제원(道濟院) 347
도천(桃川) 497
도화동(桃花洞) 430, 493, 571
동강(東江) 152
동래(東萊) 277, 288, 594
동복(同福) 273, 274
동오봉(東吳峯) 460
동정호(洞庭湖) 320
동진강(東津江) 260
동협(東峽) 348, 378, 504, 506
두류산(頭流山) 561
두릉동(杜陵洞) 493, 571
두만강(頭滿江) 530
두타산(頭陀山) 305, 426
두탁산(頭卓山) 426
두현(斗峴) 385, 386
등주(登州) 321, 597

ㅁ
마니산(摩尼山) 216, 419
마담(馬潭) 461
마산역촌(馬山驛村) 370
마안산(馬鞍山) 349
마암(馬巖) 379, 528
마이산(馬耳山) 235, 260, 272, 419
마일령(磨日嶺) 244
마전(麻田) 139, 225
만경(萬頃) 267, 600
만경강(萬頃江) 146, 260
만경대(萬景臺) 222

만마동(萬馬洞) 264, 443
만세교(萬歲橋) 337, 345
만수동(萬壽洞) 561, 563, 568
만월대(滿月臺) 223, 224
만취대(晩翠臺) 360
만폭동(萬瀑洞) 506, 559
말마리(秣馬里) 438
망양정(望洋亭) 604
망해촌(望海村) 341
매계(梅溪) 563
매화곡(梅花谷) 376
맹산(孟山) 140
맹산군(孟山郡) 140, 329
면악산(綿岳山) 314, 516
면천(沔川) 231, 606
명양(鳴洋) 594
명월석(明月石) 358
명천(明川) 564
모악산(母岳山) 260
모진(牟津) 309
모평리(茅坪里) 500
목계(木溪) 437, 438, 530
목천(木川) 244
목포(木浦) 530
몽선각(夢仙閣) 464
묘향산(妙香山) 519, 564
무량사(無量寺) 573
무릉교(武陵橋) 513, 566
무릉동(武陵洞) 397, 548, 571
무성산(武城山) 244
무성산(茂盛山) 403, 571
무안(務安) 259, 269
무우정(舞雩亭) 485
무장(茂長) 134, 268
무주(茂朱) 237, 416, 453, 541

627

서명

🌿 임원경제연구소

임원경제연구소는 고전 연구와 번역, 출판을 주요 목적으로 하는 사단법인이다. 문사철수(文史哲數)와 의농공상(醫農工商) 등 다양한 전공 분야의 소장학자 40여 명이 회원 및 번역자로 참여하여, 풍석 서유구의 《임원경제지》를 완역하고 있다. 또한 번역 사업을 진행하면서 축적한 노하우와 번역 결과물을 대중과 공유하기 위해 관련 전문가 및 단체들과 교류하고 있다. 연구소에서는 번역 과정과 결과를 통하여 '임원경제학'을 정립하고 우리 문명의 수준을 제고하여 우리 학문과 우리의 삶을 소통시키고자 노력한다. 임원경제학은 시골살림의 규모와 운영에 관한 모든 것의 학문이며, 경국제세(經國濟世)의 실천적 방책이다.

번역, 교열, 교감, 표점, 감수자 소개

번역

이동인

청주대 역사교육과에서 꿈을 키웠다. 한림대 태동고전연구소에서 한학을 연수했고, 서울대 국사학과에서 석사학위를 받았으며, 한국학중앙연구원 한국사학과 박사과정을 수료했다.

정명현

고려대 유전공학과를 졸업하고, 도올서원과 한림대 태동고전연구소에서 한학을 공부했다. 서울대 대학원 '과학사 및 과학철학 협동과정'에서 전통 과학기술사를 전공하여 석사와 박사를 마쳤다. 석사와 박사 논문은 각각 〈정약전의 《자산어보》에 담긴 해양박물학의 성격〉과 《서유구의 선진농법 제도화를 통한 국부창출론》이다. 《임원경제지》 중 《본리지》·《섬용지》·《유예지》를 공동 번역했으며, 또 다른 역주서로 《자산어보 : 우리나라 최초의 해양생물 백과사전》이 있고, 《임원경제지 : 조선 최대의 실용백과사전》을 민철기 등과 옮기고 썼다. 현재 임원경제연구소 소장으로 《인제지》 번역 사업에 참여하고 있다.

민철기

연세대 철학과를 졸업하고 도올서원에서 한학을 공부했다. 연세대 대학원 철학과에서 학위논문으로 《세친(世親)의 훈습개념 연구》를 써서 석사과정을 마쳤다. 임원경제연구소 번역팀장과 공동소장을 역임했고, 현재는 선임연구원으로 재직하고 있다.

정정기

서울대 가정대학 소비자아동학과에서 공부했고, 도올서원과 한림대태동고전연구소에서 한학을 익혔다. 서울대 대학원에서 성리학적 부부관에 대한 연구로 석사를, 《조선시대 가족의 식색교육 연구》로 박사를 마쳤다. 음식백과인 《정조지》의 역자로서 강의와 원고 작업을 통해 그에 수록된 음식에 대한 소개에 힘쓰며, 부의주를 빚고 가르쳐 집집마다 항아리마다 술이 익어가는 꿈을 실천하고 있다. 현재 임원경제연구소 번역팀장으로 《임원경제지》 번역 사업에 참여하고 있다.

김현진

공주대 한문교육과를 졸업하고 한림대 태동고전연구소와 한국고전번역원에서 한학을 공부하고 성균관대학교 대학원 한문학과에서 석사과정을 수료했다. 현재 임원경제연구소 연구원으로 근무하고 있다.

김수연

한국전통문화대학교 전통조경학과를 졸업하고 한림대 태동고전연구소에서 한학을 공부했다. 현재 임원경제연구소 연구원으로 근무하고 있다.

강민우

한남대 사학과를 졸업하고 한림대 태동고전연구소에서 한학을 공부했다. 성균관대학교 대학원 사학과에서 학위논문으로 《17세기 김장생(金長生)의 『경서변의(經書辨疑)』와 서인 경학의 형성》을 써서 석사과정을 마쳤다. 현재 임원경제연구소 연구원으로 근무하고 있다.

김광명

전주대 한문교육과를 졸업하고 한국고전번역원에서 한학을 공부했으며, 성균관대학교 대학원 고전번역협동과정에서 석박사통합과정을 수료했다. 현재 임원경제연구소 연구원으로 근무하고 있다.

최시남

성균관대학교 유학과 학사 및 석사를 마쳤으며 동 대학원 박사과정을 수료했다. 성균관한림원과 도올서원에서 한학을 공부했다. 석사논문은 〈유가정치사상연구:《예기》의 예론을 중심으로〉이며 호서대학교에서 강의를 했다. IT 회사에서 조선시대 왕실 자료와 문집, 지리지 등의 고전적 디지털화 작업을 했으며 《섬용지》를 이동인 등과 번역했다. 현재 임원경제연구소 연구원으로 근무하고 있다.

자료정리

고윤주

감수

조인철(원광디지털대학교 WDU 동양학과 교수)
안대회(성균관대학교 한문학과 교수)

🌐 풍석문화재단

(재)풍석문화재단은《임원경제지》등 풍석 서유구 선생의 저술을 번역 출판하는 것을 토대로 전통문화 콘텐츠를 현대에 되살려 창조적으로 진흥시키고 한국의 학술 및 문화 발전에 기여함을 목적으로 하여 2015년 4월 28일 설립하였습니다.

재단은 현재 ①《임원경제지》의 완역 지원 및 간행(출판 및 온라인, 총 67권 예상), ②《완영일록》,《풍석고협집》,《금화지비집》,《번계시고》,《금화경독기》등 선생의 저술·번역·출간, ③풍석학술대회 개최 및 풍석학회 지원, ④풍석디지털기념관 구축 등 풍석학술진흥 및 연구기반 조성에 필요한 사업을 중점적으로 추진 중입니다.

재단은 또한 출판물, 드라마, 웹툰, 영화 등 다양한 풍석 서유구 선생 관련 콘텐츠 개발을 추진하는 한편, 우석대학교와 함께 풍석문화재단 음식연구소를 설립하여《임원경제지》기반 전통음식문화의 복원 및 현대화 사업 등도 진행 중입니다.

풍석문화재단의 사업 내용, 구성원 등에 대한 자세한 소개는 풍석문화재단 홈페이지(www.pungseok.net)를 참조하여 주시기 바랍니다.

풍석학술진흥및연구기반조성위원회

(재)풍석문화재단은《임원경제지》의 완역완간 사업 등의 추진을 총괄하고 예산 집행의 투명성을 기하기 위해 풍석학술진흥및연구기반조성위원회를 두고 있습니다.

풍석학술진흥및연구기반조성위원회는 사업 및 예산계획의 수립 및 연도별 관리, 지출 관리, 사업 수익 관리 등을 담당하며 위원은 아래와 같습니다.

위원장 : 신정수(풍석문화재단 이사장)

위   원 : 서정문(한국고전번역원 고전번역연구소장),

　　　　안대회(성균관대학교 한문학과 교수, 대동문화연구원장),

　　　　유대기(활기찬인생2막 회장), 정명현(임원경제연구소 소장)

《임원경제지·상택지》 완역 출판을 후원해 주신 분들

㈜DYB교육 ㈜벽제외식산업개발 ㈜우리문화 ㈤인문학문화포 ㈜청운산업
대구서씨대종회 강흡모 고관순 고경숙 고유돈 곽미경 곽의종 곽중섭 구자민
권정순 권희재 김경용 김동범 김동섭 김문자 김병돈 김상철 김석기 김성규
김영환 김용도 김유혁 김익래 김일웅 김정기 김정연 김종보 김종호 김지연
김창욱 김춘수 김태빈 김현수 김홍희 김후경 김 훈 김홍룡 나윤호 류충수
민승현 박낙규 박동식 박미현 박보영 박상준 박용희 박재정 박종규 박찬교
박춘일 박현출 백노현 변흥섭 서국모 서봉석 서영석 서정표 서창석 서청원
송은정 송형록 신동규 신영수 신웅수 신종출 신태복 안순철 안영준 안철환
양덕기 양태건 양휘웅 오미환 오성열 오영록 오영복 오인섭 용남곤 유종숙
윤남철 윤석진 윤정호 이건호 이경근 이근영 이기웅 이기희 이동규 이동호
이득수 이봉규 이세훈 이순례 이순영 이승무 이영진 이우성 이재용 이정언
이진영 이 철 이태인 이태희 이현식 이효지 임각수 임승윤 임종훈 장상무
장우석 전종욱 정갑환 정 극 정금자 정명섭 정상현 정소성 정용수 정우일
정연순 정지섭 정진성 정창섭 정태윤 조규식 조문경 조재현 조창록 주석원
진병춘 진선미 진성환 차영익 차흥복 최경수 최경식 최광현 최승복 최연우
최정원 최진욱 최필수 태의경 하영휘 허영일 홍미숙 홍수표 황재운 황재호
황정주 황창연